東洋古典譯註叢書 98

譯註 韓非子集解 3

著者 韓非 集解 王先愼
책임번역 許鎬九 공동번역 鄭東和 權津鈺

전통문화연구회

國譯委員

責任飜譯　許鎬九
共同飜譯　鄭東和 權津鈺
諮問委員　吳圭根
潤　　文　南賢熙
校　　訂　郭成龍 李孝宰 兪在衡
出　　版　金主賢 郭成龍
管　　理　咸明淑
普　　及　徐源英

東洋古典譯註叢書를 발간하면서

우리의 古典國譯事業은 민족문화 진흥의 기초사업으로 1960년대부터 政府 支援으로 古文獻 現代化 작업을 추진하여 많은 成果를 거두었다. 당시 이 사업 추진의 先行課題로 東洋古典이라 일컬어지는 중국의 基本古典을 먼저 飜譯하여야 한다는 學界의 주장이 있었음에도 불구하고 우리 고전이 아니라는 일부의 偏狹한 視角과 財政 事情 등으로 인하여 배제되어 왔다.

전통적으로 중국의 기본고전은 우리 歷史와 함께 숨쉬며 각종 교육기관의 教科書로 활용됨은 물론이고 지식인들의 必讀書가 되어 왔으며, 우리 文化의 基底에 자리잡고 거의 모든 방면의 體系와 根幹을 형성하여 왔다. 그래서 학문연구의 기본서 역할을 해 왔을 뿐만 아니라 오늘날에도 우리의 國學徒 및 東洋學 研究者들에게 같은 역할을 하고 있음은 주지의 사실이다. 그럼에도 불구하고 中國古典은 우리 것이 아니라 하여 專門機關의 飜譯對象에 포함하지 않음으로써, 대부분 原典에서의 직접 번역이 아닌 重譯이나 拔萃譯의 방식이 주를 이루면서 教養水準으로 出版되어 왔다.

오늘날 東洋 三國 중에서 우리의 東洋學 연구가 가장 부진한 이유는, 東洋基本古典에 대한 폭넓은 이해의 부족과 漢文古典 讀解力의 저하에 기인함을 우리는 솔직히 인정하여야 한다. 따라서 이들 중국고전에 대한 신뢰할 만한 國譯이 이루어지는 것이 한국학 연구를 촉진시키는 시급한 先行課題라 할 수 있다.

이에 韓國學 및 東洋學의 연구와 古典現代化의 基盤構築을 위해서는, 전문기관으로 하여금 동양고전을 단기간에 각 분야의 專門 研究者와 漢學者가 상호 협동하여 연구번역하여 飜譯의 傳統性과 效率性, 研究의 專門性을 높일 수 있도록 政策的 配慮가 있어야 한다.

이에 本會에서는 元老 및 中堅 漢學者와 斯界의 專攻者로 하여금 協同硏究飜譯하여 공부하는 사람들이 믿고 引用하거나 깊이 있는 註釋 등을 활용할 수 있게 하고, 知識人들의 教養을 증진시켜 줄 수 있는 東洋古典의 國譯書 간행을 지속적으로 추진해 왔다. 근래에 다행히 이 사업에 대하여 각계 지도층의 폭넓은 이해와 지원에 힘입어 2001년도부터 國庫補助를 받아 東洋古典譯註叢書를 간행하게 되었다. 이를 계기로 우리 先學의 註釋과 見解를 반영하는 등 국역사업의 內實을 기하게 되었음을 이 자리를 빌어 衷心으로 감사드리며, 아울러 國譯에 參與하신 관계자 여러분의 勞苦에 깊은 謝意를 표한다.

끝으로 우리의 이러한 작업은 오랜 역사 위에 축적된 先賢들의 業績과 現代學問을 이어주는 튼튼한 架橋와 礎石이 되어 진정한 韓國學과 東洋學 발전에 기여할 것을 굳게 믿으며, 21세기를 우리 文化의 世紀로 열어 가는 밑거름이 되도록 우리의 力量을 本 事業에 경주하고자 한다. 江湖諸賢의 부단한 관심과 지원을 기대해 마지않는다.

社團法人 傳統文化硏究會 會長 李啓晃

凡 例

1. 본서는 ≪譯註 韓非子集解≫의 제3책이다.
2. 본서의 底本은 ≪韓非子集解≫(王先愼, 中華書局, 1998)로 하되, ≪韓非子新校注≫(陳奇猷, 上海古籍出版社, 2000), ≪韓非子今注今譯≫(邵增樺, 臺灣商務印書館, 1983), ≪韓非子全譯≫(張覺, 貴州人民出版社, 1992), ≪新譯韓非子≫(傅武光·賴炎, 三民書局, 2007) 등을 참고하였다.
3. 본서는 원전의 傳統性과 번역의 現代性을 구현하기 위해 노력하였다.
4. 原文에는 우리나라 전통방식의 懸吐를 하였다.
5. 原文은 저본의 體制에 따라 단락을 구분하고, 각 단락마다 일련번호를 부여하였다.
6. 飜譯은 原義에 충실하게 하되, 이해가 어려운 부분은 意譯 또는 補充譯을 하였다.
7. 飜譯文은 한글과 漢字를 混用하였으며, 맞춤법과 띄어쓰기는 한글 맞춤법과 표준어 규정을 따르는 것을 원칙으로 하였다.
8. 譯註는 校勘, 異說, 인용문의 出典, 故事, 역사적 사건, 전문용어, 難解語, 人物, 制度, 官職 등에 관한 사항을 밝혔다.
9. 校勘은 원문의 誤字, 脫字, 衍字, 倒文 등을 대상으로 하였다.
10. 각 篇마다 간략한 해설을 달아 독자의 이해를 돕고자 하였다.
11. 圖版은 地圖, 人物, 故事, 器物 등을 수록하였으며, ≪增像全圖東周列國志≫, ≪三才圖會≫, ≪五經圖彙≫, ≪新定三禮圖≫, ≪中國歷代人物像傳≫, ≪萬古際會圖像≫ 등을 참고하였다.
12. 본서에 사용된 주요 符號는 다음과 같다.

   “ ” : 對話, 각종 引用

‘ ’ : “ ” 안에서 再引用, 强調

「 」: ‘ ’ 안에서 再引用, 强調

( ) : 원문에서는 讀音이 특수한 글자나 僻字의 音

번역문에서는 간단한 譯註

〔 〕: 번역문과 뜻은 같으나 音이 다른 漢字나 句節, 譯註에서 인용한 原文.

≪ ≫ : 書名

〈 〉: 篇章名, 作品名, 補充譯

○ : 저본에 사용된 李瓚의 舊注와 王先謙의 集解 구분 표시 遵用

13. 본서의 校勘에 사용된 符號는 다음과 같다.

( )〔 〕: (저본의 誤字)〔교감한 正字〕

〔 〕: 저본의 脫字 補充

( ) : 저본의 衍字

14. ≪韓非子集解≫에서 諸家들이 참고한 書目의 略稱과 概要는 다음과 같다.

- 乾道本 : 南宋 乾道 改元(1165)에 黃三八郞이 印刊한 본이다. 현재 추론할 수 있는 ≪韓非子≫의 가장 오래된 판본이지만 원본은 전하지 않는다. 현존하는 乾道本은 모두 원본을 새로 影印한 本이거나 倣刻本이다.
- 迂評本 : 明 萬曆 6년(1578)에 無門子라고 자칭한 吳郡 사람 兪氏가 何犿의 ≪韓非子≫ 주석본을 입수하여 訂正하고 評注한 본이다. 모두 53편으로 구성되어 있으며, ≪韓子迂評≫이라는 이름으로 판각하였다.
- 道藏本 : 道家經傳의 總集 가운데 하나로서 明 正統 10년(1445)에 판각되었다. 비교적 이른 시기의 판본으로서 가치가 높으며, 모두 53편이 수록되어 있다.
- 趙用賢本 : 明 萬曆 10년(1582)에 趙用賢이 처음으로 완결본인 55편의 宋本 ≪韓非子≫를 입수하여 교감・교정한 뒤에 출간한 것이다. 趙本이라고도 한다.
- 張榜本 : 明나라 張榜의 刻本이다. 趙用賢本을 토대로 節錄하여 萬曆 39년(1611)에 ≪韓非子纂≫ 2권으로 간행한 것이다.
- 張本 : 張鼎文本을 말한다. 張鼎文은 明나라 사람으로, 嘉靖 37년(1558)에 간행한 潁東書院本이 있고, 가정 44년(1565)에 간행한 본이 있다.

- 淩本 : 淩瀛初本을 말한다. 淩瀛初는 明나라 말기 書籍出版業者 가운데 한 사람이다. 盧文弨가 ≪韓非子≫를 校勘할 때 淩瀛初가 雕版하여 印出한 본을 사용하였다.

15. ≪韓非子集解≫에서 王先愼이 인용한 주요 註釋家는 다음과 같다.

- 李瓚 : 생몰년 미상. ≪韓非子集解≫ 舊注를 지었다. 唐나라 李宗閔의 아들로 ≪舊唐書≫ 권176에 벼슬이 한림학사에 올랐다는 기록이 보인다. ≪新唐書≫ 권174와 ≪唐語林≫ 권6에도 관련 내용이 보이나, 자세한 일기는 전하지 않는다.
- 盧文弨(1717~1795) : 淸나라의 校勘學者이자 藏書家이다. 학문을 좋아하여 戴震·段玉裁 등과 친하였으며 漢字에 전념하여 古籍의 校勘으로 크게 이름을 알렸다. 그가 교감한 고적으로는 ≪逸周書≫·≪孟子音義≫·≪荀子≫·≪呂氏春秋≫·≪韓詩外傳≫·≪春秋繁露≫ 등이 있고, 著書에는 ≪抱經堂集≫·≪禮儀注疏詳校≫·≪鍾山箚記≫·≪龍城箚記≫·≪廣雅釋天以下注≫ 등이 있다.
- 王念孫(1744~1832) : 淸나라 江蘇 高郵 사람으로, 자는 懷祖, 호는 石臞이다. 戴震에게 수학하였다. 工部主事, 永定河道 등의 벼슬을 지냈다. 音韻學, 文字學, 訓詁學에 조예가 깊었으며, 校勘을 잘하였다.
- 王引之(1766~1834) : 王念孫의 아들로, 자는 伯申, 호는 曼卿이다. 嘉慶 연간에 進士가 되어 宣宗 때 工部尙書까지 지냈다. 부친의 학통을 이어받아 訓詁學의 높은 경지에 이르렀고, ≪經義述聞≫·≪經傳釋辭≫ 등을 저술하였다.
- 顧廣圻(1766~1835) : 淸나라의 유명한 校勘學者이자 藏書家이다. ≪說文解字≫·≪禮記≫·≪儀禮≫·≪國語≫·≪戰國策≫·≪文選≫ 등 많은 서적을 교감하여 乾隆·嘉慶 연간에 盧文弨와 함께 최고로 일컬어졌다.
- 張文虎(1808~1885) : 淸나라의 經學家이자 校勘學者이다. 그가 교감한 책으로는 ≪守山閣叢書≫ 18종과 ≪續藝海珠塵≫·≪千癸集≫·≪小萬卷樓叢書≫ 등이 있다. 저서에는 ≪舒藝室雜著≫·≪鼠壤餘蔬≫·≪周初朔望考≫·≪懷舊雜記≫·≪索笑詞≫·≪舒藝室隨筆≫·≪古今樂律考≫·≪春秋朔閏考≫ 등이 있다.
- 兪樾(1821~1907) : 淸나라 말기 文學·經學·古文字學·書法 등에 저명했던 학자이다. 道光 30년(1850) 進士에 급제하여 翰林院 編修를 지냈다. 經學을 학문의 기본으로 삼았으나 諸子學·史學·訓詁學 및 戲曲·詩詞·小說·書法 등에도 두루 통하

였다. 저서에 ≪群經平議≫·≪諸子平議≫·≪茶香室經說≫·≪書疑義學例≫·≪春在堂全書≫ 등이 있다.

- 王先謙(1842~1917) : 淸나라 말기의 經學家이자 考證學者이다. 同治 연간에 進士에 급제하였다. 曾國藩에게 師事하여 당시 學界의 泰斗로 칭송받았고, 國子監 祭酒를 역임하였다. ≪續皇淸經解≫·≪十朝東華錄≫·≪續古文辭類纂≫ 등을 編刊하였고, 저서에는 ≪漢書補注≫·≪水經注合箋≫·≪後漢書集解≫·≪荀子集解≫·≪莊子集解≫·≪詩三家義集疏≫·≪虛受堂詩文集≫ 등이 있다.

參考書目

◇ 底本

- ≪韓非子集解≫, 王先愼, 中華書局, 1998.

◇ 底本 관련자료

- ≪韓非子集釋≫, 陳奇猷 校注, 河洛圖書出版社, 1974.
- ≪韓非子校注≫, 依田利用 著, 汲古書院, 1980.
- ≪增訂韓非子校釋≫, 陳啓天 著, 臺灣商務印書館, 1994.
- ≪韓非子新校注≫, 陳奇猷 校注, 上海古籍出版社, 2000.
- ≪韓非子校注≫, 周勳初 著, 鳳凰出版社, 2009.
- ≪韓非子校疏析論≫, 張覺 撰, 知識産權出版社, 2011.
- ≪韓非子譯注≫, 張覺 撰, 上海古籍出版社, 2012.
- ≪韓非子正宗≫, 馬銀琴 著, 華夏出版社, 2014.

◇ 經部

- ≪經傳釋詞≫, 王引之 撰, 黃侃・楊樹達 批本, 岳麓書社, 1982.
- ≪經典釋文≫, 陸德明 撰, 文淵閣四庫全書, 臺灣商務印書館, 1986.
- ≪廣雅≫, 張揖 撰, 文淵閣四庫全書, 臺灣商務印書館, 1986.
- ≪論語集註大全≫, 朱熹 集註, 胡廣 等 編, 朝鮮 內閣本, 影印本, 學民文化社.
- ≪大戴禮記詳解≫, 王聘珍 撰, 中華書局, 1989.
- ≪大學章句大全≫, 朱熹 集註, 胡廣 等 編, 朝鮮 內閣本, 影印本, 學民文化社.
- ≪孟子集註大全≫, 朱熹 集註, 胡廣 等 編, 朝鮮 內閣本, 影印本, 學民文化社.

- ≪書傳大全≫, 蔡沈 集傳, 胡廣 等 編, 朝鮮 內閣本, 影印本, 學民文化社.
- ≪說文解字≫, 許愼 撰, 文淵閣四庫全書, 臺灣商務印書館, 1986.
- ≪說文解字注≫, 段玉裁 撰, 文淵閣四庫全書, 臺灣商務印書館, 1986.
- ≪詩傳大全≫, 朱熹 集傳, 胡廣 等 編, 朝鮮 內閣本, 影印本, 學民文化社.
- ≪禮記集說大全≫, 陳澔 集說, 胡廣 等 編, 朝鮮 內閣本, 影印本, 學民文化社.
- ≪玉篇≫, 顧野王 撰, 文淵閣四庫全書, 臺灣商務印書館, 1986.
- ≪儀禮注疏≫, 鄭玄 注, 賈公彦 疏, 北京大學出版社, 1999.
- ≪爾雅注疏≫, 郭璞 注, 邢昺 疏, 北京大學出版社, 1999.
- ≪周禮注疏≫, 鄭玄 注, 賈公彦 疏, 北京大學出版社, 1999.
- ≪周易傳義大全≫, 程頤 傳, 朱熹 本義, 胡廣 等 編, 朝鮮 內閣本, 影印本, 學民文化社.
- ≪中庸章句大全≫, 朱熹 集註, 胡廣 等 編, 朝鮮 內閣本, 影印本, 學民文化社.
- ≪集韻≫, 丁度 等 編, 上海古籍出版社, 1985.
- ≪春秋穀梁傳注疏≫, 范寧 註, 楊士勛 疏, 北京大學出版社, 2000.
- ≪春秋公羊傳注疏≫, 何休 註, 徐彦 疏, 北京大學出版社, 2000.
- ≪春秋左氏傳注疏≫, 杜預 註, 孔穎達 疏, 北京大學出版社, 2000.
- ≪韓詩外傳≫, 韓嬰 撰, 文淵閣四庫全書, 臺灣商務印書館, 1986.
- ≪孝經注疏≫, 唐 玄宗 注, 邢昺 疏, 北京大學出版社, 1999.

◇ 史 部

- ≪舊唐書≫, 劉昫 撰, 中華書局, 1975.
- ≪國語≫, 左丘明 撰, 文淵閣四庫全書, 臺灣商務印書館, 1986.
- ≪史記≫, 司馬遷 撰, 中華書局, 1999.
- ≪史記索隱≫, 司馬貞 編, 文淵閣四庫全書, 臺灣商務印書館, 1986.
- ≪史記正義≫, 張守節 撰, 文淵閣四庫全書, 臺灣商務印書館, 1986.
- ≪史記集解≫, 裴駰 撰, 文淵閣四庫全書, 臺灣商務印書館, 1986.
- ≪水經注≫, 酈道元 撰, 文淵閣四庫全書, 臺灣商務印書館, 1986.
- ≪新唐書≫, 歐陽脩・宋祁 撰, 中華書局, 1975.

- ≪晏子春秋≫, 晏嬰 撰, 文淵閣四庫全書, 臺灣商務印書館, 1986.
- ≪戰國策≫, 劉向 撰, 高誘 注, 文淵閣四庫全書, 臺灣商務印書館, 1986.
- ≪漢書≫, 班固 撰, 中華書局, 1962.
- ≪後漢書≫, 范曄·司馬彪 撰, 中華書局. 1965.

◇ 子 部

- ≪古今事文類聚≫, 祝穆 撰, 文淵閣四庫全書, 臺灣商務印書館, 1986.
- ≪孔子家語≫, 王肅 注, 文淵閣四庫全書, 臺灣商務印書館, 1986.
- ≪管子≫, 管仲 撰, 文淵閣四庫全書, 臺灣商務印書館, 1986.
- ≪括地志輯校≫, 李泰 撰, 中華書局, 2005.
- ≪群書拾補≫, 盧文弨 撰, 中華書局, 1985.
- ≪群書治要譯注≫, 魏徵 等 撰, 中國書店出版社, 2012.
- ≪老子≫, 王弼 注, 文淵閣四庫全書, 臺灣商務印書館, 1986.
- ≪論衡≫, 王充 撰, 文淵閣四庫全書, 臺灣商務印書館, 1986.
- ≪讀書雜志≫, 王念孫 著, 江蘇古籍出版社, 2000
- ≪墨子≫, 墨翟 撰, 文淵閣四庫全書, 臺灣商務印書館, 1986.
- ≪白虎通義≫, 班固 撰, 文淵閣四庫全書, 臺灣商務印書館, 1986.
- ≪說苑≫, 劉向 撰, 文淵閣四庫全書, 臺灣商務印書館, 1986.
- ≪世說新語≫, 劉義慶 撰, 文淵閣四庫全書, 臺灣商務印書館, 1986.
- ≪尸子≫, 尸佼 撰, 文淵閣四庫全書, 臺灣商務印書館, 1986.
- ≪新書≫, 賈誼 撰, 文淵閣四庫全書, 臺灣商務印書館, 1986.
- ≪新序≫, 劉向 撰, 文淵閣四庫全書, 臺灣商務印書館, 1986.
- ≪愼子≫, 愼到 撰, 文淵閣四庫全書, 臺灣商務印書館, 1986.
- ≪申子≫, 申不害 撰, 文淵閣四庫全書, 臺灣商務印書館, 1986.
- ≪揚子法言≫, 揚雄 撰, 李軌·柳宗元 注, 文淵閣四庫全書, 臺灣商務印書館, 1986.
- ≪呂氏春秋≫, 呂不韋 編, 高誘 注, 文淵閣四庫全書, 臺灣商務印書館, 1986.
- ≪列子≫, 張湛 注, 文淵閣四庫全書, 臺灣商務印書館, 1986.

- ≪藝文類聚≫, 歐陽詢 撰, 文淵閣四庫全書, 臺灣商務印書館, 1986.
- ≪日知錄≫, 顧炎武 撰, 文淵閣四庫全書, 臺灣商務印書館, 1986.
- ≪莊子集釋≫, 莊周 撰, 郭象 注, 陸德明 釋文, 成玄英 疏, 郭慶藩 輯, 中華書局, 1961.
- ≪諸子平議≫, 兪樾 著, 中華書局, 1954.
- ≪太平御覽≫, 李昉 等 撰, 文淵閣四庫全書, 臺灣商務印書館, 1986.
- ≪淮南子≫, 劉安 撰, 高誘 注, 文淵閣四庫全書, 臺灣商務印書館, 1986.

◇ 集 部

- ≪文選≫, 蕭統 撰, 文淵閣四庫全書, 臺灣商務印書館, 1986.
- ≪二程文集≫, 程頤・程顥 撰, 文淵閣四庫全書, 臺灣商務印書館, 1986.
- ≪楚詞補註≫, 洪興祖 撰, 文淵閣四庫全書, 臺灣商務印書館, 1986.

◇ 研究論著 및 飜譯書

〔韓 國〕

- ≪한비자≫, 성동호 역, 홍신문화사, 2008.
- ≪한비자 : 난세 리더십의 보고≫, 신동준 역, 인간사랑, 2012.
- ≪한비자≫(전2권), 이운구 역, 한길사, 2012.
- ≪한비자≫(전5권), 임동석 역, 동서문화사, 2013.
- ≪한비자 정독≫, 김예호 역, 삼양미디어, 2014.
- ≪한비자 : 군주론과 제왕학의 고전≫, 김원중 역, 휴머니스트, 2016.

〔中 國〕

- ≪圖解韓非子≫, 崇賢書院 釋解, 黃山書社, 2015.
- ≪新譯韓非子≫, 傅武光・賴炎元 譯, 三民書局, 2009.
- ≪韓非子全譯≫, 張覺 撰, 貴州人民出版社, 1992.
- ≪韓非子全譯≫, 陳明・王靑 譯, 巴蜀書社, 2008.
- ≪韓非子今注今譯≫, 邵增樺 注譯, 臺灣商務印書館, 1983.

〔日 本〕

- ≪新釋漢文大系 韓非子≫, 竹內照夫 著, 明治書院, 1984.
- ≪新譯韓非子≫, 西野廣祥 著, PHP研究所, 2008.
- ≪新釋韓非子≫, 守屋洋 著, PHP研究所, 2015.
- ≪全釋漢文大系 韓非子≫, 太田方 著, 集英社, 1983.
- ≪超譯韓非子≫, 中島孝志 著, 知的生きかた文庫, 2015.
- ≪韓非子≫, 金谷治 注, 岩波書店, 1994.

◇ 데이터베이스(DB) 자료

- 한국고전종합DB (http://db.itkc.or.kr).
- 동양고전종합DB (http://db.cyberseodang.or.kr).
- 尙友千古 (http://www.s-sangwoo.kr).
- 電子版 文淵閣四庫全書, 上海古籍出版社.

目 次

第二十四 觀行篇 제24편 신하의 행동을 관찰함

觀行은 군주가 신하의 행동을 잘 관찰하는 것이다.

자신의 눈으로는 자신을 볼 수 없기 때문에 거울로 스스로를 관찰하는 것처럼, 군주는 法術이라는 거울을 가지고 신하를 관찰해야 한다. 또한 시기라는 것은 차고 빌 때가 있고, 일은 이롭고 해로운 것이 있으며, 사물은 살고 죽는 것이 있으니, 모름지기 군주는 이 세 가지 때문에 신하들을 추궁하거나 곤란하게 만들어서는 안 된다. 그러하니 자신의 감정에 치우침이 없이 형세와 도리에 따라 신하를 객관적으로 살펴야 한다.

○盧文弨曰 藏本卷八起[1)]라

○盧文弨 : 藏本은 권8이 〈이 편에서〉 시작된다.

24-1 古之人은 目短於自見이라 故以鏡觀面이요 智短於自知라 故以道正己라 鏡無見疵之罪요

옛사람은 자신의 눈으로는 자신을 볼 수 없기 때문에 거울을 통해 자신의 얼굴을 보았고, 자신의 지혜로는 자신을 알지 못하기 때문에 道를 통해 자신을 바로잡았다. 거울은 자신의 흠결을 보여준다고 해서 죄가 될 것이 없고

○先愼曰 各本鏡上有故字어늘 涉上文而衍이라 藝文類聚七十御覽七百十七初學記二十五에 引竝無故字일새 今據刪하노라

○王先愼 : 각 본에는 '鏡' 위에 '故'자가 있는데, 윗글과 관계되어 생긴 衍文이다. ≪藝文類聚≫ 권70, ≪太平御覽≫ 권717, ≪初學記≫ 권25에 이 글을 인용하면서 모두 '故'자가 없기 때문에 지금 이에 의거하여 삭제하였다.

---

1) 藏本卷八起 : 乾道本을 비롯한 통행본 ≪韓非子≫에는 〈觀行篇〉이 〈說林 下篇〉에 이어 권8에 속해 있으나, 道藏本에는 〈說林 下篇〉이 권7에 있고, 〈觀行篇〉이 권8의 시작이라는 말이다.

24-2 道無明過之惡(오)라

道는 자신의 허물을 밝혔다고 해서 미워할 것이 없다.

○先愼曰 各本惡作怨이나 藝文類聚御覽初學記에 引作惡일새 今據改하노라

○王先愼 : 각 본에는 '惡'가 '怨'으로 되어 있으나, ≪藝文類聚≫ · ≪太平御覽≫ · ≪初學記≫에 이 글을 인용하면서 '惡'로 되어 있기 때문에 지금 이에 의거하여 고쳤다.

24-3 目失鏡이면 則無以正鬚眉요 身失道면 則無以知迷惑이라

눈이 거울을 잃으면 수염과 눈썹을 정리할 수 없고, 몸이 도를 잃으면 미혹됨을 알 수 없다.

24-4 西門豹[2)]之性急이라 故佩韋以自緩이요

西門豹는 성미가 급했기 때문에 가죽끈을 차고 다니면서 스스로를 느긋하게 하였고

○先愼曰 各本自緩作緩己요 藝文類聚二十三御覽三百七十六에 引緩己作自緩己라 案自字是라 佩韋以自緩은 與佩絃以自急으로 文法正同하니 己字誤衍이라 御覽四百五十九意林에 引竝作自緩이요 無己字일새 今據改하노라

○王先愼 : 각 본에는 '自緩'이 '緩己'로 되어 있고, ≪藝文類聚≫ 권23과 ≪太平御覽≫ 권376에 이 글을 인용하면서 '緩己'가 '自緩己'로 되어 있다. 살펴보건대 '自'자가 옳다. '佩韋以自緩'은 '佩絃以自急'과 文法이 완전히 똑같으니 '己'자는 잘못된 衍文이다. ≪太平御覽≫ 권459와 ≪意林≫에서 이 글을 인용하면서 모두 '自緩'으로 되어 있고, '己'자는 없기 때문에 지금 이에 의거하여 고쳤다.

24-5 董安于[3)]之心緩이라 故佩弦以自急이라

---

2) 西門豹 : 전국시대 衛 文侯를 도왔던 지방관이다. 그가 鄴의 수령으로 있을 때 그 지방 풍속이 무당을 믿어 해마다 돈을 거두어서 민가의 여자를 선출하여 河水에 던지면 이를 河伯에게 시집보낸다고 했다. 이 일로 인하여 그 지방 백성들이 괴로워했는데, 西門豹가 그 무당을 하수에 던짐으로써 그 폐단이 없어지게 되었다는 치적이 유명하다.

董安于는 마음이 느긋했기 때문에 활시위를 차고 다니면서 스스로를 긴장시켰다.

○先愼曰 治要安作閑하니 說見難言篇이라 意林心作性하니 是라

○王先愼 : ≪群書治要≫에 '安'이 '閑'로 되어 있으니, 설명은 〈難言篇〉에 보인다. ≪意林≫에 '心'이 '性'으로 되어 있으니 옳다.

24-6 故〔能〕以有餘補不足하고

그러므로 능히 남는 것으로써 부족함을 보충하고

○先愼曰 張榜本無有字라 盧文弨云 脫이니 張凌本有라하니라 顧廣圻云 藏本同이라 今本無有字하니 誤라하니라 先愼案 藝文類聚二十三御覽四百五十九에 引以上有能字하니 是라 類聚御覽竝有有字라

○王先愼 : 張榜本에는 '有'자가 없다. 盧文弨는 "〈'有'자가〉 탈락된 것이니 張凌本에는 있다."라고 하였다. 顧廣圻는 "藏本도 마찬가지이다. 今本에는 '有'자가 없으니 오류이다."라고 하였다. 내가 살펴보건대 ≪藝文類聚≫ 권23과 ≪太平御覽≫ 권459에 이 글을 인용하면서 '以'자 위에 '能'자가 있으니 옳다. ≪藝文類聚≫와 ≪太平御覽≫에는 모두 '有'자가 있다.

24-7 以長續短之謂明主라하니라

장점으로써 단점을 이어주는 것을 일러 현명한 군주라고 한다.

24-8 天下有信數[4)]三이라 一曰 智有所不能立이요 二曰 力有所不能擧요 三曰 彊有所不能勝이라 故雖有堯之智라도 而無衆人之助면 大功不立이요 有烏獲[5)]之勁이라도 而不得人助면 不能自擧요 有賁育[6)]之彊이라도 而無法術이면 不得長

3) 董安于 : 춘추시대 晉나라 사람이다. 난리가 일어났을 때 趙孟에게 죽기를 각오하고 계책을 건의하였으며, 晉나라와 조맹에 대한 충성심으로 스스로 목매 죽었다.

4) 信數 : ≪韓非子新校注≫ 陳奇猷의 설에 의거하여 '의심할 바 없는 자연 규칙〔無可疑的自然規律〕'으로 번역하였다.

5) 烏獲 : 전국시대 秦나라의 力士이다. 千鈞의 무게를 들어 올릴 수 있는 장사로 武王의 총애를 받았다.

生[7)]이라

天下에는 의심할 수 없는 이치가 세 가지 있다. 첫째는 지혜만으로는 〈功을〉 세울 수 없는 경우가 있고, 둘째는 힘만으로는 들어 올릴 수 없는 경우가 있고, 셋째는 강한 것만으로는 이길 수 없는 경우가 있다.

그러므로 비록 堯임금과 같은 지혜가 있더라고 여러 사람의 도움이 없으면 큰 공을 세울 수 없고, 烏獲과 같은 힘이 있더라도 남의 도움을 얻지 못하면 자신의 몸도 들어 올릴 수 없으며, 孟賁과 夏育 같은 강함이 있더라도 法術이 없으면 〈刑律에 저촉되어〉 오래 생존하지 못한다.

24-9 故勢有不可得이요

그러므로 형세에는 어쩔 수 없는 경우가 있고

○**先愼曰 乾道本勢作世**라 **盧文弨云 世**는 **凌本作勢**라하니라 **先愼案 治要正作勢**일새 **今據改**하노라

○王先愼 : 乾道本에는 '勢'가 '世'로 되어 있다. 盧文弨는 "'世'는 凌本에 '勢'로 되어 있다."라고 하였다. 내가 살펴보건대 ≪群書治要≫에는 '勢'로 바르게 되어 있기 때문에 지금 이에 의거하여 고쳤다.

24-10 事有不可成이라

일에는 이룰 수 없는 경우가 있다.

---

6) 賁育 : 孟賁은 전국시대 齊나라의 力士이고, 夏育은 周나라의 역사이다. 孟賁은 맨손으로 쇠뿔을 뽑았다고 하고, 夏育은 千鈞의 무게를 들어 올렸다고 한다.

7) 長生 : 천하의 의심할 수 없는 이치 중 세 번째인 '彊有所不能勝'과 24-18의 원문 '賁育之不能自勝'에 의거하여, '長生'이 '長勝'으로 되어야 한다는 견해도 있다. 그러나 諸本 ≪韓非子≫에 '長生'으로 되어 있고, ≪韓非子新校注≫에서 陳奇猷도 "孟賁과 夏育이 비록 용감하기는 하지만, 다만 법술에 의거하여 行事하지 않으면 刑律을 저촉하여 법에 주살되므로 오래 생존하지 못한다.〔賁育雖然勇敢 但不依法行事 觸犯刑律 爲法所誅 故不得長生也〕"라고 하였으므로, '長生'으로 번역하였다.

24-11 故烏獲輕千鈞이나 **而重其身**은 **非其身重於千鈞也**라 **勢不便也**라 **離朱**[8] **易**(이)**百步**나 **而難眉睫**은

그러므로 烏獲이 千鈞의 무게를 가볍게 여기지만 제 몸을 무겁게 여기는 것은 자신의 몸이 千鈞보다 무거워서가 아니라 형세가 편치 않아서이다. 離朱가 백 보 멀리까지 쉽게 〈보면서도 자신의〉 눈썹 사이를 〈보지〉 못하는 것은

○**先愼曰 治要朱作婁**하니 **下同**이라

○王先愼 : ≪群書治要≫에 '朱'가 '婁'로 되어 있으니 아래도 마찬가지이다.

24-12 非百步近而眉睫遠也라 **道不可也**라 **故明主不窮烏獲以其不能自擧**요 **不困離朱以其不能自見**이라

백 보가 가깝고 눈썹 사이가 멀어서가 아니라 도리상 불가해서이다. 그래서 현명한 군주는 烏獲이 자신을 들어 올리지 못한다고 해서 그를 추궁하지 않고, 離朱가 스스로 눈썹 사이를 보지 못한다고 해서 그를 곤란하게 하지 않는다.

24-13 因可勢하고 **求易**(이)**道**라

가능한 형세를 따르고 쉬운 도리를 구하기 때문에

○**先愼曰 此言因其可得之勢**하고 **求其易行之道也**니 **卽承上勢不便道不可而言**이라

○王先愼 : 이는 이룰 수 있는 형세를 따르고 쉽게 행할 수 있는 도리를 구하는 것을 말한 것이니, 곧 위의 형세가 편치 않고 도리상 불가함을 이어서 한 말이다.

24-14 故用力寡而功名立이라

힘을 적게 들이고도 功名이 이루어지는 것이다.

---

8) 離朱 : 고대에 시력이 아주 뛰어났던 사람인데, 離婁라고도 한다. ≪孟子≫ 〈離婁 上〉에 "離婁의 눈 밝음과 公輸子의 솜씨로도 그림쇠와 곱자를 쓰지 않으면 方形과 圓形을 이루지 못한다.〔離婁之明 公輸子之巧 不以規矩 不能成方員〕"라고 하였다.

24-15 時有滿虛요 事有利害요 物有生死니 人主爲三者發喜怒之色하면 則金石之士離心焉이라 聖賢之(撲)〔樸〕[9]淺深矣라

때는 차고 빌 때가 있고, 일은 이롭고 해로운 것이 있으며, 사물은 살고 죽는 것이 있으니, 군주가 이 세 가지 때문에 기뻐하거나 성내는 기색을 드러내면 金石처럼 〈충성을 바치는〉 선비라도 마음이 떠날 것이니, 성현(군주)은 그 깊이를 숨겨야 한다.

○盧文弨曰 賢聖舊倒어늘 今從張凌本하노라 撲作樸이라

○盧文弨 : '賢'과 '聖'이 舊本에는 도치되어 있는데, 지금은 張本·凌本을 따랐다. '撲'은 〈舊本에〉 '樸'으로 되어 있다.

24-16 故明主觀人이요 不使人觀己라

그러므로 현명한 군주는 남을 관찰하고, 남으로 하여금 자신을 관찰하지 못하게 한다.

24-17 明於堯不能獨成이요 烏獲之不能自擧요

堯임금이라도 홀로 이룰 수 없고, 烏獲이라도 자신을 들어 올릴 수 없으며,

○先愼曰 乾道本無之字라 盧文弨云 獲下脫之字요 張凌本有라하니 今據補하노라

○王先愼 : 乾道本에 '之'자가 없다. 盧文弨는 "'獲' 아래에 '之'자가 탈락되었고 張本·凌本에는 '之'자가 있다."라고 하였다. 지금 이에 의거하여 〈'之'자를〉 보충하였다.

24-18 賁育之不能自勝이니 以法術이면 則觀行之道畢矣라

孟賁과 夏育이라도 자신을 이길 수 없다는 점을 밝게 알아야 하니, 法術로써 한다면 신하의 행동을 관찰하는 도가 완성될 것이다.

---

9) (撲)〔樸〕 : 저본에는 '撲'으로 되어 있으나, ≪韓非子新校注≫ 陳奇猷의 설에 의거하여 '樸(숨기다)'으로 바로잡았다.

第二十五 安危篇　제25편 국가의 安危

〈安危篇〉은 국가를 안정시키는 방법과 위험에 빠뜨리는 길이 法治를 실행하느냐 실행하지 않느냐에 달려 있음을 천명하였다. 韓非는 이를 여섯 가지로 나누어 매 항목마다 일종의 나라를 다스리는 도리를 설명하고 있다.

첫째는 국가를 안정시키는 방법에는 일곱 가지가 있고, 국가를 위험에 빠뜨리는 길에는 여섯 가지가 있다고 하였다.

둘째는 危亂에 빠진 나라를 구제하는 데에는 귀에 거슬리는 忠言을 받아들이는 것이 필수임을 설명하였다.

셋째는 군주가 된 사람은 반드시 堯임금같이 되기를 힘써 추구하여야 함을 설명하였다.

넷째는 국가의 안위는 옳고 그름을 정확히 판단하는 데 있지 國力의 强弱에 있지 않으며, 국가의 存亡은 군주라는 虛名만 있는지 實權을 장악했는지에 달려 있지 인구의 많고 적음에 있는 것이 아님을 설명하였다.

다섯째는 현명한 군주는 內部의 통치를 嚴正하고 반듯하게 하여야 外部의 세력에게 나라를 잃지 않음을 설명하였다.

여섯째는 현명한 군주의 통치법은 法度가 사리에 적합하고 人心에 적합하게 하는 것임을 설명하였다.

25-1 **安術有七**이요 **危道有六**이라

〈국가를〉 안정시키는 방법은 일곱 가지가 있고, 〈국가를〉 위험에 빠뜨리는 길은 여섯 가지가 있다.

25-2 **安術**은 **一曰 賞罰隨是非**요 **二曰 禍福隨善惡**이요 **三曰 死生隨法度**요 **四曰 有賢不肖而無愛惡**(오)요 **五曰 有愚智而無非譽**요

〈국가를〉 안정시키는 일곱 가지 방법은, 첫째 賞罰을 내리는 일은 是非에 의거하여 따르고, 둘째 禍福을 주는 일은 善惡에 의거하여 따르며, 셋째 죽이고 살리는 일은 法度에 의거하여 따르고, 넷째 賢不肖의 판단으로 사랑하고 미워하는 차별이 없으며, 다섯째 어리석고 지혜로움의 판별로 비방과 칭찬이 개입됨이 없고,

○先愼曰 非는 讀爲誹라

○王先愼 : '非'는 '誹(비방)'의 뜻으로 읽어야 한다.

25-3 六曰 有尺寸而無意度(탁)이요 七曰 有信而無詐니라

여섯째 〈사물을 재는 객관적〉 잣대로 기준을 삼아서 추측에 의거하지 않고, 일곱째 信義를 지켜서 속임이 없는 것이다.

25-4 危道는 一曰 斲[1]削於繩之內요 二曰 斲割於法之外요

〈국가를〉 위험에 빠뜨리는 길은, 첫째 재목을 먹줄의 안쪽만을 깎는 것처럼 〈법규를 왜곡하여 편파적이고,〉 둘째 〈법규에 의거하지 않고〉 법규에서 벗어나 임의로 일을 처결하며,

○顧廣圻曰 藏本同이요 今本은 斲作斷하니 按此有誤나 未詳이라 先愼曰 法은 疑作繩이니 大體篇에 不引繩之外하며 不推繩之內라하고 孤憤篇에 必在繩之外矣라하니 是其證이라

○顧廣圻 : 藏本은 같고, 今本은 '斲'이 '斷'으로 되어 있다. 살펴보건대 여기에는 誤字가 있으나 무슨 글자인지 모르겠다.

王先愼 : '法'은 아마 '繩'이 되어야 할 듯하니, 〈大體篇〉에 "不引繩之外 不推繩之內(정해진 법제 밖으로 끌어내지 않고 정해진 법제 안으로 밀어넣지 않는다.)"라 하였고, 〈孤憤篇〉에

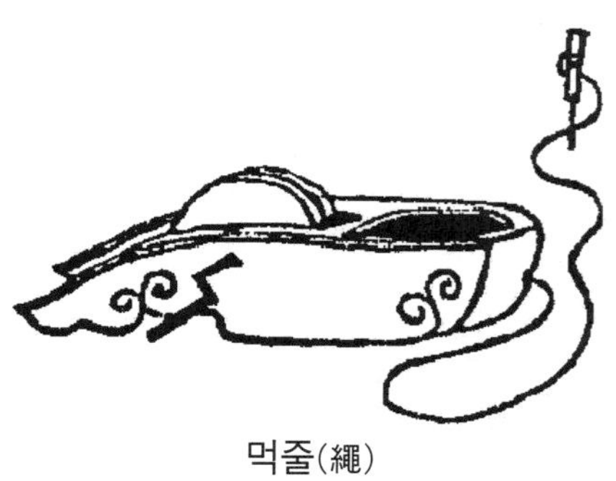

먹줄(繩)

1) 斲 : 사용된 의미를 알 수 없으므로, 集解와 같이 未詳으로 처리하여 번역하지 않았다.

"必在繩之外矣(반드시 법제에 용납되지 못하여 외면당할 것이다.)"라고 하였으니, 이것이 그 증명이다.

25-5 三曰 利人之所害요 四曰 樂人之所禍요 五曰 危人之所安이요

셋째 남이 입은 손해를 자기의 이익으로 삼고, 넷째 남이 당한 재앙을 즐겁게 여기며, 다섯째 남의 안전을 위태롭게 만들고,

○先愼曰 乾道本에 之作於라 顧廣圻云 藏本今本에 於作之라하야늘 今據改라

○王先愼：乾道本에 '之'가 '於'로 되어 있다. 顧廣圻는 "藏本과 今本에 '於'가 '之'로 되어 있다."라고 하였기에 지금 이에 의거하여 고쳤다.

25-6 六曰 所愛不親하며 所惡(오)不疏니라 如此면 則人失其所以樂生하고 而忘其所以重死니 人不樂生이면 則人主不尊[2]하고 不重死면 則令不行也[3]니라

여섯째 사랑해야 될 사람을 친근히 하지 않고 미워해야 될 사람을 멀리하지 않는 것이다. 이와 같이 하면 사람들은 삶을 즐겁게 여기는 이유를 잃게 되고, 죽음을 어렵게 여기는 원인을 잊게 된다. 사람들이 삶을 즐겁게 여기지 않으면 임금의 권위가 높아지지 못하고, 죽음을 어렵게 여기지 않으면 법령이 시행되지 않는다.

○盧文弨曰 淩本에 無不重死則令不行也八字라

○盧文弨：淩本에 '不重死則令不行也' 여덟 글자가 없다.

25-7 使天下皆極智能於儀表하고 盡力於權衡이면 以動則勝하고 以靜則安이라 治世使人樂生於爲是하고 愛身於爲非하면 小人少而君子多라 故社稷常立하고

천하 사람들로 하여금 모두 준칙 안에서 지혜와 재능을 다 발휘하고, 법도 범위

---

2) 人不樂生 則人主不尊：사람의 삶이 즐겁지 않으면 功을 세워 賞을 받고 싶은 마음이 없기 때문에 임금의 권위가 높아지지 않는다는 말이다.

3) 不重死 則令不行也：죽음을 어렵게 여기지 않으면 법령을 경시하여 지키지 않기 때문에 법령이 시행되지 않는다는 말이다.

내에서 힘을 다하도록 하면, 행동하면 승리하고 가만히 있으면 안정된다. 太平盛世〔治世〕에는 백성들로 하여금 옳은 일을 하는 데에서 삶을 즐기게 하고 그른 일을 하는 데에서 몸을 아끼게 하면 小人은 적어지고 君子는 많아진다. 그러므로 社稷은 항상 存立하고

○盧文弨曰 常은 張凌本에 作長이라

○盧文弨 : '常'은 張本・凌本에 '長'으로 되어 있다.

25-8 國家久安이니라 奔車之上無仲尼요 覆舟之下無伯夷[4]라 故號令者는 國之舟車也라 安則智廉生하고 危則爭鄙起라 故安國之法은 若饑而食하고

국가는 오래도록 안정될 것이다. 미친 듯이 달리는 수레 위에는 仲尼(孔子)도 타지 않을 것이며 전복되는 배 밑에는 伯夷도 타지 않을 것이다. 그러므로 號令은 국가의 배나 수레이다. 안정되면 지혜와 청렴이 생겨나고 위태로우면 다툼과 비루함이 일어나게 된다. 그러므로 나라를 안정시키는 방법은 마치 굶주리면 먹고

○盧文弨曰 饑는 當作飢니 下同이라

○盧文弨 : '饑'는 응당 '飢'가 되어야 하니 아래도 같다.

25-9 寒而衣면 不令而自然也라 先王寄理於竹帛[5]하니

추우면 옷을 입는 것처럼 하면 명령을 하지 않아도 자연스럽게 〈다스려지게〉 된다. 先王이 다스리던 법이 竹帛에 기록되어 남아 있으니,

○盧文弨曰 凌本은 寄下에 有治字라 先愼曰 治字는 衍文이니 理는 治也라

---

4) 伯夷 : 商나라 말기 孤竹君의 맏아들이다. 姓은 墨胎이고 이름은 允이다. 아버지가 셋째 아들 叔齊에게 君位를 전하려는 마음이 있었는데, 아버지가 죽은 뒤 숙제를 즉위시키려고 하였으나 숙제는 형에게 사양하였다. 백이가 이는 父命이라 하고 도망치자 숙제도 따라 도망쳤다. 뒤에 周 武王이 紂를 정벌할 때 신하로서 임금을 치는 것은 不義라 하여 간하였으나 듣지 않자 숙제와 함께 首陽山에 은거하여 고사리를 캐어 먹고 살다가 굶어죽었다 한다.

5) 竹帛 : 書籍, 특히 역사를 기록한 책을 이르는 말이다. 종이가 발명되기 전에 竹簡이나 비단에 글을 써서 기록한 데서 유래한 말이다.

○盧文弨 : 凌本은 '寄' 아래에 '治'자가 있다.
王先愼 : '治'자는 衍文이니, '理'는 '治(다스림)'의 뜻이다.

25-10 **其道順**이라 **故後世服**이니라

그 〈기록된 선왕의〉 도리가 이치에 마땅하기 때문에 後世 사람들이 信服하는 것이다.

○**先愼曰 句絶**이라

○王先愼 : 여기서 句를 끊어야 한다.

25-11 **今使人饑寒**이어늘 **去衣食**이면

지금 사람들이 굶주리거나 추위에 떨고 있는데 옷과 음식을 없애버리게 한다면

○**先愼曰 乾道本**에 **作令使人去饑寒**이라 **盧文弨云 從凌本增改作今使人饑寒去衣食**이라하니라 **先愼案 盧校是**일새 **今依改**하노라 **顧廣圻**는 **謂作今者誤**니 **以令字屬上讀**[6]이라하니 **非**라

○王先愼 : 乾道本에 '令使人去饑寒(가령 사람들로 하여금 굶주림과 추위를 제거하게 한다면)'으로 되어 있다. 盧文弨는 "글자를 보태고 고쳐서 '今使人饑寒去衣食'으로 되어 있는 凌本을 따른다."라고 하였다. 나는 살펴보건대 노문초가 교정한 것이 옳기 때문에 지금 이에 의거하여 고쳤다. 顧廣圻는 "'今'으로 된 것은 오자이니, '令'자를 위로 붙여서 읽어야 된다."라고 하였으니 틀렸다.

25-12 **雖賁育**이라도 **不能行**이요 **廢自然**이면 **雖順道而不立**이니 **强勇之所不能行**이면 **則上不能安**이니라

孟賁과 夏育 같은 勇士라도 명령을 실행하지 못할 것이고, 자연스러운 도리를 폐기하면 그 도리가 마땅하더라도 성립되지 못한다. 그러니 용사도 실행하지 못할 명령을 강제로 요구하면 君上이 평안하지 못할 것이다.

---

6) 以令字屬上讀 : '令'자를 앞(25-10)의 '故後世服' 뒤에 붙여야 한다는 말이다.

○顧廣圻曰 藏本同이요 今本則作雖하니 誤라 先愼曰 盧文弨云 張凌本亦作則이라

○顧廣圻 : 藏本은 이 글과 같고, 今本은 '則'이 '雖'로 되어 있으니 잘못되었다.
王先愼 : 盧文弨는 "張本과 凌本도 〈'雖'가〉 '則'으로 되어 있다."라고 하였다.

25-13 上以無厭責已盡이면 則下對無有니

君上이 만족을 모르는 〈끝없는 욕심으로〉 이미 다 수탈을 당한 〈下民에게〉 요구하면 下民은 남은 것이 없다고 대답할 것이니,

○先愼曰 旣盡而猶索之라 故下以實對라

○王先愼 : 이미 다 수탈을 당하였는데도 오히려 요구하기 때문에 下民이 사실대로 〈없다고〉 대답하는 것이다.

25-14 無有면 則輕法이니라

남은 것이 없으면 法을 경시하게 된다.

○先愼曰 乾道本에 無無有二字라 顧廣圻云 藏本今本有라 按當重下對無有四字라하니라 先愼案 顧說是也니 今據藏本今本하야 補二字하노라

○王先愼 : 乾道本에 '無有' 두 글자가 없다. 顧廣圻는 "藏本과 今本에 두 글자가 있다. 살펴보건대 응당 '下對無有' 네 글자가 거듭 있어야 한다."라고 하였다. 내가 살펴보건대 顧廣圻의 설이 옳으니, 지금 藏本과 今本에 의거하여 〈無有〉 두 글자를 보충하였다.

25-15 法은 所以爲國也어늘 而輕之면 則功不立하고 名不成이니라

法은 나라를 다스리는 도구인데 〈백성들이〉 이를 경시하면 임금은 功業을 세우지 못하고 名聲을 이루지 못한다.

25-16 聞古扁鵲[7]之治(其)〔甚〕病也에 以刀刺骨하고

7) 扁鵲 : 春秋戰國시대의 名醫이다. 氏는 秦, 이름은 緩, 字는 越人이다. 長桑君에게 의술을 배

듣건대 옛날 扁鵲은 심하게 앓는 病을 치료할 적에 칼을 뼈에 찔러 넣었고,

○先愼曰 其字는 當爲甚之殘闕字라 甚病與危國이 相對爲文하니 明其爲甚之誤라 下云甚病之人은 利在忍痛이라하니 作甚字 卽其證이라

○王先愼 : '其'자는 응당 '甚'의 이지러진 글자가 되어야 한다. '甚病'과 '危國'이 상대하여 문장이 되었으니, '其'는 '甚'의 오자임이 분명하다. 下文에 '甚病之人 利在忍痛(심한 병을 앓는 사람은 통증을 참는 데에 이로움이 있다.)'이라 하였으니, 〈여기에〉 '甚'자로 된 것이 바로 그 증거이다.

25-17 聖人之救危國也에 以忠拂耳라호라

성인은 危難에 처한 나라를 구할 적에 귀에 거슬리는 忠言을 한다고 하였다.

○先愼曰 忠言也라

○王先愼 : 〈'忠'은〉 충언이다.

25-18 刺骨이라 故小痛在體而長利在身하고 拂耳라 故小逆在心而久福在國이니라 故甚病之人은 利在忍痛하고 猛毅之君은 以[8]福拂耳니라

〈칼이〉 뼈를 찌르기 때문에 몸에 작은 통증이 있지만 몸에는 길이 누릴 이익이 있고, 〈忠言이〉 귀에 거슬리기 때문에 마음에 조금 거슬리는 불편함이 있지만 나라에는 오래도록 누릴 福이 있는 것이다. 그러므로 심한 병을 앓는 사람은 통증을 참는 데에 이로움이 있고, 사납고 고집 센 임금은 복을 받기 위하여 귀에 거슬리는 말을 듣는 것이다.

○先愼曰 謂以拂耳之言으로 爲福也라

○王先愼 : 귀에 거슬리는 말로 복을 삼음을 이른다.

위 임상 경험을 바탕으로 치료하였으며, 환자의 오장을 투시하는 경지에까지 이르렀다고 한다. 秦나라 太醫 李醯가 자기의 醫術이 편작보다 못한 것을 질투하여 사람을 시켜 찔러 죽이게 하였다. 유명한 醫書인 ≪難經≫을 지었다고 전한다.

8) 以 : ≪韓非子新校注≫에서 陳奇猷가 "'以'는 '爲(위하다)'와 같다."고 한 설을 따라 '〈복을 받기〉 위하여'로 번역하였다.

25-19 忍痛이라 故扁鵲盡巧요 拂耳則子胥[9)]不失하나니

〈병든 사람이〉 통증을 참아내기 때문에 扁鵲이 자기의 醫術을 다하고, 〈임금이〉 귀에 거슬리는 〈충언을 수용하면〉 伍子胥 같은 충신을 잃지 않는 것이니,

○顧廣圻曰 七字爲一句라

○顧廣圻 : 일곱 자(拂耳則子胥不失)를 한 句로 해야 한다.

25-20 壽安之術也니라 病而不忍痛이면 則失扁鵲之巧요 危而不拂耳면 則失聖人之意라 如此면 長利不遠垂요 功名不久立이니라

임금은 長壽하고 나라는 오래도록 평안하게 하는 방법이다. 병이 있는데도 잠시의 통증을 참아내지 못하면 扁鵲의 뛰어난 의술을 시술할 수 없고 나라가 위태로운데도 귀에 거슬리는 〈忠言을 수용하지〉 못하면 성인의 충심을 잃게 된다. 이렇게 되면 길이 누릴 이익이 먼 후세까지 流傳되지 못하고 功名도 오랜 세월 동안 존립하지 못한다.

25-21 人主不自刻以堯하고 而責人臣以子胥면 是幸殷人之盡如比干[10)]이니 盡如比干이면 則上不失하고 下不亡이니라 不權其力而有田成[11)]이어늘 而幸其身盡如比干이라

임금이 자신은 堯임금처럼 되는 각고의 노력을 하지 않고 신하에게 伍子胥처럼

9) 子胥 : 춘추시대 楚나라 大夫 伍員의 字이다. 아버지 伍奢와 형 伍尙이 모두 楚 平王에게 살해되자 吳나라로 도망하여 吳王을 도와 楚나라를 쳐서 평왕의 무덤을 파헤치고 평왕의 시체에 3백 번의 채찍질을 하여 父兄의 원한을 갚았다. 뒤에 太宰 嚭의 모함을 받아 죽임을 당하였다.

10) 比干 : 殷나라 末王 紂의 諸父 중 한 사람이다. 일설에는 庶兄이라고도 한다. 紂의 음란함을 諫하다가 심장을 가르는 慘刑을 받아 죽었다. 箕子・微子와 함께 殷나라 三仁으로 일컫는다.

11) 田成 : 춘추시대 齊나라 大夫 田恒으로, 成은 그의 諡號이다. 그의 先祖 陳나라 公子 完이 제나라에 망명하여 姓을 田氏로 바꾸었는데, ≪春秋左氏傳≫에는 陳恒으로, ≪史記≫에는 田常으로 기록 되었다. 齊 簡公을 시해하고 平公을 세워 齊나라의 정권을 독점하였고, 그의 증손 田和가 齊 康公을 축출하고 自立하여 田氏의 제나라를 만들었다.

되라고 요구한다면 이는 殷나라 사람이 모두 比干 같은 충신이 되기를 바라는 것이다. 사람들이 모두 비간처럼 된다면 임금은 나라를 잃지 않고 백성은 몸을 망치지 않았을 것이다. 임금이 신하의 세력을 헤아리지 못하여 田成子와 같은 신하가 있는데도 신변의 신하들이 모두 비간처럼 되기를 바란다.

○先愼曰 盧文弨拾補에 改身爲臣이라 顧廣圻云 此二句는 以其力與其身相對니 言人主當權其臣之力하야 使不得爲田成이요 不當責其臣之身하야 使爲比干也라 或謂此有誤字라하니 非라하니라 先愼案 顧說是라

○王先愼 : 盧文弨의 ≪群書拾補≫에 '身'을 고쳐서 '臣'으로 만들었다. 顧廣圻는 "이 두 句는 '其力'과 '其身'으로 相對하였으니, 임금은 응당 신하의 권력을 헤아려서 田成子처럼 되지 않게 해야 하고 그 신하의 몸에 비간처럼 되도록 요구하는 것은 부당하다고 말한 것이다. 혹자는 '이 부분에 오자가 있다.'라고 말하였으니, 이는 틀렸다."라고 하였다. 나는 살펴보건대 顧廣圻의 설이 옳다.

25-22 故國不得一安이니라 廢堯舜而立桀紂면 則人不得樂所長而憂所短이라 失所長이면 則國家無功이요 守所短이면 則民不樂生이니라 以無功御不樂生이면

그러므로 나라가 하루도 안정을 얻지 못하는 것이다. 堯·舜 같은 聖君이 廢位되고 桀·紂 같은 暴君이 在位하면 사람들은 자기의 장점을 발휘하는 즐거움과 단점을 근심하여 〈보완하는 기회를〉 얻지 못할 것이다. 장점을 잃으면 국가(君主)는 功業을 이룰 수 없고 단점을 그대로 지키고 있으면 백성들은 삶의 즐거움을 누리지 못한다. 공업이 없는 국가로서 삶이 즐겁지 않은 백성을 다스리면

○顧廣圻曰 乾道本은 此下重以無功御不樂生七字하고 藏本今本無라 先愼曰 道藏本今本是일새 今據刪하노라

○顧廣圻 : 乾道本은 이 아래에 '無功御不樂生' 일곱 자가 중복되어 있고, 藏本과 今本에는 〈중복된 문구가〉 없다.

王先愼 : 道藏本과 今本이 옳기 때문에 지금 이에 의거하여 삭제하였다.

25-23 不可行於齊民이니 **如此**면 **則上無以使下**하고 **下無以事上**이니라

평민〔齊民〕에게 〈法을〉 시행할 수 없으니, 이와 같다면 군주는 臣民을 부릴 수 없고 신민은 군주를 섬길 수 없게 된다.

25-24 安危는 **在是非**요 **不在於强弱**이며 **存亡**은 **在虛實**이요 **不在於衆寡**라 **故齊**는 **萬乘也**로되

국가의 安危는 옳고 그름을 정확히 판단하는 데 있지 國力의 강약에 있지 않으며, 국가의 存亡은 군주라는 虛名만 있는지 實權을 장악했는지에 달려 있지 인구의 많고 적음에 있는 것은 아니다. 그러므로 齊나라는 兵車 萬乘을 보유한 大國이었지만

○**盧文弨曰 齊下**에 **脫故字**하니 **張凌本有**라 **先愼曰 齊下**에 **不當有故字**니 **張凌本誤**라

○盧文弨 : '齊' 아래에 '故'자가 탈락하였으니, 張本과 凌本에 〈'故'자가〉 있다.
王先愼 : '齊' 아래에 '故'자가 있는 것은 합당치 않으니, 장본과 능본에 〈'故'자가 있는 것은〉 잘못되었다.

25-25 而名實不稱하야 **上空虛於國內**하야 **不充滿於名實**이라 **故臣得奪主**하니라

명칭과 실제가 맞지 않아 國內에서 군주(簡公)의 권력이 아무것도 없이 비어서 명칭과 실제가 채워지지 않았다. 그러므로 신하가 군주의 자리를 찬탈한 것이다.

○**先愼曰 此**는 **指田成而言**이라

○王先愼 : 이것은 田成을 지적하여 한 말이다.

25-26 (殺)〔桀〕은 **天子也**로되

桀은 천자였지만

○盧文弨曰 淩本에 作以成其簒弑也라 顧廣圻曰 故臣得奪主句絶이라 殺은 當作桀이니 形近之誤라 桀字逗하고 天子也句니 與上文故齊萬乘也句例同이라 戰國策新序에 皆言宋康王剖傴之背라하고 史記云 於是諸侯皆曰桀宋이라하고 下文에 使傴以天性剖背라하니 是其證矣라 先愼曰 顧說是니 淩本은 不得其義而改之耳라

○盧文弨 : 淩本에 '以成其簒弑也'로 되어 있다.

顧廣圻 : '故臣得奪主'에 句를 끊어야 한다. '殺'은 응당 '桀'이 되어야 하니, 字形이 비슷하여 잘못된 것이다. '桀'자에 讀를 떼고 '天子也'에 句를 끊어야 하니, 上文의 '故齊萬乘也' 句의 例와 같다. ≪戰國策≫ 〈宋策〉과 ≪新書≫ 〈雜事 4〉에 모두 '宋康王剖傴之背(송강왕이 곱사등이의 등을 갈랐다.)'라 하였고, ≪史記≫ 〈宋微子世家〉에 '於是諸侯皆曰桀宋(이에 제후들이 모두 걸송이라고 했다.)'라고 하였고, 下文에 '使傴以天性剖背(천성으로 타고난 꼽추의 등을 가르게 했다.)'라고 한 것이 바로 그 증명이다.

王先愼 : 顧廣圻의 설이 옳으니, 淩本은 그 뜻을 알지 못하여 고친 것이다.

25-27 而無是非하야 賞於無功하야 使讒諛以詐僞爲貴하고 誅於無罪하야 使傴以天性剖背라 以詐僞爲是하고

옳고 그름을 정확히 판단하지 못하여 功이 없는 사람에게 賞을 내려 〈賢良한 사람을〉 참소하고 아첨하는 자가 거짓을 꾸며 더 존귀하게 되도록 하고, 죄 없는 사람에게 벌을 주어 天性으로 타고난 꼽추의 등을 갈라보게 하였다. 거짓을 꾸미는 것을 옳다고 여기고

○先愼曰 乾道本無爲字라 顧廣圻云 藏本今本은 僞下有爲字라하니라 先愼案 詐僞爲是와 天性爲非는 相對成文하니 有爲字者是일새 今據補하노라

○王先愼 : 乾道本에는 '爲'자가 없다. 顧廣圻는 "藏本과 今本은 '僞' 아래에 '爲'자가 있다."라고 하였다. 내가 살펴보건대 '詐僞爲是'와 '天性爲非'가 상대하여 문장을 이루었으니, '爲'자가 있는 것이 옳기 때문에 지금 이에 의거하여 〈'爲'자를〉 보충하였다.

25-28 天性爲非하니 小得勝大하니라

천성을 옳지 않다고 여겼으니, 이 때문에 작은 나라(殷)가 큰 나라(夏)를 이긴

것이다.

○顧廣圻曰 藏本同하고 今本은 大下有矣字하니 誤라

○顧廣圻：藏本은 같고, 今本은 '大' 아래에 '矣'자가 있으니 잘못되었다.

25-29 明主堅內라 故不外失하나니 失之近而不亡於遠者는 無有라

현명한 君主는 內部의 통치를 공고하게 한다. 그러므로 外部의 세력에게 나라를 잃지 않는 것이다. 가까운 내부의 통치를 잘못하고서 먼 외부의 세력에게 멸망당하지 않는 자는 있지 않다.

○先愼曰 乾道本에 而作正이라 盧文弨云 凌本에 正作而라하고 顧廣圻云 正字當衍이라하니라 先愼案 (顧)〔盧〕[12]說是니 今依凌本改하노라 趙用賢云 近失正國之理也라하니 是據誤本而爲之辭니 不可從이라

○王先愼：乾道本에는 '而'가 '正'으로 되어 있다. 盧文弨는 "凌本에 '正'이 '而'로 되어 있다."라고 하였고, 顧廣圻는 "'正'자는 당연히 衍文이다."라고 하였다. 나는 살펴보건대 노문초의 설이 옳으니, 지금 凌本에 의거하여 고쳤다. 趙用賢은 "가까이는 나라를 다스리는 도리를 잃은 것이다."라고 하였으니, 이는 잘못된 판본에 의거하여 한 말이라서 따를 수가 없다.

25-30 故周之奪殷也는 拾遺於庭이니라 使殷不遺於朝면 則周不敢望秋毫於境이온 而況敢易位乎아

그러므로 周나라가 殷나라를 빼앗은 것은 마치 뜰에 흘린 물건을 줍듯이 쉬웠다. 가령 은나라가 조정에서 물건을 흘리지 않았다면 주나라가 감히 은나라 경내의 털끝만 한 땅이라도 얻기를 바라지 못했을 터인데, 하물며 감히 天子의 자리를 바꿀 수 있었겠는가.

25-31 明主之道忠[13]法하고 其法忠心이라 故臨之而法하고 去之而思니라 堯無

12) (顧)〔盧〕：저본에는 '顧'로 되어 있으나, 王先愼이 凌本을 따라 고쳤다 하였고, ≪韓非子新校注≫에도 '盧'로 되어 있는 것에 의거하여 '盧'로 바로잡았다.

膠漆之約於當世而道行하고

현명한 군주의 나라 다스리는 도리는 法制에 맞고 그 법제는 民心에 맞았다. 그러므로 〈현명한 군주가〉 다스리면 백성들이 법을 지키고 그가 떠나면 그리워하는 것이다. 堯임금은 당시 백성들과 굳은 盟約이 없었으나 나라 다스리는 도리가 시행되었고,

○先慎曰 乾道本에 道作遺라 顧廣圻云 藏本今本에 遺作道라하니라 先慎案 下能立道於往古라하니 卽指道行而言이라 明遺字形近而誤일새 今據改하노라

○王先愼 : 乾道本에 '道'가 '遺'로 되어 있다. 顧廣圻는 "藏本과 今本에 '遺'가 '道'로 되어 있다."라고 하였다. 나는 살펴보건대 下文에 '能立道於往古(옛날에 나라 다스리는 도리를 세웠다.)'라고 하였으니, 바로 나라 다스리는 도리가 시행된 것을 가리켜 말한 것이다. '遺'자의 모양이 〈'道'와〉 비슷하여 잘못된 것이 분명하기 때문에 지금 이에 의거하여 고쳤다.

25-32 舜無置錐之地於後世而德結하니라

舜임금은 송곳을 꽂을 만한 작은 땅도 후대에 남겨준 것이 없었으나 은덕이 〈백성들의 마음에〉 응결되어 있었다.

○先慎曰 御覽七百六十四에 引有民心二字라

○王先愼 : ≪太平御覽≫ 권764에 이 글을 인용하면서 '民心' 두 글자가 있다.

25-33 能立道於往古하야

옛날에 나라 다스리는 도리를 세워서

○先慎曰 乾道本에 往下有名字라 顧廣圻云 今本에 無名字라하야늘 今據刪하노라

○王先愼 : 乾道本에 '往' 아래에 '名'자가 있다. 顧廣圻는 "今本에 '名'자가 없다."라고 하였기에 지금 이에 의거하여 삭제하였다.

---

13) 忠 : '忠'은 '衷'의 뜻으로 읽어야 한다는 陶鴻慶의 설을 옳다고 한 ≪韓非子新校注≫ 陳奇猷의 설을 따라 '맞다'로 번역하였다.

25-34 而垂德於萬世者之謂明主니라

萬歲토록 영원히 은덕을 후대에 전한 사람을 현명한 군주라고 이르는 것이다.

第二十六 守道篇 제26편 나라를 지키는 길

이 篇의 篇名인 '守道'란 나라를 지키는 길, 곧 나라의 정권을 보존하는 방법 또는 원칙을 말한다. 그것을 위한 가장 중요한 원칙이 法을 세우는 것이라 하였다. 법은 善을 드러내고 惡을 억제하는 작용을 하기 때문에 상을 두터이 하여 선한 일을 권장하고 형벌을 엄중히 하여 포악한 행위를 억누르도록 강조하고, 功이 많은 자가 높은 자리에 오르고 힘을 극진히 쓴 자가 후한 상을 받으며 마음을 다한 자가 명성을 세움으로써 그 결과 선행이 늘어나고 악행이 줄어든다고 하였다.

나아가 공평무사한 法治가 행해지면 똑똑한 자가 어리석은 자의 것을 빼앗거나 강자가 약자를 침해하거나 다수가 소수에게 횡포를 부리지 않을 것이며, 따라서 군주와 신하는 시해되거나 환란을 근심하는 일 없이 편안하고 즐겁게 지낼 수 있을 것이라 하였다. 이는 곧 韓非子가 바란 이상사회이며, 법치사상이 도달할 수 있는 최종 목표를 제시한 것이라고 할 수 있겠다.

26-1 **聖王之立法也**에 **其賞**은 **足以勸善**하며 **其威**는 **足以勝暴**하며 **其備**는 **足以必完(法)**하니라

聖王이 법을 세울 적에 그 포상은 선행을 권장하기에 충분하고 그 위엄은 포악한 것을 억누르기에 충분하며 그 대비는 완전함을 기필하기에 충분하도록 한다.

○盧文弨曰 其備足以必完句는 凌本에 無必字하니 非라 法字는 疑衍이라

○盧文弨 : '其備足以必完' 句는 凌本에 '必'자가 없으니, 잘못이다. '法'자는 衍文인 듯하다.

26-2 **治世之臣**은 **功多者位尊**하며 **力極者賞厚**하며 **情盡者名立**하니 **善之生如春**하고 **惡之死如秋**라 **故民勸極力而樂盡情**하니 **此之謂上下相得**이라하니라 **上下相得**이라 **故能使用力者自極於權衡**하야 **而務至於任鄙**[1]하며 **戰士出死**하야

잘 다스려지는 세상의 신하는 공이 많은 자가 높은 자리에 오르고 힘을 극진히 쓴 자가 후한 상을 받으며 마음을 다한 자가 명성을 세우니, 선행은 봄날의 새싹처럼 생겨나고 악행은 가을의 초목처럼 사그라진다. 그러므로 백성들은 힘을 극진히 쓰도록 서로 권면하고 마음을 다하기를 즐거워하니, 이를 두고 위아래가 뜻이 맞는다고 한다. 위아래가 뜻이 맞기 때문에 힘을 쓰는 자로 하여금 스스로 법도 안에서 힘을 다하여 任鄙와 〈같은 장사의 수준에〉 이르도록 애쓰게 하고, 전사로 하여금 죽음을 무릅쓰고서

○先愼曰 此當有脫字라

○王先愼 : 여기에 응당 탈락된 글자가 있다.

26-3 而願爲賁育하며 守道者皆[2]懷金石之心하야

孟賁과 夏育 같은 용사가 되기를 바라게 하며, 道를 지키는 자로 하여금 모두 쇠와 돌 같은 굳은 의지를 품어서

○先愼曰 趙本에 皆作出하니 是라

○王先愼 : 趙本에 '皆'는 '出'로 되어 있으니, 옳다.

26-4 以死子胥之節하니라 用力者爲任鄙하며 戰如賁育하며 中爲金石하면

伍子胥처럼 충절을 지켜 죽을 수 있도록 한다. 힘을 쓰는 자가 任鄙처럼 힘을 쓰고 전사가 孟賁과 夏育처럼 용맹하며 〈도를 지키는 자가〉 마음속에 쇠와 돌처럼 굳은 의지를 품는다면

○顧廣圻曰 藏本今本에 中作守라 先愼曰 中字是라 中爲金石은 卽心懷金石也라 此指上守道者皆懷金石之心而言이라

○顧廣圻 : 藏本과 今本에 '中'은 '守'로 되어 있다.

---

1) 任鄙 : 전국시대 秦 武王을 섬기던 장사이다.(≪史記≫ 〈秦本紀〉)

2) 皆 : 王先愼은 趙本에 '出'로 된 것이 옳다고 교감하였으나, 저본대로 보는 것이 문맥상 타당해 보이므로 글자 그대로 번역하였다.

王先愼 : '中'자가 옳다. '中爲金石'은 곧 마음속에 쇠와 돌처럼 굳은 의지를 품은 것이다. 이것은 위의 '守道者皆懷金石之心'을 가리켜 한 말이다.

26-5 則君人者高枕而守已完矣니라

군주는 베개를 높이 베고 자더라도 나라를 지키는 길은 이미 완비된 것이다.

26-6 古之善守者는 以其所重으로 禁其所輕하고 以其所難으로 止其所易(이)라 故君子與小人俱正하고 盜跖[3]與曾史[4]俱廉하니라 何以知之오 夫貪盜라도 不赴谿而掇金하니 赴谿而掇金하면

예전에 나라를 잘 지켰던 군주는 백성들이 무겁게 여기는 〈형법으로〉 그들이 가볍게 여기는 〈죄를〉 금지하였고 백성들이 어렵게 여기는 〈형벌로〉 그들이 쉽게 저지르는 〈범죄를〉 그치게 하였다. 그래서 군자와 소인이 모두 바르게 되고 盜跖의 무리와 曾參·史魚가 모두 청렴해졌다. 어떻게 알겠는가? 무릇 탐욕스러운 도적이라 하더라도 깊은 골짜기로 들어가서 금을 줍지는 않으니, 깊은 골짜기로 들어가서 금을 주우면

○先愼曰 乾道本에 不重赴谿而掇金五字어늘 據道藏本趙本補하노라

○王先愼 : 乾道本에 '赴谿而掇金' 5글자가 중복되지 않았는데, 道藏本과 趙本에 의거하여 보충하였다.

26-7 則身不全일새니라 賁育이라도 不量敵이면 則無勇名이요 盜跖이라도 不計可면 則利不成이니라

몸이 온전하지 못하기 때문이다. 孟賁과 夏育이라 하더라도 〈싸우기 전에〉 적

---

3) 盜跖 : 춘추시대 魯나라의 도적으로, 9천여 명의 졸개를 거느리고 천하를 횡행하였다고 한다. 黃帝 때의 大盜라고도 하며 魯나라 현인 柳下惠의 동생이라고도 하는데, 후대에는 탐욕스럽고 포악한 도둑의 대명사로 알려져 있다.(≪莊子≫ 〈盜跖〉)

4) 曾史 : 孔子의 제자 曾參과 衛나라 대부 史魚를 말한다. 曾參은 효행으로 널리 알려졌으며, 史魚는 이름이 鰌, 자가 子魚로, 공자가 그의 강직함을 칭찬하였다.

을 헤아려보지 않았다면 용맹하다는 이름을 떨칠 수 없었을 것이고, 盜跖이라 하더라도 〈도둑질을 하지 전에〉 가능성을 따져보지 않았다면 이익을 얻을 수 없었을 것이다.

26-8 明主之守禁也엔 賁育見侵於其所不能勝이요 盜跖見害於其所不能取라

현명한 군주가 지키고 금할 적에는 孟賁과 夏育도 이길 수 없는 데에서 제재를 받고 盜跖도 취할 수 없는 데에서 해를 입는다.

○先愼曰 己不能禁하면 賁育得而勝之하고 己不能守하면 盜跖得而取之라

○王先愼：군주 자신이 금하지 못하면 맹분과 하육이 이길 수 있고, 자신이 지키지 못하면 도척이 취할 수 있다.

26-9 故能禁賁育之所不能犯하고 守盜跖之所不能取하면 則暴者守愿하고 邪者反正하니라 大勇愿하고 巨盜貞하면

그러므로 孟賁과 夏育이 침범할 수 없도록 금하고 盜跖이 취할 수 없도록 지킬 수 있으면, 포악한 자는 조심스러운 태도를 지키고 사특한 자는 바른길로 돌아온다. 크게 용맹한 자가 조심스러워하고 큰 도적이 바르게 되면

○先愼曰 乾道本은 貞下에 有平字라 按平字涉下文而衍이니 今從趙本删하노라

○王先愼：乾道本은 '貞' 아래에 '平'자가 있다. 살펴보건대 '平'자는 아래 글에 연관되어 잘못 들어간 衍文이니, 지금 趙本을 따라 삭제하였다.

26-10 則天下公平하야 而齊民之情正矣니라 人主離法失人하면 則危於伯夷不妄取라도 而不免於田成盜跖之禍니라

천하가 두루 공정하고 화평해져서 일반 백성들의 性情도 바르게 될 것이다. 군주가 법을 이탈하고 민심을 잃으면 함부로 취하지 않는 伯夷와 같이 고상한 자라 하더라도 田成과 盜跖의 화를 면할 수 없다.

○先愼曰 乾道本에 禍作耳라 顧廣圻云 今本에 耳作禍니 誤라 按不字衍이요 耳當

作身이니 形相近也라 與上句對라하니라 先慎案 說文에 危는 在高而懼也라하니 故危有高義라 文選七命注의 引論語鄭注와 莊子盜跖篇釋文의 引李注에 竝云 危는 高也라하니라 此言人主雖於伯夷不妄取之高에도 離法失人을 不能禁止면 臣下終有田常盜跖之禍라 顧說謬甚이라 趙本에 耳作禍하니 是也라 今依改하노라

○王先慎 : 乾道本에 '禍'는 '耳'로 되어 있다. 顧廣圻는 "今本에 '耳'는 '禍'로 되어 있으니, 잘못이다. 살펴보건대 '不'자는 衍文이고, '耳'는 응당 '身'이 되어야 하니, 형태가 서로 비슷하다. 위의 구와 대구이다."라고 하였다.

내가 살펴보건대 ≪說文解字≫에 "危는 높은 곳에 있어 두려운 것이다."라고 하였으니, 따라서 '危'는 높다는 뜻이 있다. ≪文選≫ 〈七命〉의 注에 인용한 ≪論語≫ 鄭玄의 注와 ≪莊子≫ 〈盜跖篇〉의 ≪經典釋文≫에 인용한 李善의 注에 모두 '「危」는 「高(높다)」이다.'라고 하였다. 이것은 군주가 비록 함부로 취하지 않는 伯夷처럼 고상하다 하더라도 법을 이탈하고 민심을 잃는 것을 금지하지 못한다면 신하 중에 끝내는 田常과 盜跖 같은 자가 생기는 화가 있게 됨을 말한 것이니, 顧廣圻의 설은 심하게 틀렸다. 趙本에 '耳'는 '禍'로 되어 있으니, 옳다. 지금 이에 의거하여 고쳤다.

26-11 何也오

어째서인가?

○先慎曰 乾道本에 何作可어늘 今據趙本改하노라

○王先慎 : 乾道本에 '何'는 '可'로 되어 있는데, 지금 趙本에 의거하여 고쳤다.

26-12 今天下無一伯夷하고 而姦人不絶世라 故立法度量이니라 度量信이면 則伯夷不失是요 而盜跖不得非니라 法分明이면 則賢不得奪不肖요 强不得侵弱이요 衆不得暴寡니라 託天下於堯之法이면 則貞士不失分이요 姦人不儌幸이니라 寄千金於羿[5]之矢면 則伯夷不得亡이요 而盜跖不敢取니라 堯明於不失姦이라 故天下無邪요 羿巧於不失發이라

5) 羿 : 夏나라 때 하늘에 떠 있는 아홉 개의 해를 쏘아 하나만 남겼다는 전설상의 명궁이다. 太康을 폐위하고, 國號를 有窮이라고 칭하였는데, 뒤에 그 신하 寒浞에게 시해당했다고 한다.(≪書經≫ 〈夏書 五子之歌〉・≪史記≫ 〈夏本紀〉)

지금 천하에 伯夷 같은 이는 한 명도 없고 간사한 사람은 세상에 끊이지 않기 때문에 법과 기준을 세워야 하는 것이다. 기준이 미더우면 백이는 옳은 길을 잃지 않고 盜跖은 잘못된 일을 저지를 수 없다. 법이 분명하면 똑똑한 자가 어리석은 자의 것을 빼앗을 수 없고 강한 자가 약한 자를 침해할 수 없으며 다수가 소수에게 횡포를 부릴 수 없다.

천하를 堯임금의 법에 따라 다스리면 곧은 선비는 자기 본분을 잃지 않을 것이고 간사한 사람이 요행을 바라지 않을 것이다. 천금을 羿의 화살로 쏘아 부치면 백이라 하더라도 잃지 않고 도척이라 하더라도 감히 가질 수 없을 것이다. 요임금은 간사한 자를 놓치지 않는 법에 밝았으므로 천하에 삿된 일이 없어졌고, 예는 화살을 빗나가게 하지 않는 재주에 교묘했으므로

○先愼曰 不失發은 乾道本에 作失發이라 顧廣圻云 藏本今本은 於下에 有不字하고 乾道本에 發作廢하니 譌라하니 今據改하노라

○王先愼 : '不失發'은 乾道本에 '失發'로 되어 있다. 顧廣圻는 "藏本과 今本은 '於' 아래에 '不'자가 있고 乾道本에 '發'이 '廢'로 되어 있으니, 잘못이다."라고 하였으니, 지금 이에 의거하여 고쳤다.

26-13 故千金不亡이니라 邪人不壽요

천금을 잃지 않았던 것이다. 〈그렇게 되면〉 사악한 사람은 오래 살지 못하고

○顧廣圻曰 藏本同이라 今本에 壽作售하니 誤라 按上文云 惡之死如秋라하니 此其義也라

○顧廣圻 : 藏本은 같다. 今本에 '壽'는 '售'로 되어 있으니, 잘못이다. 살펴보건대 윗글에 '惡之死如秋(악행은 가을의 초목처럼 사그라진다.)'라고 하였으니, 이것이 바로 그 뜻이다.

26-14 而盜跖止니라

盜跖의 도적질도 그치는 것이다.

○王先謙曰 句絶이라

○王先謙 : 여기에 句가 끊어진다.

26-15 如此면 故圖不載宰予[6)]며 不擧六卿[7)]이며 書不著子胥며 不明夫差[8)]니라

이와 같았다면 따라서 圖書에 宰予는 실리지도 않았을 것이고, 晉나라 여섯 대부도 거론되지 않았을 것이며, 문헌에 伍子胥도 기록되지 않았을 것이고, 夫差도 밝게 드러나지 않았을 것이다.

○王先謙曰 此宰予謂齊簡公臣이니 與田成爭權而死者라 蓋周世有二說하니 或云闞止요 或卽以爲孔子弟子宰我也라 六卿은 晉臣이라 言無爭奪亡滅之禍라 故圖書不得而載著라

○王先謙 : 여기 宰予는 齊 簡公의 신하로, 田成과 권력을 놓고 다투다가 죽은 자이다. 〈宰予에 대해〉 周나라 때 두 가지 설이 있었는데, 어떤 이는 闞止라고 하고 어떤 이는 바로 孔子의 제자 宰我라고 한다. 六卿은 晉나라의 신하들이다. 권력을 쟁탈하고 나라가 멸망하는 화가 없으므로 圖書와 문헌에 실리고 기록될 수 없다는 말이다.

---

6) 宰予 : 춘추시대 魯나라 사람으로, 자는 子我 또는 宰我이다. 孔門十哲 중 한 사람으로, 언변에 능했다. 齊나라에서 벼슬하여 臨淄의 대부가 되었으나, 田常의 난에 죽임을 당하였다고 한다. ≪史記≫ 〈仲尼弟子列傳〉에 "宰予가 臨菑의 대부가 되어 田常과 난을 일으켰다.〔宰予爲臨淄大夫 與田常作亂〕"는 말이 있는데, 司馬貞의 ≪史記索隱≫에는 "살펴보건대 ≪春秋左氏傳≫에는 재아와 전상이 난을 일으켰다는 문장이 없다. 그러나 闞止의 字가 子我인데 총애를 다툼으로 인하여 드디어 陳恒에게 피살되었다. 아마 자가 재여와 같기 때문에 이로 인한 오류로 생각된다.〔按左氏傳 無宰我與田常作亂之文 然有闞止字子我而因爭寵遂爲陳恒所殺 恐字與宰予相涉因誤云然〕"고 하였다. 이것으로 보면 본문의 宰予는 공자 제자 宰予가 아닌 闞止로 볼 수도 있다.

7) 六卿 : 晉나라에서 실권을 장악하였던 范·中行·智·韓·魏·趙氏의 여섯 대부를 가리킨다. 후에 趙·韓·魏氏가 진나라를 나누어 각기 나라를 세웠고, 이들이 정식으로 제후로 인정을 받음에 따라 진나라는 멸망하였다

8) 夫差 : 춘추시대 吳나라 왕 闔閭의 아들로, 합려의 뒤를 이어 오나라 왕이 되었다. 아버지가 越나라 왕 句踐에게 패하여 죽자, 그 유언을 받들어 섶나무 위에서 자며 복수를 다짐하였다. 결국 월나라를 공격하여 대승을 거두고 굴복시켰으나, 뒤에 쓸개를 핥으면서 부국강병에 힘쓴 구천에게 패하여 자살하였다.(≪史記≫ 〈越王句踐世家〉)

26-16 **孫吳**[9]**之略廢**요 **盜跖之心伏**이니라 **人主甘服於玉堂之中**하되 **而無瞋目切齒傾取之患**이요

孫子와 吳起의 兵略도 쓸모없어 폐기되었을 것이고 盜跖의 탐욕도 억눌려 드러나지 않았을 것이다. 군주는 궁궐 안에서 맛있는 음식을 먹고 좋은 옷을 입고 지내지만 눈을 부릅뜨거나 이를 갈며 나라가 뒤집어져 탈취될 근심은 없을 것이며,

○**先愼曰 拾補**에 **瞋作瞑**이라 **盧文弨云 瞑**은 **張凌本**에 **作瞋**이라하니라 **先愼案 作瞋者是**라 **莊子說劍篇**에 **瞋目而語難**이라하니라

○王先愼 : ≪群書拾補≫에 '瞋'은 '瞑'으로 되어 있다. 盧文弨는 "'瞑'은 張本과 凌本에 '瞋'으로 되어 있다."라고 하였다. 내가 생각하건대 '瞋'으로 되는 것이 옳다. ≪莊子≫ 〈說劍篇〉에 "瞋目而語難(눈은 부릅뜨고 힐난하는 말을 하다.)"이라고 하였다.

26-17 **人臣垂拱於金城之內**로되

신하들은 견고한 성 안에서 두 손을 모아 잡아 옷소매를 드리우고 〈할 일 없이 지내지만〉

○**先愼曰 乾道本**에 **無於字**라 **顧廣圻云 今本**은 **拱下**에 **有於字**라 **按依上文**컨대 **當有**라하니 **今據補**하노라

○王先愼 : 乾道本에 '於'자가 없다. 顧廣圻는 "今本은 '拱' 아래에 '於'자가 있다. 살펴보건대, 윗글(人主甘服於玉堂之中)에 의거하면 〈'於'자가〉 있어야 한다."라고 하였으니, 지금 이에 의거하여 보충하였다.

---

9) 孫吳 : 춘추전국시대 이름난 병법가 孫武·孫臏과 吳起를 가리킨다. 孫武는 춘추시대 齊나라 사람으로 吳나라 왕 闔閭를 도와 군사를 양성하였다. 저서에 병서 ≪孫子≫ 현존한다. 孫臏은 孫武의 후손으로, B.C. 367년에 魏나라 군사와 싸워 크게 이기고, B.C. 353년에 趙나라를 도와 위나라 군사를 격파하였다. ≪孫臏兵法≫을 저술하였다고 하지만 전하지 않는다. 吳起는 전국시대 衛나라 사람으로, 처음에 魯나라의 장수가 되어 齊나라 군대를 격파하였고, 뒤에 魏 文侯의 장수가 되어 秦나라와 韓나라의 공격을 막아내었다. 魏 文侯가 죽자 다시 楚 悼王의 정승이 되어 百越·三晉·秦을 정벌하였다. 楚 悼王이 죽은 뒤에 貴戚大臣의 원망을 사서 피살되었다.(≪史記≫ 〈吳起列傳〉)

26-18 而無扼腕聚脣嗟唶之禍니라

팔뚝을 움켜쥐거나 입술을 깨물며 탄식하는 화란은 없을 것이다.

○盧文弨曰 搤은 腕同이라

○盧文弨 : '搤'은 '腕(팔뚝)'과 같다.

26-19 服虎而不以柙하고 禁姦而不以法하며 塞僞而不以符하니 此賁育之所患이요 堯舜之所難也라 故設柙은 非所以備鼠也라 所以使怯弱能服虎也요 立法은 非所以避曾史也라

범을 길들이려고 하면서 우리를 쓰지 않고 간사한 자를 금하려고 하면서 법을 쓰지 않으며 거짓을 막으려고 하면서 符節을 쓰지 않으니, 이런 경우는 孟賁과 夏育이라도 근심하고 堯임금과 舜임금이라도 어려워한다. 그러므로 우리를 설치하는 것은 쥐를 대비하려는 것이 아니라 겁 많고 약한 자가 범을 굴복시킬 수 있게 하려는 것이고, 법을 세우는 것은 曾參이나 史魚 같은 이를 피하려는 것이 아니라

○顧廣圻曰 藏本今本에 避作備라 按備字는 涉上句誤라

○顧廣圻 : 藏本과 今本에 '避'는 '備'로 되어 있다. 살펴보건대 '備'자는 위의 句(非所以備鼠也)에 연관이 되어 잘못되었다.

26-20 所以使庸主能止盜跖也요

평범한 군주가 盜跖 같은 자를 막을 수 있게 하려는 것이며,

○先愼曰 乾道本에 無使字라 顧廣圻云 藏本今本은 以下에 有使字라하니라 先愼案依上下文컨대 當有니 今據補하노라

○王先愼 : 乾道本에 '使'자가 없다. 顧廣圻는 "藏本과 今本은 '以' 아래에 '使'자가 있다."라고 하였다. 내가 살펴보건대 위아래 글에 따르면 응당 있어야 하니, 지금 이에 의거하여 보충하였다.

26-21 爲符는 非所以豫尾生[10)]也라 所以使衆人不相謾也니라 不恃比干之死節이며

부절을 만드는 것은 尾生 같은 이를 미리 방지하려는 것이 아니라 뭇사람들이 서로 속이지 못하도록 하려는 것이다. 比干처럼 죽음으로 지키는 절개를 믿는 것이 아니고

○先愼曰 乾道本은 不下에 有獨字라 盧文弨云 凌本에 無獨字라하니 今據刪하노라

○王先愼：乾道本은 〈'不恃比干之死節'의〉 '不' 아래에 '獨'자가 있다. 盧文弨는 "凌本에 '獨'자가 없다."라고 하였으니, 지금 이에 의거하여 삭제하였다.

26-22 不幸亂臣之無詐也요 (恃)〔持〕怯〔弱〕之所能服이며

나라를 어지럽히는 신하가 속이지 않기를 바라는 것도 아니니, 겁 많은 자도 〈범을〉 굴복시킬 수 있는 방법을 가지는 것이고

○盧文弨曰 恃는 凌本에 作持라 顧廣圻曰 藏本同이라 今本은 怯下에 有士字하니 誤라 按 依上文컨대 當有弱字라

○盧文弨：'恃'는 凌本에 '持'로 되어 있다.
顧廣圻：藏本은 같다. 今本은 '怯' 아래에 '士'자가 있으니, 잘못이다. 살펴보건대 위의 글(26-19)에 의거하면 〈'怯' 아래에〉 응당 '弱'자가 있어야 한다.

26-23 握庸主之所易(이)守니라

평범한 군주가 쉽게 권세를 지킬 수 있는 방법을 장악하는 것이다.

26-24 當今之世하야 爲人主忠計하고 爲天下結德者는 利莫長於(如)此라

지금 세상에서 군주를 위해 충성스럽게 계책을 세우고 천하를 위해 은덕을 응결시키는 것은 이보다 더 이로운 것은 없다.

---

10) 尾生：戰國時代 사람으로 미련할 만큼 신의를 지킨 인물이다. 전설에 따르면, 여자와 다리 아래에서 만나기로 했다가 약속한 기일이 되어도 여자가 오지 않자, 홍수가 나서 강물이 갑자기 불어났는데도 피하지 않고 다리 기둥을 붙잡고 익사하였다고 한다.(≪莊子≫ 〈盜跖篇〉·≪史記≫ 〈蘇秦列傳〉)

○先愼曰 如字는 衍이라

○王先愼 : '如'자는 衍文이다.

26-25 故君人者無亡國之圖요 而忠臣無失身之畫(획)이니라

그러므로 군주는 자기 나라를 망칠 일을 도모하지 않고 충신은 제 몸을 잃을 일을 획책하지 않게 된다.

26-26 明於尊位必賞이라

자신의 本職을 존중하는 자에게 반드시 상을 준다는 것을 분명히 한다.

○盧文弨曰 賞은 淩本에 作法이라

○盧文弨 : '賞'은 淩本에 '法'으로 되어 있다.

26-27 故能使人으로 盡力於權衡하고 死節於官職하니라 通賁育之情하되

그래서 사람으로 하여금 법도 안에서 힘을 다하고 맡은 관직을 위해 목숨을 바쳐 충절을 다하게 하는 것이다. 孟賁과 夏育의 마음을 이해하면서도

○顧廣圻曰 藏本同이라 今本은 通下에 有於字어늘 誤라

○顧廣圻 : 藏本도 같다. 今本은 '通' 아래에 '於'자가 있는데, 잘못이다.

26-28 不以死易生하고 惑於盜跖之貪하되

죽음으로 삶을 바꾸지 않고 도척의 탐욕에 미혹되더라도

○王渭曰 惑字有誤라

○王渭 : '惑'자는 잘못이 있다.

26-29 不以財易身하면 則守國之道畢備矣니라

재물로 몸을 바꾸지 않게 되면 나라를 지키는 길은 온전하게 갖추어졌다고 하겠다.

第二十七 用人篇 제27편 군주의 用人術

신하와 백성에 대한 군주의 用人術을 설명하였다.

우선 賞罰을 통한 용인술을 강조하였다. 상벌을 분명히 하면 伯夷와 盜跖같이 상반되는 부류가 한데 섞이지 않아, 충성스런 신하는 나라에 공을 바쳐 지위에 오르고 능력을 드러내어 직책을 맡게 된다. 다만 상을 내릴 적에는 누구나 받을 수 있도록 하고 벌을 줄 적에는 참혹하게 형벌을 가하지 않아야 상하의 恩情이 돈독하게 된다.

다음으로 현명한 군주는 廉恥를 장려하고 仁義를 주장한다. 군주는 신하가 공적으로 힘을 다하는 것을 즐기고, 신하는 자신의 능력에 맞는 직무를 받는 것을 편안히 여긴다. 그렇기 때문에 군주는 신하가 편안히 여기는 것을 장려하고 군주 자신이 즐거워하는 일을 확립해야 하니, 상하의 이로움이 이보다 오래가는 것은 없다.

마지막으로 눈앞에 있는 환란을 근심하고 가까이 있는 현인의 계책을 쓰는 데 노력해야 한다. 눈앞의 화를 없애지 않고서 孟賁과 夏育같이 용맹한 이가 목숨을 바치기 바라며, 집안의 환란을 조심하지 않고서 먼 변방에 金城을 견고하게 쌓으며, 가까이 있는 현인의 계책은 쓰지 않고서 천 리 밖 萬乘의 나라와 외교관계를 맺는다면, 회오리바람이 하루아침에 불어 닥쳐도 맹분과 하육도 미처 구원해주지 못할 것이고 외교를 맺은 나라도 미처 이르지 못할 것이니, 그 화가 이보다 큰 것이 없다.

27-1 聞古之善用人者는 **必循天順人而明賞罰**이라 **循天**하면 **則用力寡而功立**이요 **順人**하면 **則刑罰省**(생)**而令行**이요 **明賞罰**하면 **則伯夷盜跖不亂**이니 **如此則白黑分矣**리라 **治國之臣**은 **效功於國以履位**하고 **見**(현)**能於官以受職**하며 **盡力於權衡以任事**라 **人臣皆宜其能**하고 **勝其官**하며 **輕其任**하야

듣건대 옛날에 사람을 잘 쓰는 자는 반드시 하늘에 순종하고 사람에 순응하여 賞罰을 분명히 한다고 하였다. 하늘에 순종하면 힘을 적게 쓰고서도 공이 세워지며, 사람에 순종하면 형벌을 줄이면서도 법령이 시행되며, 상벌을 분명히 하면 伯

夷와 盜跖같이 〈상반되는 부류가〉 뒤섞이지 않으니, 이와 같이 하면 白과 黑이 구분될 것이다. 잘 다스려지는 나라의 신하는 나라에 공을 바쳐 지위에 오르고, 관직에서 능력을 드러내어 직책을 받으며, 법도에 힘을 다하여 일을 맡는다. 신하가 모두 그 능력에 알맞고 그 관직을 감당하며 그 맡은 일을 수월하게 수행하여,

○先愼曰 不兼官也라

○王先愼 : 관직을 겸하지 않는 것이다.

27-2 而莫懷餘力於心하고 莫負兼官之責於君이라 故內無伏怨之亂이요 外無馬服之患[1)]이라

자신의 남는 힘을 마음에 품지 않고 관직을 겸하는 책임을 군주에게 씌우지 않는다. 그러므로 안으로는 원한을 품고서 일으키는 변란이 없고 밖으로는 馬服과 같은 우환이 없다.

○盧文弨曰 馬는 凌本作矯라 王先謙曰 凌本非也니 馬服은 謂趙括이라

○盧文弨 : '馬'는 凌本에 '矯'로 되어 있다.

王先謙 : 凌本이 틀렸으니 '馬服'은 '趙括'을 가리킨다.

27-3 明君使事不相干이라 故莫訟이요 使士不兼官이라 故技長이요 使人不同功이라 故莫爭이라

현명한 군주는 일을 서로 간섭하지 않도록 하기 때문에 소송하지 않고, 선비에게 관직을 겸하게 하지 않기 때문에 재능이 발전하고, 사람들이 功을 공유하도록

---

1) 外無馬服之患 : 馬服은 전국시대 趙나라의 명장 趙奢의 아들 趙括을 가리킨다. 조사는 생전에 馬服君에 봉해졌는데, 그가 죽자 아들 조괄이 마복군이라는 封號를 이어받아 馬服子라고 불렸다. 조괄은 병법의 이론에만 밝았지 실제로 군사를 부릴 재능이 없었다. 조나라 孝成王이 秦나라의 反間計에 넘어가 그동안 잘 싸우고 있던 廉頗를 파면하고 그 자리에 조괄을 임명했다. 조괄은 조나라의 대군을 이끌고 長平에서 무모하게 진나라 진영으로 돌격했다가 진나라의 명장 白起의 전략에 빠져 살해당하고, 그가 이끌던 40만에 달하는 군졸은 진나라에 항복했다. 그런데 백기가 이 40만의 降卒을 구덩이에 파묻어 죽임으로써 조나라는 멸망에 이르게 되었다.(≪史記≫ 〈趙奢列傳〉)

하지 않기 때문에 다투지 않는다.

○先愼曰 乾道本에 爭下有訟字라 盧文弨云 訟字 秦本無라하고 顧廣圻云 訟字衍이니 此涉下句而誤라하니라 先愼案 飭令篇에 亦無訟字[2]니 今據秦本刪하노라

○王先愼 : 乾道本에는 '爭' 아래에 '訟'자가 있다. 盧文弨는 "'訟'자가 秦本에는 없다."라고 하였고, 顧廣圻는 "'訟'자는 衍文이니 여기는 아래 구(爭訟止)와 연계되어 잘못되었다."라고 하였다. 내가 살펴보건대 〈飭令篇〉에도 '訟'자가 없으니 지금 秦本에 의거하여 삭제하였다.

27-4 爭訟止하고 技長立하면 則彊弱不觳(각)力하고 冰炭不合形하야 天下莫得相傷하니 治之至也라

다투고 소송하는 일이 그치고 재능이 발전하여 우뚝 서게 되면, 강자와 약자가 힘을 겨루지 않고 얼음과 숯같이 〈상반되는 것이〉 합쳐지지 않아서 천하 사람들이 서로 해치지 않으니 이것이 다스림의 지극함이다.

27-5 釋法術而任心治면

법술을 버려두고 마음 내키는 대로 다스리면

○先愼曰 各本無任字나 御覽八百三十引心上有任字하니 是라 下去規矩而妄意度(탁)이라하니 妄意度는 與任心治相對爲文하야 明此脫任字일새 今據補하노라

○王先愼 : 각 본에 '任'자가 없으나 ≪太平御覽≫ 권830의 인용한 글에 '心'자 위에 '任'자가 있으니 옳다. 아래에 "去規矩而妄意度(規矩를 버리고 함부로 어림짐작하다.)"이라 하였으니, '妄意度'은 '任心治'와 상대하여 문장을 이루어, 여기서 '任'자가 탈락된 것이 분명하기에 지금 이에 의거하여 보충하였다.

27-6 堯不能正一國이요 去規矩而妄意度(탁)이면

堯임금도 한 나라를 바르게 할 수 없고, 그림쇠와 곱자를 버리고 함부로 어림짐

---

2) 飭令篇 亦無訟字 : ≪韓非子≫ 〈飭令篇〉에 "使士不兼官 故技長 使人不同功 故莫爭"이라고 하였다.

작하면

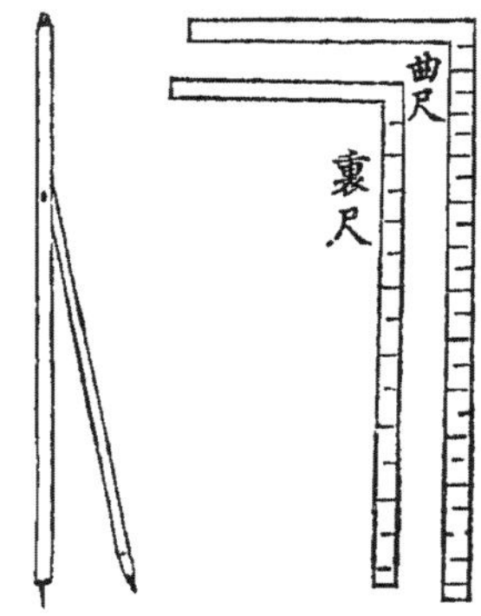

規 矩

○先愼曰 御覽引妄作委요 治要無度字니 均誤라 解老篇妄作忘하니 說詳彼[3)]라

○王先愼 : ≪太平御覽≫의 인용한 글에 '妄'자가 '委'로 되어 있고, ≪群書治要≫에는 '度'자가 없으니 모두 잘못되었다. 〈解老篇〉에 '妄'자가 '忘'으로 되어 있으니 설명은 거기에 상세하다.

27-7 奚仲[4)]不能成一輪이요 廢尺寸而差短長이면 王爾[5)]不能半中이라

奚仲도 하나의 수레바퀴를 완성할 수 없고, 尺寸을 없애고 〈눈대중으로〉 길이를 비교한다면 王爾도 한가운데를 나눌 수 없다.

○王先謙曰 王爾는 巧工이라 淮南子에 王爾無所錯其剞劂이라하니라 先愼曰 中은 音丁仲反이라

○王先謙 : 王爾는 솜씨 좋은 工人이다. ≪淮南子≫ 〈本經訓〉에 "王爾는 새기는 일에 실수가 없었다.〔無所錯其剞劂〕" 하였다.

王先愼 : '中'은 音이 丁과 仲의 反切이다.

27-8 使中主守法術하고 拙匠執規矩尺寸하면

중간 정도의 〈才德을 지닌〉 군주로 하여금 법술을 지키게 하고, 서투른 장인으로 하여금 그림쇠와 곱자, 尺寸(자)을 잡게 하면

3) 解老篇妄作忘 說詳彼 : 〈解老篇〉의 "無緣而忘意度(아무런 근거 없이 함부로 어림짐작하다.)"에 대해 王先愼은 ≪說文解字≫를 근거로 '忘'과 '妄'이 예전에 통용된 글자로 보았다. 그 증거로써 ≪莊子≫ 〈盜跖篇〉의 "故推正不忘耶(정말로 바른 도를 추구하여 제멋대로 하지 않아서인가)"와 ≪韓非子≫ 〈用人篇〉의 "去規矩而妄意度(그림쇠와 곱자를 버리고 함부로 어림짐작하다.)"을 제시하였다.

4) 奚仲 : 夏禹의 신하로 車正이 되었다. 처음으로 수레를 만들었다고 한다.

5) 王爾 : 옛날에 기술이 뛰어난 匠人이다. 宋玉의 〈笛賦〉에 "王爾와 公輸의 무리로 하여금 묘한 뜻을 합하고 솜씨를 겨루어서 피리를 만들었다."라고 하였다.

○先愼曰 各本執作守나 治要藝文類聚五十四御覽引竝作執이라

○王先愼 : 각 본에는 '執'이 '守'로 되어 있으나, ≪群書治要≫ · ≪藝文類聚≫ 권54 · ≪太平御覽≫의 인용한 글에는 모두 '執'으로 되어 있다.

27-9 則萬不失矣리라

절대 실수하지 않을 것이다.

○先愼曰 藝文類聚引矣作一이라

○王先愼 : ≪藝文類聚≫의 인용한 글에는 '矣'가 '一'로 되어 있다.

27-10 君人者能去賢巧之所不能하고 守中拙之所萬不失하면

군주가 현명하거나 재주 있는 자라도 하지 못하는 것을 제거해주고, 중간 정도의 군주나 서투른 장인이라도 절대 실수하지 않는 〈법술과 그림쇠 · 곱자를〉 지켜준다면

○先愼曰 治要守上有而字라

○王先愼 : ≪群書治要≫에는 '守'자 위에 '而'가 있다.

27-11 則人力盡而功名立이리라

사람이 힘을 다하여 그 功名을 세울 것이다.

27-12 明主立可爲之賞하고 設可避之罰이라 故賢者勸賞而不見子胥之禍요 不肖者少罪而不見傴剖背요

현명한 군주는 누구나 받을 수 있는 상을 세우고 누구나 피할 수 있는 벌을 설치한다. 그러므로 어진 이에겐 상을 권장하여 伍子胥와 같은 화를 당하지 않게 하고, 불초한 자에겐 죄를 적게 내려 꼽추의 등을 가른 것과 같은 일을 당하지 않게 하며,

○先愼曰 此宋康王事[6]니 安危篇云 誅於無罪하야 使傴以天性剖背라하니 是也라

○王先愼 : 이것은 宋 康王의 일이니, 〈安危篇〉에 "죄 없는 사람에게 벌을 주니, 천성으로 타고난 꼽추의 등을 갈라보게 하였다."고 한 것이 이것이다.

27-13 盲者處平而不遇深谿요 愚者守靜而不陷險危라 如此則上下之恩結矣리라

눈먼 이는 평지에 살면서 깊은 골짜기를 만나지 않게 하고, 어리석은 이는 고요함을 지키면서 위험한 상황에 빠지지 않게 한다. 이와 같이 된다면 上下의 恩情이 맺어질 것이다.

27-14 古之人曰 其心難知요 喜怒難中也라하니 故以表示目하고 以(鼓)〔教〕語耳하며

옛날 사람이 말하기를 "그 마음은 알기 어려우며, 기쁘고 성내는 감정은 맞추기 어렵다."라고 하였으니, 이 때문에 기준을 세워 눈에 보여주고 가르침을 귀에 들려주며

○顧廣圻曰 鼓當作教니 下文其教易知故言用은 承此라

○顧廣圻 : '鼓'는 응당 '教'가 되어야 하니, 아래 글의 "其教易知故言用(그 가르침을 쉽게 알기 때문에 말이 쓰인다.)"은 이것을 이어받은 것이다.

27-15 以法教心이라

법을 가지고 마음에 가르친다.

○顧廣圻曰 此教字誤나 未詳所當作이라

6) 宋康王事 : 宋 康王은 수많은 악행을 저질렀다. 예컨대 國老들 중에 諫하는 자를 꾸짖으며 얼굴을 가리는 冠을 쓰고는 자신의 용감함을 표시하였고, 꼽추의 등을 갈라보기도 하고, 이른 아침 물을 건너는 사람의 정강이를 잘라보기도 하였다. 이러한 횡포를 참지 못한 백성은 騷擾하기 시작하였고, 이를 들은 齊나라가 쳐들어왔다.(≪戰國策≫ 〈宋策〉)

○顧廣圻 : 여기 '教'자는 잘못되었으나 응당 어떤 글자가 되어야 하는지는 未詳이다.

27-16 君人者釋三易(이)之數而行一難知之心이라

군주가 이런 세 가지 쉬운 방법을 버려두고 한 가지 알기 어려운 마음을 행하려 한다.

○先愼曰 乾道本行下有之字요 知之下無心字라 顧廣圻云 今本無上之字요 下之字下有心字니 按依上文當刪補라하니 今據改하노라

○王先愼 : 乾道本에 '行'자 아래에 '之'자가 있고, '知之' 아래에 '心'자가 없다. 顧廣圻는 "今本에는 위의 '之'자가 없고 아래의 '之'자 아래에 '心'자가 있으니, 살펴보건대 윗글에 의거하여 응당 삭제하고 보충해야 한다."라고 하였으니, 지금 이에 의거하여 고쳤다.

27-17 如此則怒積於上而怨積於下니 以積怒而御積怨하면 則兩危矣리라 明主之表易(이)見이라 故約立이요 其教易知라 故言用이요 其法易爲라 故令行이라 三者立而上無私心이면 則下得循法而治하고 望表而動하며 隨繩而斲하고

이와 같이 한다면 위로는 노여움이 쌓이고 아래로는 원망이 쌓이니, 쌓인 노여움을 가지고 쌓인 원한을 다스린다면 둘 다 위태롭게 될 것이다. 현명한 군주가 세운 기준을 쉽게 볼 수 있기 때문에 규약이 세워지고, 그 가르침을 쉽게 알 수 있기 때문에 말이 쓰이며, 그 법을 쉽게 실행할 수 있기 때문에 법령이 행해진다. 이런 세 가지가 세워지고 위에서 私心이 없게 되면 아래에서는 법을 준수하여 잘 다스려지고 기준을 바라보고 행동하며, 먹줄을 따라 깎아내고

○先愼曰 安危篇云 一曰斲削於繩之內요 二曰斲割於繩之外라하니 是也라

○王先愼 : 〈安危篇〉에 "첫째 재목을 먹줄의 안쪽만을 깎는 것처럼 〈법규를 왜곡하여 편파적이고,〉 둘째 〈법규에 의거하지 않고〉 법규에서 벗어나 임의로 일을 처결한다."라고 하였으니, 바로 이것이다.

27-18 因(攢)〔簪〕而縫이라

바늘구멍을 따라서 꿰맬 수 있게 된다.

○兪樾曰 攢字無義니 當作簪이라 荀子賦篇簪以爲父에 楊倞注 簪形似箴而大라하니 是簪亦箴類라 故曰因簪而縫也라하니라 說文金部에 鐕은 可以綴著物者라하니 簪은 卽鐕之叚字라 亦或作撍하니 周易豫九四에 朋盍簪이 京作撍하니 是也라 古本韓子當亦作撍이어늘 傳寫因誤爲攢矣라

○兪樾 : '攢'자는 뜻이 통하지 않으니 응당 '簪'이 되어야 한다. ≪荀子≫ 〈賦篇〉 "簪以爲父(簪으로써 아비를 삼는다.)"의 楊倞 注에 "簪은 형태가 箴과 비슷하되 큰 것이다."라고 하였으니 여기서의 簪 또한 箴의 부류이다. 그러므로 "因簪而縫(簪을 따라서 꿰매다.)"이라고 한 것이다. ≪說文解字≫ 〈金部〉에 "鐕은 꿰매어 붙이는 물건이다."라고 하였으니 簪은 곧 鐕의 假借字이다. 또한 '撍'으로 된 것도 있으니 ≪周易≫ 豫掛 九四爻辭의 "朋盍簪(벗들이 모여든다.)"이 京兆本에 '撍'으로 되어 있는 것이 이것이다. 古本의 ≪韓非子≫에는 응당 또한 '撍'으로 되어 있었는데 傳寫하다가 '攢'으로 잘못 쓴 것이다.

27-19 如此則上無私威之毒이요 而下無愚拙之誅라 故上(君)〔居〕明而少怒하고

이와 같이 하면 위에서는 사사롭게 위엄을 부려서 생기는 해독이 없게 되고 아래에서는 어리석고 졸렬함으로 인해 벌 받는 일이 없게 된다. 그러므로 위로는 현명해져 성을 내는 일이 줄어들고

○顧廣圻曰 藏本同이라 今本君作居하니 按君字誤라

○顧廣圻 : 藏本도 마찬가지이다. 今本에 '君'이 '居'로 되어 있으니, 살펴보건대 '君'자는 잘못되었다.

27-20 下盡忠而少罪라

아래로는 충성을 다하여 죄를 짓는 일이 줄어든다.

27-21 聞之曰 擧事無患者를 堯不得也라하니 而世未嘗無事也라 君人者不輕爵祿하고 不易(이)富貴하면 不可與救危國이라 故明主厲廉恥하고 招仁義라 昔者介子推無爵祿而義隨文公하고 不忍口腹而仁割其肌[7]라 故人主結其德하야 書

圖著其名이라 **人主樂乎使人以公盡力**하고 **而苦乎以私奪威**하며 **人臣安乎以能受職**하고 **而苦乎以一負二**라

듣건대 "일을 행하면서 아무런 걱정이 없는 것을 堯임금도 그렇게 할 수 없다." 라고 하였으니, 세상에 아무 일도 없었던 적은 없다. 군주가 爵祿을 중요시하고 부귀를 대단하게 여긴다면 함께 위급한 나라를 구제할 수 없다. 그러므로 현명한 군주는 廉恥를 장려하고 仁義를 치켜세운다.

옛날 介子推가 작록이 없는데도 의리로써 晉 文公을 따랐고, 文公의 굶주림을 참지 못하자 仁으로써 자신의 허벅지 살을 베어 먹였다. 그러므로 군주가 그 은덕을 마음에 간직하여 서적과 그림에 그 이름을 드러내었다. 군주는 부리는 사람이 公的으로 힘을 다하는 것을 즐기고 私的으로 군주의 위엄을 빼앗는 것을 괴로워하며, 신하는 〈자신에게 합당한〉 능력으로 직무를 받는 것을 편안히 여기고 한 몸으로 두 가지 일을 맡는 것을 괴로워한다.

謂一身兩役也라

舊注 : 〈'以一負二'는〉 한 몸으로 두 가지 일을 하는 것을 이른다.

27-22 **故明主除人臣之所苦**하고 **而立人主之所樂**하니 **上下之利 莫長於此**라 **不察私門之內**하고 **輕慮重事**하며 **厚誅薄罪**하고 **久怨細過**하며 **長侮偸快**하고

그러므로 현명한 군주는 신하가 괴로워하는 일을 없애주고 군주 자신이 즐거워하는 일을 확립해야 하니, 상하의 이로움이 이보다 나은 것은 없다. 권세 있는 신하의 속내를 살피지 못하고 나라의 중대사를 가볍게 생각하며, 하찮은 죄에 무겁게 벌을 내리고 작은 허물을 오랫동안 원망하며, 계속해서 남을 모욕하여 즐거움

---

7) 昔者……不忍口腹而仁割其肌 : 晉 文公이 19년 동안이나 망명 생활을 할 때, 介子推는 자신의 허벅지 살을 베어 봉양할 정도로 충성을 다했다. 뒤에 문공이 즉위한 다음 자신을 수행했던 이들에게 상을 내렸으나 개자추에게는 봉록을 내리지 않았다. 그래서 그는 綿山에 은거해버렸는데, 문공이 뒤늦게 그 사실을 알고 불렀으나, 응하지 않으므로 산에 불을 놓아 그를 나오게 했다. 그러데 그는 어머니와 함께 불에 타 죽고 말았다. 이에 문공이 크게 슬퍼하여 사당을 지어 제사 지내고, 그가 타 죽은 날에는 불을 사용하지 못하도록 하였다.(≪春秋左氏傳≫ 僖公 24년)

으로 삼고

長輕侮人하야 偸取一時之快也라

舊注 : 〈'長侮偸快'는〉 계속해서 남을 모욕하여 한때의 즐거움으로 삼는 것이다.

27-23 數(삭)以德追禍면

화를 일으킨 자에게 자주 은덕을 베푼다면

禍賊當誅나 而反以德報之也라

舊注 : 화를 일으킨 역적은 응당 벌을 내려야 하지만 반대로 은덕을 베푸는 것이다.

27-24 是斷手而續以玉也라 故世有易身之患이라

이것은 손이 잘려나갔는데도 玉으로 이어 붙이는 꼴이다. 그러므로 세상에 군주 자신의 자리가 바뀔 걱정이 생기게 된다.

27-25 人主立難爲而罪不及이면 則私怨生이요

군주가 실행하기 어려운 것을 세워놓고 〈그 기준에〉 미치지 못한 이에게 죄를 준다면 사사로운 원망이 생겨나고

○先愼曰 乾道本生作立이라 顧廣圻云 今本立作生이라 按立字譌라하니 今據改하노라

○王先愼 : 乾道本에 '生'이 '立'으로 되어 있다. 顧廣圻는 "今本에 '立'이 '生'으로 되어 있다. 살펴보건대 '立'자는 잘못되었다."라고 하였으니, 지금 이에 의거하여 고쳤다.

27-26 人臣失所長而奉難給이면 則伏怨結이라 勞苦不撫循하고 憂悲不哀憐하야 喜則譽小人이요 賢不肖俱賞하야 怒則毁君子하니 使伯夷與盜跖俱辱이라 故臣有叛主라

신하가 자신의 장점은 발휘하지 못하고 수행하기 어려운 일을 맡으면 숨은 원한이 맺힐 것이다. 신하의 노고를 위무해주지 않고 신하의 슬픔을 가엾게 여기지

않으면서 자신이 기쁘면 소인을 칭찬하고, 어진 이와 불초한 이에게 모두 상을 내리면서 자신이 성나면 군자를 비방하니, 이는 伯夷와 盜跖같이 〈상반된 부류를〉 함께 욕보이는 것이다. 그러므로 군주에게 반역하는 신하가 있게 된다.

27-27 **使燕王內憎其民而外愛魯人**이면

만약 燕나라 군주가 안으로는 자신의 백성을 미워하고 밖으로는 魯나라 백성을 사랑한다면

○**先愼曰 乾道本不提行**이나 **今依趙本**하노라

○王先愼 : 乾道本에는 행을 바꾸지 않았으나, 지금은 趙本에 의거하였다.

27-28 **則燕不用而魯不附**리라 〔**燕**〕**見憎**이면 **不能盡力而務功**이요

燕나라 백성은 쓸 수가 없고 魯나라 백성도 따르지 않을 것이다. 燕나라 백성이 미움을 받으면 힘을 다하여 공을 이루는 데 힘쓰지 않을 것이고

○**顧廣圻曰 藏本同**이라 **今本見上有民字**라 **按當脫燕字**라

○顧廣圻 : 藏本도 마찬가지이다. 今本에는 '見'자 위에 '民'자가 있다. 살펴보건대 응당 '燕'자가 탈락된 것이다.

27-29 **魯見說**(열)이라도 **而不能離死命而親他主**리라 **如此則人臣爲隙穴**하야 **而人主獨立**이라 **以隙穴之臣而事獨立之主**를 **此之謂危殆**라하니라

魯나라 백성이 사랑을 받더라도 자신들의 목숨을 버리면서까지 다른 나라의 군주를 가까이하지 않을 것이다. 이와 같이 된다면 신하와는 틈이 벌어져 군주는 고립된다. 틈이 벌어진 신하가 고립된 군주를 섬기는 것을 일러 위태롭다고 하는 것이다.

27-30 **釋儀的而妄發**이면 **雖中小**라도 **不巧**요

올바른 과녁을 버려두고 제멋대로 화살을 쏘면 비록 작은 것을 맞히더라도 활

솜씨가 좋은 것은 아니고

○顧廣圻曰 藏本同이라 今本小作而어늘 誤라

○顧廣圻 : 藏本도 마찬가지이다. 今本에 '小'가 '而'로 되어 있는데 잘못되었다.

27-31 釋法制而妄怒면 雖殺戮이라도 而姦人不恐이라 罪生甲이나 禍歸乙이면 伏怨乃結이라 故至治之國에 有賞罰이나 而無喜怒라 故聖人極有刑法이로되 而死無螫(석)毒[8]일새 故姦人服이라 發矢中的하고 賞罰當符일새 故堯復(부)生이요 羿復立이라 如此則上無殷夏之患하고 下無比干之禍하야 君高枕而臣樂業하고 道(蔽)〔被〕天地하며

법제를 버려두고 제멋대로 성을 내면 비록 사람을 죽이더라도 간사한 사람은 두려워하지 않는다. 죄는 甲이 저질렀는데 화가 乙에게 돌아가면 숨은 원한이 맺힐 것이다. 그러므로 지극히 잘 다스려진 나라에는 상벌은 있으나 기쁘거나 성내는 일이 없다. 이 때문에 성인이 엄격하게 형법을 두었으나 사형에 처할 적에 〈감정에 따라〉 참혹하게 죽이는 일이 없었기에 간사한 사람도 복종하였다. 화살을 쏘면 과녁을 맞히고 상벌이 사실에 부합하였기 때문에 堯임금이 다시 살아난 듯하고 羿가 다시 서 있는 듯한 것이다.

이와 같이 한다면 위로는 殷나라와 夏나라같이 멸망당할 걱정이 없고 아래로는 比干처럼 〈간언하다 참혹한〉 화를 당하는 일이 없어서, 군주는 편안히 누워 있고 신하는 맡은 직분을 즐기며, 道는 천지에 미치고

○先愼曰 蔽當作被라

○王先愼 : '蔽'는 응당 '被(미치다)'가 되어야 한다.

27-32 德極萬世矣리라

德은 만세에 이를 것이다.

---

8) 螫(석)毒 : '螫'은 독충이 쏘거나 독사가 문다는 의미로, 전하여 '해독을 끼치다'는 뜻으로 사용된다. 여기에서는 '螫毒'을 "〈감정에 따라〉 참혹하게 죽임"으로 번역하였다.

27-33 夫人主

군주가

○先愼曰 乾道本連上이나 今依趙本提行하노라

○王先愼 : 乾道本에는 윗글과 이어져 있으나 지금은 趙本에 의거하여 행을 바꾸었다.

27-34 不塞隙穴而勞力於赭堊이면 暴雨疾風必壞리라 不去眉睫之禍而慕賁育之死하고 不謹蕭牆之患而固金城於遠境하며 不用近賢之謀而外結萬乘之交於千里면 飄風一旦起엔 則賁育不及救요 而外交不及至리니 禍莫大於此라 當今之世하야 爲人主忠計者는 必無使燕王說(열)魯人이요 無使近世慕賢於古요 無思越人以救中國溺者라

〈건물의〉 틈과 구멍을 막지 않고서 赤土와 白土로 꾸미는 데 노력한다면 거센 비바람에 반드시 무너질 것이다. 눈앞의 화를 없애지 않고서 孟賁과 夏育같이 용맹한 이가 목숨을 바치기 바라며, 집안의 환란을 조심하지 않고서 먼 변방에 城을 견고하게 쌓으며, 가까이 있는 현인의 계책은 쓰지 않고서 천 리 밖 萬乘의 나라와 외교관계를 맺는다면, 회오리바람이 하루아침에 불어 닥쳤을 때 孟賁과 夏育도 미처 구원해주지 못할 것이고 외교를 맺은 나라도 미처 이르지 못할 것이니, 그 화가 이보다 큰 것이 없다.

지금 세상에 군주를 위해 충성스런 계책을 내는 자는 반드시 〈자신의 임금이〉 燕나라 군주가 魯나라 백성을 즐겁게 해주는 것처럼 함이 없게 하고, 근세의 사람이 옛날의 현인을 사모함이 없게 하며, 〈수영을 잘하는〉 越나라 사람이 中原의 물에 빠진 사람을 구원해줄 것을 생각함이 없도록 해야 한다.

○先愼曰 見說林上魯穆公條[9]라

9) 見說林上魯穆公條 : 〈說林 上〉에 다음과 같은 내용이 보인다. 魯 穆公이 여러 公子들을 보내어 혹은 晉나라에서 벼슬살이하고 혹은 楚나라에서 벼슬살이하게 하였다. 이때 犁鉏가 간언하기를 "먼 越나라에서 사람을 빌려와 물에 빠진 어린 자식을 구하려 한다면 越나라 사람이 아무리 헤엄을 잘 치더라도 어린 자식을 반드시 살려내지 못할 것입니다. 지금 晉나라와 楚나라가 강대하기는 하지만 齊나라와 우리 魯나라의 거리가 가까우니, 만일 齊나라가 魯나라

○王先愼 : 〈說林 上〉의 '魯穆公' 조목에 보인다.

27-35 如此則上下親하야 內功立이요 外名成이라

이와 같이 한다면 상하가 친애하여 안으로는 공이 세워지고 밖으로는 명성을 이룰 것이다.

를 침공한다면 두 나라는 우리 魯나라의 禍患을 구원해주지 못할 것입니다." 하였다.

第二十八 功名篇 제28편 功業과 名聲

이 篇은 君主가 功業을 세우고 名聲을 이루는 방법을 闡明하였다. 賢明한 군주가 공업을 세우고 명성을 이루는 중요한 요소로 제일 먼저 '天時'와 '人心'과 '技能'과 '勢位'가 있어야 함을 제시하였다.

그 다음으로는 오로지 '勢位'의 중요함을 역설하였다. 韓非는 '세위'는 군주가 국가를 통치함에 있어 立功成名을 결정하는 첫째가 되는 요소로서 至大한 意義를 갖추고 있음을 인식하고 있었다. 그러므로 才能이 있으나 '세위'가 없으면 아무리 현명하여도 不肖한 사람을 통제하지 못하니, 높은 지위와 重大한 세력이 있어야 비로소 천하를 통제할 수 있다고 하였다.

그는 '세위'의 중대한 작용을 강조한 다음 군주가 '세위'를 이루는 원인을 날카롭게 살펴보고 있다. 군주가 '세위'를 이루는 원인으로 군주는 천하 사람들이 힘을 하나로 합쳐서 함께 추대하기 때문에 그 지위가 안정되고, 많은 사람들이 한마음으로 함께 옹립하기 때문에 그 지위가 尊貴하게 된다 하였다.

이런 인식을 기초로 군주와 臣民에 대한 依賴 관계를 충분히 설명하였다. 군주의 근심은 불러도 호응하는 사람이 없는 데에 있고, 신하의 근심은 한 가지 일에만 전념하지 못하는 데에 있음을 강조하고 있다. 그렇기 때문에 聖人의 德이 堯·舜과 같고 행실이 伯夷와 같더라도 그의 지위가 세상 사람들에게 추대를 받지 못하면 공업을 세울 수 없고 명성이 이루어질 수 없음을 주장하였다.

28-1 明君之所以立功成名者四니 **一曰天時**요 **二曰人心**이요 **三曰技能**이요 **四曰勢位**니라 (非)〔北(배)〕[1]**天時**면 **雖十堯**라도 **不能冬生一穗**요 **逆人心**이면 **雖賁育**이라도 **不能盡人力**이라 **故得天時**면 **則不務而自生**하고

---

1) (非)〔北(배)〕: 저본에는 '非'로 되어 있으나, ≪韓非子新校注≫에서 陶弘景은 "'非'는 '北'의 오자이고, '北'는 '背'로 읽어야 되니 '背' 또한 '逆(거스르다)'의 뜻이다."라고 하였고, 陳奇猷도 이 설이 옳다고 하였으므로, 이에 의거하여 '北'로 바로잡았다.

賢明한 군주가 功을 세우고 명성을 이루는 요건은 네 가지가 있으니, 첫째는 天時, 둘째는 人心, 셋째는 技能, 넷째는 勢位이다. 천시를 어기면 열 명의 堯임금 같은 聖君이 있더라도 겨울에 한 농작물의 이삭도 나오게 하지 못하고, 인심을 거스르면 孟賁과 夏育 같은 勇士가 있더라도 사람들에게 가진 힘을 다 쓰게 하지 못한다. 그러므로 천시를 얻으면 힘쓰지 않아도 곡식이 저절로 자라고,

○先愼曰 乾道本에 無不字라 盧文弨云 則下脫不字하니 淩本有라하니라 先愼案 治要에 有不字일새 今據補하노라

○王先愼 : 乾道本에 〈'則不務而自生'의〉 '不'자가 없다. 盧文弨는 "'則' 아래에 '不'자가 탈락되었으니, 淩本에 〈'不'자가〉 있다."라고 하였다. 나는 살펴보건대 ≪群書治要≫에 '不'자가 있기 때문에 지금 이에 의거하여 보충하였다.

28-2 得人心이면 則不趣(촉)而自勸하며 因技能이면 則不急而自疾하고 得勢位면 則不進而名成이니라

인심을 얻으면 재촉하지 않아도 스스로 힘써 노력하며, 技能에 의지하면 급히 서두르지 않아도 일이 저절로 빨리 이루어지고, 勢位를 얻으면 추구하지 않아도 명성이 이루어진다.

○先愼曰 各本進上有推字라 案推卽進字誤而衍者니 治要無어늘 今據刪하노라

○王先愼 : 各本은 '進' 위에 '推'자가 있다. 살펴보건대 '推'는 곧 '進'자가 잘못된 衍文이니, ≪群書治要≫에는 〈'推'자가〉 없기에 지금 이에 의거하여 삭제하였다.

28-3 若水之流하고 若船之浮하야 守自然之道하고 行毋窮之令이라 故曰明主니라

마치 물이 흘러가는 것과 같고 배가 물에 뜨는 것과 같아서 자연의 도리를 지키고 막힘이 없는 법령이 끝없이 시행되기 때문에 현명한 군주라고 말하는 것이다.

28-4 夫有材而無勢면 雖賢不能制不肖라 故立尺材於高山之上이면 下臨千仞之谿는

재능은 있으나 勢位가 없으면 현명한 사람이라도 不肖한 사람을 통제하지 못한다. 그러므로 한 자〔尺〕 정도의 짧은 나무를 높은 산꼭대기에 세우면 아래로 천 길〔仞〕이나 되는 깊은 골짜기를 굽어볼 수 있는 것은

○先愼曰 乾道本에 下作則하고 千作十이라 盧文弨云 則字는 淩本作而下二字하고 十은 張淩本作千이라하니라 先愼案 意林에 則作下하고 十作千일새 今據改하노라

○王先愼 : 乾道本에 '下'는 '則'으로 되어 있고, '千'은 '十'으로 되어 있다. 盧文弨는 "'則'자는 淩本에 '而下' 두 글자로 되어 있고, '十'은 張本과 淩本에 '千'으로 되어 있다."라고 하였다. 나는 살펴보건대 ≪意林≫에 '則'은 '下'로 되어 있고, '十'은 '千'으로 되어 있기 때문에 지금 이에 의거하여 고쳤다.

28-5 **材非長也**라 **位高也**요 **桀爲天子**하야 **能制天下**는 **非賢也**라 **勢重也**요 **堯爲匹夫**면 **不能正三家**는 **非不肖也**라 **位卑也**니라 **千鈞**[2]**得船則浮**하고 **錙銖**[3]**失船則沈**은

이는 그 나무가 길어서가 아니라 〈그 나무가 있는〉 자리가 높기 때문이고, 桀이 天子가 되어서 천하를 통제할 수 있었던 것은 桀이 현명해서가 아니라 그의 勢位가 막중했기 때문이며, 堯임금이 보통 사내였다면 세 집도 잘 다스리지 못함은 不肖해서가 아니라 지위가 낮기 때문이다. 千鈞의 무게를 가진 물건도 배가 있으면 물 위에 뜨고 錙銖처럼 가벼운 물건도 배가 없으면 물속에 가라앉는 것은

○先愼曰 白孔六帖十一에 引兩船字竝作舟라

○王先愼 : ≪白孔六帖≫ 권11에 이 글을 인용하면서 두 '船'자가 모두 '舟'로 되어 있다.

28-6 **非千鈞輕而錙銖重也**라

千鈞은 가볍고 錙銖는 무거워서가 아니라

---

2) 千鈞 : 매우 무거운 무게 또는 그런 물건을 비유적으로 이르는 말이다. '鈞'은 예전의 무게 단위로, 1균은 30근이다.

3) 錙銖 : 아주 가벼운 무게를 이르는 말이다. 옛날의 저울눈에서 기장 100개의 낱알을 1銖, 24수를 1兩, 8냥을 1錙라고 한 데서 유래한다.

○先愼曰 乾道本에 鈞作金하고 無而字라 盧文弨云 金은 藏本作鈞이라하니라 先愼案 上文에 作鈞하니 明鈞者是요 而字脫일새 據藝文類聚七十一白孔六帖御覽七百六十八에 引改補하노라

○王先愼 : 乾道本에 '鈞'이 '金'으로 되어 있고, '而'자가 없다. 盧文弨는 "'金'은 藏本에 '鈞'으로 되어 있다."라고 하였다. 나는 살펴보건대 上文에 '鈞'으로 되어 있으니 분명히 '鈞'으로 된 것이 옳고, '而'자는 탈락되었기 때문에 ≪藝文類聚≫ 권71·≪白孔六帖≫·≪太平御覽≫ 권768에 인용한 글에 의거하여 고치고 보충하였다.

28-7 有勢之與無勢也라 故短之臨高也以位요 不肖之制賢也以勢니라 人主者는 天下一力以共載(대)之라 故安이요 衆同心以共立之라 故尊이라 人臣은 守所長하고 盡所能이라 故忠이니 以尊主(主)御忠臣이면 則長樂生而功名成이니라 名實相持而成하고

의탁할 형세가 있는 경우와 의탁할 형세가 없는 경우의 차이이다. 그러므로 짧은 나무가 높은 곳에서 굽어볼 수 있는 물건이 된 것은 자리 때문이고, 불초한 사람이 현명한 사람을 통제할 수 있는 것은 勢位 때문이다. 君主는 천하 사람들이 힘을 하나로 합쳐서 함께 추대하기 때문에 그 지위가 안정되고, 많은 사람들이 한마음으로 함께 옹립하기 때문에 그 지위가 尊貴하게 되는 것이다. 신하는 자기의 장점을 발휘하고 자기의 재능을 다 펼치기 때문에 충성하는 것이니, 존귀한 君主의 신분으로 충신을 거느리면 길이 즐거운 삶을 누리고 功名을 이루게 될 것이다. 명칭과 실상이 서로 도와서 이루고

○盧文弨曰 尊主下에 馮校[4]添以尊二字하고 持는 張本作待라 王渭曰 當衍一主字라 先愼曰 王說是요 持字는 御覽三百七十에 引作須하니라

○盧文弨 : '尊主' 아래에 馮校本에 '以尊' 두 글자를 添入하였고, '持'는 張本에 '待'로 되어 있다.

4) 馮校 : 馮舒의 校正本을 말한다. 풍서는 明末淸初의 이름난 藏書家이며 出版家이다. 江蘇 常熟 사람으로, 아버지 馮復京을 이어 독실히 공부하여 아우 馮班과 함께 馮氏一家의 학문을 이루었다.

王渭 : 응당 '主' 한 글자는 衍文이 되어야 한다.

王先愼 : 왕위의 설이 옳고, '持'자는 ≪太平御覽≫ 권370에 이 글을 인용하면서 '須'로 되어 있다.

28-8 形影相應而立이라 故臣主同欲而異使[5]니라 人主之患은 在莫之應이라 故曰 一手獨拍이면 雖疾無聲이요 人臣之憂는 在不得一이라 故曰 右手畫圓하고 左手畫方이면 不能兩成이니라

형체와 그림자는 서로 상대하여 성립하는 것이다. 그러므로 신하와 군주는 욕망은 같으나 맡은 일은 다르다.

군주의 근심은 〈불러도〉 호응하는 사람이 없는 데에 있다. 그러므로 "한 손으로만 손뼉을 치면 아무리 빨리 쳐도 소리가 나지 않는다."라고 하는 것이고, 신하의 근심은 한 가지 일에만 전념하지 못하는 데에 있다. 그러므로 "오른손으로는 동그라미를 그리고 왼손으로는 네모를 그리면 둘 다 완성하지 못한다."라고 하는 것이다.

○先愼曰 御覽三百七十에 引右左互易이라

○王先愼 : ≪太平御覽≫ 권370에 이 글을 인용하면서 '右'와 '左'가 서로 바뀌어 있다.

28-9 故曰 至治之國은 君若桴하고 臣若鼓하며 技若車하고 事若馬라 故人有餘力하야 易(이)於應하고 而技有餘巧하야 便於事니라

그러므로 "매우 잘 다스려진 나라는, 군주는 마치 북채와 같고 신하는 북과 같으며, 기능은 마치 수레와 같고 일은 말과 같다."라고 하는 것이다. 그러므로 사람들은 남은 힘이 있어서 〈군주의 부름에〉 호응하기 쉽고, 기능은 남은 재주가 있어서 일을 하기에 편리하다.

○先愼曰 乾道本에 無便字라 顧廣圻云 易字當衍이라 今本은 巧下에 有便字하니

5) 使 : 于思伯의 "金文에 '使'와 '事'는 같은 글자이니, 이곳의 '使'는 응당 '事'가 되어야 한다."는 설을 옳다고 한 ≪韓非子新校注≫ 陳奇猷의 설에 의거하여 '맡은 일'로 번역하였다.

誤요 藏本無라하니라 先愼案 有便字是니 此二文相對라 顧氏以上易字爲衍이라 故下不應有便字니 改從今本하노라

○王先愼 : 乾道本에 '便'자가 없다. 顧廣圻는 "'易'자는 응당 衍文이 되어야 한다. 今本에는 '巧' 아래에 '便'자가 있으니 잘못되었고, 藏本에는 〈'便'자가〉 없다."라고 하였다. 나는 살펴보건대 '便'자가 있는 것이 옳으니, 이 두 文句는 서로 對가 된다. 고광기는 위의 '易'자를 연문으로 여겼기 때문에 아래에 응당 '便'자가 있어서는 안 된다고 하였으니, 今本을 따라 〈'便'자가 있는 것으로〉 고쳤다.

28-10 立功者는 不足於力하고 親近者는 不足於信하며 成名者는 不足於勢라 近者已親이나 而遠者不結이면 則名不稱實者也니라

〈군주를 위해〉 功業을 세우려는 자는 역량이 부족하고, 〈군주에게〉 친근히 다가오는 자는 誠信이 부족하며, 〈군주의〉 명성을 이루어주려는 자는 勢位가 부족한 경우가 있다. 측근과는 이미 친밀해졌으나 멀리 떨어져 있는 사람과 친분을 맺지 않으면 이름과 실상이 맞지 않는 〈군주가〉 된다.

○盧文弨曰 張凌本에 無者字라

○盧文弨 : 張本과 凌本에는 '者'자가 없다.

28-11 聖人德若堯舜하고 行若伯夷라도 而位不載(대)於世면 則功不立하고 名不遂라 故古之能致功名者는 衆人助之以力하고 近者結之以成[6]하며 遠者譽之以名하고 尊者載(대)之以勢니라 如此라 故太山之功을 長立於國家하고 而日月之名을 久著於天地니라

聖人의 德이 堯·舜과 같고 행실이 伯夷와 같더라도 그의 지위가 세상 사람들에게 추대되지 않으면 功業이 세워질 수 없고 명성이 이루어질 수 없다. 그러므로 옛날에 공업과 명성을 이룬 이는, 많은 사람들이 힘을 다해 도와주고 측근은 誠信

---

6) 成 : ≪韓非子新校注≫에 陳奇猷는 "陶鴻慶은 '「成」은 「誠」자가 되어야 한다.'라 하였고, 孫子書는 '「成」과 「誠」은 통용해 쓴다.'라 하였으니, 도홍경의 설이 옳다."라고 하였기에 '誠信'으로 번역하였다.

으로 친분을 맺으며 멀리 떨어져 있는 사람은 아름다운 명성을 칭찬하고 존귀한 사람은 勢位를 가지고 추대해주었던 사람이다. 이와 같았기 때문에 泰山같이 높은 공을 길이 국가에 세우고, 해와 달 같은 명성을 오래도록 天地에 밝게 드러낸 것이다.

○先愼曰 乾道本에 名作明이라 顧廣圻云 藏本에 明作名이라하니라 王渭云 文選解嘲注에 引此作名하니 名字是라 此皆以功名對言이라하야늘 今據改하노라

○王先愼 : 乾道本에 〈'日月之名'의〉 '名'이 '明'으로 되어 있다. 顧廣圻는 "藏本에 '明'은 '名'으로 되어 있다."라고 하였다. 王渭는 "≪文選≫ 〈解嘲〉의 注에 이 글을 인용하면서 '名'으로 되어 있으니, '名'자가 옳다. 이는 모두 功과 名으로 상대하여 말한 것이다."라고 하였기에 지금 이에 의거하여 고쳤다.

28-12 此堯之所以南面而守名이요

이것이 堯임금이 南面한 王으로서 명성을 지킬 수 있었던 까닭이고,

○顧廣圻曰 藏本同하고 今本은 名作功하니 誤라

○顧廣圻 : 藏本은 같고, 今本은 '名'이 '功'으로 되어 있으니 잘못되었다.

28-13 舜之所以北面而效功也니라

舜이 北面한 신하로서 功을 바친 까닭이다.

第二十九 大體篇　제29편 나라를 다스리는 요점

'大體'란 사물의 관건・요점・강령이라는 뜻이다. 본편에서는 군주가 나라를 다스리는 기본 원칙을 말한다. 결국 한비자가 말하는 대체란 바로 '道'이다. 따라서 나라를 다스리는 대체로 '도에 따라서 법을 온전하게 실행하는 것〔因道全法〕'을 제시하였다. 道는 우주의 자연 규율로, 크게 공평하며 사사로운 好惡의 감정이 없다. 따라서 이러한 대체를 지키고 있는 것이 '정해진 법리를 지키고 자연 법칙을 따라서〔守成理 因自然〕' 좋고 싫음을 내세우지 않으며 하늘의 이치를 거스르지 않는 것이다. 이러한 관념 하에서 궁극적으로 한비자가 강조하고자 한 것은 '다스려지고 어지러움을 法術에 기대고, 옳고 그름을 賞罰에 의탁한다.〔寄治亂於法術 託是非於賞罰〕'라고 하여, 법치의 중요성을 주장하는 것이다.

자연의 이치에 따른 대체를 잡고 통치한 결과 '만물이 고루 갖추어지고〔萬物備〕', '나라는 부유하며〔國家富〕', 백성들은 '마음속에 원한을 맺지 않으며〔心無結怨〕', '입으로는 다투는 말을 하지 않는〔口無煩言〕', '지극히 안정된 세상〔至安之世〕'에 도달할 수 있을 것이라고 하여, 자신의 법치 사상을 바탕으로 한 이상 사회를 제시하였다. 이는 정치는 혼란스럽고 민중은 도탄에 허덕이는 당대의 현실에 대한 강렬한 비판을 함축한 것이라고 볼 수 있다.

29-1 古之全大體者는

옛날 나라를 다스리는 요점을 온전하게 터득한 자는

○盧文弨曰 孫詒穀云 文選四子講德論注에 引作古之人君大體者라하니라 先愼曰 治要御覽四百二十九에 引與本書同이라 選注誤니 不可從하니라

○盧文弨 : 孫詒穀은 "≪文選≫ 〈四子講德論〉의 注에 이 글을 인용하면서 '古之人君大體者'로 되어 있다."라고 하였다.

王先愼 : ≪群書治要≫와 ≪太平御覽≫ 권429에 이 글을 인용하면서 本書와 같게 되어

있다. ≪文選≫의 注가 잘못되었으니, 따를 수 없다.

29-2 **望天地**하고 **觀江海**하며 **因山谷**과 **日月所照**와 **四時所行**과 **雲布風動**이라 **不以智累心**하고

하늘과 땅을 바라보고 강과 바다를 관찰하며, 산과 골짜기의 〈높고 깊음,〉 해와 달의 빛, 사계절의 운행, 구름이 펼쳐지고 바람이 움직이는 것을 통해 〈이치를 터득하였다.〉 소소한 지혜로 마음을 얽어매지 않고

○先愼曰 御覽에 引智作欲이라

○王先愼 : ≪太平御覽≫에 이 글을 인용하면서 '智'는 '欲'으로 되어 있다.

29-3 **不以私累己**하며

사사로운 욕심으로 몸을 괴롭히지 않았으며,

○先愼曰 治要에 私作心이라

○王先愼 : ≪群書治要≫에 '私'는 '心'으로 되어 있다.

29-4 **寄治亂於法術**하고 **託是非於賞罰**하며 **屬輕重於權衡**이라 **不逆天理**하고 **不傷情性**하며 **不吹毛而求小疵**하고 **不洗垢而察難知**라 **不引繩之外**하고 **不推繩之內**하며

다스려지고 어지러움을 法術에 기대고, 옳고 그름을 賞罰에 의탁하고, 가볍고 무거움을 저울에 맡겼다. 하늘의 이치를 거스르지 않고 사람의 性情을 해치지 않았으며, 터럭을 불어서 작은 흠을 찾지 않고, 때를 씻어서 알아내기 어려운 것을 살피지 않았다. 정해진 먹줄 밖으로 끌어내지 않고, 정해진 먹줄 안으로 밀어넣지도 않았으며,

○先愼曰 用人篇云 隨繩而斲이 是也라

○王先愼 : 〈用人篇〉에 "隨繩而斲(먹줄을 따라 깎는다.)"이라고 한 것이 이것이다.

29-5 不急法之外하고 不緩法之內라 守成理하고 因自然하며 禍福生乎道法이요 而不出乎愛惡(오)하고 榮辱之責在乎己요 而不在乎人이라 故至安之世에

법률이 정한 기준 이상의 것을 급급하게 강요하지 않고 법률이 정한 기준 이내의 것을 느긋하게 다루지 않았다. 이미 정해진 法理를 지키고 자연 법칙을 따랐으며, 禍와 福은 道와 法에서 생겨나고 사랑과 미움에서 나오지 않았으며, 영예와 치욕의 책임은 자기에게 있었고 남에게 있지 않았다. 그래서 지극히 안정된 세상에서

○先愼曰 乾道本은 至上에 有致字라 顧廣圻云 今本에 無致字라하니라 先愼案 致는 卽至字誤而複者니 改從今本하노라

○王先愼 : 乾道本은 '至' 위에 '致'자가 있다. 顧廣圻는 "今本에 '致'자가 없다."라고 하였다. 내가 살펴보건대, '致'는 '至'자의 오자로 중복된 것이니, 今本을 따라 고쳤다.

29-6 法如朝露하야 純樸不散하고

법은 아침이슬과 같아 순수하고 질박하여 흐트러짐이 없었고,

○先愼曰 乾道本에 樸作撲이어늘 今從趙本改하노라

○王先愼 : 乾道本에 '樸'은 '撲'으로 되어 있는데, 지금 趙本을 따라 고쳤다.

29-7 心無結怨하며 口無煩言이라 故車馬不疲弊於遠路하고 旌旗不亂於大澤하며 萬民不失命於寇戎하고 雄駿不創壽於旗幢하니 豪傑不著名於圖書하고 不錄功於盤盂하며 記年之牒空虛니라 故曰 利莫長於簡이요 福莫久於安이라하니라 使匠石[1]以千歲之壽하야 操鉤[2]하고

마음속에 원한을 맺지 않았으며 입으로는 다투는 말을 하지 않았다. 그러므로

1) 匠石 : 고대의 이름난 匠人으로, 자는 伯이다.(≪莊子≫ 〈徐无鬼〉)

2) 鉤 : 鉤에 대해 원을 재는 도구, 兵器의 일종, 높은 곳을 오를 때 쓰는 갈고리 등 여러 설이 있으나, 여기서는 뒤에 泰山을 바로잡는다는 말이 이어지는 것으로 보아, 높은 곳을 오를 때 쓰는 갈고리로 보았다.

戰車와 戰馬는 먼 길을 달리느라 지쳐 쓰러지는 일이 없었고 군대의 깃발은 큰 늪에서 어지러이 나부낄 일이 없었으며, 만백성들은 외적의 침입에 목숨을 잃는 일이 없었고 雄俊한 용사들은 깃발 아래에서 싸우다가 죽을 일이 없었으니, 호걸들은 圖書에 이름을 적을 일도 없었고 대야나 그릇에 공적을 새겨 넣을 일도 없었으며, 연대기를 적은 譜牒은 텅 비어 있었다. 이 때문에 "간략한 것보다 더 좋은 이득이 없고, 편안한 것보다 더 오래가는 복이 없다."라고 하는 것이다. 匠石에게 천년의 수명을 살게 해서 갈고리를 잡고

○顧廣圻曰 藏本同이라 今本에 鉤作鈞하니 誤라

○顧廣圻 : 藏本은 같다. 今本에 '鉤'는 '鈞'으로 되어 있는데, 잘못이다.

29-8 視規矩하며 擧繩墨하야 而正太山하며 使賁育帶干將[3]而齊萬民하면 雖盡力於巧하고 極盛於壽라도 太山不正이요 民不能齊니라 故曰 古之牧天下者는 不使匠石極巧以敗太山之體요 不使賁育盡威以傷萬民之性이라하니라

그림쇠와 곱자를 살펴보며 먹줄을 들고서 泰山의 모습을 바로잡게 하거나, 孟賁과 夏育에게 명검인 干將을 차고 만백성을 고르게 다스리게 한다면, 비록 온 힘을 쏟아 기교를 부리고 수명을 몹시 길게 주더라도 태산은 바르게 되지 않을 것이며 백성들은 고르게 다스려지지 않을 것이다. 그러므로 말하기를 "옛날에 천하 사람들을 잘 다스리던 이는 匠石으로 하여금 기교를 다 쏟아 태산의 본모습을 망가뜨리게 하지 않았고, 孟賁과 夏育으로 하여금 위세를 다 부려 만백성의 본성을 해치게 하지 않았다."라고 하였다.

29-9 因道全法일새 君子樂而大姦止하야 澹然閒靜이라 因天命하고 持大體라 故使人無離法之罪하며 魚無失水之禍니라 如此라 故天下少不可니라

道에 따라서 법을 온전하게 실행하므로 군자는 즐거워하고 큰 악인이 제지된다. 세상이 편안하고 고요해져서 하늘의 명을 따르고 치국의 요점을 터득하였으므로

---

3) 干將 : 고대의 名劍 이름이다. 춘추시대 吳나라 사람 干將과 莫邪(막야) 부부가 제작하여 자신들의 이름을 붙였다고 하는데, 후대에는 좋은 검의 代稱으로 쓰인다.(≪吳越春秋≫)

사람으로 하여금 법을 어기는 죄가 없게 하고 물고기가 물을 잃는 것과 같은 화가 없게 한다. 이와 같기 때문에 천하에 할 수 없는 일이 거의 없게 되는 것이다.

○盧文弨曰 少는 凌本에 作無라 顧廣圻曰 藏本同이라 今本에 可作治하니 誤라

○盧文弨 : '少'는 凌本에 '無'로 되어 있다.
顧廣圻 : 藏本은 같다. 今本에 '可'는 '治'로 되어 있으니, 잘못이다.

29-10 上不天則下不徧覆(부)요 心不地則物不畢載니라

위에 넓은 하늘이 없다면 아래로 세상을 두루 덮을 수 없고, 〈우주의〉 중심에 두터운 땅이 없다면 만물을 전부 실을 수 없다.

○先愼曰 乾道本에 畢作必이어늘 今據治要하야 改作畢하노라

○王先愼 : 乾道本에 '畢'은 '必'로 되어 있는데, 지금 ≪群書治要≫에 의거하여 '畢'로 고쳤다.

29-11 太山은 不立好惡(오)라 故能成其高요 江海는 不擇小助라 故能成其富니라 故大人은 寄形於天地而萬物備요 (歷)〔措〕心於山海而國家富니라

泰山은 좋고 싫음을 내세우지 않기 때문에 그 높음을 이룰 수 있고, 강과 바다는 작은 〈물줄기의〉 도움도 가리지 않기 때문에 그 풍부함을 이룰 수 있다. 그러므로 大人은 천지에 몸을 맡겨 만물이 고루 갖추어지게 하고, 마음을 산과 바다처럼 높고 넓게 두어 나라를 부유하게 한다.

○先愼曰 治要에 歷作措라

○王先愼 : ≪群書治要≫에 '歷'은 '措'로 되어 있다.

29-12 上無忿怒之毒하고

군주는 분노로 〈신하들을〉 해치는 독이 없고

○先愼曰 治要에 毒作志어늘 注云 志作毒이라하니라

○王先愼 : ≪群書治要≫에 '毒'은 '志'로 되어 있는데, 注에 "'志'는 '毒'이 되어야 한다." 라고 하였다.

29-13 下無伏怨之患하니

신하는 〈군주에게〉 원한을 품는 우환이 없으니,

○先愼曰 治要注에 怨은 舊作慾이어늘 改之라하니라

○王先愼 : ≪群書治要≫의 注에 "'怨'은 舊本에 '慾'으로 되어 있었는데, 고쳤다."라고 하였다.

29-14 上下交順하야

위아래가 서로 순박해져서

○先愼曰 乾道本에 順作撲이라 盧文弨云 撲은 淩本에 作順이라하니 今據改하노라

○王先愼 : 乾道本에 '順'은 '撲'으로 되어 있다. 盧文弨는 "'撲'은 淩本에 '順'으로 되어 있다."라고 하였으니, 지금 이에 의거하여 고쳤다.

29-15 以道爲舍니라 故長利積하고 大功立하야 名成於前하고 德垂於後하니 治之至也니라

道로써 집을 삼는다. 그러므로 이로움이 길게 쌓이고 공적은 크게 세워져서 생전에는 명예를 이루고 후세에 德을 드리우니, 이것이 최상의 다스림이다.

第三十 內儲說 上 七術篇 제30편 내저설 상 일곱 가지 술책

內儲說의 뜻은 군주가 안으로 도모하는 일과 관련된 갖가지 설명들을 한데 모았다는 것이다. 上篇과 下篇으로 구성되어 있는데, 上篇은 군주가 사용하는 일곱 가지 술책을 설명하고 있고, 下篇은 군주에게 해가 되는 여섯 가지 은미한 일을 설명하고 있다. 上篇에 제시된 일곱 가지 술책은 다음과 같다.

첫째 '參觀'으로 많은 단서들을 참고하여 살펴보는 것이다. 군주가 신하들의 여러 논의들을 살피고 듣는 과정에서, 갖가지 단서들을 참고하여 살피지 않으면 진실을 파악할 수 없는 것이다. 둘째 '必罰'로 죄가 있는 자에게 반드시 벌을 주어 위엄을 보이는 것이다. 셋째 '信賞'으로 공적이 있는 자에게 반드시 상을 내려 그 재능을 다하게 하는 것이다. 넷째 '一聽'으로 하나의 논리나 한 사람의 말을 듣고서 불합리한 명령을 내리지 않는 것이다. 다섯째 '詭使'로 거짓으로 詔令을 내리거나 거짓으로 일을 시켜서 상대방의 진심을 알아내는 것이다. 여섯째 '挾智'로 알고 있으면서 상대방에게 일부러 물어보는 것이다. 일곱째 '倒言'으로 말을 거꾸로 하고 일을 반대로 하여 상대방의 간사한 실정을 알아내는 것이다.

〈內儲說〉 이하 여러 편들은 독특한 체재로 구성되어 있는데, 크게는 經과 說로 나누어진다. 經은 일곱 가지 술책〔七術〕과 같은 각 편의 주제에 해당하는 핵심 내용을 간략히 제시한 것이고, 說은 각각의 經에 해당하는 실제 사례와 의미 등을 자세하게 해설한 것이다.

儲는 聚也라 謂聚其所說이니 皆君之內謀라 故曰內儲說이라

舊注 : '儲'는 '聚(한데 모음)'이다. 설명을 한데 모은 것이니 모두 군주가 안으로 도모하는 것이기 때문에 內儲說이라고 한다.

30-1 主之所用也 七術이요 所察也 六微라

군주가 사용하는 것이 일곱 가지 술책이고, 살펴보는 것이 여섯 가지 은미함이다.

○先愼曰 卽內儲說下라

○王先愼 : 〈六微라는 것은〉 곧 〈內儲說 下篇〉이다.

30-2 七術은 一曰衆端參(참)觀이요

일곱 가지 술책은, 첫째 많은 단서들을 참고하여 살펴보는 것이고,

端은 直也라 欲求衆直하야 必參驗而聽觀也라 ○先愼曰 注誤라 方言十에 緤(未)〔末〕[1]紀는 緖也니 南楚或曰端이라하니라 引伸之면 則凡(未)〔末〕紀緖를 皆謂之端이라 禮記中庸에 執其兩端이라하고 詩載驅序箋에 故는 猶端也라하고 疏竝云 端은 謂頭緖也라하니라 此謂頭緖衆多면 則必參觀하니 否則誠不得聞而爲臣壅塞矣라 若訓爲直이면 則與下文不合이라

舊注 : '端'은 올곧음이다. 올곧은 것들을 구하려고 반드시 참고하여 증험하고 듣거나 보는 것이다.

○王先愼 : 舊注가 틀렸다. ≪方言≫ 권10에 "'緤'·'末'·'紀'는 '緖(실마리, 단서)'이니, 남쪽의 楚나라에서 '端'이라고도 한다." 하였다. 이 뜻을 확대하면 '末'·'紀'·'緖'는 모두 '端'을 이르는 것이다. ≪禮記≫ 〈中庸〉에 "양 끝을 잡다〔執其兩端〕" 하고, ≪詩經≫ 〈載驅篇〉 毛序의 箋에 "'故'는 '端'과 같다." 하고, 疏에 마찬가지로 "'端'은 頭緖이다." 하였다. 이는 頭緖가 많으면 반드시 참고해서 살펴보아야 하니 그렇지 않으면 진실을 듣지 못하여 신하들에게 막혀버리게 됨을 말한 것이다. 〈舊注의 해석처럼 端을〉 올곧다고 풀이하면 아래 글과 부합하지 않는다.

30-3 二曰必罰明威요 三曰信賞盡能이요 四曰一聽責下요

둘째 〈죄가 있는 자에게〉 반드시 벌을 주어 위엄을 보이는 것이고, 셋째 〈공적이 있는 자에게〉 반드시 상을 주어 그 재능을 다하게 하는 것이고, 넷째 일일이 듣고 신하에게 책임을 지우는 것이고,

專聽一理면 必有失이요 責下不一이면 能則不明이라 ○先愼曰 責下는 謂責臣下專

1) (未)〔末〕 : 저본에는 '未'로 되어 있으나, ≪方言≫에 의거하여 '末'로 바로잡았다. 아래도 같다.

司之事니 下云 責下則人臣不參이 是也라 注未明晰이라

舊注 : 하나의 이치만 듣는다면 반드시 실수가 생기고, 신하에게 책임 지우는 것을 일일이 하지 않는다면 〈신하가〉 유능하더라도 〈일처리가〉 분명하지 않게 된다.

○王先愼 : '責下'는 전적으로 일을 맡도록 신하에게 책임을 지우는 것이니, 아래에서 "신하에게 책임을 지우면 신하가 뒤섞이지 않는다.〔責下則人臣不參〕"라고 한 것이 이것이다. 舊注는 분명하지 않다.

30-4 五曰疑詔詭使요

다섯째 의심스런 詔令을 내리거나 속임수를 써서 일을 시켜보는 것이며,

疑危而制之하고 譎詭而使之면 則下不敢隱情이라 ○先愼曰 乾道本注에 詭而下衍回字일새 今從趙本刪하노라

舊注 : 〈군주가 신하를〉 의심하여서 제어하고 속임수를 써서 일을 시켜보면 아래에서 감히 사정을 숨기지 못하게 된다.

○王先愼 : 乾道本의 舊注에 '詭而' 아래에 '回'자의 衍文이 있기 때문에 지금 趙本을 따라 삭제하였다.

30-5 六曰挾知而問이요

여섯째 알고 있으면서도 물어보는 것이며,

○先愼曰 下文知作智하니 字同이라

○王先愼 : 아래 글에 '知'자가 '智'로 되어 있으니 같은 글자이다.

30-6 七曰倒言反事라

일곱째 말을 거꾸로 하고 일을 반대로 하는 것이다.

或倒其言하고 或反其事하면 則姦情可得而盡이라

舊注 : 더러는 그 말을 거꾸로 하고 더러는 그 일을 반대로 하면 간사한 사정을 모두 알 수 있다.

30-7 **此七者 主之所用也**라

이 일곱 가지가 군주가 사용하는 술책이다.

30-8 **觀聽不參**하면 **則誠不聞**하고

살피고 듣는 과정에서 〈여러 단서들을〉 참고하지 않으면 진실을 듣지 못하며,

不參은 謂偏聽一人하면 則誠者莫告라 ○先愼曰 乾道本에 連上이나 盧文弨云 本提行이라하니 今據改하노라

舊注 : '不參'은 한 사람의 말만 치우쳐서 들으면 진실을 말해주지 않는다는 것을 이른다.

○王先愼 : 乾道本에는 윗글과 이어져 있으나 盧文弨는 "본래는 줄을 바꾸었다."라고 하였으니 지금 이에 의거하여 고쳤다.

30-9 **聽有門戶**면 **則臣壅塞**이라

〈말을〉 들어주되 門戶가 있는 듯 〈일방적으로 따르면〉 신하가 〈군주의 눈과 귀를〉 막게 된다.

其聽有所從若門戶然하면 則爲臣所塞이라 ○先愼曰 拾補에 壅改壅이라 盧文弨云 後凡擁字는 皆本作壅이라하니라 先愼按 趙本注에 其作各이라

舊注 : 〈말을〉 들어주되 마치 門戶에서 그러하듯 따르는 바가 있으면 신하들에게 〈눈과 귀가〉 막히게 된다.

○王先愼 : ≪群書拾補≫에서는 '壅'자를 '壅'자로 고쳤다. 盧文弨는 "뒤에 나오는 '擁'자는 모두 본래 '壅'자로 되어 있다."라고 하였다. 내가 살펴보건대, 趙本의 舊注에는 〈'其聽'의〉 '其'자가 '各'자로 되어 있다.

30-10 **其說在侏儒之夢見竈**[2]와

---

2) 侏儒之夢見竈 : 衛 靈公 때 彌子瑕가 영공의 총애를 입어 정사를 제멋대로 하였다. 하루는 어느 난쟁이가 영공을 뵙고는 자신의 꿈에 아궁이를 보아서 이렇게 영공을 뵙게 되었다고 말하였다. 이에 영공이 노하여 그 이유를 묻자, 그 난쟁이가 대답하기를 "무릇 아궁이라는

그에 대한 해설이 난쟁이가 꿈에 아궁이를 본 일과

侏儒夢竈는 言竈有一人煬이면 則後人不見하니 此譏靈公偏聽子瑕라 ○先愼曰 乾道本에 無在字어늘 顧廣圻云 今本說下에 有在字하니 按依句例當補라하니라 改從今本하노라

舊注 : 난쟁이가 꿈에 아궁이를 보았다는 것은 아궁이 앞에 한 사람이 불을 쬐고 있으면 뒤에 있는 사람은 불을 볼 수 없음을 말한 것이니, 이는 衛 靈公이 彌子瑕를 편애함을 기롱한 것이다.

○王先愼 : 乾道本에는 '在'자가 없는데, 顧廣圻는 "今本에는 '說'자 아래에 '在'자가 있으니, 살펴보건대 句의 용례에 의거하면 응당 보충해야 한다."라고 하였다. 그래서 今本을 따라 고쳤다.

30-11 哀公之稱莫衆而迷라

魯 哀公이 여러 사람과 함께 〈일을 도모하지〉 못하여 미혹된다고 말한 사례에 있다.

公言謀事로되 無衆故迷라하니라 孔子對擧國盡黨이라 季孫與之同亂하야 是一國爲一人하니 公之迷宜矣라하니라

舊注 : 哀公이 말하기를 "일을 도모하되 여러 사람과 함께하지 않기 때문에 미혹된다." 하였다. 이에 孔子가 대답하기를 "온 나라가 모두 한통속이라 季孫이 이들과 함께 나라를 어지럽혀 온 나라가 한 사람에게 좌지우지되니 公이 하시는 일이 미혹됨은 마땅합니다." 하였다.

30-12 故齊人見(현)河伯[3]과

것은 한 사람만 그 앞에서 불을 쬐어도 그 뒤에 있는 사람은 그 불을 볼 수 없는 법인데, 지금 어떤 이가 임금의 따뜻함을 독차지하고 있습니다."라고 하였다. 자세한 내용은 아래의 30-67~74 참조.

3) 齊人見(현)河伯 : 齊나라의 어떤 사람이 齊나라 왕에게 水神인 河伯을 만나게 해주겠다고 하였다. 이에 큰 물가에 제단을 만들고 왕과 함께 서 있었는데, 잠시 뒤 큰 물고기가 튀어나오자 그는 말하기를 "이것이 河伯입니다." 하였다. 자세한 내용은 아래의 30-86~88 참조.

그러므로 齊나라 사람이 河伯을 보여준 일과

齊王專信一人이라 **故被誑以大魚爲河伯**이라

舊注 : 齊나라 왕이 한 사람의 말을 전적으로 믿었기 때문에 기만을 당하여 큰 물고기를 河伯으로 여겼다.

30-13 與惠子之言亡其半[4]也라

惠子(惠施)가 〈군주가 도모하는 일을 의심하는〉 그 절반을 잃었다고 한 말이 있는 것이다.

惠子言君之謀事에 **有半疑(有半)**이어늘 **今皆稱不疑**하니 **則雷同朋黨**이라 **故曰亡其半**이라 **此上五說**은 **皆不參門戶之聽**이라 ○**盧文弨曰 注半疑下衍有半二字**라

舊注 : 惠子가 말하기를 "군주가 일을 도모함에 절반은 의심스러운 법인데, 지금 모든 이들이 의심스럽지 않다고 하니 朋黨에 부화뇌동하는 것입니다. 그러므로 〈의심하고 있는〉 그 절반을 잃었다고 말한 것입니다." 하였다. 이상의 다섯 가지 해설은 모두 각 門戶의 주장을 두루 참고하지 않은 것이다.

○盧文弨 : 舊注의 '半疑' 아래 '有半' 두 자는 衍文이다.

30-14 其患在豎牛之餓叔孫[5]과

---

4) 惠子之言亡其半 : 衛나라・秦나라・韓나라 세 나라가 연합하여 齊나라와 楚나라를 공격하는 문제를 두고, 惠施와 張儀가 논쟁을 벌였다. 그런데 신하들과 측근들이 모두 연합하여 공격하자는 장의의 주장에 찬성하고, 혜시의 주장에 찬성하는 이는 아무도 없었다. 결국 齊나라와 楚나라를 공격하기로 결정되자, 혜시가 왕을 만나 말하기를 "무릇 모책이란 대개 의심스런 부분이 있기 마련입니다. 그래서 옳다고 하는 자가 반이 되고 옳지 않다고 하는 자가 또 그 반이 되는 법인데, 지금 온 나라가 모두 옳다고 하니 이는 임금께서 그 절반을 잃은 것입니다." 하였다. 자세한 내용은 아래의 30-89~95 참조.

5) 豎牛之餓叔孫 : 魯나라의 재상인 叔孫은 평소 豎牛를 총애하였는데, 수우는 숙손의 두 아들을 질투하여 계책을 내어 한 사람은 죽이고 다른 한 사람은 다른 나라로 추방하였다. 두 아들이 이미 죽고 숙손이 병이 들자 수우가 혼자 간병을 하며 다른 사람들은 안으로 들어오지 못하게 하면서 핑계를 대기를 "숙손께서 사람의 말소리를 듣지 않고자 하신다." 하였다. 그렇게 하여 숙손을 먹이지 않고 굶겨 죽였다. 그러자 수우는 숙손의 상을 치르지도 않은 채 창고의 귀중한 보물을 챙겨서 齊나라로 달아났다. 자세한 내용은 아래의 30-96~100 참조.

그에 대한 우환이 豎牛가 叔孫을 굶겨 죽인 일과

叔孫專聽豎牛라 **故身餓死而二子戮亡也**라

舊注 : 叔孫이 전적으로 豎牛의 말만 들었기 때문에 자신은 굶어죽고 두 아들은 죽임을 당하거나 다른 나라로 달아났다.

30-15 而江乙之說荊俗[6]也라

江乙이 楚〔荊〕나라의 속담을 말한 사례에 있다.

荊俗不言人惡이라 **故白公得以爲亂**이라 ○**先愼曰 乾道本**에 **乙作乞**하니 **下同**이라 **顧廣圻云 藏本**에 **乞作乙**하니 **是也**라하니라 **先愼案 策正作乙**일새 **今據改**하노라

舊注 : 楚나라 속담에 남의 악행을 말하지 않는다고 했기 때문에 白公이 난을 일으킬 수 있었던 것이다.

○王先愼 : 乾道本에 '乙'자가 '乞'자로 되어 있으니 아래도 마찬가지다. 顧廣圻는 "藏本에 '乞'자가 '乙'자로 되어 있으니 이것이 맞다."라고 하였다. 내가 살펴보건대 ≪戰國策≫ 〈楚策〉에는 바로 '乙'자로 되어 있기에 지금 이에 의거하여 고쳤다.

30-16 嗣公[7]欲治不知[8]라

嗣公은 잘 다스리고자 했으나 〈다스리는 술수를〉 몰랐기 때문에

謂不知治之術也라

---

6) 江乙之說荊俗 : 江乙이 衛나라 왕을 위해 楚나라에 사신으로 가서 초나라 왕에게 말하기를 "이 나라의 속담을 들으니 '군자는 남의 좋은 일을 숨기지 아니하고, 남의 잘못을 거론하지 않는다.' 하였습니다. 그렇다면 白公의 난 같은 것도 위험하지 않겠지요? 진실로 이와 같다면 신하로서는 죽을죄를 면하겠습니다." 하였다. 자세한 내용은 아래의 30-101~103 참조.

7) 嗣公 : 전국시대 衛나라의 君主이다. 衛 平侯의 아들로, 秦나라가 君號를 폄하하여 嗣君으로 불렀다고 한다.

8) 嗣公欲治不知 : 衛나라 嗣君이 如耳를 중히 여기고 世姬를 총애하였으나, 한편으로는 이들이 자신의 총애를 틈타 눈과 귀를 막을까 걱정하였다. 이에 薄疑를 귀하게 여겨 여이와 맞서게 하고 衛姬를 높여 세희와 맞서게 하여, 서로 견제하도록 하였다. 그러나 실제로는 자신의 눈과 귀를 막는 이들을 더욱 많이 만들게 된 결과를 낳았다. 자세한 내용은 아래의 30-104~117 참조.

舊注 : 다스리는 술수를 모르는 것을 이른다.

30-17 故使有敵이라

적을 만들게 되었다.

恐其所貴臣妾擁己라 故更(갱)貴臣妾以敵之어늘 彼得敵하야 適足以成其朋黨하니 爲擁更甚也라

舊注 : 〈衛나라 嗣公이〉 총애하는 臣妾이 자신의 〈눈과 귀를〉 막을까 두려웠기 때문에 다시 다른 臣妾을 총애하여 대적하게 하였는데, 저들이 적이 생기자 마침 자신들의 朋黨을 이룰 수 있었으니 〈눈과 귀가〉 더욱 막히게 된 것이다.

30-18 是以明主推積鐵之類하고

이 때문에 현명한 군주는 철판을 쌓아 〈화살을 대비하는〉 부류를 미루어나가고

積鐵爲室하야 盡以備矢면 則體不傷이요 積疑爲心하야 盡以備臣이면 則姦不生이라

舊注 : 철판을 쌓아 집을 만들어 사방으로 날아오는 화살을 대비하면 몸이 상하지 않고, 의심을 쌓아 염두에 두어 모든 신하를 대비하면 간사한 신하가 생기지 않는다.

30-19 而察一市之患이라

온 시장의 우환을 살핀다.

雖一市之人言市有虎라도 猶未可信이어늘 況三人乎아 ○先慎曰 乾道本에 注虎上衍之字어늘 今從趙本刪하노라

舊注 : 온 시장의 사람들이 시장에 호랑이가 나타났다고 말해도 믿을 수 없는데, 하물며 그렇게 말한 사람이 고작 세 명인 경우는 어떻겠는가.

○王先愼 : 乾道本에는 舊注의 '虎'자 위에 '之'자의 衍文이 있는데, 지금은 趙本을 따라 삭제하였다.

參觀一이라

이상은 參觀 제1이다.

30-20 **愛多者則法不立**이요 **威寡者則下侵上**이라 **是以刑罰不必**이면 **則禁令不行**이라 **其說在董子之行石邑**[9)]과

〈군주가〉 애정이 많으면 법이 서지 않고, 위엄이 적으면 아랫사람이 윗사람을 침범한다. 이 때문에 형벌을 기필할 수 없으면 금령이 시행되지 않는다. 그에 대한 해설이 董子(董閼于)가 石邑에서 행한 일과

董子至石邑하야 **象深澗以立法**이라 **故趙國治也**라

舊注 : 董子가 石邑에 이르러서 깊은 골짜기를 본받아 법을 세웠기 때문에 趙나라가 잘 다스려졌다.

30-21 **與子産之教遊吉**[10)]**也**라

子産이 遊吉을 가르친 사례에 있다.

子産教游吉에 **令法火以嚴斷**이라 ○**先愼曰 趙本**에 **注火誤作吏**라

舊注 : 子産이 遊吉을 가르치면서 불의 형체를 본받아 엄하게 결단하도록 하였다.
○王先愼 : 趙本에 舊注의 '火'자가 '吏'자로 잘못되어 있다.

---

9) 董子之行石邑 : 董閼于가 趙나라 上地의 태수가 되어 石邑 산중을 순시하고 있었는데, 깊이가 백 길이나 되는 깊은 골짜기를 보고 고을 사람들에게 여기에 빠져죽은 자가 있냐고 물어보았다. 고을 사람들이 사람뿐만 아니라 심지어 동물들도 빠진 경우가 없었다고 하였다. 이에 동알우가 말하기를 "내가 법을 용서하는 일이 없이 시행하여 마치 이러한 골짜기에 빠지면 틀림없이 죽게 된다는 것과 같이 한다면 사람들이 죄를 범하지 않을 것이다. 이렇게 하면 나라가 잘 다스려질 것이다." 하였다. 자세한 내용은 아래의 30-121~128 참조.

10) 子産之教遊吉 : 鄭나라 재상 子産이 죽음을 앞두고 遊吉에게 다음과 같이 훈계의 말을 남겼다. "내가 죽은 뒤에 그대가 틀림없이 鄭나라를 다스리게 될 것이니, 그때 반드시 엄한 자세로 사람을 대하라. 무릇 불의 형체가 엄하게 보이므로 타 죽는 사람이 적으나, 물의 형체는 나약하게 보이기에 빠져죽는 사람이 많은 것이다. 그대는 반드시 자신의 모습을 엄하게 하여 사람들이 그 나약함에 빠져죽지 않도록 하라." 자세한 내용은 아래의 30-129~135 참조.

30-22 故仲尼說隕霜[11)]하고

그러므로 仲尼(孔子)가 서리 내린 일을 설명하였고

仲尼對哀公言隕霜不殺草하니 則以宜殺而不殺故也라

舊注 : 仲尼가 서리가 내렸는데도 풀이 시들어 죽지 않았다는 哀公의 말에 대답한 것이니, 응당 죽여야 하는데 죽이지 못했기 때문이다.

30-23 而殷法刑棄灰[12)]하며 將行去樂(악)池[13)]하고

殷나라 법에 〈길거리에〉 재를 버린 자도 처벌한다고 하였으며, 길을 떠날 적에 〈행렬의 인솔자가〉 樂池를 떠났고

將行에 以樂池不專任以刑賞之柄이라 故去之라 ○盧文弨曰 注將行은 一本有官名二字라

舊注 : 길을 떠날 적에 樂池가 〈행렬을 인솔하는 자에게〉 형벌을 내리고 상을 주는 권세를 전적으로 맡기지 않았기 때문에 그가 樂池를 떠났다.

○盧文弨 : 舊注의 '將行'은 어떤 本에 '官名' 두 자로 되어 있다.

---

11) 仲尼說隕霜 : 魯 哀公이 孔子에게 묻기를 "≪春秋≫의 기록에 '겨울 12월에 서리가 내렸으나 콩잎이 시들어 죽지 않았다.'고 하였는데, 무엇 때문에 이렇게 기록한 것입니까?" 하였다. 이에 공자가 대답하기를 "이는 시들어 죽게 해야 할 것을 죽이지 않았음을 말한 것입니다." 하였다. 자세한 내용은 아래의 30-136~139 참조.

12) 殷法刑棄灰 : 殷나라의 법에는 길거리에 재를 버린 자도 처벌한다고 하였다. 子貢이 이것이 너무 지나치다고 하자, 孔子가 말하기를 "무릇 중벌이란 사람들이 싫어하는 것이며 재를 버리지 못하게 하는 일은 사람으로서 하기 쉬운 것이다. 사람들에게 쉬운 일을 행하도록 하여 싫어하는 것에 걸려들지 않도록 하는 것이 바로 다스림의 도리이다." 하였다. 자세한 내용은 아래의 30-140~145 참조.

13) 將行去樂(악)池 : 中山의 재상 樂池가 수많은 행렬을 이끌고 趙나라에 사신으로 갔다. 길을 떠날 적에 재능이 있는 자에게 행렬을 인솔하도록 하였는데, 도중에 행렬에 혼란이 일어나고 말았다. 악지가 나무라자, 행렬을 인솔했던 자가 말하기를 "위엄이 있어야 남을 복종시킬 수 있고 이익이 있어야 남을 권면할 수 있는 법입니다. 지금 저는 그대의 어린 식객에 불과합니다. 무릇 나이 어린 자가 연장자를 바로잡고자 하거나, 천한 신분이 귀한 자를 다스리고자 하면서 그 利害의 칼자루를 쥐고 제압하도록 해주지 않고 있으니 이것이 바로 혼란이 일어난 까닭입니다." 하고 떠나버렸다. 자세한 내용은 아래의 30-146~152 참조.

30-24 而公孫鞅重輕罪라

公孫鞅(商鞅)은 가벼운 죄도 무겁게 다스렸다.

公孫鞅以謂輕罪尙不能犯이면 **則無由犯重罪**라 **故先重輕罪**라

舊注 : 公孫鞅은 가벼운 죄도 오히려 범하지 못하면 무거운 죄를 감히 범할 수가 없다고 생각했기 때문에 가벼운 죄를 우선적으로 무겁게 다스린 것이다.

30-25 是以麗水之金不(守)〔止〕하고

이 때문에 麗水의 金을 〈몰래 캐는 일이〉 그치지 않았고

竊麗水之金에 **其罪辜磔**(책)이나 **猶竊而不止**니 **則有竊而獲免者**라 **故雖重罪**라도 **不止也**라 ○**先愼曰 守**는 **當作止**니 **註不誤**라

舊注 : 麗水의 金을 몰래 캐면 그 죄로 물어 찢어 죽이는 형벌을 내렸으나 오히려 몰래 캐는 일이 그치지 않았으니, 이는 몰래 캐더라도 〈붙잡히지 않아〉 화를 면하는 경우도 있기 때문이었다. 그러므로 비록 무거운 죄를 짓더라도 그치지 않는 것이다.

○王先愼 : '守'자는 응당 '止'자가 되어야 하니, 舊注가 잘못되지 않았다.

30-26 而積澤之火不救[14)]라

積澤(초목이 우거진 늪)의 불을 끄지 못했던 것이다.

魯之積澤火焚이나 **而人不救**하니 **則以不行法故也**라

舊注 : 魯나라의 積澤에 불이 났으나 사람들이 불을 끄지 않았으니, 이는 법을 시행하지 않았기 때문이다.

---

14) 積澤之火不救 : 魯나라 북쪽의 積澤에 화재가 일어났는데, 사람들이 불을 끄려고 하지 않고 불을 피해 달아나는 짐승을 쫓기 바빴다. 哀公이 孔子를 불러서 이런 상황에 대해 물으니, 孔子가 대답하기를 "짐승을 쫓는 것은 즐거운 일이면서 그렇다고 처벌을 받는 것도 아니요, 불을 끄는 일은 괴롭기만 할 뿐 그렇다고 상을 받는 것도 아닙니다. 이것이 불을 끄는 사람이 없는 이유입니다." 하였다. 또 말하기를 "일은 급하고 상을 줄 여유도 없습니다. 불을 끄는 자 모두에게 상을 내리려면 나라 형편이 그 사람들 모두에게 상을 주기에 모자랍니다. 그러하니 단지 처벌만 내리십시오." 하였다. 자세한 내용은 아래의 30-160~164 참조.

30-27 成歡以太仁弱齊國하고

成歡은 〈齊나라 군주가〉 너무 인자하여 齊나라를 약하게 했다고 여겼으며

成歡은 以齊王太仁으로 知其必弱齊國이라 ○盧文弨曰 成歡後作讙하니 荀子解蔽篇에 作戴讙이라 顧廣圻曰 說에 歡作驩하니 驩과 歡은 同字라 先愼曰 歡驩讙三字는 古通用이라 禮記樂記에 鼓鼙之聲讙이라하고 注에 或爲歡이라 驩은 爲馬名本字로되 孟子의 驩如[15]와 荀子大略篇의 夫婦不得不驩은 皆以驩爲歡樂字라 驩歡讙은 音義竝同이라 故通用이라 春秋文公六年晉侯驩에 公羊作讙하고 史記作歡하니 是其證이라 荀子楊注에 引成作戴하니 誤라 說見下라

舊注 : 成歡은 齊나라 왕이 너무 인자하므로 필시 齊나라를 약하게 만들 것임을 알았다.

○盧文弨 : '成歡'은 뒤에 '讙'으로 되어 있으니, ≪荀子≫ 〈解蔽篇〉에 '戴讙'으로 되어 있다.

顧廣圻 : 說(30-165)에 '歡'이 '驩'으로 되어 있으니 '驩'과 '歡'은 같은 글자이다.

王先愼 : '歡', '驩', '讙' 세 자는 옛날에 통용자이다. ≪禮記≫ 〈樂記〉에 "鼓鼙之聲讙(큰북 작은북 소리가 즐겁다.)"이라 하고, 그 注에 "'歡'으로 되어 있기도 하다."라고 하였다. 驩은 말 이름이 본래 글자의 뜻이지만, ≪孟子≫의 "驩如(즐거워하다)"와 ≪荀子≫ 〈大略篇〉의 "夫婦不得不驩(夫婦가 즐거워하지 않을 수 없다.)"은 모두 '驩'을 '歡樂'의 글자 뜻으로 삼은 것이다. '驩', '歡', '讙'은 소리와 뜻이 모두 똑같기 때문에 통용이 된다. ≪春秋≫ 文公 6년의 "晉侯驩(晉侯가 즐거워하다.)"에 대하여, 〈'驩'이〉 ≪春秋公羊傳≫에는 '讙'으로 되어 있고, ≪史記≫에는 '歡'으로 되어 있으니, 이것이 그 증거이다. ≪荀子≫ 楊倞의 注에 이 글을 인용하면서 '成'이 '戴'로 되어 있으니 틀렸다. 설명은 아래에 보인다.

30-28 卜皮以慈惠亡魏王이라

卜皮는 자애로움 때문에 衛나라 왕이 망하게 될 것이라 여겼다.

卜皮는 以魏王慈惠로 知其必亡其身也라 ○盧文弨曰 注上其字 一本無라 先愼曰 乾道本에 注脫知字어늘 今從趙本하노라

舊注 : 卜皮는 魏나라 왕이 자애로워서 필시 스스로를 망치게 만들 것임을 알았다.

○盧文弨 : 舊注의 위에 있는 '其'자가 一本에는 없다.

王先愼 : 乾道本의 舊注에는 '知'자가 탈락되어 있는데, 지금은 趙本을 따랐다.

---

15) 孟子 驩如 : ≪孟子≫ 〈盡心 上〉에 '驩虞如也'라고 보인다.

30-29 管仲[16]知之라 故斷死人[17]하고

管仲은 〈엄하게 나라를 다스려야 함을〉 알았기 때문에 죽은 사람까지 처단하였고

知治國當嚴하야 禁人之厚葬하니 不用命者戮其尸라

舊注 : 나라를 다스림이 응당 엄해야 함을 알아서 사람들이 후하게 장사 지내는 것을 금하였으니, 명령을 따르지 않는 자는 그 시신에게 형벌을 가하였다.

30-30 嗣公知之라 故買胥靡[18]라

衛 嗣公은 〈죄 지은 이에겐 응당 벌을 내려야 함을〉 알았기 때문에 〈도읍을 팔아서〉 죄수를 사들였다.

嗣公亦知國當必罰하야 有胥靡逃之에 以一都買而誅之라

舊注 : 嗣公 역시 나라가 〈죄 지은 이에게〉 반드시 벌을 내려야 함을 알아서 죄수의 신분으로 달아난 자가 있자 하나의 도성을 주고 사서 주벌하였다.

必罰二라

이상은 必罰 제2이다.

---

16) 管仲 : 춘추시대 齊나라 潁上 사람이다. 이름은 夷吾이고, 字는 仲이며, 시호는 敬이다. 鮑叔牙와 지극한 우정으로 사귀었다. 처음에는 公子 糾를 섬기다가 뒤에 桓公을 섬겨 재상이 되어 仲父로 불리었다. 국정을 개혁하고 부국강병책을 썼으며, 尊王攘夷를 표방하여 환공을 도와 霸業을 이루게 하였다.

17) 管仲知之 故斷死人 : 齊나라 사람들은 후하게 장사 지내는 것을 좋아하였는데, 베와 무명, 그리고 재목이 후하게 장사 지내는 터에 바닥이 날 정도였다. 齊 桓公이 이를 걱정하자, 管仲이 관곽을 법도에 지나치게 하는 자는 그 시신에게 형벌을 가하고 상주 된 자에게도 벌을 내리는 법령을 시행하였다. 자세한 내용은 아래의 30-172~173 참조.

18) 嗣公知之 故買胥靡 : 衛 嗣君 때에 어떤 죄수가 魏나라로 달아났다. 衛 嗣君이 이 소식을 듣고 사람을 보내어 오십 금으로 그 죄수를 팔라고 청했으나 다섯 번을 오가도록 魏나라 왕이 그 죄수를 돌려주지 않자 左氏라는 이름의 도읍과 맞바꾸기로 하였다. 魏나라 왕이 이를 듣고는 그 죄수를 수레에 태워 衛 嗣君에게 바쳤다. 자세한 내용은 아래의 30-174~181 참조. 胥靡는 노역에 동원되는 노예 또는 죄수를 뜻한다.

30-31 賞譽薄而謾者에 下不用이요

상과 칭찬을 박하고 거짓으로 하면 아랫사람이 〈心力을〉 다하지 않으며,

謾은 欺也라 ○先愼曰 乾道本에 用下有也字라 顧廣圻云 藏本今本에 無也字라하니라 先愼案 無也字是也라 下不用與下輕死는 句法一律이니 不當有也字일새 今據刪하노라

舊注 : '謾'은 '欺(속임)'이다.

○王先愼 : 乾道本에 '用'자 아래에 '也'자가 있다. 顧廣圻는 "藏本과 今本에 '也'자가 없다."라고 하였다. 내가 살펴보건대 '也'자가 없는 것이 옳다. '下不用'과 '下輕死'는 句法이 일치되니 응당 '也'자가 있어서는 안 되기에 지금 이에 의거하여 삭제하였다.

30-32 賞譽厚而信者에 下輕死라 其說在文子稱若獸鹿[19)]이라

상과 칭찬을 후하고 미덥게 하면 아랫사람은 죽음도 가벼이 여긴다. 그에 대한 해설이 文子가 〈신하는〉 사슴과 같다고 말한 사례에 있다.

獸鹿唯就薦草는 猶人臣之歸恩厚也라

舊注 : 사슴이 오직 무성한 풀숲에 나아가는 것은 신하가 군주의 후덕한 은혜에 귀의하는 것과 같다.

30-33 故越王焚宮室[20)]하며

그러므로 越王은 일부러 궁실에 불을 지르고

---

19) 文子稱若獸鹿 : 齊나라 왕이 文子에게 나라의 다스림에 대해서 물으니, 文子가 대답하기를 "상벌의 도리는 利器입니다. 군주라면 이를 단단히 잡고 있으면서 남에게 보여주면 안 됩니다. 일반적인 신하는 사슴과 같아서 오직 좋은 풀이 있는 곳이면 나서는 법입니다." 하였다. 자세한 내용은 아래의 30-182~183 참조.

20) 越王焚宮室 : 越王이 일부러 궁실에 불을 질렀으나 아무도 불을 끄러 오는 사람이 없었다. 이에 명령을 내리기를 "불을 끄다가 죽은 자는 적과 싸우다가 죽은 것과 똑같은 상을 내릴 것이며, 불을 끄고 죽지 않은 자는 적과 싸워 이긴 것과 똑같은 상을 내릴 것이나, 불을 끄러 나서지 않는 자는 적에게 항복하거나 달아난 죄를 내릴 것이다." 하니, 수천 명의 사람들이 불을 끄러 나섰다. 자세한 내용은 아래의 30-184~190 참조.

焚其室者는 **欲行賞罰於救火**하야 **以驗人之用命**이라

舊注 : 궁실에 불을 지른 것은 불을 끄는 데서 상벌을 시행하여 사람들이 명령을 따르는지를 실험하려고 한 것이다.

30-34 而吳起倚車轅[21)]하며

吳起는 수레 멍에를 비스듬히 세워놓았으며

賞移轅者는 **欲示其信而不欺也**라

舊注 : 수레 멍에를 옮기는 자에게 상을 내린 것은 믿음을 주어 속이지 않음을 보이려고 한 것이다.

30-35 李悝(회)斷訟以射[22)]하며

李悝는 활솜씨로 송사를 재판하였으며

欲人之善射라 **故其斷訟**을 **與善射者理也**라

舊注 : 사람들이 활을 잘 쏘게 하려고 송사를 재판하는 것을 활을 잘 쏘는 것으로 다스렸다.

30-36 宋崇門以毁死[23)]라

21) 吳起倚車轅 : 吳起는 사람들로부터 信義를 얻기 위해서 자신이 한 약속을 철저하게 지켰다. 예컨대 수레 멍에 하나를 북문 밖에 비스듬히 세워놓고 약조하기를 "이것을 남문 밖으로 옮기는 자에게 좋은 농토와 좋은 주택을 내리겠다." 하였다. 처음에는 누구도 옮기지 않았는데, 얼마 뒤 어떤 이가 그것을 옮기자 오기는 약속한 대로 그에게 좋은 농토와 주택을 내렸다. 자세한 내용은 아래의 30-191~198 참조.

22) 李悝(회)斷訟以射 : 子夏의 제자인 李悝가 魏 文侯의 上地 태수가 되었다. 그는 그곳 사람들이 활을 잘 쏘게 하고 싶어서 다음과 같은 법령을 내렸다. "재판하기 어려운 송사가 생길 경우, 송사의 당사자들로 하여금 화살을 쏘게 하여 과녁을 맞힌 자가 이기고 맞히지 못한 자가 지는 것으로 할 것이다." 이에 그곳 사람들은 밤낮으로 활쏘기 연습을 하였는데, 이후 秦나라와 전투가 벌어지자 그들을 대패시켰다. 자세한 내용은 아래의 30-199~202 참조.

23) 宋崇門以毁死 : 宋나라 崇門에 사는 어떤 사람이 부모의 상 때 몸이 상하여 야위었는데, 군주가 기특하게 여겨 관직을 내려주었다. 그러자 이듬해 사람들 가운데 야위어 죽는 자가 한

宋나라 崇門 사람들은 야위어 죽었던 것이다.

崇門之人이 **居喪而瘠**이러니 **君與之官**이라 **故多毁死者也**라

舊注 : 崇門에 사는 어떤 사람이 居喪하다가 몸이 야위었는데, 군주가 그에게 관직을 내려주었다. 이 때문에 야위어 죽는 자가 많아졌다.

30-37 句踐知之라 故式怒鼃(와)[24]하며

句踐은 〈칭찬을 하면 인재를 얻는다는 것을〉 알았기 때문에 성난 두꺼비에게 경례를 하였으며

句踐知勸賞可以詔人이라 **故式怒鼃以求勇**이라 ○**先愼曰 乾道本**에 **無之字**라 **顧廣圻云 藏本今本**에 **知下有之字**라하니라 **先愼案 有者是也**일새 **今據補**하노라 **注趙本**에 **詔作招**라

舊注 : 句踐은 권장하고 칭찬함으로써 사람을 구할 수 있다는 것을 알았기 때문에 성난 두꺼비에게까지 경례를 하여 용맹한 이를 구하였다.

○王先愼 : 乾道本에 '之'자가 없다. 顧廣圻는 "藏本과 今本에는 '知'자 아래에 '之'자가 있다."라고 하였다. 내가 살펴보건대, 〈'之'자가〉 있는 것이 옳기에 지금 이에 의거하여 보충하였다. 舊注는 趙本에 '詔'자가 '招'자로 되어 있다.

30-38 昭侯知之라 故藏弊袴[25]라

해에 십여 명이나 되었다. 자세한 내용은 아래의 30-203 참조.

24) 句踐知之 故式怒鼃(와) : 句踐은 越나라의 백성들이 자신의 목숨을 바쳐 나라에 충성하기를 원하였다. 그래서 구천은 밖에 나갈 때 성난 두꺼비를 보면 그때마다 경례를 하였는데, 마부가 그 이유를 묻자 구천이 대답하기를 "기개가 있기 때문이다." 하였다. 그러자 이듬해 왕을 위해 자신의 목숨을 바치겠다고 나서는 이들이 한 해에 십여 명이나 되었다. 자세한 내용은 아래의 30-209~214 참조.

25) 昭侯知之 故藏弊袴 : 韓 昭侯가 해진 바지를 잘 보관하도록 하자, 시종이 너무 인색하다고 말하였다. 그러자 昭侯가 대답하기를 "현명한 군주는 한 번 찌푸리고 한 번 웃는 것조차 아껴야 한다. 더군다나 이 해진 바지가 그저 찌푸리거나 웃는 것 정도이겠는가. 나는 반드시 공이 있는 자를 기다려 그에게 내려줄 생각이라 그것을 간수하려고 하는 것이다." 하였다. 자세한 내용은 아래의 30-215~218 참조.

韓 昭侯는 〈상을 신중히 내리면 뛰어난 신하를 얻는다는 것을〉 알았기 때문에 해진 바지를 보관하였다.

○先愼曰 弊는 今本作蔽어늘 誤라

○王先愼 : '弊'는 今本에 '蔽'로 되어 있는데, 잘못되었다.

30-39 厚賞之면 使人爲賁諸也라 婦人之拾蠶이요 漁者之握鱣(전)이니 (是以)〔以是〕效之라

상을 후하게 내리면 사람들로 하여금 孟賁이나 專諸처럼 되게 한다. 부녀자가 누에를 줍고 어부가 드렁허리를 쥘 수 있으니, 이를 통해 그것을 밝힌 것이다.

拾蠶握鱣이로되 而不惱者는 利在故也니 此得利忘難之效也라 ○兪樾曰 是以效之는 當作以是效之니 效者는 明也라 是는 卽指婦人漁者而言이니 謂厚賞之下면 可使人人爲賁諸를 以婦人之拾蠶漁者之握鱣으로 明之也라 下文云 鱣似蛇하고 蠶似蠋이라 人見蛇則驚駭하고 見蠋則毛起나 然而婦人拾蠶하고 漁者握鱣은 利之所在則忘其所惡(오)하야 皆爲孟賁이라하니 是其義也라 荀子正論篇에 故桀紂無天下하고 而湯武不弑君을 由此效之也라하니 楊注曰 效는 明也라하니라 與此文句法正同이어늘 今誤作是以效之라 舊注에 謂此得利忘難之效也는 失其解矣라

舊注 : 누에를 줍고 드렁허리를 쥐면서도 괴로워하지 않는 것은 이익이 생기기 때문이니, 이는 이익을 얻으면 어려운 일은 잊어버리는 효과이다.

○兪樾 : "是以效之"는 응당 "以是效之"가 되어야 하니, '效'라는 것은 밝히는 것이다. 여기서 '是'는 곧 부녀자와 어부를 가리켜 말한 것이니, 상을 후하게 아래로 내리면 사람들을 모두 孟賁이나 專諸처럼 되게 할 수 있음을 부녀자가 누에를 줍고 어부가 드렁허리를 쥐는 것을 가지고 밝힌 것이다. 아래 글에서 "드렁허리는 뱀과 비슷하고 누에는 애벌레와 비슷하다. 사람이 뱀을 보면 깜짝 놀라고 애벌레를 보면 소름이 끼치지만, 부녀자가 누에를 줍고 어부가 드렁허리를 쥐는 것은 이익이 생기는 곳에는 혐오감도 잊어서 모두 孟賁이나 專諸처럼 되는 것이다." 하였으니, 바로 이러한 뜻이다. ≪荀子≫〈正論篇〉에서 그러므로 "桀王・紂王이 천하를 무시하고 湯王・武王이 군주를 시해하지 않았음을 이를 통해 밝힌 것이다."라고 하였으니, 楊倞의 注에 "效는 밝힘이다."라고 하였다. 여기의 글과 句法이 똑같은데, 지금은 "是以效之"로 잘못되어 있다. 舊注에서 "이는 이익을 얻으면

어려운 일은 잊어버리는 효과이다."라고 한 것은 잘못 해석한 것이다.

賞譽三이라

이상은 賞譽 제3이다.

30-40 一聽이면 則愚智不(分)〔紛〕[26)]하고

일일이 들어주면 어리석음과 지혜로움이 어지러워지지 않으며

直聽一理하고 不反覆參之하면 則愚智不分이라

舊注 : 다만 한 가지 이치만 듣고 반복해서 참작하지 않으면 어리석음과 지혜로움을 분별할 수 없다.

30-41 責下면 則人臣不參이라

신하에게 책임을 지우면 신하들이 뒤섞이지 않는다.

下之材能一一責之면 則人臣不得參襍(잡)이라

舊注 : 신하의 재능에 대해 일일이 책임을 지우면 신하들이 뒤섞이지 않는다.

30-42 其說在索鄭[27)]과

그에 대한 해설이 〈魏나라가〉 鄭나라에게 요구한 일과

魏王以鄭本梁地라 故索鄭而合之로되 不思梁本鄭地하니 鄭人亦索梁而合之라 此

---

26) (分)〔紛〕: 저본에는 '分'으로 되어 있으나, 陶鴻慶의 설에 의거하여 '紛'으로 바로잡았다.

27) 索鄭 : 魏나라 왕이 鄭나라 왕에게 말하기를 "처음에는 그대의 鄭나라는 우리 梁나라(魏나라)와 한 나라였는데, 나중에 갈라진 것입니다. 이제 다시 鄭나라 땅을 얻어 우리 魏나라에게 합병하고 싶습니다." 하니, 鄭나라 왕이 이에 맞설 계책을 신하들과 모의하였다. 이때 鄭나라 公子가 말하기를 "군주께서는 이렇게 말하십시오. '鄭나라가 예전에 魏나라 땅이었다는 이유로 합병할 수 있다고 생각하신다면, 우리나라 또한 魏나라를 얻어 우리 鄭나라에 합병하고 싶습니다.'" 하였다. 이에 魏나라 왕은 주장을 포기하였다. 자세한 내용은 아래의 30-222~225 참조.

一聽之過也라

舊注 : 魏나라 왕이 鄭나라가 본래 梁나라(魏나라) 땅이라는 이유로 鄭나라에게 요구하여 합병하고자 하였는데, 〈이런 논리라면〉 梁나라가 본래 곧 鄭나라 땅이라는 것을 생각하지 못하였으니, 鄭나라도 梁나라에게 요구하여 합병하고자 하였다. 이는 한 가지 이치만 듣는 잘못이다.

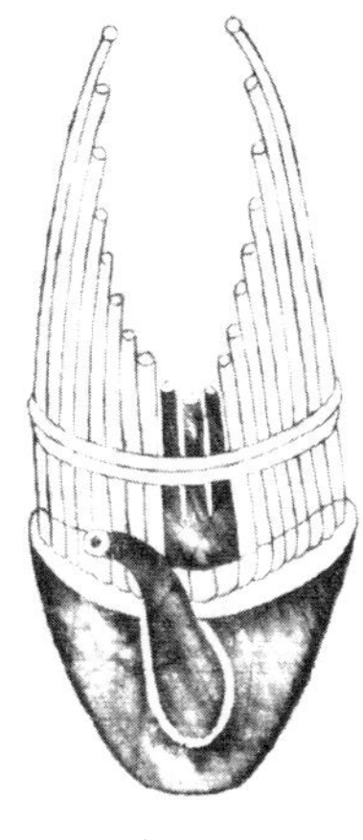

竽

30-43 與吹竽[28]라

竽를 불게 한 사례에 있다.

混(商)〔同〕吹竽면 是不責下也라 故令得參襍이라 ○盧文弨曰 注에 混商은 當是混同이라

舊注 : 여러 사람이 뒤섞여서 竽를 불면 이는 신하에게 책임을 지을 수 없기 때문에 뒤섞이게 만든다.

○盧文弨 : 舊注에 '混商'은 응당 '混同'이 되어야 한다.

30-44 其患在申子之以趙紹韓沓爲嘗試[29]라

그 우환은 申子(申不害)가 趙紹와 韓沓을 통해 〈韓나라의 군주를〉 시험해본 사례에 있다.

申子爲請兵에 先令趙紹韓沓嘗韓君하야 知其意然後說(세)하니 終成其私也라 ○盧文弨曰 注에 申子爲下脫趙字라 先愼曰 趙紹韓沓은 國策作趙卓韓鼂라

舊注 : 申子가 원병을 청할 적에 우선 趙紹와 韓沓으로 하여금 韓나라 군주를 시험해보

28) 吹竽 : 齊 宣王은 반드시 삼백 명이 함께 竽를 연주하도록 하였는데, 宣王이 죽고 湣王이 즉위하자 그는 한 사람씩 竽를 연주하도록 하였다. 그러자 竽를 연주하던 악공들이 모두 달아났다. 자세한 내용은 아래의 30-226~230 참조.

29) 申子之以趙紹韓沓爲嘗試 : 趙나라가 사람을 시켜 申不害를 통해 韓나라에게 원병을 청하고자 하였다. 신불해는 이 사실을 韓나라 군주에게 알리면 자신이 다른 나라와 거래한다고 의심할까 두려웠고, 그렇다고 말하지 않으면 趙나라로부터 미움을 사게 될까 두려웠다. 그래서 趙紹와 韓沓으로 하여금 韓나라 군주의 동작과 표정을 시험해본 다음 사실을 보고하게 하여, 안으로는 韓나라 군주의 의중을 알게 되었고 밖으로는 趙나라의 신임을 얻게 되었다. 자세한 내용은 아래의 30-231~233 참조.

고 그의 뜻을 파악한 이후에 유세하였으니 마침내 사사로운 목적을 이루었다.

○盧文弨 : 舊注에 '申子爲' 아래에 '趙'자가 탈락되었다.

王先愼 : 趙紹와 韓沓은 ≪戰國策≫ 〈韓策〉에는 '趙卓'과 '韓鼂'로 되어 있다.

30-45 故公子氾議割河東[30)]하고

그러므로 公子 氾은 河東을 할양하자는 논의를 벌였고

韓王이 欲〔割〕河東以搆三國하니 此非計也어늘 公子氾激君行令이라 ○盧文弨曰 注에 韓王欲下脫割字라

舊注 : 韓나라 왕이 河東을 할양하여 세 나라와 강화를 맺고자 했으니 이는 좋은 계책이 아니었는데, 公子 氾이 군주가 그렇게 시행하도록 격동시켰다.

○盧文弨 : 舊注에 '韓王欲' 아래 '割'자가 탈락되었다.

30-46 而應侯謀弛上黨[31)]이라

應侯(范雎)는 上黨의 군사를 느슨하게 할 모책을 짰다.

應侯謀〔弛〕上黨은 亦非計也어늘 秦王從之라 此上二事皆一聽之患也라 ○先愼曰 注에 謀下脫弛字라

舊注 : 應侯가 上黨의 군사를 버릴 모책을 짠 것은 또한 좋은 계책이 아니었는데, 秦나라 왕이 그 주장을 따랐다. 위의 두 가지 일은 모두 한 가지 이치만을 들은 우환이다.

○王先愼 : 舊注에 '謀'자 아래에 '弛'자가 탈락되었다.

一聽 四라

30) 公子氾議割河東 : 齊나라 · 韓나라 · 魏나라 삼국이 秦나라로 쳐들어오자, 秦나라에서는 河東을 할양하여 강화를 맺고자 하였다. 그래서 公子 氾을 불러 이 일을 논의하였는데, 公子 氾은 강화를 해도 후회할 것이고 강화를 하지 않아도 후회할 것이라고 말하였다. 결국 秦나라 왕은 강화를 하지 않아 도성을 위태롭게 하는 일이 없어야 한다고 생각하여 강화를 맺기로 결단하였다. 자세한 내용은 아래의 30-234~240 참조.

31) 應侯謀弛上黨 : 應侯는 秦나라의 재상에 오른 范雎이다. 범저가 秦나라 왕에게 上黨의 군사를 東陽으로 이동시키자는 주장을 펼쳤는데, 秦나라 왕이 그 주장을 받아들여 군대를 이동시켰다. 자세한 내용은 아래의 30-241~247 참조.

이상은 一聽 제4이다.

30-47 數見(삭현)久待而不任하면 姦則鹿散하며

자주 만나 뵈어 오랫동안 모셨는데도 그를 임용하지 않으면 간사한 자는 사슴처럼 흩어지며

謂人數見於君하야 或復久待어늘 雖不任用이면 外人則謂此得主之意하야 終不敢姦하고 如鹿之散이라 ○顧廣圻曰 姦則鹿散四字 爲一句라

舊注 : 어떤 신하가 자주 군주를 만나 뵈어 오랫동안 모셨는데도 군주가 그를 임용하지 않으면, 그 밖의 사람들은 〈임용을 위해서는〉 군주의 마음을 얻어야 한다고 생각하여 끝내 감히 간사한 짓을 못하고 사슴처럼 흩어진다는 것을 말한 것이다.

○顧廣圻 : "姦則鹿散" 네 자가 하나의 句를 이룬다.

30-48 使人問他하면 則不鬻私라

사람에게 일을 시키면서 〈다른 일을 가지고〉 다른 사람에게 물어본다면 그는 사사롭게 자신을 팔지 못한다.

謂使此雖知其所爲나 陽若不知하고 更試以他事或問之他人하면 不敢鬻其私矣라 鬻은 猶售라

舊注 : 이 일을 시키면서 그가 어떻게 할지 알고 있으나 거짓으로 모른 척하고 다시 다른 일을 가지고 다른 사람에게 물어본다면 감히 사사롭게 자신을 팔지 못함을 말한 것이다. '鬻'은 '售(팔다)'이다.

30-49 是以龐敬還公大夫[32]하며

---

32) 龐敬還公大夫 : 龐敬은 어느 고을의 현령이었다. 그는 시장을 관리하는 자가 간사한 짓을 저지르게 못하게 하려고, 상급 관원인 公大夫를 부른 다음 얼마 뒤에 돌려보냈다. 龐敬이 公大夫를 만난 뒤에 시장을 관리하는 자에게 아무런 조칙을 내리지 않자, 그는 현령과 公大夫 사이에 어떤 말이 있었을 것이라 추측하여 간사한 짓을 감히 저지르지 못하였다. 자세한 내용은 아래의 30-248~251 참조.

이 때문에 龐敬은 公大夫를 돌려보냈으며

龐敬은 **使市者不爲姦**하야 **故還大夫而警之**라

舊注 : 龐敬은 시장을 관리하는 자가 간사한 짓을 저지르지 못하게 하려고 公大夫를 돌려보내어 경계하도록 하였다.

30-50 而戴讙詔視輼車[33)]하며

戴讙은 輼車를 감시하도록 명하였으며

戴讙은 **欲知奉笥者**하야 **更使視輼車**라

舊注 : 戴讙은 〈獄官이〉 뇌물 상자를 받는지를 알고자 하여 다시 사람을 보내 輼車를 감시하게 하였다.

30-51 周主亡玉簪[34)]하며

周나라 군주는 일부러 옥비녀를 잃어버렸으며

周主故亡玉簪하야 **以求神明之譽也**라

舊注 : 周나라 군주는 일부러 옥비녀를 잃어버려서 神明하다는 칭찬을 구하였다.

30-52 商太宰論牛矢[35)]라

33) 戴讙詔視輼車 : 戴讙은 宋나라 太宰였는데, 당시 獄官인 李史의 집에 뇌물 상자가 실린 輼車가 자주 드나든다는 것을 알았다. 그래서 사람을 시켜서 이사의 집에 가서 輼車를 감시하도록 명하였다. 자세한 내용은 아래의 30-252~254 참조. 輼車는 사면을 가려서 남들이 그 안에 누가 타고 있는지를 알 수 없는 수레이다.

34) 周主亡玉簪 : 周나라 군주가 일부러 옥비녀를 잃어버리고는 이를 관리들로 하여금 찾도록 하였으나, 사흘이 지나도 찾아내지 못하였다. 그래서 다른 사람에게 옥비녀가 있는 곳을 알려주면서 찾게 하였더니 民家의 집안에서 찾아내는 것이었다. 그러자 周나라 군주가 말하기를 "나는 관리들이 일을 제대로 처리하지 못함을 알게 되었다. 내가 다른 사람을 시켜 찾아보도록 하였더니, 해도 넘기기 전에 이를 찾아내었다."라고 하였다. 이에 관리들이 모두 송구스러워하며 군주가 神明하다고 여기게 되었다. 자세한 내용은 아래의 30-255~256 참조.

35) 商太宰論牛矢 : 宋나라 太宰가 나이 어린 시종을 시켜서 시장을 살피게 한 다음, 그로부터 시장 남문 밖에 우마차가 매우 많다는 것을 알게 되었다. 그리고는 곧바로 시장을 관리하는

商(宋)나라 太宰는 쇠똥을 거론하였다.

太宰詭論牛矢하야 以求聽察之名也라

舊注 : 商(宋)나라 太宰는 쇠똥을 거짓으로 거론하여 잘 듣고 살핀다는 명성을 구하였다.

詭使五라

이상은 詭使 제5이다.

30-53 挾智而問하면 則不智者至하고

자신이 알고 있는 것을 〈모르는 척〉 물으면 알지 못하는 것이 이르고

挾己所智而有所問이면 則雖不智者라도 莫不皆智也라 ○趙容賢曰 言挾己之智而問이면 則自多其智라 故不智者反得以用其欺라 是不若深知一物하면 則智有所積하야 而衆隱皆變爲顯也니 乃與下事相合이라 注는 非라 顧廣圻曰 智讀爲知하니 下同이라

舊注 : 자신이 아는 것을 가지고 물어보면 비록 알지 못하는 것이라도 모두 환히 알게 된다.

○趙容賢 : 자신이 아는 것을 가지고 물으면 스스로 자신의 지식을 자랑하게 되기 때문에 알지 못하는 것에 대해선 도리어 속임수를 쓰게 된다고 말한 것이니, 이는 하나의 사물에 대하여 깊이 알고 있으면 아는 것이 계속 쌓여서 여러 가지 은미한 것들이 모두 변하여 환히 드러나는 것만 못하니, 아래의 일과 부합된다. 舊注는 틀렸다.

顧廣圻 : '智'는 '知'자로 읽어야 하니, 아래도 마찬가지다.

30-54 深智一物하면 衆隱皆變이라

하나의 사물에 대하여 깊이 알고 있으면 여러 가지 은미한 것들이 모두 변하여 〈환히 드러난다.〉

관원을 불러 꾸짖기를 "시장 문밖에 어찌 쇠똥이 그렇게도 많은가?" 하자, 시장을 관리하는 관원은 태재가 그토록 시장 상황을 환히 안다는 것에 놀라며 자신의 직분을 두려워하게 되었다. 자세한 내용은 아래의 30-257~259 참조.

於一物智之能深이면 則衆隱伏之物이 莫不變而露見(현)이라 ○先愼曰 乾道本에 注於下有伏字어늘 今從趙本刪하노라

舊注 : 하나의 사물에 대하여 깊이 알고 있으면 여러 가지 은미하고 감추어진 사물들이 모두 변하여 환히 드러난다.

○王先愼 : 乾道本에 舊注의 '於'자 아래에 '伏'자가 있는데, 지금은 趙本을 따라 삭제하였다.

30-55 其說在昭侯之握一爪[36]也라

그에 대한 해설이 韓 昭侯가 손톱 하나를 손에 쥐었던 사례에 있다.

握爪佯亡하야 以驗左右之誠이라

舊注 : 손톱을 손에 쥐고 있으면서 거짓으로 잃어버린 척해서 측근의 진심을 시험하였다.

30-56 故必南門而三鄕得[37]하며

이 때문에 南門 〈하나의 일을〉 살펴서 나머지 세 방향 〈성문의 사정에〉 대해서도 알게 되었으며

必審南門之牛犯苗하야 而三鄕之犯者皆得其情實이라 ○顧廣圻曰 藏本同이라 今本에 必下有審字하니 誤라

舊注 : 南門의 소가 남의 논을 침범하는 것을 살펴서 세 방향의 〈성문에서 소가 남의

36) 昭侯之握一爪 : 전국시대 韓 昭侯가 이미 자른 손톱을 손에 쥐고 거짓으로 손톱 하나를 잃어버린 척하며 그것을 측근들에게 찾아내라고 심하게 다그쳤다. 그러자 측근들이 자신의 손톱을 잘라 그것을 바쳤다. 자세한 내용은 아래의 30-260~262 참조.

37) 必南門而三鄕得 : 전국시대 韓 昭侯가 사람을 시켜 南門을 살펴보게 하니, 남문 밖에서 송아지가 남의 논을 침범하여 벼를 뜯어먹고 있었다. 그래서 관리하는 자로 하여금 이런 일이 얼마만큼 일어나고 있는지 숫자까지 조사하여 보고하게 하였다. 보고서를 올라오자 소후가 아직 충분하지 못하다고 하여 그들이 다시 조사하러 나가니, 남문 밖에서 송아지를 찾아내었다. 이에 관리들은 소후가 명철하다고 여기고 간사한 짓을 저지르지 못하였다. 자세한 내용은 아래의 30-263~266 참조.

논을〉 침범한 사정을 모두 알게 되었다.

○顧廣圻 : 藏本과 똑같다. 今本에 '必'자 아래에 '審'자가 있으니 잘못되었다.

30-57 周主索曲杖而群臣懼[38)]하며

周나라 군주가 굽은 지팡이를 구하자 신하들이 두려움에 떨었으며

私得曲杖하야 群臣聳懼라

舊注 : 사적으로 굽은 지팡이를 얻어서 신하들이 두려움에 떨었다.

30-58 卜皮(事)〔使〕庶子[39)]하며

卜皮는 侍從을 시켜 〈御史의 애첩을 거짓으로 사랑하게 하였으며〉

使庶子愛御史하야 便(변)得彼陰(懼)〔情〕也라 ○盧文弨曰 注陰情譌陰懼라 先愼曰 事當作使라 下文에 卜皮爲縣令이러니 其御史汙穢하고 而有愛妾일새 卜皮乃使少庶子佯愛之하야 以知御史陰情이라하니 正作使字라 注作使庶子라하니 是也나 謂愛御史亦誤라 卜皮使庶子佯愛御史之愛妾이요 非愛御史也니 下說注同誤라

舊注 : 侍從으로 하여금 御史를 사랑하게 해서 곧 저 사람의 감춰진 실정을 알아내었다.

○盧文弨 : 舊注에 '陰情'이 '陰懼'로 잘못되어 있다.

王先愼 : '事'자는 응당 '使'자가 되어야 한다. 아래 글에 "卜皮가 현령이 되었을 적에 御史가 더러운 짓을 저지르고 애첩을 두고 있었기에 卜皮는 나이 어린 侍從을 시켜서 거짓으로 그 애첩을 사랑하여 御史의 감춰진 실정을 알아내게 하였다."라고 하였으니, '使'로 바로 되어 있다. 舊注에 '使庶子'로 되어 있는 것은 옳지만, 御史를 사랑하게 했다는 것은 또한 틀렸다. 卜皮는 侍從을 시켜 거짓으로 御史의 애첩을 사랑하게 한 것이지, 御史를 사랑하게 한 것이 아니니 아래의 해설에 있는 舊注도 마찬가지로 틀렸다.

---

38) 周主索曲杖而群臣懼 : 周나라 군주가 관리들에게 굽은 지팡이를 구해 오라고 하였다. 그러나 여러 날이 지나도 구해 오는 자가 없었는데, 군주가 사적으로 사람을 시켜 구해 오게 하였더니, 하루가 지나기도 전에 그것을 가져왔다. 이에 군주가 관리들을 심하게 나무라자 그들은 자신의 직무에 두려움을 느끼고 군주를 神明한 사람이라 여겼다. 자세한 내용은 아래의 30-267~268 참조.

39) 庶子 : 전국시대 관리에게 예속되어 使喚 등의 잔일을 하는 侍從이다.

30-59 西門豹詳(양)遺轄[40)]이라

西文豹가 거짓으로 수레 굴대의 빗장을 잃어버린 척하였다.

謀遺其轄하야 欲取淸明之稱也라 ○盧文弨曰 注에 詳譌作謀라 顧廣圻曰 說에 詳作佯하니 詳佯은 同字라

舊注 : 모략으로 수레 굴대의 빗장을 잃어버려서 淸明하다는 칭찬을 얻고자 하였다.
○盧文弨 : 舊注에 '詳'이 '謀'자로 잘못되어 있다.
顧廣圻 : 說(30-272)에 '詳'자가 '佯'자로 되어 있으니, '詳'과 '佯'은 같은 글자이다.

挾智六이라

이상은 挾智 제6이다.

30-60 倒言反事하야 以嘗所疑하면 則姦情得이라

말을 거꾸로 하고 일을 반대로 하여 의심스러웠던 바를 시험하면 간사한 실정을 알아낼 수 있다.

倒錯其言하고 反爲其事하야 以試其所疑也라

舊注 : 말을 거꾸로 하고 일을 반대로 하여 의심스러웠던 바를 시험하는 것이다.

30-61 故(陽山)〔山陽〕謾樛(규)豎[41)]하며

그러므로 山陽君은 樛豎를 속였으며

僞謾樛豎하야 知君疑也라 ○先愼曰 乾道本에 樛作摎라 顧廣圻云 陽山은 當倒하니

---

40) 西門豹詳(양)遺轄 : 전국시대 魏나라의 西門豹가 鄴의 지방장관이었을 적에, 거짓으로 수레 굴대의 빗장을 잃어버렸다고 하면서 관리들로 하여금 찾도록 하였으나 찾지 못하였다. 이에 다른 사람을 시켜 찾았더니 民家의 집에서 이를 찾아내었다. 자세한 내용은 아래의 30-272 참조.

41) (陽山)〔山陽〕謾樛(규)豎 : 韓나라 재상 山陽君이 자신의 군주가 자신을 의심하고 있다는 말을 들었는데, 이는 산양군이 樛豎를 속여서 그로 하여금 말을 마구하도록 하여 그것을 알아내었던 것이다. 자세한 내용은 아래의 30-273 참조.

詳後[42)]라 藏本今本에 摎作樛라 先愼案 樛字是하니 下文亦作樛라 此誤하니 今據改하노라

舊注 : 거짓으로 樛豎를 속여서 군주의 의심을 알아낸 것이다.

○王先愼 : 乾道本에 '樛'자가 '摎'자로 되어 있다. 顧廣圻는 "'陽山'은 응당 도치되어야 하니 뒤에 자세히 말하였다. 藏本과 今本에는 '摎'자가 '樛'자로 되어 있다."라고 하였다. 내가 살펴보건대, '樛'자가 옳으니 아래 글 또한 '樛'로 되어 있다. 여기는 잘못되었으니 지금 이에 의거하여 고쳤다.

30-62 淖齒爲秦使[43)]하며

淖齒는 〈사람을 시켜〉 秦나라 사신인 〈척하였으며〉

詐爲秦使하야 知君惡(오)己라

舊注 : 〈사람을 시켜〉 거짓으로 秦나라 사신이 되게 하여 자신의 군주가 자신을 미워하는 사실을 알아내었다.

30-63 齊人欲爲亂[44)]하며

齊나라 사람이 난을 일으키고자 하였으며

佯逐所愛하야 令君知而不疑라

舊注 : 거짓으로 아끼던 사람을 내쫓아 군주로 하여금 〈자신의 뜻을〉 알아서 의심하지 않게 한 것이다.

---

42) 陽山……詳後 : 아래의 30-273에 보인다. 顧廣圻는 "'陽山'은 응당 '山陽'이 되어야 한다. ≪戰國策≫ 〈韓策〉에, 어떤 이가 山陽君을 가리키며 말하기를 '秦나라가 山陽 땅으로 그대를 봉하였습니다…….' 하였으니 증거가 된다.〔陽山當作山陽 戰國韓策有或謂山陽君曰秦封君以山陽云云 可爲證〕"라고 하였으니, 이 설을 따랐다.

43) 淖齒爲秦使 : 淖齒는 齊나라 장수였는데, 齊나라 군주가 자신을 미워한다는 말을 듣고는 사람을 시켜 秦나라 사신인 척하고 齊나라 군주를 만나게 하여 그 사실을 알아내었다. 자세한 내용은 아래의 30-274 참조.

44) 齊人欲爲亂 : 齊나라의 어떤 이가 반란을 일으키려고 하면서 군주가 이 사실을 알까 두려워하였다. 그래서 거짓으로 자신이 아끼던 사람을 내쫓아 군주로부터 믿음을 얻으려 하였다. 자세한 내용은 아래의 30-275 참조.

30-64 子之以白馬[45)]하며

子之는 白馬를 가지고 〈시험하였으며〉

謬言白馬하야 **以驗左右之誠**이라

舊注 : 거짓으로 白馬를 말하여 측근의 진심을 시험한 것이다.

30-65 子産離訟者[46)]하며

子産은 소송의 당사자들을 분리시켰으며

分離訟者하야 **便**(변)**得兩訟之情**이라

舊注 : 소송의 당사자들을 분리시켜놓아 곧 〈소송을 일으킨〉 양쪽의 실정을 알아내었다.

30-66 嗣公過關市[47)]라

嗣公은 〈사람을 시켜〉 관문을 통과하게 하였다.

知過者之輸金하야 **便得(聽)〔明〕察之稱**이라 ○**先愼曰 注**에 **聽字當作明**이라 **下文**에 **而以嗣公爲明察**이라하니 **是其證**이라

舊注 : 통과하는 이가 〈관리에게〉 금을 바친다는 사실을 알아서 곧 明察하다는 칭찬을 얻은 것이다.

○王先愼 : 舊注에서 '聽'자는 응당 '明'자가 되어야 한다. 아래 글에 "而以嗣公爲明察(嗣公이 明察하다고 여겼다.)"이라고 하였으니, 이것이 그 증거이다.

---

45) 子之以白馬 : 燕나라의 재상 子之가 측근들에게 白馬가 문으로 달려 나갔다고 거짓말을 하였다. 그러자 어떤 자가 쫓아갔다가 돌아와서는 그 말이 맞다고 거짓으로 보고하였다. 이렇게 함으로써 子之는 측근들의 진심을 알아내었다. 자세한 내용은 아래의 30-276 참조.

46) 子産離訟者 : 子産은 훗날 鄭나라의 재상이 된 公孫僑이다. 하루는 서로 소송을 제기한 사람들이 있었는데, 자산은 그들을 분리시켜 서로 말을 나눌 수 없도록 하고는 그들의 진술을 거꾸로 일러주어 그 잘잘못을 알아내었다. 자세한 내용은 아래의 30-277 참조.

47) 嗣公過關市 : 衛 嗣公이 사람을 시켜 관문을 통과하도록 하였는데, 관문을 지키는 관리가 그를 가혹하게 조사하였다. 이에 그 사람으로 하여금 관리에게 뇌물로 금을 주게 하자, 관리는 그를 풀어주었다. 사공이 이러한 사실을 관리에게 말하자, 관리는 크게 두려워하며 사공이 明察하다고 생각하였다. 자세한 내용은 아래의 30-278~284 참조.

倒言七이라

이상은 倒言 제7이다.

右는 經이라

이상은 經이다.

〔一〕[48)]

○盧文弨曰 凌本에 作傳一하니 下倣此라

○盧文弨 : 凌本에 '傳一'로 되어 있으니 아래도 이를 따랐다.

30-67 衛靈公之時에 彌子瑕有寵하야 專於衛國이라

衛 靈公 때 彌子瑕가 총애를 받아 衛나라를 제멋대로 하였다.

○先愼曰 難四篇에 無專字라

○王先愼 : 〈難四篇〉에 '專'자가 없다.

30-68 侏儒有見(현)公者曰 臣之夢踐矣니이다

어떤 난쟁이가 靈公을 뵙고 말하기를 "臣의 꿈이 맞았습니다."라고 하였다.

○先愼曰 乾道本에 踐作賤이라 盧文弨云 賤은 凌本作踐이라하니라 先愼案 作踐이 是일새 今據改하노라 難四篇에 作淺하니 亦誤라

○王先愼 : 乾道本에 '踐'자가 '賤'자로 되어 있다. 盧文弨는 "'賤'자는 凌本에 '踐'자로 되어 있다."라고 하였다. 내가 살펴보건대 '踐'자로 되어 있는 것이 옳기 때문에 지금 이에 의거하여 고쳤다. 〈難四篇〉에 '淺'자로 되어 있으니 또한 잘못되었다.

30-69 公曰 何夢고 對曰 夢見竈하니 爲見公也니이다 公怒曰 吾聞見人主者는

48) 〔一〕: 七術의 첫 번째 '參觀(30-8~30-19)'에 대한 해설을 모은 說이다.

夢見日이어늘 **奚爲見寡人而夢見竈**오 **對曰 夫日兼燭天下**하야 **一物不能當也**요

靈公이 말하기를 "무슨 꿈을 꾸었는고?" 하니, 난쟁이가 대답하기를 "꿈에 아궁이를 보았으니, 公을 만나 뵐 징조였습니다." 하였다. 靈公이 성을 내며 말하기를 "내가 듣기에 군주를 뵙는 자는 꿈에 태양을 본다고 하였는데, 어째서 과인을 만날 징조로 꿈에 아궁이를 보았다는 것인가?" 하였다. 난쟁이가 대답하기를 "무릇 태양은 천하를 모두 비추는 것이어서 하나의 물건으로 가릴 수 없고,

言一物不能蔽日之光也라

舊注 : 하나의 물건으로 태양의 빛을 가릴 수 없음을 말한 것이다.

30-70 **人君兼燭一國**하야

군주는 온 나라를 모두 비추어서

○先愼曰 乾道本에 國下有人字라 盧文弨云 凌本에 無下人字라 先愼案 人字涉下文而衍이니 難四篇에 無人字 是其證일새 今據刪하노라

○王先愼 : 乾道本에 '國'자 아래에 '人'자가 있다. 盧文弨는 "凌本에 〈'國'자〉 아래에 '人'자가 없다."라고 하였다. 내가 살펴보건대 '人'자는 아래 글과 연계되어 衍文이 된 것이니 〈難四篇〉에 '人'자가 없는 것이 그 증거이기에 지금 이에 의거하여 삭제하였다.

30-71 **一人不能(擁)〔壅〕也**니이다

한 사람이 〈군주의 밝음을〉 가리지 못합니다.

一人不能擁君之明이라 ○顧廣圻曰 擁은 當作壅이라

舊注 : 한 사람이 군주의 밝음을 차지하지 못하는 것이다.

○顧廣圻 : '擁'자는 응당 '壅'자가 되어야 한다.

30-72 **故將見人主者**는 **夢見日**이니이다 **夫竈**는 **一人煬焉**하면 **則後人無從見矣**니이다

그러므로 장차 군주를 뵐 자는 꿈에 태양을 보는 것입니다. 무릇 아궁이는 한 사람이 불을 쬐면 뒤에 있는 사람이 그 불을 볼 수가 없습니다.

一人煬하면 則蔽竈之光이라 故後人不見(之煬)〔煬之〕然也[49]라 ○先愼曰 注에 之煬은 當作煬之라

舊注 : 한 사람이 불을 쬐면 아궁이의 빛을 가리기 때문에 뒤에 있는 사람이 아궁이의 불타는 모습을 보지 못한다.

○王先愼 : 舊注에 '之煬'은 응당 '煬之'가 되어야 한다.

30-73 今或者一人有煬君者乎잇가

지금 어떤 한 사람이 군주를 가리고 있는 것입니까?

此譏彌子瑕專擁蔽君之明也라 ○先愼曰 乾道本에 注也作乎라 盧文弨云 一本無上者字라 注乎字譌하니 本作也라하니라 今據改하노라

舊注 : 이는 彌子瑕가 군주의 밝음을 제멋대로 차지하고 가리는 것을 비판한 것이다.

○王先愼 : 乾道本에 舊注의 '也'자가 '乎'자로 되어 있다. 盧文弨는 "一本에 위의 '者'자가 없다. 구주의 '乎'자는 잘못된 것이니 본래 '也'자로 되어 있다."라고 하였다. 지금 이에 의거하여 고쳤다.

30-74 則臣雖夢見竈라도 不亦可乎잇가

그렇다면 臣이 꿈에서 아궁이를 보았더라도 또한 옳지 않겠습니까." 하였다.

30-75 魯哀公問於孔子曰 鄙諺曰莫衆而迷라하니라

魯 哀公이 孔子에게 물었다. "속담에 '여러 사람과 〈함께 모의하지〉 않으면 미혹된다.'고 하였습니다.

擧事不與衆謀者는 必迷惑이라

舊注 : 일을 처리하면서 여러 사람과 함께 모의하지 않는 자는 필시 미혹된다.

---

49) 故後人不見(之煬)〔煬之〕然也 : 저본에는 "故後人不見之 煬然也"로 구두가 되어 있으나, '之煬'을 '煬之'로 보아야 한다는 王先愼의 견해를 따라 번역하였다.

30-76 **今寡人擧事**에 **與群臣慮之**어늘 **而國愈亂**하니 **其故何也**오

지금 寡人이 일을 처리하면서 여러 신하들과 함께 생각하였는데도 나라가 더욱 혼란해지니 그 이유는 무엇입니까?"

○先愼曰 乾道本에 無何字라 顧廣圻云 藏本今本에 故下有何字라하니 今據補하노라

○王先愼 : 乾道本에 '何'자가 없다. 顧廣圻는 "藏本과 今本에 '故'자 아래에 '何'자가 있다."라고 하였으니, 지금 이에 의거하여 보충하였다.

30-77 **孔子對曰 明主之問臣**에 **一人知之**하고 **一人不知也**니이다

孔子가 대답하였다. "현명한 군주가 신하에게 물었을 때 〈물음에 대한 답을〉 한 사람은 알고 또 한 사람은 알지 못하고 있습니다.

一人知之하고 一人不知하면 則得再三詳議라

舊注 : 한 사람은 알고 또 한 사람은 알지 못하면 두세 번 자세하게 의논할 수 있다.

30-78 **如是者**라야 **明主在上**이요 **群臣直議於下**니이다 **今群臣無不一辭同軌乎季孫者**하니 **擧魯國盡化爲一**이니이다

이와 같이 되어야 현명한 군주가 위에 있게 되고 여러 신하들이 그 아래에서 直言을 할 수 있습니다. 지금 여러 신하들이 모두 季孫氏와 똑같이 말을 하니, 온 魯나라가 모두 변하여 하나가 되고 말았습니다.

擧國旣化爲一이면 則不得論其是非也라 ○先愼曰 趙本에 注不作安이라

舊注 : 온 나라가 이미 변하여 하나가 되어버렸다면 是非를 논할 수 없게 된다.
○王先愼 : 趙本에 舊注의 '不'자가 '安'자로 되어 있다.

30-79 **君雖問境內之人**이라도 **猶不免於亂也**리이다

군주가 나라 안의 사람들에게 묻더라도 혼란해지는 것을 면하지 못할 것입니다."

境內之人은 亦與季孫爲一이라 故問之無益이라 ○先愼曰 乾道本에 猶下有之人二

字라 顧廣圻云 藏本에 無人字요 今本에 無之人二字라하니라 先愼案 之人二字는 涉上文而衍일새 今據刪하노라

舊注 : 나라 안의 사람도 季孫氏와 함께 하나가 되었기 때문에 묻더라도 도움될 게 없는 것이다.

○王先愼 : 乾道本에 '猶'자 아래에 '之人' 두 자가 있다. 顧廣圻는 "藏本에 '人'자가 없고 今本에 '之人' 두 자가 없다."라고 하였다. 내가 살펴보건대 '之人' 두 자는 윗글과 연계되어 衍文이 되었기 때문에 지금 이에 의거하여 삭제하였다.

30-80 一曰

일설의 내용은 다음과 같다.

○顧廣圻曰 按一曰者는 劉向敍錄時所下校語也라 謂一見於晏子春秋하니 其所曰者如此라 凡本書一曰은 皆同例라

○顧廣圻 : 살펴보건대 '一曰'이라는 것은 劉向이 〈≪韓非子≫를〉 敍錄할 때 교감한 말을 적은 것이다. ≪晏子春秋≫에 한 번〔一〕 보이니 그곳에서 말한〔曰〕 것이 이와 같다는 말이다. 본서의 '一曰'은 모두 똑같은 용례이다.

30-81 晏嬰子聘魯할새

晏嬰子가 魯나라를 방문했을 적에

○盧文弨曰 淩本에 無嬰字라

○盧文弨 : 淩本에 '嬰'자가 없다.

30-82 哀公問曰

哀公이 물었다.

○王渭曰 晏子春秋에 哀作昭라

○王渭 : ≪晏子春秋≫에 '哀'자가 '昭'자로 되어 있다.

30-83 語曰莫三人而迷라하니라

"속담에 '세 사람과 〈함께 모의하지〉 않으면 미혹된다.'고 하였습니다.

擧事不與三人謀하면 必(知)迷惑也라 ○先愼曰 注에 知字衍이라

舊注 : 일을 처리하면서 세 사람과 함께 모의하지 않으면 필시 미혹된다.
○王先愼 : 舊注에 '知'자는 衍文이다.

30-84 今寡人與一國慮之어늘 魯不免於亂하니 何也오 晏子曰 古之所謂莫三人而迷者는 一人失之나 二人得之하고 三人足以爲衆矣니이다 故曰莫三人而迷라하니이다 今魯國之群臣以千百數로 一言於季氏之私니이다

지금 寡人이 온 나라 사람들과 함께 생각하고 있는데도 魯나라가 혼란해짐을 면하지 못하고 있으니 어째서입니까?" 晏子가 대답하였다. "옛날에 이른바 '세 사람과 〈함께 모의하지〉 않으면 미혹된다.'는 것은 한 사람은 실수할 수 있지만 두 사람은 옳게 할 수 있고 세 사람은 衆論이 되기에 충분합니다. 그러므로 '세 사람과 〈함께 모의하지〉 않으면 미혹된다.'고 한 것입니다. 지금 魯나라의 여러 신하들이 수천 수백인데 季孫氏 한 사람과 똑같이 말하고 있습니다.

○先愼曰 謂衆口同聲也라

○王先愼 : 〈'一言'은〉 여러 사람이 똑같이 말하는 것을 가리킨다.

30-85 人數非不衆이나 所言者一人也니 安得三哉잇가

사람의 수가 많지 않은 것은 아니지만 말하는 것이 한 사람의 말과 같으니 어찌 세 사람이라 할 수 있겠습니까."

30-86 齊人有謂齊王曰 河伯은 大神也니이다

齊나라의 어떤 사람이 齊나라 왕에게 말하였다. "河伯은 큰 神입니다.

○先愼曰 御覽八百八十二에 引大作水라

○王先愼：≪太平御覽≫ 권882에 이 글을 인용하면서 '大'자가 '水'자로 되어 있다.

30-87 王何不試與之遇乎잇가 臣請使王遇之리이다 乃爲壇場大水之上하고

왕께서는 시험 삼아 그와 만나보지 않겠습니까? 신이 왕께서 만나게 해드리겠습니다." 이에 큰 물가에 祭壇을 만들고

○先愼曰 乾道本에 乃作遇하고 拾補에 作乃라 盧文弨云 乃字脫이요 張本有라하니라 顧廣圻云 藏本에 遇作乃하고 今本에 無라 兪樾云 上遇字는 當作與라 上文云 王何不試與之遇乎라하니 故此云 臣請使王與之遇라하니라 乾道本에 作遇之遇하니 傳寫誤耳라 道藏本에 改下遇字爲乃字하고 屬下讀이라 趙本에 竝刪乃字하니 均非其舊라 先愼案 下遇字는 爲乃字之譌니 乃與廼同이라 爾雅에 廼는 乃也라하니라 俗作迺하니 與遇字形相近하야 乾道本因譌作遇하고 趙本從而刪之라 惟道藏本張本不誤라 讀當於之字絶句하고 廼字屬下讀이라 請使王遇之에 使字는 卽有與之意니 旣言使어늘 不得復(부)言與라 且下文爲壇場大水之上에 上無迺字면 則文氣不接일새 兪說非也라 御覽引正作乃하니 今據改하노라

○王先愼：乾道本에 '乃'자는 '遇'자로 되어 있고 ≪群書拾補≫에 '乃'자로 되어 있다. 盧文弨는 "'乃'자는 탈락되었고 張本에는 있다."라고 하였다. 顧廣圻는 "藏本에 '遇'자가 '乃'자로 되어 있고 今本에는 없다."라고 하였다. 兪樾은 "위의 '遇'자는 응당 '與'자가 되어야 한다. 윗글에서 '王何不試與之遇乎'라고 하였기 때문에 여기서 '臣請使王與之遇'라고 말한 것이다. 乾道本에 '遇之遇'로 되어 있으니 傳寫의 오류일 뿐이다. 道藏本에 아래의 '遇'자를 '乃'자로 고쳐서 아래로 붙여 읽었고 趙本에 모두 '乃'자를 삭제하였으니 모두 본래의 모습이 아니다."라고 하였다.

내가 살펴보건대 아래의 '遇'자는 '乃'자가 잘못된 것이니 '乃'는 '廼'와 같다. ≪爾雅≫에 "'廼'는 '乃'이다."라고 하였다. 속자로 '迺'로도 쓰니 '遇'자와 字形이 비슷하여 乾道本은 이로 인해 '遇'자로 잘못 썼고 趙本은 이를 따라 삭제하였다. 오직 道藏本과 張本이 잘못되지 않았다. 읽을 때 응당 '之'자에서 句를 끊고 '廼'자는 아래에 붙여서 읽어야 한다. '請使王遇之'의 '使'자는 '與'의 뜻이 있으니 이미 '使'라고 말하고서 다시 '與'를 말할 수는 없다. 또 아래 글의 '爲壇場大水之上' 위에 '迺'자가 없으면 문장의 기세가 이어지지 않기 때문에 兪樾의 說은 틀렸다. ≪太平御覽≫에서 이 글을 인용하면서 바로 '乃'로 되어 있으니 지금 이에 의거하여 고쳤다.

30-88 而與王立之焉이라 有間에 大魚動하니 因曰 此河伯이니이다

왕과 함께 서 있었다. 얼마 뒤에 큰 물고기가 뛰어오르자 인하여 말하기를 "이것이 河伯입니다." 하였다.

直信一人言이라 故有斯弊라

舊注 : 그저 한 사람의 말만 믿기 때문에 이러한 폐단이 생기는 것이다.

30-89 張儀欲以秦韓與魏之勢伐齊荊이나 而惠施欲以齊荊偃兵이라

張儀는 秦나라와 韓나라에 魏나라의 군세를 합하여 齊나라와 楚나라를 정벌하고자 하였으나, 惠施는 齊나라와 楚나라를 이용하여 전쟁을 그만두고자 하였다.

以齊荊爲援이면 則秦韓不敢加兵이라 故兵可偃也라

舊注 : 齊나라와 楚나라를 원조하는 나라로 삼으면 秦나라와 韓나라가 감히 더 이상 전쟁을 일으키지 않을 것이기 때문에 전쟁을 그만둘 수 있는 것이다.

30-90 二人爭之러니 群臣左右皆爲張子言하야 而以攻齊荊爲利하고 而莫爲惠子言이라 王果聽張子하고 而以惠子言爲不可라 攻齊荊事已定할새 惠子入見(현)하니 王(言)曰

이 두 사람이 쟁론하였는데, 신하들과 측근들은 모두 張儀를 위해 발언하여 齊나라와 楚나라를 공격하는 것이 이롭다고 하고, 惠施를 위해서는 발언하지 않았다. 〈魏나라〉 왕은 과연 장의의 주장을 받아들이고 혜시의 말은 불가하다고 여겼다. 齊나라와 楚나라를 공격하는 일이 이미 결정되자 혜시가 안에 들어가 왕을 뵈니, 왕이 말하기를

○先愼曰 言字不當有하니 涉下文而衍이라

○王先愼 : 〈'王言'의〉 '言'자는 응당 있어서는 안 되니 아래 글과 연계되어 衍文이 된 것이다.

30-91 先生毋言矣하라 攻齊荊之事果利矣리니 一國盡以爲然이라 惠子因說 不

可不察也니이다 夫齊荊之事也誠利에 一國盡以爲利면 是何智者之衆也잇가 攻齊荊之事誠不利에

“선생은 아무 말도 하지 마라. 齊나라와 楚나라를 공격하는 일이 과연 이로울 것이니 온 나라 사람도 모두 그렇게 여기고 있다.” 하였다. 惠施가 이로 인해 말하였다. “깊이 살피지 않을 수 없습니다. 齊나라와 楚나라를 〈공격하는〉 일이 진실로 이롭다는 주장에 온 나라 사람이 모두 이롭다고 여기고 있다면, 이것이 어찌 지혜로운 자가 많아서이겠습니까. 齊나라와 楚나라를 공격하는 일이 진실로 이롭지 못하다는 주장에

○先愼曰 乾道本에 不下有可字라 顧廣圻云 藏本今本에 無可字라하니 今據刪하노라

○王先愼 : 乾道本에 〈‘不利’의〉 ‘不’자 아래에 ‘可’자가 있다. 顧廣圻는 “藏本과 今本에 ‘可’자가 없다.”라고 하였으니 지금 이에 의거하여 삭제하였다.

30-92 一國盡以爲利면 何愚者之衆也잇가 凡謀者는 疑也니이다

온 나라 사람이 모두 이롭다고 여기고 있다면, 이것이 어찌 어리석은 자가 많아서이겠습니까. 무릇 모의하는 것은 〈그 일에〉 의혹스러운 점이 있어서입니다.

有疑然後謀라

舊注 : 의혹스러운 점이 있은 뒤에 모의하는 것이다.

30-93 疑也者는 誠疑니 以爲可者半이요 以爲不可者半이니이다

의심스러운 점은 진실로 의심스러운 일이기 때문에 옳다고 하는 자가 절반이 되고 옳지 않다고 하는 자가 절반이 되기 마련입니다.

若誠有疑면 則半可요 半不可라

舊注 : 진실로 의혹스러운 점이 있으면 절반은 옳다고 하고 절반은 옳지 않다고 하는 것이다.

30-94 今一國盡以爲可하니 是王亡半也니이다

지금 온 나라 사람이 모두 옳다고 여기고 있으니, 이는 왕께서 〈옳지 않다고 여기는〉 나머지 절반을 잃은 것입니다.

無致疑之人이라 故亡其半이라

舊注 : 의심하는 사람이 없기 때문에 그 절반을 잃은 것이다.

30-95 劫主者는 固亡其半者也니이다

군주를 겁박하는 경우는 본디 〈옳지 않다고 여기는〉 나머지 절반을 잃어서입니다."

無人致疑면 則大盜得恣其謀라 田成趙高成其簒殺者는 無人疑故也라 ○先愼曰 乾道本에 簒上有言字어늘 今依趙本刪하노라

舊注 : 의심하는 사람이 없으면 큰 도적이 자신의 모략을 제멋대로 할 수 있다. 田成과 趙高가 군주를 시해하는 일을 성공한 것은 남들이 의심하지 않았기 때문이다.

○王先愼 : 乾道本에 〈舊注의〉 '簒'자 위에 '言'자가 있는데, 지금은 趙本에 의거하여 삭제하였다.

30-96 叔孫相魯하야 貴而主斷이러니 其所愛者曰豎牛니 亦擅用叔孫之令이라 叔孫有子曰壬이니 豎牛妬而欲殺之하야 因與壬遊於魯君所라 魯君賜之玉環할새 壬拜受之而不敢佩하고 使豎牛請之叔孫이라 豎牛欺之하야 曰 吾已爲爾請之矣하니 使爾佩之라 壬因佩之하다 豎牛因謂叔孫何不見(현)壬於君乎잇가 叔孫曰 孺子니 何足見也오 豎牛曰 壬固已數見於君矣니이다

叔孫이 魯나라의 재상이 되어 존귀한 신분으로 국정을 결단하였는데, 그가 총애하던 豎牛라는 자가 있었으니 역시 숙손의 명령을 제멋대로 휘두르고 있었다. 숙손에게 壬이라는 아들이 있었으니 수우가 그를 시기하여 죽이고자 해서 壬과 함께 魯나라 군주가 거처하는 곳에서 노닐었다. 魯나라 군주가 壬에게 玉環을 하사하자 壬은 절하고 받고서는 감히 차지 못하고 수우로 하여금 숙손에게 대신 허락을 구하도록 청하였다. 수우가 속여서 말하기를 "내가 이미 그대를 위해 청하였으니, 그대가 차도 된다고 하셨다." 하였다. 그래서 壬이 옥환을 찼다. 수우가 이로

인해 숙손에게 말하기를 "어째서 壬을 군주에게 알현시키지 않습니까?" 하니, 숙손이 말하기를 "아직 어린아이니 어찌 알현시킬 수 있겠는가." 하였다. 수우가 말하기를 "壬은 이미 수차례 군주를 알현하였습니다.

○先愼曰 乾道本에 壬上無豎牛曰三字라 顧廣圻云 今本에 有豎牛曰三字라하니 今依補하노라

○王先愼 : 乾道本에 '壬'자 위에 '豎牛曰' 세 자가 없다. 顧廣圻는 "今本에 '豎牛曰' 세 자가 있다."라고 하였으니, 지금 이에 의거하여 보충하였다.

30-97 君賜之玉環하야 壬已佩之矣니이다 叔孫召壬見之하니 而果佩之일새 叔孫怒而殺壬하다 壬兄曰丙이니 豎牛又妒而欲殺之라 叔孫爲丙鑄鐘이러니 鐘成할새 丙不敢擊하고 使豎牛請之叔孫이라 豎牛不爲請하고 又欺之하야 曰 吾已爲爾請之矣하니

군주가 玉環을 하사하여 壬이 이미 그것을 차고 있습니다." 하였다. 叔孫이 壬을 불러서 만나보니 과연 옥환을 차고 있었기에 숙손이 성을 내어 壬을 죽였다.

壬의 형이 丙이니 豎牛가 또 그를 시기하여 죽이고자 하였다. 숙손이 丙을 위해 鐘을 주조하였는데 종이 완성되자 丙은 감히 종을 치지 못하고서 수우로 하여금 숙손에게 청하도록 하였다. 수우가 청하지도 않고 또 그를 속여서 말하기를 "내가 이미 그대를 위해 청하였으니

○先愼曰 乾道本에 已爲二字作以字라 顧廣圻云 藏本에 以上有爲字하고 今本에 作已爲라 先愼案 此與上文吾已爲爾請之矣로 句法一律하니 作已爲者 是也라 御覽五百七十五에 引正作已爲일새 今據改하노라

○王先愼 : 乾道本에 '已爲' 두 자가 '以'자로 되어 있다. 顧廣圻는 "藏本에 '以'자 위에 '爲'자가 있고 今本에는 '已爲'로 되어 있다."라고 하였다. 내가 살펴보건대 이 문장은 윗글 '吾已爲爾請之矣'와 句法이 똑같으니 '已爲'로 되어 있는 것이 옳다. ≪太平御覽≫ 권575에 이 글을 인용하면서 바로 '已爲'로 되어 있기 때문에 지금 이에 의거하여 고쳤다.

30-98 使爾擊之라 丙因擊之하니 叔孫聞之曰 丙不請而擅擊鐘이라하고 怒而逐之하다 丙出走齊라가 居一年에 豎牛爲謝叔孫하니 叔孫使豎牛召之라 又不召而報之曰 吾已召之矣나 丙怒甚하야 不肯來니이다 叔孫大怒하야 使人殺之하다 二子已死하고 叔孫有病이러니 豎牛因獨養之而去左右不內(납)人하야 曰 叔孫不欲聞人聲이라 因不食而餓死라

그대가 종을 쳐도 된다고 하였다." 하였다. 丙이 이로 인해 종을 치니, 叔孫이 종소리를 듣고 말하기를 "丙이 청하지도 않고 제멋대로 종을 쳤구나." 하고 성을 내어 그를 내쫓아버렸다. 丙이 齊나라로 달아났다가 1년 뒤에 豎牛가 그를 위해 숙손에게 사죄하니 숙손이 수우로 하여금 그를 불러오도록 하였다. 수우는 또 부르지도 않고 보고하기를 "제가 이미 불렀으나 丙이 매우 성을 내어 오려고 하지 않았습니다." 하였다. 숙손이 크게 성을 내어 사람을 시켜 丙을 죽였다.

두 아들이 이미 죽고 숙손이 병에 걸렸는데 수우가 홀로 간병을 하며 측근들을 물리치고 사람을 안으로 들이게 못하게 하면서 말하기를 "숙손께서 사람의 말소리를 듣지 않고자 하신다." 하였다. 이로 인해 숙손을 먹이지 않고 굶겨 죽였다.

○先愼曰 乾道本에 無因字요 死作殺이라 盧文弨云 殺은 一本作死라하고 顧廣圻云 藏本今本에 不上有因字라하니 今據增改하노라

○王先愼 : 乾道本에 '因'자가 없고 '死'자가 '殺'자로 되어 있다. 盧文弨는 "'殺'은 一本에는 '死'자로 되어 있다."라고 하였고, 顧廣圻는 "藏本과 今本에 '不'자 위에 '因'자가 있다." 라고 하였으니, 지금 이에 의거하여 보충하고 고쳤다.

30-99 叔孫已死에 豎牛因不發喪也하고 徙其府庫重寶空之而奔齊하다

叔孫이 세상을 떠난 다음 豎牛는 發喪도 하지 않고 창고의 귀중한 보물을 챙겨서 텅 비우고는 齊나라로 달아났다.

○先愼曰 事見左昭四年傳이라 彼言仲壬奔齊라하고 此謂孟丙이라하니 左氏記當時事요 韓子傳聞이라 故不相符라

○王先愼 : 이 일이 ≪春秋左氏傳≫ 昭公 4년 조에 보인다. 거기서는 仲壬이 齊나라로

달아났다고 하였고 여기서는 孟丙의 일이라 하였으니, ≪춘추좌씨전≫은 당시의 일을 기록한 것이고 ≪韓非子≫는 전해들은 것이기 때문에 서로 맞지 않는 것이다.

30-100 **夫聽所信之言**하야 **而子父爲人僇**하니 **此不參之患也**라

자신이 믿는 자의 말만 들어서 父子가 모두 남에게 죽임을 당했으니, 이는 〈여러 사람의 의견(단서)을〉 참작하지 않은 환난이다.

30-101 **江乙**이 **爲魏王使荊**하야

江乙이 魏나라 왕을 위해 楚나라에 사신으로 가서

○**先愼曰 乾道本**에 **連上**이어늘 **今從趙本提行**이라

○王先愼 : 乾道本에는 윗글과 이어져 있는데, 여기서는 趙本을 따라 행을 바꾸었다.

30-102 **謂荊王曰 臣入王之境內**하야 **聞王之國俗曰 君子不蔽人之美**요 **不言人之惡**이라하니 **誠有之乎**잇가 **王曰 有之**라 **然則若白公之亂**은 **得庶無危乎**아

楚나라 왕에게 말하기를 "臣이 왕의 경내에 들어와서 왕이 다스리는 나라의 풍속을 듣건대 '군자는 남의 훌륭함을 숨기지 않고 남의 악행을 말하지 않는다.'고 하였으니 진실로 그러합니까?" 하였다. 왕이 말하기를 "그렇다." 하였다. 〈江乙이 말하기를〉 "그렇다면 白公의 난리 같은 것은 위태롭지 않겠습니까.

不言人惡이면 **則白公得成其姦謀**라 **故危也**라 ○**顧廣圻曰 藏本今本**에 **無庶字**라 **楚策云 得無遂乎**라하니라

舊注 : 남의 악행을 말하지 않으면 白公이 간사한 모략을 이룰 수 있으므로 위태로운 것이다.

○顧廣圻 : 藏本과 今本에 '庶'자가 없다. ≪戰國策≫ 〈楚策〉에는 "得無遂乎(성공하지 못했습니까.)"로 되어 있다.

30-103 **誠得如此**면 **臣免死罪矣**리이다

진실로 이와 같다면 臣은 죽을죄를 면할 수 있겠습니다." 하였다.

有惡不言하니 何罪之有리오

舊注 : 악행을 저질러도 말하지 않으니 어찌 죄 줄 일이 있겠는가.

30-104 衛嗣(君)〔公〕은

衛 嗣公은

○先愼曰 君은 當作公이라 嗣公은 衛平侯之子어늘 秦貶其號爲君이라 非此書未入秦作하니 必不從秦所貶爲稱이라 且上經嗣公欲治不知라하고 不作君하니 是君當爲公之誤라 荀子王道篇에 注引此正作公이라

○王先愼 : '君'은 응당 '公'이 되어야 한다. 嗣公은 衛 平侯의 아들인데 秦나라가 호칭을 폄하해서 '君'이라 하였다. 韓非가 이 책을 秦나라에 들어가기 전에 지었으니 반드시 秦나라가 폄하한 호칭을 따를 필요는 없었다. 게다가 위의 經文에 "嗣公欲治不知"로 되어 있고 '君'으로 되어 있지 않으니 이는 '君'자가 응당 '公'자의 잘못인 것이다. ≪荀子≫ 〈王道篇〉에 楊倞의 注에 이 글을 인용하면서 바로 '公'자로 되어 있다.

30-105 重如耳하고 愛世姬나

如耳를 소중히 여기고 世姬를 총애하였으나

○顧廣圻曰 荀子注引世作泄하니 按世는 泄同字라

○顧廣圻 : ≪荀子≫ 〈王道篇〉의 楊倞 注에 이 글을 인용하면서 '世'자가 '泄'자로 되어 있으니, 살펴보건대 '世'자는 '泄'자와 同字이다.

30-106 而恐其皆因其愛重以壅己也라

이들이 모두 총애를 믿고서 자신의 〈耳目을〉 막을까 걱정하였다.

○先愼曰 荀子注引壅作雍하니 古字通이라

○王先愼 : ≪荀子≫ 〈王道篇〉의 楊倞 注에 이 글을 인용하면서 '壅'자가 '雍'자로 되어 있으니, 古字에서 통용이다.

30-107 **乃貴薄疑**하야 **以敵如耳**하고

이에 薄疑를 귀하게 대우하여 如耳와 맞서게 하고

○**先愼曰 乾道本**에 **敵下有之字**라 **盧文**弨**云 之字**는 **衍**이니 **淩本**에 **無**라 **先愼案 張榜本**에 **無**요 **荀子注引亦無之字**일새 **今據删**하노라

○王先愼 : 乾道本에 '敵'자 아래에 '之'자가 있다. 盧文弨는 "'之'자는 衍文이니 淩本에는 없다." 하였다. 내가 살펴보건대 張榜本에는 〈'之'자가〉 없고 ≪荀子≫ 〈王道篇〉의 楊倞 注에 이 글을 인용하면서 역시 '之'자가 없기 때문에 지금 이에 의거하여 삭제하였다.

30-108 **尊魏姬**하야 **以耦世姬**라

魏姬를 높여서 世姬와 짝하게 하였다.

○**先愼曰 荀子注魏姬作魏妃**라

○王先愼 : ≪荀子≫ 〈王道篇〉의 楊倞 注에 '魏姬'가 '魏妃'로 되어 있다.

30-109 **曰 以是相參也**라하니라 **嗣**(**君**)〔**公**〕은 **知欲無壅**이나 **而未得其術也**라 **夫不使賤議貴**하고

그리고는 말하기를 "이로써 서로 견제하게 하려는 것이다." 하였다. 嗣公은 〈자신의 耳目이〉 막히지 않게 하고자 할 줄은 알았으나 그 술수는 얻지 못한 것이다. 무릇 비천한 자로 하여금 존귀한 자를 비방하게 하거나

賤不得與貴議也라 ○**先愼曰 此謂賤不得訾議貴者也**니 **舊注誤**라

舊注 : 비천한 자는 존귀한 자와 함께 의론하지 못하는 것이다.

○王先愼 : 이는 비천한 자가 존귀한 자에 대해 비방할 수 없음을 말한 것이니, 舊注는 틀렸다.

30-110 **下**(**必**)**坐上**하며

아랫사람으로 하여금 윗사람과 연좌되지 못하게 하며,

下得罪는 必坐於與上議也라 ○盧文弨曰 淩本에 作下偪上이나 但注不如此라 先愼曰 必字는 衍文이니 賤議貴와 下坐上은 均承上夫不使來라 坐는 卽商君[50] 告坐之法이라 不使下坐上者는 不使下與上告坐也라 八說篇에 明君之道는 賤得議貴하고 下必坐上하야 不待勢重之鈞也라하니 此與八說相反이라 故云不使賤議貴下坐上이라하니라 淩本不知必字之誤하야 而改必坐爲偪하니 得其意而失其眞矣라 注不可讀이어늘 盧氏據之하니 亦非라

舊注 : 아랫사람이 죄를 저지르는 일은 반드시 윗사람과 함께 의론하는 데서 기인한 것이다.

○盧文弨 : 淩本에 '下偪上'으로 되어 있으나 다만 舊注는 이와 같지 않다.

王先愼 : '必'자는 衍文이니 '賤議貴'와 '下坐上'은 모두 위의 '夫不使'를 이어받아서 쓴 것이다. '坐'는 곧 商君의 고발하여 연좌하는 법도이다. 아랫사람으로 하여금 윗사람과 연좌되지 못하게 한다는 것은 아랫사람으로 하여금 윗사람과 함께 고발을 당하여 연좌되지 않게 하는 것이다. 〈八說篇〉에 "현명한 군주의 도는 비천한 사람이 존귀한 사람에 대해 비방할 수 있고 아랫사람이 필시 윗사람과 연좌되게 하여 권세의 균형을 기다리지 않는 것이다.〔明君之道 賤得議貴 下必坐上 不待勢重之鈞也〕"라고 하였으니, 여기는 〈八說篇〉의 내용과는 상반된다. 그러므로 "비천한 사람으로 하여금 존귀한 사람에 대해 비방하게 하거나 아랫사람으로 하여금 윗사람과 연좌되지 못하게 한다.〔不使賤議貴下坐上〕"라고 하였다. 淩本은 '必'자가 잘못된 것을 몰라서 '必坐'를 '偪'으로 고쳤으니, 그 뜻은 맞았으나 본래 모습은 잃었다. 舊注의 〈내용으로는 뜻을〉 읽어낼 수 없는데 盧氏는 이에 의거하였으니 또한 틀렸다.

30-111 而必待勢重之鈞也하고 而後敢相議면

반드시 권세의 무게가 균등해지기를 기다리고서 그 이후에 감히 서로 의론하게 하면

50) 商君 : 전국시대 秦나라 商鞅의 封號이다. 본래 衛나라의 公孫鞅인데 商鞅·衛鞅이라고도 한다. 形名家의 한 사람으로, 秦 孝公을 섬겨 變法을 제정하고 井田을 폐지했으며 賦稅制度를 혁신하였다. 富國强兵을 이룬 공으로 商於(오) 지역에 봉해져서 商君으로 불리었으나 혹독한 法 집행으로 많은 원망을 사서 孝公이 죽은 뒤 公子 虔의 무고 때문에 車裂刑을 당하였다.

今兩受하야 勢重旣鈞이면 正可相與議라

舊注 : 이제 양쪽에서 받아들여 권세의 무게가 이미 균등하게 되면 바로 서로 의론할 수 있다.

30-112 則是益樹壅塞之臣也니

이는 〈이목을〉 막는 신하를 더욱 심어놓는 것이니,

兩受共謀면 爲壅更(갱)甚이니 此嗣君不得術이라 ○盧文弨曰 注兩愛共謀에 愛譌受라

舊注 : 양쪽에서 공통된 모략을 받으면 막히게 되는 것이 더욱 심해지니, 이것은 嗣君이 〈올바른〉 술수를 쓰지 못한 것이다.

○盧文弨 : 舊注의 '兩愛共謀'에서 '愛'자는 '受'자의 잘못이다.

30-113 嗣(君)〔公〕之壅乃始라

嗣公의 〈이목이〉 막히게 된 것이 이로부터 시작된 것이다.

○先愼曰 言乃自此始라

○王先愼 : 〈嗣公의 이목이 막히게 된 것이〉 이로부터 시작되었음을 말한 것이다.

30-114 夫矢來有鄕이면

무릇 화살이 날아오는 일정한 방향이 있으면

鄕은 方也니 有來從之方이라

舊注 : '鄕'은 '方(방향)'이니 날아오는 방향이 있는 것이다.

30-115 則積鐵以備一鄕하고

철판을 쌓아서 〈화살이 날아오는〉 한쪽 방향을 대비하고

謂聚鐵於身하야 以備一處하니 卽甲之不全者也라

舊注 : 철판을 몸에 쌓아서 한 곳을 대비하는 것을 말하니, 이는 곧 갑옷이 불완전한 것이다.

30-116 矢來無鄕이면 則爲鐵室[51)]以盡備之하니

화살이 날아오는 일정한 방향이 없으면 鐵室을 만들어 모두 대비하니

謂甲之全者니 自首至足히 無不有鐵이라 故曰鐵室이라

舊注 : 갑옷이 완전한 것을 말하니, 머리부터 발끝까지 철판이 없는 곳이 없기 때문에 '鐵室'이라 하였다.

30-117 備之則體不傷이라 故彼以盡備之不傷이요 此以盡敵之無姦也라

이렇게 대비하면 몸이 상하지 않는다. 그러므로 저기서는 모두를 대비하여 〈몸이〉 상하지 않게 하고, 여기서는 모두를 적으로 간주하여 간사한 신하가 없도록 한다.

言君亦當盡敵於臣하야 皆所防疑면 則姦絶也라 ○先愼曰 趙本에 注所下有以字라 盧文弨云 注以字衍이라하니라

舊注 : 군주는 또한 응당 신하들을 모두 적으로 간주하여 의심나는 〈모든 것을〉 방비하면 간사한 신하가 없어진다.

○王先愼 : 趙本에 舊注의 '所'자 아래에 '以'자가 있다. 盧文弨는 "舊注의 '以'자는 衍文이다."라고 하였다.

30-118 龐恭與太子質於邯鄲할새

龐恭이 태자와 함께 邯鄲에 인질로 가면서

○顧廣圻曰 魏策에 恭作葱하고 姚校云 孫作恭이라하니라 按 恭字是니 新序亦作恭이라 下文有龐敬縣令也라하니 當是一人이라 先愼曰 事類賦二十에 引恭作共하니

51) 鐵室 : 舊注에는 온 몸을 가리는 鐵甲을 가리킨다고 하였으나, ≪韓非子新校注≫에서 陳奇猷는 사방을 鐵로 둘러싼 방〔室〕을 가리킨다고 하였다.

古字通用이라

○顧廣圻 : ≪戰國策≫ 〈魏策〉에 '恭'자가 '葱'자로 되어 있고 이에 대한 姚宏의 교감에서는 "孫元忠의 校本에는 '恭'자로 되어 있다." 하였다. 살펴보건대 '恭'자가 옳으니 ≪新序≫에도 '恭'자로 되어 있다. 아래 글에 "龐敬縣令也"라는 문장이 있으니 응당 이 한 사람이다.

王先愼 : ≪事類賦≫ 권20에 이 글을 인용하면서 '恭'자가 '共'자로 되어 있으니 古字에 통용이다.

30-119 **謂魏王曰 今一人言市有虎**라하면 **王信之乎**잇가 **曰 不信**이라

魏나라 왕에게 말하기를 "지금 한 사람이 시장에 호랑이가 나타났다고 말한다면 왕께서는 그 말을 믿겠습니까?" 하니, 왕이 대답하기를 "믿지 않는다." 하였다.

○先愼曰 御覽一百九十一과 又八百二十七八百九十一과 事類賦二十에 引不信二字竝作不하니 下同이라

○王先愼 : ≪太平御覽≫ 권191·권827·권891, 그리고 ≪事類賦≫ 권20에 이 글을 인용하면서 '不信' 두 자가 모두 '不'자로 되어 있으니 아래도 마찬가지다.

30-120 **二人言市有虎**라하면 **王信之乎**잇가 **曰 不信**이라 **三人言市有虎**라하면 **王信之乎**잇가 **王曰 寡人信之**라 **龐恭曰 夫市之無虎也明矣**나 **然而三人言而成虎**니이다 **今邯鄲之去魏也 遠於市**요 **議臣者 過於三人**하니 **願王察之**하소서 **龐恭從邯鄲反**이어늘 **竟不得見**(현)하다

"두 사람이 시장에 호랑이가 나타났다고 말한다면 왕께서는 그 말을 믿겠습니까?" 하니, 왕이 대답하기를 "믿지 않는다." 하였다. "세 사람이 시장에 호랑이가 나타났다고 말한다면 왕께서는 믿겠습니까?" 하니, 왕이 대답하기를 "寡人은 믿는다." 하였다. 龐恭이 말하기를 "무릇 시장에 호랑이가 나타나지 않는 것은 명백한 사실이나 세 사람이 그렇다고 말하면 호랑이가 나타난 것이 됩니다. 지금 邯鄲은 魏나라와의 거리가 시장보다 멀고, 臣을 의론하는 자들은 세 사람보다 많을 것이니, 왕께서는 살펴주소서." 하였다. 龐恭이 邯鄲에서 돌아왔는데, 결국은 왕을 뵐

수 없었다.

○先愼曰 事類賦引見作入이라

○王先愼：≪事類賦≫에서 이 글을 인용하면서 '見'자가 '入'자로 되어 있다.

〔二〕[52]

30-121 董閼于爲趙上地守하야

董閼于가 趙나라 上地의 수령이 되어

○先愼曰 藝文類聚九와 又五十四와 御覽卷六十九와 又六百三十八에 引閼作安이라 案 二字古通이니 說見難言篇[53]이라

○王先愼：≪藝文類聚≫ 권9·권54, 그리고 ≪太平御覽≫ 권69·권638에 이 글을 인용하면서 '閼'자가 '安'자로 되어 있다. 살펴보건대 이 두 자는 옛날에 통용되었으니, 설명은 〈難言篇〉에 보인다.

30-122 行石邑山中이라 見深澗하니 峭如牆이요

石邑의 산중을 순시하였다. 깊은 골짜기를 보니 절벽처럼 치솟아 있고

○先愼曰 各本에 見深澗作澗深이라 今據藝文類聚御覽引改하노라

○王先愼：各本에 '見深澗'이 '澗深'으로 되어 있다. 여기서는 ≪藝文類聚≫와 ≪太平御覽≫에서 인용한 글에 의거하여 고쳤다.

30-123 深百仞이라 因問其旁鄉左右하야

깊이가 백 길이었다. 이에 주변에 있는 고을 사람에게 물어보기를

○先愼曰 藝文類聚御覽에 引無旁字라

52) 〔二〕：七術의 두 번째 '必罰(30-20～30-30)'에 대한 해설을 모은 說이다.

53) 說見難言篇：≪譯註 韓非子集解 1≫의 3-25 王先愼의 說을 참조.

○王先愼 : ≪藝文類聚≫와 ≪太平御覽≫에 이 글을 인용한 곳에는 '旁'자가 없다.

30-124 曰 人嘗有入此者乎아 對曰 無有라 曰 嬰兒盲聾狂悖之人嘗有入此者乎아

"일찍이 여기에 빠진 사람이 있는가?" 하니, 대답하기를 "없습니다." 하였다. 〈묻기를〉 "어린아이, 맹인, 귀머거리, 미친 사람들 가운데 여기에 빠진 자가 있는가?" 하니,

○先愼曰 各本盲作癡(치)라 今據文選永明九年策秀才文注引改하노라 藝文類聚御覽에 引盲作狂하니 亦誤라

○王先愼 : 各本에 '盲'자가 '癡'자로 되어 있다. 여기서는 ≪文選≫ 〈永明九年策秀才文〉의 注에서 인용한 글에 의거하여 고쳤다. ≪藝文類聚≫와 ≪太平御覽≫에 이 글을 인용하면서 '盲'자가 '狂'자로 되어 있으니 또한 잘못되었다.

30-125 對曰 無有라 牛馬犬彘嘗有入此者乎아

대답하기를 "없습니다." 하였다. 〈묻기를〉 "소, 말, 개, 돼지 가운데 여기에 빠진 동물이 있는가?" 하니,

○先愼曰 藝文類聚에 引牛上重有字라 案 有는 當爲曰之譌니 此脫이라 上文正有曰字 卽其證이라 藝文類聚에 上曰字亦作有라

○王先愼 : ≪藝文類聚≫에 이 글을 인용한 곳에 '牛'자 위에 '有'자가 중복되어 있다. 살펴보건대 '有'자는 응당 '曰'자가 잘못된 것이니 여기서는 탈락되었다. 윗글에 바로 '曰'자가 있으니 그 증거이다. ≪藝文類聚≫에는 위의 '曰'자도 '有'자로 되어 있다.

30-126 對曰 無有라 董閼于喟然太息하야 曰

대답하기를 "없습니다." 하였다. 董閼于가 한숨을 쉬고 크게 탄식하며 말하기를

○先愼曰 拾補에 太作大라

○王先愼 : ≪群書拾補≫에는 '太'자가 '大'자로 되어 있다.

30-127 **吾能治矣**호리라 **使吾法之無赦**로

“나는 잘 다스릴 수 있으리라. 내가 용서하는 일 없이 법을 집행하기를

○先愼曰 乾道本에 法作治라 盧文弨云 治는 張凌本에 作法이라하니라 顧廣圻云 藏本에 治作法이라하니라 王渭云 文選注에 引作吾法無赦也라하니라 先愼案 藝文類聚 御覽에 引竝作法일새 今據改하노라

○王先愼 : 乾道本에 '法'자가 '治'자로 되어 있다. 盧文弨는 "'治'자는 張凌本에 '法'자로 되어 있다."라고 하였다. 顧廣圻는 "藏本에 '治'자가 '法'자로 되어 있다."라고 하였다. 王渭는 "≪文選≫의 注에 이 글을 인용하면서 '吾法無赦也'로 되어 있다."라고 하였다. 내가 살펴보건대 ≪藝文類聚≫와 ≪太平御覽≫에 이 글을 인용하면서 모두 '法'자로 되어 있기에 지금 이에 의거하여 고쳤다.

30-128 **猶入澗之必死也**면 **則人莫之敢犯也**하리니 **何爲不治**리오

골짜기에 빠지면 반드시 죽게 되는 것과 같이 한다면, 사람들이 감히 죄를 범하지 않을 것이니, 어찌 잘 다스리지 못하겠는가." 하였다.

○先愼曰 各本에 句(未)〔末〕[54]有之字라 盧文弨云 文選注에 引句上有又字요 無之字라하니라 先愼案 藝文類聚에 引亦無之字일새 今據刪하노라

○王先愼 : 各本에 句(何爲不治) 말미에 '之'자가 있다. 盧文弨는 "≪文選≫ 〈永明九年策秀才文〉의 注에 이 글을 인용하면서 句 위에 '又'자가 있고 '之'자가 없다."라고 하였다. 내가 살펴보건대 ≪藝文類聚≫에 이 글을 인용한 곳에도 '之'자가 없기에 지금 이에 의거하여 삭제하였다.

30-129 **子産**이 **相鄭**이러니

子産이 鄭나라의 재상이 되었는데

○先愼曰 乾道本에 連上이어늘 今從趙本提行하노라

○王先愼 : 乾道本에는 윗글과 이어져 있는데, 여기서는 趙本을 따라 줄을 바꾸었다.

54) (未)〔末〕: 저본에는 '未'로 되어 있으나, 문맥을 고려하여 '末'로 바로잡았다.

30-130 病將死에 謂游吉曰 我死後에 子必用鄭하리니 必以嚴莅人이라 夫火形嚴이라 故人鮮灼이나 水形懦라 故人多溺이라

병이 들어 죽음을 앞두었을 때 游吉에게 말하기를 "내가 죽은 이후에 그대가 반드시 鄭나라를 다스릴 것이니 반드시 엄하게 사람들을 다스려야 한다. 무릇 불은 형체가 엄하기 때문에 불에 타 죽는 사람이 적으나 물은 형체가 유약하기 때문에 물에 빠져 죽는 사람이 많은 것이다.

○先愼曰 乾道本에 無故字라 盧文弨云 故字脫이니 藏本有라 先愼案 此與上文句法一例하니 有故字是일새 今據增하노라

○王先愼 : 乾道本에 〈'故人多溺'의〉 '故'자가 없다. 盧文弨는 "'故'자가 탈락된 것이니 藏本에는 있다."라고 하였다. 내가 살펴보건대 여기는 윗글과 句法이 똑같으니 '故'자가 있는 것이 옳기에 지금 이에 의거하여 보충하였다.

30-131 子必嚴子之刑하야

그대는 반드시 그대의 형벌을 엄하게 해서

○先愼曰 乾道本에 刑作形이라 顧廣圻云 今本에 形作刑이라 案 當作刑이니 下同이라하니라 今據改하노라

○王先愼 : 乾道本에 '刑'자가 '形'자로 되어 있다. 顧廣圻는 "今本에 '形'자가 '刑'자로 되어 있다. 살펴보건대 응당 '刑'자가 되어야 하니 아래도 마찬가지다."라고 하였다. 지금 이에 의거하여 고쳤다.

30-132 無令溺子之懦라하고 (故)子産死하다

그대의 유약함에 빠지지 않도록 해야 한다." 하고는 子産이 죽었다.

○盧文弨曰 故字는 衍이라

○盧文弨 : '故'자는 衍文이다.

30-133 游吉不忍行嚴刑하니

游吉이 차마 엄한 형벌을 시행하지 못하니

○先愼曰 乾道本에 作游吉不肯嚴刑이라 盧文弨云 張凌本에 作游吉不忍行嚴刑이라하니 今據改하노라

○王先愼 : 乾道本에 "游吉不肯嚴刑(游吉이 엄한 형벌을 달가워하지 않았다.)"으로 되어 있다. 盧文弨는 "張凌本에 '游吉不忍行嚴刑'으로 되어 있다."라고 하였으니, 지금 이에 의거하여 고쳤다.

30-134 鄭少年相率爲盜하야 處於雚(환)澤하야

鄭나라의 젊은이들이 무리 지어 도적떼가 되어 갈대 늪을 근거지로 삼아

○盧文弨曰 今左傳에 作萑苻之澤하고 唐石經初刻에 萑作雚하고 李義山詩에 直是滅雚蒲라하니 萑은 乃雚之省文이라 先愼曰 詩小弁에 萑葦淠淠라하고 韓詩外傳에 作雚하니 是雚爲今文이요 萑爲古文也라

○盧文弨 : 지금의 ≪春秋左氏傳≫ 昭公 20년에는 '萑苻之澤'으로 되어 있고, 唐나라 石經의 初刻本에는 '萑'자가 '雚'자로 되어 있고, 李義山(李商隱)의 詩 〈有感〉에 "直是滅雚蒲(바로 갈대를 없애서라네.)"라고 했으니, '萑'자는 바로 '雚'의 약자이다.

王先愼 : ≪詩經≫ 〈小雅 小弁〉에 '萑葦淠淠(갈대가 많다.)'라 하고 ≪韓詩外傳≫에 '雚'자로 되어 있으니, 이는 '雚'자가 今文이고 '萑'자가 古文인 것이다.

30-135 將遂以爲鄭禍라 游吉이 率車騎與戰하야 一日一夜에 僅能剋之하다 游吉喟然歎曰 吾蚤行夫子之敎인댄 必不悔至於此矣리라

장차 마침내는 鄭나라의 화근이 될 상황이었다. 游吉이 전차와 기병을 이끌고 〈그들과〉 싸워서 하루 만에 가까스로 이길 수 있었다. 유길이 한숨을 쉬고 탄식하며 말하기를 "내가 일찍부터 선생(子産)의 가르침을 따랐다면 필시 이런 지경에 이른 것을 후회하지 않았을 것이다." 하였다.

30-136 魯哀公問於仲尼曰 春秋之記에 曰

魯 哀公이 仲尼에게 물었다. "≪春秋≫의 기록에

○王先謙曰 此所謂不修春秋[55)]也라

○王先謙 : 이것이 이른바 '不修春秋'라는 것이다.

30-137 冬十二月에 實(운)霜不殺(菽)〔草〕라하니

'겨울 12월에 서리가 내렸으나 풀이 시들어 죽지 않았다.'라고 하였으니

○顧廣圻曰 春秋經僖公三十三年에 菽作草라 先愼曰 菽은 當作草라 下云 草木猶犯干之는 承此而言이니 明菽爲草之譌라 周之十二月은 卽今之十月[56)]이니 不應有菽이요 且菽亦不得言可以殺也라 前經注에 引正作草[57)]하니 明注所據之本尙未誤라

○顧廣圻 : ≪春秋≫의 經文 僖公 33년에 '菽'자가 '草'자로 되어 있다.

王先愼 : '菽'자는 응당 '草'자가 되어야 한다. 아래에서 "草木猶犯干之(초목도 오히려 자연의 도를 거스른다.)"라고 한 것은 여기를 이어받아 말한 것이니 '菽'자가 '草'자의 잘못임이 명백하다. 周나라의 12월은 곧 지금의 10월이니 〈이 시기에는〉 응당 콩〔菽〕이 있지 않고, 게다가 콩을 또 죽여야 한다고 말할 수 없다. 앞서 經의 舊注에 이 글을 인용하면서 바로 '草'로 되어 있으니 舊注에서 의거한 본이 오히려 잘못되지 않았음이 명백하다.

30-138 何爲記此오 仲尼對曰 此言可以殺而不殺也니 夫宜殺而不殺이면 桃李冬實이니이다

무엇 때문에 이를 기록한 것인가?" 仲尼가 대답하기를 "이는 〈겨울에 내리는 서리가 풀을〉 죽여야 하는데 죽이지 않았음을 말한 것이니, 무릇 죽여야 할 것을 죽이지 않으면 복숭아와 오얏이 겨울에 열매를 맺습니다.

55) 不修春秋 : 孔子가 修辭를 가하여 ≪春秋≫로 만들기 이전의 原書인 魯나라의 史書를 이른다. 주로 公羊學을 연구하는 학자들이 인용하였으며, 공자의 ≪춘추≫와 구별하기 위해 '不修'란 용어를 사용하였다.

56) 周之十二月 卽今之十月 : 周나라의 冊曆은 음력 11월을 正月로 삼기 때문에, 夏나라의 책력에 따라 음력 1월을 正月로 삼는 현재와 두 달의 차이가 있다.

57) 前經注 引正作草 : 본서 30-22 舊注의 내용은 "隕霜不殺草"의 '草'를 이른다.

○顧廣圻曰 藏本에 桃作梅라 按 春秋經云 李梅實이라하니라

○顧廣圻 : 藏本에 '桃'자가 '梅'자로 되어 있다. 살펴보건대 ≪春秋≫ 僖公 33년의 經文에 "李梅實(오얏과 매화가 열매를 맺었다.)"이라고 하였다.

30-139 天失道면 草木猶犯干之어늘 而況於人君乎잇가

하늘이 道를 잃으면 초목도 오히려 자연의 도를 거스르는데, 더군다나 군주는 어떻겠습니까." 하였다.

人君失道면 人臣淩之者宜라 ○盧文弨曰 藏本에 人君作君人하니 倒라

舊注 : 군주가 道를 잃으면 신하가 그를 능멸하는 것이 마땅하다.
○盧文弨 : 藏本에 '人君'이 '君人'으로 되어 있으니 도치된 것이다.

30-140 殷之法에 刑棄灰於街者라

殷나라 법에 길에 재를 버린 자에게 벌을 내린다고 하였다.

○先愼曰 初學記二十에 引刑字在者字下라

○王先愼 : ≪初學記≫ 권20에 이 글을 인용하면서 '刑'자가 '者'자 아래에 있다.

30-141 子貢以爲重하야 問之仲尼라 仲尼曰 知治之道也라 夫棄灰於街면 必掩人이라

子貢이 너무 지나치다고 생각하여 仲尼에게 여쭈었다. 중니가 대답하기를 "다스리는 道를 알았던 것이다. 무릇 길에 재를 버리면 반드시 사람의 몸을 더럽힌다.

灰塵播揚하야 善掩翳人也라 ○先愼曰 初學記에 引掩作燔이라

舊注 : 재와 먼지가 흩날려서 사람의 몸을 잘 더럽힌다.
○王先愼 : ≪初學記≫에 이 글을 인용하면서 '掩'자가 '燔'자로 되어 있다.

30-142 掩人이면 人必怒하고 怒則鬬하고 鬬必三族相殘也니

사람의 몸을 더럽히면 그 사람이 반드시 성을 내고, 성을 내면 싸우게 되고, 싸우게 되면 반드시 三族이 서로 해치게 되니

因鬬相殘傷이라

舊注 : 이로 인해 서로 싸워서 해치게 된다.

30-143 此殘三族之道也니 雖刑之라도 可也라 且夫重罰者는 人之所惡(오)也요 而無棄灰는 人之所易(이)也니 使人行之所易하야 而無離所惡는 此治之道라

이는 三族을 해치는 방법이니 비록 벌을 내리더라도 괜찮다. 게다가 무거운 벌은 사람들이 싫어하는 것이고 재를 버리지 못하게 하는 것은 사람들이 쉽게 여기는 것이니, 사람들로 하여금 쉽게 여기는 것을 제거하여 싫어하는 것에 걸려들게 하지 않는 것이 다스리는 道이다." 하였다.

○先愼曰 行之所易는 卽去其所易也니 行은 猶去也요 之는 猶其也라 下公孫鞅章에 正作去其所易라 離는 讀爲罹라

○王先愼 : 쉽게 여기는 것을 행하는 것〔行之所易〕은 곧 쉽게 여기는 것을 제거하는 것〔去其所易〕이니, '行'은 '去'와 같고 '之'는 '其'와 같다. 아래의 公孫鞅 章에서 바로 "去其所易"로 되어 있다. '離'는 '罹(걸려들다)'자로 읽어야 된다.

30-144 一曰 殷之法에 棄灰于公道者는 斷其手라 子貢曰 棄灰之罪輕이어늘 斷手之罰重하니 古人何太毅也잇가

일설의 내용은 다음과 같다. 殷나라 법에 사람들이 다니는 길에 재를 버린 자는 그 손을 자른다고 하였다. 子貢이 말하기를 "재를 버린 죄는 가벼운데 손을 자르는 벌은 무거우니, 옛사람들은 어찌 이리도 지나치게 가혹했습니까?" 하였다.

毅는 酷也라

舊注 : '毅'는 '酷(가혹함)'이다.

30-145 曰 無棄灰는 所易也요 斷手는 所惡(오)也라 行所易하야 不關所惡를 古人

以爲易라 **故行之**라

〈仲尼가〉 대답하기를 "재를 버리지 않는 것은 쉬운 일이고 손을 자르는 것은 싫어하는 일이다. 쉬운 일을 행하게 해서 싫어하는 일에 들어가지 않게 하는 것을 옛사람들이 쉽다고 여겼다. 그러므로 이러한 법을 시행한 것이다.

○先愼曰 不關所惡는 謂不入斷手之法也라 書大傳[58)]에 雖禽獸之聲猶悉關於律이라하니 注關猶入也라

○王先愼 : 싫어하는 일에 들어가지 않게 함은 손을 자르는 형벌을 받지 않음을 말한 것이다. ≪尙書大傳≫ 〈虞夏傳〉에 "비록 금수의 소리라도 모두 형률에 들어간다.〔雖禽獸之聲猶悉關於律〕"라고 하였고, 그 注에 "'關'은 '入'과 같다."라고 하였다.

30-146 **中山之相樂**(악)**池 以車百乘使趙**할새 **選其客之有智能者**하야 **以爲將行**이어늘

中山의 재상 樂池가 수레 백 乘을 이끌고 趙나라로 사신을 가면서 식객들 가운에 지혜롭고 유능한 자를 선발하여 행렬을 거느리게 하였는데

將主行道之人하야 以爲行位라 ○先愼曰 乾道本에 能下有有字라 顧廣圻云 藏本今本에 無下有字라하니 今據刪하노라

舊注 : 길을 가는 사람들을 주관해서 행렬의 자리를 잡게 하는 것이다.
○王先愼 : 乾道本에 '能'자 아래에 '有'자가 있다. 顧廣圻는 "藏本과 今本에 아래의 '有'자가 없다."라고 하였으니, 지금 이에 의거하여 삭제하였다.

30-147 **中道而亂**이라 **樂池曰 吾以公爲有智〔能〕**하야 **而使公爲將行**이어늘

중도에 행렬이 혼란해졌다. 樂池가 말하기를 "나는 그대가 지혜롭고 유능하다고 여겨서 그대로 하여금 행렬을 거느리게 하였는데

---

58) 書大傳 : 漢나라 伏勝(B.C. 260~B.C. 161)이 ≪尙書≫를 풀이하여 기록한 ≪尙書大傳≫을 가리킨다. 伏勝의 字는 子賤으로 濟南 출신이며, 본래 秦나라의 博士로서 세칭 伏生이라 하였다. ≪尙書大傳≫ 4권과 ≪補遺≫ 1권이 전한다.

○先愼曰 依上文이면 智下脫能字라

○王先愼 : 윗글에 의거하면 '智'자 아래에 '能'자가 탈락되었다.

30-148 今中道而亂은 何也오 客因辭而去하야 曰 公不知治니이다 有威足以服之(人)요

지금 중도에 행렬이 혼란해진 것은 어째서인가?" 하였다. 그 식객이 맡은 일을 내려놓고 떠나며 말하기를 "공께서는 다스리는 방법을 모릅니다. 위엄이 있어야 복종시킬 수 있고

○顧廣圻曰 藏本同이라 今本에 無之字니 誤라 依下句此當衍人字라

○顧廣圻 : 藏本과 똑같다. 今本에 '之'자가 없으니 잘못되었다. 아래 句에 의거하면 여기서 응당 '人'자가 잘못 들어간 것이다.

30-149 而利足以勸之라

이익이 있어야 권면할 수 있습니다.

○顧廣圻曰 藏本同이라 今本에 之誤人이라

○顧廣圻 : 藏本과 똑같다. 今本에 '之'자가 '人'자로 잘못되어 있다.

30-150 故能治之니이다 今臣은 君之少客也니이다

그래야 잘 다스릴 수 있습니다. 지금의 臣은 그대의 나이 어린 식객입니다.

言在客之少也라

舊注 : 식객 가운데 나이가 어림을 말한 것이다.

30-151 夫從少正長하고 從賤治貴로되 而不得操其利害之柄以制之하니 此所以亂也니이다 嘗試使臣彼之善者我能以爲卿相하고 彼不善者我得以斬其首인댄

어린 나이로 나이 많은 자를 바로잡고 비천한 신분으로 존귀한 자를 다스리되

利害의 권한을 잡고서 제어하지 못하니, 이것이 혼란해진 까닭입니다. 시험삼아 臣으로 하여금 저들 가운데 훌륭한 자를 제가 卿相으로 삼을 수 있고 저들 가운데 不善한 자를 제가 그 머리를 벨 수 있게 하였다면

○顧廣圻曰 藏本同이라 今本에 得作能하니 誤라

○顧廣圻 : 藏本과 똑같다. 今本에 '得'자가 '能'자로 되어 있으니 잘못되었다.

30-152 **何故而不治**리잇가

무슨 이유로 그들을 다스리지 못했겠습니까." 하였다.

30-153 **公孫鞅之法也**는 **重輕罪**라 **重罪者**는 **人之所難犯也**요

公孫鞅의 법은 가벼운 죄를 무겁게 다스렸다. 무거운 죄는 사람이 범하기 어려운 것이고

○先愼曰 乾道本에 無重罪二字라 顧廣圻云 今本에 者上有重罪二字라하니라 先愼案 重罪二字는 與下小過相對하니 今本有是也일새 今依增하노라

○王先愼 : 乾道本에 '重罪' 두 자가 없다. 顧廣圻는 "今本에 '者'자 위에 '重罪' 두 자가 있다."라고 하였다. 내가 살펴보건대 '重罪' 두 자는 아래의 '小過'와 상대가 되니 今本에 〈두 자가〉 있는 것이 옳기에 지금 이에 의거하여 보충하였다.

30-154 **而小過者**는 **人之所易**(이)**去也**라 **使人去其所易**하야 **無離其所難**하니 **此治之道**라 **夫小過不生**이면 **大罪不至**니 **是人無罪而亂不生也**라

작은 잘못은 사람이 제거하기 쉬운 것이다. 사람으로 하여금 쉽게 여기는 것을 제거하여 어렵게 여기는 것에 걸려들지 않게 하니, 이것이 다스리는 道이다. 무릇 작은 잘못이 생기지 않으면 큰 죄가 이르지 않으니, 이 때문에 사람이 죄를 짓는 일이 없고 난을 일으키지 않는 것이다.

今重輕罪하야 輕罪避라 故能無罪而不生亂也라

舊注 : 지금 가벼운 죄를 무겁게 다스려서 〈사람들이〉 가벼운 죄에서 벗어나기 때문에,

죄를 짓는 일이 없고 난을 일으키지 않는 것이다.

30-155 一曰 公孫鞅曰 行刑에 重其輕者면 輕者不(至)〔生〕요 重者不來라

일설의 내용은 다음과 같다. 公孫鞅이 말하였다. "형벌을 집행함에 가벼운 죄를 무겁게 다스리면 가벼운 죄도 이르지 않고 무거운 죄도 일어나지 않는다.

不犯輕이면 自然無重罪也라 ○兪樾曰 不至는 當作不生이니 言犯輕罪者不得生也라 商子說民篇曰 輕者不生이라하니 是其證이라

舊注 : 가벼운 죄를 범하지 않으면 자연스레 무거운 죄를 저지르는 일이 없게 된다. ○兪樾 : '不至'는 응당 '不生'이 되어야 하니, 가벼운 죄를 저지른 자가 생기지 않음을 말한 것이다. ≪商子≫ 〈說民篇〉에 "輕者不生(가벼운 죄가 생기지 않는다.)"이라고 하였으니 바로 그 증거이다.

30-156 是謂以刑去刑이라

이것이 형벌로 형벌을 제거한다는 것이다."

以輕刑去重刑이라

舊注 : 가벼운 형벌로써 무거운 형벌을 제거하는 것이다.

30-157 荊南之地에 麗水之中生金하야 人多竊采金이라 采金之禁에 得而輒辜磔於市어늘 甚衆하야 壅離其水也요

楚나라 남쪽 지역에 있는 麗水에서 금이 나서 몰래 금을 캐는 사람들이 많았다. 금을 캐는 금령에 붙잡히면 곧 시장에서 찢겨 죽었는데 그 수가 매우 많아서 〈쌓인 시신들이〉 강물을 막아 갈라지게 하였고

又設防禁遮擁하야 令人離其水也라 ○顧廣圻曰 離는 讀爲籬라 兪樾曰 此言辜磔其人而棄尸於水之中하야 流爲積尸壅遏하야 遂至分流라 是謂壅離其水는 極言辜磔者之多也라 據下文云 夫罪莫重辜磔於市어늘 猶不止者는 不必得也라하고 又曰 故不必得也인댄 則雖辜磔이라도 竊金不止요 知必死인댄 則天下不爲也라하니 竝無

設禁遮擁令人離水之義라 且設禁遮擁令人離水而猶竊金不止면 則是設禁之未善이니 與下文不必得及知必死之意로 不相應矣라 顧氏讀離爲籬는 此亦不得其解而强爲之辭라 先愼曰 兪說是라 采金之禁句에 得은 謂獲其人也요 而輒辜磔於市에 而는 猶則也라

舊注 : 또 들어오지 못하게 하는 가로막을 설치하여 사람으로 하여금 강물과 격리시키는 것이다.

○顧廣圻 : '離'는 '籬(울타리)'자로 읽어야 된다.

兪樾 : 이것은 〈금령을 범한〉 사람을 찢어 죽이고 그 시신을 강물에 버려서 그 시신이 흘러가 쌓여서 〈강물을〉 막아 마침내 강물이 갈라지게 되었음을 말한 것이다. 여기서 "〈쌓인 시신들이〉 강물을 막아 갈라지게 하였다.〔壅離其水〕"는 것은 찢겨 죽은 자들이 많음을 지극히 말한 것이다. 아래 글에 의거하면 "시장에서 찢겨 죽는 형벌보다 심한 것이 없는데 오히려 그치지 않는 것은 반드시 붙잡히는 것은 아니기 때문이다.〔夫罪莫重辜磔於市 猶不止者 不必得也〕"라고 하였고, 또 "그러므로 반드시 붙잡히지 않는다면 비록 찢겨 죽는 형벌일지라도 금을 훔치는 것이 그치지 않고, 반드시 죽을 것을 안다면 천하를 〈소유한다고〉 해도 하지 않을 것이다.〔故不必得也 則雖辜磔 竊金不止 知必死 則天下不爲也〕"라고 하였으니, 모두 들어오지 못하게 하는 가로막을 설치하여 사람으로 하여금 강물과 격리시키는 뜻이 없다. 게다가 들어오지 못하게 하는 가로막을 설치하여 사람으로 하여금 강물과 격리시켰는데도 여전히 금을 훔치는 일이 그치지 않는다면 이것은 금지하는 〈가로막을〉 설치한 것이 좋지 않아서이니, 그 아래 글에 '반드시 붙잡히지 않고〔不必得〕' '반드시 죽을 것을 안다〔知必死〕'는 뜻과 상응하지 않는다. 顧氏가 '離'는 '籬'자로 읽어야 된다고 한 것은 또한 제대로 해석하지 못하고 억지로 붙인 말이다.

王先愼 : 兪樾의 說이 옳다. '采金之禁' 句에서 '得'은 금을 훔친 자를 붙잡음을 말한 것이고, '而輒辜磔於市'에서 '而'는 '則'과 같다.

30-158 而人竊金不止라 夫罪莫重辜磔於市어늘 猶不止者는 不必得也라

사람들이 몰래 금을 캐는 일이 그치지 않았다. 시장에서 찢겨 죽는 형벌보다 심한 것이 없는데 오히려 그치지 않는 것은 반드시 붙잡히는 것은 아니기 때문이다.

言犯罪者를 不必一一皆得하야 而有免脫者하니 則人幸其免脫하야 而輕犯重罪라

舊注 : 죄를 저지른 자를 반드시 일일이 모두 붙잡을 수 없어서 죄를 벗어나는 자가 생

기니, 사람들이 요행히 죄를 벗어나서 무거운 죄를 범하는 것을 가벼이 여김을 말한 것이다.

30-159 **故今有於此**하야 **曰 予汝天下**로되 **而殺汝身**이라하면 **庸人不爲也**리라 **夫有天下**는 **大利也**어늘 **猶不爲者**는 **知必死**라 **故不必得也**인댄 **則雖辜**磔이라도 **竊金不止**요 **知必死**인댄 **則〔有〕天下不爲也**라

그러므로 지금 여기에 어떤 자가 있어서 그에게 말하기를 "너에게 천하를 주되 너를 죽일 것이다."라고 하면, 용렬한 사람이라도 하지 않을 것이다. 무릇 천하를 소유하는 것은 큰 이익인데도 하지 않는 것은 반드시 죽을 것을 알기 때문이다. 그러므로 반드시 붙잡히지 않는다면 비록 찢겨 죽는 형벌일지라도 금을 훔치는 것이 그치지 않고, 반드시 죽을 것을 안다면 천하를 소유한다고 해도 하지 않을 것이다.

○**盧文弨曰 凌本**에 **則字作雖子之三字**하니 **疑以意改**라 **王先謙曰 不必得三字**는 **當在也字下**[59]니 **文誤倒耳**라 **天下上奪有字**니 **以文義繹之如此**라

○盧文弨 : 凌本에 '則'자가 '雖子之' 세 자로 되어 있으니, 아마도 뜻을 가지고 고친 듯하다.

王先謙 : '不必得' 세 자는 응당 '也'자 아래에 있어야 하니 문장이 잘못 도치된 것이다. '天下' 위에 '有'자가 탈락되었으니 문장의 뜻으로 유추하면 이와 같다.

30-160 **魯人燒積澤**이러니 **天北風**하야 **火南倚**하야

魯나라 사람이 積澤에 불을 놓았는데 하늘에서 북풍이 부는 터에 불이 남쪽으로 번져

火勢南靡라 **故曰倚也**라

舊注 : 불길이 남쪽으로 쓸려갔기 때문에 '倚(번지다)'라고 하였다.

---

59) 不必得三字 當在也字下 : '知必死 故不必得也'에서 '不必得' 세 자가 '也'자 아래로 가면 '知必死故也 不必得'이 된다.

30-161 恐燒國이라 哀公懼하야 自將衆趣救火어늘

도성을 불태울 지경이었다. 哀公이 두려워서 스스로 여러 사람들을 거느리고 불을 잡으려고 달려갔는데

○先愼曰 乾道本에 趣作輒하고 火下有者字라 兪樾云 輒은 當作趣요 者字는 衍文이라 上文云 魯人燒積澤은 所謂火田也니 哀公實親在其間이라 及火南倚하야 將燒國이라 故哀公懼하야 自將衆趣救火也라 趣誤作輒하니 蓋以形似之故라 又因下文三言救火者而亦衍者字하니 於是其義愈晦하야 竝輒字之誤莫之能正矣라하니라 先愼案 趙本에 輒作趣하고 藝文類聚八十과 御覽八百六十九와 初學記二十에 引竝作趣하고 無者字하니 今據改하노라

○王先愼 : 乾道本에 '趣'자가 '輒'자로 되어 있고 '火'자 아래에 '者'자가 있다. 兪樾은 "'輒'자는 응당 '趣'자가 되어야 하고 '者'자는 衍文이다. 윗글에서 '魯人燒積澤'이라고 한 것은 이른바 火田을 가리키는 것이니 哀公이 실제로 몸소 그 사이에 있었던 것이다. 불이 남쪽으로 번져 장차 도성을 불태우려고 했기 때문에 애공이 두려워서 스스로 여러 사람들을 거느리고 불을 잡으려고 달려간 것이다. '趣'자가 '輒'자로 잘못되어 있으니 이는 모양이 비슷한 까닭이다. 또 아래 글에서 '救火者'를 세 번 말한 것에 기인하여 또한 '者'자가 잘못 들어간 것이니, 이에 그 뜻이 더욱 불분명해져 아울러 '輒'자가 잘못된 것인데도 바로잡지 못한 것이다."라고 하였다. 내가 살펴보건대 趙本에 '輒'자가 '趣'자로 되어 있고 ≪藝文類聚≫ 권80, ≪太平御覽≫ 권869, ≪初學記≫ 권20에 이 글을 인용하면서 모두 '趣'자로 되어 있고 '者'자가 없으니 지금 이에 의거하여 고쳤다.

30-162 左右無人하고 盡逐獸而火不救라 乃召問仲尼하니 仲尼曰 夫逐獸者는 樂而無罰이요 救火者는 苦而無賞이니 此火之所以無救也니이다 哀公曰 善이라 仲尼曰 事急하야 不及以賞이니이다

주위에는 아무도 없고 모두 짐승을 좇는 터에 불을 잡지 못하였다. 이에 仲尼를 불러서 물으니, 중니가 대답하기를 "무릇 짐승을 좇는 것은 즐거우면서도 벌을 받지 않고, 불을 잡는 것은 고생스러우면서도 상이 내리지도 않는 것이니, 이것이 불을 잡지 못하는 까닭입니다." 하였다. 哀公이 "좋구나." 하였다. 중니가 말하기를 "사안이 급박해서 미처 상을 주지 못합니다.

○先愼曰 事急不及以賞은 謂事急不及與賞也라 詩江有汜擊鼓桑柔와 儀禮鄕射禮大謝儀의 箋注에 竝云 以는 猶與也라하니라 藝文類聚御覽에 引賞作罰하니 是不知以有與義而妄改라 下云 請徒行罰이라하니 則此何得謂事急不及以罰乎아

○王先愼 : "事急不及以賞"은 사안이 급박해서 미처 상을 주지 못함을 말한 것이다. ≪詩經≫ 〈召南 江有汜〉의 '擊鼓桑柔'의 箋과 ≪儀禮≫ 〈鄕射禮〉 大謝儀의 注에 모두 "'以'는 '與(주다)'와 같다."라고 하였다. ≪藝文類聚≫와 ≪太平御覽≫에 이 글을 인용하면서 '賞'자가 '罰'자로 되어 있으니, 이는 '以'에 '與'의 뜻이 있음을 알지 못해서 함부로 고친 것이다. 아래에서 "請徒行罰(청컨대 다만 벌만 시행하소서.)"이라고 하였으니, 여기서 어찌 사안이 급박해서 미처 벌을 내리지 못한다고 말했겠는가.

30-163 救火者盡賞之인댄 則國不足以賞於人하리니 請徒行罰하소서

불을 잡는 자에게 모두 상을 준다면 나라가 그들 모두에게 상을 줄 수 없으니 청컨대 다만 〈불을 잡지 않는 자에게〉 벌만 시행하소서." 하였다.

○先愼曰 乾道本에 罰作賞이라 顧廣圻云 賞은 當依馮氏舒校改作罰이라하니라 先愼按 藝文類聚御覽에 引竝作請徒行罰일새 今據改하노라

○王先愼 : 乾道本에 '罰'자가 '賞'자로 되어 있다. 顧廣圻는 "'賞'자는 응당 馮舒의 교감에 의거하여 '罰'자로 고쳐야 한다."라고 하였다. 내가 살펴보건대 ≪藝文類聚≫와 ≪太平御覽≫에 이 글을 인용하면서 모두 '請徒行罰'로 되어 있기에 지금 이에 의거하여 고쳤다.

30-164 哀公曰 善이라 於是仲尼乃下令曰 不救火者는 比降北(항배)之罪요 逐獸者는 比入禁之罪라 令下未遍이어늘 而火已救矣라

哀公이 "좋구나." 하였다. 이에 仲尼가 명령을 내리기를 "불을 잡지 않는 자는 항복해서 달아난 죄와 똑같이 다룰 것이고, 짐승을 쫓는 자는 금지된 곳에 들어간 죄와 똑같이 다룰 것이다." 하였다. 명령이 내려가 미처 두루 알려지기도 전이었는데 불이 이미 잡혔다.

○先愼曰 趙本에 令下未遍은 作令未下遍이라 藝文類聚初學記에 引正作令下未遍이라

○王先愼 : 趙本에 '令下未遍'은 '令未下遍'으로 되어 있다. ≪藝文類聚≫와 ≪初學記≫에 이 글을 인용하면서 바로 '令下未遍'으로 되어 있다.

30-165 成驩이 謂齊王曰

成驩이 齊나라 왕에게 말하기를

○顧廣圻曰 荀子解蔽篇楊注에 引此成作戴하고 云 蓋爲唐鞅所逐하야 奔之齊也라하니라 今按 此非一人이니 楊說附會하야 失之也라

○顧廣圻 : ≪荀子≫ 〈解蔽篇〉 楊倞의 注에 이 글을 인용하면서 '成'자가 '戴'자로 되어 있고, "唐鞅에게 축출을 당하여 齊나라로 달아났다."라고 하였다. 지금 살펴보건대 이 사람은 동일인이 아니니 楊倞이 부회해서 잘못한 것이다.

30-166 王太仁이요 太不忍人이니이다 王曰 太仁과 太不忍人은 非善名邪(야)아 對曰 此人臣之善也나 非人主之所行也니이다 夫人臣必仁而後可與謀요 不忍人而後可近也니 不仁則不可與謀요 忍人則不可近也니이다 王曰 然則寡人安所太仁이며 安〔所〕不忍人이오

"왕께서는 지나치게 인자하시고 지나치게 차마 남에게 하지 못하십니다." 하였다. 왕이 말하기를 "지나치게 인자함과 지나치게 차마 남에게 하지 못함은 좋은 명성이 아닌가?" 하였다. 대답하기를 "이것은 신하로서 좋은 것이나 군주로서 행할 바는 아닙니다. 무릇 신하는 반드시 인자한 이후에 함께 도모할 수 있고 차마 남에게 하지 못한 이후에 가까이할 수 있으니, 인자하지 못하면 함께 도모할 수 없고 차마 남에게 한다면 가까이할 수 없습니다." 하였다. 왕이 말하기를 "그렇다면 寡人이 어떤 점이 지나치게 인자한 것이며 또 어떤 점이 지나치게 차마 남에게 하지 못하는 것인가?" 하였다.

○王渭曰 安下當有所字라

○王渭 : '安'자 아래에 응당 '所'자가 있어야 한다.

30-167 對曰 王太仁於薛公하고 而太不忍於諸田이니이다 太仁薛公이면 則大臣無重이리잇가

〈成驩이〉 대답하기를 "왕께서 지나치게 薛公에게 인자하시고 지나치게 田氏 일족에게 차마 하지 못하십니다. 지나치게 설공에게 인자하시면 대신이 권세가 무거워지지 않겠습니까.

太仁則縱之驕奢하야 不修德義하야 衆必輕之라 故威不得重也라 ○先愼曰 此謂齊王不裁抑薛公이면 則大臣得無重乎아하니 無는 猶得無也라 古書多如是하니 士喪禮筮宅辭曰 無有後艱이라하고 鄭注에 得無後將有艱難乎아하다 又卜葬日辭曰 無有近悔라하고 鄭注에 得無近於咎悔乎아라하니 是其證이라 韓子一書는 皆不欲大臣重於君이라 故孤憤篇一則曰 人主愈弊하고 大臣愈重이라하고 再則曰 人主壅蔽하고 大臣專權이라하니 權은 卽重也①라 又曰 萬乘之患은 大臣太重이라하니 此卽其義라 注謂威不得重은 失其旨矣니 下文云 大臣無重則兵弱於外者는 卽八姦篇所謂爲人臣者 虛其國以事大國하고 而用其威求誘其君이로되 甚則擧兵以聚邊境하야 而制斂於內하고 薄者數內(삭납)大使하야 以震其君하야 使之恐懼之意라

① 說見說難篇이라

설명이 〈說難篇〉에 보인다.

舊注 : 〈군주가〉 지나치게 인자하면 〈신하가〉 교만하고 사치하도록 내버려두어 그들이 德義를 닦지 않아 여러 사람들이 필시 경시하기 때문에 〈군주의〉 위엄이 무거워지지 못하는 것이다.

○王先愼 : 이것은 齊나라 왕이 薛公을 제어하지 않으면 대신들이 권세가 무거워지지 않겠는가라고 말함이다. '無'는 '得無(않겠는가)'와 같다. 古書에 이와 같은 경우가 많으니, ≪儀禮≫ 〈士喪禮〉의 묫자리를 정하기 위해 점치며 물어보는 말에 "후환이 있지 않겠는가.〔無有後艱〕"라고 하고, 鄭玄의 注에 "나중에 장차 어려움이 있지 않겠는가.〔得無後將有艱難乎〕"라고 하였다. 또 葬日을 정하기 위해 물어보는 말에 "災禍에 가깝지 않겠는가.〔無有近悔〕"라고 하고, 鄭玄의 注에 "災禍에 가깝지 않겠는가.〔得無近於咎悔乎〕"라고 하였으니, 이것이 그 증거이다. ≪韓非子≫ 한 책은 모두 대신들이 군주보다 권세가 무거워지지 않도록 하려는 것이다. 그러므로 〈孤憤篇〉에서 첫 번째로 "군주는 더욱 가려지고 대신들이 더욱 권세가 무거워진다."라고 하였고, 두 번째로 "군주의 〈이목이〉 가려지고 대신들이 권세를 전횡한다."라고 하였으니, '權'은 곧 '重(무거운 권세)'이다. 또 "萬乘의 나

라의 환란은 대신이 지나치게 권세가 무거워지는 것이다."라고 하였으니 이것이 곧 그 뜻이다. 舊注에서 "위엄이 무거워지지 못한다."라고 한 것은 본뜻을 잃은 것이니, 아래 글에서 "대신이 권세가 무거워지지 않겠는가라고 할 정도가 되면 무력이 밖으로 약해진다.〔大臣無重則兵弱於外者〕"라고 한 것은, 곧 〈八姦篇〉에서 이른바 "신하가 나라의 재정을 텅 비게 만들면서 큰 나라를 섬기고 그 위엄을 이용하여 그 군주를 미혹시키되, 심한 경우는 군사를 일으켜 국경 지역에 모이게 하여 국내를 제압하고 작게는 자주 큰 나라의 사신을 안으로 불러들여 그 군주를 놀라게 하여 두려움에 떨게 만든다."는 뜻이다.

30-168 **太不忍諸田**이면 **則父兄犯法**이니이다 **大臣無重**이면 **則兵弱於外**하고 **父兄犯法**하면 **則政亂於內**니이다 **兵弱於外**하고 **政亂於內**하면

지나치게 田氏 일족에게 차마 하지 못하시면 父兄이 법을 어깁니다. 대신이 권세가 무거워지지 않겠는가라고 할 정도가 되면 무력이 밖으로 약해지고 父兄이 법을 어기면 정사가 안으로 혼란해집니다. 무력이 밖으로 약해지고 정사가 안으로 혼란해지면

○**先愼曰 趙本**에 **內作外**하니 **誤**라

○王先愼 : 趙本에 '內'자가 '外'자로 되어 있으니 잘못되었다.

30-169 **此亡國之本也**니이다

이것이 나라를 망치는 근본입니다." 하였다.

30-170 **魏惠王**이 **謂卜皮曰 子聞寡人之聲聞**에 **亦何如焉**고

魏 惠王이 卜皮에게 말하기를 "그대가 寡人의 명성을 들음에 또한 어떠한가?" 하였다.

○**盧文弨曰 藏本**에 **作問**이라

○盧文弨 : 藏本에 〈'聲聞'의 '聞'자는〉 '問'자로 되어 있다.

30-171 **對曰 臣聞王之慈惠也**니이다 **王欣然喜曰 然則功且安至**리오 **對曰 王之**

功至於亡이리이다 王曰 慈惠는 行善也어늘 行之而亡은 何也오 卜皮對曰 夫慈者는 不忍이요 而惠者는 好與也니이다 不忍則不誅有過요 好予則不待有功而賞이니이다 有過不罪하고 無功受賞하면 雖亡이라도 不亦可乎잇가

대답하기를 "臣은 왕께서 자애롭고 은혜롭다고 들었습니다." 하였다. 왕이 흔연히 기뻐하며 말하기를 "그렇다면 그 공이 장차 어디까지 이르겠는가?" 하였다. 대답하기를 "왕의 공은 〈나라를〉 망치는 데 이를 것입니다." 하였다. 왕이 말하기를 "자애롭고 은혜로운 것은 善을 행하는 것인데, 그것을 행하고도 나라를 망치는 것은 어째서인가?" 하였다. 卜皮가 대답하기를 "무릇 자애로운 것은 차마 하지 못하는 것이고, 은혜로운 것은 주기를 좋아하는 것입니다. 차마 하지 못하면 잘못이 있어도 벌을 내리지 못할 것이고, 주기를 좋아하면 공이 있기를 기다리지 않고 상을 내릴 것입니다. 잘못이 있어도 죄를 받지 않고 공이 없는데 상을 받는다면 비록 〈나라를〉 망치더라도 또한 옳지 않겠습니까." 하였다.

○先愼曰 上兩卜字는 今局本[60]에 均作十하니 誤라

○王先愼 : 위의 두 개의 '卜'자는 지금의 局本에 모두 '十'으로 되어 있으니 잘못되었다.

30-172 齊國好厚葬하야 布帛盡於衣衾하고 材木盡於棺槨이라 桓公[61]患之하야 以告管仲曰 布帛盡則無以爲幣요

齊나라 풍속이 후한 장례를 좋아하여 베와 무명을 壽衣로 다 써버리고 재목을 棺槨으로 다 써버렸다. 桓公이 이를 걱정하여 管仲에게 말하기를 "베와 무명을 다 써버리면 옷감이 없어지고

○先愼曰 各本에 幣作蔽라 御覽五百五十五又六百四十一八百二十에 引竝作

60) 局本 : 판본인 듯하나 미상이다.

61) 桓公 : 춘추시대 五霸의 우두머리로 꼽히는 齊 桓公을 말한다. 이름은 小白으로, 襄公의 아우이다. 襄公 때 莒나라로 망명하였다가 양공이 시해당한 후에 귀국하여 齊侯가 되었다. 鮑叔牙의 추천으로 管仲을 重用하여 霸業을 이루었다. 관중이 죽은 뒤 豎刁와 易牙 등을 등용하고 많은 부인을 거느려 政事를 게을리하였다. 환공이 죽은 뒤 여러 公子들의 王權 다툼이 일어나 패업이 무너지고 國政은 혼란하게 되었다.

幣일새 今據改하노라

○王先愼 : 各本에 '幣'자가 '蔽'자로 되어 있다. ≪太平御覽≫ 권555・권641・권820에 이 글을 인용하면서 모두 '幣'로 되어 있기에 지금 이에 의거하여 고쳤다.

30-173 材木盡則無以爲守備어늘 而人厚葬之不休하니 禁之奈何오 管仲對曰 凡人之有爲也는 非名之면 則利之也니이다 於是乃下令曰 棺槨過度者는 戮其尸하고 罪夫當喪者하리라 夫戮死는 無名이요 罪當喪者는 無利니 人何故爲之也리오

재목을 다 써버리면 방비하는 시설의 재료가 없어지는데, 사람들은 후한 장례를 그치지 않고 있으니 금지시키려면 어떻게 해야 하는가?" 하였다. 管仲이 대답하기를 "무릇 사람이 하는 행위는 명성을 얻고자 하는 것이 아니면 이익을 얻고자 해서입니다." 하였다. 이에 법령을 내리기를 "棺槨을 정도에 지나치게 쓰는 자는 그 시신에게 형벌을 가하고 喪主에게 죄를 내릴 것이다." 하였다. 무릇 시신에게 형벌을 가하는 것은 명성이 없어지는 것이고 상주에게 죄를 내리는 것은 이익이 없어지는 것이니, 사람들이 무엇 때문에 그런 일을 하겠는가.

30-174 衛嗣(君)〔公〕之時에

衛 嗣公 때에

○先愼曰 君은 當從經作公이니 說見上이라

○王先愼 : '君'자는 응당 經文을 따라 '公'이 되어야 하니 설명이 위에 보인다.

30-175 有胥靡逃之魏하야 因爲襄王之后治病이라

어떤 죄수가 魏나라로 달아나 襄王의 왕후를 위해 병을 치료하고 있었다.

魏襄王之后也라 ○顧廣圻曰 未詳이라 宋衛策에 無此句요 餘亦多不同이라

舊注 : 魏 襄王의 왕후이다.

○顧廣圻 : 미상이다. ≪戰國策≫ 〈宋策〉과 〈衛策〉에 이 句가 없고 나머지도 다른 곳이 많다.

30-176 衛嗣(君)〔公〕聞之하고 使人請以五十金買之어늘 五反而魏王不予하니 乃以左氏易之라

衛 嗣公이 이 소식을 듣고 사람을 시켜 오십 금으로 그 〈죄수를〉 사게 해달라고 청하게 하였는데, 다섯 번이나 오가도록 魏나라 왕이 그 죄수를 내놓지 않으니 〈嗣公은〉 이에 左氏 도읍과 바꾸려고 하였다.

左氏는 都邑名也라

舊注 : 左氏는 都邑 이름이다.

30-177 群臣左右諫曰 夫以一都로 買一胥靡 可乎잇가

신하들과 측근들이 간하며 말하기를 "하나의 도읍으로 한 명의 죄수를 사는 것이 옳겠습니까?" 하였다.

○先愼曰 乾道本에 胥靡上無一字라 盧文弨云 藏本에 有라하니라 先愼案 策에 作贖一胥靡하니 是有一字是일새 今據增하노라

○王先愼 : 乾道本에 '胥靡' 위에 '一'자가 없다. 盧文弨는 "藏本에 〈'一'자가〉 있다."라고 하였다. 내가 살펴보건대 ≪戰國策≫ 〈衛策〉에 '贖一胥靡'로 되어 있으니 여기에 '一'자가 있는 것이 옳기에 지금 이에 의거하여 보충하였다.

30-178 (王)〔公〕曰

嗣公이 말하기를

○顧廣圻曰 王은 當從宋衛策作君이라

○顧廣圻 : '王'자는 응당 ≪戰國策≫ 〈宋策〉과 〈衛策〉을 따라 '君'자가 되어야 한다.

30-179 非子之所知也라 夫治無小而亂無大라

"그대들이 알 바가 아니다. 무릇 다스림에는 〈무시할 만한〉 작은 일도 없고 혼란에는 〈두려워할 만한〉 큰일도 없는 것이다.

若不治小者면 則大亂起也라

舊注 : 작은 일을 다스리지 않으면 큰 혼란이 일어나는 것이다.

30-180 法不立而誅不必이면

법이 세워지지 않아서 벌을 기필하지 못하면

當誅而不誅라 故曰不必也라

舊注 : 응당 벌을 내려야 하는데 벌을 내리지 못하기 때문에 '不必(기필하지 못함)'이라고 하였다.

30-181 雖有十左氏라도 無益也요 法立而誅必이면 雖失十左氏라도 無害也라 魏王聞之하고 曰 主欲治어늘 而不聽之면 不祥하리라 因載而往이로되 徒獻之하다

비록 열 개의 左氏 도읍이 있더라도 유익함이 없을 것이고, 법이 세워져서 벌을 기필한다면 비록 열 개의 左氏 도읍을 잃더라도 해가 될 게 없을 것이다." 魏나라 왕이 이를 듣고 말하기를 "군주가 잘 다스리고자 하는데 이를 들어주지 않으면 상서롭지 못할 것이다." 하였다. 이에 죄수를 수레에 태워 〈衛나라로〉 보내되 〈어떠한 대가도 받지 않고〉 그저 바쳤다.

徒獻胥靡하고 不取都金이라 ○先愼曰 乾道本에 注獻下有雖字어늘 今據趙本刪하노라

舊注 : 그저 죄수만을 바치고 도읍이나 금을 받지 않은 것이다.

○王先愼 : 乾道本에 舊注의 '獻'자 아래에 '雖'자가 있는데, 지금은 趙本에 의거하여 삭제하였다.

〔三〕[62]

30-182 齊王問於文子하야 曰 治國何如오 對曰 夫賞罰之爲道 利器也니이다 君

62) 〔三〕: 七術의 세 번째 '信賞(30-31~30-39)'에 대한 해설을 모은 說이다.

固握之로되 **不可以示人**하니 **若(如)臣者**는

齊나라 왕이 文子에게 묻기를 "나라를 다스림이 어떠해야 하는가?" 하였다. 〈文子가〉 대답하기를 "상벌을 道로 삼는 것이 利器입니다. 군주가 이것을 꽉 잡고 있되 남들에게 보여주어서는 안 되니, 신하라는 것은

○**先愼曰 若**과 **如**는 **同義**니 **如字**는 **涉上文而衍**이라

○王先愼 : '若'자와 '如'자는 같은 뜻이니, '如'자는 윗글과 연계되어 잘못 들어간 것이다.

30-183 **猶獸鹿也**라 **唯薦草而就**니이다

사슴과 같은지라 오직 좋은 풀이 있는 곳으로 갑니다." 하였다.

獸鹿就薦草요 **人臣歸厚賞**이라 **故賞罰之利器**를 **不可示於人也**라

舊注 : 사슴은 좋은 풀이 있는 곳으로 가고 신하는 후한 상에 귀의하기 때문에 상벌의 利器를 남들에게 보여주어서는 안 되는 것이다.

30-184 **越王問於大夫種曰**

越나라 王이 大夫인 種에게 묻기를

○**先愼曰 乾道本**에 **種上有文字**라 **盧文弨云 淩本**에 **無文字**라하니라 **先愼案 藝文類聚五十四又八十**과 **御覽六百三十八**에 **引無文字**일새 **今據刪**하노라

○王先愼 : 乾道本에 '種'자 위에 '文'자가 있다. 盧文弨는 "淩本에 '文'자가 없다."라고 하였다. 내가 살펴보건대 ≪藝文類聚≫ 권54・권80, ≪太平御覽≫ 권638에 이 글을 인용하면서 '文'자가 없기에 지금 이에 의거하여 삭제하였다.

30-185 **吾欲伐吳**하니 **可乎**아 **對曰 可矣**니이다 **吾賞厚而信**하고 **罰嚴而必**하니 **君欲知之**인댄

"내가 吳나라를 정벌하고자 하니 괜찮겠는가?" 하였다. 〈種이〉 대답하기를 "괜찮습니다. 제가 상을 후하게 주어 믿음을 얻고 벌을 엄하게 내려 기필하도록 하겠으니, 군주께서 이를 알고자 하신다면

○先愼曰 乾道本에 無知字라 顧廣圻云 藏本今本에 欲下有知字라하니라 先愼案 藝文類聚御覽에 引有知字일새 今據補하노라

○王先愼 : 乾道本에 '知'자가 없다. 顧廣圻는 "藏本과 今本에 '欲'자 아래에 '知'자가 있다."라고 하였다. 내가 살펴보건대 ≪藝文類聚≫와 ≪太平御覽≫에 이 글을 인용하면서 '知'자가 있기에 지금 이에 의거하여 보충하였다.

30-186 何不試焚宮室잇가 於是遂焚宮室하니 人莫救之라

시험 삼아 宮室에 불을 질러보지 않으시겠습니까?" 하였다. 이에 마침내 궁실에 불을 지르니 아무도 불을 끄려고 오지 않았다.

○先愼曰 藝文類聚御覽에 引人作民하니 下同이요 之作火라

○王先愼 : ≪藝文類聚≫와 ≪太平御覽≫에 이 글을 인용하면서 '人'자가 '民'자로 되어 있으니 아래도 마찬가지이고, '之'자는 '火'자로 되어 있다.

30-187 乃下令曰 人之救火(者死)〔死者〕는 比死敵之賞이요

이에 법령을 내리기를 "불을 끄다가 죽은 자는 적과 싸우다 전사한 상과 똑같이 상을 내릴 것이고

○先愼曰 者死는 當作死者라

○王先愼 : '者死'는 응당 '死者'가 되어야 한다.

30-188 救火而不死者는 比勝敵之賞이요 不救火者는 比降北(항배)之罪라

불을 끄고서 죽지 않은 자는 적과 싸워 이긴 상과 똑같이 상을 내릴 것이며, 불을 끄러 오지 않는 자는 적에게 항복하고 달아난 죄와 똑같이 죄를 줄 것이다." 하였다.

○先愼曰 趙本에 降北는 作北降하니 誤倒라

○王先愼 : 趙本에 '降北'는 '北降'으로 되어 있으니 잘못 도치된 것이다.

30-189 人之塗其體被濡衣而走火者

〈그러자〉 제 몸에 진흙을 바르고 물에 젖은 옷을 입은 채 불에 달려가는 자가

○先愼曰 各本에 無之字나 據藝文類聚引增하노라 盧文弨云 走는 張凌本에 作赴라하니라 先愼案 御覽에 引亦作赴하고 藝文類聚仍作走라

○王先愼 : 各本에 '之'자가 없으나, ≪藝文類聚≫에서 인용한 글에 의거하여 보충하였다. 盧文弨는 "'走'자는 張凌本에 '赴'자로 되어 있다."라고 하였다. 내가 살펴보건대 ≪太平御覽≫에 이 글을 인용하면서 또한 '赴'자로 되어 있고 ≪藝文類聚≫에는 그대로 '走'자로 되어 있다.

30-190 左三千人이요 右三千人이니 此知必勝之勢也라

왼쪽에 삼천 명이요 오른쪽에 삼천 명이니, 이에 〈吳나라를〉 반드시 이길 형세임을 알았다.

30-191 吳起爲魏武侯西河之守하다 秦有小亭[63)]臨境일새 吳起欲攻之하니 不去인댄 則甚害田者요

吳起가 魏 武侯의 西河 태수가 되었다. 秦나라의 작은 초소가 국경에 있었기 때문에 오기는 그곳을 정벌하고자 하였는데, 없애지 않으면 농사짓는 사람들에게 크게 피해를 주고

言小亭能爲田者害하니 (政)〔故〕當去之라 ○盧文弨曰 注政或是故라

舊注 : 작은 초소가 농사짓는 자에게 피해를 주기 때문에 응당 없애야 함을 말한 것이다.
○盧文弨 : 舊注의 '政'자는 '故'자인 듯하다.

30-192 去之인댄 則不足以徵甲兵이라

없애자니 병력을 모으기에 부족하였다.

---

63) 亭 : 적군을 감시하기 위해 산봉우리에 세운 초소를 뜻한다.

亭小故也라 ○盧文弨曰 甲兵은 藏本倒라

舊注 : 초소가 작기 때문이다.

○盧文弨 : '甲兵'은 藏本에 〈'兵甲'으로〉 도치되어 있다.

30-193 於是乃倚一車轅於北門之外하고

이에 수레 멍에 하나를 北門 밖에 비스듬히 세워놓고

○先愼曰 事類賦十六에 引倚作徙라

○王先愼 : ≪事類賦≫ 권16에 이 글을 인용하면서 '倚'가 '徙'로 되어 있다.

30-194 而令之曰 有能徙此南門之外者는 賜之上田上宅하리라 人莫之徙也라 及有徙之者하야 遂賜之如令이라

법령을 내리기를 "이것을 南門 밖으로 옮기는 자에게는 좋은 전답과 좋은 집을 하사하겠다." 하였다. 그러나 아무도 옮기는 자가 없었다. 그것을 옮기는 자가 생기자 마침내 법령대로 〈좋은 전답과 좋은 집을〉 하사하였다.

○先愼曰 各本에 遂作還이라 御覽二百九十六六百三十八에 引還作遂일새 今據改하노라

○王先愼 : 各本에 '遂'자가 '還'자로 되어 있다. ≪太平御覽≫ 권296·권638에 이 글을 인용하면서 '還'자가 '遂'자로 되어 있기에 지금 이에 의거하여 고쳤다.

30-195 俄又置一石赤菽於東門之外하고

얼마 뒤에 또 붉은 콩 한 섬을 東門 밖에 두고

○先愼曰 各本에 無於字라 案 與上文倚一車轅於北門之外와 文法一律하니 此脫於字라 御覽引有하니 今據補하노라

○王先愼 : 各本에 '於'자가 없다. 살펴보건대 윗글의 '倚一車轅於北門之外'와 문법이 똑같으니 여기서는 '於'자가 탈락된 것이다. ≪太平御覽≫의 인용한 곳에는 '於'자가 있으니

지금 이에 의거하여 보충하였다.

30-196 而令之曰 有能徙此於西門之外者는 賜之如初하리라 人爭徙之하다 乃下令曰

법령을 내리기를 "이것을 西門 밖으로 옮기는 자에게는 지난번처럼 하사하겠다." 하였다. 사람들이 다투어 그것을 옮겼다. 이에 법령을 내리기를

○先愼曰 各本에 令下有大夫二字라 案 此涉下文而衍이라 御覽二百九十六及七百七十五八百四十二와 初學記二十七에 引竝無此二字일새 今據刪하노라

○王先愼 : 各本에 '令'자 아래에 '大夫' 두 자가 있다. 살펴보건대 이것은 아랫 글과 연계되어 잘못 들어간 것이다. ≪太平御覽≫ 권296·권775·권842, 그리고 ≪初學記≫ 권27에 이 글을 인용하면서 모두 이 두 자가 없기에 지금 이에 의거하여 삭제하였다.

30-197 明日且攻亭하리니 有能先登者는 仕之國大夫요 賜之上田上宅이라

"내일 초소를 공격할 것이니, 가장 먼저 오르는 자는 國大夫에 임명하고 좋은 전답과 좋은 집을 하사할 것이다." 하였다.

○先愼曰 各本에 宅上無上字라 案 上文有能徙此南門之外者賜之上田上宅하니 句法一律일새 此不當省(생)이라 御覽事類賦에 引竝有上字일새 今據補하노라

○王先愼 : 各本에 '宅'자 위에 '上'자가 없다. 살펴보건대 윗글에 '能徙此南門之外者 賜之上田上宅'으로 되어 있으니 句法이 똑같기 때문에 여기서도 응당 생략해서는 안 된다. ≪太平御覽≫과 ≪事類賦≫에 이 글을 인용하면서 모두 '上'자가 있기에 지금 이에 의거하여 보충하였다.

30-198 人爭趨之라 於是攻亭하야 一朝而拔之하다

사람들이 다투어 달려갔다. 이에 초소를 공격하여 하루아침에 함락시켰다.

30-199 李悝[64]爲魏文侯上地之守하야 而欲人之善射也라

李悝가 魏 文侯의 上地太守가 되어 그곳 사람들이 활을 잘 쏘기를 희망하였다.

○先愼曰 藝文類聚五十에 引人作民하니 下同이라

○王先愼 : ≪藝文類聚≫ 권50에 이 글을 인용하면서 '人'자가 '民'자로 되어 있으니 아래도 마찬가지이다.

30-200 乃下令曰 人之有狐疑之訟者면 令之射的하야

이에 법령을 내리기를 "사람들 사이에서 판결하기 어려운 소송이 생기면 〈소송한 자들로〉 하여금 과녁에 활을 쏘게 하여

的은 所射質이라 ○先愼曰 藝文類聚에 引的作狗라

舊注 : '的'은 화살이 꽂히는 곳이다.

○王先愼 : ≪藝文類聚≫에 이 글을 인용하면서 '的'자가 '狗'자로 되어 있다.

30-201 中之者勝이요 不中者負라 令下而人皆疾習射하야

〈과녁을〉 맞히는 자가 이기고 맞히지 못하는 자가 지게 될 것이다." 하였다. 법령이 내려가자 사람들이 모두 급히 활쏘기를 익혀서

○先愼曰 疾은 讀爲極이라

○王先愼 : '疾'은 '極(급함)'자로 읽어야 된다.

30-202 日夜不休라 及與秦人戰하야 大敗之하니 以人之善射也라

밤낮으로 그치지 않았다. 秦나라 군대와 전쟁을 하게 되자 그들을 크게 패배시켰으니 사람들이 활쏘기를 잘하였기 때문이었다.

○先愼曰 各本에 射上有戰字라 顧廣圻云 戰射는 當作射戰이라 先愼案 戰字는 涉上文而誤衍이라 藝文類聚에 引無戰字일새 今據删하노라

---

64) 李悝 : 戰國時代 魏 文侯 때의 사람이다. 토지의 생산력을 최대한으로 이용하는 방법을 창안하였으며, 平糴法을 창안하여 나라를 부강하게 하였다. 刑名學의 비조로 ≪法經六篇≫을 편찬하였다.

○王先愼 : 各本에 '射'자 위에 '戰'자가 있다. 顧廣圻는 "'戰射'는 응당 '射戰'이 되어야 한다."라고 하였다. 내가 살펴보건대 '戰'자는 윗글과 연계되어 잘못 들어간 것이다. ≪藝文類聚≫에 이 글을 인용하면서 '戰'자가 없기에 이에 의거하여 삭제하였다.

30-203 宋崇門之巷人이 服喪而毁甚瘠하니 上以爲慈愛於親이라하야 擧以爲官師라 明年에 人之所以毁死者 歲十餘人이라 子之服親喪者는 爲愛之也어늘 而尙可以賞勸也니 況君上之於民乎아

宋나라 崇門의 고을 사람이 상을 치르다 몸이 상하여 매우 수척해지니, 군주가 그를 어버이에 대해 자애로운 자라고 여겨 등용하여 官師로 삼았다. 그러자 이듬해에 〈상을 치르다〉 몸이 상하여 죽은 자가 한 해에 십여 명이나 되었다. 자식으로서 어버이의 상을 치르는 것은 어버이를 사랑해서인데도 오히려 그에게 상을 내리며 권장할 수 있으니 하물며 군주와 백성의 관계에 있어서랴.

君而無賞이면 則功不立이라

舊注 : 군주로서 상을 내리는 일이 없으면 공이 세워지지 않는다.

30-204 越王慮伐吳하야

越나라 왕이 吳나라를 정벌하기를 도모하면서

慮는 謀也라 ○先愼曰 乾道本에 連上이어늘 今依趙本提行하노라

舊注 : '慮'는 '謀(도모함)'이다.

○王先愼 : 乾道本에 윗글과 이어져 있는데, 지금은 趙本에 의거하여 줄을 바꾸었다.

30-205 欲人之輕死也하야 出見怒鼃(와)에 乃爲之式[65)]이라 從者曰 奚敬於此잇가 王曰 爲其有氣故也라

사람들이 제 목숨을 가벼이 여기기를 희망하여, 외출을 하면서 성난 개구리를 보자 공경을 표하였다. 從者가 말하기를 "어째서 이 개구리에게 공경을 표하십니

---

65) 式 : 수레 앞에 가로로 댄 나무이니, 공경할 일이 있으면 여기에 몸을 굽혀 기대었다.

까?" 하였다. 왕이 말하기를 "이 개구리에게 기개가 있기 때문이다." 하였다.

○先愼曰 御覽九百四十九에 引氣作勇하니 誤라 下文正作氣라

○王先愼 : ≪太平御覽≫ 권949에 이 글을 인용하면서 '氣'자가 '勇'자로 되어 있으니 잘못되었다. 아래 글에 바로 '氣'자로 되어 있다.

30-206 明年(之)請以頭獻王者 歲十餘人이라

이듬해에 자신의 머리를 왕에게 바치겠다고 청하는 자가 한 해에 십여 명이나 되었다.

○先愼曰 趙本에 明年下無之字라

○王先愼 : 趙本에 '明年' 아래에 '之'자가 없다.

30-207 由此觀之컨대 譽之足以殺人矣라

이로써 보건대 칭찬은 사람을 죽게 할 수도 있다.

譽於勇이면 則人以頭獻이라 ○先愼曰 乾道本에 譽作毁라 顧廣圻云 藏本今本에 毁作譽라 按 當作敬이니 形近之誤라 上文云 奚敬於此라하니라 先愼案 顧說 非也라 毁는 乃譽字之譌니 注不誤라 御覽四百三十七에 引正作譽일새 今據改하노라

용맹한 사람을 칭찬하면 사람이 자신의 머리를 바치는 것이다.

○王先愼 : 乾道本에 '譽'가 '毁'로 되어 있다. 顧廣圻는 "藏本과 今本에 '毁'자가 '譽'자로 되어 있다. 살펴보건대 응당 '敬'이 되어야 하니 모양이 비슷해서 생긴 잘못이다. 윗글에서 '奚敬於此'라 하였다."라고 하였다. 내가 살펴보건대 顧廣圻의 說이 틀렸다. '毁'는 '譽'자의 잘못이니 舊注가 잘못되지 않았다. ≪太平御覽≫ 권437에 이 글을 인용하면서 바로 '譽'로 되어 있기에 지금 이에 의거하여 고쳤다.

30-208 一曰

일설의 내용은 다음과 같다.

○先愼曰 乾道本에 提行이어늘 今依趙本하노라

○王先愼 : 乾道本에는 줄을 바꾸었는데, 지금은 趙本을 따랐다.

30-209 **越王句踐**이 **見怒鼃而式之**라 **御者曰 何爲式**잇가 **王曰 鼃有氣如此**하니 **可無爲式乎**아 **士人聞之曰 鼃有氣**하야 **王猶爲式**이어늘 **況士人之有勇者乎**아

越나라 왕 句踐이 성난 개구리를 보고 공경을 표하였다. 마부가 말하기를 "어째서 공경을 표하십니까?" 하니, 왕이 대답하기를 "개구리에게 이처럼 기개가 있으니 공경을 표하지 않을 수 있겠는가." 하였다. 武士들이 듣고서 말하기를 "개구리에게 기개가 있어서 왕이 오히려 공경을 표하였는데, 하물며 용맹한 군사는 어떠하겠는가." 하였다.

○**先愼曰 乾道本**에 **無之字**라 **盧文弨云 脫**이니 **藏本有**라하니라 **今據補**하노라

○王先愼 : 乾道本에 '之'자가 없다. 盧文弨는 "탈락된 것이니 藏本에는 있다."라고 하였다. 지금 이에 의거하여 보충하였다.

30-210 **是歲**에 **人有自剄死以其頭獻者**라

이해에 스스로 목을 베어 죽어서 자신의 머리를 바치겠다고 하는 자가 있었다.

剄은 **割也**라 ○**先愼曰 此謂人有以自剄之頭獻者**라

舊注 : '剄'은 목을 베는 것이다.

○王先愼 : 이는 사람들 가운데 스스로 목을 베어 머리를 바치겠다고 하는 자가 있음을 말한 것이다.

30-211 **故越王將復吳**하야 **而試其敎**라

그러므로 越나라 왕이 吳나라에게 복수하려고 가르친 바를 시험하였다.

○**先愼曰 乾道本**에 **越作曰**이요 **吳作吾**어늘 **今依張榜本趙本改**하노라

○王先愼 : 乾道本에 '越'자가 '曰'자로 되어 있고 '吳'자가 '吾'자로 되어 있는데, 지금은 張榜本과 趙本에 의거하여 고쳤다.

30-212 燔臺而鼓之하야 使民赴火者는 賞在火也요

누대에 불을 지르고 북을 치면서 사람들로 하여금 불속으로 달려가게 한 것은 상이 불속에 있기 때문이었고,

火雖殺人이나 赴之必得賞이라 故赴之不懼也라 ○先愼曰 民은 當作人이니 注不誤라

舊注 : 불이 사람을 죽일 수 있으나 달려가면 반드시 상을 받기 때문에 달려가기를 두려워하지 않는 것이다.

○王先愼 : '民'자는 응당 '人'자가 되어야 하니, 舊注가 잘못되지 않았다.

30-213 臨江而鼓之하야 使人赴水者는 賞在水也요 臨戰而使人絶頭刳腹而無顧心者는 賞在兵也라

강을 앞에 두고 북을 치면서 사람들로 하여금 물속으로 달려가게 한 것은 상이 물속에 있기 때문이었고, 전쟁에 임하여 사람들로 하여금 머리가 잘리고 배가 갈라짐을 당하면서도 개의치 않게 한 것은 상이 전쟁에 있기 때문이었다.

○盧文弨曰 頭는 一本作頸이라

○盧文弨 : '頭'자는 一本에 '頸'자로 되어 있다.

30-214 又況據法而進賢하야 其助甚此矣리오

또한 하물며 법에 의거하여 훌륭한 이를 진출시켜서 그 보탬이 이보다 더 큰 경우는 어떠하겠는가.

進賢可以得賞이로되 又無水火之難이면 則人豈不爲哉리오 其所〔以〕不進賢者는 但不賞故也라 ○顧廣圻曰 助는 當作勸이라 盧文弨曰 注但下脫君字라 先愼曰 注所下脫以字라

舊注 : 훌륭한 이를 진출시키면 상을 얻을 수 있고, 게다가 물속이나 불속과 같은 어려움이 없다면 누군들 힘써 행하지 않겠는가. 훌륭한 이를 진출시키지 않는 이유는 다만 상을 내리지 않기 때문이다.

○顧廣圻 : '助'자는 응당 '勸'자가 되어야 한다.

盧文弨 : 舊注의 '但'자 아래에 '君'자가 탈락되었다.

王先愼 : 舊注의 '所'자 아래에 '以'자가 탈락되었다.

30-215 韓昭侯使人藏弊袴하니 侍者曰 君亦不仁矣니 弊袴不以賜左右而藏之니이다 昭侯曰 非子之所知也라 吾聞明主之愛一嚬一笑하니

韓 昭侯가 사람을 시켜 해진 바지를 보관토록 하니, 시종이 말하기를 "군주께서는 또한 어질지 못하니, 해진 바지를 측근에게 하사하지 않고 보관을 하십니다." 하였다. 昭侯가 말하기를 "그대는 알 바가 아니다. 내가 듣건대 현명한 군주는 한 번의 찌푸림과 한 번의 웃음조차 아낀다고 하니

必憂其不善하고 勸其能善하야 不妄爲也라

舊注 : 반드시 不善을 우려하고 능히 善한 것을 권장하여 함부로 행동하지 않는 것이다.

30-216 嚬有爲嚬이요 而笑有爲笑라 今夫袴豈特嚬笑哉리오

찌푸리는 데에는 찌푸리는 이유가 있고 웃는 데에는 웃는 이유가 있는 것이다. 지금 이 해진 바지가 어찌 다만 찌푸리고 웃는 정도일 뿐이겠는가.

嚬笑를 尙不妄爲하니 況弊袴豈可以無功而與也리오

舊注 : 찌푸리고 웃는 것조차도 함부로 하지 않으니, 하물며 해진 바지라 하여 어찌 공이 없는데 줄 수 있겠는가.

30-217 袴之與嚬笑相去遠矣라

해진 바지가 찌푸리고 웃는 것과는 거리가 아주 멀다.

○先愼曰 各本에 無相去二字어늘 今據御覽三百九十二六百三十三引補하노라

○王先愼 : 各本에 '相去' 두 자가 없는데, 지금은 ≪太平御覽≫ 권392와 권633에서 인용한 글에 의거하여 보충하였다.

30-218 吾必待有功者라 故藏之하야 未有予也라

나는 반드시 공이 있는 자를 기다릴 것이기 때문에 그것을 보관해두어 아직은 주지 않는 것이다." 하였다.

○先愼曰 各本에 故下有收字어늘 御覽無하니 今據刪하노라

○王先愼 : 各本에 '故'자 아래에 '收'자가 있는데, ≪太平御覽≫에는 없으니 지금 이에 의거하여 삭제하였다.

30-219 鱣似蛇요

드렁허리는 뱀과 비슷하고

○盧文弨曰 已見前說林下篇이니 此重出이라 先愼曰 此條見之於經하니 說林誤重이라

○盧文弨 : 이미 앞서의 〈說林 下篇〉에 보이니 여기는 중복되어 나온 것이다.
王先愼 : 이 조목은 經文에 보이니, 〈說林篇〉은 잘못 중복된 것이다.

30-220 蠶似蠋이라 人見蛇則驚駭요 見蠋則毛起나 然而婦人拾蠶이요 漁者握鱣이라

누에는 애벌레와 비슷하다. 사람이 뱀을 보면 놀라고 애벌레를 보면 털이 곤두서지만, 부녀자는 누에를 줍고 어부는 드렁허리를 움켜잡는다.

○先愼曰 說林에 握作持라

○王先愼 : 〈說林篇〉에 '握'자가 '持'자로 되어 있다.

30-221 利之所在면 則忘其所惡(오)하야 皆爲賁諸라

이익이 생기는 곳이면 싫어하는 것도 잊어서 모두들 孟賁과 專諸가 되는 것이다.

鱣蠶有利라 故人握拾하야 皆有賁諸之勇이라 ○先愼曰 乾道本에 賁諸作孟賁하고 注同이라 案 經及說林下篇에 竝作賁諸하니 明孟賁爲賁諸之誤라 今依張榜本改하노라 御覽八百二十五九百三十三에 引正作賁諸라 又案 張榜本은 依說林刪則

忘其所惡五字어늘 不可從하노라

舊注 : 드렁허리와 누에는 이익이 생기기 때문에 사람들이 움켜잡고 주워서 모두들 孟賁과 專諸와 같은 용맹함이 생기는 것이다.

○王先愼 : 乾道本에 '賁諸'가 '孟賁'으로 되어 있고 舊注도 마찬가지이다. 살펴보건대 經文 및 〈說林 下篇〉에 모두 '賁諸'로 되어 있으니 '孟賁'이 '賁諸'의 잘못임이 분명하다. 지금은 張榜本에 의거하여 고쳤다. ≪太平御覽≫ 권825·권933에 이 글을 인용하면서 바로 '賁諸'로 되어 있다. 또 살펴보건대 張榜本은 〈說林篇〉에 의거하여 '則忘其所惡' 다섯 자를 삭제하였는데, 여기서는 따르지 않았다.

〔四〕[66)]

30-222 魏王謂鄭王曰

魏나라 王이 鄭나라 왕에게 말하기를

○先愼曰 鄭은 卽韓也니 說見說林上이라

○王先愼 : '鄭'은 곧 韓나라이니 설명이 〈說林 上〉에 보인다.

30-223 始鄭梁은 一國也어늘 已而別하니 今願復(부)得鄭而合之梁하노라 鄭君患之하야 召群臣而與之謀所以對魏라 鄭公子謂鄭君曰

"처음에 그대 鄭나라와 우리 梁(魏)나라는 한 나라였는데 나중에 나누어졌으니 이제 다시 그대 鄭나라를 얻어서 우리 梁나라와 합병을 하고 싶소." 하였다. 鄭나라 군주가 걱정하여 신하들을 불러 어떻게 魏나라에 맞설지를 함께 모의하였다. 鄭나라 公子가 鄭나라 군주에게 말하기를

○先愼曰 乾道本에 公上無鄭字라 顧廣圻云 藏本今本에 公上有鄭字라하니 今據補하노라

○王先愼 : 乾道本에 '公'자 위에 '鄭'자가 없다. 顧廣圻는 "藏本과 今本에 '公'자 위에 '鄭'자가 있다."라고 하였으니, 지금 이에 의거하여 보충하였다.

66) 〔四〕: 七術의 네 번째 '一聽(30-40~30-46)'에 대한 해설을 모은 說이다.

30-224 **此甚易**(이)**應也**니이다 **君對魏曰 以鄭爲故魏**라하야

“이는 매우 쉽게 대응할 수 있습니다. 군주께서는 魏나라에게 다음과 같이 대답하십시오. ‘鄭나라가 옛날의 魏나라 땅이었다고 해서

○**先愼曰 張榜本**에 **魏作梁**이라

○王先愼 : 張榜本에 ‘魏’자가 ‘梁’자로 되어 있다.

30-225 **而可合也**면 **則弊邑亦願得梁而合之鄭**하노이다 **魏王乃止**하다

합병할 수 있다면 우리나라도 梁(魏)나라를 얻어 우리 鄭나라에 합병하고 싶습니다.’” 그러자 魏나라 왕은 〈鄭나라를 합병하려던 것을〉 중지하였다.

30-226 **齊宣王**이 **使人吹竽**로되 **必三百人**이라 **南郭處士請爲王吹竽**하니 **宣王說**(열)**之**하야 **廩食以數百人**이라

齊 宣王이 사람을 시켜 竽를 연주하게 하되 반드시 삼백 명으로 〈연주하게 하였다.〉 南郭의 처사가 왕을 위해 竽를 연주하겠다고 청하니, 宣王이 기뻐하여 수백 명의 분의 양식을 각기 나눠주었다.

廩은 **給**이라 ○**先愼曰 御覽五百八十一**에 **引粟食與三百人等**하고 **北堂書鈔一百十**에 **引與此同**이라

舊注 : ‘廩’은 ‘給(나눠줌)’이다.

○王先愼 : ≪太平御覽≫ 권581에 이 글을 인용하면서 ‘粟食與三百人等’으로 되어 있고, ≪北堂書鈔≫ 권110에는 이 글을 인용하면서 여기와 똑같이 되어 있다.

30-227 **宣王死**하고 **湣王立**하야

宣王이 죽고 湣王이 즉위해서

○**先愼曰 御覽引湣作文**하니 **誤**라 **北堂書鈔**에 **引與此同**이라

○王先愼 : ≪太平御覽≫에 이 글을 인용하면서 ‘湣’자가 ‘文’자로 되어 있으니 잘못되었다. ≪北堂書鈔≫에 이 글을 인용하면서 여기와 똑같이 되어 있다.

30-228 好一一聽之하니 處士逃하다

한 사람씩 연주하는 것을 듣기 좋아하니 처사들이 달아났다.

30-229 一曰 韓昭侯曰 吹竽者衆이라 吾無以知其善者라 田嚴對曰

일설의 내용은 다음과 같다. 韓 昭侯가 말하기를 "竽를 연주하는 자가 많은지라, 나는 누가 연주를 잘하는 자인지 알 수가 없다." 하니, 田嚴이 대답하기를

○先愼曰 御覽에 引嚴作巖이라

○王先愼 : ≪太平御覽≫에 이 글을 인용하면서 '嚴'자가 '巖'자로 되어 있다.

30-230 一一而聽之하소서

"한 사람씩 연주하는 것을 들으십시오." 하였다.

30-231 趙令人因申子於韓請兵하야 將以攻魏라 申子欲言之君이나 而恐君之疑己外市也요

趙나라가 사람을 시켜 申不害를 통해 韓나라에게 군대를 청해서 장차 魏나라를 공격하려고 하였다. 신불해는 이 일을 군주에게 말하고자 하였으나 자신이 다른 나라와 거래한다고 군주가 의심할까 두려웠고,

爲外請兵하야 取其貨利라 故曰市라 ○先愼曰 乾道本에 疑上有欲字라 盧文弨云 下欲字는 張本淩本에 皆無라하니 今據刪하노라

舊注 : 다른 나라를 위해 군대를 청하여 재화와 이익을 취하기 때문에 '市(거래한다)'라고 하였다.

○王先愼 : 乾道本에 '疑'자 위에 '欲'자가 있다. 盧文弨는 "아래의 '欲'자는 張本과 淩本에 모두 없다."라고 하였으니, 지금 이에 의거하여 삭제하였다.

30-232 不則恐惡(오)於趙라 乃令趙紹韓沓嘗試君之動貌而後言之니

그렇게 하지 않으면 趙나라에게 미움을 살까 두려웠다. 그래서 趙紹와 韓沓으로

하여금 군주의 동작과 표정을 시험해본 이후에 말하였으니

許不之貌에 必有變動하야 可得而知라 故曰動貌라

舊注 : 허락 여부에 따른 표정에는 필시 변하는 움직임이 있어서 〈속내를〉 알 수 있기 때문에 동작과 표정이라고 하였다.

30-233 內則知昭侯之意요 外則有得趙之功이라

안으로는 昭侯의 뜻을 알게 되었고 밖으로는 趙나라에게 〈신임을〉 얻는 공이 있었다.

旣爲之請하야 若許면 其恩固以成이요 不許라도 終以爲之請矣하야 亦不敢許其恩이니 固趙之功也라

舊注 : 이미 趙나라를 위해 군대를 청하여 허락을 받으면 그 은혜를 본디 이루는 것이고, 허락을 받지 못하더라도 끝내는 趙나라를 위해 청하여 또한 감히 그 은혜를 허락받지 못한 것이니 본디 趙나라에게 〈신임을 얻는〉 공이 있는 것이다.

30-234 三國至(韓)〔函谷〕이러니 〔秦〕王謂樓緩曰

〈齊나라·韓나라·魏나라〉 세 나라가 函谷關까지 쳐들어왔는데 秦나라 왕이 樓緩에게 말하기를

○盧文弨曰 此見秦策三國攻秦入函谷秦王謂樓緩曰云云하며 下公子氾作公子池라 顧廣圻曰 藏本今本에 國下有兵字라 此韓卽函之譌요 又脫谷字耳라 下文亦當云三國入函谷이라 王上當依策有秦字라 先愼曰 顧說이 是라 張本에 自三國以下均脫이라

○盧文弨 : 이 일은 ≪戰國策≫ 〈秦策〉에 "세 나라가 秦나라를 공격하여 函谷關까지 쳐들어왔는데 秦나라 왕이 樓緩에게 말하기를……〔三國攻秦入函谷秦王謂樓緩曰云云〕"이라고 한 것에 보이며, 아래의 '公子氾'이 '公子池'로 되어 있다.

顧廣圻 : 藏本과 今本에 '國'자 아래에 '兵'자가 있다. 여기의 '韓'자는 곧 '函'자의 잘못이고, 또 '谷'자가 탈락된 것일 뿐이다. 아래 글에도 응당 '三國入函谷'이 되어야 한다. '王'자 위에 응당 ≪戰國策≫ 〈秦策〉에 의거하여 '秦'자가 있어야 한다.

王先愼 : 顧廣圻의 說이 옳다. 張本에는 '三國' 이하가 모두 탈락되었다.

30-235 三國之兵深矣라 **寡人欲割河東而講**하니 **何如**오

"세 나라의 군사가 깊이 쳐들어왔다. 寡人은 河東을 할양해서 강화를 맺고자 하니 어떠한가?" 하였다.

講은 **謂有急且與之**라가 **後寧將復**(부)**取**니 **事疑存**이면 **終反復**하니 **若講論**이라 **故曰講**이라 ○**先愼曰 策高注**에 **講**은 **成也**라하니라 **案 春秋時人謂之成**이요 **戰國時人謂之講**이니 **其義一也**라 **春秋時多背成**과 **與戰國時多反復**으로 **皆事後變計**하니 **不可謂講字本有是義**라 **說文**에 **講**은 **和解也**라하니 **注說**이 **非**라

舊注 : '講'은 위급하여 장차 주었다가 나중에 안정되면 장차 다시 취함을 말하는 것이니, 일에 의심스러운 점이 남아 있으면 결국에는 번복하니 이것이 마치 講論하는 것과 같기 때문에 '講'이라고 하였다.

○王先愼 : ≪戰國策≫ 〈秦策〉 高誘의 注에 '講'은 '成(강화하다)'이라고 하였다. 살펴보건대 春秋時代에는 사람들이 '成'이라 하였고 戰國時代에는 사람들이 '講'이라 하였으니, 그 뜻은 마찬가지이다. 춘추시대에는 강화를 배반하는 일이 많고 전국시대에는 번복하는 일이 많아서 모두 일이 있은 뒤에 계책을 바꾸니 '講'자에 본래 이러한 뜻이 있다고는 할 수 없다. ≪說文解字≫에 '講'은 화해하는 것이라고 하였으니 舊注의 설이 틀렸다.

30-236 對曰 夫割河東은 **大費也**나 **免國於患**엔 **大功也**니이다 **此父兄之任也**니 **王何不召公子氾而問焉**잇가 **王召公子氾而告之**하니 **對曰 講亦悔**요 **不講亦悔**니이다 **王今割河東而講**하야 **三國歸**하면 **王必曰 三國固且去矣**어늘 **吾特以三城送之**라하고

〈樓緩이〉 대답하기를 "河東을 할양하는 것은 큰 비용이 드는 것이지만 나라를 환란에서 구제하는 데는 큰 공을 이루는 것입니다. 이는 父兄의 책임이니 왕께서는 어째서 公子 氾을 불러 물어보지 않으십니까?" 하였다. 왕이 公子 氾을 불러 말해주니, 그가 대답하기를 "강화를 맺어도 후회할 것이고 강화를 맺지 않아도 후회할 것입니다. 왕께서 지금 河東을 할양하여 강화를 맺어 세 나라가 돌아간다면 왕께서는 필시 '세 나라가 본래부터 장차 떠나려고 했는데 내가 공연히 세 개의

성을 보내주었구나.'라고 하실 것이며,

三國自去에 又與之城이면 是徒以三城爲送이니 此悔之辭라

舊注 : 세 나라가 스스로 떠남에 또 성을 준다면 이는 그저 세 개의 성을 보내준 것이니, 이것이 후회하는 말이다.

30-237 不講하야 三國也入(韓)〔函谷〕이면 則國必大擧矣리니

강화를 맺지 않아서 세 나라가 函谷關에 쳐들어오면 나라에서 필시 크게 군사를 일으킬 것이니

○顧廣圻曰 策云 三國入函谷이면 咸陽必危라하니라

○顧廣圻 : ≪戰國策≫ 〈秦策〉에 "세 나라가 函谷關에 쳐들어오면 咸陽이 필시 위태로워질 것이다."라고 하였다.

30-238 王必大悔하야 王曰 不獻三城也라하리이다

왕께서는 필시 크게 후회하여 왕께서 '세 개의 성을 바치지 않아서이다.'라고 하실 것입니다.

若不講之면 三國入而韓必大擧하리니 王必悔曰 不獻三城之故也라하니라 ○盧文弨曰 下王字는 衍이라 注三國下脫入字요 悔曰下脫吾字니 凌本皆有라 顧廣圻曰 王은 當作之라 先愼曰 盧說이 是라 玩注說하면 則所見之本尙無王字라 注入字는 趙本亦脫이라

舊注 : 강화를 맺지 않으면 세 나라가 쳐들어와서 韓나라가 필시 크게 군사를 일으킬 것이니 왕이 필시 후회하며 "세 개의 성을 바치지 않았기 때문이다."라고 할 것이다.

○盧文弨 : 아래의 '王'자는 衍文이다. 舊注의 '三國' 아래에 '入'자가 탈락되었고 '悔曰' 아래에 '吾'자가 탈락되었으니, 凌本에는 모두 있다.

顧廣圻 : '王'자는 응당 '之'자가 되어야 한다.

王先愼 : 盧文弨의 說이 옳다. 舊注의 설명을 살펴보면, 〈舊注가〉 보았던 本에도 '王'자는 없었다. 舊注의 '入'자는 趙本에도 탈락되어 있다.

30-239 臣故曰 王講亦悔요 不講亦悔라하니이다 王曰 爲我悔也리니

臣이 그래서 왕께서 강화를 해도 후회할 것이고 강화를 하지 않아도 후회할 것이라고 말한 것입니다." 하였다. 왕이 말하기를 "〈어떻게 해도〉 나에게 후회가 될 것이니

○盧文弨曰 策에 作鈞吾悔也라

○盧文弨 : ≪戰國策≫ 〈秦策〉에 〈'爲我悔也'가〉 '鈞吾悔也(모두 내가 후회할 일이다.)'로 되어 있다.

30-240 寧亡三城而悔언정 無危乃悔호리라 寡人斷講矣라

차라리 세 개의 성을 잃고서 후회할지언정 〈도성을〉 위태롭게 만들어 후회하는 일은 없도록 하겠다. 寡人은 강화를 맺기로 결정했다." 하였다.

言講事斷定이라 ○盧文弨曰 無危는 舊倒譌라 先愼曰 策에 作無危咸陽而悔也라

舊注 : 강화하는 일을 결단함을 말한 것이다.

○盧文弨 : '無危'는 舊本에 〈'危無'로〉 잘못 도치되었다.

王先愼 : ≪戰國策≫ 〈秦策〉에는 '無危咸陽而悔也(咸陽을 위태롭게 만들어 후회하는 일은 없도록 하겠다.)'로 되어 있다.

30-241 應侯[67]謂秦王曰 王得宛葉(섭)藍田陽夏하고 斷河內하야 因梁鄭이어늘

應侯가 秦나라 왕에게 말하기를 "왕께서는 宛·葉·藍田·陽夏를 차지하고 河內를 잘라내어 梁나라·鄭나라와 관계를 맺고 있거늘

○先愼曰 梁鄭은 卽魏韓[68]이라

67) 應侯 : 전국시대 魏나라 사람으로 어려서부터 지혜가 있고 구변이 좋았다. 須賈를 따라 齊나라에 갔는데 齊나라 왕이 그의 구변에 놀라 대접을 잘하였다. 須賈는 그가 魏나라의 비밀을 고해바쳐서 그런 것으로 오해하여 魏나라의 정승 魏齊에게 고하자, 그는 모진 매를 맞아 갈빗대가 부러지고 이가 빠졌다. 이에 죽은 것으로 위장하여 秦나라로 탈출하여 張祿으로 성명을 바꾸고 정승의 자리까지 올라 나중에 應侯에 봉해졌다.

68) 梁鄭 卽魏韓 : 鄭나라는 전국시대에 韓나라에 의해 멸망되었다.

○王先愼 : 梁과 鄭은 곧 魏나라와 韓나라이다.

30-242 所以未王者는 趙未服也니이다 弛上黨[69]은 在一而已니

아직 왕 노릇 하지 못하고 있는 것은 趙나라가 아직 복종하지 않아서입니다. 上黨에 군사를 느슨하게 하는 것은 〈잃는 것이〉 한 지역에 불과할 뿐이니

廢上黨은 棄一郡而已라

舊注 : 上黨을 버리는 것은 하나의 郡을 포기하는 것일 따름이다.

30-243 以臨東陽이면 則邯鄲口中虱也리이다

〈군사를 옮겨〉 東陽에 임한다면 邯鄲은 포위된 이가 될 것입니다.

以守上黨之兵臨東陽이면 則邯鄲危如口中虱也라 ○先愼曰 口는 卽圍之古文이라

舊注 : 上黨을 지키는 군사를 옮겨 東陽에 임한다면 邯鄲의 위태로움은 마치 포위된 이와 같은 것이다.

○王先愼 : '口'는 곧 '圍(포위함)'의 古字이다.

30-244 王拱而朝天下하고

왕께서는 팔짱을 끼고 천하의 조회를 받으며

○先愼曰 拱은 拱手라

○王先愼 : '拱'은 팔짱을 끼는 것이다.

30-245 後者以兵中之니이다

뒤처지는 나라를 무력으로 정벌하시면 됩니다.

中은 傷也라

舊注 : '中'은 '傷(공격함)'이다.

69) 上黨 : 전국시대 趙나라와 韓나라 사이에 있어 분쟁이 많았던 지역이었다.

30-246 **然上黨之安樂**은 **其處甚劇**이니 **臣恐弛之而不聽**이니이다 **奈何**잇가

그러나 上黨의 안락함은 처리할 일이 매우 번다하니, 臣은 〈上黨의 군사를〉 느슨하게 하려 해도 왕께서 받아들이지 않을까 걱정입니다. 어떻게 생각하십니까?" 하였다.

今上黨旣安樂이나 **而其處又煩劇**하니 **雖欲弛之**라도 **恐王不聽**이라

舊注 : 지금 上黨이 이미 안락하게 되었으나 처리할 일이 또 번다하니 비록 느슨하게 하고자 하더라도 왕이 받아들이지 않을까 걱정하는 것이다.

30-247 **王曰 必弛易**(이)**之矣**호리라

왕이 말하기를 "반드시 〈그곳의 군사를〉 느슨하게 할 것이다." 하였다.

謂移易其兵하야 **以臨東陽**을 **吾斷定矣**라 ○**顧廣圻曰 易字當衍**이라 **弛**는 **卽易也**니 **不容複出**이라 **謂以地易上黨**이니 **舊注全誤**라

舊注 : 그곳의 병사를 이동시키고 느슨하게 하여 東陽에 임하게 할 것을 내가 결정하였다고 말한 것이다.

○顧廣圻 : '易'자는 응당 衍文이다. '弛'는 곧 '易(느슨함)'이니 중복해서 나와서는 안 된다. 지형으로 인해 上黨의 군사를 느슨하게 함을 말한 것이니 舊注는 완전히 잘못되었다.

〔五〕[70)]

30-248 **龐敬**은 **縣令也**라 **遣市者行**호되 **而召公大夫而還之**라

龐敬은 현령이었다. 시장을 관리하는 관원을 보내어 순찰하게 하되 公大夫를 불러 돌아오게 하였다.

公大夫亦遣爲市라

舊注 : 公大夫 또한 보내어 시장을 관리하게 한 것이다.

70) 〔五〕 : 七術의 다섯 번째 '詭使(30-47~30-52)'에 대한 해설을 모은 說이다.

30-249 立有間하고

〈龐敬은〉 잠시 서 있다가

○先愼曰 乾道本에 有作以라 顧廣圻云 今本에 以作有라하니라 先愼案 御覽八百二十七에 引亦作有일새 今據改하노라

○王先愼 : 乾道本에 '有'자가 '以'자로 되어 있다. 顧廣圻는 "今本에 '以'자가 '有'자로 되어 있다."라고 하였다. 내가 살펴보건대 ≪太平御覽≫ 권827에 이 글을 인용하면서 또한 '有'자로 되어 있기에 지금 이에 의거하여 고쳤다.

30-250 無以詔之하야 卒遣行이라

아무런 명을 내리지 않고서 갑자기 〈公大夫를〉 시장에 순찰을 보냈다.

不命하고 卒遣去하니 俱不測其由也라

舊注 : 명을 내리지 않고 갑자기 보냈으니 모두 그 이유를 헤아리지 못하였다.

30-251 市者以爲令與公大夫有言하야 不相信하야 以至無姦이라

시장을 관리하는 관원은 현령과 公大夫 사이에서 어떤 말이 있었을 것이라 생각하여 서로 믿지 않게 되어 간사한 짓을 저지르지 않는 데 이르렀다.

大夫雖告以不命이나 (復)〔彼〕亦不信이라 故不敢爲姦이라 ○盧文弨曰 注復字는 藏本作反이요 凌本作返이라 先愼曰 御覽에 引注復作彼하니 是也라

舊注 : 公大夫가 비록 명을 내리지 않았다고 알렸으나 저들은 또한 믿지 않기 때문에 감히 간사한 짓을 하지 못하는 것이다.

○盧文弨 : 舊注의 '復'자는 藏本에 '反'으로 되어 있고 凌本에 '返'으로 되어 있다.
王先愼 : ≪太平御覽≫에 이 글을 인용하면서 舊注의 '復'자가 '彼'자로 되어 있으니 옳다.

30-252 戴驩은 宋太宰니 夜使人曰 吾聞數(삭)夜有乘轀車至李史門者하니 謹爲我伺之하라

戴驩은 宋나라 太宰였으니 밤에 사람에게 심부름을 시키면서 말하기를 "내가 듣건대 밤에 자주 轀車를 타고 李史의 집에 가는 자가 있다고 하니, 삼가 나를 위해 엿보아라." 하였다.

○盧文弨曰 荀子解蔽篇에 注引轀作輼하니 下同이요 伺는 作司하니 古字라

○盧文弨 : ≪荀子≫〈解蔽篇〉楊倞의 注에서 이 글을 인용하면서 '轀'자가 '輼'자로 되어 있으니 아래도 마찬가지이고, '伺'는 '司'로 되어 있으니 古字이다.

30-253 使人報曰

심부름을 갔던 사람이 보고하기를

○盧文弨曰 荀注에 人作者라

○盧文弨 : ≪荀子≫의 楊倞 注에 '人'자가 '者'자로 되어 있다.

30-254 不見轀車나 見有奉笥而與李史語者러니 有間에 李史受笥니이다

"轀車는 보지 못했으나 상자를 바치고 李史와 얘기하는 자가 있었는데 얼마 뒤에 李史가 그 상자를 받는 것은 보았습니다." 하였다.

遣伺轀車라 故實奉笥라 本令伺奉笥니 彼當易其辭라

舊注 : 사람을 보내어 轀車를 엿보게 하였기 때문에 상자를 바치는 일을 밝혀낸 것이다. 본래부터 상자를 바치는지를 엿보게 한 것이기 때문에 저 심부름한 자가 응당 말을 바꾼 것이다.

30-255 周主亡玉簪하야 令吏求之어늘 三日不能得也라 周主令人求而得之家人之屋間이라 周主曰 吾知吏之不事事也라

周나라 왕이 옥비녀를 잃어버려 관리로 하여금 찾게 하였는데, 3일이 지나도 찾을 수 없었다. 周나라 왕이 다른 사람을 시켜 찾도록 하여 결국 민가의 집안에서 옥비녀를 찾을 수 있었다. 周나라 왕이 말하기를 "나는 관리들이 제대로 일을 하지 않음을 알게 되었다.

不事於臣之事也라 ○先愼曰 乾道本에 知作之라 顧廣圻曰 今本에 上之字作知라 按 依下文當作知라 先愼案 北堂書鈔一百二十七에 引正作知일새 今據改하노라

舊注 : 신하의 일을 제대로 하지 않는 것이다.

○王先愼 : 乾道本에 '知'자가 '之'로 되어 있다. 顧廣圻는 "今本에 위의 '之'자가 '知'자로 되어 있다. 살펴보건대 아래 글에 의거하여 응당 '知'자가 되어야 한다."라고 하였다. 내가 살펴보건대 ≪北堂書鈔≫ 권127에 이 글을 인용하면서 바로 '知'자로 되어 있기에 지금 이에 의거하여 고쳤다.

30-256 求簪하야 三日不得之어늘 吾令人求之하니 不移日而得之라 於是吏皆聳懼하야 以爲君神明也라

옥비녀를 찾게 하여 3일이 지나도록 찾지 못하였는데, 내가 사람을 시켜 찾게 했더니 하루도 지나지 않아 찾게 되었다." 하였다. 이에 관리들이 모두 두려워하면서 군주가 神明하다고 여겼다.

30-257 商太宰

商(宋)나라 太宰가

○顧廣圻曰 上文云 戴驩宋太宰라하니 六微篇同이라 說林下篇에 宋太宰貴而主斷이라하니 與此皆一人이라 商은 宋也[71]라

○顧廣圻 : 윗글에 "戴驩宋太宰"라고 하였으니 〈內儲說 下 六微篇〉도 마찬가지이다. 〈說林 下篇〉에 '宋太宰貴而主斷'이라고 하였으니 여기와 모두 같은 사람이다. '商'은 宋나라이다.

30-258 使少庶子之市하고 顧反而問之曰 何見於市오 對曰 無見也니이다 太宰曰 雖然이나 何見也오 對曰 市南門之外에 甚衆牛車하야 僅可以行耳니이다 太宰因誡使者호되 無敢告人吾所問於女하라 因召市吏而誚之하야 曰 市門之外에

---

71) 商 宋也 : 商은 춘추시대 제후국인 宋나라의 별칭으로 쓰인다. 周나라가 商나라를 멸망시킨 후 商나라의 후손을 봉한 나라가 宋나라이다.

何多牛屎아

어린 從者로 하여금 시장에 가게 하고서 그가 둘러보고 돌아오자 묻기를 "시장에서 무엇을 보았는가?" 하니, 대답하기를 "아무것도 보지 못했습니다." 하였다. 太宰가 말하기를 "그렇다 해도 무엇을 보았는가?" 하니, 대답하기를 "시장의 南門 밖에 牛車가 매우 많아 겨우 통행할 수 있었습니다." 하였다. 태재가 심부름을 갔다 온 그자에게 경계하되 자신이 그에게 물었던 것을 남들에게 감히 말하지 말라고 하였다. 이에 시장의 관원을 불러서 나무라면서 말하기를 "시장의 문 밖에 어찌 그리도 쇠똥이 많은가." 하였다.

○先愼曰 屎는 經作矢하니 是也라 御覽八百二十七에 引正作矢라

○王先愼 : '屎'는 經文에 '矢(똥)'로 되어 있으니 옳다. ≪太平御覽≫ 권827에 이 글을 인용하면서 바로 '矢'로 되어 있다.

30-259 市吏甚怪太宰知之疾也하야 乃悚懼其所也라

시장 관원은 太宰가 빨리 알게 된 것을 매우 괴이하게 여기면서 그가 아는 것을 두려워하였다.

○先愼曰 悚懼其所는 卽悚懼其知也요 下文吏以昭侯爲明察하야 皆悚懼其所는 卽悚懼其明察也라 所字는 卽承上爲義라 禮記哀公問에 今之君子는 午其衆以伐有道하고 求得當欲不以其所라하니 鄭注에 所는 道也라하고 孔疏에 言不以道而侵民하야 求其所得하고 必須稱己所欲하야 不用其養民之道라하니라 是句末所字承上文爲義之證이라

○王先愼 : "悚懼其所"는 곧 그가 아는 것을 두려워하는 것〔悚懼其知〕이고, 아래 글의 "吏以昭侯爲明察 皆悚懼其所"의 〈'悚懼其所'는〉 곧 그가 밝게 살피는 것을 두려워하는 것〔悚懼明察〕이다. '所'자는 곧 위의 문장을 이어받아 뜻으로 삼은 것이다. ≪禮記≫ 〈哀公問〉에 "오늘날 군자는 뭇 사람을 거슬러서 道 있는 자를 공격하고 얻을 바를 구하여 자신의 욕망을 기필함에 그 道로써 하지 않는다.〔今之君子 午其衆以伐有道 求得當欲不以其所〕"라고 하였으니, 鄭玄의 注에 "'所'는 '道'이다."라고 하였고 孔穎達의 疏에 "道로써 하지 않고 백성을 침탈하여 얻을 바를 구하고, 반드시 자신이 원하는 바를 충족시키려고 백성을

기르는 道를 쓰지 않는다.〔不以道而侵民 求其所得 必須稱己所欲 不用其養民之道〕"라고 하였다. 이것이 句 끝의 '所'자가 윗글을 이어받아 뜻으로 삼은 증거이다.

〔六〕[72)]

30-260 韓昭侯 握爪하고 而佯亡一爪하야

韓 昭侯가 자른 손톱을 손에 쥐고 거짓으로 손톱 하나를 잃은 척하여

○先愼曰 御覽三百七十에 引握作除요 佯作陽이라

○王先愼 : ≪太平御覽≫ 권370에 이 글을 인용하면서 '握'자가 '除'자로 되어 있고, '佯'자가 '陽'으로 되어 있다.

30-261 求之甚急하니 左右因割其爪而效之라

매우 다급하게 그것을 찾으니 측근들이 자신의 손톱을 잘라서 바쳤다.

○先愼曰 意林에 作左右而取備之하고 原注與此同이라 是馬氏所見本已有異者라

○王先愼 : ≪意林≫에 '左右而取備之'로 되어 있고 原注도 이와 마찬가지이다. 이는 馬總이 보았던 本에 이미 다른 것이 있어서이다.

30-262 昭侯以此察左右之不誠이라

昭侯는 이로써 측근이 성실하지 못한지를 살폈다.

割爪는 不誠이라 ○先愼曰 乾道本에 以下無此字요 之下有臣字요 誠은 作割이라 盧文弨云 以下脫此字하니 張本有요 臣藏本作誠이요 不下誠字衍이라하니라 顧廣圻云 藏本臣作誠하니 是也라 今本割作誠이라 按 誠不句絶이니 不은 否同字也라 割字當衍이라 今本所改 誤甚이라하니라 兪樾云 割字는 涉注文而衍이니 顧氏已訂正矣라 顧以誠不句絶은 非也라 誠不은 當作不誠이니 注云 割爪不誠이라하니 則所見本未倒也라 下文云 子之以此知左右之不誠信이라하고 注云 僞報有白馬者는 是不誠

---

72) 〔六〕: 七術의 여섯 번째 '挾智(30-53~30-59)'에 대한 해설을 모은 說이다.

信이라하니 正與此一律이라하니라 先愼案 割字는 張榜本作誠하니 是也라 上臣字는 藏本誤作誠耳니 臣字當衍이라 盧顧誤從藏本이라 故於下不誠二字未誤之張本而反訾之라 兪氏止知顧氏讀誠不之非하고 而不審張本作不誠之是하니 亦未見其能擇善而從也라 御覽引作以此察左右之不誠하니 是其證일새 今據刪改하노라 意林作以此察左右之不虛實하니 亦有此字요 虛實은 卽不誠也니 明爲馬氏所改라

舊注 : 손톱을 〈찾지 않고〉 자르는 것은 성실하지 못한 것이다.

○王先愼 : 乾道本에 '以'자 아래에 '此'자가 없고, '之'자 아래에 '臣'자가 있고, '誠'자는 '割'자로 되어 있다. 盧文弨는 "'以'자 아래에 '此'자가 탈락된 것이니 張本에는 있고, '臣'자는 藏本에 '誠'자로 되어 있고, '不'자 아래에 '誠'자는 衍文이다."라고 하였다. 顧廣圻는 "藏本에 '臣'자가 '誠'자로 되어 있으니 옳다. 今本에 '割'자가 '誠'자로 되어 있다. 살펴보건대 '誠不'에서 句가 끊어지니 '不'은 '否'와 같은 글자이다. '割'자는 응당 衍文이다. 今本에서 고친 것은 매우 잘못되었다."라고 하였다. 兪樾은 "'割'자는 舊注의 글과 연계되어 잘못 들어간 것이니 顧廣圻가 이미 바로잡았다. 顧廣圻가 '誠不'에서 句를 끊는다고 한 것은 틀렸다. '誠不'은 응당 '不誠'이 되어야 하니 舊注에서 '割爪不誠'이라고 하였으니 보았던 本이 도치되지 않은 것이다. 아래 글에서 '子之以此知左右之不誠信(子之는 이것을 가지고 측근이 성실하지 못한지를 알았다.)'이라 하고 그곳의 舊注에서 '僞報有白馬者 是不誠信(거짓으로 白馬가 있다고 보고하는 것은 성실하지 못한 것이다.)'이라고 하였으니, 바로 여기와 똑같은 법식이다."라고 하였다.

내가 살펴보건대 '割'자는 張榜本에 '誠'자로 되어 있으니 옳다. 위의 '臣'자는 藏本에 잘못 '誠'자로 된 것이니 '臣'자는 응당 衍文이다. 盧文弨와 顧廣圻는 藏本을 잘못 따랐기 때문에 아래의 '不誠' 두 자에 대하여 잘못되지 않은 張本을 도리어 틀렸다고 지적한 것이다. 兪樾은 顧廣圻가 '誠不'로 읽는 것이 틀린 것만 알고 張本에 '不誠'으로 되어 있는 것이 맞음을 살피지 않았으니 또한 좋은 것을 잘 가려서 따를 줄은 몰랐다. ≪太平御覽≫에 이 글을 인용하면서 "以此察左右之不誠"으로 되어 있으니 이것이 그 증거이기에 지금 이에 의거하여 삭제하고 고쳤다. ≪意林≫에 "以此察左右之不虛實"로 되어 있으니 또한 '此'자가 있고 虛實은 곧 不誠이니 馬總이 고친 것이 분명하다.

30-263 韓昭侯使騎於縣하고

韓 昭侯가 말을 탄 시종을 縣으로 심부름을 보내고

○先愼曰 乾道本에 連上이어늘 趙本提行하고 昭下無侯字라 顧廣圻云 藏本今本에 昭下有侯字라하니 今據改하노라

○王先愼 : 乾道本에 윗글과 이어져 있는데 趙本은 줄을 바꾸고 '昭'자 아래에 '侯'자가 없다. 顧廣圻는 "藏本과 今本에 '昭'자 아래에 '侯'자가 있다."라고 하였으니 지금 이에 의거하여 고쳤다.

30-264 使者報하니 昭侯問

심부름 간 자가 〈돌아와〉 보고하니 昭侯가 묻기를

○盧文弨曰 藏本에 有之字라

○盧文弨 : 藏本에 〈'問'자 뒤에〉 '之'자가 있다.

30-265 曰 何見也오 對曰 無所見也니이다 昭侯曰 雖然이나 何見고 曰 南門之外에 有黃犢食苗道左者니이다 昭侯謂使者호되 毋敢洩吾所問於女라 乃下令曰 當苗時하야 禁牛馬入人田中은 固有令이어늘

"무엇을 보았는가?" 하니, 대답하기를 "아무것도 보지 못했습니다." 하였다. 昭侯가 말하기를 "그렇다고 해도 무엇을 보았는가?" 하니, 대답하기를 "南門 밖에 송아지가 길 왼쪽의 모종을 먹고 있었습니다." 하였다. 소후가 심부름 간 자에게 말하되 자신이 그에게 물었던 것을 감히 발설하지 말라고 하였다. 이에 법령을 내리기를 "모를 낼 시기를 당하여 소나 말이 남의 전답 안으로 들어가지 못하도록 한 것은 본디 법령이 있거늘

○先愼曰 乾道本에 令下有入字라 顧廣圻云 今本에 無入字라하니라 先愼案 入字는 涉上文而衍일새 今據刪하노라 固字는 藏本作同하고 趙本作國하니 竝誤라

○王先愼 : 乾道本에 '令'자 아래에 '入'자가 있다. 顧廣圻는 "今本에 '入'자가 없다."라고 하였다. 내가 살펴보건대 '入'자는 윗글과 연계되어 잘못 들어간 것이기에 지금 이에 의거하여 삭제하였다. '固'자는 藏本에 '同'자로 되어 있고 趙本에 '國'자로 되어 있으니 모두 잘못되었다.

30-266 而吏不以爲事하야 牛馬甚多入人田中이라 亟擧其數하야 上之하라 不得이면 將重其罪하리라 於是三鄕擧而上之하니 昭侯曰 未盡也라 復(부)往審之하니 乃得南門之外黃犢이라 吏以昭侯爲明察하야 皆悚懼其所而不敢爲非라

관리들이 제대로 일을 하지 않아서 소나 말이 남의 전답 안으로 들어가는 일이 매우 많다. 속히 그 수를 조사해서 보고하라. 제대로 하지 않으면 그 죄를 무겁게 다스릴 것이다." 하였다. 이에 세 고을에서 그 수를 조사하여 보고하니, 昭侯가 말하기를 "미진하다." 하였다. 다시 가서 살펴보니 南門 밖의 송아지를 찾아내었다. 관리들은 소후를 明察하다고 여기면서 모두들 소후의 명찰함을 두려워하여 감히 그릇된 짓을 저지르지 않았다.

30-267 周主 下令索曲杖이러니

周나라 왕이 명령을 내려 굽은 지팡이를 찾도록 하였는데

○先愼曰 白孔六帖十四에 引主作王이라

○王先愼 : ≪白孔六帖≫ 권14에 이 글을 인용하면서 '主'자가 '王'자로 되어 있다.

30-268 吏求之數日이나 不能得이라 周主 私使人求之하니 不移日而得之라 乃謂吏曰 吾知吏不事事也라 曲杖甚易(이)也어늘 而吏不能得하니 我令人求之하야 不移日而得之라 豈可謂忠哉아 (吏乃皆悚懼其所 以君爲神明)〔吏乃以君爲神明하야 皆悚懼其所라〕

관리들이 며칠을 찾았으나 찾지 못하였다. 周나라 왕이 개인적으로 사람을 시켜 찾게 하니 하루가 되기도 전에 찾았다. 이에 관리들에게 말하기를 "나는 관리들이 제대로 일을 하지 않는다는 것을 알겠다. 굽은 지팡이는 매우 쉽게 〈찾을 수 있는데도〉 관리들이 찾지 못했으니, 내가 사람을 시켜 찾게 해서 하루가 되기도 전에 그것을 찾았다. 어찌 충성스럽다고 할 수 있겠는가." 하였다. 관리들은 이에 군주가 神明하다고 여기면서 모두 그 신명함을 두려워하였다.

○先愼曰 此當作吏乃以君爲神明皆悚懼其所니 文義乃順이라 後人不明所字之

義하야 因移以君爲神明於所字下하야 失之라 上文吏甚怪太宰知之疾也乃悚懼其所와 又以韓昭侯爲明察皆悚懼其所는 句法一例니 是其證이라

○王先愼 : 여기는 응당 "吏乃以君爲神明 皆悚懼其所"가 되어야 하니 그래야 글의 의미가 순하다. 후인이 '所'자의 뜻을 몰라 "以君爲神明"을 '所'자 아래에 두어 잘못되었다. 윗글의 "吏甚怪太宰知之疾也 乃悚懼其所"와 또 "以韓昭侯爲明察 皆悚懼其所"는 句法이 똑같은 법식이니, 이것이 그 증거이다.

30-269 卜皮爲縣令이러니 其御史汙穢而有愛妾이라

卜皮가 縣令이 되었는데 그의 御史가 탐욕스럽고 애첩까지 두고 있었다.

○顧廣圻曰 藏本今本에 史作吏하니 下文同이라 按 吏字誤也니 韓策云 安邑之御史死라하니라

○顧廣圻 : 藏本과 今本에 '史'자가 '吏'자로 되어 있으니 아래도 마찬가지다. 살펴보건대 '吏'자가 잘못된 것이니, ≪戰國策≫ 〈韓策〉에 "安邑之御史死(安邑의 御史가 죽었다.)"라고 하였다.

30-270 卜皮乃使少庶子佯愛之하야

卜皮가 어린 侍從으로 하여금 거짓으로 그 애첩을 사랑하여

佯愛御史라 ○盧文弨曰 注下似當有之妾二字라 先愼曰 上經注云 使庶子愛御史라하니 亦無之妾二字라 是注本作愛御史也라 其誤已詳上經注下라

舊注 : 거짓으로 御史의 〈애첩을〉 사랑하는 것이다.

○盧文弨 : 舊注 아래에 응당 '之妾' 두 자가 있어야 될 듯하다.

王先愼 : 위의 經文에 있는 舊注에서 "使庶子愛御史"라고 하였으니 또한 '之妾' 두 자가 없다. 이는 舊注에 본래부터 '愛御史'로 되어 있는 것이다. 〈다만 이것이〉 잘못된 것은 이미 經文의 舊注 아래에 자세히 설명하였다.

30-271 以知御史陰情이라

御史의 숨겨진 실정을 알아내게 하였다.

30-272 西門豹爲鄴令이러니 佯亡其車轄하야 令吏求之不能得하니 使人求之而得之家人屋間이라

西門豹가 鄴의 수령이 되었는데 거짓으로 수레바퀴의 굴대를 잃어버린 척하면서 관리로 하여금 그것을 찾게 했으나 결국 찾지 못하니, 사람을 시켜 찾도록 하여 민가의 집안에서 찾아내었다.

○先愼曰 此下疑有脫文이니 上經注云 欲取淸明之稱也라하니 當本此下說이라

○王先愼 : 이 아래에 탈락된 글이 있는 듯하니 위의 經文에 있는 舊注에서 "欲取淸明之稱也(淸明하다는 명성을 얻고자 하였다.)"라고 하였으니, 〈이 말은〉 원본에서 이 아래의 해설일 것이다.

〔七〕[73)]

30-273 (陽山)〔山陽〕君相(謂)〔韓〕이러니 聞王之疑己也하야 乃僞謗樛豎以知之라

山陽君이 韓나라의 재상이 되었는데 왕이 자신을 의심한다는 애기를 들어서 이에 거짓으로 樛豎를 비방하여 〈그를 통해〉 그 사실을 알아내었다.

樛豎는 王之所愛니 (令)〔今〕僞謗之하면 必憤而言王之疑己也라 ○盧文弨曰 注令當作今이라 顧廣圻曰 藏本同이라 今本에 謂作衛라 按 謂當作韓이요 陽山當作山陽이라 戰國韓策에 有或謂山陽君曰秦封君以山陽云云이라하니 可爲證이라 樛豎는 亦韓人이니 本書說林上及難一篇에 皆云 韓宣王謂樛留也라하니라 今本輒改爲衛하니 謬甚이라

舊注 : 樛豎는 임금이 총애하는 자이니, 지금 거짓으로 그를 비방하면 그가 필시 성을 내어 왕이 자신을 의심하는지를 말할 것이다.

○盧文弨 : 舊注의 '令'자는 응당 '今'이 되어야 한다.

顧廣圻 : 藏本도 마찬가지이다. 今本에 '謂'자가 '衛'자로 되어 있다. 살펴보건대 '謂'자는

73) 〔七〕: 七術의 일곱 번째 '倒言(30-60~30-66)'에 대한 해설을 모은 說이다.

응당 '韓'자가 되어야 하고 '陽山'은 응당 '山陽'이 되어야 한다. ≪戰國策≫ 〈韓策〉에 "어떤 이가 山陽君을 가리키며 말하기를 秦나라가 山陽 땅으로 그대를 봉하였습니다.……" 라고 하였으니 증거가 될 만하다. 樛豎는 또한 韓나라 사람이니 本書의 〈說林 上篇〉과 〈難一篇〉에 모두 "韓 宣王이 樛留에게 이르기를"이라고 하였다. 今本은 대번에 '衛'자로 고쳤으니 매우 잘못되었다.

30-274 淖齒[74] 聞齊王之惡(오)己也하야 乃矯爲秦使以知之라

淖齒가 齊나라 왕이 자신을 미워한다는 얘기를 들어서 〈사람을 시켜〉 거짓으로 秦나라 사신인 것처럼 해서 그 사실을 알아내었다.

王既不疑秦使하야 必以情告라 ○盧文弨曰 藏本에 齊下有文字하니 或湣作汶而脫其旁이라 先愼曰 乾道本에 重也字라 顧廣圻云 藏本今本에 不重也字라하니라 先愼案 也字不當重이니 今據刪하노라 張榜本에 此接前下不提行이니 誤라

舊注 : 왕이 이미 秦나라 사신을 의심하지 않아서 반드시 실정을 말한 것이다.

○盧文弨 : 藏本에 '齊'자 아래에 '文'자가 있으니 혹 '湣'자를 '汶'자로 쓰다가 傍邊(氵)이 탈락된 듯하다.

王先愼 : 乾道本에 '也'자가 거듭 나온다. 顧廣圻는 "藏本과 今本에는 '也'자가 거듭 나오지 않는다."라고 하였다. 내가 살펴보건대 '也'자는 응당 거듭 나와서는 안 되니 지금 이에 의거하여 삭제하였다. 張榜本에 여기가 윗글의 끝부분과 이어져 줄을 바꾸지 않았으니 잘못되었다.

30-275 齊人有欲爲亂者어늘 恐王知之하야 因詐逐所愛者하야 令(走)王知之라

齊나라의 어떤 사람이 난을 일으키려고 하였는데, 왕이 그것을 알아차릴까 두려워서 거짓으로 자신이 아끼던 사람을 내쫓아 왕으로 하여금 〈그 사람을 내쫓았다는 사실을〉 알도록 하였다.

王知逐所愛면 則不疑其爲亂也라 ○兪樾曰 此本作令王知之하니 走字는 衍文也라 舊注於上經云 佯逐所愛하야 令君知而不疑라하니 令君知는 卽令王知也니 可證舊

74) 淖齒 : 원래는 楚나라 장수였으나 나중에 齊나라의 재상이 되었다. 齊 湣王을 살해하고 자신은 齊나라 대부에게 피살되었다.

本之無走字라 先愼曰 乾道本에 連上이어늘 今從趙本提行하노라

舊注 : 아끼던 사람을 내쫓은 것을 왕이 알면 그가 난을 일으키려는 것을 의심받지 않을 것이다.

○兪樾 : 이것은 본래 '令王知之'로 되어 있었을 것이니 '走'자는 衍文이다. 舊注가 위의 經文에는 "佯逐所愛 令君知而不疑(거짓으로 아끼던 사람을 내쫓아 군주로 하여금 자신의 뜻을 알아서 의심하지 않게 한 것이다.)"로 되어 있으니, '令君知'는 곧 '令王知'니 舊本에 '走'자가 없었다는 증거가 될 수 있다.

王先愼 : 乾道本에 윗글과 이어져 있는데 지금 趙本을 따라 줄을 바꾸었다.

30-276 子之相燕이러니 坐而佯言曰 走出門者何오 白馬也아 左右皆言不見이어늘 有一人走追之하고 報曰 有니이다 子之以此知左右之不誠信이라

子之가 燕나라 재상이 되었는데 앉아서 거짓으로 말하기를 "문으로 달려 나간 것이 무엇인가? 白馬인가?" 하였다. 측근들이 모두 보지 못했다고 말하였는데, 어떤 이가 쫓아갔다가 돌아와 보고하기를 "〈白馬가〉 있습니다."라고 하였다. 子之는 이로써 측근들이 성실하지 못한지를 알아내었다.

僞報有白馬者는 是不誠信이라 ○顧廣圻曰 藏本에 作誠信不이라 按 此當作誠不이니 舊注誤라 先愼曰 以此知左右之不誠信은 語極明顯하니 不當倒不字라 顧說 非라

舊注 : 거짓으로 白馬가 있다고 보고한 자는 성실하지 못한 것이다.

○顧廣圻 : 藏本에 〈'不誠信'이〉 '誠信不'로 되어 있다. 살펴보건대 여기는 응당 '誠不'가 되어야 하니 舊注는 잘못되었다.

王先愼 : '以此知左右之不誠信'은 말이 매우 분명하니 응당 '不'자가 도치되어서는 안 된다. 顧廣圻의 說이 틀렸다.

30-277 有相與訟者러니 子產離之하야 而無使得通辭하고 倒其言以告하야 而知之라

서로 소송을 제기한 자들이 있었는데, 子產은 그들을 분리시켜 놓아 서로 말을 나누지 못하게 하고 각자의 말을 거꾸로 알려주어 〈실정을〉 알아내었다.

謂得以此言以告彼하고 彼言以告此하면 則知訟者之情實이라 ○盧文弨曰 倒字는 後十一卷中作到하니 乃古字라 此亦當同이라

舊注 : 여기의 말을 저기에 고하고 저기의 말을 여기에 고하면 소송하는 문제의 실정을 알 수 있음을 말한 것이다.

○盧文弨 : '倒'자는 뒤의 11권 가운데 '到'로 되어 있으니 바로 古字이다. 여기서도 응당 마찬가지이다.

30-278 衛嗣公이 使人爲客過關市러니 關市苛難之하니

衛 嗣公이 사람을 시켜서 나그네 행색을 하고 關市(관문지기)를 지나가게 하였는데, 關市가 그 나그네를 난처하게 캐물으며 〈머무르게 하니〉

○先愼曰 意林에 作關吏乃呵之라

○王先愼 : ≪意林≫에 '關吏乃呵之(關吏가 그를 나무랐다.)'로 되어 있다.

30-279 因事關市[75]하고 以金與關吏하니 乃舍之라

나그네가 關市를 대접하고 금을 關吏(관문 감독자)에게 주니 이에 풀어주었다.

○盧文弨曰 與字는 衍이라 意林作因以金與關吏라하니 乃翦截成文이라 吏는 荀子王制注引作市하니 後亦同이라 顧廣圻曰 因事關市以金與에 句絶이요 關吏乃舍之五字 爲一句라 王先謙曰 因事關市 句요 以金與關吏 句라 關市는 蓋關吏之從者니 與吏有別이라 以情事論하고 苛難之事는 吏不便自爲之라 故知有別也라 此人僞事關市하야 因緣得通關吏而與以金이니 文自明顯이어늘 後人失其讀(두)耳라 先愼曰 荀子注作賂之以金하니 亦非原文이라

○盧文弨 : '與'자는 衍文이다. ≪意林≫에 "因以金與關吏"로 되어 있으니 잘라서 문장을

75) 事關市 : ≪韓非子新校注≫에서 劉師培는 "'事'는 ≪孟子≫ 〈梁惠王 下篇〉의 '事之以皮幣'의 '事'로 읽어야 한다."라고 하였다. ≪맹자≫에서는 "예전에 太王께서 邠에 거처하셨을 때 狄人이 침략하자 짐승의 가죽과 비단을 가지고 그들을 대접하였지만 화를 면할 수 없었다.〔昔者 太王居邠 狄人侵之 事之以皮幣 不得免焉〕"라고 하여, '事'를 '섬기다, 대접하다'의 뜻으로 보았다. 역자도 劉師培의 설에 동의하여 이와 같이 번역하였다.

이루었다. '吏'자는 ≪荀子≫ 〈王制篇〉 楊倞의 注에 이 글을 인용하면서 '市'자로 되어 있으니 뒤에도 마찬가지이다.

顧廣圻 : "因事關市以金與"에서 句가 끊어지고 "關吏乃舍之" 다섯 자가 한 句가 된다.

王先謙 : "因事關市"가 한 句이고 "以金與關吏"가 한 句이다. 關市는 關吏의 從者이니 關吏와는 구별이 있다. 사정을 논하고 난처하게 캐물으며 〈머무르게 하는〉 문제는 關吏가 곧장 스스로 처리하지 않기 때문에 구별이 있음을 알 수 있다. 이 사람이 거짓으로 關市를 대접해서 그 인연으로 關吏와 소통해서 금을 준 것이다. 문장이 절로 분명한데 후인이 구두를 잘못 뗀 것이다.

王先愼 : ≪荀子≫ 楊倞의 注에 "賂之以金(금을 뇌물로 주었다.)"으로 되어 있으니 또한 원래의 문장이 아니다.

30-280 嗣公 爲關吏曰

嗣公이 關吏에게 말하기를

○先愼曰 拾補에 爲改爲謂라 顧廣圻云 荀子注에 引爲作召라하니라 先愼案 爲와 謂는 古通이니 作爲不誤라 御覽八百二十七에 引爲作謂요 吏作市라

○王先愼 : ≪群書拾補≫에 '爲'자를 고쳐서 '謂'자로 하였다. 顧廣圻는 "≪荀子≫ 楊倞의 注에 이 글을 인용하면서 '爲'자가 '召'자로 되어 있다."라고 하였다. 내가 살펴보건대 '爲'자와 '謂'자는 옛날에 통용하였으니 '爲'자로 된 것이 잘못되지 않았다. ≪太平御覽≫ 권827에 이 글을 인용하면서 '爲'자가 '謂'자로 되어 있고, '吏'자가 '市'자로 되어 있다.

30-281 某時에 有客過而[76]所하야

"某時에 어떤 나그네가 네가 있는 곳을 지나가면서

○王渭曰 句絶이라

○王渭 : 여기서 句를 끊는다.

30-282 與汝金하니 而汝因遣之하다

76) 而 : '너'의 뜻이다.

네게 금을 주니 네가 그로 인해 그 나그네를 보내주었다." 하였다.

○盧文弨曰 荀注에 引因作回라

○盧文弨 : ≪荀子≫ 楊倞의 注에 이 글을 인용하면서 '因'자가 '回'자로 되어 있다.

30-283 關市乃大恐하야

關市가 이에 크게 두려워하면서

○顧廣圻曰 藏本同이라 今本에 市作吏하니 誤라 楊注에 引作市라

○顧廣圻 : 藏本과 마찬가지이다. 今本에 '市'자가 '吏'자로 되어 있으니 잘못되었다. ≪荀子≫ 楊倞의 注에 이 글을 인용하면서 '市'자로 되어 있다.

30-284 而以嗣公爲明察이라

嗣公을 明察하다고 여겼다.

○顧廣圻曰 此下에 今本有右傳二字나 誤라 乾道本藏本에 皆無하니 後各卷同이라 此說也요 非傳이라

○顧廣圻 : 이 아래에 今本에는 '右傳' 두 자가 있으나 잘못되었다. 乾道本과 藏本에는 모두 없으니 뒤의 각 권도 마찬가지이다. 이것은 說이지 傳이 아니다.

第三十一 內儲說 下 六微篇 제31편 내저설 하 여섯 가지 은미한 일

內儲說의 의미는 위의 〈內儲說 上 七術〉의 解題에 보인다. 六微는 여섯 가지 隱微라는 뜻으로, 君主에게 害가 되는 여섯 가지 은미한 일을 말한다. 군주는 자기에게 해가 되는 이런 일들을 미리 자세히 살펴서 엄중히 방비해야 함을 제시하고 있다.

이 여섯 가지는, 첫째 大權은 군주 자신이 장악하여 행사하고 신하에게 주어서는 안 된다는 '權借在下'로, 이는 '권세로 다스려야 한다'는 韓非의 基本思想이다. 둘째 군주와 신하의 이익이 다르기 때문에 신하가 外勢를 이용하는 것을 막아야 한다는 '利異外借'로, 신하는 자신의 이익을 위하여 충성을 하지 않기 때문에 신하가 이익을 얻으면 군주는 이익을 잃게 되며, 姦臣은 자기의 이익이 되는 일이라면 국가의 환난 따위는 돌아보지 않는다는 것이다. 셋째는 거짓을 옳은 것처럼 가장한 '託於似類'로, 군주는 신하의 似是而非를 밝게 살펴서 신하가 획책하는 陰謀를 이루게 해서는 안 된다는 주장이다. 넷째는 군주와 신하의 이해가 相反되면 신하가 군주를 해치고 자신의 이익을 취한다는 '利害有反'으로, 나라가 손해를 보면 누가 그 이익을 보았는지 살펴보고, 신하가 손해를 보면 그와 반대에 있는 사람을 살펴보아야 함을 말하였다. 다섯째는 신하들의 세력이 대등하여 안에서 다투는 '參疑內爭'으로, 이 때문에 초래하는 禍亂을 설명하고, 전통적인 等級制度를 확립하여 군주의 全權을 확립하는 일을 강조하였다. 여섯째는 적대국이 我國의 대신을 폐하거나 임용한다는 '敵國廢置'로, 적대국과 아국의 이해관계는 다르기 때문에 相對國의 賢能한 신하를 폐하고 무능한 신하가 임용되도록 도와 自國의 이익을 꾀하므로 이를 잘 살펴서 대처해야 함을 제시하였다.

韓非는 가장 끝에 '參疑內爭'과 '敵國廢置'의 은미한 일을 들어서 군주가 국내에서는 엄중하게 방비하고, 외국에게는 적대국을 혼란하게 하는 책략을 시행할 것을 적극 제시하였다. 이처럼 여섯 가지 은미한 일을, 제목을 經으로 標榜하고 그에 따른 事例를 說로 敷衍하여 자기의 統治思想을 적극 闡明하였다.

31-1 六微는 一曰權借在下요 二曰利異外借요 三曰託於似類요 四曰利害有

反이요 **五曰參疑**[1]**內爭**이요 **六曰敵國廢置**니 **此六者**는 **主之所察也**니라

〈군주의 권력에 危害가 되는〉 여섯 가지 은미한 정황은, 첫째 신하에게 權勢를 빌려주는 것이고, 둘째 〈임금과 신하의〉 이익이 같지 않을 때 신하가 외부 세력을 빌려 〈이익을 차지하는〉 것이고, 셋째 〈신하가〉 유사한 일에 가탁하여 〈임금을 속여 이익을 차지하는〉 것이고, 넷째 〈임금과 신하의〉 이해가 서로 반대될 때 〈신하가 임금을 해치고 자기의 이익을 챙기는〉 것이고, 다섯째 〈신하들의 세력이〉 서로 대등하여 안에서 권력을 다투는 것이고, 여섯째 敵對國이 〈손을 써서 본국의 大臣을〉 폐하거나 임용하는 것이다. 이 여섯 가지는 군주가 자세히 살펴야 하는 것이다.

31-2 **權勢不可以借人**이니 **上失其一**이면 **臣以爲百**이라 **故臣得借則力多**하고 **力多則內外爲用**하고 **內外爲用則人主壅**이니라

군주의 권세는 남에게 빌려주어서는 안 되니, 군주가 한 번 그 권세를 잃으면 신하는 그 권세를 백 배로 이용하는 것이다. 그러므로 신하가 군주의 권세를 빌리면 세력이 강대해지고, 세력이 강대해지면 조정 내외가 그에게 이용되고, 조정 내외가 그에게 이용되면 군주의 〈耳目은〉 가려지게 된다.

○**先愼曰 乾道本**에 **不重內外爲用四字**라 **顧廣圻云 藏本今本**에 **重**이라하야늘 **今據增**하노라

○王先愼 : 乾道本에 '內外爲用' 네 글자가 중복되지 않았다. 顧廣圻는 "藏本과 今本에 중복되어 있다."라고 하였기에 지금 이에 의거하여 보충하였다.

31-3 **其說在老聃之言失魚**[2]**也**라 **是以〔故〕人(主)〔富〕久語**요 **而左右鬻懷刷**라

---

1) 參疑 : '參'은 '幷(나란하다)'의 뜻으로, '疑'는 '儗(견주다)'의 假借字로 보아 '대등하다'로 번역하였다.

2) 老聃之言失魚 : 老聃은 춘추시대 道家를 창시한 老子이다. 楚나라 苦縣(지금의 河南省 鹿邑縣 동쪽) 사람으로, 姓은 李氏이고 이름은 耳이며 字는 伯陽인데, 시호가 聃이다. ≪老子≫를 지었다. '失魚'는 ≪老子≫ 36장에 나오는 '魚不可脫於淵(물고기는 연못을 벗어나면 안 된다.)'이라는 말을 가리킨다.

그에 대한 설명이 老聃의 "물고기를 〈깊은 연못에〉 놓아주어서는 안 된다."는 말에 들어 있다. 이 때문에 군주가 친구와 오래도록 이야기를 나누면 친구는 부유하게 되고, 좌우의 측근들은 〈賞으로〉 받은 수건 따위를 자랑하며 으스댄다.

○先愼曰 張榜本趙本에 刷作尉라 盧文弨云 藏本에 作刷하고 淩本同이라 北齊書顔之推傳의 觀我生賦云 祇夜語之見疑론 寧懷㕞(쇄)之足恃라하니 夜語는 當亦本此라 今此作久語하니 未定孰是라 刷本作㕞하니 則尉字爲誤明矣라하니라 顧廣圻云 以下當有故字요 主當作富니 見下文이라 刷는 今本作尉하니 誤라 說文에 刷本作㕞하고 云拭也라하니 蓋巾帨之屬으로 可用以拭者라하니라 兪樾云 按顔賦 疑古本韓子久語作夕語니 古人朝見(현)을 謂之朝하고 夕見(현)을 謂之夕이라하니라

○王先愼 : 張榜本과 趙本에 '刷'가 '尉'로 되어 있다. 盧文弨는 "藏本에 '刷'로 되어 있고, 淩本도 같다. ≪北齊書≫ 〈顔之推傳〉의 〈觀我生賦〉에 '다만 밤에 뵙고 나눈 말 때문에 의심을 받는 것보다는 차라리 수건을 몸에 지니는 것이 믿을 만하다.〔祇夜語之見疑 寧懷㕞之足恃〕'라 하였는데, '夜語'는 당연히 이 말에서 근본한 것이다. 지금 이것이 '久語'로 되어 있으니 어떤 글자가 옳은지 결정하지 못하겠다. '刷'는 본래 '㕞'로 되어 있으니, '尉'자는 오자임이 분명하다."라고 하였다. 顧廣圻는 "'以' 아래에 응당 '故'자가 있어야 되고, '主'는 응당 '富'자가 되어야 하니, 아랫글에 보인다. '刷'는 今本에 '尉'로 되어 있으니 틀렸다. ≪說文解字≫에 '刷'는 본래 '㕞'로 되어 있고 '拭(닦는 것)이다.' 하였으니, 수건 따위로써 이것을 사용하여 닦을 수 있는 것이다."라고 하였다. 兪樾은 "안지추의 〈觀我生賦〉를 살펴보건대 아마 古本 ≪韓非子≫에는 '久語'가 '夕語'로 되어 있는 듯하다. 옛사람은 아침에 뵙는 것을 '朝'라 하고, 저녁에 뵙는 것을 '夕'이라고 하였다."라고 하였다.

31-4 其患在胥僮之諫厲公[3]과

---

3) 胥僮之諫厲公 : 胥僮은 춘추시대 晉 厲公의 寵臣이다. 그의 아버지 胥克이 罷免된 일에 앙심을 품고 당시 권력을 잡고 있던 三郤, 곧 郤錡·郤犨·郤至가 여러 사람에게 원한을 산 일을 이용하여 厲公에게 이들의 죄를 말하여 죽였다. ≪春秋左氏傳≫ 成公 17년에는 '僮'이 '童'으로 되어 있다.

厲公은 춘추시대 晉나라의 君主로, 姓은 姬, 이름은 壽曼이다. ≪春秋左氏傳≫에는 이름을 州蒲라고 하였다. 景公의 아들로, 즉위한 뒤에 秦 桓公과 結盟하였으나 뒤에 秦나라가 盟約을 배신하고 狄과 연합하여 晉나라를 공격하자 諸侯들을 이끌고 秦나라를 토벌하여 크게 패배시켰다. 또 배반한 鄭나라를 돕는 楚나라와 鄢陵에서 전쟁하여 楚軍을 大破하였다. 뒤에

〈권세를 신하에게 빌려준 데 따른〉 우환이 胥僮이 晉 厲公에게 諫한 일과

○先愼曰 乾道本에 諫作權이라 顧廣圻云 今本에 權作諫하니 按此有誤로되 未詳이라하니라 先愼按 下文에 胥僮長魚矯[4]諫曰이라하고 又諫曰이라하야 諫字兩見하니 作諫者是일새 改從今本하노라

○王先愼 : 乾道本에 '諫'이 '權'으로 되어 있다. 顧廣圻는 "今本에 '權'이 '諫'으로 되어 있다. 살펴보건대 여기에 잘못된 글자가 있으나 알지 못하겠다."라고 하였다. 나는 살펴보건대 아랫글에 '胥僮長魚矯諫曰'이라 하였고, '又諫曰'이라 하여 '諫'자가 두 번 보이니, '諫'으로 되어 있는 것이 옳기 때문에 今本을 따라 고쳤다.

31-5 與州侯之一言[5]과 而燕人浴矢[6]也니라

州侯에 대한 평판이 이구동성으로 같았던 말과 燕나라 사람이 개똥으로 목욕을 한 일들에 있다.

權借一이라

이상은 權借 제1이다.

31-6 君臣之利異라 故人臣莫忠이니 故臣利立而主利滅이니라

임금과 신하의 이익은 같지 않다. 그러므로 신하된 사람은 임금에게 충성하지

欒書와 中行偃에게 피살되어 제후의 禮葬을 받지 못하고 겨우 한 채의 수레에 실려 매장당하는 수모를 겪었다. 아래의 31-37~38 참조.

4) 長魚矯 : 춘추시대 晉나라의 大夫이다. 郤犨와 田地를 다투었을 때 극주가 그를 잡아 발에 차꼬를 채우고 부모처자와 함께 한 수레 채에 붙들어 매단 일에 원한을 품고 郤氏를 멸하는 데 참여하였다.

5) 州侯之一言 : 전국시대 楚 頃襄王의 寵臣인 州侯에 대한 侍從의 평판이 한 사람의 입에서 나온 것처럼 모두 똑같았다는 말이다. ≪戰國策≫ 〈楚策〉 頃襄王條에 莊辛이 州侯·夏侯·鄢陵君·壽陵君이 방종하고 태만하며 사치하면서 國政을 돌보지 않으니 초나라가 危難에 빠질 것이라고 諫하는 말이 실려 있다. 아래의 31-39 참조.

6) 燕人浴矢 : 미친병을 치료할 목적으로 개똥물을 끼얹어 목욕을 시킨 일을 말한다. 아래의 31-40~49 참조.

않는다. 그 때문에 신하가 이익을 챙기면 임금의 이익은 잃게 된다.

○先愼曰 臣上故字衍[7)]이라

○王先愼 : '臣' 위에 있는 '故'자는 衍文이다.

31-7 是以姦臣者는 召敵兵以內除하고 擧外事以眩主라 苟成其私利면 不顧國患하나니 其說[8)]在衛人之夫妻禱祝也하니라

이 때문에 姦臣은 敵國의 군대를 불러들여 국내의 〈자신에게 해가 되는 자를〉 제거하고, 전쟁이나 外交에 관한 일〔外事〕을 일으켜 君主를 현혹시킨다. 만일 자기의 개인적인 이익을 성취하는 일이라면 나라의 환난 따위는 돌아보지 않으니, 그에 대한 해설이 衛나라 사람 夫婦가 〈각기 다른 마음으로〉 기도한 일에 있다.

○先愼曰 乾道本에 夫妻作妻夫라 盧文弨云 夫妻舊倒일새 今從張本하니 與後文同이라하니라 先愼按 張榜本에 亦作夫妻일새 今據改하노라

○王先愼 : 乾道本에 '夫妻'가 '妻夫'로 되어 있다. 盧文弨는 "'夫'와 '妻'가 舊本에 바뀌어 있기 때문에 지금 張本을 따랐으니, 뒤에 나오는 說의 내용도 같다."라고 하였다. 내가 살펴보건대 張榜本에도 '夫妻'라고 되어 있기 때문에 지금 이에 의거하여 고쳤다.

31-8 故戴歇議子弟[9)]하고 而三桓攻昭公[10)]하며

---

7) 臣上故字衍 : 王先愼은 '故'자가 연문이라 하였으나 ≪韓非子新校注≫에서 陳奇猷는 "王氏의 설은 틀렸다. '人臣莫忠'과 '臣利立而主利滅'이 원인과 결과가 되기 때문에 당연히 '故'자가 있어야 되니, 이 '故'자가 거듭 있는 것은 혐의가 되지 않는다."라고 하였기에 연문으로 처리하지 않았다.

8) 說 : 이 〈內儲說〉의 편제는 앞에 각 항목을 經으로 제시하고, 그에 대한 해설을 아래에 전개하였는데 이를 說이라 한 것이다. 이 항목의 설은 아래의 31-50~52에 보인다.

9) 戴歇議子弟 : 楚나라의 戴歇이 楚王에게 아들들을 사방 이웃 나라에 벼슬하러 보내면 그 나라에서 중요한 인물로 대우할 것이고, 그러면 결국 그 나라의 黨與가 될 것이라고 반대한 일을 말한다. 아래의 31-53~54 참조.

10) 三桓攻昭公 : 三桓은 春秋 後期 魯나라의 국정을 장악했던 孟孫氏(일명 仲孫氏)·叔孫氏·季孫氏를 말한다. 이 세 종족은 모두 桓公의 아들인 仲慶父(孟氏라고도 함)·叔牙·季友의 후예이기 때문에 삼환이라고 하며, 三家라고도 한다. 삼환 중에 계손씨의 세력이 가장 강대하

그러므로 戴歇이 楚나라의 公子들을 의논하고 三桓이 魯 昭公을 공격하였으며,

○先愼曰 攻이 張凌本에 誤作公이라

○王先愼 : '攻'이 張本과 凌本에 '公'으로 잘못되어 있다.

31-9 公叔內(납)齊軍[11]하고 而翟(책)黃召韓兵[12]하며

公叔이 齊나라 군대를 끌어들이고, 翟黃이 韓나라 군대를 불러들였으며,

○顧廣圻曰 說에 黃作璜하니 按黃璜同字라

○顧廣圻 : 〈아래의〉 說에는 '黃'이 '璜'으로 되어 있다. 살펴보건대 '黃'과 '璜'은 같은 글자이다.

31-10 太宰嚭說(세)大夫種[13]하고 大成(牛)〔午〕敎申不害[14]하며

여 대대로 노나라의 정권을 장악하였다. 昭公은 襄公의 아들로 이름은 稠(일명 裯)인데, 계손씨를 공격했다가 승리하지 못하여 晉나라로 달아나 乾(간)侯에서 죽었다. 아래의 31-55~60 참조.

11) 公叔內(납)齊軍 : 公叔은 전국시대 韓나라 公族인데 평생의 행적은 미상이다. 공숙이 齊나라의 군대를 끌어들인 일은 아래의 31-61~64 참조.

12) 翟(책)黃召韓兵 : 翟黃은 전국 초기 魏나라의 國相이다. 魏 文侯를 보좌하여 국상으로 30여 년 동안 재직하면서 수많은 인재를 추천하여 위나라가 잘 다스려지게 하였다. 翟觸이라고도 한다. 책황이 韓나라의 군대를 불러들인 일은 아래의 31-65~66 참조.

13) 太宰嚭說(세)大夫種 : 太宰嚭는 본명이 伯嚭로, 춘추시대 楚나라 伯州犁의 손자이다. 초나라가 백주리를 주살했을 때 백비가 吳나라로 달아나자 오나라는 백비를 大夫로 삼았다가 뒤에 太宰에 임명하였기 때문에 태재비라고 한다. 오나라가 越나라를 격파했을 때 월나라의 뇌물을 받고 講和를 허락하게 하였으며, 여러 차례 伍子胥를 참소하여 그를 죽이고 오나라가 월나라에 멸망하게 하였다.

大夫 種은 본명이 文種으로, 춘추 말기 越王 句踐의 大夫가 되었기 때문에 대부 종이라고 한다. 智謀가 뛰어나 范蠡와 함께 구천을 도와 오나라를 멸하여 큰 공을 세웠으나 뒤에 구천에게 의심을 받아 賜死되었다. 아래의 31-67~68 참조.

14) 大成(牛)〔午〕敎申不害 : 大成午는 전국시대 趙나라 사람인데 평생의 행적은 미상이다. 申不害는 전국시대 鄭나라 京邑(지금의 河南省 新鄭) 사람이다. 黃老術을 전공하여 法家를 창시한 중요한 인물의 한 사람이다. 韓나라가 정나라를 멸망시킨 뒤에 韓 昭侯에게 중용되어 丞相에 올라 改革을 주관하였다. 소후를 도와 法治와 術治를 시행하여 한나라를 부강하게 하였

太宰嚭가 大夫 種을 설득하고, 大成午가 申不害를 가르쳤으며,

○盧文弨曰 韓策史記趙世家漢書古今人表에 俱作大成午하니 此牛字譌니 後同이라 先愼曰 成史作戊하고 通志氏族略四에 謂大戊氏는 晉公子大戊之後라하고 或謂殷大戊後라하니라 案徐廣史注云 戊一作成이라하야 與韓策及本書合하니 則作戊者는 形近而誤也라 路史後紀十注에 又作郕하니 古字通이라

○盧文弨 : 〈大成牛가〉 ≪戰國策≫ 〈韓策〉·≪史記≫ 〈趙世家〉·≪漢書≫ 〈古今人表〉에 모두 '大成午'로 되어 있으니, 여기의 '牛'자는 오자이니 뒤에 〈나오는 說의〉 글자도 같다.
王先愼 : '成'이 ≪史記≫ 〈趙世家〉에 '戊'로 되어 있고, ≪通志≫ 〈氏族略〉 제4에 "大戊氏는 晉나라 公子 大戊의 후손이다."라 하였고, 혹자는 "殷나라 大(太)戊의 후손이다."라고 하였다."라 하였다. 살펴보건대 徐廣의 ≪史記集解≫ 〈趙世家〉에 "'戊'는 一本에 '成'으로 되어 있다."라고 하여 ≪戰國策≫ 〈韓策〉과 ≪韓非子≫에 부합하니 '戊'로 되어 있는 것은 〈'成'과〉 字形이 비슷하여 잘못된 것이다. ≪路史≫ 〈後紀〉 10의 注에 또 '郕'으로 되어 있으니 古字에 〈'成'과〉 통용하였다.

31-11 司馬喜告趙王[15]하고

司馬喜는 趙王에게 밀고하였고,

○先愼曰 策喜作憙라

○王先愼 : ≪戰國策≫ 〈中山策〉에 '喜'가 '憙'로 되어 있다.

31-12 呂倉規秦楚[16]하며

呂倉은 秦나라와 楚나라를 規勸하였으며,

다. 아래의 31-69~71 참조.

15) 司馬喜告趙王 : 司馬喜는 전국시대 衛나라 사람으로 中山國의 國相이 되었다. 中山王에게는 陰姬와 江姬 두 妃가 있어 서로 王后가 되기를 다투었는데, 사마희가 강성한 趙王이 음희를 차지하고 싶어 하니 음희를 왕후로 봉하면 조왕이 음희를 요청하지 않을 것이라 조언하자, 중산왕이 음희를 왕후로 세웠다. 아래의 31-72와 31-88 참조.

16) 呂倉規秦楚 : 呂倉은 魏나라 신하인데, 본인이 秦나라·楚나라와의 관계가 좋은 것을 이용하여, 두 나라가 함께 위나라를 공격하게 권함으로써 자신의 신분을 높인 일을 말한다. 아래의 31-73~74 참조.

○先愼曰 下作秦荊하니 本書荊楚竝用이라

○王先愼 : 아랫글에 '秦荊'으로 되어 있으니, ≪韓非子≫에서 '荊'과 '楚'를 아울러 함께 썼다.

31-13 宋石遺衛君書[17)]하고 白圭教暴(포)譴[18)]이라

宋石이 衛君에게 편지를 보냈고, 白圭가 暴譴을 가르친 것이 그것이다.

利異二라

이상은 利異 제2이다.

31-14 似類之事는 人主之所以失誅요 而大臣之所以成私也라 是以門(人)〔者〕捐水而夷射(역)誅[19)]하고

유사한 일은 임금이 합당치 않은 처벌을 내리는 원인이고, 대신이 자신의 私欲을 성취시키는 원인이 된다. 이 때문에 문지기가 〈廊門 앞에〉 물을 뿌려서 夷射이 誅殺당하였고,

○先愼曰 門人은 當作門者라

○王先愼 : '門人'은 응당 '門者'가 되어야 한다.

31-15 濟陽自矯[20)]而二人罪하며 司馬喜殺爰騫而季辛誅[21)]하고

17) 宋石遺衛君書 : 魏나라 장군 宋石이 楚나라 장군 衛君에게 편지를 보내어 자신들의 이익을 위해 전쟁을 피하자고 한 일을 말한다. 아래의 31-75~77 참조.

18) 白圭教暴(포)譴 : 魏나라 國相인 白圭가 韓나라의 국상인 暴譴에게 양국에서 서로 존중받는 방법을 가르친 일을 말한다. 아래의 31-78~79 참조.

19) 門(人)〔者〕捐水而夷射(역)誅 : 문지기가 廊門 앞에 물을 뿌려 마치 오줌을 눈 것처럼 보이게 하여 夷射를 죽인 일이다. 아래의 31-80~84 참조.

20) 濟陽自矯 : 濟陽은 魏나라의 귀족으로 濟陽 지역에 封해진 사람이다. 아래의 31-85~86 참조.

21) 司馬喜殺爰騫而季辛誅 : 전국시대 中山國의 신하 司馬喜가, 爰騫을 죽인 것이 季辛의 행위

濟陽君이 스스로 〈왕의 명령이라고〉 속여서 〈원한이 있는〉 두 사람이 죄를 받게 하였으며, 司馬喜가 爰騫을 죽인 것이 〈季辛의 행위라고 여겨〉 계신을 죽였고,

○先愼曰 乾道本에 無誅字라 顧廣圻云 藏本同하고 今本此下有誅字라 按脫一字하니 未詳이라 爰袁同字也라하니라 先愼按 下文에 司馬喜與季辛惡(오)하야 因令人殺爰騫하니 中山之君이 以爲季辛也라하야 因誅之라하니 明此脫誅字일새 今依補하노라

○王先愼 : 乾道本에 '誅'자가 없다. 顧廣圻는 "藏本은 같고 今本은 이 아래에 '誅'자가 있다. 살펴보건대 한 글자가 탈락하였는데 무슨 글자인지 미상이다. '爰'과 '袁'은 같은 글자이다."라고 하였다. 나는 살펴보건대 아랫글에 "司馬喜가 季辛과 사이가 나빠 어떤 사람을 시켜서 爰騫을 죽이게 하니 中山國의 군주는 계신이 죽였다고 여겨 그대로 주살하였다."라고 하였으니, 이곳에 '誅'자가 탈락한 것이 분명하기 때문에 지금 이에 의거하여 보충하였다.

31-16 鄭袖言惡(오)臭而新人劓[22)]하고 費無忌敎郄宛而令尹誅[23)]하며

鄭袖가 〈楚王의 몸〉 냄새를 싫어한다고 말하여 새로 入宮한 미녀가 코를 베였고, 費無忌가 郄宛에게 〈무기를 진열하게〉 하여 令尹이 그를 주살하였으며,

○先愼曰 忌는 下說에 作極이라 左昭十五年傳에 作極하고 史記侯表楚世家子胥傳呂覽愼行篇淮南人間訓吳越春秋에 作忌하니 極忌聲近通用이라

○王先愼 : '忌'는 아래의 '說'에는 '極'으로 되어 있다. ≪春秋左氏傳≫ 昭公 15년 조에는 '極'으로 되어 있고, ≪史記≫ 〈十二諸侯年表〉·〈楚世家〉·〈伍子胥傳〉, ≪呂氏春秋≫ 〈愼行篇〉, ≪淮南子≫ 〈人間訓〉, ≪吳越春秋≫에는 '忌'로 되어 있으니, '極'과 '忌'는 소리가 비슷하여 통용한다.

31-17 陳需殺張壽而犀首走[24)]라 故燒芻廥(괴)而中山罪[25)]하고

라고 여겨 계신을 죽인 일이다. 앞의 31-11의 역주와 아래의 31-88 참조.

22) 鄭袖言惡(오)臭而新人劓 : 鄭袖는 楚 懷王의 애첩이다. 정수가 초왕에게 새로 入宮한 미녀가 왕의 냄새를 싫어한다고 말하여 그의 코를 베게 한 일이다. 아래의 31-89~102 참조.

23) 費無忌敎郄宛而令尹誅 : 費無忌는 費無極으로도 쓰는데 楚 平王의 寵臣이다. 郄宛은 당시 초나라의 左尹이다. 이 일은 아래의 31-103~105 참조.

陳需가 張壽를 죽이자 犀首가 달아났다. 그러므로 여물을 보관한 창고가 불타자 中山國의 〈君主가 公子를〉 처벌하였고,

○先愼曰 下廥作廐라

○王先愼 : 아래에서는 '廥'가 '廐'로 되어 있다.

31-18 殺老儒而濟陽賞也[26]하니라

〈어떤 이가〉 연로한 儒生을 죽이자 濟陽君은 그에게 賞을 내렸다.

似流三이라

이상은 似流 제3이다.

31-19 事起而有所利면 其尸主之요

어떤 일이 발생하여 이익을 얻을 것이 있으면 君主가 그 일을 주관해야 하고,

○先愼曰 乾道本에 尸作市라 顧廣圻云 藏本今本에 市作尸하니 按句有誤라하니라 先愼案 尸字不誤니 尸는 主也라 其尸主之는 謂其君主之也라 下云國害則省其利者라하니 卽指君言일새 今從藏本今本改하노라

○王先愼 : 乾道本에 '尸'가 '市'로 되어 있다. 顧廣圻는 "藏本과 今本에 '市'가 '尸'로 되어 있으니, 살펴보건대 이 句에 잘못된 부분이 있다."라고 하였다. 나는 살펴보건대 '尸'자는

---

24) 陳需殺張壽而犀首走 : 陳需는 본래 齊나라 사람인데 魏나라에서 相國을 지냈다. 張壽는 魏王의 신하이다. 犀首는 전국시대 魏나라의 벼슬 이름이다. 公孫衍이 예전에 이 벼슬을 역임하였기 때문에 공손연의 별칭으로도 쓴다. 공손연은 전국시대의 유명한 정치가·외교가·從橫家로서 張儀의 좋은 적수였다. 秦·魏·韓나라에서 두루 벼슬하였고, 여러 諸侯國들이 合從하여 진나라에 대항하기를 주장하였다. 아래의 31-106~108 참조.

25) 燒芻廥(괴)而中山罪 : 中山國 君主의 측근이 公子를 모함하여 죽인 일이다. 中山國은 춘추시대의 鮮虞國으로 白狄이 세운 나라이다. 지금의 河北省 定州市와 平山縣 지역에 있어서 趙나라와 접경을 이루고 있었다. 아래의 31-109~111 참조.

26) 殺老儒而濟陽賞也 : 老儒를 죽인 사람에게 濟陽君이 賞을 잘못 준 일이다. 제양군은 앞의 31-15의 역주 참조. 이 일은 아래의 31-112~116 참조.

잘못되지 않았으니 '尸'는 '主(주관함)'이다. '其尸主之'는 그 君主가 주관함을 말한다. 아래에 '國害則省其利者(나라가 손해를 보면 누가 그 이익을 보았는지 살펴본다.)'라고 하였으니, 바로 임금을 가리켜 한 말이기 때문에 지금 藏本과 今本을 따라 고쳤다.

31-20 有所害면 **必反察之**라 **是以明主之論也**에 **國害**면 **則省其利者**하고 **臣害**면 **則察其反者**니 **其說在楚兵至而陳需相**하고 **黍種貴而廩吏覆**이라 **是以昭奚恤**[27] **執販茅**하고 **而(不)(僖)〔昭〕侯**[28]**譙其次**하며

손해를 볼 것이 있으면 반드시 〈이익을 볼〉 반대편을 살펴보아야 한다. 이 때문에 현명한 군주가 일을 고려할 적에 나라가 손해를 보면 누가 그 이익을 보았는지 살펴보고, 신하가 손해를 보면 그와 이해관계가 相反되는 사람을 살펴보는 것이다. 그에 관한 해설이 楚나라 군대가 변경에 들어오자 陳需가 相國이 되었고, 기장〔黍〕 씨앗 값이 오르자 창고지기가 조사를 받은 사례에 있다. 이 때문에 昭奚恤은 띠를 파는 장사꾼을 체포하였고, 韓 昭侯는 그 조수를 꾸짖었으며,

○顧廣圻曰 藏本今本에 無不字라 按依說當作昭라

○顧廣圻 : 藏本과 今本에 '不'자가 없다. 살펴보건대 응당 〈'僖'자는 아래의〉 說에 의거하여 '昭'가 되어야 한다.

31-21 文公[29]**髮繞炙**하고 **而穰侯**[30]**請立帝**하니라

27) 昭奚恤 : 전국시대 楚 宣王 때의 令尹이다. 江(지금의 河南省 正陽縣)에 封해졌기 때문에 江君이라고도 한다. 直言을 잘하여 諸侯 사이에 명성이 있었다.

28) 〔昭〕侯 : 전국시대 韓나라의 제6대 君主이다. 韓 懿侯의 아들로 이름은 武이다. 釐(희)侯·昭釐侯·昭僖侯라고도 한다.

29) 文公 : 춘추시대 晉나라의 제22대 君主이다. 姓은 姬, 이름은 重耳로, 獻公의 아들이다. 驪姬의 난에 19년 동안 외국에 방랑하다가 秦 穆公의 도움으로 晉나라에 들어와 懷公을 죽이고 즉위하였다. 文公은 文治와 武功을 드날려 春秋五霸 중에 두 번째로 손꼽히는 霸主가 되어 齊 桓公과 함께 '齊桓晉文'으로 일컬어진다.

30) 穰侯 : 전국시대 秦나라 魏冉의 封號이다. 위염은 본래 楚나라 계통의 芈姓으로 秦 昭王의 어머니 宣太后의 異父 아우이다. 소왕 때 태후의 신임을 얻어 네 번이나 國相이 되었다. 白起를 장군으로 등용하여 關東 諸侯의 세력을 약화시키고 진나라의 국력을 강성하게 하였다.

晉 文公은 불고기에 머리카락을 감은 자를 〈조사해내었고,〉 穰侯가 〈齊王에게〉 稱帝하라고 요청하였다.

有反四라

이상은 有反 제4이다.

31-22 **參疑之勢**는 **亂之所由生也**라 **故明主愼之**하나니라 **是以晉驪姬殺太子申生**[31]하고 **而鄭夫人用毒藥**[32]하며 **衛州吁殺**(시)**其君完**[33]하고 **公子根取東周**[34]하며 **王子職甚有寵而商臣果作亂**[35]하고 **嚴遂韓廆**(외)**爭而哀公**[36]**果遇賊**하며 **田常**[37] **闞止**[38]**戴驩**[39]**皇喜**[40]**敵而宋君簡公**[41]**殺**라

---

31) 晉驪姬殺太子申生 : 춘추시대 晉 獻公의 부인인 驪姬가 太子인 申生을 참소하여 살해하고 자기가 낳은 아들 奚齊를 태자로 세운 사건이다. 여희는 驪戎 출신의 여자로 헌공에게 총애를 받자 신생을 모함하여 죽이고 公子 重耳와 夷吾 등을 축출하였다.

32) 鄭夫人用毒藥 : 鄭夫人이 자기의 아들이 太子 자리를 잃을까 염려하여 독약으로 임금을 죽인 사건이다.

33) 衛州吁殺(시)其君完 : 춘추시대 衛나라의 公子 州吁가 異腹兄인 桓公(完)을 시해하고 自立한 사건이다. 주우는 衛 莊公의 庶子이다.

34) 公子根取東周 : 公子 根은 周 威公의 작은 아들로 東周 惠公이라고 부른다. 위공은 河南 桓公 揭의 아들인데 환공이 작은 아들 근을 鞏에 봉하여 周王을 받들게 한 후 東周라 하고, 하남은 西周라 하였다 한다.

35) 王子職甚有寵而商臣果作亂 : 王子 職은 楚 成王의 庶子이다. 성왕이 아들 商臣을 太子로 세웠다가 다시 바꾸려고 하자 상신이 亂을 일으켜 성왕을 시해하였다.

36) 嚴遂韓廆(외)爭而哀公 : 嚴遂는 韓 哀侯의 相國이고, 韓廆는 애후에게 신임받는 신하였다. 哀公은 곧 哀侯이다.

37) 田常 : 춘추시대 齊나라 大夫 田恒이다. 그의 先祖 陳나라 公子 完이 제나라에 망명하여 姓을 田氏로 바꾸었는데, ≪春秋左氏傳≫에는 陳恒으로, ≪史記≫에는 田常으로 기록되어 있다. 齊 簡公을 시해하고 平公을 세워 제나라의 정권을 독점하였고, 그의 증손 田和가 齊 康公을 축출하고 自立하여 제나라를 차지하였다. 시호가 成子이기 때문에 田成子로도 불린다.

38) 闞止 : 춘추 말기 齊나라의 재상으로, 字는 子我이다. 齊 簡公에게 총애를 받아 국정을 맡았으나 田常(田恒)이 政變을 일으켰을 때 간공과 함께 살해당하였다.

39) 戴驩 : 춘추시대 宋 桓侯(桓公) 때 太宰를 역임하였다. 司城 皇喜와 권력을 다투어 서로 공격함으로써 송나라가 衰落하게 되었다. '驩'은 '讙'으로도 쓴다.

〈君主와 신하의 세력이〉 서로 대등한 형세는 禍亂이 일어나는 원인이기 때문에 賢明한 군주는 〈이런 형세를〉 신중히 대처한다. 이 때문에 晉나라의 驪姬는 太子 申生을 죽였고, 鄭君의 夫人은 독약을 써서 〈정군을 죽였으며,〉 衛나라의 州吁는 그의 군주 完을 시해하였고, 公子 根은 東周를 빼앗았으며, 王子 職이 매우 총애를 받자 商臣이 결국 叛亂을 일으켰고, 嚴遂와 韓廆가 권력을 다투자 韓 哀侯가 결국 자객에게 살해당했으며, 田常·闞止·戴驩·皇喜의 세력이 서로 대등하여 宋君(宋 桓侯)과 齊 簡公이 시해된 것이다.

○先愼曰 田常은 下說作田恒하니 後人避諱改也라

○王先愼 : '田常'은 아래의 說에 '田恒'으로 되어 있으니, 후세 사람이 〈漢 文帝 劉恒의〉 이름을 피하여 고친 것이다.

31-23 其說在狐突[42]之稱二好와 與鄭昭[43]之對未生也니라

그에 대한 해설이 狐突이 좋아하는 두 가지 경우(宮 안의 총애하는 姬妾과 조정의 총애하는 신하)에 대해 논한 것과 鄭昭가 〈太子가〉 아직 태어나지 않았다고 대답한 사례에 있다.

參疑五라

이상은 參疑 제5이다.

---

40) 皇喜 : 춘추시대 宋 桓侯 때의 司城이다. 字는 子罕이다. 당시 執政이었던 太宰 戴驩과 정권을 다투다가 마침내 桓侯를 시해하고 스스로 즉위하여 宋君이 되었다.

41) 宋君簡公 : 宋君은 宋 桓侯로 이름은 辟(피)이다. 7년 동안 재위하면서 사치를 일삼고 황당한 행위를 많이 하여 司城 子罕에게 시해당하였다.

簡公은 齊 悼公의 아들로 이름은 任이다. 田常과 闞止를 등용하여 左右相으로 삼았으나, 전상이 간공과 감지를 죽이고 대권을 장악하였다.

42) 狐突 : 춘추시대 晉 獻公 때의 大夫이다. 헌공에게 시집간 그의 두 딸 중 狐季姬는 重耳(뒤의 文公)를 낳았고 小戎子는 夷吾(뒤의 惠公)를 낳았다. 先見之明이 있어 두 아들 狐偃과 狐毛를 중이에게 충성하도록 하였다.

43) 鄭昭 : 鄭나라의 신하인데 평생의 행적은 미상이다.

31-24 敵之所務는 在淫察而就靡니

적대 관계의 나라가 〈성취하기 위하여〉 힘쓰는 것은 〈우리 임금의〉 밝게 살피는 〈귀와 눈을〉 어지럽혀 잘못된 판단을 이루게 하는 데 있으니,

○先愼曰 淫은 亂也요 靡는 非也라 人主之察旣亂이면 則擧事皆非라

○王先愼 : '淫'은 어지럽게 함이요, '靡'는 잘못되게 함이다. 임금의 밝게 살피는 〈귀와 눈을〉 어지럽게 하면 거행하는 일이 모두 잘못되게 된다.

31-25 人主不察이면 則敵廢置矣니라

임금이 밝게 살피지 못하면 적대 관계의 나라는 〈그들의 생각대로 우리 大臣의〉 罷免과 임명을 〈마음대로 할 수 있게〉 된다.

○先愼曰 此言人主不明敵之所務면 則敵得以廢置我之人才矣라

○王先愼 : 이것은 임금이 적대 관계의 나라가 힘쓰는 일에 밝지 못하면 적대 관계의 나라가 우리의 人才를 파면하거나 임용하게 할 수 있음을 말한 것이다.

31-26 故文王資費仲[44]하고 而秦王患楚使하며 黎且(저)[45]去仲尼하고 而干象沮甘茂[46]라 是以子胥[47]宣言而子常[48]用하고 內(납)美人而虞虢[49]亡하며

44) 費仲 : 殷나라 말기 紂王의 姦臣이다. 西伯 姬昌(뒤의 周 文王)이 崇侯의 고발로 羑里獄에 갇혔을 때 서백 희창의 신하 閎夭가 비중을 매수하여 주왕에게 많은 뇌물을 바치자 서백을 석방하였다.

45) 黎且(저) : 人名인데 행적은 미상이다.

46) 干象沮甘茂 : 干象은 전국시대 楚나라 大夫이다. 甘茂는 전국시대 秦나라 下蔡 사람이다. 秦 武王 때 左相이 되어 韓나라 宜陽을 탈취하였다. 昭王 때 참소를 당하여 齊나라로 망명하였다.

47) 子胥 : 춘추시대 楚나라 사람 伍員의 字이다. 아버지와 형이 모두 楚 平王에게 죽임을 당하자 吳나라로 망명하여 吳王을 도와 楚나라를 쳐서 國都인 郢에 들어가 평왕의 묘를 파헤치고 시체에 매질을 하여 父兄의 원수를 갚았다. 뒤에 太宰 伯嚭의 모함으로 죽임을 당하였다.

48) 子常 : 춘추시대 楚 莊王의 손자 囊瓦의 字이다. 楚 平王 때 令尹을 지냈다. 昭王을 옹립하여 즉위시켰고, 蔡·唐·吳나라와 전쟁하다가 敗戰하여 鄭나라로 도망쳤다.

49) 虞虢 : 周나라 시대의 두 諸侯國 이름이다. 虞는 周 武王이 太王의 아들 虞仲을 封한 나라

그러므로 周 文王은 費仲을 도왔고, 秦王은 楚나라의 사신을 걱정하였으며, 黎且는 仲尼를 떠나게 하였고, 干象은 甘茂를 저지하였다. 이 때문에 伍子胥는 말을 널리 퍼뜨려 子常이 등용되게 하였고, 美人을 받아들여서 虞나라와 虢나라가 멸망하였으며,

○先愼曰 乾道本에 宣下有王字하고 無人字라 顧廣圻云 藏本今本에 無王字하고 美下有人字라하야늘 今據删補하노라

○王先愼 : 乾道本에 '宣' 아래에 '王'자가 있고, 〈'美人'의〉 '人'자는 없다. 顧廣圻는 "藏本과 今本에 '王'자가 없고, '美' 아래에 '人'자가 있다."라고 하였기에 지금 이에 의거하여 〈'王'자는〉 삭제하고 〈'人'자를〉 보충하였다.

31-27 佯遺書而萇(宏)〔弘〕[50]死하고

거짓 편지를 보내어 萇弘이 죽었고,

○先愼曰 趙本에 無宏字라 盧文弨云 宏字脫하니 張本有라

○王先愼 : 趙本에 '宏'자가 없다. 盧文弨는 "'宏'자가 탈락되었으니 張本에 '宏'자가 있다."라고 하였다.

31-28 用雞猳而鄶[51]桀盡하니라

닭과 돼지의 피로 〈가짜 盟約書를 써서〉 鄶나라의 호걸이 모두 〈살해당하였다.〉

○先愼曰 桀은 一本作傑이라 盧文弨云 傑은 張本作桀하니 後同이라하니라

로, 지금의 山西省 平陸縣 동북쪽에 있었다. 虢나라는 武王이 王季의 아들 虢仲을 封했던 東虢이 鄭나라에 멸망되자 平王이 괵중의 후예인 虢序를 봉한 北虢으로, 지금의 山西省 平陸縣 大陽 남쪽에 있었다.

50) 萇(宏)〔弘〕 : 춘추시대 周나라 劉文公의 手下 大夫이다. 원래의 이름은 弘인데 淸 乾隆帝의 이름 弘曆을 피하여 宏으로 쓴다. 天文・曆法・占術 등에 통하였다고 한다. 晉나라의 卿인 范氏・中行氏의 난을 방조한 죄로 趙簡子의 성토를 받고 주나라 사람에게 살해되었다. 죽은 후 3년 뒤에 그의 피가 벽옥으로 변하였다는 전설이 있다.

51) 鄶 : 周 武王이 祝融의 後裔를 鄶(지금의 河南省 密縣)에 봉했던 제후국이다. 춘추시대 鄭 武公에게 멸망되었다.

○王先愼 : '桀'은 一本에 '傑'로 되어 있다. 盧文弨는 "'傑'은 張本에 '桀'로 되어 있으니, 뒤의 說에도 같다."라고 하였다.

廢置六이라

이상은 廢置 제6이다.

31-29 **參疑廢置之事**를 **明主絶之於內而施之於外**라 **資其輕者**하고 **輔其弱者**하나니 **此謂廟攻**[52]이니라 **參伍旣用於內**하고 **觀聽又行於外**면 **則敵僞得**이니 **其說在秦侏儒之告惠文君**[53]**也**라 **故襄疵**[54]**言襲鄴**[55]하고 **而嗣公**[56]**賜令蓆**하니라

參疑와 廢置에 관한 두 가지 일을 현명한 君主는 國內에서 발생하지 못하도록 단절시키고 외국에 시행되도록 하는 것이다. 〈적대적 국가의〉 권력이 약한 자를 보조하고 地位가 微弱한 자를 도와주어야 되니 이를 '朝廷에서 적을 공략하는 방법〔廟攻〕'이라 한다. 여러 가지 일을 비교하고 징험하는 방법을 國內에서 쓴 다음에, 관찰하고 탐문하는 방법을 다시 國外에서 시행하면 적대적 국가의 속임수를 간파하게 되는 것이다. 이와 관계되는 해설이 秦나라의 난쟁이가 惠文君에게 〈자기가 몰래 들은 楚나라의 계책을〉 告한 일에 있다. 그러므로 襄疵가 趙나라가 鄴縣을 습격할 것이라고 말해주었고, 嗣公이 縣令에게 자리를 下賜했던 것이다.

○**先愼曰 說作席**하니라

○王先愼 : 說에 〈'蓆'자가〉 '席'으로 되어 있다.

---

52) 廟攻 : 조정에서 제정한 적군과의 전쟁에서 승리하는 策略을 말한다. '廟'는 廟堂으로 조정이다.

53) 惠文君 : 전국시대 秦나라의 君主 惠文王이다. 姓은 嬴, 이름은 駟인데 秦 孝公의 아들이다. 新法 시행으로 많은 원망을 받던 衛鞅을 주살하였고, 君號를 처음으로 王이라 일컬었다. 북쪽의 義渠를 소탕하고 서쪽의 巴蜀을 평정하였으며 동쪽으로 函谷關 밖으로 진출하였고 남쪽으로 商於(상오)를 점령하여 秦나라 統一의 기초를 다졌다.

54) 襄疵 : 전국시대 魏나라 사람이다. ≪竹書紀年≫에는 穰疵로 되어 있다.

55) 鄴 : 전국시대 魏나라의 城邑으로, 지금의 河北省 臨漳縣 서남쪽에 있었다.

56) 嗣公 : 전국시대 衛나라의 君主이다. 衛 平侯의 아들로, 秦나라가 君號를 폄하하여 嗣君으로 불렀다고 한다.

廟攻이라

이상은 廟攻이다.

○先愼曰 趙本에 作廟攻七이라 盧文弨云 此承上參疑廢置爲言이라 故不在六微中이라하고 顧廣圻云 藏本同하고 今本은 此下有七字하니 誤라하니라 先愼案 經旣明言六微하니 則不應有七字라 此接上文而來니 竝不應別標廟攻二字라

○王先愼：趙本에 '廟攻七'로 되어 있다. 盧文弨는 "이것은 위의 '參疑'와 '廢置'를 이어받아서 말한 것이다. 그러므로 '六微' 안에 들어 있지 않다."라고 하였고, 顧廣圻는 "藏本은 이와 같고 今本은 이 아래에 '七'자가 있으니 잘못이다."라고 하였다. 나는 살펴보건대 經에 이미 '六微'라고 분명히 말했으니, 그렇다면 '七'자가 있는 것은 합당치 않다. 이것은 위의 글과 연결되어 왔으니, '廟攻' 두 글자까지 아울러 별도의 標目으로 잡는 것은 합당치 않다.

右는 經이라

이상은 經이다.

〔一〕[57]

31-30 勢重者는 人主之淵也요 臣者는 勢重之魚也라 魚失於淵이면 而不可復(부)得也요 人主失其勢重於臣이면 而不可復收也니 古之人[58]難正言이라 故託之於魚하니라

權勢는 마치 君主의 연못과 같고, 신하는 마치 권세라는 연못 속에 든 물고기와 같다. 물고기가 연못을 떠나 탈출하면 다시 그곳을 얻을 수가 없고, 군주가 권세를 신하에게 빼앗기면 다시 회수할 수가 없다. 옛사람이 이를 직설적으로 말하기 어렵기 때문에 물고기에 가탁하여 말한 것이다.

57) 〔一〕：六微의 첫 번째 '權借(31-2～31-6)'에 대한 해설을 모은 說이다.

58) 古之人：老子를 말한다. 31-3의 역주 참조.

○先愼曰 老子云 魚不可脫於淵이라하니라

○王先愼 : ≪老子≫에 "물고기는 연못에서 벗어나면 안 된다."라 하였다.

31-31 賞罰者는

賞罰은

○先愼曰 乾道本에 賞下提行이라 盧文弨云 凌本에 連上하니 是라하야늘 今據改하노라

○王先愼 : 乾道本에는 '賞' 아래에서 줄을 바꾸었다. 盧文弨는 "凌本에 위의 글자와 이었으니 이것이 옳다." 하였기에 지금 이에 의거하여 고쳤다.

31-32 利器也니 君操之以制臣하고 臣得之以擁主라 故君先見(현)所賞이면 則臣鬻之以爲德하고 君先見(현)所罰이면 則臣鬻之以爲威라 故曰 國之利器를 不可以示人[59)]이니라

날카로운 兵器와 같은 것이니, 군주는 이것을 장악하여 신하를 제압하고 신하는 이것을 얻어서 군주의 〈耳目을〉 막아버린다. 그러므로 군주가 상을 주려는 사람을 먼저 드러내면 신하는 그것을 팔아서 자기의 은덕으로 삼고, 군주가 벌을 주려는 사람을 먼저 드러내면 신하는 그것을 팔아서 자기의 威勢로 삼는다. 그러므로 "나라를 다스리는 날카로운 병기는 남에게 보여주어서는 안 된다."라고 하였다.

○先愼曰 喩老篇에 國作邦하니 此作國은 漢人改也라

○王先愼 : ≪韓非子≫ 〈喩老篇〉에 '國'이 '邦'으로 되어 있으니, 이곳에 '國'으로 되어 있는 것은 漢나라 사람이 〈劉邦의 이름을 피하여〉 고친 것이다.

31-33 靖郭君[60)]相齊에 與故人久語면 則故人富하고

59) 故曰……不可以示人 : ≪老子≫ 36章에 보인다.

60) 靖郭君 : 전국시대 齊나라 相國 田嬰의 封號이다. 齊 威王의 아들이고 齊 宣王의 배다른 아우이며 孟嘗君 田文의 아버지이다. 田忌·孫臏과 함께 魏나라를 공격하여 馬陵에서 魏나라 군대를 크게 패배시켰고, 韓나라와 魏나라에 出使하여 두 나라를 齊나라에 歸服하게 하였다. 靖郭은 薛邑의 옛 이름이다.

靖郭君이 齊나라에서 相國이 되었을 때 친구와 오랫동안 이야기를 나누면 그 친구는 부유해졌고,

○顧廣圻曰 藏本同하고 今本은 與故作故與하니 誤라 先愼曰 久는 當作夕이라 下同하니 說見上하니라

○顧廣圻 : 藏本은 같고 今本은 '與故'가 '故與'로 되어 있으니 잘못되었다.
王先愼 : '久'는 응당 '夕'이 되어야 한다. 아래도 같으니, 그에 대한 설명이 위에 보인다.

31-34 懷左右刷면 則左右重하니라

측근에게 〈賞으로〉 수건 따위를 주면 그 측근은 貴重하게 되었다.

○先愼曰 張榜本趙本에 刷作尉하니 誤라 下同하니 說見上하니라

○王先愼 : 張榜本・趙本에 '刷'가 '尉'로 되어 있으니 잘못되었다. 아래도 같으니, 그에 대한 설명이 위에 보인다.

31-35 久語懷刷는 小資也로되 猶以成富〔取重〕이어든

친구와 오랫동안 이야기를 나누고 〈賞으로〉 수건 따위를 주는 것은 작은 도움을 준 것인데도 오히려 부유함을 이루고 귀중한 신분을 얻었는데

○顧廣圻曰 此下에 當有取重二字라

○顧廣圻 : 이 아래에 응당 '取重' 두 글자가 있어야 한다.

31-36 況於吏勢乎아

하물며 관리의 권세이겠는가!

31-37 晉厲公[61]之時에 六卿[62]貴라

61) 晉厲公 : 춘추시대 晉나라 君主이다. 姓은 姬이고 氏는 晉이며 이름은 壽曼(≪春秋左氏傳≫에는 州蒲로 되어 있다.)인데 景公의 아들이다. 鄢陵에서 楚나라 군대를 크게 격파하였다.

62) 六卿 : 춘추시대 晉나라는 三軍에 각 軍마다 主將인 帥와 副將인 佐를 두어 모두 六卿이 있

晉 厲公 때에 六卿의 지위가 높았다.

○先愼曰 一本에 不提行이라 盧文弨云 本提行이라하니라

○王先愼 : 一本에는 줄을 바꾸지 않았다. 盧文弨는 "본래는 줄을 바꾸었다."라고 하였다.

31-38 胥僮長魚矯諫曰 大臣貴重이면 敵主爭事하고 外市樹黨하야 下亂國法하고 上以劫主하나니 而國不危者는 未嘗有也니이다 公曰 善하다하고 乃誅三卿하다 胥僮長魚矯又諫曰 夫同罪之人을 偏誅而不盡이면 是懷怨而借之間也니이다 公曰 吾一朝而夷三卿[63)]하니 予不忍盡也로라 長魚矯對曰 公不忍之하시면 彼將忍公하리이다 公不聽이러니 居三月에 諸卿作難하야 遂殺(시)厲公[64)]而分其地하다

胥僮과 長魚矯가 諫言하기를 "大臣의 지위가 높고 권세가 무거우면 군주와 맞서서 政事를 처리하는 권한을 다투고 외국과 거래하여 자기의 黨與를 심어서, 아래로는 國法을 어지럽히고 위로는 군주를 겁박하는 것입니다. 그러고도 나라가 위험해지지 않는 경우는 없습니다."라고 하였다. 厲公이 말하기를 "훌륭한 말이오." 하고는 마침내 三卿을 誅殺하였다.

서동과 장어교가 다시 간언하기를 "똑같은 죄가 있는 사람들을 일부만 주살하고 모두 다 죽이지 않으면 이는 〈남은 사람에게〉 원한을 품게 하여 〈복수할〉 기회를 주는 것입니다."라고 하였다. 여공이 말하기를 "내가 하루아침에 三卿을 멸하였으니 나는 차마 모두 다 죽이지 못하겠다."라 하였다. 장어교가 대답하기를 "公께서 차마 죽이지 못하시면 저들이 장차 잔인한 마음으로 공을 해칠 것입니다."라고 하였다. 그런데도 여공이 그들의 말을 따르지 않더니, 석 달이 지난 뒤에 여러 卿이 亂을 일으켜 마침내 여공을 시해하고 그 영토를 나누어 차지하였다.

○先愼曰 事見左成十八年傳이라

었다. 厲公 당시의 육경은 欒書·荀偃(中行偃)·韓厥·士燮·郤錡·郤至 등이다.

63) 三卿 : 이때 죽은 三卿은 郤錡·郤犨·郤至이다.

64) 居三月……遂殺(시)厲公 : 魯 成公 17년 12월에 郤錡 등 三卿을 죽였고, 그해 閏月에 欒書·荀偃(中行偃)이 胥僮을 죽였다. 이듬해 正月에 晉나라가 州蒲(厲公)를 죽였다. 그 때문에 여기서 석 달 뒤라고 한 것이다.

○王先愼 : 이 사실은 ≪春秋左氏傳≫ 成公 18년에 보인다.

31-39 州侯相荊하야 貴而主斷하다 荊王疑之하야 因問左右한대 左右對曰 無有라하야 如出一口也러라

州侯가 楚〔荊〕나라의 재상(令尹)이 되어 지위가 존귀하고 政事를 獨斷하였다. 楚王은 그가 두 마음을 품었는지 의심하여 좌우의 측근들에게 묻자, 좌우의 측근들은 “그런 일 없습니다.”라고 대답하여 마치 한 사람의 입에서 나온 말처럼 똑같았다.

31-40 燕人〔無〕惑(易)[65]이어늘 故[66]浴狗矢하다

燕나라 사람은 미친병에 걸리지 않았는데 도리어 개똥으로 몸을 씻기는 일을 당하였다.

○先愼曰 乾道本에 惑易이 作無惑이라 案無惑則不浴矣요 下文에 公惑易也라하니 明無惑이 乃惑易之譌일새 今據張榜本改하노라 此條舊連上이나 今提行하노라

○王先愼 : 乾道本에 ‘惑易’이 ‘無惑’으로 되어 있다. 살펴보건대 미친병에 걸리지 않았다면 개똥으로 몸을 씻기지 않았을 것이고, 아래 글에 “공은 미친병〔惑易〕에 걸렸다.”라고 하였으니, ‘無惑’이 곧 ‘惑易’의 잘못임이 분명하기 때문에 지금 張榜本에 의거하여 고쳤다. 이 조항은 옛 본에 위와 연결되어 있었으나 지금 줄을 바꾸었다.

31-41 燕人其妻有私通於士러니 其夫早自外而來한대 士適出이라 夫曰 何客也오 其妻曰 無客이니라 問左右한대 左右言無有라하야 如出一口러라 其妻曰 公惑易也라하고

燕나라 사람의 아내가 어떤 선비와 간통을 하고 있었는데 그의 남편이 일찍 밖

---

65) 〔無〕惑(易) : 王先愼은 乾道本의 ‘無惑’을 ‘惑易’으로 고쳤으나, 역자는 문맥에 따라 ‘無惑’으로 번역하였다.

66) 故 : ≪韓非子新校注≫에서 陳奇猷가 “‘故’는 ‘顧’와 같으니, ‘反(도리어)’이다.”라고 한 주석을 따라 ‘도리어’로 번역하였다.

에서 돌아오자 그 선비가 마침 집에서 나오고 있었다. 남편이 "어떤 손님이오?"라고 물었다. 그의 아내는 "아무 손님도 없었는데요."라고 대답하였다. 남편이 그 주변 사람들에게 묻자 주변 사람들이 "아무 손님도 없었다."라고 말하여 마치 한 입에서 나온 것처럼 똑같았다. 그의 아내는 "당신은 미친병에 걸렸군요."라고 하고는

○顧廣圻曰 四字爲一句라

○顧廣圻 : 〈'公惑易也'〉 네 글자가 한 句가 된다.

31-42 因浴之以狗矢하니라

곧장 개똥으로 목욕을 시켰다.

31-43 一曰 燕人李季好遠出이러니

일설의 내용은 다음과 같다. 燕나라 사람 李季가 먼 곳에 여행하기를 좋아했는데

○先愼曰 乾道本에 重好字라 顧廣圻云 藏本今本에 不重好字라하니라 先愼案 藝文類聚十七과 御覽三百九十五及四百九十九에 引不重好字일새 今據刪하노라

○王先愼 : 乾道本에 '好'자가 중복되어 있다. 顧廣圻는 "藏本과 今本에 '好'자가 중복되어 있지 않다."라고 하였다. 나는 살펴보건대 ≪藝文類聚≫ 권17과 ≪太平御覽≫ 권395・권499에 이 글을 인용하면서 '好'자가 중복되어 있지 않기 때문에 지금 이에 의거하여 〈'好' 한 자를〉 삭제하였다.

31-44 其妻私有通於士하다 季突至한대

그의 아내가 어떤 선비와 간통을 하고 있었다. 李季가 갑자기 돌아왔는데

○先愼曰 乾道本에 至作之라 顧廣圻云 今本에 之作至하니 按句有誤라하니라 先愼按 季好遠遊러니 今不期而返하니 出家室意計之外也라 作至字是일새 改從今本하노라 御覽四百九十九에 引作李季至하고 三百九十五에 引作季忽歸하며 藝文類聚에 作季至라 皆非原文이니 不足據라

○王先愼 : 乾道本에 '至'가 '之'로 되어 있다. 顧廣圻는 "今本에 '之'가 '至'로 되어 있으

니, 살펴보건대 이 句에 잘못된 것이 있다."라고 하였다. 나는 살펴보건대 "李季가 먼 곳에 여행하기를 좋아했는데 지금 기약 없이 갑자기 돌아왔으니 그 아내의 뜻 밖에 일어난 일이다."라는 말이다. '至'자로 된 것이 옳기 때문에 今本을 따라 고쳤다. ≪太平御覽≫ 권499에 이 글을 인용하면서 '李季至'로 되어 있고, 권395에 이 글을 인용하면서 '李忽歸'로 되어 있으며, ≪藝文類聚≫ 권17에 '季至'로 되어 있다. 이는 모두 原文이 아니니, 의거할 내용으로 삼기에 부족하다.

31-45 士在內中하야 妻患之하니 其室婦曰

선비가 방안에 그대로 있어서 그 아내가 근심하니, 그 집의 여종이 말하기를

○先愼曰 藝文類聚에 引無中字하고 其室婦曰이 作妾曰이라

○王先愼 : ≪藝文類聚≫ 권17에 이 글을 인용하면서 '中'자가 없고, '其室婦曰'이 '妾曰'로 되어 있다.

31-46 令公子裸而解髮하고 直出門하소서 吾屬佯不見也하리이다

"公子(선비)에게 발가벗은 몸으로 머리를 풀어헤치고 곧바로 문을 나가게 하십시오. 저희들은 거짓으로 못 본 체하겠습니다."라고 하였다.

○先愼曰 御覽에 引公子作士하니 下同이요 佯作陽이라

○王先愼 : ≪太平御覽≫에 이 글을 인용하면서 '公子'가 '士'로 되어 있으니 아래도 같고, '佯'은 '陽'으로 되어 있다.

31-47 於是公子從其計하야 疾走出門하다 季曰 是何人也오 家室皆曰 無有니이다

이에 公子가 그 계책을 따라 〈발가벗은 채〉 빠르게 내달려 문을 나갔다. 李季가 이를 보고 "이 사람이 누구냐?" 하고 물었다. 집안 사람들이 모두 "아무도 없었습니다."라고 하였다.

○先愼曰 乾道本에 無曰字하고 趙本은 皆下에 有曰字라 藝文類聚御覽에 引竝有曰字어늘 今據補하노라

○王先愼：乾道本에 〈'皆' 아래에〉 '曰'자가 없고, 趙本은 '皆' 아래에 '曰'자가 있다. ≪藝文類聚≫ 권17과 ≪太平御覽≫에 모두 '曰'자가 있기에 지금 이에 의거하여 보충하였다.

31-48 季曰 吾見鬼乎아 婦人曰 然하니이다 爲之奈何오 曰 取五牲之矢하야

李季가 말하기를 "내가 귀신을 본 것이냐?"라고 하니, 부인이 말하기를 "그렇습니다."라고 하였다. 李季가 "그렇다면 어찌해야 되겠소?"라고 물었다. 부인이 말하기를 "다섯 가지 짐승의 똥을 가져다가

一云屎라 ○先愼曰 乾道本에 牲作姓이라 盧文弨云 姓一作牲하니 藏本에 作姓은 似牲之譌라하니라 先愼案 御覽에 引正作牲일새 今據改하노라 左昭十一年傳杜注에 五牲은 牛羊豕犬雞也라하니라

舊注：一本에는 〈'矢'를〉 '屎'라 하였다.

○王先愼：乾道本에 '牲'이 '姓'으로 되어 있다. 盧文弨는 "'姓'은 一本에 '牲'으로 되어 있으니, 藏本에 '姓'으로 되어 있는 것은 '牲'의 잘못인 듯하다."라고 하였다. 나는 살펴보건대 ≪太平御覽≫에 이 글을 인용하면서 바로 '牲'으로 되어 있기 때문에 지금 이에 의거하여 고쳤다. ≪春秋左氏傳≫ 昭公 11년의 杜預 注에 "五牲은 소·양·돼지·개·닭이다."라고 하였다.

31-49 浴之니이다 季曰 諾다하고 乃浴以矢하다 一曰 浴以蘭湯이라하니라

그것으로 목욕을 해야 합니다."라고 하였다. 李季는 "그렇게 하겠소."라 하고는 바로 〈다섯 가지 짐승의〉 똥을 가져다가 목욕을 하였다. 일설에는 난초를 넣어 끓인 물〔蘭湯〕로 목욕을 하였다고 한다.

○顧廣圻曰 此亦劉向[67]校語라 本卷上文云 矢는 一云屎라하고 下文共立은 一云

67) 劉向：西漢의 經學家·文學家·目錄學家이다. 처음 이름은 更生이고, 字는 子政으로, 豐縣(지금의 江蘇省 徐州) 사람이다. 楚 元王 劉交의 4대손으로 宦官과 外戚 세력을 탄핵하는 상소로 獄에 갇히는 등 이들의 배척을 받아 顯貴한 벼슬에 오르지 못하였다. 漢 成帝의 명으로 古籍의 판본을 수집하고 교감하여 책마다 序錄을 붙였는데 이 서록을 모아 ≪別錄≫ 20권을 편찬하였다. 이는 중국 최초의 도서목록으로서 목록학과 校勘學의 기초가 되었다. 이 밖

公子赫이라하니 皆同例라 與舊注相混이나 而實非舊注也라 今山海經晏子春秋에 皆多如此云者니 韓子當不止三條어늘 殆經後人刪去之耳라

○顧廣圻 : 이 또한 劉向이 校勘한 말이다. 本卷의 윗글에 "'矢'는 一本에 '屎'로 되어 있다."라 하였고, 아래 글의 '共立'은 一本에 '公子赫'이라고 하였으니, 모두 같은 規例이다. 舊注와 서로 섞여 있으나 실상은 구주가 아니다. 지금 ≪山海經≫과 ≪晏子春秋≫에 모두 이와 같이 말한 것이 많으니, ≪韓非子≫에 응당 이 세 조항에만 그치지 않았을 것인데 아마 후세 사람의 삭제를 거친 것인 듯하다.

〔二〕[68]

31-50 衛人有夫妻禱者하야 而祝曰 使我無故하고

衛나라 사람 중에 기도하는 부부가 있어서 〈그 아내가〉 빌어 말하기를 "우리에게 아무 사고가 없고

○顧廣圻曰 句絶이니 故與下文布韻이라

○顧廣圻 : 句를 끊어야 되니, '故'와 아래 글의 '布'가 韻字이다.

31-51 得百束布[69]하소서

百束의 베를 얻게 해주십시오."라고 하였다.

○先愼曰 乾道本에 束上有來字라 顧廣圻云 藏本今本無하니 此不當有라하니라 先愼案 來는 卽束字形近誤衍이라 藝文類聚八十五와 御覽五百二十九八百二十에 引竝無來字일새 今據刪하노라

○王先愼 : 乾道本에 '束' 위에 '來'자가 있다. 顧廣圻는 "〈'來'자가〉 藏本과 今本에 없으니, 여기에 있는 것은 합당치 않다."라고 하였다. 나는 살펴보건대 '來'는 바로 '束'자의 자형과 비슷하여 衍文이 된 것이다. ≪藝文類聚≫ 권85와 ≪太平御覽≫ 권529·권820

에도 많은 저작이 있었으나 지금 전해지는 것은 몇 종 되지 않는다.

68) 〔二〕: 六微의 두 번째 '利異(31-6~31-13)'에 대한 해설을 모은 說이다.

69) 百束市 : 베〔布〕 500匹이다. '束'은 織物을 묶는 단위로, 1속은 베 5필이다.

에 이 글을 인용하면서 모두 '來'자가 없기 때문에 지금 이에 의거하여 삭제하였다.

31-52 其夫曰 何少也오 對曰 益是면 子將以買妾이니라

그의 남편이 말하기를 "어찌 그리 적은 수를 말하는가?"라고 물었다. 아내는 대답하기를 "이보다 많으면 당신이 장차 첩을 사들일 것이기 때문입니다."라고 하였다.

○先愼曰 藝文類聚에 引句末有矣字라

○王先愼 : ≪藝文類聚≫ 권85에 이 글을 인용하면서 이 句의 끝에 '矣'자가 있다.

31-53 荊王欲宦諸公子於四隣한대 戴歇[70)]曰 不可하니이다 宦公子於四隣이면 四隣必重之하리라

楚王이 여러 公子들을 사방 이웃나라에 보내 벼슬을 시키려고 하자 戴歇이 말하기를 "안 됩니다."라고 하였다. 〈초왕이〉 "공자들을 사방 이웃나라에 보내 벼슬을 시키면 사방 이웃나라들이 반드시 우리를 존중할 것이다."라고 하였다.

○顧廣圻曰 二句는 荊王之言也니 上無曰字는 古書多此例라

○顧廣圻 : 두 句는 楚王의 말이니, 위에 '曰'자가 없는 것은 古書에 이런 例가 많다.

31-54 曰 子出者重이요 重則必爲所重之國黨하리니 則是敎子於外市也라 不便하리이다

戴歇이 말하기를 "公子들이 나가 벼슬하면 〈그 나라는 공자들을〉 존중할 것이고, 존중을 받으면 공자들은 반드시 존중하는 나라를 편드는 朋黨이 될 것입니다. 그렇게 되면 이는 자식에게 외국과 결탁하는 私利를 가르치는 것이어서 〈楚나라에〉 불리할 것입니다."라고 하였다.

31-55 魯孟孫叔孫季孫[71)]이 相戮力劫昭公[72)]이러니 遂奪其國而擅其制[73)]하다

---

70) 戴歇 : 전국시대 楚나라 大夫이다.

魯나라의 孟孫·叔孫·季孫이 서로 힘을 합해 昭公을 협박하더니 마침내 나라를 빼앗고 권세를 마구 독점하였다.

○顧廣圻曰 此下에 當有一曰二字라

○顧廣圻 : 이 아래에 응당 '一曰' 두 글자가 있어야 한다.

31-56 魯三桓[74](公偪)〔偪公〕이어늘

魯나라의 三桓이 公室을 핍박하자

○顧廣圻曰 藏本同하고 今本無公字하니 按此不當有라 先愼曰 魯三桓偪四字는 不成句라 公偪은 當作偪公이니 公은 謂公室也라 乾道本藏本에 誤倒어늘 今本不審而刪之하니 不可從이라

○顧廣圻 : 藏本은 같고 今本은 '公'자가 없으니, 살펴보건대 이곳에 〈'公'자가〉 있는 것은 합당치 않다.

王先愼 : '魯三桓偪' 네 글자로는 한 句가 이루어지지 않는다. '公偪'은 응당 '偪公'이 되어야 하니 '公'은 公室을 이른다. 乾道本과 藏本에 글자가 거꾸로 잘못되었는데 今本이 자세히 살피지 못하고 삭제하였으니 따를 수가 없다.

31-57 昭公攻季孫氏하니 而孟孫氏叔孫氏相與謀曰 救之乎아 叔孫氏之御者

---

71) 孟孫叔孫季孫 : 孟懿子·叔昭子·季平子를 말한다. 이들은 춘추시대 魯나라 公族으로 三桓(또는 三家)이라고 한다. 魯 桓公이 네 아들을 두었는데 嫡長子 同은 환공을 계승하여 莊公이 되고, 그 밖의 庶長子 慶父(共仲)의 後代를 仲孫氏(孟孫氏), 庶次子 叔牙의 후대를 叔孫氏, 嫡次子 季友의 후대를 季孫氏라 하여 노나라의 卿을 세습하였다. 삼환 중에 계손씨가 가장 강성하여 대대로 노나라의 국정을 전담하였다. 宣公 이후로 公室은 차츰 쇠미해지고 계손씨는 더욱 강대해져서 國政을 독단하였다.

72) 昭公 : 춘추시대 魯나라의 제24대 君主이다. 姓은 姬, 이름은 裯(또는 稠·招)인데 襄公의 아들이다. 魯나라가 鬪鷄 때문에 內亂이 일어나 昭公이 먼저는 齊나라에, 뒤에는 晉나라로 망명했다가 晉나라 乾侯에서 죽었다.

73) 制 : ≪韓非子新校注≫에서 陳奇猷가 "'制'는 權勢이다."라고 한 설을 따라 번역하였다.

74) 三桓 : 춘추시대 魯나라 세 공족, 곧 孟孫氏(仲孫氏)·叔孫氏·季孫氏이다. 자세한 내용은 31-55의 역주 '孟孫叔孫季孫' 참조.

昭公이 季孫氏를 공격하니 孟孫氏와 叔孫氏가 〈가족들과〉 서로 모의하여 “〈가서 계손씨를〉 구원해야 하나?”라고 하였다. 숙손씨의 마부가

○盧文弨曰 張凌本에 皆無者字라 先愼曰 御者는 左昭二十五年傳에 作司馬鬷戾라

○盧文弨 : 張本과 凌本에 모두 ‘者’자가 없다.
王先愼 : ‘御者’는 《春秋左氏傳》 昭公 25년에 ‘司馬鬷戾’로 되어 있다.

31-58 曰 我는 家臣也니 安知公家리오마는 凡有季孫與無季孫이 於我孰利니잇고

말하기를 “저는 家臣이니 어찌 公室의 일을 알겠습니까마는 季孫氏가 있는 것과 계손씨가 없는 것 중에 어느 쪽이 우리에게 이롭습니까?”라고 하였다.

○先愼曰 乾道本에 脫上季字하고 趙本에 移季字於與下하니 誤라 顧廣圻云 藏本今本有하고 下有季字라하야늘 今據補하노라

○王先愼 : 乾道本에 위의 ‘季’자가 탈락되었고, 趙本에는 ‘季’자를 ‘與’ 아래로 옮겨놓았으니 잘못되었다. 顧廣圻는 “藏本과 今本에 〈위에 ‘季’자가〉 있고 아래에도 ‘季’자가 있다.”라고 하였기에 지금 이에 의거하여 보충하였다.

31-59 皆曰 無季孫이면 必無叔孫이니라 然則救之니이다 於是에 撞西北隅而入하다

모두 말하기를 “季孫氏가 없어지면 반드시 叔孫氏도 없어지게 될 것입니다.”라고 하였다. 〈마부가 말하기를〉 “그렇다면 〈계손씨를〉 구원해야 합니다.”라 하였다. 이에 〈昭公이 포위하고 있는〉 서북쪽 모퉁이를 쳐서 들어갔다.

○先愼曰 撞公圍也라

○王先愼 : 昭公의 포위망을 친 것이다.

31-60 孟孫見叔孫之旗入하고 亦救之하다 三桓爲一하니 昭公不勝하야 (逐)〔遂〕之〔齊〕라가 死於乾(간)侯[75]하다

75) 乾(간)侯 : 춘추시대 晉나라의 邑 이름이다. 지금의 河北省 成安縣 동남쪽에 있었다. 魯 昭

孟孫氏는 叔孫氏의 軍旗가 들어가는 것을 보고 그 역시 계손씨를 구원하였다. 三桓의 군대가 하나로 합쳐 막으니, 昭公이 승리하지 못하여 마침내 齊나라로 갔다가 결국 乾侯에서 죽었다.

○先愼曰 逐은 當爲遂之誤요 之下에 當有齊字하니 事見左傳하니라

○王先愼 : '逐'은 응당 '遂'의 오자가 되어야 하고, '之' 아래에 응당 '齊'자가 있어야 하니, 이 일은 ≪春秋左氏傳≫ 昭公 25년과 32년에 보인다.

31-61 公叔相韓而有攻齊하다

公叔이 韓나라의 相國이면서 또 齊나라와 사이좋게 지내었다.

○顧廣圻曰 藏本今本에 攻作功이라 按攻功皆當衍이니 讀(두)以有齊句絶이라 兪樾曰 爾雅釋詁에 攻은 善也라하니라 有는 讀爲又니 相韓而有攻齊는 謂相韓而又善齊也라 下文云 翟(책)璜魏王之臣也로되 而善於韓이라하니 其義相同이라 藏本趙本에 改攻爲功은 失之라

○顧廣圻 : 藏本과 今本에 '攻'이 '功'으로 되어 있다. 살펴보건대 '攻'과 '功'은 모두 衍文으로 보는 것이 마땅하니 '有齊'에 句讀를 끊어 읽어야 한다.

兪樾 : ≪爾雅≫ 〈釋詁〉에 "'攻'은 '善(친함)'이다."라고 하였다. '有'는 '又'로 읽어야 하니, '相韓而有攻齊'는 韓나라의 상국이면서 또 齊나라와 사이좋게 지냄〔相韓而又善齊〕을 말한 것이다. 아래 글에 "翟璜은 魏王의 신하이면서도 한나라와 사이좋게〔善〕 지냈다."라고 하였으니 그 뜻이 서로 같다. 藏本과 今本에 '攻'을 고쳐 '功'으로 만든 것은 잘못이다.

31-62 公仲[76]甚重於王하니 公叔恐王之相公仲也하야 使齊韓約而攻魏하다

公仲이 韓王에게 매우 존중을 받으니, 公叔은 한왕이 공중을 상국으로 삼지나 않을까 우려하여 齊나라와 韓나라가 盟約을 맺어 魏나라를 공격하게 하였다.

公 28년에 소공이 三桓에게 축출당하여 齊나라로 갔다가 다시 晉나라의 도움을 받기 위해 진나라에 들어가 이곳에 묵은 일이 있었고, 32년에 다시 이곳에 와 있다가 죽었다.

76) 公仲 : 전국시대 韓나라의 相國이다. 公仲侈·公仲明·公仲朋·韓朋 등 여러 이름으로 쓴다. ≪史記≫ 〈韓世家〉 索引에 "公仲은 韓나라 相國인데 이름은 侈이다."라고 하였는데 '朋'자와 '侈'자의 字形이 비슷하기 때문에 둘 중에 하나는 오자인 듯하다."라는 설이 있다.

○顧廣圻曰 藏本同하고 今本魏作衛하니 誤라

○顧廣圻 : 藏本은 같고, 今本은 '魏'가 '衛'로 되어 있으니 잘못되었다.

31-63 公叔因內(납)齊軍於鄭하야

公叔이 그 기회를 이용하여 齊나라 군대를 〈韓나라 國都인〉 鄭에 끌어들여

○先愼曰 鄭은 卽韓也라 說見說林上하니라

○王先愼 : '鄭'은 곧 韓나라이다. 〈公叔·公仲의〉 설명은 ≪韓非子≫ 〈說林 上〉에 보인다.

31-64 以劫其君하야 以固其位하고 而信兩國之約하다

이 방법을 써서 그의 임금을 겁박하여 자기의 지위를 공고히 하고 두 나라 사이의 맹약을 信實하게 하였다.

31-65 翟璜은

翟璜은

○盧文弨曰 璜은 藏本에 作黃하야 與前同이라 先愼曰 乾道本에 連上이어늘 今從趙本提行하노라

○盧文弨 : '璜'은 藏本에 '黃'으로 되어 있어서 앞(31-9)의 글자와 같다.
王先愼 : 乾道本에는 윗글과 이어져 있는데 지금 趙本을 따라 줄을 바꾸었다.

31-66 魏王之臣也로되 而善於韓하다 乃召韓兵하야 令之攻魏하고 因請爲魏王搆之以自重也하다

魏王의 신하이면서도 韓나라와 친하였다. 이에 한나라의 군대를 불러들여 위나라를 공격하게 하고, 이어서 위왕을 위해 한나라에 講和하기를 요청함으로서 자신의 지위를 한층 높였다.

○先愼曰 搆는 講也라

○王先愼 : '搆'는 '講(강화)'이다.

31-67 越王攻吳王[77)]하니 吳王謝而告服이어늘 越王欲許之하다 范蠡[78)]大夫種曰 不可하니이다 昔天以越與吳로되 吳不受러니 今天反夫差[79)]하니 亦天禍也니이다

越王이 吳王을 공격하니 오왕이 사죄하며 항복을 통고하자 월왕이 허락하려고 하였다. 范蠡와 大夫 文種이 말하기를 "안 됩니다. 종전에 하늘이 越나라를 吳나라에 주었으나 오나라가 받지 않았는데, 지금 하늘이 오왕 夫差를 전복시키려고 하니 이 역시 하늘이 〈그에게 내리는〉 災禍입니다.

○先愼曰 今天은 當作今若이라

○王先愼 : '今天'은 응당 '今若'이 되어야 한다.

31-68 以吳予越하니 再拜受之요 不可許也니이다 太宰嚭遺大夫種書曰 狡兔盡則良犬烹이요 敵國滅則謀臣亡이어늘 大夫何不釋吳而患越乎오 大夫種受書讀之하고 太息而歎曰 殺之하라 越與(吳)〔吾〕同命하리라

---

77) 越王攻吳王 : 越王은 句踐이고 吳王은 夫差이다. 구천은 允常의 아들로, 월왕이 된 뒤 吳王 夫差와의 전쟁에 패하여 會稽에서 치욕을 당하였으나, 范蠡·文種 등을 중용하여 국력을 기르고 복수를 위해 쓸개의 쓴맛을 보면서 군사를 훈련시켜 富國强兵을 이루었다. 그런 다음 吳나라를 공격하여 끝내 오나라를 멸망시키고 회계의 치욕에 복수하였다. 뒤에 淮水를 건너 徐州 지역에서 크게 제후들을 모이게 하여 霸主가 되었다. 夫差는 춘추 말기 吳王 闔閭의 아들이다. 월왕 구천과의 전쟁에서 죽은 아버지의 원수를 갚기 위하여 굳게 결심하고 越나라 군대를 크게 패배시켰으나, 伍子胥의 諫言을 듣지 않고 간신 伯嚭의 건의를 따라 구천의 화평하자는 요청을 받아들였다가 끝내 구천에게 패배하여 자살하였다.

78) 范蠡 : 춘추 말기 越나라의 大夫인데, 원래는 楚나라 사람이다. 文種과 함께 越王 句踐을 도와 吳나라를 멸망시킨 뒤 구천의 만류를 따르지 않고 齊나라로 가서 鴟夷子皮라 일컫다가 뒤에 陶(지금의 山東省 定陶縣 서북쪽 지역)에 정착하여 陶朱公으로 改名하고 상업으로 巨富가 되었다.

79) 今天反夫差 : 王先愼의 說을 따르지 않았고, ≪韓非子新校注≫에서 陳奇猷가 "'反'은 '覆(전복시킴)'이다. '지금 하늘이 부차를 전복시키려 한다.'는 말이니, 곧 아래의 '以吳予越(오나라를 월나라에 주려고 한다.)'의 뜻이다."라 하였기에 이를 따라 번역하였다.

하늘이 吳나라를 越나라에 주었으니 두 번 절하고 받아야지 〈吳王의 요청을〉 허락해서는 안 됩니다."라고 하였다.

오나라의 太宰 伯嚭가 大夫 文種에게 편지를 보내어 말하기를 "교활한 토끼가 다 잡히면 사냥을 잘하는 개는 삶아져 먹히고 敵國이 멸망하면 계책을 세우는 신하는 살해당하는 것인데, 대부는 어찌 오나라를 놓아주어 월나라의 근심거리가 되게 하지 않습니까?"라고 하였다. 대부 문종은 이 편지를 받아 읽고는 길게 탄식하면서 말하기를 "〈오나라에서 온 사신을〉 죽여라. 월나라와 나는 운명을 같이할 것이다."라고 하였다.

○先愼曰 殺은 謂殺其使也라 吳는 當作吾니 文種自謂라 故後嚭之譖種하니 種之見殺은 實基如此라

○王先愼 : '殺'은 그 사신을 죽였다는 말이다. '吳'는 응당 '吾'가 되어야 하니 문종이 자신을 말한 것이다. 그러므로 후일 伯嚭가 문종을 참소하였으니, 문종이 죽임을 당한 것은 실로 이와 같은 일에서 기인한다.

31-69 大成(牛)〔午〕

大成午가

○先愼曰 牛는 乃午之誤니 說見前하니라

○王先愼 : '牛'는 곧 '午'의 오자이니, 그 해설이 앞에 보인다.

31-70 從趙謂申不害於韓曰 〔子〕以韓重我於趙하면

趙나라에서 韓나라의 申不害에게 말하기를 "그대가 한나라의 國力을 가지고 나를 조나라에서 重用받게 해주면

○先愼曰 以上에 當有子字라 下白圭相魏王條의 子以韓輔我於魏와 語意正同하니 此脫子字라

○王先愼 : '以' 위에 응당 '子'자가 있어야 된다. 아래(31-78~79)의 白圭가 魏王의 相國이 되었다는 조목의 '子以韓輔我於魏(그대가 한나라의 국력으로 나를 위나라에서 〈권력을

잡을 수 있게〉 도와주다.)'라는 말과 뜻이 똑같으니 이곳에는 '子'자가 탈락되었다.

31-71 **請以趙重子於韓**호리니 **是子有兩韓**이요 **我有兩趙**니라

나는 趙나라의 국력을 가지고 그대가 韓나라에서 중용되도록 도와드리겠습니다. 이렇게 되면 그대는 두 개의 한나라를 소유하는 것이 되고 나는 두 개의 조나라를 소유하게 되는 것입니다."라고 하였다.

31-72 **司馬喜**는 **中山君之臣也**어늘 **而善於趙**하야 **(嘗)〔常〕以中山之謀**로 **微告趙王**하다

司馬喜는 中山國 군주의 신하인데 趙나라와 친근하여 항상 중산국의 모략을 趙王에게 은밀히 일러바쳤다.

○**先愼曰 拾補**에 **嘗改常**하니 **是也**라

○王先愼 : ≪群書拾補≫에 '嘗'을 '常'으로 고쳤으니, 〈고친 것이〉 옳다.

31-73 **呂倉**은

呂倉은

○**先愼曰 乾道本**은 **連上**이라 **盧文弨云 凌本**에 **別爲條**라하야늘 **今據改**라

○王先愼 : 乾道本은 윗글과 연결되어 있다. 盧文弨는 "凌本에 별도의 조항을 만들었다."라고 하였기에 지금 이에 의거하여 고쳤다.

31-74 **魏王之臣也**어늘 **而善於秦荊**하야 **微諷秦荊**하야 **令之攻魏**하고 **因請行和以自重也**하다

魏王의 신하인데 秦나라·楚나라와 친근하여 넌지시 진나라와 초나라를 권유하여 魏나라를 공격하게 하고, 이 기회를 이용하여 講和하기를 요청함으로서 자신의 지위를 한층 높였다.

31-75 宋石은 魏將也요

宋石은 魏나라 장군이고,

○顧廣圻曰 藏本同하고 今本은 魏作衛하니 誤라

○顧廣圻 : 藏本은 같고, 今本은 '魏'가 '衛'로 되어 있으니 잘못되었다.

31-76 衛君은 荊將也니 兩國搆難에 二子皆將하다 宋石遺衛君書曰 二軍相當하고

衛君은 楚나라의 장군이니, 두 나라가 교전할 때 두 사람이 모두 군대를 거느리고 출진하였다. 宋石이 위군에게 편지를 보내어 말하기를 "쌍방의 군대가 서로 마주하고

○先愼曰 乾道本에 軍作君이라 顧廣圻云 今本에 君作軍하니 誤라 按依此上文宋石하면 石當作君也라하니라 先愼案 顧說謬니 君與軍音近하고 又涉上文而譌라 當作軍일새 今據改하노라

○王先愼 : 乾道本에 '軍'이 '君'으로 되어 있다. 顧廣圻는 "今本에 '君'이 '軍'으로 되어 있으니 잘못되었다. 살펴보건대, 윗글의 '宋石'에 의거하면 '石'은 응당 '君'이 되어야 한다." 라고 하였다. 내가 살펴보건대 顧廣圻의 說이 잘못되었으니, '君'과 '軍'은 소리가 비슷하고 또 윗글과 관련하여 잘못된 것이기 때문에 응당 '軍'이 되어야 하기에 지금 이에 의거하여 고쳤다.

31-77 兩旗相望하니 唯毋一戰이라 戰必不兩存이니 此乃兩主之事也요 與子無有私怨하니 善者相避也니라

쌍방의 軍旗가 서로 바라보고 있으니, 한바탕 교전하지 말아야 하오. 교전하면 반드시 쌍방이 모두 목숨을 보존하지 못할 것이오. 이 전쟁은 바로 두 君主의 일이지 나와 그대는 개인적인 원한이 없으니 좋은 방법은 서로 회피하는 것이오."라고 하였다.

31-78 白圭相魏하고

白圭는 魏나라 相國이 되고

○先愼曰 乾道本은 魏下有王字라 顧廣圻云 藏本今本에 無王字라하야늘 今據刪이라

○王先愼 : 乾道本은 '魏' 아래에 '王'자가 있다. 顧廣圻는 "藏本과 今本에 '王'자가 없다." 라고 하였기에 지금 이에 의거하여 삭제하였다.

31-79 暴(포)譴相韓이라 白圭謂暴譴曰 子以韓輔我於魏하고 我以魏待子於韓하면 臣長用魏요 子長用韓이니라

暴譴은 韓나라의 상국이 되었다. 白圭가 포견에게 말하기를 "그대는 한나라의 국력으로 나를 魏나라에서 〈권력을 잡을 수 있게〉 도와주고, 나는 위나라의 국력으로 그대를 한나라에서 〈권력을 잡도록〉 지지하면 나는 오래오래 위나라에서 重用되고 그대는 오래오래 한나라에서 중용될 것이오."라고 하였다.

〔三〕[80)]

31-80 齊中大夫[81)]有夷射(역)者하야

齊나라 中大夫 중에 夷射이라는 사람이 있어서

○盧文弨曰 此卽左定二年의 邾莊公夷射姑事而傳譌耳라

○盧文弨 : 이 내용은 곧 ≪春秋左氏傳≫ 定公 2년의 邾 莊公과 夷射姑의 일인데 잘못 전해진 것이다.

31-81 御飮於王이라가 醉甚而出하야 倚於郎門[82)]이러니 門者刖跪請曰

80) 〔三〕: 六微의 세 번째 '似流(31-14~31-18)'에 대한 해설을 모은 說이다.

81) 中大夫 : 周나라 王室과 각 諸侯國의 卿 아래에 上大夫·中大夫·下大夫가 있었다.

82) 郎門 : '郎'은 '廊'과 통용이다. '廊'은 궁전의 곁에 있는 방이니, 廊門은 궁전의 문을 말한 듯하다.

齊王을 모시고 술을 마시다가 몹시 취해 밖으로 나와서 郎門에 기대어 쉬고 있었다. 刖刑을 받은 절름발이 문지기가 요청하기를

○先愼曰 跪與危通이니 足也라 說詳外儲說左下篇하니라

○王先愼 : '跪'는 '危'와 통용이니 발이다. 이에 대한 해설은 ≪韓非子≫ 〈外儲說 左下篇〉에 자세히 제시하였다.

31-82 足下無意賜之餘(隸)〔瀝〕乎아

"당신은 남은 술을 주실 의향이 없으신지요?"라고 하였다.

○顧廣圻曰 藏本同하고 今本隸作瀝이라

○顧廣圻 : 藏本은 같고, 今本은 '隸'가 '瀝'으로 되어 있다.

31-83 夷射叱曰 去하라

夷射이 꾸짖어 말하기를 "꺼져버려!

○先愼曰 乾道本에 叱曰二字誤倒어늘 從張榜本改하노라

○王先愼 : 乾道本에 '叱曰' 두 글자가 〈'曰叱'로〉 잘못 도치되었는데 張榜本을 따라 고쳤다.

31-84 刑餘之人이 何事乃敢乞飮長者오 刖跪走退하다 及夷射去하야 刖跪因捐水郎門霤(류)下하야 類溺(뇨)者之狀하다 明日에 王出而訶之하야 曰 誰溺於是오 刖跪對曰 臣不見也로소이다 雖然이나 昨日中大夫夷射立於此니이다 王因誅夷射而殺之하다

형벌을 받은 사람이 어찌 감히 어른에게 술을 마시겠다고 요청하느냐!"라고 하니, 절름발이 문지기는 허둥지둥 물러나 달아났다. 夷射이 떠난 뒤에 절름발이 문지기는 낭문의 처마 밑에 물을 뿌려 마치 오줌을 눈 것처럼 만들어놓았다. 이튿날 齊王이 나와서 〈그 모양을 보고〉 꾸짖어 말하기를 "누가 여기에 오줌을 누었느냐?"고 하였다. 절름발이 문지기는 대답하기를 "신은 〈누가 오줌을 누는지〉 보지

못하였습니다. 그렇지만 어제 중대부 이역이 이곳에 서 있었습니다."라고 하였다. 제왕은 곧 이역을 꾸짖고는 죽여버렸다.

○王先謙曰 誅는 責也니 與下乃誅萇弘而殺之로 文句一例라

○王先謙 : '誅'는 '責(꾸짖다)'이니, 아래(31-182)의 '乃誅萇弘而殺之(곧 장홍을 꾸짖고는 죽여버렸다.)'와 같은 격식의 文句이다.

31-85 魏王臣二人이 不善濟陽君이러니 濟陽君因僞令人矯王命而謀攻己하다 王使人問濟陽君曰

魏王의 신하 두 사람이 濟陽君과 사이가 좋지 않았는데 제양군이 허위로 사람을 시켜 王의 명령을 위조하여 자신을 공격하도록 획책하였다. 위왕이 사람을 보내어 제양군에게 말하기를

○先愼曰 乾道本에 重濟陽君三字라 顧廣圻云 今本은 不重濟陽君하니 按此當衍이라하야늘 今據删하노라

○王先愼 : 乾道本에 〈'王使人問濟陽君曰'의〉 '濟陽君' 세 글자가 거듭되어 있다. 顧廣圻는 "今本은 '濟陽君'이 거듭되어 있지 않다. 살펴보건대 이곳의 〈'濟陽君'은〉 衍文이 마땅하다."라고 하였기에 지금 이에 의거하여 삭제하였다.

31-86 誰與恨고 對曰 無敢與恨이로소이다 雖然이나 嘗與二人不善호되 不足以至於此니이다

"누구와 원한 관계가 있는가?"라고 묻게 하였다. 濟陽君이 대답하기를 "감히 원한을 살 만한 사람이 없습니다. 그렇기는 하나 전에 두 사람과 서로 사이가 좋지는 않았지만 이런 지경에 이를 정도는 아닙니다."라고 하였다.

○王先謙曰 言不足至此니 故設爲疑詞라

○王先謙 : 이런 지경에 이를 정도는 아니라는 말이니, 고의로 의심스럽게 이간하는 말을 만든 것이다.

31-87 **王問左右**한대 **左右曰 固然**이로소이다 **王因誅二人者**하다

魏王이 측근들에게 물어보자 측근들이 말하기를 "진실로 그렇습니다."라 하였다. 위왕은 곧 두 사람을 誅殺하였다.

31-88 **季辛與爰騫相怨**이러니 **司馬喜新與季辛惡**(오)라 **因微令人殺爰騫**한대 **中山之君以爲季辛也**라하야 **因誅之**하다

季辛과 爰騫이 서로 원한이 있었는데, 司馬喜가 새로이 계신과 서로 미워하는 관계가 되었다. 이 때문에 〈사마희가〉 은밀히 사람을 시켜서 원건을 살해하자 中山國의 군주는 계신이 죽인 것이라고 여겨 곧 계신을 주살하였다.

31-89 **荊王**이

楚王이

○**先愼曰 張榜本**에 **荊王以下至一曰**히 **竝脫**이라 **趙用賢云 此以下近本俱脫失**이어늘 **今從宋板校定**이라하니라

○王先愼 : 張榜本에 '荊王'에서 아래(31-96)의 '一曰'에 이르기까지 모두 탈락되었다. 趙用賢은 "여기서부터 아래의 글은 근래의 책에 모두 탈락되었기에 지금 宋나라 판본을 따라 교정하였다."라고 하였다.

31-90 **所愛妾**에 **有鄭袖者**하다 **荊王新得美女**하니 **鄭袖因敎之曰 王**

사랑하는 첩에 鄭袖라는 여자가 있었다. 楚王이 새로 미녀를 얻어 들이자 정수가 곧 그 미녀에게 가르쳐주기를 "大王께서는

○**顧廣圻曰 王字下至乃誅蕫弘而殺之**히 **藏本脫**이라

○顧廣圻 : '王'자 아래에서 〈31-182의〉 '乃誅蕫弘而殺之(곧 장홍을 처벌하여 죽였다.)'까지 藏本에 탈락되었다.

31-91 **甚喜人之掩口也**하시니 **(爲)〔若〕近王**이어든 **必掩口**하라

남이 입을 가린 모습을 몹시 좋아하시니, 만일 대왕의 곁에 가까이 가게 되거든 반드시 입을 가리도록 하라."라고 하였다.

○先愼曰 爲는 當作若이라

○王先愼 : '爲'는 응당 '若'이 되어야 한다.

31-92 美女入見(현)에 近王하야 因掩口하다 王問其故한대 鄭袖曰 此固言惡(오)王之臭하니이다 及王與鄭袖美女三人坐하야 袖因先誡御者曰 王適有言이어든 必亟聽從王言이니라

미녀가 들어가 뵐 때 楚王에게 가까이 다가가서는 그대로 입을 가렸다. 초왕이 그 까닭을 묻자 鄭袖가 말하기를 "이 사람은 본래 대왕의 냄새를 싫어한다고 말하였습니다."라고 하였다.

초왕과 정수・미녀 세 사람이 함께 한 자리에 앉게 되었을 때 정수가 그 전에 먼저 侍從에게 타이르기를 "만약 대왕께서 분부하는 말씀이 있거든 반드시 그 말씀대로 재빨리 따라야 한다."라 하였다.

○先愼曰 亟急은 同字[83)]라

○王先愼 : '亟'과 '急'은 같은 글자이다.

31-93 美女前하야

미녀가 앞으로 나아가

○王先謙曰 此當再有美女二字라

○王先謙 : 이곳에 응당 '美女' 두 글자가 다시 있어야 한다.

31-94 近王甚에 數(삭)掩口하니 王悖(발)然怒曰

---

83) 先愼曰……同字 : 이는 원래 저본의 '必亟聽從' 아래에 달려 있는 注이다. 번역상의 편의로 아래 글 '王言'과 연결하여 이처럼 편집하였다.

楚王에게 매우 가까이 갔을 적에 자주 입을 가리니 초왕이 발끈 성을 내어 말하기를

○顧廣圻曰 今本에 悖作勃하니 誤라 按悖怫同字요 後又多作怫하니라

○顧廣圻 : 今本에 '悖'이 '勃'로 되어 있으니 잘못되었다. 살펴보건대 '悖'과 '怫'은 같은 글자이고, 뒤에는 또 대부분 '怫'로 되어 있다.

31-95 劓之하라 御〔者〕因揄刀而劓美人하다

"코를 베어라!"라고 명하였다. 시종이 곧장 칼을 뽑아 미인의 코를 베어버렸다.

○先愼曰 御下에 當有者字라

○王先愼 : '御' 아래에 응당 '者'자가 있어야 한다.

31-96 一曰 魏王遺荊王美人하니 荊王甚悅之하다

일설의 내용은 다음과 같다. 魏王이 楚王에게 미인을 보내주니 초왕이 매우 사랑하였다.

○先愼曰 藝文類聚十八에 引荊作楚하고 美人作美女라

○王先愼 : ≪藝文類聚≫ 권18에 이 글을 인용하면서 '荊'은 '楚'로 되어 있고, '美人'은 '美女'로 되어 있다.

31-97 夫人鄭袖知王悅愛之也하고 亦悅愛之를 甚於王하야 衣服玩好를 擇其所欲爲之하다 王曰 夫人知我愛新人也하고 其悅愛之甚於寡人하니 此孝子〔之〕所以養親이요

부인 鄭袖는 楚王이 그녀를 사랑한다는 것을 알고 자기도 그녀를 초왕보다 더 심하게 사랑하여 의복과 진귀한 노리갯감을 그녀가 좋아하는 대로 골라 주었다. 초왕이 말하기를 "부인은 내가 새로 들인 여인을 사랑한다는 것을 알고 寡人보다 더 심하게 그녀를 사랑해주니, 이는 효자가 그 부모를 봉양하는 도리와 같고

○先愼曰 子下에 當有之字니 此與下句文法一例라 戰國楚策에 正有之字하니 明此脫이라

○王先愼 : '子' 아래에 응당 '之'자가 있어야 되니, 이 글은 아래 句의 문법과 동일한 격식이다. ≪戰國策≫ 〈楚策 4〉에 바로 '之'자가 있으니 이 글에 탈락된 것이 분명하다.

31-98 忠臣之所以事君也니라 夫人知王之不以己爲妒也하고 因爲新人曰

충신이 임금을 섬기는 도리와 같소."라고 하였다. 부인은 楚王이 자기를 질투하지 않는다고 여김을 알고는 곧 새로 들인 여인에게 말하기를

○先愼曰 爲與謂古本通하니 趙本及御覽三百六十七에 引作謂하니 後人所改라

○王先愼 : '爲'와 '謂'는 古本에 통용하였으니, 趙本과 ≪太平御覽≫ 권367에 이 글을 인용하면서 '謂'로 되어 있으니 후세 사람이 〈'爲'로〉 고친 것이다.

31-99 王甚悅愛子나 然惡(오)子之鼻하니 子見(현)王에 常掩鼻하면 則王長幸子矣리라 於是新人從之하야 每見王에 常掩鼻하다 王謂夫人曰 新人見寡人에 常掩鼻하니 何也오 對曰 不己知也로소이다

"대왕이 그대를 몹시 사랑하신다. 그러나 그대의 코를 싫어하시니 그대가 대왕을 뵐 때 언제나 코를 가리면 대왕께서는 길이 그대를 사랑할 것이다."라고 하였다. 이에 새로 들인 여인이 부인의 말을 따라 楚王을 뵐 적마다 언제나 자기의 코를 가렸다. 초왕이 부인에게 말하기를 "새로 들인 여인이 과인을 만날 적마다 언제나 코를 가리니 무슨 까닭이오?" 하고 물었다. 鄭袖가 대답하기를 "저는 알지 못하겠습니다."라 하였다.

○盧文弨曰 己字疑衍이라 顧廣圻曰 戰國策云 妾知也라 先愼曰 己卽人己之己라 不己知也는 言我不知也라 故王强問之니 正女子進讒常態라 無不字면 則與下文王强問之句不合이라 策下作王曰雖惡(오)必言之하니 與此不同이라 兩書不能强合이니 當各依本書爲是라

○盧文弨 : '己'자는 衍文인 듯하다.

顧廣圻 : ≪戰國策≫ 〈楚策 4〉에 "妾知也(첩은 알고 있습니다.)"라고 하였다.

王先愼 : '己'는 곧 '人己(남과 나)'라 할 때의 '己'이다. '不己知也'는 '나는 알지 못하겠다.'는 말이다. 그러므로 초왕이 다그쳐 물은 것이니, 바로 참소를 말하는 여자의 일반적인 태도이다. 〈≪戰國策≫처럼〉 '不'자가 없으면 아래 글의 '초왕이 다그쳐 물었다.'는 句와 부합하지 않는다. ≪戰國策≫에는 〈'妾知也'〉 아래에 '王曰 雖惡必言之(왕이 말하기를 "듣기 싫은 말일지라도 반드시 말하라." 하였다.)'로 되어 있으니, 여기의 내용과 같지 않다. 두 책의 내용을 억지로 맞출 수 없으니, 응당 각각 本書를 따르는 것이 옳다.

31-100 **王强問之**한대 **對曰 頃嘗言惡**(오)**聞王臭**라하더이다

楚王이 다그쳐 묻자 鄭袖가 대답하기를 "얼마 전에 그 여인이 '대왕의 나쁜 체취를 맡기 싫어서 그런다.'고 말하였습니다."라고 하였다.

○**先愼曰 張榜本**에 **惡聞王臭下**에 **用上及王與鄭袖美女三人坐**로되 **但掩口作掩鼻**하고 **悖然作勃然**하며 **末句御作御者**하니라

○王先愼 : 張榜本에 '惡聞王臭' 아래에 위(31-92)의 '及王與鄭袖美女三人坐'의 句를 사용하였으나, 다만 '掩口'는 '掩鼻'로 되어 있고, '悖然'은 '勃然'으로 되어 있으며, 末句의 '御'는 '御者'로 되어 있다.

31-101 **王怒曰 劓之**하라 **夫人先誡御者曰 王適有言**이어든 **必(可)〔亟〕從命**이니라하다

楚王이 노하여 말하기를 "코를 베어라!"라고 하였다. 부인은 미리 侍從에게 타이르기를 "대왕께서 만일 분부하는 말씀이 있거든 반드시 명령대로 재빨리 따라야 한다."라고 하였다.

○**先愼曰 可當作亟**이라

○王先愼 : '可'는 응당 '亟'이 되어야 한다.

31-102 **御者因揄刀而劓美人**하다

시종이 곧장 칼을 뽑아 미인의 코를 베어버렸다.

31-103 **費無極**은 **荊令尹**[84)]**之近者也**라

費無極은 楚나라 令尹이 친근히 대하는 사람이다.

○先愼曰 左傳邇無及也①의 杜注에 邇는 近也라하고 陸氏釋文云 近은 附近之近이라하니라

① 及은 卽極之誤[85)]라
'及'은 '極'의 오자이다.

○王先愼：≪春秋左氏傳≫ 昭公 27년 '邇無及也'의 杜預 注에 "'邇'는 '近(친근함)'이다."라고 하였고, 陸德明의 ≪經典釋文≫에 "'近'은 '附近(가까이 따름)'의 '近'이다."라고 하였다.

31-104 **郄宛新事令尹**하니 **令尹甚愛之**하다 **無極因謂令尹曰 君愛宛甚**이어늘 **何不一爲酒其家**잇고 **令尹曰 善**하다하고 **因令之爲具於郄宛之家**하다 **無極敎宛曰 令尹甚傲而好兵**하니 **子必謹敬**호되 **先亟陳兵堂下及門庭**하라 **宛因爲之**하다 **令尹往而大驚**하야 **曰 此何也**오 **無極曰 君殆去之**하소서

郄宛이 새로 令尹을 섬기게 되니 영윤이 그를 몹시 총애하였다. 費無極이 그 때문에 영윤에게 말하기를 "主君께서 극완을 몹시 총애하시면서 어찌 그의 집에서 한번 술을 마시지 않으십니까?"라고 하였다. 그러자 영윤이 말하기를 "좋다." 하고는 곧 비무극을 극완의 집에 보내어 술자리를 준비하게 하였다. 비무극이 극완에게 가르쳐주기를 "영윤은 매우 오만하고 무기를 좋아하니, 그대는 반드시 삼가고 공경하되 먼저 서둘러 무기를 대청 아래에서부터 대문 앞의 뜰에까지 진열해놓으시오."라고 하였다. 극완은 곧장 가르쳐준 대로 하였다. 영윤이 극완의 집에 가보고는 크게 놀라면서 말하기를 "이것이 어찌된 일이냐?"라고 하였다. 비무극이 말하기를 "주군께서 반드시 이곳을 떠나십시오.

---

84) 令尹：春秋戰國시대 楚나라 執政大臣의 명칭으로, 宰相에 해당한다. 여기서의 영윤은 子常이다. 자상은 이름이 囊瓦이고 字가 자상이다. 영윤을 지낸 子囊의 손자로 陽匄의 뒤를 이어 영윤이 되었다.

85) 及 卽極之誤：저본에 '及'으로 된 것은 ≪十三經注疏≫本을 따른 것이니, ≪左傳杜林合注≫本과 ≪四庫全書≫本 등에는 '極'으로 되어 있다.

○盧文弨曰 殆는 當作急이니 吳越春秋에 作王急去之라 王은 謂平王이라 先愼曰 事見左昭二十七年傳하니 時平王已死어늘 吳越春秋에 誤作王이라 殆는 猶必也는 君殆去之는 謂君必去之也라 呂覽自知에 云 座殆尙在於門注에 殆는 猶必也라하니 盧說非라

○盧文弨 : '殆'는 응당 '急'이 되어야 하니, ≪吳越春秋≫ 〈闔閭內傳〉 제4에 '王急去之(왕은 급히 이곳을 떠나시오.)'로 되어 있다. '王'은 楚 平王을 이른다.

王先愼 : 이 일은 ≪春秋左氏傳≫ 昭公 27년에 보인다. 이때 초 평왕은 이미 죽었는데 ≪吳越春秋≫에 왕으로 잘못되어 있다. '殆'는 '必'과 같으니 '君殆去之'는 '주군께서는 반드시 이곳을 떠나십시오.〔君必去之〕'라고 말한 것이다. ≪呂氏春秋≫ 〈自知〉에서 말한 '座殆尙在於門(任座는 반드시 아직 문에 있을 것이다.)'의 高誘 注에 "'殆'는 '必'과 같다."라고 하였으니 노문초의 說은 틀렸다.

31-105 事未可知也니이다 令尹大怒하야 擧兵而誅郄宛하고 遂殺之하다

어떤 사태가 일어날지 알 수 없습니다."라고 하였다. 令尹은 크게 노하여 군대를 출동시켜 郄宛을 토벌하여 마침내 그를 죽였다.

31-106 犀首與張壽爲怨이러니

犀首와 張壽는 서로 원한이 있었는데

○先愼曰 爲는 猶相也라 上文季辛與爰騫相怨과 句法正同이라

○王先愼 : '爲'는 '相'과 같다. 윗글(31-88)의 '季辛與爰騫相怨(계신과 원건은 서로 원한이 있었다.)'과 句法이 똑같다.

31-107 陳需新入[86]하야 不善犀首라

陳需가 새로 들어와서 犀首와 사이가 좋지 않았다.

---

86) 新入 : '入'자는 衍文이라고 한 兪樾의 설을 따르지 않고, ≪韓非子新校注≫의 劉文典과 陳奇猷의 설을 따라 '新入'에서 句를 끊고 번역하였다.

○兪樾曰 入字衍文이라 上文云 司馬喜新與季辛惡(오)라하니 與此條情事相同하고 文法亦一律이라 此云陳需新不善犀首는 猶彼云司馬喜新與季辛惡也라

○兪樾 : '入'자는 衍文이다. 윗글(31-88)에 '司馬喜新與季辛惡(사마희가 새로 계신과 미워하는 사이였다.)'라 하였으니, 이 조항의 사실과 서로 같고 文法도 동일한 형식이다. 여기서 말한 '陳需新不善犀首'는 저곳에서 말한 '司馬喜新與季辛惡'와 같다.

31-108 因使人微殺張壽하니 魏王以爲犀首也라하야 乃誅[87)]之하다

이 때문에 〈陳需가〉 사람을 보내 은밀히 張壽를 죽이니, 魏王은 犀首가 시켜서 한 짓이라고 여겨 곧 서수를 꾸짖었다.

○顧廣圻曰 張壽는 張旄也요 陳需는 田需也라 大致與戰國楚策所云 張旄果令人要靳尙刺(척)之로 爲一事어늘 傳之不同也라 王先謙曰 上言犀首走라하니 此誅之는 疑逐之之誤라

○顧廣圻 : '張壽'는 '張旄'이고, '陳需'는 '田需'이다. 대략적인 내용이 ≪戰國策≫〈楚策〉에서 말한 '張旄果令人要靳尙刺之(張旄가 결국 사람을 시켜 靳尙을 막고 있다가 찔러 죽였다.)'와 같은 일인데 전하는 내용이 다르다.

王先謙 : 윗글(31-17)에서 '犀首走'라고 하였으니, 여기의 '誅之'는 '逐之'의 잘못인 듯하다.

31-109 中山有賤公子하야 馬甚瘦하고 車甚弊러라 左右有私不善者하야 乃爲之請〔於〕王曰

中山國에 微賤한 公子가 있어서 그가 타는 말은 아주 마르고 수레는 매우 낡았다. 〈왕의〉 측근 중에 개인적으로 그와 사이가 좋지 못한 사람이 있어서 곧 그를 위하는 척 왕에게 요청하기를

○先愼曰 請下에 當有於字라

○王先愼 : '請' 아래에 응당 '於'자가 있어야 한다.

---

87) 誅 : ≪韓非子新校注≫의 尹桐陽과 陳奇猷의 설을 따라 '責(꾸짖다)'으로 번역하였다.

31-110 公子甚貧하야 馬甚瘦어늘 王何不益之馬食이니잇고 王不許하니 左右因微令夜燒芻廐하다

"公子가 매우 가난하여 타는 말이 아주 말랐는데 大王께서는 어찌 말을 먹일 여물을 더 주시지 않습니까?"라고 하였다. 왕이 허락하지 않으니, 〈왕의〉 측근은 사람을 보내 밤중에 몰래 여물 창고에 불을 지르게 하였다.

○顧廣圻曰 廐는 當依上文作廥(괴)라

○顧廣圻 : '廏'는 응당 윗글(31-17)을 따라 '廥'가 되어야 한다.

31-111 王以爲賤公子也라하야 乃誅之하다

왕은 미천한 공자가 한 행위라고 여겨 바로 그를 처벌하였다.

31-112 魏有老儒而不善濟陽君하다

魏나라에 늙은 선비가 있었는데 濟陽君과 사이가 좋지 않았다.

○顧廣圻曰 今本에 無而字하니 誤也라

○顧廣圻 : 今本에 '而'자가 없으니 잘못되었다.

31-113 客有與老儒私怨者하야 因攻老儒殺之하야 以德於濟陽君하고 曰 臣爲其不善君也라 故爲君殺之호이다 濟陽君因不察而賞之하다

濟陽君의 門客 중에 늙은 선비와 개인적인 원한을 맺은 자가 있어서, 기회를 이용하여 늙은 선비를 공격해 죽여 제양군에게 은덕을 입힌 것처럼 하고는 "저는 그 자가 君과 사이가 좋지 않다고 여겼기 때문에 군을 위하여 그를 죽였습니다."라고 하였다. 이 때문에 제양군은 자세히 살펴보지도 않고 그에게 상을 내렸다.

○先愼曰 謂不察客固有私怨也라

○王先愼 : 문객이 본래 〈늙은 선비와〉 개인적인 원한이 있었는지를 살피지 않은 것을 이른다.

31-114 一曰 濟陽君有少庶子者에

일설의 내용은 다음과 같다. 濟陽君의 젊은 侍從 중에

○先愼曰 乾道本에 者作有어늘 今據趙本改라 顧廣圻云 少上有字는 當作之라하니 非라

○王先愼 : 乾道本에 '者'가 '有'로 되어 있기에 지금 趙本의 의거하여 고쳤다. 顧廣圻는 "'少' 위의 '有'자는 응당 '之'가 되어야 한다."라고 하였으니 옳지 않다.

31-115 不見知하야 欲入愛於君者하다 齊使老儒掘藥於馬梨之山한대 濟陽少庶子欲以爲功하야 入見(현)於君曰 齊使老儒掘藥於馬梨之山하니 名掘藥也나 實間君之國이니 君〔不〕殺之면

평소에 신임을 받지 못하여 濟陽君의 총애에 들기를 바라는 자가 있었다. 그때 齊나라가 늙은 선비를 馬梨山에 보내어 약초를 캐어오게 하자 제양군의 젊은 시종이 공을 세우고자 하여 들어가 제양군을 뵙고 말하기를 "제나라가 늙은 선비를 마리산에 보내어 약초를 캐어오게 하였는데 명분은 약초를 캔다는 것이지만 실상은 군의 封國을 엿보려는 것입니다. 군께서 그를 죽이지 않으시면

○王先謙曰 殺之上에 當有不字니 無則義不可通이라

○王先謙 : '殺'의 위에 응당 '不'자가 있어야 하니 없으면 뜻이 통하지 않는다.

31-116 是將以(濟陽)[88]君抵罪於齊矣니 臣請刺(척)之호리이다 君曰 可하다 於是에 明日得之城陰而刺之하니 濟陽君還(선)(益)親之하다

이 사람이 장차 군을 제나라에서 죄를 받게 할 것이니, 제가 그를 찔러 죽이겠습니다."라고 하니, 제양군은 "좋다."라고 하였다. 이에 이튿날 〈그 시종이〉 城의 북쪽에서 그를 찾아 찔러 죽이니, 제양군은 그제야 그 시종을 친근히 대하였다.

---

88) (濟陽) : ≪韓非子新校注≫에서 陶鴻慶은 "이 말은 濟陽君을 상대하여 하는 말이므로 '濟陽' 두 자가 있어서는 안 되니, 아마 衍文일 것이다."라고 한 것에 의거하여 衍文으로 처리하였다.

○先愼曰 益字는 疑衍이라 上文少庶子不見知하야 欲入愛於君이라하니 是濟陽君初不親少庶子也라가 刺老儒에 君還親之니 則親上不當有益字라 還은 音旋이라

○王先愼 : '益'자는 衍文인 듯하다. 윗글에 '젊은 시종이 평소에 신임을 받지 못하여 제양군의 총애에 들기를 바랐다.'라고 하였으니, 이는 제양군이 처음에는 젊은 시종을 친근히 대하지 않다가 늙은 선비를 찔러 죽인 뒤에 제양군이 곧바로 그를 친근히 대한 것이다. 그렇다면 '親'의 위에 응당 '益'자가 있어서는 안 된다. '還'은 音이 旋이다.

〔四〕[89)]

31-117 陳需는 魏王之臣也로되 善於荊王하야 而令荊攻魏하다 荊攻魏하니 陳需因請爲魏王行解之하야 因以荊勢相魏하다

陳需는 魏王의 신하였지만 楚王과도 사이가 좋아서 楚나라가 魏나라를 공격하게 하였다. 초나라가 위나라를 공격하니 진수는 그 기회를 이용하여 위왕에게 〈자신이〉 초나라에 가서 국난을 해소하겠다고 요청하여, 그 때문에 초나라의 세력을 이용함으로써 위나라의 相國이 되었다.

○先愼曰 解는 和也니 本書多用搆字라

○王先愼 : '解'는 '和(화해시킴)'이니 ≪韓非子≫에 대부분 '搆'자를 썼다.

31-118 韓之時에 黍種常貴(尠有)〔甚〕[90)]이어늘

韓 昭侯 때에 기장의 씨앗 값이 항상 매우 비싸게 치솟자

○先愼曰 各本에 尠有二字作甚이나 據藝文類聚八十五引改라 謂民間尠有黍種也라

○王先愼 : 각 본에 '尠有' 두 글자가 '甚'으로 되어 있으나, ≪藝文類聚≫ 권85의 이

89) 〔四〕: 六微의 네 번째 '有反(31-19~31-21)'에 대한 해설을 모은 說이다.

90) (尠有)〔甚〕: 저본에는 '尠有'로 되어 있으나, 王先愼의 說을 따르지 않고 ≪韓非子新校注≫ 陳奇猷의 설에 의거하여 '甚'으로 바로잡았다.

글을 인용한 것에 의거하여 고쳤다. 이는 민간에 기장 종자가 적게 남아 있음을 이른 것이다.

31-119 昭侯令人覆廩이러니 廩吏果竊黍種而糶之甚多하다

昭侯가 사람을 시켜 곡식창고를 조사하게 했더니 창고를 관리하는 관리가 과연 기장 씨앗을 훔쳐내어 팔아먹은 양이 매우 많았다.

○先愼曰 各本에 不重廩字어늘 據藝文類聚引補하노라

○王先愼 : 각 본에 '廩'자가 거듭 있지 않는데, ≪藝文類聚≫ 권85의 이 글을 인용한 것에 의거하여 보충하였다.

31-120 昭奚恤之用荊也에 有燒倉廥窌者로되

昭奚恤이 楚나라에 重用되어 다스릴 때 곡식창고와 여물창고와 광에 불을 지른 자가 있었으나

○顧廣圻曰 窌은 當作窌(교)라

○顧廣圻 : '窌'은 응당 '窌'가 되어야 한다.

31-121 而不知其人이러라 昭奚恤令吏執販茅[91] 者而問之하니 果燒也러라

불을 지른 사람이 누구인지 알지 못하였다. 소해휼이 관리를 시켜 띠〔茅〕를 파는 사람을 체포하여 심문하게 하였더니 과연 그가 불을 지른 것이었다.

茅

○王先謙曰 果燒下에 疑有者字라

○王先謙 : '果燒' 아래에 '者'자가 있는 듯하다.

91) 茅 : 볏과의 여러해살이풀인 띠이다. 옛날에 이 띠를 엮은 이엉으로 지붕을 이었다. 茅茨·茅草라고도 한다.

31-122 昭僖侯[92]之時에 宰人[93]上食而羹中有生肝焉이러라 昭侯召宰人之次而誚之曰 若何爲置生肝寡人羹中고 宰人頓首服死罪하야 曰 竊欲去尙宰人[94]也로소이다

昭僖侯 때에 요리사가 밥상을 올렸는데 국 속에 날간이 들어 있었다. 昭侯가 요리사의 조수를 불러서 "너는 어찌하여 寡人의 국 속에 날간을 넣어두었느냐?" 하고 꾸짖었다. 요리사 조수는 머리가 땅에 닿도록 절을 하며 죽을죄를 지었음을 자복하면서 "몰래 尙宰人을 제거하려고 한 짓입니다."라고 하였다.

31-123 一曰 僖侯浴이러니 湯中有礫이라 僖侯曰 尙浴免이면 則有當代者乎아 左右對曰 有하니이다 僖侯曰 召而來하라 譙之曰 何爲置礫湯中고 對曰 尙浴免이면 則臣得代之라 是以置礫湯中하니이다

일설의 내용은 다음과 같다. 僖侯가 목욕을 하려고 했는데 데운 목욕물 안에 자갈이 들어 있었다. 희후가 "목욕 일을 주관하는 관리〔尙浴〕를 면직시키면 대신 시킬 마땅한 사람이 있는가?"라고 물으니, 측근이 "있습니다."라고 대답하였다. 희후가 "그를 불러오라."고 하였다. 그가 불려오자 "어째서 데운 목욕물 안에 자갈을 넣어두었느냐?" 하며 꾸짖었다. 그가 "목욕 일을 주관하는 관리가 면직되면 제가 그 자리를 대신 차지할 수 있다고 여겼습니다. 이 때문에 데운 목욕물 안에 자갈을 넣어두었습니다."라고 대답하였다.

31-124 〔晉〕[95]文公之時에 宰臣上炙而髮繞之러라

晉 文公 때에 요리사가 불고기를 올렸는데 불고기에 머리카락이 감겨 있었다.

○先愼曰 意林에 而下有有字라

92) 昭僖侯 : 韓 昭侯이다.

93) 宰人 : 음식을 만드는 일을 맡은 요리사이다.

94) 尙宰人 : 궁중에서 음식을 만드는 일을 주관하는 수석 요리사이다. 尙은 궁중에서 帝王의 개인에 관한 일을 주관하거나 관장하는 사무를 말한다.

95) 〔晉〕 : 저본에는 '晉'자가 없으나, ≪韓非子新校注≫에 의거하여 보충하였다.

○王先愼 : ≪意林≫에 '而' 아래에 '有'자가 있다.

31-125 文公이 召宰人而譙之하야

文公이 요리사를 불러 꾸짖기를

○先愼曰 藝文類聚十七에 引譙作誚하니 下同이라

○王先愼 : ≪藝文類聚≫ 권17에 이 글을 인용하면서 '譙'가 '誚'로 되어 있으니 아래에도 같다.

31-126 曰 女欲寡人之哽邪(야)아 奚爲以髮繞炙오 宰人頓首再拜請曰 臣有死罪三이니이다

"너는 寡人의 목을 메이게 하려고 한 것이냐? 어찌하여 머리카락을 불고기에 감기게 하였느냐?"라고 하였다. 요리사는 머리를 땅에 닿도록 두 번 절하고 罪를 청하면서 "臣은 죽을죄가 세 가지 있습니다.

○先愼曰 各本에 無臣字어늘 今據藝文類聚意林補하노라

○王先愼 : 각 본에 '臣'자가 없는데 지금 ≪藝文類聚≫ 권17과 ≪意林≫ 권1에 의거하여 보충하였다.

31-127 援礪砥刀하야 利猶干將[96]也하야 切肉에 肉斷而髮不斷하니 臣之罪一也요 援(錐)〔木而〕[97]貫臠호되

숫돌을 잡고 칼을 갈아서 날카롭기가 마치 干將과 같아 고기를 썰 적에 고기는 잘렸으나 머리카락은 잘리지 않았으니 이것이 신의 첫 번째 죄이고, 나무 꼬치를 가지고 고깃점을 꿰면서도

96) 干將 : 고대의 名劍 이름이다. 춘추시대 吳나라에 干將과 莫邪(야)라는 夫婦가 있어서 劍을 잘 주조하였다. 이들이 吳王 闔閭를 위해 陰劍과 陽劍을 주조하여 양검을 간장이라 하고 음검을 막야라고 하였다 한다.

97) (錐)〔木而〕 : 王先愼은 '木而'를 '錐'로 고쳤으나, ≪韓非子新校注≫ 陳奇猷의 설에 의거하여 '木而'로 바로잡았다.

○先愼曰 各本에 錐字作木而二字로되 今據藝文類聚意林改刪하노라

○王先愼 : 각 본에 '錐'자가 '木而' 두 글자로 되어 있으나, 지금 ≪藝文類聚≫와 ≪意林≫에 의거하여 삭제하였다.

31-128 而不見髮하니 臣之罪二也요 奉熾爐[98]하야 炭(肉)〔火〕[99]盡赤紅이어늘

머리카락을 보지 못했으니 이것이 신의 두 번째 죄이며, 고기 굽는 화로를 가져와서 숯불이 모두 발갛게 타오르자

○先愼曰 各本에 肉作火어늘 今據藝文類聚意林引改하노라

○王先愼 : 각 본에 '肉'이 '火'로 되어 있기에 지금 ≪藝文類聚≫와 ≪意林≫의 인용문에 의거하여 고쳤다.

31-129 炙熟而髮不焦하니

고깃점은 구워 익었으나 머리카락은 태우지 못했으니

○先愼曰 各本에 炙上有而字하고 焦作燒나 今據藝文類聚刪改하노라

○王先愼 : 각 본에 '炙' 위에 '而'자가 있고 '焦'는 '燒'로 되어 있으나, 지금 ≪藝文類聚≫에 의거하여 〈'而'는〉 삭제하고 〈'燒'는 '焦'로〉 고쳤다.

31-130 臣之罪三也로이다 堂下得微有疾臣者乎잇가

신의 세 번째 죄입니다. 殿堂 아래의 〈侍從 중에〉 혹 신을 미워하는 사람이 있는 것은 아닐는지요?"라고 하였다.

○先愼曰 乾道本에 得下有財無兩字라 顧廣圻云 今本에 無財字라 按句有誤라하고 王引之云 無字는 後人所加니 得微는 卽得無也라 邶風式微傳云 微는 無也라하고 晏

---

98) 奉熾爐 : ≪韓非子新校注≫ 陳奇猷의 설을 따라 '熾'를 炊爨(불을 때어 밥을 지음)의 뜻으로 번역하였다.

99) (肉)〔火〕: 王先愼은 '火'를 '肉'으로 고쳤으나, ≪韓非子新校注≫ 陳奇猷의 설에 의거하여 '火'로 바로잡았다.

子春秋襍篇云 諸侯得微有故乎아 國家得微有事乎아라하고 莊子盜跖篇에 得微往見跖耶아하니 皆其證也라 後人加無字於微字之上하야 而其義遂不可通矣라하니라 先愼案 王說是라 藝文類聚引作堂下得微有嫉臣者乎아하야늘 今據刪하노라 疾嫉古通이라

○王先愼 : 乾道本에 '得' 아래에 '財無' 두 글자가 있다. 顧廣圻는 "今本에 '財'자가 없다. 살펴보건대 이 句에 잘못이 있다."라고 하였고, 王引之는 "'無'자는 후세 사람이 더한 글자이니 '得微'는 곧 '得無'이다. ≪詩經≫ 〈邶風 式微章〉의 〈毛傳〉에 '「微」는 「無」이다.' 하였고, ≪晏子春秋≫ 〈襍 上篇〉에 '諸侯得微有故乎 國家得微有事乎(혹시 제후국에 무슨 변고가 있는 것은 아닙니까? 나라에 무슨 큰일이 있는 것은 아닙니까?)'라고 하였으며, ≪莊子≫ 〈盜跖篇〉에 '得微往見跖耶(혹시 가서 도척을 만나본 것이 아닌가?)'라고 하였으니, 모두 그에 대한 증거이다. 후세 사람이 '無'자를 '微'자 위에 더하여 그 뜻이 드디어 통할 수가 없게 되었다."라고 하였다.

나는 살펴보건대 왕인지의 설이 옳다. ≪藝文類聚≫ 권17에 이 글을 인용하면서 '堂下得微有嫉臣者乎'로 되어 있기에 지금 이에 의거하여 〈'無'자를〉 삭제하였다. '疾'과 '嫉'은 예전에 통용하였다.

31-131 公曰 善하다 乃召其〔堂〕下[100]而譙之하니

文公은 "좋다."라고 하고는 곧 전당 아래의 〈시종을〉 불러서 힐문하니,

○先愼曰 各本에 下上有堂字라 按堂字衍이니 召其下는 謂召其次也라 藝文類聚에 引正無堂字어늘 今據刪하노라

○王先愼 : 각 본에 '下' 위에 '堂'자가 있다. 살펴보건대 '堂'자는 衍文이니, '召其下'는 그 요리사의 조수를 부른 것이다. ≪藝文類聚≫에 이 글을 인용하면서 정작 '堂'자가 없기에 지금 이에 의거하여 삭제하였다.

31-132 果然이어늘 乃誅之하다

과연 〈요리사가 말한 것과 같기에〉 곧 그를 처벌하였다.

---

100) 召其〔堂〕下 : 王先愼은 각 본의 '堂'을 衍文으로 보고 "그 요리사의 조수를 부른 것"으로 해석하였으나 그 해석을 따르지 않고, ≪韓非子新校注≫ 陳奇猷의 "殿堂 아래의 사람을 부른 것이다."라는 설에 따라 '堂'을 보충하였다.

31-133 一曰 晉平公[101)]觴客할새 少庶子進炙而髮繞之하니 平公趣殺炮人하며 毋有反令하다 炮人呼天曰 嗟乎라 臣有三罪로되 死而不自知乎인저

일설의 내용은 다음과 같다. 晉 平公이 손님을 초청하여 술을 마실 적에 젊은 侍從이 불고기를 올렸는데 불고기에 머리카락이 감겨 있으니, 평공이 요리사를 빨리 죽이라고 재촉하면서 명령을 위반하지 말라고 하였다. 요리사가 하늘을 우러러 부르짖으며 "아! 臣에게 세 가지 죄가 있으나 죽으면서도 제 자신은 분명히 알지 못하겠습니다."라고 하였다.

○先愼曰 御覽八百六十三에 引死而作而死라

○王先愼 : ≪太平御覽≫ 권863에 이 글을 인용하면서 '死而'가 '而死'로 되어 있다.

31-134 平公曰 何謂也오 對曰 臣刀之利는 風靡骨斷而髮不斷하니 是臣之一死也요 桑炭炙之하야 肉紅白而髮不焦하니 是臣之二死也요 炙熟에 又重睫而視之어늘 髮繞炙而目不見하니 是臣之三死也니이다 意者컨대 堂下其有翳憎臣者乎아 殺臣不亦蚤乎잇가

平公이 "무슨 말이냐?"라고 물었다. 요리사가 "신의 날카로운 칼은 칼바람을 따라 뼈는 잘랐으나 머리카락은 자르지 못하였으니 이것이 신의 첫 번째 죽을죄이고, 〈화력이 강한〉 뽕나무 숯불로 고기를 구워 붉은 살은 붉게 흰 살 희게 잘 구워졌으나 머리카락은 태우지 못했으니 이것이 신의 두 번째 죽을죄이며, 불고기가 익은 뒤에 또 속눈썹이 겹치게 〈눈을 가늘게 뜨고서〉 주시하였건만 머리카락이 불고기를 감고 있는데도 제 눈에는 보이지 않았으니 이것이 신의 세 번째 죽을 죄입니다. 생각하건대 전당 아래의 시종 중에 몰래 신을 미워하는 자가 있는 것은 아닐는지요. 신을 죽이는 것이 너무 이르지 않습니까."라고 하였다.

○先愼曰 御覽에 引無翳字하고 蚤作枉이라

---

101) 晉平公 : 춘추시대 晉나라 君主이다. 晉 悼公의 아들로 이름은 彪이다. 즉위한 뒤에 楚나라가 일으킨 湛阪의 전쟁에서 승리하였고, 宋나라·衛나라 등과 結盟하여 진나라의 霸業을 재차 회복하였다.

○王先愼 : ≪太平御覽≫ 권863에 이 글을 인용하면서 '翳'자가 없고 '蛋'는 '枉'으로 되어 있다.

31-135 **穰侯相秦而齊强**하다 **穰侯欲立秦爲帝而齊不聽**하니 **因請立齊爲東帝**호되 **而不能成也**[102)]하다

穰侯가 秦나라의 相國이 되었을 때 齊나라가 强盛하였다. 양후가 秦王을 帝로 세우고자 하였으나 제나라가 따르지 않았다. 이 때문에 齊王을 세워 東帝로 삼자고 요청하였으나 성공하지 못하였다.

○**顧廣圻曰 不**은 **當作乃**라

○顧廣圻 : '不'은 응당 '乃'가 되어야 한다.

〔五〕[103)]

31-136 **晉獻公**[104)]**之時**에 **驪姬貴**하야 **擬於后妻**어늘 **而欲以其子奚齊**로 **代太子申生**하다 **因(患)〔惡〕申生於君而殺之**하고

晉 獻公 때 驪姬가 존귀해져서 임금의 본처에 필적할 정도였는데 자신의 아들 奚齊로 太子 申生을 대신하여 세우려고 하였다. 이 때문에 헌공에게 신생을 비방하여 죽이고

○**先愼曰 患**은 **當作惡**(오)라

○王先愼 : '患'은 응당 '惡(비방하다)'가 되어야 한다.

---

102) 而不能成也 : ≪韓非子新校注≫에서 松皐圓은 "≪史記≫〈六國年表〉에 秦 昭王 19년 10월에 齊 湣王과 함께 稱帝하였다가 12월에 모두 다시 稱王하였다."라고 하였다. 이에 대하여 陳奇猷는 "지금 칭제한 지 2개월 만에 다시 왕이 되었으니 이것이 성공하지 못한 것이다."라고 하였기에 이를 따라 번역하였다.

103) 〔五〕 : 六微의 다섯 번째 '參疑(31-22~31-23)'에 대한 해설을 모은 說이다.

104) 晉獻公 : 춘추시대 晉나라의 君主이다. 武公의 아들로, 이름은 詭諸이다. 文侯의 子孫들을 모두 죽이고, 도읍을 絳으로 옮겼다. 驪戎・耿・霍・魏 등의 나라를 멸망시키고 虞나라에 길을 빌려 虢을 멸한 다음 虞나라까지 멸망시켰다.

31-137 **遂立奚齊爲太子**하다

마침내 奚齊를 세워 태자로 삼았다.

31-138 **鄭君已立太子矣**로되 **而有所愛美女**하야 **欲以其子爲後**하다

鄭君이 이미 太子를 세웠으나 총애하는 미녀가 있어서 〈그녀가〉 자기의 아들을 정군의 후계자로 삼으려고 하였다.

○**先愼曰 句絶**이라

○王先愼 : 여기서 句讀를 끊어야 한다.

31-139 **夫人恐**하야 **因用毒藥賊君殺之**하다

鄭君의 부인은 이를 두려워하여 곧 독약을 써서 정군을 몰래 살해하였다.

31-140 **衛州**吁**重於衛**하야 **擬於君**이어늘 **群臣百姓**이 **盡畏其勢重**이러니 **州**吁**果殺**(시)**其君而奪之政**하다

衛나라의 州吁는 위나라에서 권세가 莫重하여 임금에 필적할 정도가 되자 신하들과 백성들이 모두 그의 막중한 권세를 두려워하였는데 〈뒤에〉 주우는 과연 자기의 임금을 시해하고 그 정권을 빼앗았다.

31-141 **公子朝**는 **周太子也**로되 **弟公子根甚有寵於君**이러니 **君死**에 **遂以東周叛**하야 **分爲兩國**하다

公子 朝는 周나라의 太子였으나 그의 아우 공자 根이 周君에게 대단한 총애를 받았는데, 주군이 죽은 뒤에 〈공자 근은〉 마침내 東周의 백성을 거느리고 반란을 일으켜 주나라가 나누어져서 〈西周와 東周의〉 두 나라가 되었다.

○**顧廣圻(云)〔曰〕**[105] **本書難三篇**에 **朝作宰**라 **史記周本紀云 威公卒**에 **子惠公代**

---

105) (云)〔曰〕: 저본에는 '云'으로 되어 있으나, ≪韓非子新校注≫에 의거하여 '曰'로 바로잡

立하야 乃封其少子於鞏以奉王하고 號東周惠公이라하니 卽其事라 索隱云 名班이라하야 與此不同이라

○顧廣圻 : ≪韓非子≫ 〈難三篇〉에 '朝'가 '宰'로 되어 있다. ≪史記≫ 〈周本紀〉에 "周 威公이 죽은 뒤에 아들 惠公이 대신 즉위하여 곧 그의 가장 작은 아들을 鞏에 봉하여 周王을 모시게 하고 號를 東周 惠公이라 하였다."라고 하였으니, 바로 〈여기서 말한〉 그 일이다. ≪史記索隱≫ 〈周本紀〉 제4에 "〈혜공의〉 이름은 班이다."라고 하여 여기서 말한 것과는 다르다.

31-142 楚成王[106)]以商臣爲太子라가 旣而又欲置公子職한대 商臣作亂하야 遂攻殺成王하다

楚 成王이 商臣을 太子로 삼았다가 얼마 안 되어 다시 公子 職을 〈태자로〉 세우려고 하자 상신은 亂을 일으켜 마침내 성왕을 공격하여 죽였다.

31-143 一曰 楚成王이

일설의 내용은 다음과 같다. 楚 成王이

○先愼曰 此下에 當有以字라

○王先愼 : 이 아래에 응당 '以'자가 있어야 된다.

31-144 〔以〕商臣爲太子라가 旣欲置公子職하다 商臣聞之로되

商臣을 태자로 삼았다가 얼마 안 되어 공자 職을 〈태자로〉 세우려고 하였다. 상신이 이 일을 들었으나

○先愼曰 乾道本에 臣作人이어늘 今據趙本改라

○王先愼 : 乾道本에 '臣'이 '人'으로 되어 있는데, 지금 趙本에 의거하여 고쳤다.

았다.

106) 楚成王 : 춘추시대 楚나라의 君主이다. 楚 文王의 아들로 姓은 芈, 이름은 惲이다. 兄 楚堵를 시해하고 즉위하여 은덕을 베풀고 諸侯들과 修好하였으며, 夷越의 각 部族을 진압하여 국토를 크게 개척하였다. 뒤에 太子 商臣(楚 穆王)과 潘崇의 逼迫으로 자살하였다.

31-145 未察也하야 乃爲其傅潘崇[107)]曰

확인할 길이 없어서 곧 그의 스승 潘崇에게 일러 말하기를

○先愼曰 爲謂字通이라

○王先愼 : '爲'자와 '謂'자는 통용한다.

31-146 奈何察之也오 潘崇曰 饗江芈(미)[108)]而勿敬也하소서 太子聽之한대 江芈曰 呼라 役夫여 宜君王之欲廢女而立職也로다 商臣曰 信矣로다 潘崇曰 能事之乎잇가 曰 不能이로라 能(爲)之諸侯乎잇가

"어떻게 하면 확인할 수 있을까요?"라고 하였다. 潘崇은 "잔치를 열어 江芈를 대접하면서 불경스럽게 대하십시오."라고 하였다. 태자가 그의 말대로 따르자 강미가 "흥, 이 천한 놈아! 君王께서 너를 폐하고 職을 세우려는 것이 당연하구나."라고 하였다. 商臣이 "정말 그렇구나."라고 하였다. 반숭이 "직을 섬길 수 있겠습니까?"라고 물었다. 태자는 "섬기지 못하겠습니다."라고 하였다. 〈반숭이 다시〉 "다른 諸侯國으로 갈 수 있겠습니까?"라고 물었다.

○兪樾曰 爲字衍文이라 能之諸侯乎는 言能適諸侯乎라 左傳에 作能行乎하니 是其證也라

○兪樾 : '爲'자는 衍文이다. '能之諸侯乎'는 '제후국으로 갈 수 있는가.〔能適諸侯乎〕'라는 말이다. 《春秋左氏傳》 文公 元年에 '能行乎(다른 나라로 갈 수 있는가.)'로 되어 있으니 이것이 그 증명이다.

31-147 曰 不能이로라 能擧大事乎아 曰 能이로라 於是乃起宿營之甲하야

태자는 "갈 수 없습니다."라고 하였다. 〈潘崇은 또〉 "큰일을 벌일 수 있겠습니까?"라고 물었다. 태자는 "할 수 있습니다."라고 하였다. 이에 궁궐을 수위하는 군

107) 潘崇 : 춘추시대 楚 成王 때의 太師이다. 太子 商臣의 師傅로서 상신이 즉위하는 데 공을 세워 穆王이 된 상신에 의해 태사에 進封되었다.

108) 江芈(미) : 춘추시대 楚 文王의 딸이다. 姓은 芈인데 江國의 君主에게 出嫁하였기 때문에 江芈라고 부른다. 뒤에 楚나라로 돌아왔다.

대를 출동시켜

○顧廣圻曰 左傳云 宮甲이라

○顧廣圻 : ≪春秋左氏傳≫ 文公 元年에 〈'宿營之甲'이〉 '宮甲(궁궐을 수위하는 군대)'으로 되어 있다.

31-148 而攻成王하니 成王請食熊膰而死호되 不許하니 遂自殺하다

成王을 공격하였다. 성왕이 곰발바닥요리를 먹고 나서 죽겠다고 요청하였으나 허락하지 않으니, 성왕이 드디어 자살하였다.

31-149 韓廆相韓哀侯에 嚴遂重於君하니 二人甚相害也러니 嚴遂乃令人刺韓廆於朝하다

韓廆가 韓 哀侯의 相國이 되었을 때 嚴遂도 임금에게 존중받으니 두 사람이 심하게 아귀다툼을 하고 있었는데, 엄수가 마침내 사람을 시켜 조정에서 한괴를 찔러 죽이게 하였다.

○先愼曰 卽聶政이니 見韓策하니라

○王先愼 : 〈그 사람은〉 바로 聶政이니 ≪戰國策≫ 〈韓策 2〉에 보인다.

31-150 韓廆走君而抱之하니

韓廆가 哀侯의 신변으로 달아나 임금을 껴안으니

○先愼曰 策作韓廆走而抱哀公이라

○王先愼 : ≪戰國策≫ 〈韓策 2〉에 '韓廆走而抱哀公(한괴가 달아나 애공을 껴안았다.)'으로 되어 있다.

31-151 遂刺韓廆而兼哀侯하다

〈聶政이〉 마침내 韓廆를 찔러 죽이면서 哀侯까지 찔러 죽이고 말았다.

○顧廣圻曰 說林上篇及韓策에 廆作傀하니 同字라 哀公은 卽世家之烈侯니 世本[109]謂之武侯하고 戰國策及此에 謂之哀侯하야 各不同이라 事在三年하니 與世家之哀侯로 非一人也라

○顧廣圻 : ≪韓非子≫ 〈說林 上篇〉과 ≪戰國策≫ 〈韓策 2〉에 '廆'가 '傀'로 되어 있으니 같은 글자이다. '哀公'은 곧 ≪史記≫ 〈世家〉의 '烈侯'이니, ≪世本≫에는 '武侯'라고 하였고 ≪戰國策≫ 〈韓策 2〉와 여기는 '哀侯'라고 하여 각각 같지 않다. 이 일은 〈韓 烈侯〉 3년에 있었으니 ≪史記≫ 〈世家〉의 '哀侯'와는 같은 사람이 아니다.

31-152 田恒相齊에 闞止重於簡公하니 二人相憎而欲相賊也하다 田恒因行私惠以取其國하고 遂殺簡公而奪之政하다

田恒이 齊나라의 상국이 되었을 때 闞止가 齊 簡公에게 존중받으니 두 사람이 서로 미워하여 서로 죽이려고 하였다. 전항이 이 때문에 개인적으로 은혜를 베풀어 〈민심을 얻고〉 제나라의 권력을 탈취하여 마침내 간공을 죽이고 정권을 빼앗았다.

31-153 戴驩爲宋太宰에 皇喜重於君하니 二人爭事而相害也하다 皇喜遂(殺)〔劫〕[110]宋君而奪其政하다

戴驩이 宋나라의 太宰가 되었을 때 皇喜가 임금에게 존중받으니 두 사람이 권력을 다투어 서로 傷害하였다. 황희가 마침내 宋君을 겁박하여 그 정권을 빼앗았다.

31-154 狐突曰 國君好內則太子危하고 好外則相室危니라

狐突이 말하였다. "임금이 後宮을 좋아하면 태자가 위험해지고, 조정의 嬖臣을 좋아하면 宰相이 위험해진다."

---

109) 世本 : 古書의 이름으로, 모두 15편으로 이루어져 있다. 黃帝 이후의 帝王과 諸侯·卿大夫들의 系譜와 名號 등을 기록한 책이다.

110) (殺)〔劫〕 : 저본에는 '殺'로 되어 있으나, ≪韓非子新校注≫ 陳奇猷의 설을 따라 '劫'으로 고쳤다.

31-155 **鄭君問鄭昭曰 太子亦何如**오 **對曰 太子未生也**니이다 **君曰 太子已置**어늘 **而曰未生**은 **何也**오 **對曰 太子雖置**나 **然而君之好色不已**하니 **所愛有子**면 **君必愛之**요 **愛之則必欲以爲後**리이다 **臣故曰 太子未生也**라하니이다

鄭君이 鄭昭에게 "太子는 또 어찌 되었소?" 하고 물었다. 정소는 "태자는 아직 태어나지 않았습니다."라고 대답하였다. 정군이 "태자를 이미 세웠는데 그대가 '아직 태어나지 않았다.'고 말하는 것은 무엇 때문이오?" 하고 다시 물었다. 정소는 "태자를 세우기는 하였으나 임금님께서 女色 좋아하시기를 그치지 않고 계시니 총애하는 여자가 아들을 낳으면 임금님께서는 반드시 그 아들을 사랑하실 것이고, 사랑하면 반드시 그를 후계자로 삼으려고 하실 것입니다. 신은 그 때문에 '태자가 아직 태어나지 않았다.'고 말씀드린 것입니다."라고 대답하였다.

〔六〕[111)]

31-156 **文王資費仲而遊於紂之旁**하야

周 文王이 費仲에게 공작금을 주어 紂王의 곁에 가 있으면서

○**先愼曰 喩老篇**에 **資費仲以玉版**[112)]이라하니라

○王先愼 : ≪韓非子≫ 〈喩老篇〉에 "費仲에게 玉版을 주어 도왔다.〔資費仲以玉版〕"라고 하였다.

31-157 **令之諫紂而亂其心**하다

紂王에게 諫하여 그 마음을 혼란스럽게 하도록 하였다.

○**盧文弨曰 諫**은 **凌本**에 **作間**이라 **案顔氏家訓音辭篇**에 **穆天子傳**[113)]**音諫爲間**하니

---

111) 〔六〕: 六微의 여섯 번째 '廢置(31-24~31-28)'에 대한 해설을 모은 說이다.

112) 玉版 : 글자를 새기는 데 쓰는 옥 조각. 진귀한 典籍을 이르기도 한다. 본서 〈喩老篇〉의 21-154 참조.

113) 穆天子傳 : 중국 最古의 역사 소설로, 晉 武帝 太康 2년(281) 汲郡의 不準(부준)이 魏 襄王의 무덤을 도굴하다가 발견하였다. 모두 6권으로 되어 있고, 소설의 주인공인 周 穆王이

蓋穆天子傳은 道里悠遠山川諫之下의 郭璞注也라 今本에 乃改正文作間하고 注作間音諫하야 殊誤러니 此書亦是以諫爲間이라 凌本遽改作間하니 其誤亦同이라

○盧文弨 : '諫'은 凌本에 '間'으로 되어 있다. 살펴보건대 ≪顏氏家訓≫ 〈音辭篇〉에 "≪穆天子傳≫에 '諫'의 음을 '間'이라 하였다."라고 되어 있으니, 〈이 내용은〉 ≪穆天子傳≫ 권3 〈古文〉에 '道里悠遠山川諫之(산천 사이의 도로가 멂)'라는 문장 아래에 달린 郭璞의 注이다. 〈≪穆天子傳≫의〉 今本에 마침내 바른 글자(諫)를 고쳐 '間'으로 만들고 注에 '間'의 음은 '諫'이라고 만들어 아주 그르쳤는데 이 책에서도 '諫'을 '間'으로 만들었다. 凌本에 느닷없이 '諫'을 '間'으고 고쳤으니 그 잘못이 똑같다.

31-158 荊王使人之秦한대 秦王甚禮之하다 王曰 敵國有賢者는 國之憂也라 今荊王之使者甚賢하니 寡人患之하노라 群臣諫曰 以王之賢聖과 與國之資厚로 願荊王之賢人인댄 王何不深知之而陰有之[114)]니잇고

楚王이 사람을 秦나라에 사신으로 보내자 秦王이 그를 매우 예우하였다. 진왕이 "상대국에 賢人이 있는 것은 우리나라의 근심거리이다. 지금 초왕이 보낸 사신은 매우 賢明하니 寡人은 걱정이 된다."라고 하였다. 신하들이 諫하여 "대왕의 賢聖하심과 우리나라의 풍부한 재물을 가지고 초왕 수하의 현인을 원하신다면 대왕께서는 어찌 그와 깊은 交分을 맺어 몰래 그를 머물러두어 〈우리를 돕게 하지〉 않습니까?

○王先謙曰 深知之는 猶言深結之라 先愼曰 陰은 當作陽이니 字之誤也라 陽與佯通이라

○王先謙 : '深知之'는 '深結之(깊은 교분을 맺음)'라는 말과 같다.
王先愼 : '陰'은 응당 '陽'이 되어야 하니, 글자가 잘못된 것이다. '陽'과 '佯(거짓)'은 통용한다.

黃河의 水源으로 가는 여행길에 올랐다가 겪는 일을 그렸다. 東晉 시기 학자 郭璞의 주석이 달려 있다.

114) 陰有之 : 王先愼의 설을 따르지 않고, ≪韓非子新校注≫에서 陳奇猷는 吳汝綸의 설을 인용하여 "'陰有之'는 몰래 그와 서로 통하는 것이 머물러두는 일과 같다." 하였기에 이를 따라 번역하였다.

31-159 **荊以爲外用也**하야 **則必誅之**하리이다

楚나라는 그가 外國에 이용당했다고 여겨 반드시 주살할 것입니다."라고 하였다.

31-160 **仲尼爲政於魯**에 **道不拾遺**하니 **齊景公**[115]**患之**하다 (棃)〔犂〕**且**(저)**謂景公曰**

仲尼가 魯나라의 政事를 다스릴 적에 〈교화가 점차 이루어져서 길을 가는 사람들이〉 길에 떨어진 물건을 줍지 않으니, 齊 景公이 우려하였다. 犂且가 경공에게 일러

○**盧文弨曰 孫云後漢書馮衍傳注**에 **引作犂鉏**라하니라 **顧廣圻曰 上文**에 **作棃**하고 **下文**에 **作犂**하니 **犂是也**라 **今本**에 **皆作棃**하니 **非**라 **史記孔子世家**에 **作犂鉏**하니라 **先愼曰 御覽四百七十八**에 **引作棃鉏**하고 **意林**에 **作棃且**라

○盧文弨 : 孫詒讓은 "≪後漢書≫ 〈馮衍傳〉의 注에 이 글을 인용하면서 〈'犂且'가〉 '犂鉏'로 되어 있다."라고 하였다.

顧廣圻 : 윗글(31-26)에는 '棃'로 되어 있고, 아래 글(31-163)에는 '犂'로 되어 있으니 '犂'가 옳다. 今本에 모두 '棃'로 되어 있으니 옳지 않다. ≪史記≫ 〈孔子世家〉에 '犂鉏'로 되어 있다.

王先愼 : ≪太平御覽≫ 권478에 이 글을 인용하면서 '棃鉏'로 되어 있고, ≪意林≫ 권1에는 '棃且'로 되어 있다.

31-161 **去仲尼**는 **猶吹毛耳**니 **君何不迎之以重祿高位**하고 **遺哀公**[116]**女樂**(악)하야 **以驕**(榮)〔熒〕**其意**니잇고

"仲尼를 〈魯나라에서〉 떠나게 하는 일은 털을 불어 날리는 것처럼 쉽습니다. 임금께서는 어찌 많은 녹봉과 높은 지위로 그를 맞이해오고, 魯 哀公에게는 女樂을

---

115) 齊景公 : 춘추시대 齊나라의 君主이다. 齊 靈公의 아들로 姓은 姜, 이름은 杵臼이다. 그의 兄 莊公을 시해한 崔杼에 의해 君位에 올랐다. 집정 후기에 晏嬰을 相國으로 삼아 나라가 오래도록 안정되었다.

116) 哀公 : 춘추시대 魯나라의 제26대 君主이다. 定公의 아들로 이름은 蔣이다. 公室을 핍박하는 季孫氏를 제거하려다가 三桓의 공격을 받아 齊나라로 망명하였다. 晉나라의 도움을 받아 노나라로 들어가려고 하였으나 계손씨의 방해로 성공하지 못하고 진나라의 乾侯에서 죽었다.

보내주어 그 마음을 교만하고 眩惑되게 하지 않습니까?

○盧文弨曰 哀字譌라 後漢書注에 引君何不遺魯君以女樂이라 此在定公時어늘 云哀公하니 皆誤라 王渭曰 榮은 當作熒이니 下文以榮其意同이라 先愼曰 哀公은 後漢注引同하니 明此韓非子傳聞偶誤요 非字譌也라 後漢注에 上作定하고 下作哀하니 不足爲據라

齊人歸女樂圖

○盧文弨 : '哀'는 글자가 잘못되었다. ≪後漢書≫ 〈馮衍傳〉의 注에 이 글을 인용하면서 '君何不遺魯君以女樂(임금께서는 어찌 魯君에게 여악을 보내주지 않습니까.)'이라고 하였다. 이 일은 魯 定公 때 있었던 일인데 여기서 哀公이라고 한 것은 모두 잘못되었다.

王渭 : '榮'은 응당 '熒'이 되어야 하니 아래 글(31-177)의 '以榮其意'도 똑같이 〈'榮'이 '熒'으로 되어야 한다.〉

王先愼 : '哀公'은 ≪後漢書≫ 〈馮衍傳〉의 注에 인용한 글과 같으니, 이는 韓非子가 전해들은 것이 우연히 잘못된 것이지 글자가 잘못된 것은 아님이 분명하다. ≪후한서≫ 〈풍연전〉의 注에 위는 '定'으로 되어 있고 아래는 '哀'로 되어 있으니 의거하기에 부족하다.

31-162 哀公新樂之면 必怠於政하리니 仲尼必諫이요 諫

哀公이 새로 〈여악을 얻어〉 즐거움에 빠지면 반드시 政事를 태만히 할 것이니, 仲尼는 반드시 諫할 것이고 간하여도 〈따르지 않으면〉

○盧文弨曰 後漢書注에 引有而不聽三字라

○盧文弨 : ≪後漢書≫ 〈馮衍傳〉의 注에 이 글을 인용하면서 '而不聽' 세 글자가 있다.

31-163 必輕絶於魯하리이다 景公曰 善하다 乃令犂且以女樂二八遺哀公하니

〈仲尼는〉 반드시 魯나라와의 관계를 쉽게 끊어버릴 것입니다."라고 하였다. 景公은

"훌륭한 말이요" 하고는, 이내 犂且를 시켜 여악 16인을 애공에게 보내도록 하니,

○先愼曰 各本에 二八字作六字라 盧文弨云 意林에 亦作六하니 疑皆二八兩字之譌라 太平御覽五百七十一에 引家語作好女子二八이나 今家語作八十하니 疑後人以史記之文改之라 八十人太多하고 六人太少하니 卽非二八이면 亦是八人이라야 方成舞列이라 下晉遺虞亦同이라하니라 先愼案 六字乃二八二字之誤니 御覽四百七十八에 引正作二八일새 今據改하노라

○王先愼 : 각 본에 '二八'자가 '六'자로 되어 있다. 盧文弨는 "≪意林≫ 권1에도 '六'자로 되어 있으니 아마 모두 '二八' 두 자의 잘못인 듯하다. ≪太平御覽≫ 권571에 ≪孔子家語≫ 권5의 글을 인용하면서 '好女子二八(예쁜 여자 16인)'로 되어 있으나 현재의 ≪孔子家語≫에는 '八十'으로 되어 있으니, 아마 후세 사람이 ≪史記≫ 〈孔子世家〉의 글을 가지고 고친 듯하다. 80인은 너무 많고 6인은 너무 적으니, 만일 16인이 아니면 역시 8인이라야 비로소 춤추는 대열이 이루어진다. 아래(31-177)의 晉나라가 虞나라에 〈여악 16인을〉 보내준 것도 같다."라고 하였다. 나는 살펴보건대 '六'자는 곧 '二八' 두 글자가 잘못된 것이니, ≪太平御覽≫ 권478에 이 글을 인용하면서 바로 '二八'로 되어 있기 때문에 지금 이에 의거하여 고쳤다.

31-164 哀公樂之하야 果怠於政하다 仲尼諫호되 不聽이어늘 去而之楚하다

哀公이 〈여악의 歌舞를〉 즐기면서 결국 정사에 태만하였다. 仲尼가 간하였으나 따르지 않자 〈魯나라를〉 떠나 楚나라로 갔다.

○先愼曰 後漢注에 作遂去之三字하고 御覽에 引作去而之齊라

○王先愼 : ≪後漢書≫ 〈馮衍傳〉의 注에 '遂去之(마침내 노나라를 떠났다.)' 세 글자로 되어 있고, ≪太平御覽≫ 권478에 이 글을 인용하면서 '去而之齊(노나라를 떠나 제나라로 갔다.)'로 되어 있다.

31-165 楚王謂干象曰

楚王이 干象에게 일러

○顧廣圻曰 史記甘茂傳에 作范蜎(현)이어늘 徐廣云 一作蠉(현)이라하고 索隱云 戰

國策에 一作蝝(연)字라하나 今楚策作環이라 先愼曰 汲古閣文選過秦論李注에 引干象作于象하니 干于字形相近而誤라 吳鼒云 宋槧一卷中에 前作于하고 後作干이라 查姓氏急就篇[117]注하니 楚有干象하니 不誤라

○顧廣圻 : ≪史記≫ 〈甘茂傳〉에 〈'干象'이〉 '范蜎'으로 되어 있는데, 〈'范蜎'의 '蜎'을〉 徐廣은 "어떤 본에는 '蠉'으로 되어 있다."라 하였고, ≪史記索隱≫에는 "≪戰國策≫ 〈楚策〉의 어떤 본에 '蝝'자로 되어 있다."라고 하였으나 지금의 ≪戰國策≫ 〈楚策〉에는 '環'으로 되어 있다.

王先愼 : 汲古閣本 ≪文選≫ 〈過秦論〉의 李善 注에 이 글을 인용하면서 '干象'이 '于象'으로 되어 있으니, '干'과 '于'는 字形이 서로 비슷하여 잘못된 것이다. 吳鼒는 "宋나라 刻本의 한 卷 안에 앞에는 '于'로 되어 있고 뒤에는 '干'으로 되어 있다. ≪姓氏急就篇≫의 注를 조사해본 결과 楚나라에 '干象'이 있으니 잘못되지 않았다.

31-166 吾欲以楚扶甘茂而相之秦하노니 可乎아 干象對曰 不可也니이다 王曰 何也오 曰 甘茂少而事史擧先生하니 史擧는 上蔡[118]之監門[119]也니이다 大不事君하고 小不事家하야 以苛刻聞天下어늘 茂事之하야 順焉하니이다 惠王[120]之明과 張儀[121]之辨也에 茂事之하야 取十官而免於罪하니 是茂賢也니이다 王曰 相人敵國而(相)賢이어늘 其不可는 何也오

"나는 楚나라의 국력으로 甘茂를 지원하여 秦나라의 相國이 되게 하려고 하는데 되겠는가?"라고 말하였다. 干象은 "안 됩니다."라고 대답하였다. 楚王이 "무엇 때

---

117) 姓氏急就篇 : 宋나라의 王應麟이 저술한 姓氏 一覽으로, 漢 元帝 때 黃門令을 지낸 史游의 저술인 ≪急就篇≫의 체제를 모방하여 2권으로 완성하였다. ≪四庫全書提要≫에서는 이 책이 姓氏를 기록하는 것을 주로 삼았으나, 名物을 나열하고 典故를 함께 엮어서 그 뜻이 소상하고 능통하였으므로 小學의 자료가 될 만하다고 평하였다.

118) 上蔡 : 옛날 蔡나라 땅으로, 지금의 河南省 上蔡縣 서남쪽 10리쯤에 있었다.

119) 監門 : 문을 지키는 일을 맡은 낮은 관리이다.

120) 惠王 : 전국시대 秦나라의 惠文君을 말한다. 이름은 駟이고, 시호는 惠文인데 孝公의 아들이다. 蜀을 멸망시키고 魏나라의 上郡 15縣을 돌려받았으며, 楚나라의 漢中 6백여 리를 侵奪하여 國勢를 키웠고, 秦나라에서 처음으로 王이라 칭하였기 때문에 惠王이라 부른다.

121) 張儀 : 전국시대 魏나라 사람이다. 蘇秦과 함께 鬼谷子에게 수학하였다. 秦 惠王을 위해 소진의 合從說을 반대하여 列國이 秦나라를 섬겨야 한다는 連衡說을 주장하였으나 惠王이 죽은 뒤 신하들의 참소로 인해 실현되지 못하였다. 뒤에 秦나라를 떠나 魏나라에 가서 宰相이 되었다.

문에 그렇소?"라고 물었다. 간상은 "감무는 젊을 때 史擧 선생을 스승으로 섬겼는데 사거는 上蔡의 문지기〔監門〕였습니다. 크게는 君主를 섬기지 않았고 작게는 집안일을 하지 않아서 각박한 행실로 천하에 이름이 났는데 감무가 그런 사람을 스승으로 섬겨 〈그의 각박한 행실을〉 따랐습니다. 秦 惠王의 밝은 지혜와 張儀의 명확한 판단 아래에서 감무는 그들을 섬겨 열이나 되는 많은 관직을 얻었으면서도 너끈히 죄에서 벗어났으니 이는 감무가 현명하기 때문입니다."라고 대답하였다. 초왕이 "사람을 상대국의 상국으로 만들려고 할 적에는 현명한 사람을 보내는 법인데 그것이 안 된다고 하는 것은 무엇 때문이오?"라고 물었다.

○先愼曰 賢上相字衍이라

○王先愼 : '賢' 위의 '相'자는 衍文이다.

31-167 干象曰 前時에 王使邵滑[122)]之越하야

干象이 "지난날 대왕께서 邵滑을 越나라에 가게 하여

○顧廣圻曰 徐廣云 滑은 一作涓이라하고 策無邵字라 先愼曰 史記甘茂傳에 作召하고 賈誼新書에 亦作召하며 秦本紀에 作昭하고 楚策에 作卓하며 趙策에 作淖하니 召昭卓淖는 皆一聲之轉이라 李善文選過秦論注에 引此亦作召하니 召邵古通이라

○顧廣圻 : 徐廣은 "'滑'은 어떤 본에 '涓'으로 되어 있다."라고 하였고, ≪戰國策≫ 〈楚策〉에는 '邵'자가 없다.

王先愼 : ≪史記≫ 〈甘茂傳〉에 '召'로 되어 있고, 賈誼의 ≪新書≫에도 '召'로 되어 있으며, ≪史記≫ 〈秦本紀〉에 '昭'로 되어 있고, ≪戰國策≫ 〈楚策〉에 '卓'으로 되어 있으며, ≪戰國策≫ 〈趙策〉에 '淖'로 되어 있으니, '召'·'昭'·'卓'·'淖'는 모두 같은 소리가 바뀐 것이다. ≪文選≫ 〈過秦論〉의 李善 注에 이 글을 인용하면서 또한 '召'로 되어 있으니, '召'와 '邵'는 예전에 통용하였다.

31-168 五年而能亡越하니이다

5년 만에 越나라를 멸망시킬 수 있었습니다.

---

122) 邵滑 : 전국시대 楚나라 사람인데 遊說에 뛰어났다고 한다. 召滑로도 쓴다.

○先愼曰 文選注에 引亡越作盛之[123]라

○王先愼 : ≪文選≫ 〈過秦論〉의 李善 注에 이 글을 인용하면서 '亡越'이 '盛之'로 되어 있다.

31-169 所以然者는 越亂而楚治也니 日[124]者知用之越이어늘

그리 된 까닭은 당시 越나라는 혼란하였고 楚나라는 잘 다스려졌기 때문입니다. 지난날엔 월나라에 이런 계책을 쓸 줄 아셨는데

○王先謙曰 日字는 疑昔脫其半이라

○王先謙 : '日'자는 아마 '昔'의 반이 탈락된 듯하다.

31-170 今忘之秦하시니 不亦太亟忘乎잇가

〈그때와 형세가 달라진〉 지금 秦나라에는 〈그런 경험을〉 잊으셨으니 지나치게 빨리 잊으신 것이 아니겠습니까?"라고 하였다.

○先愼曰 乾道本에 兩忘字作亡이라 顧廣圻云 當依策作忘이라하니라 先愼按 張榜本作忘일새 今據改하노라

○王先愼 : 乾道本에 두 '忘'자가 '亡'으로 되어 있다. 顧廣圻는 "응당 ≪戰國策≫ 〈楚策〉에 의거하여 '忘'이 되어야 한다."라고 하였다. 내가 살펴보건대 張榜本에 '忘'으로 되어 있기 때문에 지금 이에 의거하여 고쳤다.

31-171 王曰 然則爲之奈何오 干象對曰 不如相共立[125]이니이다 王曰 共立可相은 何也오 對曰 共立少見愛幸하고 長爲貴卿하야 被王衣[126]하고

---

123) 盛之 : 文淵閣四庫全書本 ≪文選≫ 〈過秦論〉에는 '成之'로 되어 있다.

124) 日 : 王先謙의 說을 따르지 않고 ≪韓非子新校注≫에서 '日者'를 '往日(지난날)'로 본 高亨의 설을 따라 번역하였다.

125) 共立 : 전국시대 秦나라 사람 이름이다. ≪戰國策≫ 〈楚策〉에는 公孫郝(학)으로 되어 있는데, 秦나라의 公子로서 당시에 楚나라의 인질이 되어 초나라에 머물고 있었다고 하였다.

126) 王衣 : 兪樾의 說을 따르지 않고, ≪韓非子新校注≫에서 陳奇猷가 "'王衣'는 곧 秦王의 옷이다."라고 한 설을 따라 '秦王의 옷'으로 번역하였다.

楚王이 "그렇다면 어떻게 해야 되겠소?"라고 물었다. 干象은 "共立을 〈秦나라의〉 상국으로 삼는 것만 못합니다."라고 대답하였다. 초왕이 다시 "공립을 상국으로 삼을 만한 것은 무엇 때문이오?"라고 물었다. 간상이 "공립은 어릴 적에는 秦王의 총애를 받았고, 장성해서는 높은 卿이 되어 진왕의 옷을 입고

○兪樾曰 王當作玉이라 三國志魏文帝紀注云 舜承堯禪하야 被珍裘[127]라하니 玉衣는 猶云珍裘矣라 古人於美好之物에 皆曰玉하야 食言玉食하고 衣言玉衣라하니 其義同也라 此與下文之握玉環本同이어늘 作王은 後人不解而臆改耳라

○兪樾 : '王'은 응당 '玉'이 되어야 한다. ≪三國志≫ 〈魏書 文帝紀〉의 裴松之 注에 "舜이 堯의 禪位를 받아 珍裘(진귀한 갖옷)를 입었다."라고 하였으니, 玉衣는 珍裘라고 말한 것과 같다. 옛사람은 좋은 물건에 모두 玉이라고 하여 좋은 밥을 玉食이라 하고, 좋은 옷을 玉衣라고 하니 그 뜻이 같다. 이는 아래 글의 '握玉環(손에 옥고리를 잡음)'과 본래 같은 구조였는데 〈'玉'자가〉 '王'자가 된 것은 후세 사람이 이를 알지 못하고 억측으로 고친 것이다.

31-172 含杜若[128]하며 握玉環하니 以聽於朝면 且利以亂秦矣리이다

입에는 杜若을 물었으며 손에는 옥고리를 잡고 있으니, 〈이 사람을〉 조정에서 政事를 처리하게 하면 장차 秦나라를 혼란스럽게 하는 데 유리할 것입니다."라고 대답하였다.

杜若

共立은 一云公子赫이라 ○顧廣圻曰 策作公孫赫하고 史記云 向(상)壽라하야 不同也라

舊注 : '共立'을 어떤 책에는 '公子赫'이라고 하였다.
○顧廣圻 : ≪戰國策≫ 〈楚策〉에 '公孫赫'으로 되어 있고, ≪史記≫ 〈甘茂列傳〉에는 '向壽'라고 하여 같지 않다.

127) 珍裘 : 中華書局에서 간행한 標點校勘本 ≪三國志≫ 〈魏書 文帝紀〉의 裴松之 注에는 '珍裘'를 '袗裘'로 校正하였다.

128) 杜若 : 香草의 이름이다.

31-173 **吳攻荊**할새

吳나라가 楚나라를 공격하려고 할 적에

○先愼曰 乾道本에 攻作政이어늘 今從趙本改라

○王先愼 : 乾道本에 '攻'이 '政'으로 되어 있는데 지금 趙本을 따라 고쳤다.

31-174 **子胥使人宣言於荊曰 子期**[129]**用**이면 **將擊之**하고 **子常**[130]**用**이면 **將去之**호리라 **荊人聞之**하고 **因用子常而退子期也**하니 **吳人擊之**하야 **遂勝之**하다

伍子胥가 사람을 보내어 楚나라에 널리 말을 퍼뜨리되 "子期를 任用하면 장차 공격하고 子常을 임용하면 장차 물러갈 것이다."라고 하게 하였다. 초나라 사람이 이 말을 듣고 곧 자상을 임용하고 자기를 물리치니, 오나라 사람이 〈초나라를〉 공격하여 마침내 승리하였다.

31-175 **晉 獻公**이

晉 獻公이

○先愼曰 乾道本에 連上이어늘 今從趙本提行하노라

○王先愼 : 乾道本에 위의 글과 연결되어 있는데 지금 趙本을 따라 줄을 바꾸었다.

31-176 **欲伐虞虢**하야

虞나라와 虢나라를 토벌하려고 하여

○先愼曰 乾道本에 無欲字라 盧文弨云 一本에 作欲伐虞나 案經是虞虢이라하니라 先愼案 乾道本에 脫欲字하고 一本에 脫虢字耳라 御覽三百五와 又四百七十八五

129) 子期 : 춘추시대 楚나라의 大臣 公子結의 字이다. 楚 平王 때 司馬에 임명되어 정치와 전쟁에 수완이 있었다. 子期의 '期'는 '綦'·'旗'로도 쓴다.

130) 子常 : 춘추시대 楚나라 令尹을 지낸 囊瓦의 字이다. 費無忌의 참소를 듣고 郤宛을 자살하게 하였고, 재물에 대한 욕심이 많아 과도한 탐욕이 諸侯들에게까지 알려졌다. 吳나라와 蔡나라의 연합군에 패배하여 鄭나라로 달아났다.

百六十八에 **引作欲伐虞虢**일새 **今據補**하노라

○王先愼 : 乾道本에 '欲'자가 없다. 盧文弨는 "어떤 본에 '欲伐虞'로 되어 있으나 앞의 經文(31-26)을 살펴보건대 바로 '虞虢'이다."라고 하였다. 내가 살펴보건대 건도본에 '欲'자가 탈락되었고, 어떤 본에는 '虢'자가 탈락되었다. ≪太平御覽≫ 권305・권478・권568에 이 글을 인용하면서 '欲伐虞虢'으로 되어 있기 때문에 지금 이에 의거하여 보충하였다.

31-177 乃遺之屈産之乘[131)]과 垂棘之璧[132)]과 女樂(악)二八하야 以(榮)〔熒〕其意而亂其政하다

곧 屈邑에서 생산되는 네 마리 良馬와 垂棘에서 나는 璧玉과 女樂 16인을 〈虞公에게〉 보내어 그의 마음을 현혹시키고 그의 政事를 혼란하게 하였다.

○先愼曰 各本에 **二八字作六字**어늘 **今據御覽引改**하노라 **榮**은 **當作熒**이라

○王先愼 : 각 본에 '二八'자가 '六'자로 되어 있는데 지금 ≪太平御覽≫ 권568에 이 글을 인용한 것에 의거하여 고쳤다. '榮'은 응당 '熒'이 되어야 한다.

31-178 叔向[133)]之讒萇弘也에

叔向이 萇弘을 참소할 적에

○王渭曰 困學紀聞에 **謂此時叔向死已久**라하니라 **先愼曰 說苑權謀篇**에 **記誅萇宏事**하여 **與本書略同**하니 **蓋古人相傳偶異也**라

○王渭 : ≪困學紀聞≫에 "이때에 叔向이 죽은 지 이미 오래되었다."라고 하였다.

131) 屈産之乘 : 屈에서 나는 良馬를 말한다. 屈은 당시 晉나라의 邑이름이다. 晉나라에는 北屈과 南屈의 두 屈邑이 있었는데 여기의 屈은 北屈로 지금의 山西省 吉縣 동북쪽에 있었다 한다. 1乘은 말 네 필을 이른다.

132) 垂棘之璧 : 垂棘에서 생산되는 碧玉을 말한다. 垂棘은 춘추시대 晉나라의 땅 이름이다. 美玉의 産地로 일컬어졌으나 정확한 위치는 미상이다.

133) 叔向 : 춘추시대 晉나라 大夫 羊舌肸의 字이다. 博識하고 辭令에 뛰어났다. 范宣子가 欒盈을 축출할 때 이복동생 虎의 일에 연루되어 囚禁되었으나 大夫 祁奚의 도움으로 풀려났다. 平公 때 太傅가 되었고, 鄭나라 子産에게 刑書의 鑄造를 반대하는 편지를 보내기도 하였다. 일명 叔肸이라고도 한다.

王先愼：≪說苑≫〈權謀篇〉에 萇宏(萇弘)이 주살당한 일을 기록하여 本書의 기록과 대략 같으니, 옛사람이 서로 전한 기록이 우연히 다른 것이다.

31-179 爲〔書曰〕萇弘(書)[134)]이

거짓 편지를 써서 "萇弘이

○先愼曰 乾道本에 作爲書曰萇弘하고 拾補에 作爲萇弘書하니 盧文弨云 爲書曰萇弘誤라하야늘 今從凌本刪乙하노라

○王先愼：乾道本에 '爲書曰萇弘'으로 되어 있고, ≪群書拾補≫에 '爲萇弘書'로 되어 있으니, 盧文弨는 "'爲書曰萇弘'은 잘못되었다."라고 했기에 지금 凌本을 따라 〈'曰'자는〉 삭제하고 〈'書'자는〉 순서를 바꾸었다.

31-180 謂叔向曰 子爲我謂晉君호되 所與君期者 時可矣어늘 何不亟以兵來오하라

叔向에게 말하기를 '그대는 나를 위하여 晉君에게 「임금과 약속한 일이 현재 그 시기가 무르익었는데 어찌 빨리 군대를 데리고 오지 않는 것입니까?」라고 말해주시오.' 하였다."라고 하였다.

31-181 因佯遺其書周君之庭而急去行하다

그러고는 거짓으로 그 편지를 周君의 뜰에 흘려놓고는 급히 그곳을 떠나버렸다.

○先愼曰 行字當衍이라

○王先愼：'行'자는 응당 衍文으로 보아야 한다.

31-182 周以萇弘爲賣周也라하야 乃誅萇弘而殺之하다

周君은 장홍이 周나라를 〈晉나라에〉 팔아넘겼다고 여기어 곧 장홍을 꾸짖고는

134) 爲〔書曰〕萇弘(書)：王先愼의 說을 따르지 않고 ≪韓非子新校注≫에서 陳奇猷가 "≪說苑≫〈權謀篇〉의 '因佯遺書曰 萇弘謂叔向曰(곧 거짓으로 편지를 보내어 말하기를 "장홍이 숙향에게 이르기를……"이라고 하였다.)'이라고 한 내용과 글 쓴 법이 같다."고 한 설을 따라 '書曰'을 보충하고 '書'를 衍文으로 처리하였다.

죽여버렸다.

○盧文弨曰 凌本에 無此三字라 王先謙曰 而殺之三字句例見前이어늘 凌本에 妄刪이라 先愼曰 難言篇云 萇宏分胣(치)라하니라

○盧文弨 : 凌本에 이 세 글자(而殺之)가 없다.

王先謙 : '而殺之' 세 글자에 대한 文句의 例는 앞(31-84)에 보이는데 凌本에서 함부로 삭제하였다.

王先愼 : 〈難言篇〉에 "萇宏分胣(장홍은 창자가 찢겨졌다.)"라고 하였다.

31-183 鄭桓公[135)]將欲襲鄶할새

鄭 桓公이 鄶나라를 습격하려고 할 적에

○顧廣圻曰 他書에 鄶又作檜會라

○顧廣圻 : 다른 책에는 '鄶'가 '檜'와 '會'로도 되어 있다.

31-184 先問鄶之豪傑良臣辯智果敢之士하야 盡與(거)姓名하야

먼저 鄶나라의 豪傑・良臣과 언변에 능하고 果敢한 사람들을 물어 그들의 성명을 모두 기록하여

○盧文弨曰 張本에 無與字하고 凌本에 作盡與其名姓이라 顧廣圻曰 盡與는 說苑權謀篇에 作書其라 兪樾曰 與當作擧[136)]니 周官師氏의 王擧則從注曰 故書擧爲與라하니 是其例也라 襄二十七年左傳 仲尼使擧是禮也의 釋文에 引沈云 擧는 謂紀錄之也라하니 然則盡擧姓名은 爲悉記錄其姓名矣라

○盧文弨 : 張本에 '與'자가 없고, 凌本에 '盡與其名姓'으로 되어 있다.

135) 鄭桓公 : 周王朝 鄭나라의 受封 君主이다. 姓은 姬, 이름은 友이다. 周 厲王의 작은 아들로, 처음 鄭(지금의 陝西省 華縣 동쪽)에 건국하였다가 王室에 變故가 많은 것을 보고 백성들을 東虢國과 鄶國의 중간 지역으로 옮겼다. 犬戎이 鎬京을 함락시켰을 때 周 幽王과 함께 살해되었다.

136) 與當作擧 : 兪樾은 "'與'는 응당 '擧'가 되어야 한다."고 하였으나, '與'와 '擧'는 옛날 통용했다는 ≪韓非子新校注≫ 陳奇猷의 說을 따라 바꾸지 않았다.

顧廣圻 : '盡與'는 ≪說苑≫ 〈權謀篇〉에 '書其'로 되어 있다.

俞樾 : '與'는 응당 '擧'가 되어야 하니, ≪周禮≫ 〈地官 司徒 下〉 師氏의 '王擧則從(왕이 거동하면 따른다.)'의 注에 "古書에 '擧'는 '與'로 되어 있다."라고 하였으니 이것이 그 사례이다. ≪春秋左氏傳≫ 襄公 27년 '仲尼使擧是禮也(중니께서 이 享禮를 기록하게 하셨다.)'의 ≪經典釋文≫에서 沈文何의 말을 인용하여 "擧는 기록함을 이른다."라고 하였으니, 그렇다면 '盡擧姓名'은 그들의 성명을 모두 기록한 것이다.

31-185 **擇鄶之良田賂之**하고 **爲官爵之名而書之**하다 **因爲設壇場郭門之外而埋之**하고

鄶나라의 좋은 田地를 골라 그들의 〈성명 아래에〉 뇌물로 줄 것을 표시하고, 줄 官爵의 명칭까지 날조해 써놓았다. 그러고는 회나라의 外城門 밖에 盟約하는 祭壇과 마당을 만들고는 〈맹약한 것처럼 날조한 사람들의 명단을〉 묻고

○先愼曰 乾道本에 埋作理라 顧廣圻云 理當作埋라하니라 先愼案 張榜本作埋일새 今據改하노라

王先愼 : 乾道本에 '埋'가 '理'로 되어 있다. 顧廣圻는 "'理'는 응당 '埋'가 되어야 한다."라고 하였다. 내가 생각하건대 張榜本에 '埋'로 되어 있기 때문에 지금 이에 의거하여 고쳤다.

31-186 **釁之以**雞豭하야 **若盟狀**하다 鄶**君以爲內難也**라하야 **而盡殺其良臣**하니 **桓公襲**鄶하야 **遂取之**하다

그 위에 닭과 돼지의 피를 뿌려 맹약을 한 것 같은 흔적을 만들어두었다. 鄶君이 이것을 보고 이들이 내란을 획책한다고 여겨 자기의 良臣들을 전부 죽이니 鄭桓公이 鄶나라를 습격하여 마침내 차지하였다.

〔七〕[137)]

○王先謙曰 七字는 不當有라

137) 〔七〕: '廟攻(31-29)'에 대한 해설을 모은 說이다.

○王先謙 : '匕'자는 응당 있지 않아야 한다.

31-187 **秦侏儒**[138]**善於荊王**하고 **而陰有善荊王左右**하며 **而內重於惠文君**하다

秦나라의 侏儒가 楚王과의 관계가 좋고 몰래 또 초왕의 측근들과도 친밀히 지냈으며 국내에서는 惠文君의 존중을 받았다.

○**先愼曰 有**는 **讀爲又**라

○王先愼 : '有'는 '又'로 읽어야 한다.

31-188 **荊適**[139]**有謀**면 **侏儒常先聞之**하야 **以告惠文君**하다

만일 楚나라에 어떤 계책이 있으면 侏儒가 항상 이를 먼저 듣고는 惠文君에게 알려주었다.

31-189 鄴**令襄疵**[140]

鄴縣의 縣令 襄疵는

○**顧廣圻曰 乾道本藏本**에 **此條在秦侏儒前**하니 **當謁倒也**라 **先愼曰 依經次不誤**니 **顧說非**라

○顧廣圻 : 乾道本과 藏本에 이 조항이 '秦侏儒'의 앞에 있으니 응당 순서가 잘못 바뀐 것으로 보아야 한다.

王先愼 : 經의 차서에 의거하면 잘못되지 않았으니, 고광기의 설은 틀렸다.

31-190 **陰善趙王左右**러니 **趙王謀襲**鄴에 **襄疵常輒聞而先言之魏王**하다 **魏王備之**하니

趙王의 측근들과 은밀히 사이좋게 지내었는데 조왕이 鄴縣을 습격하려는 계책

138) 侏儒 : 지위가 높고 권력 있는 사람에게 즐거움을 제공하는 난쟁이 광대를 말한다.

139) 適 : '若(만약)'과 뜻이 같다.

140) 襄疵 : 전국시대 魏나라의 大臣인데, 이때에는 鄴縣의 縣令을 맡고 있었다.

을 세울 때마다 襄疵가 항상 듣고는 魏王에게 먼저 말해주었다. 위왕이 이를 듣고 대비하니

○先愼曰 乾道本에 不重魏王二字라 盧文弨云 舊不重이나 張凌本皆重이라하야늘 今據補하노라

○王先愼 : 乾道本에 '魏王' 두 글자가 거듭 있지 않았다. 盧文弨는 "예전 本에는 거듭 있지 않았으나 張本과 凌本에 모두 거듭 있다."라고 하였기에 지금 이에 의거하여 보충하였다.

31-191 趙乃(輒還)〔輟行〕하다

趙나라는 이내 出兵하는 일을 중지하고 말았다.

○王念孫曰 輒還當作輟行이니 言趙王知魏之有備하고 而止其行也라 輟字旣譌作輒하니 後人不得其解라 故改輒行爲輒還하니 不知上言趙謀襲鄴이면 則兵尙未出일새 不得言還也라

○王念孫 : '輒還'은 응당 '輟行'이 되어야 하니, '趙王이 魏나라에서 대비하고 있음을 알고 出兵하는 일을 중지했다.'라고 말한 것이다. '輟'자가 이미 '輒'자로 잘못되니 후세 사람이 그 뜻을 알지 못하였다. 그러므로 '輒行'을 고쳐 '輒還'으로 만들었으니, 위에서 "趙나라가 鄴縣을 습격하는 계책을 세웠다."고 말했으면 병력이 아직 출동하지 않았기 때문에 '돌아갔다〔還〕'고 말할 수 없다는 것을 알지 못한 것이다.

31-192 衛嗣君之時에 有人於縣令之左右하다

衛 嗣君 때 縣令의 신변에 사람을 붙여두어 〈감시하게 하였다.〉

○先愼曰 各本脫縣字어늘 據御覽七百九引補하노라

○王先愼 : 각 본에 '縣'자가 탈락되었는데 ≪太平御覽≫ 권709의 인용문에 의거하여 보충하였다.

31-193 縣令發蓐而席弊甚하니

현령이 깔개〔蓐〕를 들추자 자리〔席〕가 매우 낡아 있으니,

○先愼曰 各本令下에 衍有字어늘 據御覽引刪하노라

○王先愼 : 각 본에 '令' 아래에 衍文인 '有'자가 있기에 ≪太平御覽≫ 권709의 인용문에 의거하여 삭제하였다.

31-194 嗣公還(선)令人遺之席하며 曰 吾聞汝今者發蓐而席弊甚이어늘 賜汝席하노라 縣令大驚하야 以君爲神也라하다

嗣公이 즉시 사람을 보내어 현령에게 자리를 주면서 "내가 듣자니 그대가 지금 깔개를 들추자 자리가 매우 낡았다고 하기에 그대에게 자리를 주노라."라고 하였다. 현령은 크게 놀라면서 군주(사군)가 신령스럽다고 여겼다.

第三十二 外儲說 左上篇 제32편 외저설 좌상

君臣간의 문제를 집중적으로 다룬 〈內儲說〉과 달리 〈外儲說〉은 대체로 韓非子 자신의 法術 사상을 중점적으로 전개할 수 있는 항목을 하나하나 별개의 것으로 구분하여 서술하였다. 〈內儲說〉에서는 〈內儲說 上〉에 '七術', 〈內儲說 下〉에 '六微'라고 제목을 붙이고 그 편의 첫머리 經 중에 항목을 드러냈지만, 이러한 형식을 〈外儲說〉 각 편에는 찾아볼 수 없다.

본문의 經文과 說文은 6개 부분으로 나뉘는데, 첫째 부분과 둘째 부분에서는 군주가 신하의 말을 듣고 신하의 행위를 살필 때, '교묘한 변설을 찬미하고〔美其辯〕', '고상한 행위를 훌륭하게 여겨서는〔賢其遠〕' 안 되고 실제 효용을 기준으로 해야 하며, 실제 효용을 기준으로 하지 않을 경우의 폐해에 대해 설명하였다. 셋째 부분에서는 인간의 품성은 이기적이라는 인성론의 관점을 가지고, 나랏일을 볼 때 先王을 모방하지 말 것을 주장하였다. 넷째 부분에서는 농사와 전쟁에 힘쓰지 않는 學士를 예우하지 말고 실질에 맞게 예우할 것을 권고하였다. 다섯째 부분에서는 군주가 신하의 일을 '몸소 수행하는 것〔躬親〕'에 대해 배격하고 군신간의 명분과 직책이 분명히 구분되어야 함을 주장하였다. 여섯째 부분에서는 군주가 신의를 지켜야, 法術이 시행되며 나라가 잘 다스려질 수 있음을 설파하였다.

○先愼曰 索隱云 外儲는 言明君觀聽臣下之言行以斷其賞罰이라 賞罰在彼라 故曰 外也라하니라

○王先愼 : ≪史記索隱≫에 "'外儲'는 현명한 군주가 신하의 言行을 보고 들어서 賞罰을 주는 것에 대해 판단하는 것을 말한다. 賞罰을 받는 것이 저들에게 달려 있기 때문에 '바깥〔外〕'이라고 한 것이다."라고 하였다.

〔經一〕[1)]

32-1 明主之道는 如有若之應密(복)子[2)]也니라

현명한 군주의 道는 有若이 密子(宓子)에게 응답한 것과 같다.

○顧廣圻曰 藏本同이라 今本密作宓이라 案說作宓이니 宓密同字라

○顧廣圻 : 藏本은 같다. 今本에 '密'은 '宓'으로 되어 있다. 살펴보건대 說에는 '宓'으로 되어 있으니, '宓'과 '密'은 同字이다.

32-2 (明)〔人〕[3)]主之聽言也에 美其辯하고 其觀行也에 賢其遠이라 故群臣士民之道言者迂弘하고 其行身也離世니라

군주는 신하의 말을 들을 때 교묘한 변설을 찬미하고, 신하의 행동을 살필 때 고상한 행위를 훌륭하게 여긴다. 그래서 여러 신하들이나 士民들이 하는 말은 심원하고 거창하며 그들의 행동은 세상과 동떨어져 있다.

○王先謙曰 弘은 與閎同이니 迂弘은 與下迂深閎大로 同義라 離世는 謂遠於事情이라

○王先謙 : '弘'은 '閎'과 같으니, '迂弘'은 아래의 '迂深閎大(심원하고 거창하다)'와 같은 뜻이다. '離世'는 사정에 동떨어짐을 말한다.

---

1) 〔經一〕 : 저본에는 '經'자가 없으나, 아래의 說과 구분하기 위하여 보충하였다. 아래의 경우도 같다.

2) 有若之應密(복)子 : 宓子가 魯나라 單父를 다스리면서 몹시 근심하여 몸이 야위었는데, 有若이 그에게 法術을 가지고 다스리도록 충고한 일이다. 아래 32-49~50 참조.

有若은 춘추시대 魯나라 사람이며 孔子의 제자로, 자는 子有이다. 孔門十哲의 한 사람으로, 사람됨이 강직하고 박학다식했으며 옛사람들의 학문을 공부하는 것을 좋아했다고 한다. 공자 사후에 공자의 모습을 닮았다고 하여 공자처럼 섬기려는 이들이 있었을 정도로 孔門에서 비중이 있었다.(≪史記≫〈仲尼弟子列傳〉·≪孔子家語≫)

密子는 춘추시대 魯나라 사람이며, 공자의 제자이다. 이름은 不齊이고 자는 子賤인데, 宓子賤으로 알려져 있다. 單父 지역을 仁으로 다스려, 백성들에게 몹시 존경을 받았다. 그가 스승 공자에게 자신의 정치를 이야기하자 공자는 더 큰 지방도 다스릴 수 있다며 칭찬을 아끼지 않았다.(≪史記≫〈仲尼弟子列傳〉·≪孔子家語≫)

3) (明)〔人〕 : 저본에는 '明'으로 되어 있으나, ≪韓非子新校注≫ 陳奇猷와 ≪韓非子全譯≫ 張覺 등의 설에 의거하여 '人'으로 바로잡았다.

32-3 其說在田鳩對荊王[4]也라 故墨子爲木鳶[5]하고 謳癸築武宮[6]하니 夫藥酒(用)〔忠〕言은 (明君聖主)〔知者明主〕之以獨知也니라

이와 관련된 이야기로 田鳩가 楚〔荊〕나라 왕에게 대답한 것을 들 수 있다. 그래서 墨子는 나무로 된 솔개를 만들었고 가수 癸는 武宮을 지었으니, 약이 되는 술과 충성스런 말은 지혜로운 자와 현명한 군주만이 알 수 있는 것이다.

○顧廣圻曰 藏本同이라 今本에 君作在니 誤라 先愼曰 用은 張榜本에 作無라 案用은 當作忠이라 明君聖主는 當作知者明主라 謂藥酒忠言은 知者明主之所以獨知也라 下說良藥苦於口나 知者勸而飮之하고 忠言拂於耳나 而明主聽之 是其證이라

○顧廣圻 : 藏本은 같다. 今本에 '君'은 '在'로 되어 있으니 잘못되었다.

王先愼 : '用'은 張榜本에 '無'로 되어 있다. 살펴보건대 '用'은 '忠'이 되어야 한다. '明君聖主'는 '知者明主'가 되어야 한다. 藥酒와 忠言은 지혜로운 자와 현명한 군주만이 알 수 있는 것이다. 아래에 '좋은 약은 입에 쓰지만 지혜로운 자〔知者〕는 기꺼이 마시고, 충성스런 말은 귀에 거슬리지만 현명한 군주〔明主〕는 들어준다.'라고 한 것이 바로 그 증거이다.

〔經二〕

32-4 人主之聽言也에 不以功用爲的이면

---

4) 田鳩對荊王 : 楚나라 왕이 田鳩에게 墨子의 언변이 유창하지 못한 점에 대해 묻자, 秦伯이 딸을 晉나라에 시집보낼 적에 딸 대신 몸종만 화려하게 꾸며서 보낸 고사와, 鄭나라 사람이 楚나라 사람에게 진주를 사면서 진주를 담은 화려한 상자를 사고 진주를 돌려보낸 고사를 인용하여 말보다 실질이 중요하다고 대답한 일이다. 아래 32-51~59 참조. 田鳩는 전국시대 齊나라 사람으로, 墨翟의 제자이다. 田俅라고도 한다.(≪呂氏春秋≫ 〈首時篇〉)

5) 墨子爲木鳶 : 墨子가 3년에 걸쳐 만든 나무 솔개가 하루를 날고는 부서지자 제자에게 실제 쓰임을 놓고 보면 그것이 수레의 끌채를 만드는 재주만 못하다고 말한 일이다. 아래 32-60~63 참조. 墨子는 墨家學派의 창시자인 墨翟의 존칭이다. 전국시대 魯나라 사람으로 宋나라 대부를 지냈다. 차별이 없는 兼愛를 설파하고 재화를 절약하는 節用, 전쟁을 배격하는 非攻 등을 주장하였다.(≪史記≫ 〈孟子荀卿列傳〉)

6) 謳癸築武宮 : 宋나라 왕이 武宮을 쌓으면서 癸에게 노래를 부르게 함으로써 일의 진척이 있었는데, 癸가 자기 스승 射稽를 소개하여, 그에게 노래를 부르게 하자 훨씬 더 일이 진척되었다는 일이다. 아래 32-64~67 참조. '謳'는 노래 부르는 사람이고, '癸'는 인명이다.

군주가 신하의 말을 들을 적에 실제 효용을 기준으로 삼지 않으면,

○先愼曰 用爲는 張榜本에 作爲用이니 誤라 此與下不以儀的爲關으로 相對爲文이라

○王先愼 : '用爲'는 張榜本에 '爲用'으로 되어 있으니, 잘못되었다. 이 句는 아래의 '不以儀的爲關'과 서로 대가 되는 문장이다.

32-5 則說者多棘刺白馬之說[7]이요 不以儀的爲關이면 則射者皆如羿[8]也니라

말하는 자는 대부분 가시나무 끝에 원숭이를 새긴다거나 白馬는 말이 아니라는 궤변을 펼칠 것이며, 〈활을 쏘면서〉 정해진 과녁을 맞히는 것을 기준으로 삼지 않으면, 활 쏘는 자가 모두 명궁 羿처럼 될 것이다.

○先愼曰 儀는 準也니 見國語周語注라

○王先愼 : '儀'는 '準(표준)'이니, ≪國語≫ 〈周語〉의 注에 보인다.

32-6 人主於說(세)也 皆如燕王學道[9]也요 而長說者 皆如鄭人爭年[10]也라 是以言有纖察微難은 (而)非務也라

군주가 유세를 듣는 것이 모두 燕나라 왕이 도를 배우는 것처럼 하고, 유세를 장황하게 펼치는 것은 모두 鄭나라 사람이 나이를 가지고 다투는 것처럼 한다. 이

---

7) 棘刺白馬之說 : '棘刺'는 宋나라 사람이 燕나라 왕을 위해 가시나무 끝에 원숭이를 조각하겠다고 속인 것을 가리키며, '白馬'는 宋나라 변론가 兒說이 '白馬非馬(백마는 말이 아니다.)'라는 논리를 펼쳤으나 관문을 지날 때는 백마에 매겨진 세금을 냈다는 것을 가리킨다. 아래 32-70~89 참조.

8) 不以儀的爲關 則射者皆如羿 : 활을 쏠 때 표적을 정해놓고서 활쏘기 능력을 평가하는 것처럼 군주가 유세객을 대할 때도 속임수를 당하지 않으려면 법도를 세워야 한다는 것이다. 아래 32-92~102 참조. 羿는 夏나라 때 전설상의 인물로, 東夷族인 有窮氏의 군주이며, 弓術의 명인이다.

9) 燕王學道 : 燕나라 왕에게 죽지 않는 방법을 가르쳐주겠다고 하는 빈객이 있어서 왕이 사람을 보내 배우게 하였는데, 배우러 간 자가 다 배우기도 전에 빈객이 죽으니, 왕이 크게 노해서 배우러 간 자를 죽인 일이다. 아래 32-103 참조.

10) 鄭人爭年 : 鄭나라 사람이 서로 나이가 많다고 싸우며 끝까지 우긴 일이다. 아래 32-104~107 참조.

때문에 말을 자세하고 꼼꼼하며 미묘하고 어렵게 하는 것은 힘써 할 일이 아니다.

○王先謙曰 以下文例之컨대 而字는 當衍이라

○王先謙 : 아래 글의 예로 보건대 '而'자는 응당 衍文이 되어야 한다.

32-7 故(李)〔季〕惠宋墨은 皆畫(策)〔莢〕[11)]也니라

그러므로 季良・惠施・宋鈃・墨翟의 학설은 모두 깍지에 그림을 그린 것일 뿐이다.

○顧廣圻曰 李는 當作季니 季良[12)]惠施[13)]宋鈃[14)]墨翟也라

○顧廣圻 : '李'는 '季'가 되어야 하니, 季良・惠施・宋鈃・墨翟이다.

32-8 論有迂深閎大는 非用也라

이론이 심원하고 거창한 것은 쓸모가 없다.

○先愼曰 乾道本에 無迂字라 顧廣圻云 今本에 有라하니 今據補하노라

○王先愼 : 乾道本에 '迂'자가 없다. 顧廣圻는 "今本에는 있다."라고 하였으니, 지금 이에 의거하여 보충하였다.

32-9 故(畏震)〔魏長〕[15)]瞻(車狀)〔陳莊〕[16)]은 皆鬼魅[17)]也니라

---

11) 畫(策)〔莢〕: 周나라 군주를 위해 투명한 식물의 깍지에 그림을 그린 자가 있었는데, 쓰임새를 놓고 보면 보통 옻칠한 깍지와 똑같다는 것을 가리킨다. 저본에는 '策'으로 되어 있으나, ≪韓非子新校注≫ 陳奇猷의 설에 의거하여 '莢'으로 고쳤다. 아래 32-108~111 참조.

12) 季良 : 전국시대 초기 楊朱學派의 대표 인물이다. 季梁이라고도 한다.

13) 惠施 : 전국시대 宋나라 사람으로, 魏나라에서 벼슬하여 惠王 때 재상을 지냈다. 名家學派의 대표자이다.

14) 宋鈃 : 전국시대 초기 黃老學派의 대표 인물이다. 宋牼 또는 宋榮子라고도 한다. 모욕을 당해도 치욕스럽게 생각하지 않고 非攻을 주장하였다고 한다.

15) (畏震)〔魏長〕: 顧廣圻는 '震'이 '處'자가 되어야 한다고 하였는데, 곧 處子는 ≪漢書≫ 〈藝文志〉에 法家 계열의 학자로 나온다. 이 구절은 道家에 대해 논하고 있는 것이므로, '震'은 '長'이 되어야 한다고 한 ≪韓非子新校注≫ 陳奇猷와 ≪韓非子全譯≫ 張覺의 설에 의거하여

그러므로 魏牟・長盧子・瞻何・陳駢・莊周의 학설은 모두 귀신이나 도깨비 같다.

○顧廣圻曰 畏는 當作魏니 魏牟[18]也라 聲近誤라 震은 當作處라 瞻何[19]는 莊子讓王篇釋文云 瞻子는 賢人也라하니라 淮南에 作詹이라 車는 當作陳이니 陳駢[20]也라 形近誤라 狀皆는 當作皆狀이라

○顧廣圻 : '畏'는 '魏'가 되어야 하니, 魏牟이다. 음이 비슷해서 잘못된 것이다. '震'은 '處'가 되어야 한다. 瞻何는 ≪莊子≫ 〈襄王篇〉의 ≪經典釋文≫에 "瞻子는 賢人이다."라고 하였다. ≪淮南子≫에 '詹'으로 되어 있다. '車'는 '陳'이 되어야 하니, 陳駢이다. 字形이 비슷해서 잘못된 것이다. '狀皆'는 '皆狀'이 되어야 한다.

32-10 (言而)〔行有〕拂難堅確은 非功也라

실천에서 어려움을 아랑곳하지 않고 고집을 피우는 것은 아무런 실효가 없다.

○顧廣圻曰 言而當作行有라

○顧廣圻 : '言而'는 '行有'가 되어야 한다.

32-11 故務卞鮑介(墨翟)〔田仲〕은 皆堅瓠[21]也니라

그러므로 務光・卞隨・鮑焦・介之推・田仲은 모두 단단한 표주박과 같다.

○顧廣圻曰 務光[22]卞隨[23]鮑焦[24]介之推[25]也라 墨翟二字는 有誤요 或當作申徒

'長'으로 바로잡았다. '長'은 長盧子를 가리키는데, 長盧子는 ≪漢書≫ 〈藝文志〉에 道家 계열의 학자로 나온다.

16) (車狀)〔陳莊〕 : 顧廣圻는 '狀'이 '皆'자의 뒤에 있어야 한다고 하였으나, '狀'은 '莊'이 되어야 한다고 한 ≪韓非子新校注≫ 陳奇猷와 ≪韓非子全譯≫ 張覺 등의 설에 의거하여 '莊'으로 바로잡았다. '莊'은 '莊周'를 가리키는 것으로 보인다.

17) 鬼魅 : 齊나라 왕을 위해 그림을 그리는 자가 흔히 볼 수 있는 개와 말은 그리기 쉽고 누구도 본 적이 없는 귀신을 그리기 쉽다고 한 것을 가리킨다. 아래 32-112~115 참조.

18) 魏牟 : ≪漢書≫ 〈藝文志〉에 魏公子 牟라고 나온다.

19) 瞻何 : 道家 계열의 학자로, ≪淮南子≫ 〈原道訓〉에는 '詹何'로 나온다.

20) 陳駢 : 齊나라 출신으로 田駢이라고도 한다. 역시 道家 계열의 학자이다.

21) 堅瓠 : 宋나라 屈穀이, 齊나라 은사 田仲이 남에게 의지해 먹지는 않으나 나라에 이로움이 없는 것을 쓸모없는 단단한 표주박에 비유한 것을 가리킨다. 아래 32-116~126 참조.

狄이라 **先愼曰 墨翟**은 **卽田仲**[26] **之譌**라 **下說屈穀獻堅瓠於田仲**이 **卽此**라

○顧廣圻 : 務光・卞隨・鮑焦・介之推이다. '墨翟' 두 자는 잘못이 있거나 혹 '申徒狄'이 되어야 한다.

王先愼 : '墨翟'은 '田仲'의 잘못이다. 아래 說의 屈穀이 田仲에게 단단한 표주박을 바쳤다는 이야기에 나오는 사람이 바로 이 사람이다.

32-12 且虞慶은 詘匠(也)而屋壞[27] 하고

또한 虞慶은 匠人을 설복시켜 〈집을 지었으나〉 집이 무너졌고,

○**先愼曰 也字**는 **衍文**이라 **此與下句**로 **相對成文**이니 **不當有也字**라

○王先愼 : '也'자는 衍文이다. 이 구는 아래 구와 상대하여 문장을 이루었으니, '也'자가 있어서는 안 된다.

32-13 范且(저)는 窮工而弓折[28] 이라 是故求其誠者는 非歸餉也不可니라

---

22) 務光 : 夏나라 은자로, 湯이 桀을 친 뒤 천하를 자신에게 양위하려 하자 돌을 짊어지고 蓼水에 뛰어들어 숨어버렸고, 4백 년 뒤 다시 나타나서 武丁이 재상으로 삼으려 하자 은거해 버렸다고 한다.(≪史記≫ 〈伯夷列傳〉)

23) 卞隨 : 夏나라 은자로, 湯이 帝位를 선양했으나 받지 않고 潁水에 몸을 던져 자결했다고 한다.(≪荀子≫ 〈成相〉, ≪史記≫ 〈伯夷列傳〉)

24) 鮑焦 : 춘추시대 周나라 은자로, 세상을 비난하며 홀로 깨끗하게 살았는데, 子貢이 행실을 비난하자 나무를 끌어안고 죽었다.(≪莊子≫ 〈盜跖〉, ≪韓詩外傳≫)

25) 介之推 : 춘추시대 晉나라 사람으로, 介子推라고도 한다. 文公이 망명할 때 19년을 모셨으나 귀국 후에 봉록을 주지 않자 緜山에 은거하였고, 실수를 깨달은 문공이 그가 산에서 나오도록 불을 질렀으나 나오지 않고 타죽었다.(≪春秋左氏傳≫ 僖公 24년, ≪說苑≫ 〈尊賢〉)

26) 田仲 : 전국시대 齊나라 은자로, 陳仲子라고도 하며, 於(오)陵에 살아서 '於陵仲子'라고 불렀다. 형의 녹을 먹지 않고 부귀를 사양하며 남의 땅에 물을 대는 일을 하였다.(≪孟子≫ 〈滕文公 下〉, ≪荀子≫ 〈不苟篇〉)

27) 虞慶 詘匠(也)而屋壞 : 虞慶이 집을 지을 적에 匠人을 굴복시켜 자기 뜻대로 지었으나 결국 집이 무너졌다는 일이다. 아래 32-127~132 참조. 우경은 전국시대 趙나라 사람이다. 孝成王에게 합종책으로 秦나라에 대항하도록 유세하여 上卿에 올랐으므로 虞卿이라고도 한다.(≪史記≫ 〈平原君虞卿列傳〉)

28) 范且(저) 窮工而弓折 : 范且가 활 만드는 공인에게 활 만들기를 가르쳐서 공인이 그에 따라 활을 만들자 부러졌다는 일이다. 아래 32-133~136 참조. 范且는 전국시대 魏나라 사람으

范且는 工人을 몰아붙였으나 활이 부러졌다. 이 때문에 진실한 것을 구하고자 한다면 집에 돌아와 밥을 먹는 것처럼 하지 않으면 안 된다.

○**先愼曰 餉**은 **下說**에 **作饟**이니 **字同**이라

○王先愼 : '餉'은 아래의 說에 '饟'으로 되어 있으니, 같은 글자이다.

〔經三〕

32-14 挾夫相爲則責望이나

서로 남을 위해 일한다는 마음을 품으면 따지거나 원망하지만,

○**顧廣圻曰 藏本同**이라 **今本**에 **挾夫作夫挾**이니 **誤**라

○顧廣圻 : 藏本은 같다. 今本에 '挾夫'는 '夫挾'으로 되어 있으니, 잘못이다.

32-15 自爲則事行이라 **故父子或怨(譟)〔譙〕**하고

자신을 위해 한다고 여길 때는 일을 잘 실행한다. 그러므로 아비와 아들 사이에서도 혹 원망하거나 꾸짖는 일이 있고

○**顧廣圻曰** 譟는 **當依說作**譙라

○顧廣圻 : '譟'는 說에 의거하면 '譙'가 되어야 한다.

32-16 取庸作者進美羹하니라

남을 고용해서 경작을 할 경우에 맛좋은 고깃국을 내놓기도 한다.

32-17 說在文公之先宣言[29]**與句踐之稱如皇**[30]**也**라

로, 자는 叔이다. 范睢라고도 한다. 魏나라에서 모함을 입고 형벌을 받아 허리뼈가 부러져 秦나라로 도망가서 이름을 張祿으로 고쳤다. 秦 昭襄王의 재상이 되어 秦나라의 부국강병을 이끌었다.(≪史記≫ 〈范睢蔡澤列傳〉)

29) 文公之先宣言 : 文公이 宋나라를 정벌하면서 먼저 宋나라 임금의 無道함을 밝히고 백성들

이와 관련된 이야기로 文公이 〈宋나라를 치면서〉 먼저 〈그 나라 군주의 허물을〉 퍼뜨린 일, 句踐이 〈吳나라를 칠 때〉 如皇臺를 지은 것을 일컬은 것을 들 수 있다.

○趙用賢曰 如皇은 臺名이라

○趙用賢 : '如皇'은 臺 이름이다.

32-18 故桓公藏蔡怒而攻楚[31]하고 吳起懷瘳(實)〔士〕而吮傷[32]하니라

그래서 齊 桓公이 蔡나라에 대한 노여움을 숨기고 楚나라를 공격했고, 吳起가 사졸의 병을 낫게 하고자 고름을 빨았던 것이다.

○先愼曰 張榜本에 挾夫至此脫이요 下且字作夫라 案實은 疑士之聲近而誤라 懷瘳士는 謂欲士之病愈也라

○王先愼 : 張榜本에는 '挾夫'에서 여기까지 탈락되었고 아래 '且'자는 '夫'로 되어 있다. 살펴보건대, '實'은 아마도 '士'와 음이 비슷해서 잘못된 듯하다. '懷瘳士'는 士卒의 병을 낫게 하고자 함을 이른다.

32-19 且先王之賦頌과 鍾鼎之銘은 皆播吾之迹[33]과

을 위해 그를 주벌하러 왔다고 선언한 일을 가리킨다. 아래 32-154 참조.

30) 句踐之稱如皇 : 越나라가 吳나라를 정벌하면서 먼저 吳나라 왕이 如皇이라는 누대를 쌓고 깊은 연못을 파서 백성들을 피폐하게 하므로 그를 주벌하러 왔다고 선언한 일을 가리킨다. 아래 32-155~156 참조. 如皇은 ≪韓非子新校注≫의 陳奇猷와 ≪韓非子全譯≫의 張覺 등은 '姑蘇臺'의 별명이라고 하였다. 吳王 夫差가 姑蘇山 위에 세운 臺인데, 越王 句踐의 공격으로 부차는 자살하고 이 臺는 불타버렸다.

31) 桓公藏蔡怒而攻楚 : 齊 桓公이 蔡나라 군주의 딸인 부인을 내쫓았다가 다시 불렀는데, 이미 다른 곳으로 시집을 갔다는 것을 알고 노하여 蔡나라를 치고자 하자, 管仲이 桓公에게 楚나라를 친다는 명분을 세워서 楚나라를 치고 돌아오는 길에 蔡나라를 치도록 권한 일이다. 아래 32-157~161 참조.

32) 吳起懷瘳(實)〔士〕而吮傷 : 吳起가 魏나라 장수가 되어 병사의 종기를 직접 빨아주자 그 병사의 어미가, 아비가 그 때문에 전사하였듯이 아들도 전사할 것이라고 울었다는 일이다. 아래 32-162~164 참조.

33) 播吾之迹 : 趙나라 主父가 工人으로 하여금 播吾山에 올라가서 발자국과 글을 새기게 한 일이다. 아래 32-165~167 참조.

또 先王을 칭송하는 賦頌과 鍾이나 鼎에 새긴 銘文은 모두 播吾山에 남긴 발자취와

○顧廣圻曰 播는 藏本今本에 作潘이요 他書又作番이라 先愼曰 張榜本에 作潘하고 云當作番이라 案播潘番는 古字通用이라

○顧廣圻 : '播'는 藏本과 今本에 '潘'으로 되어 있고, 다른 책에는 또 '番'으로 되어 있다. 王先愼 : 張榜本에 '潘'으로 되어 있고 "응당 '番'이 되어야 한다."라고 하였다. 살펴보건대, '播'·'潘'·'番'은 옛날에 글자를 통용하였다.

32-20 華山之博[34]〔然〕也니라

華山의 장기판과 같은 것이다.

○王先謙曰 下然字는 當在也上이니 誤倒라

○王先謙 : 아래 '然'자는 '也' 앞에 있어야 하니, 잘못 도치된 것이다.

32-21 (然)先王所期者는 利也요

先王이 바란 것은 이익이고,

○先愼曰 張本에 無然下二十二字라

○王先愼 : 張本에 '然' 아래 22자가 없다.

32-22 所用者는 力也니 築社之諺[35]은 (目)〔自〕辭說也니라

쓴 것은 힘이니, 토지신의 사당을 세우는 것에 관한 속담은 자신을 위해 변명한 말이다.

○王先謙曰 目은 乃自之誤니 言晉文自辭說이라 先愼曰 趙本에 社作杜니 譌라 下

34) 華山之博 : 秦나라 昭王이 工人으로 하여금 華山에 올라 松柏의 고갱이로 博을 만들게 하고 箭에 글을 새기게 한 일이다. 아래 32-168~169 참조.

35) 築社之諺 : 晉 文公이 오랜 망명을 마치고 귀국하면서 그간 지녔던 물건과 사람을 저버리려고 한 데 대해 咎犯이 간언하자, 문공이 토지신의 사당을 세우는 것에 대한 속담을 인용하여 맹세한 일이다. 아래 32-170~179 참조.

說에 正作社라

○王先謙 : '目'은 곧 '自'의 잘못이니, 晉 文公이 자기를 위해 변명한 말을 이른다.
王先愼 : 趙本에 '社'가 '杜'로 되어 있는데, 잘못이다. 아래 說에는 '社'로 바로 되어 있다.

32-23 請[36)]許學者而行宛曼於先王이면 或者不宜今乎인저 如是면 不能更也니라

만일 학자들에 동조해 先王을 본받아 아득하고 막막한 방법을 행하면 아마도 오늘날에 적합하지 않을 것이다. 이와 같이 하면 〈잘못을〉 고칠 수 없다.

○先愼曰 如是以下三十字는 張榜本에 無라

○王先愼 : '如是' 이하 30자는 張榜本에 없다.

32-24 鄭縣人得車厄[37)]也와

鄭나라 시골 사람이 수레의 멍에를 손에 든 이야기,

○顧廣圻曰 藏本同이라 今本에 厄作軛이니 案 說作軛이라 先愼曰 厄은 卽軛之通借字라

○顧廣圻 : 藏本은 같다. 今本에 '厄'은 '軛'으로 되어 있으니, 살펴보건대 說에 '軛'으로 되어 있다.
王先愼 : '厄'은 곧 '軛'의 通假字이다.

32-25 衛人佐弋[38)]也와

衛나라 사람이 주살로 〈새 잡는 일을〉 도운 이야기,

○先愼曰 乾道本에 無也字어늘 顧廣圻云 藏本今本은 弋下有也字라하니 今據補하노라

---

36) 請 : 張覺의 ≪韓非子全譯≫에서 '請'은 '情'과 통용으로 '誠'의 뜻인데 여기서는 '만일'의 뜻이라 한 데 의거하여 번역하였다.

37) 鄭縣人得車厄 : 鄭縣 사람이 수레의 멍에를 줍고 이름을 묻고, 그 다음에 또 주워서 물었는데, 상대가 똑같은 대답을 하자 화를 낸 일이다. 아래 32-183~184 참조.

38) 衛人佐弋 : 衛나라의 주살질을 돕는 자가 두건을 흔들어 새를 유인하려다 새가 날아가버리자 아무 소용이 없게 되었다는 일이다. 아래 32-185 참조.

○王先愼 : 乾道本에 '也'자가 없는데, 顧廣圻는 "藏本과 今本은 '弋' 아래에 '也'자가 있다."라고 하였으니, 지금 이에 의거하여 보충하였다.

32-26 卜子妻爲弊袴[39]也와

卜子의 처가 누더기바지를 본떠서 만든 이야기,

○先愼曰 乾道本에 爲作寫요 趙本에 作爲라 盧文弨云 爲는 凌本에 作寫니 俱譌라 後作象이요 今定爲爲이라 爲은 卽象字니 謂仿象也라하고 顧廣圻云 卜은 當依說作乙이라하니라 先愼案 盧說是니 今從拾補本改하노라 卜字不誤니 說見下라

○王先愼 : 乾道本에 '爲'은 '寫'로 되어 있고 趙本에 '爲'로 되어 있다. 盧文弨는 "'爲'는 凌本에 '寫'로 되어 있으니, 모두 잘못이다. 뒤에 '象'으로 썼고, 지금은 '爲'으로 정해졌다. '爲'은 곧 '象'자이니, 모방함을 이른다."라고 하였고, 顧廣圻는 "'卜'은 說에 의거하여 '乙'이 되어야 한다."라고 하였다. 내가 살펴보건대, 盧文弨의 설이 옳으니, 지금 ≪群書拾補≫를 따라 고쳤다. '卜'자는 잘못되지 않았으니, 설명이 아래에 보인다.

32-27 而其少者〔侍長者飮〕[40]也니라

젊은이가 어른을 모시고 술을 마시는 것을 배운 이야기가 그 사례들이다.

○王先謙曰 語意不完하니 依說건대 者下에 奪侍長者飮四字라

○王先謙 : 語意가 완전하지 않으니, 說에 의거하면 '者' 아래에 '侍長者飮' 네 글자가 탈락되었다.

32-28 先王之言에 有其所爲小而世意之大者하고 有其所爲大而世意之小者하니 未可必知也일새니라

先王이 한 말 중에 사소하게 말하였는데 세상에서 중대하게 여기는 경우가 있

39) 卜子妻爲弊袴 : 鄭나라 사람 卜子가 아내에게 바지를 만들게 하면서 예전의 헌 바지처럼 만들게 한 일이다. 아래 32-180~182 참조.

40) 少者〔侍長者飮〕: 젊은이가 어른을 모시고 술을 마시면서 어른이 술을 마시면 자기도 따라서 마신 일, 또는 어른이 술을 마시는 것을 흉내내어 감당해내지도 못하면서 마신 일이다. 아래 32-188~192 참조.

고, 중대하게 말하였는데 세상에서 사소하게 여기는 경우도 있으니, 이는 제대로 알지 못하기 때문이다.

○先愼曰 乾道本은 小上에 無之字어늘 顧廣圻云 藏本今本에 有라하니라 先愼案 依上文當有일새 今據補하노라 張榜本에 無下說至記也十四字라

○王先愼 : 乾道本은 '小' 위에 '之'자가 없는데, 顧廣圻는 "藏本과 今本에는 있다."라고 하였다. 내가 생각하건대, 윗글에 의거하면 있어야 하므로 지금 이에 의거하여 보충하였다. 張榜本에는 아래 '說'에서부터 '記也'까지 14자가 없다.

32-29 說在宋人之解書[41)]與梁人之讀記[42)]也라 故先王有郢書나 而後世多燕說(열)[43)]이니라 夫不適國事而謀先王은 皆歸取度(탁)者[44)]也니라

이와 관련된 이야기로 宋나라 사람이 글자를 〈제멋대로〉 이해한 이야기와 梁나라 사람이 기록을 〈잘못〉 읽은 것을 들 수 있다. 그래서 先王이 〈남긴 말 중에〉 郢 땅 사람의 서신과 같은 것이 있지만 후세 사람들은 燕나라 사람처럼 〈잘못 이해하고〉 기뻐한다. 나랏일에 적합한지 〈따져보지도〉 않고 先王을 〈모방하기만을〉 꾀하는 것은 모두 집에 돌아가서 〈발의 치수를〉 재는 격이다.

〔經四〕

32-30 利之所在에 民歸之요 名之所彰에 士死之라 是以功外於法而賞加焉이면 則上不(信)〔能〕得所利於下요

---

41) 宋人之解書 : 宋나라 사람이 옛 글에 실린 어휘의 인신된 의미를 파악하지 못하고 표면적 의미만을 이해하고 행동한 일이다. 아래 32-193~194 참조.

42) 梁人之讀記 : 梁나라 사람이 옛 기록에 적힌 대로 따르다가 오히려 본질을 잃어버린 일이다. 아래 32-195~197 참조.

43) 先王有郢書 而後世多燕說(열) : 郢 땅 사람이 燕나라 재상에게 편지를 보내면서 한 말이 편지의 본래 뜻과 다르게 전달된 일이다. 아래 32-198~203 참조.

44) 歸取度(탁)者 : 鄭나라 사람이 신을 사면서 집으로 다시 돌아가 치수 적은 것을 가져온 일이다. 아래 32-204~206 참조.

이익이 있는 곳에 백성이 돌아오고 명성이 드러나는 곳에 선비가 죽는다. 이 때문에 공적이 법에 어긋나는데도 상을 내리면 군주는 아랫사람에게서 이익을 얻을 수 없고

○先愼曰 信은 趙本作能이라

○王先愼 : '信'은 趙本에 '能'으로 되어 있다.

32-31 名外於法而譽加焉이면 則士勸名而(下)〔不〕畜[45]之於君이라

명성이 법에 어긋나는데도 영예를 더해주면 선비는 명성에 고무되어 군주를 순순히 따르려 하지 않는다.

○顧廣圻曰 藏本同이라 今本下作不이라

○顧廣圻 : 藏本은 같다. 今本에는 '下'가 '不'로 되어 있다.

32-32 故中章胥己仕하니 而中牟之民이 棄田圃而隨文學者邑之半[46]이요 平公腓痛足痺而不敢壞坐하니 晉國之辭仕託者國之(錘)〔垂〕[47]니라

그러므로 中章과 胥己가 벼슬하자 中牟 백성들이 논밭을 버리고 학문을 좇아 익히려는 자가 고을의 절반이나 되었고, 晉 平公이 〈叔向과 의논할 때〉 종아리가 아프고 발이 저려도 감히 자리를 흐트러뜨리지 않자 晉나라 백성들 중에 벼슬하거나 의탁하기를 그만두는 자가 나라의 절반이나 되었다.

○先愼曰 乾道本託作記라 顧廣圻云 藏本記作託이요 今本作托慕라 案說作託

45) 畜 : ≪禮記≫ 〈祭統〉에 "順於道 不逆於倫 是之爲畜(道에 순종하고 倫理를 거스르지 않는 것을 '畜'이라 한다.)"이라고 하였다. 이에 의거하여 '순종하다'의 뜻으로 번역하였다.

46) 中章胥己仕……棄田圃而隨文學者邑之半 : 王登이 中牟의 令이 되어 추천한 인물인 中章과 胥己에게 趙襄子가 파격적인 대우를 하자, 중모 사람들 중에 농사를 포기하고 집과 채마밭을 팔고는 학문에 종사하는 자들이 고을의 절반이나 된 일이다. 아래 32-207~212 참조.

47) 平公腓痛足痺而不敢壞坐 晉國之辭仕託者國之(錘)〔垂〕 : 晉 平公이 叔向과 함께 정사를 볼 적에 그를 예우하여 근육에 경련이 일어나도 앉은 자세를 흐트러뜨리지 않자, 백성들 중에 叔向을 흠모하여 배우려는 자들이 나라의 절반이나 된 일이다. 아래 32-213 참조.

慕라하고 兪樾云 乾道本託誤作記니 當從道藏本訂正이라 趙用賢本託下有慕字니 則由誤讀下文而衍也라 下文曰 晉國之辭仕託하야 慕叔向者 國之錘矣라하니 此於託字絶句라 仕謂仕者요 託謂託者라 襄二十七年左傳에 衛子鮮이 出奔晉하야 託於木門하야 終身不仕라하니 然則古人自有仕與託之兩途라 凡託於諸侯者를 君必有以養之하니 觀孟子可見이라 故曰 辭仕託이라하니 蓋仕可辭요 託亦可辭也라 慕叔向者 自爲句라 後人不達託字之義하야 誤以託慕連讀하야 遂於此文에 亦增入慕字耳라 又錘字無義니 疑古本止作垂라 莊子逍遙遊篇에 其翼若垂天之雲이라하야늘 崔譔曰 垂는 猶邊也라 其大如天一面雲也라하니 然則國之垂는 猶云國之一面이니 與上文中牟之民棄田圃而隨文學者邑之半으로 文義一律이라 國之垂는 猶邑之半이요 垂亦半也라 今加金作錘는 則不可通矣라하니라 先愼案 兪說是니 今從藏本하노라

○王先愼 : 乾道本에 '託'은 '記'로 되어 있다. 顧廣圻는 "藏本에 '記'는 '託'으로 되어 있고, 今本에 '托慕'로 되어 있다. 살펴보건대 아래의 '說'에는 '託慕'로 되어 있다."라고 하였다. 兪樾은 "乾道本에 '託'이 '記'로 잘못되어 있으니, 道藏本에 따라 교정해야 한다. 趙用賢本에 '託' 아래에 '慕'자가 있으니, 아래 글을 誤讀하여 들어간 衍文이다. 아래 글에 '晉國之辭仕託 慕叔向者 國之錘矣(晉나라 백성들 중에 벼슬하거나 의탁하기를 그만두고 叔向을 흠모하여 배우려는 자들이 나라의 절반이나 되었다.)'라 하니, 여기서는 '託'자에 구두를 끊었다. 仕는 벼슬하는 것이고, 託은 의탁하는 것을 이른다. ≪春秋左氏傳≫ 襄公 27년에 '衛子鮮이 晉나라로 出奔하여 木門에 의탁하여〔託〕 종신토록 벼슬하지 않았다.'라고 하였으니, 그렇다면 옛사람들은 본래 벼슬하는 것〔仕〕과 의탁하는 것〔託〕 두 가지 길이 있었다. 무릇 제후에게 의탁하는 자는 군주가 반드시 봉양해주니, ≪孟子≫를 살펴보면 알 수 있다. 그러므로 '辭仕託'이라 한 것이니, 벼슬하는 것은 사양할 수 있고 의탁하는 것도 사양할 수 있는 것이다. '慕叔向者'는 따로 한 구가 되는데 후대 사람들이 '託'자의 뜻을 알지 못하고 '託慕'를 잘못 連讀하여, 마침내 이 문구에도 '慕'자를 첨가한 것이다. 또 '錘'자는 아무 의미가 없으니, 아마도 古本에는 단지 '垂'로 되어 있었던 듯하다. ≪莊子≫ 〈逍遙遊篇〉에 '其翼若垂天之雲(그 날개가 마치 하늘 한쪽 면에 드리운 구름과 같다.)'이라 하였는데, 崔譔은 '「垂」는 「邊」과 같다. 그 크기가 하늘 한쪽 면에 드리운 구름과 같다.'라고 하였다. 그렇다면 '國之垂'는 '國之一面(나라의 한쪽 면)'이라는 말과 같으니, 윗글의 '中牟之民 棄田圃而隨文學者 邑之半'과 文義가 같은 형식이다. '國之垂'는 '邑之半'과 같으니, '垂'도 '半'이다. 지금 金을 덧붙여 '錘'로 된 것은 의미가 통하지 않는다."라고 하였다. 내가 살펴보건대, 兪樾의 설이 옳으니 지금 藏本을 따른다.

32-33 此三士者는

이 세 선비는

○先愼曰 三士는 中章胥己叔向이라

○王先愼 : 세 선비는 中章・胥己・叔向이다.

32-34 言襲法이면 則官府之籍也요 行中事면 則如令之民也어늘

말이 법에 부합하면 官府에 보관된 장부에 지나지 않고, 행위가 사리에 맞으면 법령을 따르는 백성일 뿐인데,

○先愼曰 中은 音竹仲反이라

○王先愼 : '中'은 음이 竹과 仲의 反切이다.

32-35 二君之禮太甚이라 若言離法而行遠功이면 則繩外民也니라

두 군주의 예우는 너무 지나쳤다. 만약 말이 법을 어기고 행동이 공적과 거리가 멀다면 법도를 벗어난 백성인 것이다.

○王先謙曰 繩外는 繩墨[48]之外라

○王先愼 : '繩外'는 繩墨의 바깥이다.

32-36 二君又何禮之오 禮之當亡이니라

그러면 두 군주가 무슨 까닭으로 예우하겠는가. 이런 자들을 예우한다면 〈나라는〉 당연히 망할 것이다.

---

48) 繩墨 : 법도・법제 등을 가리키는데, ≪韓非子≫에서는 이러한 맥락의 용어를 사용하여 법에 의한 통제를 표현하는 내용이 여러 차례 등장한다. 〈安危篇〉의 "斲割於法之外(법규에서 벗어나 임의로 일을 처결함)"에 대하여, 王先愼은 '法'을 '繩'으로 풀이해야 한다고 하면서 그 증명으로 〈大體篇〉의 "不引繩之外 不推繩之內(정해진 법제 밖으로 끌어내지 않고, 정해진 법제 안으로 밀어 넣지 않음)"와, 〈孤憤篇〉의 "必在繩之外矣(반드시 법제에 용납되지 못하여 외면당함)"를 제시하였다. 〈用人篇〉의 "隨繩而斲(먹줄을 따라 깎음)" 또한 이와 같은 용례이다.

○先愼曰 乾道本에 不重禮之二字라 顧廣圻云 藏本今本重이라하니 今據補하노라

○王先愼 : 乾道本에 '禮之' 두 글자가 중복되어 있지 않다. 顧廣圻는 "藏本과 今本에는 중복되어 있다."라고 하였으니, 지금 이에 의거하여 보충하였다.

32-37 且居學之士는 國無事에 不用力하고 有難에 不被甲이라 禮之면 則惰修耕戰之功이요 不禮면 則(周)〔害〕主上之法이며

또 학문에 몸담고 있는 선비는 나라에 일이 없을 때는 〈농사에〉 힘쓰지 않고 나라에 어려움이 있을 때는 갑옷을 입지 않는다. 그들을 예우하면 농사와 전쟁의 공적을 세우기를 게을리할 것이고, 예우하지 않으면 군주의 법을 해칠 것이며,

○盧文弨曰 周는 當是害之譌라

○盧文弨 : '周'는 응당 '害'의 잘못이다.

32-38 國安則尊顯이요 危則爲屈公之威[49]니

나라가 안정되면 존경을 받고 이름을 드러내지만, 나라가 위태로우면 屈公처럼 몸을 사릴 것이니,

○王先謙曰 威는 卽畏니 威畏同字라

○王先謙 : '威'는 '畏'이니, '威'와 '畏'는 같은 글자이다.

32-39 人主奚得於居學之士哉리오

그러면 군주가 학문에 몸담고 있는 선비에게 무엇을 얻을 수 있겠는가.

○王先謙曰 滅儒之端은 已兆於此라

○王先謙 : 儒者를 없애는 단서는 이미 여기서 조짐을 보였다.

---

49) 屈公之威 : 鄭縣 사람 屈公이 적이 오면 두려워서 기절했다가 적이 물러나면 다시 깨어난 일이다. 아래 32-214 참조.

32-40 故明(王)〔主〕論李疵視中山[50)]也니라

그러므로 현명한 군주는 李疵가 中山을 살핀 일에 대해 논해야 할 것이다.

○盧文弨曰 王은 當作主라

○盧文弨 : '王'은 '主'가 되어야 한다.

〔經五〕

32-41 詩曰 不躬不親이면 庶民不信이라하니 傅說之以無衣紫[51)]로되 (緩)〔援〕[52)]之以鄭簡[53)]宋襄[54)]이면

≪詩經≫ 〈小雅 節南山〉에 "〈군주가〉 몸소 정사를 보지 않으면 백성들이 믿지 않는다."라고 하였으니, 太傅가 이를 풀이하여 자색 옷을 입지 않도록 권하였으되, 鄭 簡公과 宋 襄公의 사례를 인용해보면

○顧廣圻曰 藏本에 緩作綏요 今本緩之作子產이어늘 皆誤라 宋襄二字는 連上讀이라

先愼曰 此言鄭簡謂子產과 宋襄與楚人戰二條니 緩字未詳所當作이라

○顧廣圻 : 藏本에 '緩'은 '綏'로 되어 있고, 今本에 '緩之'는 '子產'으로 되어 있는데, 모두 잘못되었다. '宋襄' 두 자는 위로 이어서 읽는다.

王先愼 : 이는 鄭 簡公이 子產에게 이른 것과 宋 襄公이 楚나라 사람과 싸운 두 가지 조

---

50) 李疵視中山 : 趙나라 主父가 李疵에게 中山을 치기 위해 살펴보게 하자, 李疵가 中山의 군주가 戰士나 농부보다 숨은 은자를 예우하기를 좋아 하기 때문에 中山을 치면 멸망시킬 수 있다고 권한 일이다. 아래 32-215~220 참조.

51) 傅說之以無衣紫 : 齊 桓公이 자색 옷을 즐겨 입자 백성들까지 따라 입어서 나라 안의 자색 옷이 귀해지는 문제가 생겼는데, 管仲(또는 師傅)이 군주가 스스로 자색 옷을 입지 않고 솔선하면 해결될 것이라고 권하여 그 문제를 해결한 일이다. 아래 32-221~227 참조.

52) (緩)〔援〕 : 저본에는 '緩'으로 되어 있으나, ≪韓非子新校注≫ 高亨의 설에 따라 '援'으로 바로잡았다. '援'은 '인용하다'는 의미이다.

53) 鄭簡 : 鄭 簡公과 재상 子產이 각기 직분에 따라 정사를 봄으로써 나라가 잘 다스려진 일이다. 아래 32-228~233 참조.

54) 宋襄 : 宋 襄公이 楚나라 군대와 전쟁을 하면서 독단적으로 상황에 맞지 않은 仁義를 추구하다가 대패한 일이다. 아래 32-234~238 참조.

목이니, '緩'자가 어떤 글자가 되어야 하는지 자세히 알 수 없다.

32-42 責(之以)尊厚〔以〕耕戰이니라

군주가 직접 농사짓고 전쟁에 나서는 것을 비난할 것이다.

○先愼曰 疑當作責尊厚以耕戰이니 之字衍이라 尊厚는 猶貴富니 謂人君이라

○王先愼 : 아마도 '責尊厚以耕戰'이 되어야 하니, '之'자는 연문이다. '尊厚'는 '富貴'와 같으니, 군주를 이른다.

32-43 夫不明分하고 不責誠[55]하야 而以躬親位下면

직분을 명확히 구분하지 않고 일의 성과를 추궁하지 않으면서 〈군주가〉 몸소 아랫자리에 임한다면,

○顧廣圻曰 親字句絶이라 今本位作涖니 誤라 未詳所當作이라 先愼曰 顧讀(두)非니 位下連上爲句라 位涖古字通이라 周禮注에 故書位爲涖니 涖亦爲位라하니 以躬親涖下는 與下說鄒君先戮以涖民句로 例相同이라 夫字當衍이라

○顧廣圻 : '親'자에 구두를 끊는다. 今本에 '位'는 '涖'로 되어 있으니, 잘못되었다. 어떤 글자가 되어야 하는지 자세히 알 수 없다.

王先愼 : 顧廣圻의 구두는 틀렸으니, '位下'가 위로 이어져서 구가 된다. '位'와 '涖'는 옛날에 글자를 통용하였다. ≪周禮≫의 注에 "예전에 '位'를 써서 '涖'를 표현했으니, '涖' 또한 '位'이다."라고 하였다. '以躬親涖下'는 아래 說의 '鄒君戮以涖民(鄒君이 먼저 자신을 욕되게 하고서 백성을 다스렸다.)'이라고 한 구와 서로 같은 예이다. '夫'자는 衍文이 되어야 한다.

32-44 且爲下走[56]睡臥[57]하며

---

55) 誠 : ≪韓非子新校注≫ 高亨의 설에 따라 '成'의 假借字로 보았다.

56) 下走 : 齊 景公이 少海에서 노니는 중에 晏嬰의 병이 위독하다는 말을 듣고는 서둘러 돌아가다가 마음이 급해 마부에게서 고삐를 빼앗아 직접 수레를 몰고 급기야는 수레를 버리고 달린 일이다. 아래 32-241~246 참조.

57) 睡臥 : 魏 昭王이 직접 관리들의 일에 간여하고자 法典을 읽다가 졸아버린 일이다. 아래

또 〈齊 景公이〉 수레에서 내려 내달리고 〈魏 昭王이〉 法典을 읽다가 졸며,

○先愼曰 乾道本에 無且爲下三字어늘 顧廣圻(曰)〔云〕[58] 藏本今本은 走上에 有且爲下三字라 先愼案 張榜本은 而以躬親蒞下下에 有且爲下走 是則將令人主耕以爲食 服戰雁行也 民乃肯耕戰 則人主不泰危乎 而人臣不泰安乎三十八字어늘 合下說而成이니 非定本也라 走上에 當有且爲下三字니 今據補하노라 下走는 卽下說景公釋車下走事요 睡臥는 卽昭侯讀法睡臥事라

○王先愼 : 乾道本에 '且爲下' 3자가 없는데, 顧廣圻는 "藏本과 今本은 '走' 위에 '且爲下' 3자가 있다."라고 하였다. 내가 생각하건대, 張榜本은 '而以躬親蒞下'의 아래에 '且爲下走 是則將令人主耕以爲食 服戰雁行也 民乃肯耕戰 則人主不泰危乎 而人臣不泰安乎' 38자가 있는데, 아래 說과 합하여 문장이 이루어진 것이니, 定本이 아니다. '走' 위에 '且爲下' 3자가 있어야 하니, 지금 이에 의거하여 보충하였다. '下走'는 아래 說의 齊 景公이 수레를 내려서 내달린 일이고, '睡臥'는 魏 昭王이 法典을 읽다가 존 일이다.

32-45 與(去)〔夫〕揜弊微服[59]이니라

〈군주가 신하에게〉 가려지거나 복장을 감춘 일 따위가 있게 된다.

○顧廣圻曰 藏本同이요 今本去作夫라 按說不見此事라

○顧廣圻 : 藏本은 같고 今本에 '去'는 '夫'로 되어 있다. 살펴보건대 說에 이 사례는 보이지 않는다.

32-46 孔丘不知라 故稱猶盂[60]하고 鄒君不知라 故先自僇[61]이니라 明主之道는

32-247~249 참조.

58) (曰)〔云〕 : 저본에는 '曰'로 되어 있으나, 문맥에 의거하여 '云'으로 바로잡았다.

59) 揜弊微服 : 顧廣圻는 이 사례가 說에 나오지 않는다고 하였으나, ≪韓非子新校注≫ 陳奇猷의 설에 따르면 모두 說에 나온다고 하였다. 곧 '揜弊'는 申子가 韓 昭侯에게 '법도를 마련해 놓고도 측근들의 청탁을 들어줌으로써〔設法度而聽左右之請〕' 신하들의 朋黨을 초래하고 결과적으로 군주가 가려지게 되는 것이라고 하였다. '微服'은 鄒나라 군주가 '길게 메던 갓끈을 잘라〔斷長纓〕' 즐겨하던 복식을 감춘 일을 가리킨다고 하였다. 여기서도 이에 근거하여 번역하였다.

60) 孔丘不知 故稱猶盂 : 孔子가 군주를 사발에, 백성을 물에 비유한 말을 가리킨다. 아래 32-

如叔向賦獵[62)]與昭侯之奚聽[63)]也니라

孔子는 〈이 이치를〉 알지 못했기 때문에 사발과 같다고 하였고, 鄒나라 군주도 〈이 이치를〉 알지 못했기 때문에 먼저 자신을 욕보인 것이다. 현명한 군주의 도리는 叔向이 사냥해 온 짐승을 나눈 것과 韓 昭侯가 '청탁을 어찌 듣겠는가.〔奚聽〕'라고 한 것과 같이 해야 한다.

〔經六〕

32-47 小信成則大信立하니 **故明主積於信**이니라 **賞罰不信則禁令不行**하니 **說在文公之攻原[64)]與箕鄭救餓[65)]也**니라 **是以吳起須故人而食[66)]**하고 **文侯會虞人而獵[67)]**이라 **故明主〔表〕[68)]信**은 **如曾子殺彘[69)]也**니라

250~251 참조.

61) 鄒君不知 故先自僇 : 鄒나라 군주가 갓끈을 길게 매는 것을 좋아하여 갓끈이 매우 비싸지자, 스스로 갓끈을 자른 일이다. 아래 32-252~254 참조.

62) 叔向賦獵 : 叔向이 사냥해 온 짐승을 공이 많은 자에게는 많게, 공이 적은 자에게는 적게 나눈 일이다. 아래 32-255 참조. 叔向은 춘추시대 晉나라 大夫로, 姬姓이며 羊舌氏이고 이름은 肸이다. 晉 平公의 사부로서 박학으로 널리 알려졌으며 辭令에 밝았다.

63) 昭侯之奚聽 : 韓 昭侯가 申不害에게 법도를 실행하는 관건은 청탁을 들어주지 않는 것이라는 조언을 듣고, 이후 신불해의 청탁조차 들어주지 않은 일이다. 아래 32-256~259 참조.

64) 文公之攻原 : 晉 文公이 原 땅을 공격할 적에 열흘 만에 함락시키기로 약속하였으나 함락시키지 못하자 약속대로 군대를 물렸는데, 이것으로 오히려 原 땅 사람들에게 신의를 얻어 항복을 받아낸 일이다. 아래 32-260~261 참조.

65) 箕鄭救餓 : 晉 文公이 箕鄭에게 백성을 기근에서 구제하는 방도에 대해 묻자, 신의를 지켜야 한다고 조언한 일이다. 아래 32-262~263 참조.

66) 吳起須故人而食 : 吳起가 친구와 함께 식사를 하기로 약속하고 다음날 아침 친구가 올 때까지 기다려서 식사를 한 일이다. 아래 32-264~266 참조.

67) 文侯會虞人而獵 : 魏 文侯가 사냥터지기와 사냥을 하기로 약속하고 날씨가 좋지 않았으나 약속대로 사냥을 나간 일이다. 아래 32-267~271 참조.

68) 〔表〕 : 顧廣圻는 '表'자는 잘못된 것이고 '尊'자가 있어야 한다고 했으나, ≪韓非子新校注≫ 陳奇猷는 '表明(밝히다)'의 뜻인 '表'가 있어야 한다고 하였다. 여기서는 이에 의거하여 '表'자를 보충하였다.

69) 曾子殺彘 : 曾子의 아내가 아이에게 장난으로 돼지를 잡아주겠다고 하였는데, 曾子가 이를

작은 신의가 이루어져야 큰 신의가 세워지기 때문에 현명한 군주는 신의를 쌓는다. 賞罰에 신의가 없으면 禁令이 시행되지 않으니, 이와 관련된 이야기로 晉文公이 原 땅을 친 일이나 箕鄭이 굶주린 백성을 구한 일을 들 수 있다. 이 때문에 吳起는 친구를 기다렸다가 식사를 하였고 衛 文侯는 〈약속한 대로〉 사냥터지기를 만나 사냥을 하였다. 그러므로 현명한 군주가 신의를 밝히는 것은 曾子가 돼지를 잡은 일과 같다.

○顧廣圻曰 藏本今本은 主下에 有表字니 按非也라 此當有尊字라

○顧廣圻 : 藏本과 今本은 '主' 아래에 '表'자가 있으니, 살펴보건대 옳지 않다. 여기에 '尊'자가 있어야 한다.

32-48 患在(尊)〔楚〕[70]厲王擊警鼓[71]與李悝(회)謾兩和[72]也니라

병통이 되는 사례로 楚 厲王이 경계하는 북을 친 일과 李悝가 좌우의 軍門을 속인 일을 들 수 있다.

○顧廣圻曰 尊字當衍이니 上文所錯入也라

○顧廣圻 : '尊'자는 衍文이어야 하니, 윗글이 잘못 들어온 것이다.

右經이라

이상은 經이다.

○先愼曰 乾道本無此二字라 顧廣圻云 今本此下有右經二字어늘 乾道本藏本無하니 下卷同이라 按此當有라하니 今據補하노라

알고 실제로 돼지를 잡은 일이다. 아래 32-270~276 참조.

70) (尊)〔楚〕: 저본에는 '尊'으로 되어 있으나, ≪韓非子新校注≫ 陳奇猷의 설에 의거하여 '楚'로 바로잡았다.

71) 厲王擊警鼓 : 楚 厲王이 경계용 북을 실수로 친 다음 백성들이 진짜 경계할 일에도 달려오지 않은 일이다. 아래 32-277~282 참조.

72) 李悝(회)謾兩和 : 李悝가 작전상 좌우 軍門을 속였는데, 훗날 이 때문에 군사들에게 믿음을 얻지 못하여 전쟁에 패한 일이다. 아래 32-283~285 참조. 李悝는 곧 李克인데, 전국시대 魏나라 사람으로 文侯 때 재상을 지내며, 魏나라를 부강하게 하였다.

○王先愼 : 乾道本에 이 두 자가 없다. 顧廣圻는 "今本에는 이 아래에 '右經' 두 자가 있는데, 乾道本과 藏本에는 없으니, 下卷도 같다. 살펴보건대 여기에 있어야 한다."라고 하였으니, 지금 이에 의거하여 보충하였다.

〔一〕[73]

32-49 **宓子賤治單父**(선보)할새 **有若見之曰 子何**臞(구)**也**오 **宓子曰 君不知不齊不肖**하야

宓子賤이 魯나라 單父를 다스릴 적에 有若이 그를 보고 말하기를 "그대는 어찌하여 야위었는가?" 하자, 宓子가 말하기를 "임금께서 내가 어리석은 줄 모르고

○**先愼曰 乾道本**에 **不齊二字作賤**이어늘 **誤**라 **今據張榜本改**하노라

○王先愼 : 乾道本에 '不齊' 두 자는 '賤'으로 되어 있는데 잘못되었다. 지금 張榜本에 의거하여 고쳤다.

32-50 **使治單父**니 **官事急**하야 **心憂之**라 **故**臞**也**니라 **有若曰 昔者舜鼓五絃**하야 **歌南風之詩**[74]**而天下治**어늘 **今以單父之細也**에 **治之而憂**면 **治天下**에 **將奈何乎**아 **故有術而御之**면 **身坐於廟堂之上**하야 **有處女子之色**이라도 **無害於治**어니와 **無術而御之**면 **身雖**瘁臞라도 **猶未有益**이니라

單父를 다스리게 하셨으니, 관청의 일이 바빠서 마음속으로 근심스럽기 때문에 야윈 것이네." 하였다. 有若이 말하기를 "옛날 舜임금은 다섯 줄 琴을 연주하여 〈南風〉 詩를 노래하였음에도 천하는 잘 다스려졌는데, 지금 單父처럼 작은 고을을 다스리면서 근심한다면 천하를 다스릴 경우에 장차 어떻게 할 것인가? 그러므로 法術을 가지고 다스리면 몸이 조정에 앉아서 처녀와 같은 표정을 하고 있어도 다

73) 〔一〕 : 〔經一〕(32-1~32-3)에 대한 해설을 모은 說이다.

74) 南風之詩 : ≪孔子家語≫ 〈辯樂解〉에 "남풍의 따사로움이여, 우리 백성들의 불만을 풀어주도다. 남풍의 때에 맞음이여, 우리 백성들의 재물을 넉넉하게 하도다.〔南風之薰兮 可以解吾民之慍兮 南風之時兮 可以阜吾民之財兮〕"라는 시가 보인다.

스림에 아무런 해가 없을 것이지만, 법술 갖지 못한 채로 다스리면 몸이 비록 초췌하고 야윌 정도로 〈애쓰더라도〉 아무런 도움이 없을 것이라네." 하였다.

32-51 **楚王**이 **謂田鳩曰 墨子者**는 **顯學也**라 **其**(身體)〔**體身**〕**則可**어니와

楚나라 왕이 田鳩에게 일러 말하기를 "墨子는 이름난 학자이다. 몸소 행한 것은 옳지만

○**王先謙曰 身體**는 **當作體身**이니 **誤倒**라

○王先謙 : '身體'는 '體身'이 되어야 하니, 잘못 도치된 것이다.

32-52 **其言多不辯**은 **何也**오

말은 많고 유창하지 않은 것은 어째서인가?" 하니,

○**先愼曰 各本**에 **多下有而字**어늘 **顧廣圻云 而字當衍**이라하니라 **先愼案 御覽五百四十一引無**하니 **今據刪**하노라

○王先愼 : 각 본에 '多' 아래에 '而'자가 있는데, 顧廣圻는 "'而'자는 衍文이어야 한다." 라고 하였다. 내가 살펴보건대, ≪太平御覽≫ 권541에 이 글을 인용하면서는 〈'而'가〉 없으니, 지금 이에 의거하여 삭제하였다.

32-53 **曰 昔秦伯嫁其女於晉公子**[75]할새 **令晉爲之飾裝**하고

〈田鳩가〉 아뢰기를 "옛날 秦伯이 딸을 晉나라 公子에게 시집보낼 적에 〈딸은〉 晉나라로 하여금 꾸며주도록 〈그냥 보내고,〉

○**先愼曰 御覽引無令晉二字**라

○王先愼 : ≪太平御覽≫ 권541에 이 글을 인용하면서 '令晉' 두 자가 없다.

32-54 **從文衣之媵七十人**하니

75) 秦伯嫁其女於晉公子 : ≪韓非子新校注≫ 尹桐陽의 說에 의하면 秦伯은 秦 穆公이며, 딸은 懷嬴, 晉나라 公子는 仲耳이다.

화려하게 옷을 입힌 〈몸종〉 70명을 딸려 보냈으니,

○先愼曰 各本에 文衣作衣文이어늘 據御覽乙하노라

○王先愼 : 각 본에 '文衣'는 '衣文'으로 되어 있는데, ≪太平御覽≫에 의거하여 순서를 바꾸었다.

32-55 至晉에 晉人愛其妾而賤公女러니이다 此可謂善嫁妾이어니와 而未可謂善嫁女也니이다

晉나라에 이르자 晉나라 사람이 몸종만을 좋아하고 公女는 천시하였습니다. 이는 몸종을 잘 시집보냈다고 할 수 있겠으나 딸을 잘 시집보냈다고 할 수는 없습니다.

32-56 楚人有賣其珠於鄭者하니 爲木蘭之櫃하야 薰以桂椒하고

楚나라 사람으로 鄭나라에 가서 진주를 파는 자가 있었는데, 木蘭으로 상자를 만들어서 계수나무와 산초나무로 향내를 나게 하였으며

○先愼曰 各本에 作薰桂椒之櫝이어늘 今據藝文類聚八十四御覽七百十三又八百三八百二十八初學記二十七引改하노라

○王先愼 : 각 본에 '薰桂椒之櫝'으로 되어 있는데, 지금 ≪藝文類聚≫ 권84, ≪太平御覽≫ 권713·권803·권828, ≪初學記≫ 권27의 인용한 글에 의거하여 고쳤다.

32-57 綴以珠玉하며 飾以玫瑰하며 輯以羽翠어늘

각종 구슬을 매달고 붉은 보석으로 장식하며 물총새 깃털을 달았는데,

○先愼曰 藝文類聚御覽에 引均作緝以翡翠라

○王先愼 : ≪藝文類聚≫와 ≪太平御覽≫에 이 글을 인용하면서 모두 '緝以翡翠'로 되어 있다.

32-58 鄭人이 買其櫝而還其珠러니이다 可謂善賣櫝矣어니와 未可謂善鬻珠也니이다 今世之談也는 皆道辯說文辭之言이로되 人主覽其文而忘有用이니이다 墨子之

說은 **傳先王之道**하고 **論聖人之言**하야 **以宣告人**이니이다 **若辯其辭**면 **則恐人懷其文忘其直**[76)]하노니

鄭나라 사람이 상자만 사고 진주는 돌려보냈습니다. 이는 상자를 잘 팔았다고 말할 수는 있지만 진주를 잘 팔았다고 말할 수는 없습니다. 지금 세상의 담론은 모두 유창한 말재주이거나 겉으로 꾸민 말인데도 군주가 그 화려한 말재주만 보고 실제 쓰임은 잊고 있습니다. 墨子의 말은 先王의 도를 전하고 聖賢의 말씀을 논하여 사람들에게 널리 알리려는 것입니다. 만약 말을 유창하게 한다면 사람들이 그 꾸민 것만 마음에 품고 실질은 잊어버릴까 두려우니,

○**顧廣圻曰 此下當有用字**라

○顧廣圻 : 이 〈'其'자〉 아래에 '用'자가 있어야 한다.

32-59 **以文害用也**니이다 **此與楚人鬻珠**와 **秦伯嫁女**로 **同類**라 **故其言多不辯**이니이다

이것은 꾸밈으로 실제 쓰임을 해치는 것입니다. 이렇게 되면 楚나라 사람이 진주를 팔고 秦伯이 딸을 시집보낸 일과 같은 부류가 됩니다. 그러므로 그가 말은 많이 하였으되 유창하지 않았던 것입니다."라고 하였다.

32-60 **墨子爲木鳶**하야 **三年而成**이어늘

墨子가 나무로 솔개를 만들어 3년 만에 완성하였는데,

○**顧廣圻曰 句絶**이라

○顧廣圻 : 여기서 구두를 끊어야 한다.

32-61 **蜚一日而敗**러라

76) 其直 : 顧廣圻는 '其'자 아래에 '用'자가 있어야 하고, '直'자는 아래 구에 붙였으나, "'直'은 '質直'의 뜻으로 '文'의 상대어이므로 위의 구에 붙여야 한다."고 한 ≪韓非子新校注≫ 陳奇猷의 설에 따라 번역하였다.

하루를 날고는 부서져버렸다.

○顧廣圻曰 五字爲一句니 下同이라

○顧廣圻 : 5자가 한 구가 되니, 아래도 같다.

32-62 弟子曰 先生之巧는 至能使木鳶飛니이다 墨子曰

제자가 말하기를 "선생님의 재주는 나무로 만든 솔개를 날게 하기에 이르렀습니다." 하자, 墨子가 말하기를

○盧文弨曰 張本에 有吾字라

○顧廣圻 : 張本에 〈'墨子曰' 뒤에〉 '吾'자가 있다.

32-63 不如爲車輗者巧也니 用咫尺之木하야 不費一朝之事로되 而引三十石之任하야 致遠力多하고 久於歲數니라 今我爲鳶하야 三年成이어늘 蜚一日而敗하니라 惠子聞之曰 墨子는 大巧로다 巧爲輗하고 拙爲鳶하니라

"수레의 끌채 마구리를 만드는 자의 재주만 못하니, 아주 짤막한 나무를 써서 반나절을 일하지 않고도 30섬이나 되는 짐을 끌고 멀리까지 갈 만큼 힘이 세고 오랜 세월을 견딘다. 지금 나는 솔개를 만들어 3년 만에 완성했는데, 하루를 날고는 부서졌다."라고 하였다.

惠子가 듣고 말하기를 "墨子는 대단한 재주꾼이다. 수레의 끌채 마구리를 만드는 것은 교묘하다 하고 나무로 솔개를 만든 것은 졸렬하다고 하였도다."라고 하였다.

32-64 宋王與齊仇也할새 築武宮하야

宋나라 왕이 齊나라와 적대할 적에 武宮을 쌓으면서

○張榜曰 蓋王偃時築以備齊라

○張榜 : 〈'武宮'은〉 宋나라 왕 偃이 재위할 때에 쌓아서 齊나라의 침략을 대비한 것이다.

32-65 謳癸倡한대 行者止觀하고 築者不倦하니라 王聞하야 召而賜之한대 對曰 臣師射稽之謳는 又賢於癸니이다

가수 癸에게 노래를 부르게 하자 길 가는 자가 멈추어 구경하고 쌓는 일꾼들은 피곤해하지 않았다. 왕이 듣고서 불러 상을 내리자 癸가 대답하기를 "신의 스승 射稽의 노래는 저보다 훨씬 낫습니다." 하였다.

○先愼曰 稽는 御覽五百七十二引作脅니 下同이라

○王先愼 : '稽'는 ≪太平御覽≫ 권572에 이 글을 인용하면서 '脅'로 되어 있으니, 아래도 같다.

32-66 王召射稽使之謳한대 行者不止하고 築者知倦이라 王曰 行者不止하고 築者知倦하니 其謳不勝如癸美는 何也오

왕이 射稽를 불러 노래를 부르게 하자 길 가는 자는 멈추지 않고 쌓는 일꾼들은 피곤해하였다. 왕이 말하기를 "길 가는 자는 멈추지 않고 쌓는 일꾼들은 피곤해하니, 그대의 노래가 癸의 훌륭함만 못한 것은 무엇 때문인가?" 하니,

○先愼曰 張榜本에 無勝字라

○王先愼 : 張榜本에 '勝'자가 없다.

32-67 對曰 王試度(탁)其功하소서 癸四板하고 射稽八板하며 擿其堅하면 癸五寸하고 射稽二寸이러라

射稽가 대답하기를 "왕께서는 功을 헤아려보십시오." 하였다. 癸가 노래할 때는 성벽을 네 板 쌓았고 射稽가 노래할 때는 여덟 板을 쌓았으며, 두드려서 견고함을 살펴보면 癸가 〈노래할 때 쌓은 것은〉 다섯 치가 패였고 射稽가 〈노래할 때 쌓은 것은〉 두 치만 패였다.

32-68 夫良藥苦於口나 而智者勸而飮之하니 知其入而已己疾也니라

좋은 약은 입에 쓰지만 지혜로운 자가 권면하여 마시게 하는 것은 〈그 약이〉 몸

에 들어가면 자기 병을 낫게 한다는 것을 알기 때문이다.

○盧文弨曰 下當作已라

○盧文弨 : 아래 글자는 '已'가 되어야 한다.

32-69 忠言拂於耳나 而明主聽之하니 知其可以致功也니라

충성스런 말은 귀에 거슬리지만 현명한 군주는 들어주니, 〈그 말을 들으면〉 공을 이룬다는 것을 알기 때문이다.

〔二〕[77)]

32-70 宋人有請爲燕王以棘刺之端爲母猴[78)]者하니 必三月齋하고 然後能觀之라 燕王因以三乘[79)]〔之奉〕養之러라

宋나라 사람으로 燕나라 왕을 위해 가시나무 끝에 원숭이를 조각하겠다고 청하는 자가 있었는데, 반드시 석 달 동안 재계한 뒤에야 볼 수 있다고 하였다. 그래서 燕나라 왕은 그에게 3乘의 땅에서 나오는 봉록을 내려 돌보아주었다.

○先愼曰 乘下에 當有之奉二字라

○王先愼 : '乘' 아래에 '之奉' 두 자가 있어야 한다.

32-71 右御[80)]冶工이

右御 소속의 대장장이가

77) 〔二〕 : 〔經二〕(32-4~32-13)에 대한 해설을 모은 說이다.

78) 母猴 : ≪說文解字注≫에 의하면 '母猴'는 원숭이의 일종으로 '母'는 어미를 뜻하는 것이 아니다.

79) 三乘 : '乘'은 ≪管子≫ 〈乘馬〉에 "方六里爲一乘之地(사방 6리가 1乘의 땅이 된다.)"라 하였으니, 3승이면 18리의 땅이다. 곧 이 땅에서 거두는 賦稅를 말한다.

80) 右御 : 기물 따위를 공급하는 관청이다.

○先愼曰 乾道本에 冶作治어늘 趙本에 作冶工이니 與下文合일새 是也라 今據改하노라

○王先愼：乾道本에 '冶'는 '治'로 되어 있는데, 趙本에는 '冶工'으로 되어 있으니, 아래 글과 합치되므로 옳다. 지금 이에 의거하여 고쳤다.

32-72 (言)〔謂〕王曰

왕에게 아뢰기를

○先愼曰 言은 當作謂라

○王先愼：'言'은 '謂'가 되어야 한다.

32-73 臣聞人主無十日不燕之齋니 今知王不能久齋以觀無用之器也라

"신은 듣건대, 군주가 열흘이나 연회를 물리치고 재계하는 경우는 없다고 합니다. 지금 〈그자는〉 왕께서 쓸모없는 기물을 보기 위해 오랫동안 재계할 수 없는 것을 알기 때문에

○先愼曰 乾道本은 以上에 有今字라 顧廣圻云 藏本今本은 以上에 無今字라하니 今據刪하노라

○王先愼：乾道本은 '以' 위에 '今'자가 있다. 顧廣圻는 "藏本과 今本은 '以' 위에 '今'자가 없다."라고 하였으니, 지금 이에 의거하여 삭제하였다.

32-74 故以三月爲期니이다 凡刻削者는 以其所以削必小라 今臣冶人也로되 無以爲之削하니 此不然物也니이다 王必察之하소서 王因囚而問之하니 果妄이라 乃殺之하니라 冶又謂王曰

석 달을 기한으로 정한 것입니다. 대개 조각칼은 조각하는 물건보다 반드시 작습니다. 지금 신은 대장장이지만 그처럼 작은 칼은 만들지 못합니다. 이는 있을 수 없는 물건입니다. 왕께서는 반드시 살피소서." 하였다. 그래서 왕이 그를 잡아다 심문하니, 과연 거짓이었으므로 바로 그를 죽였다. 대장장이가 또 왕에게 아뢰기를

○先愼曰 各本에 又作人이어늘 據御覽九百五十七引改하노라

○王先愼 : 각 본에 '又'는 '人'으로 되어 있는데, ≪太平御覽≫ 권957의 인용한 글에 의거하여 고쳤다.

32-75 計無度量이면 言談之士 多棘刺之說(세)也니이다

"무엇을 꾀하는지 기준을 세워 헤아리지 않으면 유세하는 자들이 대부분 가시나무 끝에 〈원숭이를 새긴다는 식의〉 유세를 하게 될 것입니다." 하였다.

32-76 一曰 燕王徵巧術人할새

일설의 내용은 다음과 같다. 燕나라 왕이 교묘한 재주를 가진 사람을 불러들였을 적에,

○先愼曰 乾道本에 作一曰好微巧어늘 王渭云 曰下에 當脫燕王二字니 選注有라하니라 先愼案 張榜本에 一曰作燕王이요 無一曰二字니 亦非라 微卽徵字는 形近而誤라 藝文類聚九十五御覽九百十에 引正作燕王徵巧術人이라하니 是其證이라 今據改하노라 御覽五百三十引作燕王欲攻衛와 白孔六帖八十三引作燕王好徵巧와 九十七引作燕王好微巧는 竝誤라 然皆有燕王二字라

○王先愼 : 乾道本에 '一曰好微巧'로 되어 있는데, 王渭는 "'曰' 아래에 '燕王' 두 자가 탈락되었으니, ≪文選≫의 注에서 〈이 글을 인용한 곳에는 '燕王'이〉 있다."라고 하였다. 내가 살펴보건대, 張榜本에 '一曰'은 '燕王'으로 되어 있고, '一曰' 두 자는 없으니, 역시 잘못이다. '微'는 곧 '徵'자이니, 자형이 비슷해서 잘못된 것이다. ≪藝文類聚≫ 권95, ≪太平御覽≫ 권910에 이 글을 인용하면서 '燕王徵巧術人'으로 바로 되어 있으니, 바로 그 증거이다. 지금 이에 의거하여 고쳤다. ≪太平御覽≫ 권530에 이 글을 인용하면서 '燕王欲攻衛'라 한 것, ≪白孔六帖≫ 권83에 이 글을 인용하면서 '燕王好徵巧'라 한 것, 권97에 이 글을 인용하면서 '燕王好微巧'라 한 것은 모두 잘못되었다. 그렇지만 모두 '燕王' 두 자는 있다.

32-77 衛人請以棘刺之端爲母猴한대

衛나라 사람이 와서 가시나무 끝에 원숭이를 새기겠다고 청하자,

○先愼曰 乾道本에 請以作曰能以三字어늘 藝文類聚御覽引竝作請以二字니 今據改하노라 張榜本에 請以二字作有請爲以四字니 亦誤라

○王先愼 : 乾道本에 '請以'가 '曰能以' 세 자로 되어 있는데, ≪藝文類聚≫・≪太平御覽≫에 이 글을 인용하면서 모두 '請以' 두 자로 되어 있으니, 지금 이에 의거하여 고쳤다. 張榜本에 '請以' 두 자가 '有請爲以' 네 자로 되어 있으니, 역시 잘못이다.

32-78 燕王說(열)之하야 養之以五乘之奉하니라 王曰 吾試觀客爲棘刺之母猴로라 客曰 人主欲觀之인댄

燕나라 왕이 기뻐하여 5乘의 봉록을 내려 돌보아주었다. 왕이 말하기를 "나는 그대가 가시나무 끝에 새긴 원숭이를 보고 싶다." 하니, 객이 말하기를 "임금께서 그것을 보고자 하신다면,

○先愼曰 乾道本에 無客曰二字어늘 顧廣圻云 今本은 句上에 有客曰二字라하니라 先愼案 有者是也니 據今本增하노라 藝文類聚引有曰字라

○王先愼 : 乾道本에 '客曰' 두 자가 없는데, 顧廣圻는 "今本은 句 위에 '客曰' 두 자가 있다."라고 하였다. 내가 살펴보건대 있는 것이 옳으니, 今本에 의거하여 보충하였다. ≪藝文類聚≫에 이 글을 인용하면서는 '曰'자가 있다.

32-79 必半歲不入宮하고 不飮酒食肉하며 雨霽日出에 視之晏陰之間이라야 而棘刺之母猴를 乃可見也리이다 燕王因養衛人이로되 不能觀其母猴러라 鄭有臺下[81] 之冶者 謂燕王曰 臣爲削者也라

반드시 반년 동안 후궁에 들지 않고 술을 마시거나 고기를 먹지 않아야 하며, 비가 개고 해가 났을 적에 반쯤 개고 반쯤 흐린 날씨에 보아야만이 가시나무 끝에

81) 臺下 : ≪韓非子全譯≫에서 張覺은 應劭의 ≪風俗通≫ 〈漢官儀〉의 "漢나라는 秦나라의 법제를 그대로 수용하였으므로, 尙書를 中臺, 謁者를 外臺, 御史를 憲臺라고 했다."는 말을 근거로 하여 본문의 '臺'는 진한시대 臺의 전신으로, '臺下'란 앞의 '右御'에 상응하는 관서의 명칭이라고 하였다.

새겨진 원숭이를 볼 수가 있을 것입니다." 하였다. 그리하여 燕나라 왕이 衛나라 사람을 잘 돌봐주었지만 그 원숭이는 볼 수가 없었다.

鄭나라 조정에 속한 대장장이가 燕나라 왕에게 아뢰기를 "신은 조각칼을 만드는 사람입니다.

○先愼曰 乾道本에 無爲字어늘 盧文弨云 臣下에 張本은 有爲字라하고 顧廣圻云 藏本有라하니 今據補하노라

○王先愼 : 乾道本에 '爲'자가 없는데, 盧文弨는 "'臣' 아래에 張本에는 '爲'자가 있다."라고 하였고, 顧廣圻는 "藏本에 〈'爲'자가〉 있다."라고 하였으니, 지금 이에 의거하여 보충하였다.

32-80 **諸微物**은 **必以削削之**하나니

모든 미세한 물건은 반드시 조각칼로 새겨야 하는 법이니,

○先愼曰 乾道本에 不重削字어늘 顧廣圻云 藏本今本에 重削字라하니 今據補하노라

○王先愼 : 乾道本에 '削'자가 중복되어 있지 않은데, 顧廣圻는 "藏本과 今本에 '削'자가 중복되어 있다."라고 하였으니, 지금 이에 의거하여 보충하였다.

32-81 **而所削必大於削**이어늘 **今棘刺之端**은 **不容削鋒**일새 **難以治棘刺之端**이니이다

새겨지는 것은 반드시 조각칼보다 커야 하는데, 지금 가시나무의 끝은 〈그 크기가〉 조각칼의 날을 받아들일 수 없으므로 가시나무의 끝에 조각하기는 어려운 일입니다.

○盧文弨曰 淩本에 無此句라

○盧文弨 : 淩本에 이 구가 없다.

32-82 **王試觀客之削**하면 **能與不能**을 **可知也**리이다 **王曰 善**하다하고 **謂衛人曰 客爲棘**(削之)〔**刺之母猴**에 **何以治之**〕[82]오

82) (削之)〔刺之母猴 何以治之〕 : ≪韓非子集解≫에 제시된 盧文弨와 顧廣圻 및 ≪韓非子新校注≫

왕께서 객의 조각칼을 살펴보시면 새길 수 있는지 없는지를 알 수 있을 것입니다." 하였다. 왕이 "좋다." 하고, 衛나라 사람에게 이르기를 "그대는 가시나무에 원숭이를 새길 적에 무엇으로 새기는가?" 하니,

○盧文弨曰 此下多脫文이니 孫云 文選魏都賦注引王曰客爲棘刺之端何以理之라 理는 必本是治字라 今此接削之二字誤니 當刪이라 顧廣圻曰 削은 當作刺요 之下에 當有母猴何以四字라

○盧文弨 : 이 아래에 탈락된 글자가 많으니, 孫志祖는 "≪文選≫ 〈魏都賦〉의 注에 이 구절을 인용하면서 '王曰客爲棘刺之端何以理之'로 되어 있다. '理'는 필시 본래 '治'자였을 것이다. 지금 이렇게 '削之' 두 자로 이은 것은 잘못이니, 삭제해야 한다."라고 하였다. 顧廣圻 : '削'은 '刺'가 되어야 하고, '之' 아래에 '母猴何以' 네 자가 있어야 한다.

32-83 曰 以削이니이다

말하기를 "조각칼로 합니다." 하였다.

○先愼曰 以는 讀爲已라

○王先愼 : '以'는 '已'로 읽는다.

32-84 王曰

왕이 말하기를

○先愼曰 各本無王曰二字어늘 盧文弨云 文選注에 有王曰二字라하니 今據補하노라

○王先愼 : 각 본에 '王曰' 두 자가 없는데, 盧文弨는 "≪文選≫의 注에 '王曰' 두 자가 있다."라고 하였으니, 지금 이에 의거하여 보충하였다.

32-85 吾欲觀(見)之하노라

"내가 그것을 보고 싶구나." 하니,

陳奇猷의 설을 취하여 저본의 '削之'를 '刺之母猴何以治之'로 바로잡았다. 陳奇猷에 의하면 ≪文選≫에 '治'을 '理'로 쓴 것은 唐 高宗의 이름이 '治'이므로 휘하여 '理'라고 한 것이다.

○盧文弨曰 選注引吾欲觀客之削也라 顧廣圻云 見字衍이라

○盧文弨 : ≪文選≫의 注에 이 글을 인용하면서 '吾欲觀客之削也'로 되어 있다. 顧廣圻는 "'見'자는 衍文이다."라고 하였다.

32-86 客曰 臣請之舍取之하리이다 因逃러라

객이 말하기를 "신이 객사에 가서 가져오겠습니다." 하고는 도망을 쳤다.

32-87 兒說(예열)은

兒說은

○先愼曰 乾道本에 兒作見이어늘 顧廣圻云 今本에 見作兒니 案兒是也라 兒說은 見呂氏春秋君守篇과 淮南人間訓이라하니라 先愼案 顧說是니 今據改하노라 乾道本은 連上이어늘 今依張榜本趙本하야 提行이라

○王先愼 : 乾道本에 '兒'는 '見'으로 되어 있는데, 顧廣圻는 "今本에 '見'은 '兒'로 되어 있으니, 살펴보건대 '兒'가 옳다. '兒說'은 ≪呂氏春秋≫ 〈君守篇〉과 ≪淮南子≫ 〈人間訓〉에 보인다."라고 하였다. 내가 살펴보건대 顧廣圻의 설이 옳으니, 지금 이에 의거하여 고쳤다. 乾道本은 윗글에 이었는데, 지금 張榜本과 趙本에 의거하여 행을 바꾸었다.

32-88 宋人이니 善辯者也라 持白馬非馬[83)]也하야 服齊稷下[84)]之辯者어늘

宋나라 사람이니, 변론을 잘했던 자이다. '白馬는 말이 아니다.'라는 논리를 가지고 齊나라 稷下의 변론가들을 굴복시켰는데,

---

83) 白馬非馬 : 白馬는 색을 나타내는 흰〔白〕 것과 형체를 나타내는 말〔馬〕을 합쳐 白馬라고 하였으므로 순수한 말과는 다르다는 논리이다. 곧 희다는 형용사로 인해 흰 말은 더 이상 말이 아니라는 것이다. 이는 公孫龍의 주장으로 알려져 있는데, 兒說은 公孫龍보다 앞선 사람으로 보인다.

84) 稷下 : 전국시대 齊나라 선비들이 모여 있던 곳이다. ≪史記≫ 〈齊世家〉와 그 注를 보면 齊宣王이 文學을 좋아하자 유세하는 선비들을 많이 모였다고 하며, 齊나라 성문에 稷門이 있는데 유세하는 선비들이 그곳에 집회해서 稷下라 하였다고 한다.

○先愼曰 藝文類聚九十三引白馬下有之字라

○王先愼 : ≪藝文類聚≫ 권93에 인용하면서 '白馬' 아래 '之'자가 있다.

32-89 乘白馬而過關엔 則顧[85)]白馬之賦라

백마를 타고 관문을 지날 때는 백마에 매겨진 세금을 내야 했다.

○先愼曰 顧는 視也라 古人馬稅當別毛色이라 故過關視馬而賦에 不能辯也라

○王先愼 : '顧'는 '視(보다)'이다. 옛사람은 馬稅를 털의 색깔별로 매겼다. 그러므로 관문을 지날 때 말을 보고 세금을 부과하는 데는 변론할 수가 없었던 것이다.

32-90 故籍(之)虛辭면

그러므로 허황된 말에 기대면

○先愼曰 之字衍이라 藝文類聚引無之字요 虛字는 作空이라

○王先愼 : '之'자는 衍文이다. ≪藝文類聚≫에 이 글을 인용하면서는 '之'자가 없고 '虛'자는 '空'으로 되어 있다.

32-91 則能勝一國이나 考實按形이면 不能謾於一人이니라

온 나라 사람을 이길 수 있지만, 사실을 따져보고 형상을 살필 경우에는 한 사람도 속일 수 없는 것이다.

32-92 夫新砥礪殺矢[86)]를 彀弩而射면 雖冥而妄發이나 其端未嘗不中秋毫也로되 然而莫能復其處면 不可謂善射니 無常儀的也일새니라

새로 숫돌에 간 수렵용 화살을 弓弩에 걸어서 쏘면 비록 눈을 감고 마구 쏘더라

---

85) 顧 : 王先愼은 '視(보다)'로 주석하였으나, 뜻이 불분명하므로 ≪韓非子新校注≫ 陳奇猷의 설에 의거하여 납부의 뜻을 지닌 '雇'의 통용자로 보았다.

86) 殺矢 : 수렵에 쓰는 화살이다. ≪周禮≫ 〈考工記〉에 "冶人이 殺矢를 만든다.〔冶人爲殺矢〕"라 하였는데, 注에 "갖가지 수렵에 쓰는 화살이다.〔用諸田獵之矢〕"라고 하였다.

도 그 끝이 가을 터럭까지도 맞히지 못한 적이 없지만 다시 그곳을 맞히지 못한다면 잘 쏜다고 할 수 없으니, 이는 일정한 표적이 없기 때문이다.

○先愼曰 張榜本에 常作嘗이니 下仍作常이라

○王先愼 : 張榜本에 '常'은 '嘗'으로 되어 있으니, 아래는 그대로 '常'으로 되어 있다.

32-93 設五寸之的하야 引(十)〔百〕步之遠에

다섯 치의 표적을 설치하여 백 보 떨어진 곳에서 활을 쏠 경우에

○先愼曰 十步는 當作百步라

○王先愼 : '十步'는 '百步'가 되어야 한다.

32-94 非羿逢蒙[87)]이면 不能必全者니

羿나 逢蒙이 아니고서는 반드시 다 맞힐 수는 없으니,

○先愼曰 問辯篇에 全作中이라

○王先愼 : 〈問辯篇〉에 '全'은 '中'으로 되어 있다.

32-95 有常儀的也일새니라 有度難而無度易(이)也니 有常儀的이면 則羿逢蒙以五寸爲巧요

일정한 표적이 있기 때문이다. 법도가 있으면 어렵고 법도가 없으면 쉬운 법이니, 일정한 표적이 있으면 羿나 逢蒙이 다섯 치 되는 표적을 맞혀도 교묘하다고 할 것이고,

○先愼曰 乾道本에 無逢字라 顧廣圻云 今本은 羿下에 有逢字하니 案 依上文當補라 問辯篇에 有逢字라하니 今據增하노라

---

87) 逢蒙 : ≪孟子≫ 〈離婁 下〉에 의하면 名弓 羿의 제자로, 활 쏘는 기술을 다 배운 뒤 스승을 살해했다고 한다. '逢蒙', '蜂門'이라고도 한다. ≪荀子≫ 〈王霸篇〉에 "蜂門은 羿에게 활쏘기를 배웠다."라고 하였고, ≪漢書≫ 〈藝文志〉에 ≪逢門射法≫ 2편이 있었다고 나온다.

○王先愼 : 乾道本에 '逢'자가 없다. 顧廣圻는 "今本은 '羿' 아래에 '逢'자가 있으니, 살펴보건대 윗글에 의거하면 보충해야 한다. 〈問辯篇〉에 '逢'자가 있다."라고 하였으니, 지금 이에 의거하여 보충하였다.

32-96 **無常儀的**이면 **則以妄發而中秋毫爲拙**이라 **故無度而應之**면 **則辯士繁說**(세)요 **設度而持之**면 **雖知者**라도 **猶畏失(也)**일새 **不敢妄言〔也〕**니라

일정한 표적이 없으면 마구 쏘아 가을 터럭을 맞혀도 졸렬하다 할 것이다. 그러므로 법도가 없이 대응하면 변론하는 선비들이 번잡하게 유세할 것이고, 법도를 세워서 지키면 비록 지혜로운 자라 하더라도 실수를 할까 두려워하므로 감히 함부로 말하지 못할 것이다.

○**王先謙曰 也字**는 **當在言下**라

○王先愼 : '也'자는 '言'자 아래에 있어야 한다.

32-97 **今人主聽說**(세)에 **不應之以度**하야

지금 군주가 유세를 들을 적에 법도로 대응하지 않은 채

○**顧廣圻曰 句絶**이라

○顧廣圻 : 여기서 구두를 끊는다.

32-98 **而說**(열)**其辯**하고

유창한 변설만을 좋아하고

○**顧廣圻曰 逗**라 **說**은 **讀如悅**이라

○顧廣圻 : 여기서 쉰다. '說'은 '悅'로 읽는다.

32-99 **不度**(탁)**以功**하야

공으로 헤아리지 않은 채

○顧廣圻曰 句絶이라

○顧廣圻 : 여기서 구두를 끊는다.

32-100 譽其行하니

그 행동을 칭찬하니,

○顧廣圻曰 句絶이라

○顧廣圻 : 여기서 구두를 끊는다.

32-101 而不入關이라

기준에 들어맞지 않게 된다.

○顧廣圻曰 句絶이라 藏本同이라 今本은 不度下에 有之字하고 譽上에 有而字하며 無而不入關四字니 皆誤라 上文云 不以儀的爲關이라하니 此其說也라

○顧廣圻 : 여기서 구두를 끊는다. 藏本은 같다. 今本은 '不度' 아래에 '之'자가 있고, '譽' 위에 '而'자가 있으며, '而不入關' 네 자가 없으니, 모두 잘못이다. 윗글에 '不以儀的爲關'이라 하였으니 이것이 그에 대한 說이다.

32-102 此人主所以長欺요 而說(세)者所以長養也니라

이것이 군주가 오래도록 속임을 당하고 유세하는 자가 오래도록 봉록을 받는 까닭이다.

32-103 客有敎燕王爲不死之道者하야 王使人學之어늘 所使學者未及學而客死하니 王大怒하야 誅之라 王不知客之欺己요 而誅學者之晩也니라 夫信不然之物하야 而誅無罪之臣하니 不察之患也니라 且人所急은 無如其身이니 不能自使其無死어든 安能使王長生哉리오

빈객 중에 燕나라 왕에게 죽지 않는 방법을 가르쳐주겠다고 하는 자가 있어서

왕이 사람을 보내 배우게 하였는데, 배우러 간 자가 다 배우기도 전에 빈객이 죽으니, 왕이 크게 노해서 〈배우러 간 자를〉 죽였다. 왕은 빈객이 자기를 속인 줄은 모르고 배우는 자가 더디게 배웠다고 죽인 것이다. 있을 수 없는 일을 믿고 죄 없는 신하를 죽였으니, 제대로 살피지 못한 재앙이다. 또 사람이 긴급하게 생각하는 것은 자기 몸과 같은 것이 없으니, 자신의 몸도 죽지 않게 할 수 없으면서 어떻게 왕을 오래도록 살게 할 수 있겠는가.

32-104 鄭人有相與爭年者라 一人曰 吾與堯同年이라하고

鄭나라 사람 중에 서로 나이가 많다고 다투는 자들이 있었다. 한 사람이 말하기를 "나는 堯와 나이가 같다." 하고

○先愼曰 乾道本에 無一人曰吾與堯同年八字어늘 今據御覽四百九十六意林引增하노라

○王先愼 : 乾道本에 '一人曰吾與堯同年' 여덟 자가 없는데, 지금 ≪太平御覽≫ 권496과 ≪意林≫의 인용한 글에 의거하여 보충하였다.

32-105 其一人曰 我與黃帝之兄同年이라하니라

다른 한 사람이 말하기를 "나는 黃帝의 형과 나이가 같다." 하였다.

○先愼曰 意林兄下에 有弟字어늘 御覽引無라 我竝作吾라

○王先愼 : ≪意林≫에는 '兄' 아래에 '弟'자가 있는데, ≪太平御覽≫에 인용한 글에는 없다. '我'는 모두 '吾'로 되어 있다.

32-106 訟此而不決이라

이것은 소송을 해봤자 판결이 나지 않을 일이다.

○盧文弨曰 藏本에 作訣이라 先愼曰 趙本作訣이니 誤라 御覽作決이라

○盧文弨 : 藏本에 〈'決'이〉 '訣'로 되어 있다.

王先愼 : 趙本에 '訣'로 되어 있으니, 잘못되었다. ≪太平御覽≫에 '決'로 되어 있다.

32-107 以後息者爲勝耳니라

끝까지 우기는 자가 이길 뿐이다.

○先愼曰 意林息作罷라 案此謂皆無情理라 故以辭長者爲勝이라

○王先愼 : ≪意林≫에는 '息'이 '罷'로 되어 있다. 살펴보건대, 이는 모두 情理가 없으므로 오래 말하는 자가 이기게 된다고 말한 것이다.

32-108 客有爲周君畫莢[88)]者러니

빈객 중에 周나라 군주를 위해 투명한 식물의 깍지에 그림을 그리는 자가 있었는데,

○盧文弨曰 莢은 譌니 下同이라 前作策이니 策筴은 同이라

○盧文弨 : '莢'은 잘못이니, 아래도 같다. 앞(32-7)에 '策'으로 되어 있으니, '策'과 '筴'은 同字이다.

32-109 三年而成하야 君觀之에 與髹(휴)莢者同狀이라

3년 만에 완성하여 군주가 살펴보니 옻칠한 깍지와 모양이 똑같았다.

○先愼曰 髹本作髤니 玉篇에 髤는 同髹라 史記貨殖傳木器髤者千枚라하야늘 注에 徐廣云 髤는 漆也라 漢書皇后傳에 殿上髤漆이라하야늘 師古云 以漆漆物謂之髤니 今關東俗器物一再著漆者를 謂之捎漆이라 捎卽髤聲之轉이라하니 此謂所畫不辨黑白이니 與漆筴同也라

○王先愼 : '髹'는 본래 '髤'로 되어 있으니, ≪玉篇≫에 "'髤'는 '髹'와 같다."라고 하였다. ≪史記≫ 〈貨殖列傳〉에 "옻칠을 한 목기가 천 枚이다."라고 하였는데, 그 注(≪史記集解≫)에 "徐廣이 '髤는 옻〔漆〕이다.' 하였다."라고 하였다. ≪漢書≫ 〈皇后傳〉에 "殿上髤漆(殿 위에 옻칠을 한다.)"이라고 하였는데, 顔師古는 "옻으로 물건에 칠하는 것을 '髤'라고

---

88) 莢 : 盧文弨・王先愼은 채찍 또는 젓가락을 뜻하는 '筴'의 오자라고 하였으나, 전체 내용으로 보아 식물의 꼬투리에서 알맹이를 꺼낸 얇은 껍질이라고 본 ≪韓非子新校注≫ 陳奇猷의 설이 타당하므로 이에 따라 번역하였다. 莢은 지금의 幻燈의 원단처럼 막이 매우 얇아 옛날에 유리 대신 이를 채취해 사용했다고 한다.

하니 지금 關東의 풍속에 器物에 한두 차례 옻을 덧칠한 것을 '捎漆'이라 한다. '捎'는 '髹'의 성음이 바뀐 것이다."라고 하였으니, 이는 〈젓가락에 그린〉 그림이 흑백을 분별할 수가 없으니, 옻칠한 젓가락과 같은 모양이었음을 말한 것이다.

32-110 **周君大怒**한대 **畫莢者曰 築十版之牆**하고 **鑿八尺之牖**하야 **而以日始出時**에 **加之其上而觀**하소서

周나라 군주가 몹시 노하자 깍지에 그림을 그린 자가 말하기를 "판축을 열 겹 높이로 해서 담을 쌓고 여덟 자 되는 창문을 뚫어서 해가 막 뜰 때에 그 위에 올려놓고 살펴보소서." 하였다.

○**先愼曰 加筴於牆牖之上**하야 **以觀其畫也**라 **案此卽西人光學**[89]**之權輿**라

○王先愼 : 젓가락을 담의 창 위에 올려놓고서 그 그림을 살펴보는 것이다. 살펴보건대, 이는 곧 서양인이 만든 光學의 맹아이다.

32-111 **周君爲之**하야 **望見其狀**하니 **盡成龍蛇禽獸車馬**요 **萬物之狀備具**일새 **周君大悅**이러라 **此莢之功**은 **非不微難也**나 **然其用**은 **與素髹(筴)〔莢〕**[90]**同**이니라

周나라 군주가 그렇게 해서 그 형상을 바라보니, 용과 뱀, 날짐승과 들짐승, 수레와 말을 다 그렸고, 온갖 사물의 형상까지도 다 갖추어져 있었으므로 周나라 군주가 크게 기뻐하였다. 깍지에 그림을 그리는 일은 精微하면서도 어려운 일이지만 그 쓰임새는 보통의 옻칠한 깍지와 똑같은 것이다.

○**先愼曰 素**는 **未畫也**라 **此言畫筴之用**이 **何異素髹**라

○王先愼 : '素'는 그림을 그리지 않은 것이다. 이는 그림을 그린 젓가락의 쓰임새가 그림을 그리지 않고 옻칠한 젓가락과 무슨 차이가 있겠느냐는 말이다.

32-112 **客有爲齊王畫者**러니 **齊王問曰 畫孰最難者**오 **曰 犬馬最難**이니이다

---

89) 光學 : 빛의 현상을 연구하는 물리학의 한 부분이다.

90) (筴)〔莢〕: 저본에는 '筴'으로 되어 있으나, 문맥의 일관성에 의거하여 '莢'으로 고쳤다. 앞의 32-108의 역주 '莢' 참조.

빈객 중에 齊나라 왕을 위해 그림을 그리는 자가 있었는데, 齊나라 왕이 묻기를 "무엇을 그리는 것이 가장 어려운가?" 하니, 대답하기를 "개나 말이 가장 어렵습니다." 하였다.

○先愼曰 各本無下最字어늘 據藝文類聚七十四御覽七百五十意林引補하노라 犬은 作狗니 下同이라

○王先愼 : 각 본에 아래의 '最'자가 없는데, ≪禮文類聚≫ 권74, ≪太平御覽≫ 권750과 ≪意林≫의 인용한 글에 의거하여 보충하였다. '犬'은 '狗'로 되어 있으니, 아래도 같다.

32-113 孰易(이)者오 曰 鬼魅最易니이다 夫犬馬는 人所知也니 旦暮罄於前하야

〈왕이 묻기를〉 "무엇이 가장 쉬운가?" 하니, 대답하기를 "귀신이 가장 쉽습니다. 개나 말은 사람들이 알고 있는 것이니 아침저녁으로 눈앞에 보여서

○盧文弨曰 詩大明에 俔天之妹라하야늘 韓詩에 作磬이니 是磬俔은 同義라 說文에 俔一訓(聞)〔間〕[91]見이라 蓋俔從見이니 是有見義라 罄磬本同以俔爲義니 當爲朝夕見於前也라 先愼曰 御覽引罄作覩니 下同이라

○盧文弨 : ≪詩經≫ 〈大雅 大明〉에 "俔天之妹(하늘에 비유할 만한 여인이다.)"라고 하였는데, ≪韓詩外傳≫에는 〈'俔'이〉 '磬'으로 되어 있으니, 이 '磬'과 '俔'은 같은 뜻이다. ≪說文解字≫에 "'俔'은 一訓이 '間見(엿봄)'이다."라고 하였다. '俔'은 '見'을 따르니 곧 '見'의 뜻이 있다. '罄'과 '磬'은 본래 똑같이 '俔'으로 뜻을 삼았으니, 응당 아침저녁으로 앞에 보인다는 것이다.

王先愼 : ≪太平御覽≫에 이 글을 인용하면서 '罄'은 '覩'로 되어 있으니, 아래도 같다.

32-114 不可類之라 故難이요 鬼魅는 無形者니

그것을 똑같이 그릴 수 없으므로 어렵고, 귀신은 형체가 없으니

91) (聞)〔間〕 : 저본에는 '聞'으로 되어 있으나, 段玉裁의 ≪說文解字注≫에 '間'으로 되어 있고, 그 아래에 "'間'은 ≪說文解字≫의 각 본에 '聞'으로 되어 있으니 지금 바로잡았다."라고 한 내용에 의거하여 '間'으로 바로잡았다.

○先愼曰 各本魅作神이라 案神當依上文作魅니 藝文類聚意林御覽引正作魅라 今據改하노라 意林形下有像字라

○王先愼 : 각 본에 '魅'는 '神'으로 되어 있다. 살펴보건대 '神'은 윗글에 의거하여 '魅'로 되어야 하니, ≪藝文類聚≫ · ≪意林≫ · ≪太平御覽≫에 이 글을 인용하면서 '魅'로 바로 되어 있다. 지금 이에 의거하여 고쳤다. ≪意林≫에는 '形' 아래에 '像'자가 있다.

32-115 不罄於前이라 故易之也니이다

눈앞에 보이지 않기 때문에 그리기 쉬운 것입니다." 하였다.

○先愼曰 藝文類聚御覽은 不上에 有無形者三字라

○王先愼 : ≪藝文類聚≫ · ≪太平御覽≫은 '不' 위에 '無形者' 세 자가 있다.

32-116 齊有居士田仲者어늘

齊나라에 田仲이라는 居士가 있었는데,

○盧文弨曰 卽陳仲子라

○盧文弨 : 곧 陳仲子이다.

32-117 宋人屈穀이 見之하야

宋나라 屈穀이라는 사람이 그를 만나서

○盧文弨曰 文選七命注引穀作轂하고 下有往字요 見之下에 有謂之二字라

○盧文弨 : ≪文選≫ 〈七命〉의 注에 이 글을 인용하면서 '穀'은 '轂'으로 되어 있고, 그 아래에 '往'자가 있고, '見之' 아래에 '謂之' 두 자가 있다.

32-118 曰 穀聞先生之義는 不恃人而食이라

말하기를 "제가 듣기로 선생의 뜻은 남에게 의지해서 먹고살지 않는다고 하였습니다.

○先愼曰 各本은 恃下에 有仰字어늘 盧文弨云 仰字疑衍니 下選注引無라하니 今據刪하노라

○王先愼 : 각 본은 '恃' 아래에 '仰'자가 있는데, 盧文弨는 "'仰'자는 아마도 衍文이니, 아래 ≪文選≫ 注의 인용한 글에는 없다."라고 하였으니, 지금 이에 의거하여 삭제하였다.

32-119 今穀有(樹)〔巨〕瓠(之道)어늘

지금 제게 큰 박이 있는데,

○先愼曰 選注引作轂有巨瓠라 案樹巨聲近而誤니 當作巨라 之道二字衍이라

○王先愼 : ≪文選≫의 注에 이 글을 인용하면서 〈'穀有樹瓠'가〉 '轂有巨瓠'로 되어 있다. 살펴보건대, '樹'와 '巨'가 성음이 비슷해서 잘못된 것이니, '巨'가 되어야 한다. '之道' 두 자는 衍文이다.

32-120 堅如石하고 厚而無竅라

돌처럼 단단하고 두꺼워서 구멍을 낼 수도 없습니다.

○盧文弨曰 選注此下不同하니 云 而效之先生하노이다 田仲曰 堅如石하야 不可剖而斲이요 厚而無竅하야 不可以受水漿하니 吾無用此瓠以爲也라하니 屈穀曰 然하니이다 其棄物乎잇가 曰 然이라하니 今先生이 雖不恃人之食이라도 亦無益人之國矣니 猶可棄之瓠也니라 田仲若有所失하고 慙而不對러라

○盧文弨 : ≪文選≫의 注는 이 아래가 같지 않은데 다음과 같다. 〈屈穀이 말하기를〉 "선생에게 바치겠습니다." 하니, 田仲이 말하기를 "돌처럼 단단해서 쪼갤 수 없고 두꺼워서 구멍을 낼 수 없어서 水漿을 담을 수가 없으니, 나는 이런 박은 쓸모가 없다고 생각하오."라고 하였다. 굴곡이 말하기를 "그렇습니다. 이 물건을 버릴까요?" 하니, 전중이 말하기를 "그렇게 하시오." 하였다. 〈굴곡이 말하기를〉 "지금 선생께서 남에게 의지해서 먹고살지는 않지만 역시 나라에 이로움이 되는 것도 없으니, 버릴 만한 박과 같습니다." 하니, 전중이 마치 잃은 것이 있는 듯하였고 부끄러워 아무 대답을 하지 않았다.

32-121 獻之하노이다 仲曰 夫瓠所貴者는 謂其可以盛也니라 今厚而無竅면 則不可(剖)以盛物이요

이걸 드리겠습니다." 하니, 田仲이 말하기를 "박이 귀한 이유는 물건을 담을 수 있기 때문이오. 지금 두꺼워서 구멍을 낼 수 없다면 물건을 담을 수 없고,

○顧廣圻曰 剖字는 當衍이라

○顧廣圻 : '剖'자는 衍文이어야 한다.

32-122 而(任重)(如堅)〔堅如〕石이면

돌처럼 단단하다면

○顧廣圻曰 任重二字는 涉下節而衍이라 如堅은 當作堅如라

○顧廣圻 : '任重' 두 자는 아래 단락에 관련이 되어 잘못 들어간 것이다. '如堅'은 '堅如'가 되어야 한다.

32-123 則不可以剖而(以)斟하니

갈라서 물을 뜰 수도 없으니,

○顧廣圻曰 下以字當衍이라

○顧廣圻 : 아래 '以'자는 衍文이어야 한다.

32-124 吾無以瓠爲也니라 曰 然하니이다 穀將棄之리이다

내게 이런 박은 아무짝에도 쓸데가 없소." 하였다. 굴곡이 말하기를 "그렇습니다. 저도 이것을 버리려고 합니다." 하였다.

○先愼曰 乾道本은 棄上에 有以欲二字어늘 今據張榜本刪하노라

○王先愼 : 乾道本은 '棄' 위에 '以欲' 두 자가 있는데, 지금 張榜本에 의거하여 삭제하였다.

32-125 今田仲不恃人而食이나

지금 田仲은 남에게 의지해서 먹고살지는 않지만

○先愼曰 各本은 恃下에 有仰字니 說見上이라 張榜本에 無田字라

○王先愼 : 각 본은 '恃' 아래에 '仰'자가 있으니, 설명이 앞에 나온다. 張榜本에 '田'자가 없다.

32-126 亦無益人之國이니 亦堅瓠之類也니라

또한 나라에 이로움이 되는 것도 없으니, 역시 단단한 박과 같은 부류인 것이다.

32-127 虞慶爲屋할새

虞慶이 집을 지을 적에

○盧文弨曰 下三條는 宜連이라 顧廣圻曰 虞卿也니 慶卿同字라 呂氏春秋別類篇云 高陽應이라하야늘 高誘注에 或作魋라하니라

○盧文弨 : 아래 세 조목은 연결되어야 한다.

顧廣圻 : 〈虞慶은〉 虞卿이니, '慶'과 '卿'은 同字이다. ≪呂氏春秋≫ 〈別類篇〉에 '高陽應'이라고 하였는데, 高誘의 注에 "〈'應'이〉 혹은 '魋'로 되어 있다."라고 하였다.

32-128 謂匠人曰 屋太尊이니라

匠人에게 이르기를 "지붕이 너무 높다."라고 하니,

○盧文弨曰 嫌其太崇也라 藏本에 太作大라

○盧文弨 : 너무 높은 것을 싫어한 것이다. 藏本에 '太'는 '大'로 되어 있다.

32-129 匠人對曰 此는 新屋也니 塗濡而椽生이니이다 夫濡塗重而生椽撓라 以撓椽任重塗하니 此宜卑하리니다 虞慶曰 不然이라

장인이 대답하기를 "이것은 새 집이니, 벽에 바른 흙은 젖어 있고 서까래도 생나무입니다. 젖은 흙은 무겁고 생나무 서까래는 휘어집니다. 휘어진 서까래로 무거운 흙을 떠받치고 있으니, 이 지붕은 당연히 낮아질 것입니다."라고 하자, 虞慶

이 말하기를 "그렇지 않다.

○先愼曰 乾道本에 此五字在夫濡塗重上이라 顧廣圻云 藏本同이라 今本에 虞慶曰不然五字在此宜卑下하니 誤라하니라 先愼案 今本이 是也라 夫濡塗重而生椽撓는 正申塗濡椽生之義요 以撓椽任重此宜卑로 辨虞慶屋太尊之說이니 皆匠人之詞라 宋本誤以虞慶曰不然五字於夫濡塗重上하니 文義不可通이라 藏本沿其誤耳라 今改從今本하노라

○王先愼 : 乾道本에 이 다섯 자(虞慶曰不然)는 '夫濡塗重' 위에 있다. 顧廣圻는 "藏本은 같다. 今本에 '虞慶曰不然' 다섯 자가 '此宜卑' 아래에 있으니 잘못이다."라고 하였다. 내가 살펴보건대 今本이 옳다. '夫濡塗重而生椽撓'는 바로 '塗濡椽生'의 뜻을 밝힌 것이고 '撓椽任重此宜卑'라고 하여 '屋太尊'이라고 한 虞慶의 주장을 변박한 것이니, 모두 匠人의 말이다. 宋本에 잘못 '虞慶曰不然' 다섯 자를 '夫濡塗重'의 위에 두었으니, 文義가 통하지 않는다. 藏本은 그 잘못을 그대로 따랐을 뿐이다. 지금 今本을 따라 고쳤다.

32-130 更日久면 則塗乾而椽燥라 塗乾則輕이요 椽燥則直이니 以直椽任輕塗면

여러 날이 지나면 흙은 마르고 서까래는 건조해진다. 흙이 마르면 가벼워지고 서까래가 건조해지면 곧게 되니, 곧은 서까래로 가벼운 흙을 받치면

○先愼曰 乾道本에 無以直二字라 顧廣圻云 藏本은 直下에 有以直二字라하니 今據補하노라 今本에 無以字라

○王先愼 : 乾道本에 '以直' 두 자가 없다. 顧廣圻는 "藏本은 '直' 아래에 '以直' 두 자가 있다."라고 하였으니, 지금 이에 의거하여 보충하였다. 今本에 '以'자가 없다.

32-131 此益尊이니라 匠人詘하여 爲之而屋壞하니라

이 지붕이 더욱 높아질 것이다." 하였다. 匠人이 말이 막혀서 그렇게 하였으나 집은 무너져버렸다.

32-132 一曰 虞慶將爲屋할새 匠人曰 材生而塗濡라 夫材生則撓하고 塗濡則重하니 以撓任重이면 今雖成이라도 久必壞라하니 虞慶曰 材乾則直하고 塗乾則輕이라 今

誠[92)]**得乾**이면 **日以輕直**이니 **雖久**라도 **必不壞**하리라 **匠人詘**하야 **作之成**하니 **有間**에 **屋果壞**러라

일설의 내용은 다음과 같다. 虞慶이 집을 지으려고 할 적에 匠人이 말하기를 "목재가 생나무이고 흙은 젖어 있습니다. 목재가 생나무이면 휘게 되고, 흙이 젖어 있으면 무거워집니다. 휘어진 목재로 무거운 흙을 받치면 당장은 완성하더라도 오래되면 반드시 무너집니다." 하니, 우경이 말하기를 "목재가 마르면 곧아지고 흙은 마르면 가벼워진다. 지금 집을 완성하여 〈목재와 흙이〉 마르게 되면 날이 갈수록 가벼워지고 곧아질 것이니, 비록 오래되더라도 반드시 무너지지 않을 것이다." 하였다. 장인이 말이 막혀 시키는 대로 집을 지으니, 얼마 지나지 않아 집이 과연 무너져버렸다.

32-133 **范且**(저)**曰**

范且가 말하기를

○**顧廣圻曰 范雎也**니 **且雎同字**라

○顧廣圻 : 〈范且는〉 范雎이니, '且'와 '雎'는 同字이다.

32-134 **弓之折**은 **必於其盡也**니 **不於其始也**니라 **夫工人張弓也**에 **伏檠三旬而蹈弦**하고 **一日犯機**하니 **是節之其始而暴之其盡也**라 **焉得無折**이리오 **且**(저)**張弓不然**하니

도지개

"활이 부러지는 것은 반드시 마지막 단계에서 일어나는 것이지 처음 단계에서 일어나는 것이 아니다. 工人이 활줄을 얹을 적에 30일 동안 도지개에 끼워두었다가 발로 밟아서 시위에 걸고 하루가 지나서 화살을 쏘니, 이는 처음 단계에 신중히 하다가 마지막 단계에 거칠게 다

---

92) 誠 : 高亨의 설에 따라 '成'의 가차자로 보았다. 32-43 참조.

루는 것이다. 어찌 부러지지 않을 수 있겠는가. 내가 활줄을 얹을 적에는 그렇게 하지 않으니,

○先愼曰 張榜本趙本에 作范且曰不然이니 誤라 此皆范且自謂니 不應有曰字라

○王先愼 : 張榜本과 趙本에 '范且曰不然'으로 되어 있으니, 잘못이다. 이는 모두 范且가 스스로 말한 것이니, '曰'자가 있어서는 안 된다.

32-135 伏檠一日而蹈弦하고 三旬而犯機라 是暴之其始而節之其盡也니라 工人窮也일새 爲之어늘

하루 동안 도지개에 끼워두었다가 발로 밟아서 시위에 걸고 30일이 지나서 화살을 쏜다. 이는 처음 단계에 거칠게 다루고 마지막 단계에 신중하게 하는 것이다." 하니, 工人이 대꾸하지 못하여 〈범저가 말한 대로〉 활을 만들었는데,

○先愼曰 工窮於詞하야 依且爲之라

○王先愼 : 工人이 할 말이 없어서 范且의 방법대로 만든 것이다.

32-136 弓折하니라

활이 부러지고 말았다.

32-137 范且虞慶之言은 皆文辯辭勝而反事之情이라 人主說(열)而不禁하니 此所以敗也니라 夫不謀治强之功하고 而艶乎辯說文麗之聲하니 是卻有術之士而任壞屋折弓也라 故人主之於國事也에 皆不達乎工匠之搆屋張弓也니라

范且와 虞慶의 말은 모두 文辭가 유창하고 빼어나지만 일의 실제 사정과는 상반된다. 군주가 이를 기뻐하여 금하지 않으니, 이것이 패망하는 이유가 된다. 나라를 강하게 다스리는 일을 도모하지 않고 유창한 변설과 화려하게 꾸민 얘기에 도취되니, 이는 法術을 지닌 인사를 물리치고 집을 무너뜨리거나 활을 부러뜨리는 자에게 맡기는 격이다. 그러므로 군주가 나라의 일을 다스리는 데에 집을 짓고 활줄을 얹는 工人과 匠人의 수준에도 미치지 못하는 것이다.

○王先謙曰 儗之不能遠過라

○王先謙 : 〈군주를 工人・匠人과〉 견주어봄에 훨씬 낫지 못하다는 것이다.

32-138 然而士窮乎范且虞慶者는

그러나 인사들이 范且와 虞慶에게 대꾸하지 못하는 것은

○顧廣圻曰 連上이니 十字爲一句라 乾道本은 以下皆誤以范且提行이라

○顧廣圻 : 위의 글과 연결되니 열 자가 한 구가 된다. 乾道本은 이하에 모두 '范且'로 행을 잘못 바꾸었다.

32-139 爲虛辭其無用而勝하고 實事其無易而窮也니라

허황된 말은 쓸모가 없는데도 이기고, 실질적인 일은 〈그 道를〉 바꿀 수 없는데도 대꾸하지 못하기 때문이다.

○顧廣圻曰 爲虛辭逗요 其無用而勝句絶이며 實事逗요 其無易而窮也句라 以上今失其讀(두)라 先愼曰 無易者는 其道不可易이라

○顧廣圻 : '爲虛辭'에서 쉬고, '其無用而勝'에 구가 끊어진다. '實事'에서 쉬고 '其無易而窮也'가 한 구이다. 이상은 지금 구두를 잘못 끊었다.

王先愼 : '無易'은 그 道를 바꿀 수 없다는 것이다.

32-140 人主多無用之辯하고 而少無易之言하니 此所以亂也니라 今世之爲范且虞慶者不輟하고 而人主說之不止하니 是貴敗折之類요 而以知術之人爲工匠也니라 〔工匠〕不得施其技巧라

군주가 쓸모없는 변설을 대단하게 여기고 바꿀 수 없는 말은 사소하게 여기니, 이것이 나라가 어지러워지는 까닭이다. 지금 세상에 范且와 虞慶 같은 자들이 끊이지 않고 군주가 이런 자들을 좋아하는 것도 그치지 않으니, 이는 집을 무너뜨리고 활을 부러뜨리는 부류를 귀하게 여기는 것이고 法術을 아는 인사를 工人과 匠人으로 여기는 것이다. 공인과 장인이 그 기교를 제대로 발휘할 수 없기 때문에

○顧廣圻曰 不上에 當有工匠二字라

○顧廣圻 : '不' 앞에 '工匠' 두 자가 있어야 한다.

32-141 故屋壞弓折하고 知治之人이 不得行其方術이라 故國亂而主危니라

집이 무너지고 활이 부러지며, 治術을 아는 인사가 그 방법을 실행하지 못하기 때문에 나라는 어지러워지고 군주는 위태로워지는 것이다.

32-142 夫嬰兒相與戲也에 以塵爲飯하고 以塗爲羹하며 以木爲胾(자)나 然至日晩에 必歸饟者는 塵飯塗羹은 可以戲而不可食也일새니라 夫稱上古之傳頌은 辯而不慤이요 道先王仁義而不能正國者는 此亦可以戲而不可以爲治也니라 夫慕仁義而弱亂者는 三晉[93]也요 不慕而治强者는 秦也니라 然而〔秦强而〕未帝者는 治未畢也일새니라

어린아이들이 함께 소꿉장난을 할 적에 흙을 밥으로 삼고 진흙을 국으로 삼으며 나무를 고기라 하지만, 날이 저물고 나면 반드시 돌아가서 밥을 먹는 것은 흙으로 만든 밥과 진흙으로 만든 국은 가지고 소꿉장난을 할 수는 있지만 먹을 수는 없기 때문이다. 상고시대의 傳說과 頌歌를 일컫는 것은 유창하게 들리지만 실질적이지 못하고, 先王의 仁義를 말하더라도 나라를 바르게 할 수 없는 것은 이 역시 장난을 할 수는 있으나 나라를 다스리는 것으로 삼을 수는 없다. 仁義를 숭상해서 약해지고 어지러워진 나라는 三晉이고, 숭상하지 않아서 잘 다스려지고 강해진 나라는 秦나라이다. 그런데 강한 秦나라로서도 帝王이 되지 못한 것은 治術이 완전히 갖추어지지 않았기 때문이다.

○先愼曰 趙本은 然而下에 有秦强而三字라 張本은 從夫慕至此均無라

○王先愼 : 趙本은 '然而' 아래에 '秦强而' 세 자가 있다. 張本은 '夫慕'에서 여기까지 모

93) 三晉 : 전국시대 趙나라 · 韓나라 · 魏나라의 合稱이다. 趙氏 · 韓氏 · 魏氏는 원래 晉나라의 大夫였으나 전국시대 초기에 晉나라를 나누어 각기 나라를 세워 三國이 되었기 때문에 '三晉'이라 이른다.

두 없다.

〔三〕[94]

32-143 **人爲嬰兒也**에 **父母養之簡**이면

사람은 어린아이 때에 부모가 양육을 소홀히 하면

○先愼曰 句라

○王先愼 : 여기서 구를 끊는다.

32-144 **子長而怨**이요

자식이 장성해서 원망하고,

○先愼曰 句라

○王先愼 : 여기서 구를 끊는다.

32-145 **子盛壯成人**하야

자식이 성인으로 장성해서

○先愼曰 句라

○王先愼 : 여기서 구를 끊는다.

32-146 **其供養薄**이면

봉양을 소홀히 하면

○先愼曰 句라

○王先愼 : 여기서 구를 끊는다.

---

94) 〔三〕: 〔經三〕(32-14~32-29)에 대한 해설을 모은 說이다.

32-147 父母怒而誚之니라

부모는 노하여 꾸짖는다.

○先愼曰 以上今皆失讀(두)라

○王先愼 : 이상은 지금 모두 그 구두를 잘못 끊었다.

32-148 子父至親也로되 而或譙或怨者는 皆挾相爲而不周於爲己也일새니라 夫(賣)〔買〕[95]庸而播耕者에 主人費家而美食하고 調[96]布而求易(이)錢[97]者는

자식과 아비는 가장 가까운 관계지만 어떤 때는 꾸짖기도 하고 어떤 때는 원망하기도 하는 것은 모두 서로 자기를 위해주기를 바라는데 상대가 자기의 바람을 제대로 채워주지 못한다고 여기기 때문이다.

품팔이를 사서 씨를 뿌리고 밭을 갈 경우에 주인이 家産을 써서 맛있는 음식을 제공하고 베를 골라 질 좋은 돈을 구하여 품삯으로 주는 것은

○顧廣圻曰 調는 當作請이요 易錢은 當作錢易라 易는 去聲이니 下同이라

○顧廣圻 : '調'는 '請'이 되어야 하고, '易錢'은 '錢易'이 되어야 한다. '易'은 去聲이니, 아래도 같다.

32-149 非愛庸客也라 曰 如是라야 耕者且深하고 耨者〔且〕熟(耘)〔云〕也일새니라

품팔이를 사랑해서가 아니라 이와 같이 해야 밭을 깊이 갈 것이고 김을 꼼꼼하게 맬 것이기 때문이다.

○顧廣圻曰 熟上에 當有且字라 耘은 當作云이라 此與下文錢布且易云也句對어늘 不知者改作耘字하니 誤甚이라

95) (賣)〔買〕: 원문은 '賣'로 되어 있는데, '買'의 잘못이라고 한 ≪韓非子新校注≫ 松皐圓의 설에 의거하여 '買'로 바로잡았다.

96) 調 : 顧廣圻는 '請'으로 교감하였으나, '選(고르다)'의 뜻으로 본 ≪韓非子新校注≫ 陳奇猷의 설에 의거하여 번역하였다.

97) 易(이)錢 : "'易'는 앞의 '美'자의 상대어이며, '善' 또는 '好'로 해석해야 하니, '易錢'은 '질 좋은 돈'이라는 뜻이다."라고 한 ≪韓非子全譯≫ 張覺의 설에 따라 번역하였다.

○顧廣圻 : '熟' 위에 '且'자가 있어야 한다. '耘'은 '云'이 되어야 한다. 이 구는 아래 글 '錢布且易云也'와 대구인데, 알지 못하는 자가 '耘'자로 고쳤으니, 매우 잘못되었다.

32-150 庸客致力而疾耘耕(者)하고

일꾼이 힘을 다해서 빨리 김매고 밭을 갈며

○顧廣圻曰 者字는 衍이니 耕句絶이라

○顧廣圻 : '者'자는 衍文이니, '耕'에서 구를 끊는다.

32-151 盡巧而正畦陌畦(畤)〔埒(랄)〕者는

기교를 다해 밭두둑과 논두둑을 정비하는 것은

○顧廣圻曰 藏本同이라 今本에 下畦作疇라 案畦非此之用이라 句當衍二字어늘 未詳이라 孫詒讓曰 畤는 當作埒이라 一切經音義引倉頡篇云 畦는 埒也라하니 是其證이라 此畦埒二字는 蓋注文傳寫誤混入正文하야 遂複舛不可通耳라

○顧廣圻 : 藏本은 같다. 今本에 아래 '畦'가 '疇'로 되어 있다. 살펴보건대 '畦'는 여기에 쓰일 글자가 아니다. 이 구에 두 자가 衍文이 되어야 하는데, 자세히 알 수 없다.

孫詒讓 : '畤'는 '埒'이 되어야 한다. ≪一切經音義≫에 ≪倉頡篇≫을 인용하여 "'畦'는 '埒'이다."라고 하였으니, 이것이 그 증거이다. 이 '畦'와 '埒' 두 자는 아마도 注의 글이 傳寫 과정에서 正文으로 잘못 섞여 들어가서 마침내 중복되고 어긋나서 통할 수 없게 된 것이다.

32-152 非愛主人也라 曰 如是라야 羹且美하고 錢布且易云也일새니라 此其養功力에 有父子之澤矣니 而心(調)〔周〕於用者는

주인을 사랑해서가 아니라 이렇게 해야 국은 맛있고 錢布는 질이 좋을 것이기 때문이다. 이렇듯 힘들여 일한 자를 봉양하는 데에도 아비와 자식 사이의 은택이 작용하니, 일을 하는 데 마음을 제대로 쏟는 것은

○盧文弨曰 調는 疑周라 先愼曰 盧說이 是라 調는 卽周之誤라 上文不周於爲己 卽

其證이라

○盧文弨 : '調'는 '周'로 의심된다.

王先愼 : 盧文弨의 설이 옳다. '調'는 곧 '周'의 잘못이다. 윗글의 '不周於爲己'가 바로 그 증거이다.

32-153 皆挾自爲心也라 故人行事施予에 以利之爲心이면 則越人[98]易(이)和요 以害之爲心이면 則父子離且怨이니라

모두 자기를 위한다는 마음을 품고 있어서이다. 그러므로 사람이 일을 하거나 베풀 때에 자신에게 이롭다는 마음이 들면 越나라 사람과도 쉽게 화합할 수 있고 자신에게 해롭다는 마음이 들면 부자간에도 멀어지고 원망하게 된다.

32-154 文公伐宋할새 乃先宣言曰 吾聞宋君無道하야 蔑侮長老하고 分財不中하며 教令不信이라하니 余來爲民誅之니라

文公이 宋나라를 정벌할 적에 먼저 선언하기를 "내가 들으니, 宋나라 임금은 無道하여 어른들을 업신여기고 재화를 분배하는 데 공평하지 않으며 教令이 백성들에게 믿음을 얻지 못한다고 한다. 그래서 내가 백성들을 위해 그를 주벌하려고 왔노라." 하였다.

○顧廣圻曰 公은 當作王이요 宋當作崇이니 見說苑指武篇이라 先愼曰 經亦作文公이니 疑非文王伐崇事라

○顧廣圻 : '公'은 '王'이 되어야 하고, '宋'은 '崇'이 되어야 하니, ≪說苑≫ 〈指武篇〉에 보인다.

王先愼 : 經에도 '文公'으로 되어 있으니, 文王이 '崇'을 정벌한 일은 아닌 듯하다.

32-155 越伐吳할새 乃先宣言曰 我聞吳王築如皇之臺하고 掘淵泉之池하야

越나라가 吳나라를 정벌할 적에 먼저 선언하기를 "내가 들으니, 吳나라 왕이 如

---

98) 越人 : 춘추시대 越나라는 習俗이 중원과 많이 달랐고 거리도 가장 멀었으므로, 관계가 소원한 사람을 통칭하는 말로 흔히 쓰였다.

皇이라는 누대를 쌓고 깊은 연못을 파서

○先愼曰 各本淵作深이요 無泉之二字어늘 據御覽一百七十七引改增하노라 掘淵泉之池與築如皇之臺二文相對니 明深乃淵之誤요 又脫泉之二字耳라

○王先愼 : 각 본에 '淵'은 '深'으로 되어 있고, '泉之' 두 자가 없는데, ≪太平御覽≫ 권177에 인용된 글에 의거하여 고치고 보충하였다. '掘淵泉之池'와 '築如皇之臺' 두 문구는 서로 대가 되니, '深'은 '淵'의 오자이고, 또 '泉之' 두 자가 탈락된 것이 분명하다.

32-156 罷(피)苦百姓하고 煎靡財貨하야 以盡民力이라하니 余來爲民誅之니라

백성들을 고달프게 하고 재화를 낭비하여 民力을 소진시키고 있다고 한다. 내가 백성들을 위해 그를 주벌하려고 왔노라." 하였다.

○先愼曰 乾道本에 無來字어늘 盧文弨云 張本有라하니라 先愼案 依上文當有일새 今據補하노라

○王先愼 : 乾道本에 '來'자가 없는데, 盧文弨는 "張本에는 있다."라고 하였다. 내가 살펴보건대 윗글에 의거하면 〈'來'자〉 있어야 하므로 지금 이에 의거하여 보충하였다.

32-157 蔡女爲桓公妻러니 桓公與之乘舟어늘 夫人蕩舟한대 桓公大懼하야 禁之不止일새 怒而出之라가 乃且復(부)召之로되 因復更嫁之러라

蔡나라 군주의 딸이 齊 桓公의 아내가 되었다. 환공이 함께 배를 탔는데, 부인이 배를 흔들자 환공이 크게 놀라서 그만두게 하였으나 그치지 않았으므로 노하여 내쫓았다. 그리고는 얼마 후에 다시 불렀으나 이미 다른 곳으로 시집을 가버린 뒤였다.

○先愼曰 左傳에 作蔡人嫁之라

○王先愼 : ≪春秋左氏傳≫ 僖公 3년에 '蔡人嫁之(蔡나라 사람이 그녀를 〈다른 곳으로〉 시집보냈다.)'로 되어 있다.

32-158 桓公大怒하야 將伐蔡한대 仲父諫曰 夫以寢席之戲로 不足以伐人之

國이요 功業不可冀也니이다 請無以此爲稽也하소서

桓公이 크게 노하여 蔡나라를 치려고 하자, 仲父(管仲)가 간하여 아뢰기를 "부부 사이 잠자리에서의 희롱을 가지고 남의 나라를 치는 것은 충분한 이유가 될 수가 없고, 功業을 기대할 수도 없습니다. 청컨대 이것으로 계책을 삼지 마소서." 하였다.

○顧廣圻曰 藏本今本에 稽作規니 誤라 兪樾曰 稽字無義니 疑當作指라 漢書河間獻王德傳에 文約指明이라하야늘 注云 指는 謂意之所趨니 若人以手指物也라하니라 字亦作旨니 孟子告子篇願聞其旨是也라 齊桓公伐蔡는 意在蔡姬라 故管仲請無以此爲指也라 稽從旨聲이라 故得通借라 禮記王制篇의 有旨無簡不聽은 卽尙書呂刑篇의 有稽無簡不聽之異文이니 然則稽旨通用은 古有徵矣라 道藏本에 改稽爲規는 非是라 先愼曰 稽字不誤라 史記樗里子甘茂傳正義와 漢書賈誼傳應劭注와 司馬遷傳顔注와 荀子王制楊注에 竝云 稽는 計也라하니 桓公之計在伐蔡라 故管仲請無以此爲計也라 語極明顯이어늘 兪氏謂稽字無義라하니 失之考耳라

○顧廣圻 : 藏本과 今本에 '稽'는 '規'로 되어 있으니, 잘못이다.

兪樾 : '稽'자는 뜻이 없으니, 아마도 '指'가 되어야 할 듯하다. ≪漢書≫ 〈河間獻王德傳〉에 "文約指明(문장은 요약되었으나 가리키는 뜻은 명확하였다.)"이라 하였는데, 注에 "'指'는 뜻이 향하는 바이니, 사람이 손으로 사물을 가리키는 것과 같다."라고 하였다. 글자가 '旨'로 된 경우도 있으니, ≪孟子≫ 〈告子 下篇〉에 "願聞其旨(그 뜻을 듣고 싶다.)"라고 한 것이 그 예이다. 齊 桓公이 蔡나라를 정벌하려고 한 것은 의도가 蔡姬에게 있었으므로 管仲이 이것으로 의도를 삼지 말라고 청한 것이다. '稽'는 旨聲을 따르기 때문에 서로 대신 쓸 수 있다. ≪禮記≫ 〈王制篇〉에 "有旨無簡不聽(뜻이 간략하지 않으면 듣지 않는다.)"이라고 한 것은 ≪尙書≫ 〈呂刑篇〉의 "有稽無簡不聽"의 異文이니, 그렇다면 '稽'와 '旨'가 통용자라는 것은 예전에도 증거가 있다. 道藏本에 '稽'를 '規'로 고친 것은 옳지 않다.

王先愼 : '稽'자는 잘못되지 않았다. ≪史記≫ 〈樗里子甘茂傳〉의 ≪史記正義≫, ≪漢書≫ 〈賈誼傳〉의 應劭 注, ≪漢書≫ 〈司馬遷傳〉 顔師古 注, ≪荀子≫ 〈王制〉의 楊倞 注에 모두 "'稽'는 '計'(헤아림, 계책)이다." 하였다. 桓公의 계책이 蔡나라를 정벌하는 데 있었으므로 管仲이 이것으로 계책을 삼지 말라고 청한 것이다. 말이 매우 분명한데, 兪氏가 '稽'자는 뜻이 없다고 하였으니, 잘못 고찰한 것이다.

32-159 桓公不聽한대 仲父曰 必不得已인댄 楚之菁茅[99]不貢於天子 三年矣니 君不如擧兵爲天子伐楚니이다 楚服이면 因還襲蔡하야 曰 余爲天子伐楚어늘 而蔡不以兵聽從이라 因遂滅之로라하소서

桓公이 듣지 않자, 仲父가 아뢰기를 "군이 군사를 일으켜야 한다면 楚나라가 菁茅를 천자에게 바치지 않은 지 3년이나 되었으니, 군주께서는 군사를 일으켜 천자를 위해 楚나라를 치는 것이 낫습니다. 楚나라가 굴복하면 돌아오는 길에 蔡나라를 습격하여 '나는 천자를 위해 楚나라를 정벌했는데, 蔡나라는 군대를 거느려 따르지 않았다. 그래서 멸망시키려고 한다.' 하십시오.

○先愼曰 乾道本에 無因字어늘 盧文弨云 張本有라하니 今據補하노라

○王先愼 : 乾道本에 '因'자가 없는데, 盧文弨는 "張本에 있다."라고 하였으니, 지금 이에 의거하여 보충하였다.

32-160 此義於名而利於實이라 故必有爲天子誅之名이라야

이는 명분상으로 의롭고 실질적으로 이롭습니다. 그러므로 반드시 천자를 위해 주벌한다는 명분이 있어야

○先愼曰 乾道本에 無爲字어늘 盧文弨云 有下에 脫爲字라 張淩本有라하니 今據補하노라

○王先愼 : 乾道本에 '爲'자가 없는데, 盧文弨는 "'有' 아래에 '爲'자가 탈락되었다. 張本과 淩本에는 있다."라고 하였으니, 지금 이에 의거하여 보충하였다.

32-161 而有報讐之實하니이다

복수를 하는 실리도 챙길 수 있는 것입니다." 하였다.

32-162 吳起爲魏將而攻中山할새

---

99) 菁茅 : 모가 셋으로 진 일종의 띠풀로, 제사 때 술을 거르는 데 썼다. 주로 楚나라 지역에서 궤짝에 넣어 바치던 貢物이다.(≪書經≫ 〈禹貢〉)

吳起가 魏나라 장수가 되어 中山을 공격할 적에

○先愼曰 乾道本은 連上이나 今據趙本하야 提行하노라

○王先愼 : 乾道本은 위의 글과 연결시켰으나 지금 趙本에 의거하여 행을 바꾸었다.

32-163 軍人有病疽者어늘 吳起跪而自吮其膿하니 傷者母立而泣이라

병사들 중에 종기를 앓는 자가 있었는데, 吳起가 무릎을 꿇고 몸소 그 고름을 빨아주자 종기를 앓는 자의 어미가 그 자리에서 슬피 울었다.

○先愼曰 各本에 作傷者之母立泣이라 盧文弨云 立疑衍이라하고 兪樾云 立字不當有니 蓋卽泣字之誤而衍者라하니라 先愼案 上之字衍이니 盧兪說竝誤라 立下脫而字라 今據藝文類聚五十九御覽四百七十七引改하노라

○王先愼 : 각 본에 '傷者之母立泣'으로 되어 있다. 盧文弨는 "'立'은 衍文인 듯하다." 하였고, 兪樾은 "'立'자는 있어서는 안 되니, 아마도 '泣'자의 誤字이자 衍文인 듯하다."라고 하였다. 내가 생각하건대 위의 '之'자는 衍文이니, 盧文弨와 兪樾의 설이 모두 틀렸다. '立' 아래에 '而'자가 탈락되었다. 지금 ≪藝文類聚≫ 권59, ≪太平御覽≫ 권477의 인용한 글에 의거하여 고쳤다.

32-164 人問曰 將軍於若子如是어늘 尙何爲而泣고 對曰 吳起吮其父之創而父死러라 今是子又將死也니 (今)吾是以泣이니라

사람들이 묻기를 "장군이 당신의 아들에게 이 정도로 대해주는데, 오히려 어찌하여 슬피 우는 것이오?" 하니, 대답하기를 "吳起 장군이 그의 아비의 상처를 빨아주었는데 아비가 〈은혜에 감동하여 물러서지 않고 싸우다가〉 전사하였소. 이제 이 아이도 장차 전사할 것이니, 내가 이 때문에 우는 것이라오." 하였다.

○先愼曰 下今字當衍이니 藝文類聚引作吳子吮其父之傷而殺之涇水之上이어늘 今安知不殺是子乎아라하고 御覽引與藝文類聚略同이어늘 蓋所見本與今異라 說苑復恩篇에 作吳子吮此子父之創而殺之於涇水之戰하니 戰不旋踵而死라 今又吮之하니 安知是子何戰而死오 是以哭之矣니라하니라

○王先愼 : 아래 '今'자는 衍文이 되어야 한다. ≪藝文類聚≫의 인용한 글에 "吳子吮其父之傷而殺之涇水之上 今安知不殺是子乎(吳子가 그 아비의 상처를 빨아주자 〈그 아비가 물러서지 않고 싸우다가〉 涇水 가에서 전사하였으니, 지금 이 아이가 전사하지 않을지 어찌 알겠는가.)" 라고 되어 있고 ≪太平御覽≫의 인용한 글도 ≪藝文類聚≫와 대략 같은데, 보았던 대본이 지금과 다른 듯하다. ≪說苑≫〈復恩篇〉에 "吳子吮此子父之創而殺之於涇水之戰 戰不旋踵而死 今又吮之 安知是子何戰而死 是以哭之矣(吳子가 이 아이의 아비의 상처를 빨아주자 涇水 전투에서 전사하였는데, 물러서지 않고 싸우다가 죽은 것이다. 지금 또 종기를 빨아주니 이 아이가 어느 전투에서 죽을지 어찌 알겠는가. 이 때문에 우는 것이라오.)"라고 되어 있다.

32-165 趙主父(보)[100]令工施鉤梯而緣播吾하야

趙나라 主父가 工人으로 하여금 갈고리가 달린 사다리를 설치하고 播吾山에 올라가서

○王先謙曰 播吾는 卽番吾라 見史記趙世家六國表하니 又作鄱吾라 漢常山郡有蒲吾縣하니 蒲番은 雙聲[101]字變이라 在今正定府平山縣東南이라 漢地理志云 縣有鐵山이라하고 一統志에 以爲卽房山이라하니 當卽主父令工施鉤梯者也라 先愼曰 播는 張榜本趙本에 作潘이니 說見上이라

○王先謙 : '播吾'는 곧 '番吾'이다. ≪史記≫〈趙世家〉와 〈六國表〉에 나오는데, '鄱吾'로도 되어 있다. 漢代 常山郡에 '蒲吾縣'이 있었는데, '蒲'와 '番'은 雙聲에 속하는 글자가 바뀐 것이다. 지금 正定府 平山縣의 동남쪽에 있다. ≪漢書≫〈地理志〉에 "縣에 鐵山이 있다."라고 하였고, ≪一統志≫에서는 곧 '房山'이라고 하였는데, 바로 主父가 공인으로 하여금 갈고리가 달린 사다리를 설치하게 한 곳이다.

王先愼 : '播'는 張榜本과 趙本에 '潘'으로 되어 있으니, 설명이 앞에 보인다.

32-166 刻(疎)人迹其上호되

100) 趙主父(보) : 趙 武靈王을 가리킨다. 아들 태자 何(惠文王)에게 왕위를 물려주고 스스로 '主父'라 하였다. B.C. 295년 무령왕의 장자인 章이 일으킨 난에서 離宮인 沙丘宮에 유폐되어 굶어죽었다.(≪史記≫〈趙世家〉)

101) 雙聲 : 漢字 두 자로 된 숙어에서 각 글자의 최초의 子音이 같은 것으로, '蒹葭'·'侮蔑' 따위를 이른다.

그 위에 사람의 발자국을 새기게 하되,

○盧文弨曰 疎는 卽疋之異文이니 疋는 足也라 下人迹二字는 當本是注어늘 誤入正文이라 兪樾曰 疎當作踈이니 卽迹字也라 迹은 籒(주)文作速어늘 此變作踈이니 亦猶迹之變作跡矣라 古本韓子當作刻人踈其上이어늘 寫者依今字作迹하고 而踈字失不刪去니 遂誤倒在人字之上이요 又誤其字作疎也라

○盧文弨 : '疎'는 곧 '疋'의 異文이니, '疋'는 '足'이다. 아래의 '人迹' 두 자는 응당 본래 注인데 잘못 正文에 들어간 것이다.

兪樾 : '疎'는 응당 '踈'이 되어야 하니 곧 '迹'자이다. '迹'은 籒文에 '速'으로 되어 있는데, 이것이 바뀌어 '踈'이 된 것이니, 역시 '迹'이 바뀌어 '跡'이 된 것과 같다. 古本 ≪韓子≫에 응당 '刻人踈其上'으로 되어 있었는데, 기록하는 자가 지금 글자에 의거하여 '迹'으로 쓰고 '踈'자를 실수로 삭제하지 않았으니, 마침내 '人'자의 위로 잘못 도치되었고 또 글자가 잘못되어 '疎'가 된 것이다.

32-167 廣三尺하고 長五尺하야 而勒之曰 主父常遊於此라하니라

너비는 석 자로 하고 길이는 다섯 자로 만들어 거기에 새기기를 "主父가 일찍이 이곳에서 노닐었다."라고 하였다.

32-168 秦昭王[102)]이 令工施鉤梯而上華山하야 以松柏之心爲博[103)]호되 箭長八尺하고 棊長八寸하야

秦 昭王이 공인으로 하여금 갈고리가 달린 사다리를 설치하고 華山에 올라 松柏의 고갱이로 博을 만들게 하되, 箭의 길이는 여덟 자로 하고 棊의 길이는 여덟 치로 해서

○顧廣圻曰 爲博句絶이니 箭長八尺句라

---

102) 秦昭王 : 이름은 稷, 惠王의 아들이자, 武王의 異母弟이다. B.C. 306년에 즉위하여 56년 동안 재위하였다.

103) 博 : 簙과 통용한다. 고대 놀이의 일종으로, ≪說文解字≫에 여섯 개의 주사위와 12개의 말로 이루어져 있다고 하였다.

○顧廣圻 : '爲博'에서 구를 끊으니, '箭長八尺'이 한 구가 된다.

32-169 而勒之曰 昭王이 嘗與天神博於此矣니라

새기게 하기를 "昭王이 일찍이 天神과 함께 여기서 博戲를 하였다."라고 하였다.

○先愼曰 張榜本無矣字니 御覽三十九卷引亦無矣字라

○王先愼 : 張榜本에 '矣'자가 없으니, ≪太平御覽≫ 권39에 이 글을 인용하면서도 '矣'자가 없다.

32-170 文公反國하야 至河에 令籩豆[104)]捐之하고

晉 文公이 〈망명생활을 마치고〉 귀국하면서 黃河에 이르렀을 적에 명령하기를, 籩과 豆를 버리고

○盧文弨曰 孫云 文選鮑明遠東武吟注引令下有曰字어늘 可省이라하니라 豆는 藏本作笠니 下同이라 先愼曰 治要御覽七百九又七百五十九引均無曰字라

○盧文弨 : 孫志祖는 "≪文選≫에 실린 鮑明遠의 〈東武吟〉 注에서 이 글을 인용하면서 '令' 아래에 '曰'자가 있는데, 생략할 수 있다."라고 하였다. '豆'는 藏本에 '笠'로 되어 있으니, 아래도 같다.

王先愼 : ≪群書治要≫와 ≪太平御覽≫ 권709·권759에 인용하면서 모두 '曰'자가 없다.

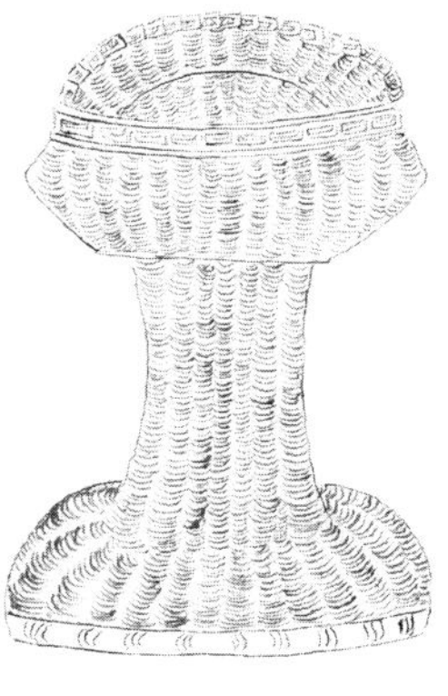
籩

豆

32-171 席蓐捐之하며 手足胼胝(변지)面目黧黑者後之러라

거적때기를 버리며, 손발에 굳은살이 박이고 얼굴이 거무튀튀한 자는 뒤에 서도록 하였다.

104) 籩豆 : 음식물을 담는 그릇의 일종이다. ≪漢書≫ 〈劉歆傳〉의 注에 의하면 대로 만든 것이 '籩'이고, 나무로 만든 것이 '豆'이다.

○先愼曰 乾道本에 面作回요 黧下無黑字라 顧廣圻云 藏本今本에 黧下有黑字라하니라 先愼案 張榜本趙本에 回作面이니 手足胼胝面目黧黑은 相對成文이라 乾道本誤니 下文作面目黧黑이 是其證이라 今據改하노라 治要引正作面目黧黑이라

○王先愼 : 乾道本에 '面'은 '回'로 되어 있고, '黧' 아래에 '黑'자가 없다. 顧廣圻는 "藏本과 今本에 '黧' 아래에 '黑'자가 있다."라고 하였다. 내가 살펴보건대 張榜本과 趙本에 '回'는 '面'으로 되어 있으니, '手足胼胝'와 '面目黧黑'은 상대하여 문장을 이룬 것이다. 乾道本은 잘못되었으니, 아래 글에 '面目黧黑'으로 되어 있는 것이 그 증거이다. 지금 이에 의거하여 고쳤다. ≪群書治要≫에 이 글을 인용하면서 '面目黧黑'으로 바로 되어 있다.

32-172 咎犯[105]聞之하고 而夜哭한대 公曰 寡人出亡二十年에 乃今得反國이어늘 咎犯은 聞之不喜而哭하니 意不欲寡人反國邪(야)아

咎犯이 이를 듣고 밤중에 소리 내어 울자, 文公이 이르기를 "과인이 나라를 떠나 망명한 지 20년 만에 이제 귀국하게 되었는데, 그대는 이 소식을 듣고서 기뻐하지 않고 소리 내어 울고 있으니, 과인이 귀국하는 것을 바라지 않는다는 뜻이오?" 하니,

○盧文弨曰 選注引意下有者字라

○盧文弨 : ≪文選≫의 注에 이 글을 인용하면서 '意' 아래에 '者'자가 있다.

32-173 犯對曰 籩豆는 所以食也어늘 而君捐之요

咎犯이 대답하기를 "籩과 豆는 식사를 할 때 쓰던 것인데 군주께서 버렸고,

○先愼曰 乾道本에 無而君捐之四字어늘 盧文弨云 選注有라하니라 先愼案 治要御覽引亦有而君捐之四字니 今據補하노라

○王先愼 : 乾道本에 '而君捐之' 네 자가 없는데, 盧文弨는 "≪文選≫의 注에는 있다."라고 하였다. 내가 살펴보건대 ≪群書治要≫와 ≪太平御覽≫에 이 글을 인용하면서도 '而

---

105) 咎犯 : 이름은 狐偃이며, 자는 子犯이다. 晉 文公의 외숙이므로 舅犯으로 불렸는데, 고대에 '咎'와 '舅'는 同音字였다.

君捐之' 네 자가 있으니, 지금 이에 의거하여 보충하였다.

32-174 **席蓐**은 **所以臥也**어늘 **而君棄之**며

거적때기는 잠잘 때 쓰던 것인데 군주께서 버렸으며,

○**先愼曰 乾道本**에 **棄作捐**이어늘 **今據選注治要改**하노라

○王先愼 : 乾道本에 '棄'는 '捐'으로 되어 있는데, 지금 ≪文選≫의 注와 ≪群書治要≫에 의거하여 고쳤다.

32-175 **手足胼胝**하고 **面目黧黑**은 **勞有功者也**어늘

손발에 굳은살이 박이고 얼굴이 거무튀튀한 자는 수고하여 공을 세운 자인데,

○**盧文弨曰 有功**은 **選注倒**라

○盧文弨 : '有功'은 ≪文選≫의 注에 〈'功有'로〉 도치되어 있다.

32-176 **而君後之**라 **今臣與在後**니 **中不勝其哀**라 **故哭**하니이다

군주께서 뒤에 서도록 하였습니다. 지금 신도 뒤에 서게 되었으니, 마음속으로 슬픔을 견딜 수 없으므로 소리 내어 운 것입니다.

○**先愼曰 乾道本**에 **臣下有有字**어늘 **盧文弨云 選注無**라하니라 **先愼案 治要及御覽引竝無**니 **今據刪**하노라

○王先愼 : 乾道本에는 '臣' 아래에 '有'자가 있는데, 盧文弨는 "≪文選≫의 注에는 없다."라고 하였다. 내가 살펴보건대, ≪群書治要≫와 ≪太平御覽≫에 이 글을 인용하면서 모두 없으니, 지금 이에 의거하여 삭제하였다.

32-177 **且臣爲君行詐僞以反國者衆矣**니 **臣尙自惡**(오)**也**어든 **而況於君**잇가

그리고 신은 군주께서 귀국하시도록 숱한 속임수를 썼으니, 저 스스로도 미운데 하물며 군주께서는 어떠하시겠습니까?" 하고

○先愼曰 治要에 有乎字라

○王先愼 : ≪群書治要≫에 〈'而況於君' 뒤에〉 '乎'자가 있다.

32-178 再拜而辭한대 文公止之曰 諺曰 築社者는 攓撅(건궤)而置之하고

두 번 절하고 떠나려고 하자, 文公이 말리며 이르기를 "속담에 '社稷을 지을 때는 옷을 걷어붙이고서 〈토지신의 神像을〉 세우고

○顧廣圻曰 藏本同이라 今本에 攓作攐이라 王渭曰 魏書古弼傳引此作蹇蹷이라하니라 今案此同字耳어늘 字書無攓字라

○顧廣圻 : 藏本은 같다. 今本에 '攓'은 '攐'으로 되어 있다.
王渭 : ≪魏書≫ 〈古弼傳〉에 이 글을 인용하면서 '蹇蹷'로 되어 있다. 지금 살펴보건대 이것('攓'과 '攐')은 同字인데 字書에 '攓'자가 없다.

32-179 端冕[106]而祀之라하니 今子與我取之로되 而不與我治之하니 與我置之로되 而不與我祀之焉이로다하고 乃解左驂而盟于河러라

端冕을 갖추고 제사를 지낸다.'라고 하였으니, 지금 그대가 나와 함께 나라를 얻었으되 나와 함께 나라를 다스리지 않겠다고 하니, 나와 함께 〈토지신의 신상을〉 세웠으되 나와 함께 제사를 지내지 않겠다고 하는 격이다." 하고, 이어 수레의 왼쪽 곁마를 베어 黃河에 맹세하였다.

○先愼曰 乾道本에 乃作可니 誤라 治要에 作乃니 今據改하노라

○王先愼 : 乾道本에 '乃'는 '可'로 되어 있는데, 잘못이다. ≪群書治要≫에 '乃'로 되어 있으니, 지금 이에 의거하여 고쳤다.

32-180 鄭縣人卜子

鄭縣 사람 卜子가

---

106) 端冕 : 玄衣와 大冠으로, 고대 제왕 및 귀족의 예복이다.

○王先謙曰 此條依經當佐衛人佐弋後라 先愼曰 乾道本에 卜作乙이라 顧廣圻云 今本乙作卜이니 誤라 此猶言某乙也라 姦劫殺臣云 春申君之正妻子曰甲이라하니 亦猶言某甲이라 用人云 罪生甲禍生乙이라하니 亦可證이라하니라 先愼案 顧說非라 北堂書鈔一百二十九御覽六百九十五引乙作卜이니 今據改하노라

○王先謙 : 이 條는 經에 의거하면 '衛人佐弋'(32-185)의 뒤에 있어야 한다.

王先愼 : 乾道本에 '卜'은 '乙'로 되어 있다. 顧廣圻는 "今本에 '乙'이 '卜'으로 되어 있으니, 잘못이다. 이는 '某乙'이라 말한 것과 같다. 〈姦劫殺臣篇〉에 '春申君之正妻子曰甲(춘신군의 正室 소생으로 甲이라는 아들이 있었다.)'이라 하였으니, 역시 '某甲'이라는 말과 같다. 〈用人篇〉에 '罪生甲 禍生乙(죄는 갑이 지었는데, 화는 을에게 돌아간다.)'이라 하였으니, 역시 증거로 삼을 수 있다."라고 하였다. 내가 살펴보건대 顧廣圻의 설이 틀렸다. ≪北堂書鈔≫ 권129, ≪太平御覽≫ 권695에 이 글을 인용하면서 '乙'이 '卜'으로 되어 있으니, 지금 이에 의거하여 고쳤다.

32-181 使其妻爲袴어늘 其妻問曰 今袴何如오 夫曰 象吾故袴하라

아내로 하여금 바지를 만들게 하였는데, 그의 아내가 묻기를 "이번 바지는 어떻게 만들까요?" 하니, 남편이 말하기를 "내가 입던 헌 바지처럼 만들라." 하였다.

○先愼曰 乾道本에 無故字라 顧廣圻云 藏本今本에 吾下有故字니 案此不當有라하니라 先愼案 御覽引作似吾故袴니 明乾道本脫故字라 顧說非라 北堂書鈔引正作象吾故袴니 今據補하노라

○王先愼 : 乾道本에 '故'자가 없다. 顧廣圻는 "藏本과 今本에 '吾' 아래에 '故'자가 있으니, 살펴보건대 이 글자가 있어서는 안 된다."라고 하였다. 내가 살펴보건대 ≪太平御覽≫에 이 글을 인용하면서 '似吾故袴'로 되어 있으니, 乾道本에 '故'자가 탈락된 것이 분명하다. 顧廣圻의 설이 틀렸다. ≪北堂書鈔≫에 이 글을 인용하면서 '象吾故袴'로 바로 되어 있으니, 지금 이에 의거하여 보충하였다.

32-182 妻因毁新하야 令如故袴러라

그래서 아내가 새 옷을 해지게 해서 헌 바지처럼 만들었다.

○先愼曰 各本妻下有子字어늘 北堂書鈔引無하니 今據刪하노라 御覽引作妻因鑿新袴爲孔이라

○王先愼 : 各本에는 '妻' 아래에 '子'자가 있는데, ≪北堂書鈔≫에 이 글을 인용하면서는 없으니, 지금 이에 의거하여 삭제하였다. ≪太平御覽≫에 이 글을 인용하면서 '妻因鑿新袴爲孔(아내가 새 옷을 뚫어 구멍을 냈다.)'으로 되어 있다.

32-183 鄭縣人有得車軛者러니 而不知其名하야 問人曰 此何種也오 對曰 此車軛也니라 俄又復(부)得一하야

鄭縣 사람 중에 수레의 멍에를 주운 자가 있었는데, 그 이름을 몰라서 어떤 사람에게 묻기를 "이것은 어떤 물건이오?" 하자, 그 사람이 대답하기를 "이것은 수레의 멍에요." 하였다. 얼마 뒤 또다시 하나를 주워서

○先愼曰 謂又得一車軛也라

○王先愼 : 수레 멍에를 또 주웠음을 말한다.

32-184 問人曰 此是何種也오 對曰 此車軛也니라 問者大怒曰 曩者曰車軛이라하더니 今又曰車軛이라하니 是何衆也오 此女欺我也로다하고 遂與之鬬러라

그 사람에게 묻기를 "이것은 어떤 물건이오?" 하니, 그 사람이 대답하기를 "이것은 수레의 멍에요." 하자, 물었던 사람이 크게 노하여 "지난번에 수레의 멍에라고 하더니 지금 또 수레의 멍에라고 하니, 이것이 어찌 그리 많단 말이오. 이것은 당신이 날 속인 것이로다." 하고 마침내 그와 싸웠다.

32-185 衛人有佐弋者러니 鳥至에 因先以其裷麾之나 鳥驚而不射(석)也러라

衛나라 사람 중에 주살질을 돕는 자가 있었는데, 새가 다가오자 먼저 두건을 흔들어 유인하려고 하였으나 새가 놀라 〈날아가는 바람에〉 쏘아 맞히지 못하였다.

○先愼曰 方言에 褅裷謂之幭이라하야늘 郭注에 卽帊幞也라하니라

○王先愼 : ≪方言≫에 "'褅'이나 '裷'을 일러 '幭(두건)'이라 한다."라고 하였는데, 郭璞의

注에 "곧 머리에 쓰는 것이다." 하였다.

32-186 **鄭縣人卜子**의

鄭縣 사람 卜子의

○**先愼曰 各本卜作乙**이라 **御覽六十三又九百三十二引乙作卜**이어늘 **是以卜爲姓**이니 **今據改**하노라 **又九百三十二引子下有毒字**라

○王先愼 : 各本에는 '卜'이 '乙'로 되어 있다. ≪太平御覽≫ 권63과 권932에 이 글을 인용하면서 '乙'이 '卜'으로 되어 있는데, 이는 '卜'을 '姓'으로 본 것이니, 지금 이에 의거하여 고쳤다. 또 권932에 인용하면서 '子' 아래에 '毒'자가 있다.

32-187 **妻之市**하야 **買鼈以歸**할새 **過潁水**라가 **以爲渴也**일새 **因縱而飮之**어늘 **遂亡其鼈**이러라

아내가 시장에 가서 자라를 사서 돌아올 적에, 潁水를 건너다가 〈자라가〉 목이 마를 것이라고 생각했으므로 풀어주어 물을 마시게 하였는데, 마침내 자라를 잃어버렸다.

○**顧廣圻曰 此條不見於上**이라 **先愼曰 御覽引亡其二字作失字**라

○顧廣圻 : 이 조목은 위에 보이지 않는다.
王先愼 : ≪太平御覽≫에 이 글을 인용하면서 '亡其' 두 자는 '失'자로 되어 있다.

32-188 **夫少者侍長者飮**할새 **長者飮**하면 **亦自飮也**러라

어떤 젊은이가 어른을 모시고 술을 마실 적에 어른이 술을 마시면 자기도 마셨다.

32-189 **一曰 魯人有**(自喜)〔**效善**〕**者**어늘

일설의 내용은 다음과 같다. 魯나라 사람으로 善行을 본받으려는 자가 있었는데,

○**先愼曰 自喜二字**는 **疑效善之譌**라

○王先愼 : '自喜' 두 자는 아마도 '效善'의 잘못인 듯하다.

32-190 **見長年飮酒不能釂則唾之**하고 **亦效唾之**러라

연장자가 술을 마시다가 들이킬 수 없어서 게워내는 것을 보고는 자기도 그것을 본받아서 게워내었다고 한다.

32-191 **一曰 宋人有少者欲效善**이어늘

일설의 내용은 다음과 같다. 宋나라 사람 중에 善行을 본받고자 하는 젊은이가 있었는데,

○**先愼曰 各本欲上有亦字**어늘 **御覽八百四十五引無**하니 **今據刪**하노라

○王先愼 : 各本에는 '欲' 위에 '亦'자가 있는데, ≪太平御覽≫ 권845에 이 글을 인용하면서는 없으니, 지금 이에 의거하여 삭제하였다.

32-192 **見長者飮無餘**하고 **非(斟)〔堪〕**[107)]**酒飮也**로되 **而欲盡之**러라

어른이 술을 남김없이 마시는 것을 보고는 술 마시기를 감당해내지도 못하면서 다 마시려고 하였다.

○**先愼曰 非下九字**는 **御覽引作亦自飮而盡之六字**라

○王先愼 : '非' 아래 아홉 자는 ≪太平御覽≫에 이 글을 인용하면서 '亦自飮而盡之' 여섯 자로 되어 있다.

32-193 **書曰 紳之束之**[108)]라하야늘 **宋人有治者 因重帶自紳束也**러라 **人曰 是何也**오 **對曰**

옛 책에 "잘 묶고 잘 여며라.(몸을 삼가고 단속하라.)"라고 하였는데, 宋나라 사람 중에 이 글을 연구한 사람이 자신의 허리띠를 두 겹으로 하여 허리를 죄었다. 어

107) (斟)〔堪〕: 저본은 '斟'으로 되어 있는데, '堪'의 오자라고 한 ≪韓非子新校注≫ 太田方의 설에 의거하여 바로잡았다.

108) 紳之束之 : ≪韓非子新校注≫ 孫楷第의 설에 따르면, '묶고 여미다'가 본래의 뜻이나 이 구절은 引伸된 뜻으로 '修身'을 말한다고 하였다. 뒤의 '重帶自紳束'은 그 인신된 뜻을 알지 못하고 원뜻으로 행한 것을 말한다.

떤 사람이 묻기를 "어째서 그렇게 하는 것이오?" 하니, 대답하기를

○先愼曰 乾道本에 對上有書字어늘 顧廣圻云 藏本今本에 無書字라하니 今據刪하노라

○王先愼 : 乾道本에 '對' 위에 '書'자가 있는데, 顧廣圻는 "藏本과 今本에 '書'자가 없다." 라고 하였으니, 지금 이에 의거하여 삭제하였다.

32-194 書言之라 固然하니라

"책에서 그렇게 말해서 그대로 한 것이오."라고 하였다.

32-195 (書)〔記〕曰 旣雕旣琢하고 還歸其樸이라하야늘

옛 기록에 "새기고 다듬은 다음 다시 원래의 소박함으로 돌아간다."라고 하였는데,

○先愼曰 乾道本以下竝連上하고 趙本於梁下提行하니 竝誤라 今依盧校改하노라 上書字當作記어늘 涉上文而誤라 下書言之固然[109]은 亦當作記言之固然이라 經言宋人之(讀)〔解〕[110]書與梁人之(解)〔讀〕[111]記라하니 若下不作記字면 則經不分別言矣라

○王先愼 : 乾道本은 이 이하를 모두 위로 연결하였고 趙本은 '梁' 아래서 행을 바꾸었으니, 모두 잘못되었다. 지금 盧文弨의 교감에 의거하여 고쳤다. 위의 '書'자는 '記'가 되어야 하는데, 윗글과 관련되어 잘못된 것이다. 아래의 '書言之固然'은 역시 '記言之固然'이 되어야 한다. 經文에서 '宋人之解書與梁人之讀記'라 하였으니, 만약 아래 글자가 '記'자로 되지 않았다면 經文에서 분별하여 말하지 않았을 것이다.

32-196 梁人有治者 動作言學에 擧事於文하야 曰[112] 難之로다

109) 下書言之固然 : 여기서 말하는 '書言之固然'은 32-194의 것이 아니라, 32-197의 것을 말한다.

110) (讀)〔解〕 : 저본에는 '讀'으로 되어 있으나, 經文에 의거하여 '解'로 바로잡았다.

111) (解)〔讀〕 : 저본에는 '解'로 되어 있으나, 經文에 의거하여 '讀'으로 바로잡았다.

112) 曰 : 顧廣圻는 '曰'을 '日'의 잘못으로 보았으나, 梁나라 사람이 말하는 것으로 보아야 한다는 ≪韓非子新校注≫ 陳奇猷 등의 설에 따라 '曰'로 번역하였다.

梁나라 사람 중에 이 기록을 연구한 사람이 행동과 말과 학문에 대해 늘 文飾을 일삼으면서 말하기를 "〈그 기록대로 하기가〉 어렵구나." 하였다.

○顧廣圻曰 曰은 當作日이니 人質切이라

○顧廣圻 : '曰'은 '日'이 되어야 하니, 人과 質의 反切이다.

32-197 顧失其實이어늘 人曰 是何也오 對曰 (書)〔記〕言之라 固然하니라

〈이로 인해〉 도리어 실질을 잃었는데, 어떤 사람이 묻기를 "어째서 그렇게 하는 것이오?" 하자, 대답하기를 "기록에서 그렇게 말해서 그대로 한 것이오."라고 하였다.

32-198 郢人有遺燕相國書者어늘

郢 땅 사람 중에 燕나라 相國에게 편지를 보내려는 자가 있었는데,

○先愼曰 藝文類聚八十白孔六帖十四御覽五百九十五引郢作鄭이라

○王先愼 : ≪藝文類聚≫ 권80, ≪白孔六帖≫ 권14, ≪太平御覽≫ 권595에 이 글을 인용하면서 '郢'은 '鄭'으로 되어 있다.

32-199 夜書에 火不明하야 因謂持燭者曰 擧燭하라하고 而誤書擧燭이어늘

밤에 편지를 쓰는데 불빛이 밝지 않아서 촛불을 든 자에게 이르기를 "촛불을 들라.〔擧燭〕"라고 하고는 편지에 '擧燭'이라고 잘못 썼는데,

○先愼曰 各本에 而上有云字하고 誤作過어늘 今據藝文類聚御覽八百七十引刪改하노라 御覽五百九十五引作而誤於書中云하고 白孔六帖引作而設書擧燭하니 字竝非라

○王先愼 : 各本에 '而' 위에 '云'자가 있고 '誤'는 '過'로 되어 있는데, 지금 ≪藝文類聚≫와 ≪太平御覽≫ 권870에서 이 글을 인용한 데 의거하여 〈'云'자를〉 삭제하고 〈'過'자를 '誤'자로〉 고쳤다. ≪太平御覽≫ 권595에 인용하면서 '而誤於書中云'으로 되어 있고, ≪白孔六帖≫에 인용하면서는 '而設書擧燭'으로 되어 있는데, 글자가 모두 틀렸다.

32-200 擧燭은 非書意也니라 燕相國이 受書而說(열)之하야

'擧燭'은 편지에 쓰려고 의도한 것이 아니었다. 그런데 燕나라 相國이 편지를 받아보고 기뻐하여

○先愼曰 各本無國字어늘 據白孔六帖御覽引增하노라 說은 讀爲悅이라

○王先愼 : 각 본에 '國'자가 없는데, ≪白孔六帖≫과 ≪太平御覽≫의 인용한 글에 의거하여 보충하였다. '說'은 '悅'로 읽는다.

32-201 曰 擧燭者는 尙明也요

말하기를 '촛불을 든다.〔擧燭〕'는 것은 밝음을 높이라는 뜻이고,

○先愼曰 藝文類聚御覽引尙作高라

○王先愼 : ≪藝文類聚≫와 ≪太平御覽≫에 인용하면서 '尙'은 '高'로 되어 있다.

32-202 尙明也者는 擧賢而任之니라 燕相白王한대 王大悅하야

'밝음을 높인다.'는 것은 賢者를 발탁하여 임용하라는 뜻이다." 하고는 燕나라 相國이 왕에게 아뢰자, 왕이 크게 기뻐하여

○先愼曰 乾道本에 不重王字어늘 盧文弨云 舊脫其一이라하니라 今據拾補增하노라

○王先愼 : 乾道本에 '王'자가 중복되지 않았는데, 盧文弨는 "舊本에 '王' 한 글자가 탈락되었다."라고 하였다. 지금 ≪群書拾補≫에 의거하여 보충하였다.

32-203 國以治러라 治則治矣로되 非書意也니 今世學者多似此類니라

나라가 이 때문에 잘 다스려졌다. 나라가 잘 다스려진 것은 잘 다스려진 것이지만 편지의 본래 의도는 아니니, 지금 세상의 학자들 중에는 이와 비슷한 부류가 많다.

○先愼曰 乾道本에 世下有學字어늘 顧廣圻云 藏本今本無라하니 今據刪하노라

○王先愼 : 乾道本에 '世' 아래에 '學'자가 있는데, 顧廣圻는 "藏本과 今本에 없다."라고

하였으니, 지금 이에 의거하여 삭제하였다.

32-204 鄭人有欲買履者어늘

鄭나라 사람 중에 신을 사려고 하는 사람이 있었는데,

○先愼曰 各本에 欲買作且置라 御覽四百九十九六百九十七八百二十七에 引置均作買니 今據改하노라 欲은 御覽一作身이라

○王先愼 : 各本에 '欲買'는 '且置'로 되어 있다. ≪太平御覽≫ 권499 · 권697 · 권827에 이 글을 인용하면서 '置'는 모두 '買'로 되어 있으니, 지금 이에 의거하여 고쳤다. '欲'은 ≪太平御覽≫의 또 다른 본에 '身'으로 되어 있다.

32-205 先自度(탁)其足而置之其坐하고 至之市하야

먼저 자기 발을 재고는 치수를 적은 것을 자리에 두고 시장에 이르러서야

○先愼曰 御覽八百二十七引之作入이라

○王先愼 : ≪太平御覽≫ 권827에 이 글을 인용하면서 '之'는 '入'으로 되어 있다.

32-206 而忘操之라 已得履하야 乃曰 吾忘持度라하고 反歸取之하야 及反에 市罷하야 遂不得履러라 人曰 何不試之以足가 曰 寧信度언정 無自信也니라

가지고 와야 하는 것을 잊었음을 알았다. 이미 신을 골라놓고서는 말하기를 "내가 치수 적은 것을 갖고 오는 것을 잊었다." 하고, 그것을 가지러 돌아갔다. 다시 돌아왔을 때는 시장이 파해서 결국 신을 살 수가 없었다. 어떤 사람이 말하기를 "어찌 발을 신에 재보지 않았소?" 하자, 말하기를 "차라리 치수를 잰 것은 믿을지언정 내 발은 믿지 못하겠소."라고 하였다.

○先愼曰 御覽引度下有數字라

○王先愼 : ≪太平御覽≫에 이 글을 인용하면서 '度' 아래에 '數'자가 있다.

〔四〕[113]

○先愼曰 乾道本에 無四字어늘 顧廣圻云 今本有라하니 今據補하노라

○王先愼 : 乾道本에 '四'자가 없는데, 顧廣圻는 "今本에 있다."라고 하였으니, 지금 이에 의거하여 보충하였다.

32-207 (王)〔壬〕登爲中牟令하야

壬登이 中牟의 令이 되어

○顧廣圻曰 王當作壬이라 呂氏春秋知度篇에 作任이니 壬任同字라

○顧廣圻 : '王'은 '壬'이 되어야 한다. ≪呂氏春秋≫ 〈知度篇〉에 '任'으로 되어 있으니, '壬'과 '任'은 同字이다.

32-208 上言於襄主[114]曰 中牟에 有士曰中章胥己者하니

趙襄子에게 진언하여 아뢰기를 "中牟에 中章과 胥己라는 선비가 있으니,

○盧文弨曰 中章二字는 呂作瞻이라 先愼曰 中章胥己는 二人名이니 下文一日而見二中大夫 是其證이라 呂作瞻은 則爲一人이니 誤라

○顧廣圻 : '中章' 두 자는 ≪呂氏春秋≫에 '瞻'으로 되어 있다.

王先愼 : '中章', '胥己'는 두 사람의 이름이니, 아래 글의 '하루 만에 두 中大夫를 알현시켰다.〔一日而見二中大夫〕'가 그 증거이다. ≪呂氏春秋≫에 '瞻'으로 된 것은 한 사람으로 여긴 것이니, 잘못이다.

32-209 其身甚修하고 其學甚博이라 君何不擧之잇가 主曰 子見(현)之하라 我將〔以〕爲中大夫호리라

몸을 잘 닦았고 학문은 매우 해박합니다. 군주께서 어찌 기용하지 않습니까?" 하니, 趙襄子가 이르기를 "그대가 그들을 나에게 알현시키시오. 내가 그들을 中大

113) 〔四〕: 〔經四〕(32-30~32-40)에 대한 해설을 모은 說이다.

114) 襄主 : 춘추 말기 晉나라 六卿의 한 사람인 趙襄子를 말한다. 이름은 無恤이고, 主는 六卿 大夫의 존칭이다. 韓・魏와 연합하여 晉의 영토를 삼분하여 소유하였다.

夫로 삼겠소." 하였다.

○王先謙曰 爲上에 疑奪以字라

○王先謙 : '爲' 위에 '以'자가 탈락된 듯하다.

32-210 相室[115]諫曰 中大夫는 晉重列也어늘 今無功而受는 非晉(臣)〔國〕之(意)〔章〕이니이다

相室이 간하여 아뢰기를 "中大夫는 晉나라의 중요한 지위인데, 지금 공적이 없는데도 그런 지위를 주는 것은 晉나라의 제도가 아닙니다.

○盧文弨曰 呂作非晉國之故라 顧廣圻曰 臣當作國이요 意當作章이라

○盧文弨 : ≪呂氏春秋≫에 '非晉國之故'로 되어 있다.
顧廣圻 : '臣'은 '國'이 되어야 하고, '意'는 '章'이 되어야 한다.

32-211 君其耳而未之目邪(야)인저 襄主曰 我取登에 旣耳而目之矣러니 登之所取에 又耳而目之면 是耳目人絶無已也니라

군주께서는 귀로 듣기만 하였지 눈으로 확인하지는 못하셨습니다." 하자, 趙襄子가 이르기를 "내가 王登을 기용할 때 이미 耳目으로 확인하였는데, 임등이 천거하는 자에 대해 또 이목으로 확인한다면 사람을 이목으로 확인하는 일이 결단코 끊이지 않을 것이다." 하였다.

○盧文弨曰 絶은 呂作終이라

○盧文弨 : '絶'은 ≪呂氏春秋≫에 '終'으로 되어 있다.

32-212 (王)〔壬〕登一日而見(현)二中大夫한대 予之田宅하니 中牟之人棄其田耘하고 賣宅圃하야 而隨文學者 邑之半이러라

壬登이 하루 만에 두 中大夫를 알현시키자, 〈趙襄子가〉 그들에게 토지와 집을

115) 相室 : 제후국의 宰相 또는 大夫 집안의 家臣 중의 우두머리를 말한다.

내렸다. 이에 中牟 사람들 중에 농사를 포기하고 집과 채마밭을 팔고는 학문에 종사하는 자들이 고을의 절반이나 되었다.

○先愼曰 乾道本에 無邑字어늘 顧廣圻云 今本은 者下에 有邑字라 案依上文컨대 當有라하니 據今本增하노라

○王先愼 : 乾道本에 '邑'자가 없는데, 顧廣圻는 "今本에는 '者' 아래에 '邑'자가 있다. 살펴보건대 윗글에 의거하면 있어야 한다."라고 하였으니, 今本에 의거하여 보충하였다.

32-213 叔向御坐平公請事할새 公腓痛足痺轉筋而不敢壞坐라 晉國聞之하고 皆曰 叔向은 賢者로다 平公禮之하야 轉筋而不敢壞坐니라 晉國之辭仕託하고 慕叔向者 國之(錘)〔垂〕矣러라

叔向이 晉 平公을 모시고 앉아 정사를 奏請할 적에, 평공이 장딴지가 쑤시고 발이 저리며 근육에 경련이 일어나는데도 감히 앉은 자세를 흐트러뜨리지 않았다. 晉나라 백성들이 이 소식을 듣고 다들 말하기를 "叔向은 현자이다. 평공이 그를 예우하여 근육에 경련이 일어나도 감히 앉은 자세를 흐트러뜨리지 않았다." 하였다. 晉나라 백성들 중에 벼슬하거나 의탁하기를 그만두고 叔向을 흠모하여 배우려는 자들이 나라의 절반이나 되었다.

○先愼曰 一本에 錘作錘라 盧文弨云 錘는 張本에 作錘니 與前同이라 語難解라하니라 顧廣圻云 藏本同이라 今本에 錘作錘니 誤라 案上文에 亦云錘니 皆未詳이라 案八說篇云 死傷者軍之乘이라하니 或此與彼同이라하니라 先愼案 錘錘는 皆垂之誤라 國之錘는 猶國之半也니 說詳前이라 八說篇에 作乘은 亦誤라 又案御覽三百七十二의 引韓子曰 晉平公與唐彥坐而出하고 叔向入하니 公曳一足이라 叔向問之하니 公曰 吾侍唐子하야 腓痛足痺而不敢伸이라하니 叔向不悅이라 公曰 子欲貴면 吾爵子요 欲富면 吾祿子라 夫唐先生은 無欲也니 非正坐吾無以養之①라하니 當爲此條라 一曰佚文이라

① (腓脹)116)下唐彥은 一作唐亥라 案卽亥唐倒文이라

---

116) (腓脹) : 저본의 원주에 "살펴보건대 위의 글 속에 '腓脹' 두 자가 없으니, 이 구절에는 응당 오류가 있다."고 한 것에 의거하여, '腓脹'을 衍文으로 처리하였다.

아래의 '唐彦'은 '唐亥'로 된 본도 있다. 살펴보건대 곧 '亥唐'의 도치문이다.

○王先愼 : 어떤 本에 '錘'는 '錘'로 되어 있다. 盧文弨는 "'錘'는 張本에 '錘'로 되어 있으니, 앞 글자와 같다. 말을 이해하기 어렵다." 하였다. 顧廣圻는 "藏本은 같다. 今本에 '錘'는 '錘'로 되어 있으니, 잘못이다. 살펴보건대 윗글에 역시 '錘'로 되어 있으니, 모두 미상이다. 살펴보건대 〈八說篇〉에 '死傷者軍之乘(사상자가 군대의 절반이다.)'이라고 하였으니, 아마도 이 글자(錘)와 저 글자(乘)는 같은 듯하다." 하였다.

내가 살펴보건대 '錘'와 '錘'는 모두 '垂'의 잘못이다. '國之錘'는 '國之半'과 같으니, 설명이 앞에 상세하게 나온다. 〈八說篇〉에 '乘'으로 된 것은 역시 잘못이다. 또 살펴보건대 ≪太平御覽≫ 권372의 ≪韓非子≫ 인용에서 "晉 平公이 唐彦과 앉아 있다가 당언이 나가고 叔向이 들어갔는데 평공이 한쪽 발을 끌고 있었다. 숙향이 이유를 묻자, 평공이 말하기를 '내가 唐子를 모시고 앉아 있으면서 장딴지가 쑤시고 발이 저린데도 펴지 못하였다.' 하니, 숙향이 좋아하지 않았다. 평공이 말하기를 '그대가 존귀하기를 원하면 내가 그대에게 벼슬을 줄 것이고, 부유하기를 원하면 내가 그대에게 봉록을 줄 것이다. 저 唐先生은 아무런 욕심이 없다. 바로 앉지 않고서는 내가 그를 대접할 길이 없다.' 하였다."라고 하였으니, 응당 이 조문이 된다. 혹은 佚文이라고 한다.

32-214 鄭縣人有屈公者어늘 **聞敵**하면 **恐**하야 **因死**라가 **恐已**면 **因生**[117)]이러라

鄭縣 사람으로 屈公이라는 자가 있었는데, 적이 온다는 말을 들으면 두려워서 죽을 듯했다가 〈적이 물러나〉 두려움이 그치면 다시 깨어났다.

○先愼曰 上恐字下에 **有已字**라 **恐已因死恐已因生**은 **二句文當一律**이라

○王先愼 : 위의 '恐'자 아래에 '已'자가 있다. '恐已因死 恐已因生'은 두 개의 구문이 같은 형식이 되어야 한다.

32-215 趙主父(보)**使李疵視中山可攻不也**어늘 **還報曰 中山可伐也**니 **君不亟伐**이면 **將後齊燕**이니이다 **主父曰 何故可攻**고 **李疵對曰 其君**(見好)〔好顯〕**巖穴之士**하야

117) 恐因死……因生 : '已'는 '그치다'의 뜻이므로 王先愼의 설대로 앞의 '恐'자 뒤에 '已'자가 들어갈 수 없다고 본 ≪韓非子新校注≫ 陳奇猷의 설에 의거하여 번역하였다.

趙나라 主父(武靈王)가 李疵로 하여금 中山을 칠 만한지에 대해 살펴보게 하였는데, 이자가 돌아와서 보고하기를 "중산은 칠 만합니다. 군주께서 서둘러 치지 않으면 齊나라와 燕나라에 뒤쳐질 것입니다." 하였다. 주보가 이르기를 "무슨 까닭으로 칠 만하다고 하는가?" 하니, 이자가 대답하기를 "중산의 군주가 바위굴에 숨어사는 隱者를 드러내기를 좋아해서,

○顧廣圻曰 見好는 當依下文作好顯이라

○顧廣圻 : '見好'는 아래 글에 의거하여 '好顯'이 되어야 한다.

32-216 所傾蓋與車[118]以見窮閭隘巷之士는

수레 덮개를 기울이고 수레를 나란히 한 채 초라하고 좁은 골목에 사는 선비를 만난 것은

○顧廣圻曰 中山策에 以見作而朝라

○顧廣圻 : ≪戰國策≫ 〈中山策〉에 '以見'은 '而朝'로 되어 있다.

32-217 以十數요 **伉禮下布衣之士**는 **以百數矣**니이다

열 차례이고, 대등한 예로 벼슬이 없는 선비에게 몸을 낮춘 것은 백 차례입니다." 하였다.

○先愼曰 御覽二百九十一에 引伉作亢이라

○王先愼 : ≪太平御覽≫ 권291에 이 글을 인용하면서 '伉'은 '亢'으로 되어 있다.

32-218 君曰 以子言論인댄 **是賢君也**어늘 **安可攻**고 **疵曰 不然**하니이다 **夫好顯巖穴之士而朝之**면 **則戰士怠於行陳**이요 **上尊學者**하고 **下士居朝**면

군주가 이르기를 "그대의 말대로라면 바로 賢君인데, 어찌 칠 만하다고 하는가?" 하니, 이자가 대답하기를 "그렇지 않습니다. 바위굴에 숨어사는 선비를 드러

118) 傾蓋與車 : 傾蓋는 수레를 멈추고 덮개를 기울여 예우를 표시하고, 與車는 수레를 나란히 하여 친밀감을 나타낸다는 뜻으로 본 張覺의 ≪韓非子全譯≫에 의거하여 번역하였다.

내기를 좋아하여 그를 조정에 나오게 한다면 戰士들은 전쟁터에서 힘써 싸우려 하지 않을 것이고, 위로 학자를 존중하고 아래로 선비를 예우하여 조정에 세우면

○先愼曰 下士居朝는 御覽에 引作下居士而朝之라

○王先愼 : '下士居朝'는 ≪太平御覽≫에 이 글을 인용하면서 '下居士而朝之'로 되어 있다.

32-219 則農夫惰於田이니이다 戰士怠於行陳者면

농부들은 농사를 게을리할 것입니다. 전사들이 전쟁터에서 힘써 싸우려 하지 않으면

○先愼曰 乾道本에 無陳字어늘 顧廣圻云 今本은 行下에 有陳字라하니라 先愼案 依上文當有라 御覽引作陣이니 陣은 卽陳字라 今據補하노라

○王先愼 : 乾道本에 '陳'자가 없는데, 顧廣圻는 "今本은 '行' 아래에 '陳'자가 있다."라고 하였다. 내가 살펴보건대 윗글에 의거하면 있어야 한다. ≪太平御覽≫에서 이 글을 인용하면서 '陣'으로 되어 있으니, '陣'은 바로 '陳'자이다. 지금 이에 의거하여 보충하였다.

32-220 則兵弱也요 農夫惰於田者면 則國貧也니이다 兵弱於敵하고 國貧於內로되 而不亡者는 未之有也니이다 伐之不亦可乎잇가 主父曰 善하다하고 擧兵而伐中山하야 遂滅也러라

군대는 약해질 것이고, 농부들이 농사를 게을리하면 나라는 가난해질 것입니다. 군대가 적보다 약하고 나라는 안으로 가난한데도 망하지 않는 경우는 없습니다. 그러니 치는 것이 또한 가하지 않겠습니까?" 하였다. 主父가 "좋다." 하고는 군대를 일으켜 中山을 쳐서 마침내 멸망시켰다.

〔五〕[119)]

32-221 齊桓公好服紫하니 一國盡服紫일새 當是時也에 五素不得一紫러라

119) 〔五〕 : 〔經五〕(32-41~32-46)에 대한 해설을 모은 說이다.

齊 桓公이 자색 옷을 즐겨 입자, 온 나라 사람들이 모두 자색 옷을 입었으므로 이 당시에 다섯 필의 흰 옷감으로도 한 필의 자색 옷감을 구할 수 없었다.

○先愼曰 乾道本에 無得字어늘 顧廣圻云 藏本今本은 不下에 有得字라하니라 先愼案 御覽三百八十九八百十四兩引有得字하니 今據補하노라

○王先愼 : 乾道本에 '得'자가 없는데, 顧廣圻는 "藏本과 今本은 '不' 아래에 '得'자가 있다."라고 하였다. 내가 살펴보건대 ≪太平御覽≫ 권389와 권814에 두 차례 이 글을 인용하면서 '得'자가 있으니, 지금 이에 의거하여 보충하였다.

32-222 桓公患之하야 謂管仲曰 寡人好服紫하니 紫貴甚이라

桓公이 이를 근심하여 管仲에게 이르기를 "과인이 자색 옷을 즐겨 입으니, 자색 옷이 매우 귀해졌소.

○先愼曰 乾道本에 不重紫字어늘 顧廣圻云 藏本今本에 重紫字라하니 今據補하노라

○王先愼 : 乾道本에 '紫'자가 중복되어 있지 않은데, 顧廣圻는 "藏本과 今本에 '紫'자가 중복되어 있다."라고 하였으니, 지금 이에 의거하여 보충하였다.

32-223 一國百姓이 好服紫不已하니 寡人奈何오 管仲曰 君欲止之인댄 何不試勿衣紫也잇가

온 나라 백성들이 자색 옷 즐겨 입기를 그만두지 않으니, 과인이 어찌해야 하겠소?" 하니, 管仲이 대답하기를 "군주께서 〈백성들이 자색 옷을 입는 것을〉 그만두게 하고자 한다면 어찌 〈군주께서〉 자색 옷을 그만 입지 않으십니까?

○先愼曰 乾道本에 無止之二字라 顧廣圻云 藏本同이라 今本에 無欲字라 案 欲下에 有脫文이라하니라 先愼案 御覽三百八十九에 引欲下有止之二字니 是也라 今據補하노라 八百十四에 引無欲何不試四字하니 節文也라 今本不審하야 竝刪欲字니 不可從이라

○王先愼 : 乾道本에 '止之' 두 자가 없다. 顧廣圻는 "藏本은 같다. 今本에 '欲'자가 없다. 살펴보건대 '欲' 아래에 脫文이 있다." 하였다. 내가 살펴보건대 ≪太平御覽≫ 권389에

이 글을 인용하면서 '欲' 아래에 '止之' 두 자가 있으니, 옳다. 지금 이에 의거하여 보충하였다. ≪태평어람≫ 권814에 이 글을 인용하면서 '欲何不試' 네 자가 없으니, 글을 줄인 것이다. 今本은 자세히 살피지 못하여 '欲'자를 아울러 삭제하였으니, 따를 수 없다.

32-224 謂左右曰 吾甚惡(오)紫之臭라하소서 於是左右適有衣紫而進者면 公必曰 少卻하라 吾惡紫臭로라하소서 公曰 諾다하니라 於是日에 郎中莫衣紫하고 其明日에 國中莫衣紫하며 三日에 境內莫衣紫也러라

주위 사람들에게 '나는 자색 옷의 냄새가 몹시 싫다.' 하소서. 그리하여 주위 사람들 중에 자색 옷을 입고 나오는 자가 있으면 군주께서 꼭 '조금 물러나라. 나는 자색 옷의 냄새가 싫다.' 하소서."라고 하였다. 桓公이 "알았소." 하였다. 그날로 궁궐 안에 자색 옷을 입는 자가 없어졌고, 그 다음날에는 도성 안에 자색 옷을 입는 자가 없어졌으며, 사흘째에는 온 나라 안에 자색 옷을 입는 자가 없어졌다.

32-225 一曰 齊王好衣紫하니 齊人皆好也일새 齊國五素不得一紫러라 齊王患紫貴하니 傅說(세)王曰 詩云 不躬不親이면 庶民不信이라하니 今王欲民無衣紫者인댄

일설의 내용은 다음과 같다. 齊나라 왕이 자색 옷을 즐겨 입으니, 제나라 사람들이 모두 〈자색 옷을〉 즐겨 입었으므로, 제나라에서 다섯 필의 흰 옷감으로도 한 필의 자색 옷감을 구할 수 없었다. 제나라 왕이 자색 옷이 귀해진 것을 근심하자, 師傅가 왕에게 권하여 아뢰기를 "≪詩經≫ 〈小雅 節南山〉에 '군주가 몸소 정사를 보지 않으면 백성들이 믿지 않는다.' 하였으니, 지금 왕께서 백성들이 자색 옷을 입지 않기를 원하신다면,

○先慎曰 乾道本에 王字作欲이어늘 顧廣圻云 藏本今本에 上欲字作王이라하니 今據改하노라

○王先慎 : 乾道本에 '王'자는 '欲'으로 되어 있는데, 顧廣圻는 "藏本과 今本에 위의 '欲'자는 '王'으로 되어 있다."라고 하였으니, 지금 이에 의거하여 고쳤다.

32-226 王請自解紫衣而朝하소서

청컨대 왕께서는 스스로 자색 옷을 벗고 조회에 나가소서.

○先愼曰 乾道本에 請作以라 顧廣圻云 藏本同이라 今本에 以作請이라 案 以上에 有脫文이라하니라 先愼案 以는 乃請之誤니 依今本改하노라 王請自解紫衣而朝는 謂王朝時請先解己之紫衣也니 此句竝無脫文이라

○王先愼 : 乾道本에 '請'은 '以'로 되어 있다. 顧廣圻는 "藏本은 같다. 今本에 '以'는 '請'으로 되어 있다. 살펴보건대 '以' 위에 脫文이 있다." 하였다. 내가 살펴보건대 '以'는 곧 '請'의 잘못이니, 今本에 의거하여 고쳤다. '王請自解紫衣而朝'는 왕이 조회를 할 때 청컨대 먼저 자신이 입은 자색 옷을 벗으라고 말한 것이니, 이 句는 모두 脫文이 없다.

32-227 群臣有紫衣進者면 曰 益遠하라 寡人惡臭로라하소서 是日也에 郎中莫衣紫하고 是月也에 國中莫衣紫하며 是歲也에 境內莫衣紫러라

여러 신하들 중에 자색 옷을 입고 조정에 나온 자가 있으면 '더 멀리 물러나라. 과인은 〈자색 옷의〉 냄새가 싫다.'라고 하십시오." 하였다. 그러자 그날로 궁궐 안에 자색 옷을 입는 자가 없어졌고, 그달에는 도성 안에 자색 옷을 입는 자가 없어졌으며, 그해에는 나라 안에 자색 옷을 입는 자가 없어졌다.

32-228 鄭簡公謂子産曰 國小하고 迫於荊晉之間이요 今城郭不完하고 兵甲不備하니 不可以待不虞니라 子産曰 臣閉其外也已遠矣요 而守其內也已固矣니 雖國小라도

鄭 簡公이 子産에게 이르기를 "〈鄭나라는〉 나라가 작고 楚나라와 晉나라 사이에 끼어 있는 데다가 지금 성곽은 완전하지 않고 병사와 무기도 갖추어지지 않았으니, 뜻하지 않은 사태에 대비할 수 없소." 하니, 자산이 아뢰기를 "신은 나라 밖 먼 곳까지 이미 방어하고 있고, 나라 안은 이미 견고하게 지키고 있으니, 비록 나라가 작더라도

○先愼曰 趙本에 國小二字誤倒라

○王先愼：趙本에 '國小' 두 자가 〈'小國'으로〉 잘못 도치되어 있다.

32-229 猶不危之也니이다 君其勿憂하소서 是以로 沒簡公身無患이러라

위태롭게 되지는 않을 것입니다. 군주께서는 걱정하지 마십시오." 하였다. 이 때문에 簡公이 죽을 때까지 근심할 일이 없었다.

○先愼曰 患下에 當有一曰二字라

○王先愼：'患' 아래에 '一曰' 두 자가 있어야 한다.

32-230 〔一曰〕 子産相鄭할새 簡公謂子産曰 飮酒不樂也라

일설의 내용은 다음과 같다. 子産이 鄭나라 재상을 지낼 때, 簡公이 자산에게 이르기를 "술을 마셔도 즐겁지가 않소.

○先愼曰 也字衍文이라

○王先愼：'也'자는 衍文이다.

32-231 俎豆不大하고 鍾鼓竽瑟不鳴하니 寡人之〔罪〕어니와

제기는 크지 않고 종과 북·竽와 瑟 소리가 울리지 않는 것은 과인의 잘못이지만,

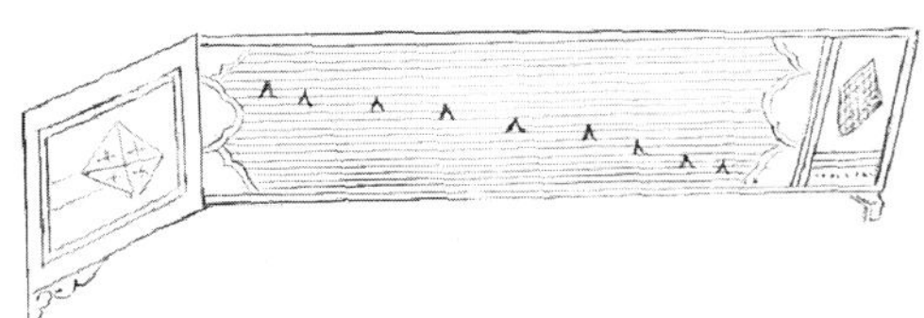

瑟

○顧廣圻曰 之下當有罪字라 事上當有脫字어늘 未詳이라 先愼曰 治要引尸子治天下篇하야 作寡人之任也요 下子之罪는 亦作子之任이라

○顧廣圻：'之' 아래에 '罪'자가 있어야 한다. '事' 위에 응당 脫字가 있는데 자세히 알 수 없다.

王先愼：≪群書治要≫에 ≪尸子≫ 〈治天下篇〉을 인용하면서 '寡人之任'으로 되어 있고, 아래의 '子之罪'는 역시 '子之任'으로 되어 있다.

32-232 〔政〕[120]事不一하야 國家不定하고 百姓不治하며 耕戰不輯睦은 亦子之

罪니라 子有職하고 寡人亦有職하니 各守其職이로다 子産退而爲政五年에 國無盜賊하고 道不拾遺하며 桃棗之蔭於街者莫援也하고

정사가 한결같지 않아서 나라가 안정되지 못하고 백성은 다스려지지 않으며 농사와 전쟁에서 마음이 합치되지 못하는 것은 또한 그대의 잘못이오. 그대에게 직분이 있고 과인에게도 직분이 있으니, 각기 직분을 잘 지켜야 할 것이오." 하였다. 子産이 물러나서 정사를 맡은 지 5년 만에 나라에 도적이 없고 길에 떨어진 물건을 줍지 않았으며, 거리에 복숭아나 대추가 가득 열려 있어도 따는 자가 없었고,

○先愼曰 舊本無之字요 莫下有有字어늘 今據御覽九百六十五事類賦二十六引刪하노라

○王先愼 : 舊本에 '之'자가 없고, '莫' 아래에 '有'자가 있는데, 지금 ≪太平御覽≫ 권965와 ≪事文類聚≫ 권26에서 이 글을 인용한 내용에 의거하여 삭제하였다.

32-233 錐刀遺道三日可反하며 三年不(變)〔便〕[121]이라도 民無飢也러라

송곳을 길에 떨어뜨려도 사흘 안에 다시 찾을 수 있었으며, 3년 동안 흉년이 들어도 백성들 중에 굶주리는 자가 없었다.

○先愼曰 變字疑誤라

○王先愼 : '變'자는 아마도 오자인 듯하다.

32-234 宋襄公이 與楚人으로 戰於涿谷上할새

宋 襄公이 楚나라 군대와 涿谷 가에서 전쟁을 할 적에,

○顧廣圻曰 與三傳不合이라

○顧廣圻 : 春秋三傳에 기재된 내용과 부합되지 않는다.

---

120) 〔政〕 : 저본에는 '政'이 없으나, ≪韓非子新校注≫ 陳奇猷의 설에 의거하여 보충하였다.

121) (變)〔便〕 : '變'은 '便'과 음이 비슷하여 잘못된 것이니, "'不便'은 곧 '天時의 不便함'이다." 라고 한 ≪韓非子新校注≫ 陳奇猷의 설에 의거하여 '便'으로 바로잡았다.

32-235 **宋人旣成列矣**어늘 **楚人未及濟**라 **右司馬購强**이

宋나라 군대는 이미 전열을 갖추었는데, 楚나라 군대는 아직 강을 건너지 못하고 있었다. 右司馬 購强이

○**顧廣圻曰 未詳**이라

○顧廣圻 : 자세히 알 수 없다.

32-236 **趨而諫曰 楚人衆而宋人寡**하니 **請使楚人半涉未成列而擊之**하면 **必敗**리이다 **襄公曰 寡人聞君子(曰)不重傷**하고

종종걸음으로 나와 간하기를 "楚나라 군대는 많고 宋나라 군대는 적으니, 청컨대 초나라 군대가 절반만 강을 건너 전열을 갖추지 못했을 때 공격한다면 반드시 저들을 쳐부술 수 있을 것입니다." 하니, 襄公이 말하기를 "과인은 듣건대, 君子는 부상자를 거듭 다치게 하지 않고,

○**盧文弨曰 下曰字**는 **藏本無**라

○盧文弨 : 아래 '曰'자는 藏本에 없다.

32-237 **不擒二毛**하며 **不推人於險**하고 **不迫人於阨**하며 **不鼓不成列**이라하니라 **今楚未濟而擊之**면 **害義**니라 **請使楚人畢涉成陳**하고 **而後鼓士進之**라 **右司馬曰 君不愛宋民**하고 **腹心不完**이로되 **特爲義耳**니이다 **公曰 不反列**하면 **且行法**호리라 **右司馬反列**이라 **楚人已成列撰陳矣**니 **公乃鼓之**라 **宋人大敗**하고 **公傷股**하야 **三日而死**러라

머리가 희끗한 사람은 사로잡지 않으며, 상대를 위험한 곳까지 밀어붙이지 않고, 상대를 막다른 곳까지 몰아치지 않으며, 전열을 갖추지 못했을 때 공격하지 않는다고 하였다. 지금 楚나라 군대가 아직 강을 건너지 않았는데 공격하면 義를 해치는 것이다. 초나라 군사가 강을 다 건너고 진을 다 친 다음에 북을 울려 진격하고자 한다." 하였다.

右司馬가 아뢰기를 "군주께서는 宋나라 백성들은 아끼지 않고 腹心과 같은 병사

는 안전하지 않은데도 유독 義만을 행하려고 하십니다." 하니, 襄公이 이르기를 "대오로 돌아가지 않으면 군법으로 다스리겠노라." 하였다. 우사마가 대오로 돌아갔다. 초나라 군대가 이미 전열을 갖추고 진을 펼치니, 양공은 그제야 북을 울리게 하였다. 송나라 군대는 크게 패하고 양공은 허벅지에 부상을 입어 사흘 만에 죽었다.

○盧文弨曰 春秋에 襄公之卒은 在次年五月이라

○盧文弨 : ≪春秋≫에는 襄公의 죽음이 이듬해 5월로 나온다.

32-238 此乃慕(自親)仁義之禍니라

이는 곧 仁義를 흠모한 데서 비롯된 재앙이다.

○先愼曰 自親二字는 涉下文而衍이라

○王先愼 : '自親' 두 자는 아래 글에 관련이 되어 들어간 衍文이다.

32-239 夫必恃人主之自躬親而後民聽從하면 是則將令人主耕以爲(上)〔食〕하고

반드시 군주가 몸소 실행한 다음에야 백성들이 따르게 될 것이라고 믿는다면 이는 장차 군주로 하여금 농사를 지어서 먹게 하고

○先愼曰 上은 當作食이라 上經下張本有此數句어늘 蓋誤以說入經이라 然作耕以爲食이라하면 則張氏所見之本不作上이니 正可以訂正上爲食之誤라

○王先愼 : '上'은 '食'이 되어야 한다. 위의 經 아래에 張本에는 이 몇 구가 있는데, 說의 글이 經에 잘못 들어간 것이다. 그러나 '耕以爲食'으로 되어 있으니, 그렇다면 張氏(張榜)가 본 本에는 '上'으로 되어 있지 않은 것이다. 실로 '上'은 '食'의 오자로써 정정하는 것이 옳다.

32-240 服戰鴈行也라야 民乃肯耕戰이니 則人主不泰危乎며 而人臣不泰安乎아

전쟁에 나가 군사들과 나란히 대오에 서게 해야만 백성들도 기꺼이 농사짓고 싸운다는 것이니, 그리되면 군주가 너무 위험해지지 않겠으며, 신하들은 너무 편

안하지 않겠는가?

32-241 **齊景公[122]游少海**할새

齊 景公이 少海에서 노닐 적에

○**先愼曰 少海**는 **卽勃海**라

○王先愼 : 少海는 곧 발해이다.

32-242 **傳騎從中來謁曰 嬰疾甚**하야 **且死**어늘 **恐公後之**일까하노이다 **景公遽起**할새 **傳騎又至**라 **景公曰 趨駕煩且**(저)[123]**之乘**하고

도성으로부터 파발이 와서 아뢰기를 "晏嬰의 병이 위독하여 곧 죽게 생겼는데, 공께서 늦게 도착할까 걱정됩니다." 하였다. 景公이 급히 일어서고 있는데 파발이 또 이르렀다. 경공이 이르기를 "서둘러 煩且에 수레를 메우고

○**王渭曰 晏子春秋**에 **煩且作繁駔**라 **案此同字也**라

○王渭 : ≪晏子春秋≫에 '煩且'는 '繁駔'로 되어 있다. 살펴보건대 이것(煩과 繁, 且와 駔)은 同字이다.

32-243 **使騶子韓樞御之**하라

마부 韓樞에게 수레를 몰게 하라." 하였다.

○**先愼曰 晏子春秋內篇諫上第一云 公使韓子休追之**라하야늘 **此韓樞**는 **疑卽彼韓子休**라

○王先愼 : ≪晏子春秋≫ 〈內篇 諫上 第一〉에 "公使韓子休追之(景公이 韓子休에게 수레를 몰게 하였다.)"라 하였는데, 여기서 韓樞는 아마 저 韓子休일 것이다.

---

122) 齊景公 : 춘추시대 齊나라 군주로, 이름은 杵臼이다. 靈公의 아들이며 莊公의 이복동생이다. 崔杼가 장공을 시해하고 그를 세웠다. 晏嬰의 보필을 받아 58년 동안 재위하였다.

123) 煩且(저) : 名馬의 이름이다.

32-244 行數百步라가 以騶爲不疾하야 奪轡代之御하고 可數百步라가 以馬爲不進하야 (盡)〔聿〕[124]釋車而走라

수백 보를 가다가 마부가 말을 빨리 몰지 못한다고 여겨 고삐를 빼앗아 대신 수레를 몰았고, 다시 수백 보를 가다가 말이 한껏 달리지 않는다고 여겨 마침내 수레를 버리고 내달렸다.

○兪樾曰 韓子古本에 當作以馬爲不盡이라 不盡은 卽不進也라 列子天端篇에 終進乎不知也라하야늘 張湛注에 進은 當爲盡이라하니 是進與盡古通用이라 詩文王篇毛傳에 訓盡爲進하고 師古注漢書高帝紀曰 進字本作賮(신)이요 又作贐(신)이라하니 皆其例也라 寫者依本字作進하고 而失删盡字하니 遂竝失其讀(두)矣[125]라

○兪樾 : ≪韓非子≫ 古本에는 응당 〈'以馬爲不進盡'이〉 '以馬爲不盡'으로 되어 있었을 것이다. '不盡'은 곧 '不進'이다. ≪列子≫ 〈天瑞篇〉에 "終進乎 不知也(끝내 다함이 있는가. 알지 못하겠다.)"라 하였는데, 張湛의 注에 "'進'은 '盡'이 되어야 한다."라고 하였으니, 여기서 '進'과 '盡'은 옛날에 통용하였다. ≪詩經≫ 〈文王篇〉의 〈毛傳〉에 '盡'을 '進'으로 訓釋하였고, ≪漢書≫ 〈高帝紀〉의 顔師古 注에 "'進'자의 本字는 '賮'으로 쓰고, 또 '贐'이라고도 쓴다."라고 하였으니, 모두 그 예이다. 옮겨 쓰는 자가 本字에 의거하여 '進'이라고 쓰고 '盡'자를 잘못 삭제하였으니, 마침내 모두 구두를 잘못 끊었다.

32-245 以煩且之良而騶子韓樞之巧로도

煩且와 같은 훌륭한 말과 마부 韓樞와 같은 솜씨로도

○先愼曰 乾道本에 無樞字라 顧廣圻云 藏本今本에 有라하니 今據補하노라

○王先愼 : 乾道本에 '樞'자가 없다. 顧廣圻는 "藏本과 今本에 있다."라고 하였으니, 지금 이에 의거하여 보충하였다.

32-246 而以爲不如下走也니라

---

124) (盡)〔聿〕: 저본에는 '盡'으로 되어 있으나, "'盡'은 '聿'의 잘못이니, '遂'의 뜻이다."라고 한 ≪韓非子新校注≫ 陳奇猷의 설에 의거하여 '聿'로 바로잡았다.

125) 兪樾曰……遂竝失其讀(두)矣 : 이는 원래 저본의 '以馬爲不進 盡' 아래에 달려 있는 注이다. 번역상의 편의로 아래 글 '釋車而走'와 연결하여 이처럼 편집하였다.

자신이 수레에서 내려 내달리는 것만 못하다고 여긴 것이다.

32-247 **魏昭王**[126]**欲與**(예)**官事**하야

魏 昭王이 관리들이 하는 일에 간여하고 싶어서

○**王先謙曰 與**는 **去聲**이라

○王先謙 : '與'는 去聲이다.

32-248 **謂孟嘗君**[127]**曰 寡人欲與官事**하노라 **君曰 王欲與官事**면 **則何不試習讀法**이니잇고 **昭王讀法十餘簡而睡臥矣**라 **王曰 寡人**은 **不能讀此法**이라하더라 **夫不躬親其勢柄**하고 **而欲爲人臣所宜**[128]**爲者也**니

孟嘗君에게 이르기를 "과인은 관리들이 하는 일에 간여하고 싶소." 하니, 맹상군이 아뢰기를 "왕께서 관리들이 하는 일에 간여하고 싶다면 어찌 법전을 익히 읽어보지 않으십니까?" 하였다. 昭王이 법전 10여 장을 읽다가 졸려서 누워버렸다. 그리고는 소왕이 말하기를 "과인은 이 법전을 읽지 못하겠구나." 하였다. 군주가 친히 나라의 권력을 잡지 않고 신하들이 해야 할 일을 하고자 하니,

○**先愼曰 宜字涉下文衍**이라

○王先愼 : '宜'자는 아래 글에 관련이 되어 들어간 衍文이다.

32-249 **睡不亦宜乎**아

졸리는 것이 또한 마땅하지 않겠는가?

---

126) 魏昭王 : 전국시대 魏나라 군주로, 襄王의 아들이며 재위는 B.C. 295~B.C. 277이다.

127) 孟嘗君 : 전국시대 齊나라 사람으로, 이름은 田文이다. 田嬰의 아들로, 아버지의 封爵을 세습하여 薛 땅에 봉해졌으므로 薛公이라 일컬어졌으며, 孟嘗君은 호이다. 齊 緡王 때 제나라 재상을 지냈는데, 식객이 수천 명이나 되었다고 한다. 田甲의 난에 魏나라로 도망쳐 魏 昭王 때 재상이 되었다.(≪史記≫ 〈孟嘗君列傳〉)

128) 宜 : 王先愼은 아래 글에 관련이 되어 들어간 衍文이라고 하였으나, '宜爲'는 '當爲(마땅히 해야 함)'와 같은 뜻이라 문맥상 타당하므로 여기서는 衍文으로 보지 않았다.

32-250 孔子曰

孔子가 말하기를

○先愼曰 乾道本은 連上이나 今從趙本하야 提行하노라

○王先愼 : 乾道本은 윗글에 연결하였으나 지금 趙本을 좇아 행을 바꾸었다.

32-251 爲人君者는 猶盂也요 民은 猶水也니 盂方水方이요 盂圜(원)水圜이니라

盂

"군주는 사발과 같고, 백성은 물과 같으니, 사발이 네모지면 물도 네모지고, 사발이 둥글면 물도 둥글다." 하였다.

○先愼曰 治要引尸子處道篇圜作圓이라 案 說文에 圜은 天體也니 全也요 周也라하니 是圜은 爲正字라 御覽七百六十引二句互易이라

○王先愼 : ≪群書治要≫에 ≪尸子≫ 〈處道篇〉을 인용하면서 '圜'이 '圓'으로 되어 있다. 살펴보건대 ≪說文解字≫에 "'圜'은 天體이니, 완전하며 빈틈이 없다." 하였으니, 여기 '圜'은 正字이다. ≪太平御覽≫ 권760의 인용한 글에는 두 구가 서로 바뀌어 있다.

32-252 鄒君好服長纓하니 左右皆服長纓하야 纓甚貴라

鄒나라 군주가 갓끈을 길게 매는 것을 좋아하자, 측근들도 모두 갓끈을 길게 매어 갓끈이 매우 비싸졌다.

○先愼曰 乾道本에 不重纓字어늘 御覽三百八十九六百八十六事類賦十二引竝重일새 今據增하노라

○王先愼 : 乾道本에 '纓'자가 중복되어 있지 않은데, ≪太平御覽≫ 권389・권686과 ≪事類賦≫ 권12에 이 글을 인용하면서 모두 중복되어 있으므로 지금 이에 의거하여 보충하였다.

32-253 鄒君患之하야 問左右한대 左右曰 君好服하시니 百姓亦多服이라 是以

貴니이다 君因先自斷其纓而出하니 國中皆不服長纓이러라 君不能下令爲百姓服度以禁之하고 乃斷纓出以示民하니

鄒나라 군주가 이를 근심하여 측근들에게 묻자, 측근들이 아뢰기를 "군주께서 갓끈을 길게 매기를 좋아하시니, 백성들도 대부분 그렇게 하기 때문에 비싸진 것입니다." 하였다. 이에 군주가 먼저 자신의 갓끈을 자르고 나오자 나라 안의 백성들도 모두 갓끈을 길게 매지 않았다. 군주가 명령을 내려 백성들에게 의복 제도를 마련함으로써 금하지 못하고 자신의 갓끈을 자르고 나와 백성들에게 보였으니,

○先愼曰 乾道本에 乃斷二字는 作長字하고 民上에 有先字라 顧廣圻云 今本에 作乃斷纓出以示民이어늘 案句有誤라하니라 先愼案 今本은 語極明顯하니 今據改하노라

○王先愼 : 乾道本에 '乃斷' 두 자는 '長'자로 되어 있고 '民' 위에 '先'자가 있다. 顧廣圻는 "今本에 '乃斷纓出以示民'으로 되어 있는데, 살펴보건대 구에 잘못이 있다."라고 하였다. 내가 살펴보건대 今本은 말이 매우 분명하니, 지금 이에 의거하여 고쳤다.

32-254 是先戮以莅民也니라

이는 먼저 자신을 욕되게 하고서 백성을 다스리는 방식이다.

32-255 叔向賦獵에 功多者受多하고 功少者受少하니라

叔向이 사냥해 온 짐승을 나눌 때 공이 많은 자에게는 많이 주고, 공이 적은 자에게는 적게 주었다.

32-256 韓昭侯謂申子[129)]曰 法度甚不易(이)行也로다하니

韓 昭侯가 申子에게 이르기를 "법도를 실행하기가 몹시 어렵소." 하니,

○先愼曰 乾道本에 無不字어늘 今依拾補增하노라

129) 申子 : 전국시대 사상가 申不害의 존칭이다. 韓 昭侯 때 재상이 되어 15년간 나라를 다스려 부국강병을 이루었다. 학문은 黃老를 기반으로 하며 刑名을 주로 하였다고 한다.(≪史記≫ 〈申不害列傳〉)

○王先愼 : 乾道本에 '不'자가 없는데, 지금 ≪群書拾補≫에 의거하여 보충하였다.

32-257 **申子曰 法者**는 **見功而與賞**하고 **因能而受官**이니이다 **今君設法度而聽左右之請**하시니 **此所以難行也**니이다 **昭侯曰 吾自今以來知行法矣**라 **寡人奚聽矣**오 **一日**에

申子가 아뢰기를 "법이란 공을 세우면 상을 주고, 능력에 따라 벼슬을 내리는 것입니다. 지금 군주께서 법도를 마련해놓고도 측근들의 청탁을 들어주시니, 이것이 법도를 실행하기 어려운 까닭입니다." 하였다. 昭侯가 이르기를 "내가 오늘에서야 법도를 실행하는 방법을 알게 되었소. 과인이 어찌 〈청탁을〉 들어주겠소?" 하였다. 어느 날

○**先愼曰 趙本**에 **日作曰**하니 **誤**라

○王先愼 : 趙本에 '日'은 '曰'로 되어 있으니, 잘못이다.

32-258 **申子請仕其從兄官**한대 **昭侯曰 非所學於子也**라 **聽子之謁**하야 **敗子之道乎**아 **亡其用子之〔道**하야 **敗子之〕謁**[130]가

申子가 從兄에게 벼슬을 내려줄 것을 청하자, 昭侯가 말하기를 "이는 그대에게 배운 바가 아니오. 그대의 청을 들어주어 그대의 도를 망가뜨려야겠소? 아니면 그대의 도를 써서 그대의 청을 거절해야겠소?" 하니,

○**顧廣圻曰 韓策云 又亡子之術而廢子之謁其行乎云云**이라하야늘 **此有脫文**이라

○顧廣圻 : ≪戰國策≫ 〈韓策〉에 "又亡子之術而廢子之謁其行乎"라고 하였는데, 여기에 탈문이 있다.

32-259 **申子**辟(피)**舍請罪**러라

申子가 안에 있지 못하고 나가서 죄를 청하였다.

---

130) 亡其用子之〔道 敗子之〕謁 : 저본에는 '亡其用子之謁'로 되어 있으나, ≪韓非子新校注≫ 陳奇猷의 설에 의거하여 '亡其用子之道敗子之謁'로 바로잡았다. '亡'은 '抑'의 뜻이다.

〔六〕[131)]

32-260 晉文公攻原할새 裹十日糧하야

晉 文公이 原 땅을 공격할 적에 열흘 치의 식량을 싸게 하고서

○先愼曰 僖二十五年左傳에 晉侯圍原할새 命三日之糧이라 國語亦作三日이라

○王先愼 : ≪春秋左氏傳≫ 僖公 25년에 "晉侯가 原을 포위할 때에 사흘 치의 식량만 가지고 가도록 명하였다."라고 하였다. ≪國語≫에도 '三日'로 되어 있다.

32-261 遂與大夫期十日이라 至原十日이나 而原不下하니 擊金而退하고 罷兵而去라 士有從原中出者曰 原三日卽下矣니이다하고 群臣左右諫曰 夫原之食竭力盡矣니 君姑待之하소서하니 公曰 吾與士期十日이러니 不去면 是亡吾信也니라 得原失信이면 吾不爲也노라 遂罷兵而去하니라 原人聞曰 有君如彼其信也니 可無歸乎아하고 乃降(항)公하며 衛人聞曰 有君如彼其信也니 可無從乎아하고 乃降公하니라 孔子聞而記之曰 攻原得衛者는 信也일새니라

마침내 大夫들과 열흘 안에 〈함락시키기로〉 기약을 하였다. 原 땅에 이르러 열흘이 되었으나 原 땅을 함락시키지 못하자, 징을 쳐서 물러나게 한 뒤에 군대를 거두어 떠나려고 하였다.

原 땅에서 도망쳐 나온 군사가 아뢰기를 "原 땅은 사흘이면 함락될 것입니다." 하고, 여러 신하들과 측근들은 간하기를 "原 땅은 식량이 떨어지고 힘이 다했으니, 군주께서는 우선 기다려보소서." 하니, 文公이 말하기를 "내가 군사들과 열흘을 기약했는데, 떠나지 않는다면 나의 신의를 잃게 되는 것이다. 原 땅을 얻더라도 신의를 잃는다면 나는 하지 않겠노라." 하고는 마침내 군대를 거두고 떠났다.

原 땅 사람들이 이를 듣고 말하기를 "군주가 저렇게 신의가 있으니, 歸服하지 않을 수 있겠는가?" 하고는 문공에게 항복하였고, 衛나라 사람들도 이를 듣고 말하기를 "군주가 저렇게 신의가 있으니, 따르지 않을 수 있겠는가?" 하고는 문공에게 항복하였다. 孔子가 이를 듣고 기록하기를 "原 땅을 공격하여 衛나라를 얻은

131) 〔六〕: 〔經六〕(32-47~32-48)에 대한 해설을 모은 說이다.

것은 신의 때문이다." 하였다.

32-262 文公問箕鄭曰 救餓奈何오 對曰 信이니이다 公曰 安信고 曰 信名〔信義信事〕니

晉 文公이 箕鄭에게 묻기를 "백성을 기근에서 구제하려면 어떻게 해야 하오?" 하니, 대답하기를 "신의를 지켜야 합니다." 하였다. 공이 이르기를 "어떤 신의를 지켜야 하오?" 하니, 대답하기를 "名分에 대한 신의를 지켜야 하고, 道義에 대한 신의를 지켜야 하며, 政事에 대한 신의를 지켜야 하니,

○兪樾曰 信名之下에 當有信義信事四字라 蓋文公曰 安信고하니 箕鄭告以信名信義信事라하고 下乃一一申之也라 今奪之則文不備라

○兪樾 : '信名' 아래에 '信義信事' 네 자가 있어야 한다. 文公이 묻기를 "어떤 신의를 지켜야 하오?" 하니, 箕鄭이 명분에 대한 신의를 지키고, 도의에 대한 신의를 지키고, 정사에 대한 신의를 지켜야 한다고 아뢰고 나서 아래에 하나하나 설명한 것이다. 지금 그것을 탈락시키면 문장이 제대로 갖추어지지 않는다.

32-263 信名이면 則群臣守職하고 善惡不踰하며 百事不怠요 信事면 則不失天時하고 百姓不踰요 信義면 則近親勸勉하고 而遠者歸之矣니이다

명분에 대한 신의를 지키면 신하들이 직분을 지키고 선악의 경계를 넘지 않으며 모든 일을 게을리하지 않을 것입니다. 정사에 대한 신의를 지키면 天時를 잃지 않고 백성들이 분수를 넘지 않을 것입니다. 도의에 대한 신의를 지키면 가까이 있는 자들은 부지런히 힘쓰고 멀리 있는 자들이 귀의할 것입니다." 하였다.

32-264 吳起出하야 遇故人而止之食하니 故人曰 諾다 期返而食호리라

吳起가 외출하였다가 친구를 만나 붙잡고 함께 식사를 하자고 하였는데, 친구가 말하기를 "알았네. 내가 금방 돌아올 터이니 그때 식사하세나." 하니,

○先愼曰 乾道本에 期返而食은 作今返而御라 顧廣圻云 藏本同이라 今本에 今作

令은 誤라하니라 先愼案 御覽八百四十九引作期反而食이니 今據改하노라

○王先愼 : 乾道本에 '期返而食'은 '今返而御'로 되어 있다. 顧廣圻는 "藏本은 같다. 今本에 '今'은 '令'으로 되어 있는데, 잘못이다." 하였다. 내가 살펴보건대 ≪太平御覽≫ 권849에 이 글을 인용하면서 '期反而食'으로 되어 있으니, 지금 이에 의거하여 고쳤다.

32-265 吳子曰 待公而食호리라 故人至暮不來하고 吳起至暮不食而待之라

吳子가 말하기를 "그대가 돌아오거든 함께 식사하겠네." 하였다. 그런데 친구는 저녁이 될 때까지 돌아오지 않았고, 吳起는 저녁이 될 때까지 식사를 하지 않고 친구를 기다렸다.

○先愼曰 各本에 作起不食待之어늘 御覽四百七十五八百四十九引竝作吳起至暮不食而待之라하니 今據改하노라

○王先愼 : 各本에 '起不食待之'로 되어 있는데, ≪太平御覽≫ 권475・권849에 이 글을 인용하면서 모두 '吳起至暮不食而待之'로 되어 있으니, 지금 이에 의거하여 고쳤다.

32-266 明日早에 令人求故人하고 故人來하니 方與之食이러라

이튿날 아침 사람을 시켜 친구를 찾게 하였고, 친구가 와서야 함께 식사를 하였다.

○先愼曰 御覽引方作乃라

○王先愼 : ≪太平御覽≫에 이 글을 인용하면서 '方'은 '乃'로 되어 있다.

32-267 魏文侯與虞人期獵이라 明日에 會天疾風하야

魏 文侯가 사냥터지기와 사냥을 하기로 약속하였다. 그런데 이튿날 마침 거센 바람이 불어서

○顧廣圻曰 魏策云 天雨라하니 餘多不同이라 先愼曰 治要에 無天字라

○顧廣圻 : ≪戰國策≫ 〈魏策〉에 "天雨(하늘에서 비가 내렸다.)"라고 하였으니, 그 외에도 같지 않은 곳이 많다.

王先愼 : ≪群書治要≫에는 '天'자가 없다.

32-268 **左右止文侯**한대 **不聽**하고 **曰 不可以風疾之故而失信**이라 **吾不爲也**로라

측근들이 文侯에게 가지 말라고 만류하였는데, 문후는 듣지 않고 말하기를 "거센 바람 때문에 신의를 잃을 수는 없다. 나는 그런 짓은 하지 않겠다." 하였다.

○先愼曰 治要에 可上無不字요 風疾作疾風이라

○王先愼 : ≪群書治要≫에 '可' 위에 '不'자가 없고, '風疾'은 '疾風'으로 되어 있다.

32-269 **遂自驅車往**하야 **犯風而罷虞人**이러라

마침내 스스로 수레를 몰고 가서 바람을 무릅쓰고 사냥터지기에게 〈사냥을〉 그만두자고 하였다.

32-270 **曾子之妻之市**할새

曾子의 아내가 시장에 갈 적에

○顧廣圻曰 之妻二字는 當衍이라 先愼曰 妻上治要無之字라

○顧廣圻 : '之妻' 두 자는 응당 衍文이 되어야 한다.

王先愼 : '妻' 위에 ≪群書治要≫에는 '之'자가 없다.

32-271 **其子隨之而泣**하니

아들이 따라오면서 울자,

○先愼曰 治要에 無之字라

○王先愼 : ≪群書治要≫에 '之'자가 없다.

32-272 **其母曰 女還**하라 **顧反爲女殺彘**하리라 **妻適市來**할새

어머니가 말하기를 "너는 돌아가거라. 시장에서 돌아오면 너를 위해 돼지를 잡아주마." 하였다. 아내가 시장에 갔다가 돌아오자마자,

○先愼曰 乾道本에 無妻字어늘 治要有하니 今據補하노라 適作道는 誤라

○王先愼 : 乾道本에 '妻'자가 없는데 ≪群書治要≫에는 있으니, 지금 이에 의거하여 보충하였다. '適'이 '道'로 되어 있는 것은 잘못이다.

32-273 曾子欲捕彘殺之라 **妻止之曰 特與**嬰**兒**戲**耳**니이다 **曾子曰** 嬰**兒非與**戲**也**라

曾子가 돼지를 잡아 죽이려고 하였다. 아내가 말리면서 말하기를 "단지 아이에게 장난을 친 것뿐입니다." 하니, 증자가 말하기를 "아이에게 장난을 쳐서는 안 되오.

○王先謙曰 非下疑有可字라

○王先謙 : '非' 아래에 '可'자가 있어야 할 듯하다.

32-274 嬰**兒非有知也**일새 **待父母而學者也**니 **聽父母之教**라 **今子欺之**면

아이는 아는 게 없으므로 부모에게 기대어 배우는 것이니, 부모의 가르침만을 듣는다오. 지금 그대가 아이를 속이면

○先愼曰 乾道本에 **今作令**이라 **顧廣圻云 藏本同**이라 **今本令作今**이라하니라 **先愼案 治要**에 **作今**이니 **今據改**하노라

○王先愼 : 乾道本에 '今'은 '令'으로 되어 있다. 顧廣圻는 "藏本은 같다. 今本에 '令'은 '今'으로 되어 있다."라고 하였다. 내가 살펴보건대 ≪群書治要≫에 '今'으로 되어 있으니, 지금 이에 의거하여 고쳤다.

32-275 是教子欺也니라 **母欺子**면 **子而不信其母**니

이는 자식에게 속임수를 가르치는 것이오. 어미가 자식을 속이면 자식으로서는 어미를 믿지 않게 될 것이니,

○先愼曰 各本에 **上母字作父**요 **不重子字**어늘 **今據治要增改**하노라

○王先愼 : 各本에 위의 '母'자는 '父'자로 되어 있고, '子'자는 중복되어 있지 않은데, 지금 ≪群書治要≫에 의거하여 〈'子'자를〉 보충하고 〈'母'자로〉 고쳤다.

32-276 **非以成教也**니라 **遂烹彘也**러라

아이를 가르치는 방법이 아니오." 하고는 마침내 돼지를 삶았다.

32-277 **楚厲王有警鼓**하야 **與百姓爲戒**라

楚 厲王이 경계용 북을 설치하여 〈유사시에 쳐서〉 경계를 삼기로 백성들과 약속하였다.

○**先愼曰 各本**에 **警下有爲字**요 **與上有以字**요 **戒作戍**이어늘 **今據御覽五百八十二事類賦十一引刪改**하노라

○王先愼 : 各本에 '警' 아래에 '爲'자가 있고, '與' 위에 '以'자가 있으며, '戒'는 '戍'로 되어 있는데, 지금 ≪太平御覽≫ 권582, ≪事類賦≫ 권11에 인용한 글에 의거하여 〈'爲'자와 '以'자를〉 삭제하고 〈'戒'자로〉 고쳤다.

32-278 **飮酒醉**하야 **過而擊**이어늘

술에 취해 실수로 북을 쳤는데,

○**先愼曰 各本**에 **擊下有之也二字**어늘 **據御覽事類賦刪**하노라

○王先愼 : 各本에 '擊' 아래에 '之也' 2자가 있는데, ≪太平御覽≫과 ≪事類賦≫에 근거하여 삭제하였다.

32-279 **民大驚**이라 **使人止之**하야

백성들이 몹시 놀랐다. 厲王이 사람을 시켜 진정시키게 하고서

○**先愼曰 各本無之字**어늘 **拾補增**이니 **盧文弨云 脫**이라하니라 **先愼案 御覽事類賦引有之字**하니 **今據補**하노라

○王先愼 : 各本에 '之'자가 없는데, ≪群書拾補≫에 더해져 있으니, 盧文弨는 〈'之'는〉 "탈락되었다."라고 하였다. 내가 살펴보건대 ≪太平御覽≫과 ≪事類賦≫에 이 글을 인용하면서 '之'자가 있으니, 지금 이에 의거하여 보충하였다.

32-280 曰 吾醉而與左右戲而擊之也로라하니

말하기를 "내가 술에 취해서 측근들과 장난치면서 북을 쳤노라." 하니

○先愼曰 各本에 下而字作過어늘 御覽事類賦引作而하니 是라 過字涉上文而誤니 今據改하노라

○王先愼 : 各本에 아래 '而'자는 '過'로 되어 있는데, ≪太平御覽≫과 ≪事類賦≫에 이 글을 인용하면서 '而'로 되어 있으니 옳다. '過'자는 윗글에 관련이 되어 잘못된 것이니, 지금 이에 의거하여 고쳤다.

32-281 民皆罷라 居數月하야 有警에 擊鼓而民不赴하니

백성들이 모두 진정되었다. 몇 달이 지나 경계할 일이 생겼을 때 북을 쳤는데도 백성들이 달려오지 않으니,

○先愼曰 御覽事類賦引赴下有也字라

○王先愼 : ≪太平御覽≫과 ≪事類賦≫에 이 글을 인용하면서 '赴' 아래에 '也'자가 있다.

32-282 乃更(갱)令明號而民信之러라

이에 다시 명령을 내리고 호령을 명확히 한 뒤에야 백성들이 믿었다.

32-283 李悝(회)警其兩和[132)]曰 謹警敵人하라 旦暮且至擊汝리라 如是者再三而敵不至하니 兩和懈怠하야 不信李悝러라 居數月하야 秦人來襲之하야 至幾奪其軍하니 此不信患也니라

李悝가 좌우 軍門에 경계하여 이르기를 "삼가 적을 경계하라. 조만간에 장차 적이 쳐들어와 너희를 공격할 것이다." 하였다. 여러 차례 이렇게 경계했으나 적이 쳐들어오지 않자, 좌우 군문의 경계가 해이해져서 이회를 믿지 않았다. 몇 달이 지나 秦나라 군대가 습격하여 거의 전멸할 지경이 되었으니, 이는 믿음을 얻지 못

132) 兩和 : '和'는 軍營이나 堡壘의 門을 뜻하는데, 陳奇猷에 의하면 '兩和'는 左右和로 곧 군대의 左右翼을 말한다.

한 데서 온 재앙이다.

32-284 一曰 李悝與秦人戰할새 謂左和曰 速上하라 右和已上矣니라 又馳而至右和曰 左和已上矣니라 左右和(曰上矣)

일설의 내용은 다음과 같다. 李悝가 秦나라 군대와 전쟁을 할 적에 좌측 軍門에 이르기를 "속히 성벽으로 올라가라! 우측 군문은 벌써 올라갔다." 하고, 또 우측 군문으로 달려가서 이르기를 "좌측 군문은 벌써 올라갔다." 하였다. 그러자 좌우 군문이

○先愼曰 曰上矣三字는 涉上而衍이라 此言左右和聞李悝之言하고 於是皆爭上이니 明不應有曰上矣三字라

○王先愼 : '曰上矣' 세 자는 윗구에 관련이 되어 들어간 衍文이다. 이는 좌우 군문의 군사들이 李悝의 말을 듣고 이에 모두 다투어 성벽으로 올라감을 말한 것이니, '曰上矣' 세 자가 있어서는 안 됨이 분명하다.

32-285 於是皆爭上하니라 其明年에 與秦人戰할새 秦人襲之한대 至幾奪其軍하니 此不信之患이니라

이에 모두 다투어 성벽을 올랐다. 그 이듬해에 秦나라 군대와 전쟁할 적에 秦나라 군대가 습격하자 〈魏나라〉 군대가 거의 전멸하기에 이르렀으니, 이는 믿음을 얻지 못한 데서 온 재앙이다.

32-286 有相與訟者어늘

서로 송사를 벌인 자가 있었는데,

○顧廣圻曰 藏本同이라 今本에 無自此至末이라 案皆複出七術이니 不當有也라

○顧廣圻 : 藏本은 같다. 今本에 여기서부터 끝까지 내용이 없다. 살펴보건대 모두 〈七術〉(〈內儲說 上〉)에 중복되어 나오니, 있어서는 안 된다.

32-287 **子産離之**하야 **而毋使通辭**하고 **到(至)其言以告而知也**러라

子産이 이들을 따로 떼어놓아 서로 말을 주고받지 못하게 하고는 그들이 한 말을 바꾸어 일러줌으로써 〈실상을〉 알아냈다.

○**先愼曰 至字**는 **衍文**이라 **到**는 **卽倒字**라

○王先愼 : '至'자는 衍文이다. '到'는 곧 '倒'자이다.

32-288 **(惠)〔衛〕嗣公使人(僞)〔過〕關市**어늘

衛 嗣公이 어떤 사람을 시켜 關市를 지나게 하였는데,

○**先愼曰 惠**는 **當作衛**요 **僞**는 **當作過**라

○王先愼 : '惠'는 '衛'가 되어야 하고, '僞'는 '過'가 되어야 한다.

32-289 **關市呵難之**라 **因事關市以金**하니 **關市乃舍之**니라 **嗣公謂關市曰 某時**에 **有客過而予汝金**한대 **因譴之**아 **關市大恐**하야 **以嗣公爲明察**이러라

關市를 담당하는 관리가 그를 심하게 책망하였다. 그래서 관시의 관리에게 금품을 건네주자, 관시의 관리가 그를 곧 풀어주었다. 嗣公이 관시의 관리에게 이르기를 "어느 때에 나그네가 지나가면서 그대에게 금품을 주자 풀어준 적이 있는가?" 하니, 관시의 관리가 몹시 두려워하여 사공이 밝게 살핀다고 여겼다.

第三十三 外儲說 左下篇 제33편 외저설 좌하

이 편은 군주로서 갖추어야 할 법술 여섯 가지를 經으로 제시한 다음, 각각의 經에 대한 說을 그 아래에 순차적으로 열거하였다.

첫 번째는 죄를 주고 상을 내릴 때 공정하게 하는 것이다. 원수라도 죄에 합당한 벌을 내리면 원망하지 않고, 큰 공을 세웠는데도 이에 합당한 상을 내리지 않으면 원망한다. 두 번째는 군주는 모름지기 군주로서의 권세와 공정한 법술에 의지해야 하고, 사적인 믿음에 매달려서는 안 되는 것이다. 세 번째는 군주와 신하 사이의 도리를 잃으면 안 되니, 아무리 신하가 先王 때의 원로라 할지라도 군주로서의 위엄과 신하로서의 도리가 없어서는 안 되는 것이다. 네 번째는 군주를 모시는 측근과 군주에게 아첨하는 자의 말만을 따르지 않고, 실제의 공적에 비추어 죄를 주거나 상을 내려야 하는 것이다. 다섯 번째는 군주가 신하의 검소와 사치를 잘 조화시키는 것이다. 군주의 지나친 총애와 은총을 받은 신하는 결국 군주를 침해하고 핍박하게 된다. 여섯 번째는 황실의 권위를 높이는 것이다. 황실의 권위가 낮아지면 신하가 직언을 꺼리고 아첨을 일삼으며, 신하들의 사사로운 행동이 기승을 부리면 나라를 위한 공로가 생겨나지 않는다.

다만 이 편은 탈락되거나 착간된 것이 있고, 經과 說이 제대로 호응하지 않는 부분도 있다.

○先愼曰 乾道本에 無下字라 顧廣圻云 藏本同이요 今本에 有라하니라 先愼案 治要引有下字일새 今據補하노라

○王先愼 : 乾道本에 '下'자가 없다. 顧廣圻는 "藏本은 마찬가지로 〈'下'자가 없고〉 今本에는 있다."라고 하였다. 내가 살펴보건대 ≪群書治要≫에 여기를 인용하면서 '下'자가 있기 때문에 지금 이에 의거하여 보충하였다.

〔經一〕[1)]

33-1 以罪受誅면 人不怨上하니

죄를 지어 벌을 받으면 그 사람이 윗사람을 원망하지 않으니

罪當이라 故不怨也니라

舊注 : 죄에 〈대한 벌이〉 합당하기 때문에 원망하지 않는 것이다.

33-2 跀危(坐)〔生〕子皐[2)]요

발이 잘린 죄인이 子皐를 살려주었고,

皐雖刑之나 有不忍之心하니 跀者懷恩報德이라 ○顧廣圻曰 藏本同이라 今本에 坐作生이라 按依說當作逃라 王先謙曰 作生 是也니 與坐形近而誤라 先愼曰 危는 讀爲跪니 足也라 詳下說이라

舊注 : 子皐가 비록 형벌을 내렸으나 차마 못하는 마음이 있었으니, 발이 잘리는 형벌을 받은 자가 그 은혜를 생각하여 은덕을 갚은 것이다.

○顧廣圻 : 藏本은 마찬가지다. 今本에 '坐'자가 '生'자로 되어 있다. 살펴보건대 아래의 說에 의거하여 응당 '逃'가 되어야 한다.

王先謙 : '生'자로 되어 있는 것이 옳으니, '坐'자와 모양이 비슷하여 생긴 잘못이다.

王先愼 : '危'는 '跪'자로 읽어야 되니 발이다. 자세한 설명은 아래의 說에 보인다.

33-3 以功受賞이면 臣不德君하니

공을 세워 상을 받으면 신하는 군주를 덕스럽다고 여기지 않으니

功當이라 故不以爲德이니라

舊注 : 공에 〈대한 상이〉 합당하기 때문에 덕스럽다고 여기지 않는 것이다.

---

1) 〔經一〕: 저본에는 '經'자가 없으나, 아래의 說과 구분하기 위하여 보충하였다. 아래의 경우도 같다.

2) 跀危(坐)〔生〕子皐 : 孔子의 제자 子皐가 獄吏가 되어 어떤 죄인의 발을 잘랐는데, 나중에 자고가 곤경에 처했을 때 그 죄인이 자고를 도와주었다. 자세한 내용은 아래의 33-40~44 참조.

33-4 翟璜操右契[3]而乘軒[4]이라

翟璜은 右契를 잡고서 수레에 올라탔다.

功當受寵이라 故乘軒而無慙이라 ○先愼曰 璜下作黃하니 古今字通이라

舊注 : 공에 합당하게 은총을 받았기 때문에 수레를 타면서도 부끄럽지 않은 것이다.

○王先愼 : '璜'자가 아래에는 '黃'자로 되어 있으니 古今에 통용되는 글자이다.

33-5 襄王不知하니

魏 襄王이 이를 알지 못했으니

不知功當厚賞也라

舊注 : 공에 합당하게 상을 후하게 내려야 함을 알지 못한 것이다.

33-6 故(昭)〔明〕[5]卯五乘而履屩[6]라

그러므로 明卯가 五乘의 봉록을 받으며 짚신을 신는 것처럼 여겼다.

卯西卻秦하고 東止齊하야 大矣어늘 而王唯養之五乘이라 功大賞薄은 猶富人而履屩也라 ○先愼曰 張榜本趙本에 屩作屫하니 注同이라 說文에 屩는 從履省이요 喬聲이라하니 是屩爲正字요 屩屫는 均別字라 說作蹻하니 古通이라

舊注 : 明卯가 서쪽으로는 秦나라를 물리고 동쪽으로는 齊나라의 공격을 저지하여 공이 컸는데도 왕이 오직 五乘의 봉록만으로 포상하였다. 공이 큰데도 상이 박한 것은 부자가 짚신을 신는 것과 같은 것이다.

○王先愼 : 張榜本과 趙本에 '屩'자가 '屫'자로 되어 있으니 舊注도 마찬가지이다. ≪說

---

3) 右契 : 자격이 합당함을 증명하는 證票이다. 증표를 주는 사람이 왼쪽의 左契를 지니고, 증표를 받는 사람이 오른쪽의 右契를 지닌다.

4) 翟璜操右契而乘軒 : 魏나라의 翟璜이 공로가 있어 군주로부터 수레를 하사받았는데, 이를 본 田子方은 은덕이 박하다고 하였다. 자세한 내용은 아래의 33-45~48 참조.

5) (昭)〔明〕: 저본에는 '昭'로 되어 있으나, 33-49 兪樾의 설에 의거하여 '明'으로 바로잡았다.

6) 故(昭)〔明〕卯五乘而履屩 : 魏나라 장수 明卯가 秦나라와 齊나라의 공격을 잘 막아내어 큰 공을 세웠는데도 襄王이 포상으로 五乘의 봉록을 주자 명묘가 이것은 자신의 공에 비하면 짚신과 같다고 하였다. 자세한 내용은 아래의 33-49~51 참조.

文解字≫에 "'屩'는 履의 생략형(𡰪)을 따르고 喬가 소리이다."라고 하였으니 '屩'가 正字이다. 屫와 屫는 모두 別字이다. 아래의 說에 '蹻'로 되어 있으니 옛날에 통용이다.

33-7 上不過任하고 臣不誣能하면 即臣將爲(失)少室周[7]라

군주가 임용을 잘못하지 않고 신하가 재능을 속이지 않으면 신하는 장차 少室周가 될 것이다.

周以勇力事襄主하야 貞信不誣러니 人有勇力多己者면 即進之以自代라 ○顧廣圻曰 失은 當作夫요 在爲字上이요 如字讀之라 先愼曰 失字衍이라 顧讀即臣將夫爲少室周[8]는 亦不成文이라

舊注 : 少室周는 勇力으로 襄主를 섬겨 충성과 믿음으로 속이지 않았는데, 자신보다 勇力이 뛰어난 자가 있으면 즉시 그를 추천하여 자신을 대신하게 한 것이다.

○顧廣圻 : '失'자는 응당 '夫'가 되어야 하고 '爲'자 위에 있어야 하며 本音대로 읽어야 한다.

王先愼 : '失'자는 衍文이다. 顧廣圻가 "即臣將夫爲少室周"라고 읽은 것은 또한 문장이 이루어지지 않는다.

〔經二〕

33-8 恃勢而不恃信이라

권세에 의지하고 믿음에 의지하지 않기 때문에

恃勢면 則信者不生心이요 恃信이면 則有時不信이라

---

7) 即臣將爲(失)少室周 : 趙나라에 아주 힘이 센 少室周라는 자가 있었는데 襄主를 섬겼다. 어느 날 자신보다 힘이 센 자가 나타나자 少室周는 그 사람을 추천하여 자신의 직책을 대신하게 하였다. 자세한 내용은 아래의 33-53～56 참조.

8) 顧讀即臣將夫爲少室周 : 顧廣圻는 ≪韓非子識誤≫를 저술하면서 ≪韓非子≫ 원문을 大文으로 작성하고 그 아래에 小注로 자신의 견해를 밝혀놓았다. 王先愼이 이 문장(33-7)에서 인용한 고광기의 견해(失當作夫 在爲字上 如字讀之)도 ≪한비자≫ 원문을 먼저 제시하고 작성한 것인데, ≪한비자지오≫에 기록된 원문이 바로 "即臣將夫爲少室周"라는 것이다.

舊注 : 권세에 의지하면 믿는 자라도 다른 마음이 생기지 않고, 믿음에만 의지하면 이따금 믿지 않을 일이 생긴다.

33-9 故東郭牙議管仲이요

東郭牙가 管仲에 대해 의론하였고

公欲專仲國柄이어늘 牙以仲雖忠矣나 儻不忠이면 必危矣라 公因命仲理外하고 隰朋治內矣라 ○先愼曰 乾道本에 注危必互倒어늘 今從趙本하노라

舊注 : 齊 桓公이 나라를 운영하는 권세를 管仲에게 전임하려고 하였는데, 東郭牙가 관중이 비록 충성스러우나 혹여 충성을 바치지 않는 일이 생기면 나라가 필시 위태로워진다고 하였다. 환공이 이에 관중으로 하여금 밖을 다스리게 하고 隰朋으로 하여금 안을 다스리게 하였다.

○王先愼 : 乾道本의 舊注에는 〈'必危'가〉 '危必'로 도치되어 있는데, 여기서는 趙本을 따랐다.

33-10 恃術而不恃信이라 故渾軒非文公[9]이라

법술에 의지하고 믿음에 의지하지 않기 때문에 渾軒이 晉 文公을 비난하였다.

晉文公以箕鄭信誠하야 以爲原令하고 曰 必不叛我라하니라 軒曰 人主 不以術御臣하고 而恃其不叛하니 其若之何也잇가하니라 ○梁玉繩[10]曰 渾軒은 卽渾罕이니 非子產者라 古軒罕通이요 左傳罕虎罕達이요 公羊竝作軒이라

舊注 : 晉 文公은 箕鄭이 믿음직스럽고 충성스럽다고 여겨서 原의 현령으로 삼고는 말하기를 "그는 필시 나를 배반하지 않을 것이다."라고 하였다. 渾軒이 말하기를 "군주께서 법술로 신하를 다스리지 않고 그가 배반하지 않을 것이라 믿고 있으니 장차 어찌하겠습니까."라고 하였다.

○梁玉繩 : 渾軒은 渾罕이니 子產이 아니다. 옛날에 '軒'과 '罕'은 통용이고, ≪春秋左氏

9) 故渾軒非文公 : 자세한 내용은 아래의 33-61~64 참조.

10) 梁玉繩 : 淸나라 浙江 錢塘 사람으로, 字는 曜北이고, 號는 諫菴 또는 淸白士이다. ≪尙書≫와 春秋三傳을 깊이 연구했고, 史學에 정통했다. 저서에 ≪史記志疑≫와 ≪漢書古今人表考≫, ≪呂子校補≫, ≪元號略≫, ≪誌銘廣例≫ 등이 있다.

傳≫에 '罕虎'와 '罕達'이라고 하였으며, ≪春秋公羊傳≫에는 모두 '軒'자로 되어 있다.

33-11 **故有術之主**는 **信賞以盡能**이요 **必罰以禁邪**니 **雖有駁行**이라도 **必得所利**라

그러므로 법술을 지닌 군주는 확실히 상을 내려 재능을 다하게 하고 반드시 벌을 내려 사악한 짓을 못하게 해야 하니, 〈이렇게 하면〉 비록 잡박한 행동이 있더라도 반드시 이익을 얻는 것이다.

駁行은 不貞白而駁襍者라

舊注 : '駁行'은 깨끗하지 않고 잡박한 것이다.

33-12 **簡主[11]之相陽虎[12]**요

趙簡主(趙簡子)는 陽虎를 재상(家宰)으로 삼았고

虎逐魯疑齊는 是行駁也라 趙主以術御之러니 盡其用하야 而趙幾霸라

舊注 : 陽虎가 魯나라에서 쫓겨나 齊나라에서 의심을 받은 것은 잡박한 행동 때문이다. 趙簡主는 그를 법술로 다스렸는데, 재능을 다 바치게 해서 趙氏가 거의 패권을 잡았다.

33-13 **哀公問一足[13]**이라

哀公은 〈夔의〉 발이 정말로 하나인지를 물었다.

問孔子曰 夔一足이라하니 若何오 曰 夔反戾惡心이나 然所以免禍者〔信〕也니이다 公曰 其信一足이라하니 故曰一足이라 盧文弨曰 注然所以免禍者下에 當有信字라 先愼曰 反戾는 下說作忿戾라

舊注 : 〈魯 哀公이〉 孔子에게 묻기를 "夔의 발이 하나라고 하니 정말 그러한가?"라고 하니, 대답하기를 "夔는 심성이 어그러지고 악하지만 화를 면할 수 있었던 것은 信義 때

---

11) 簡主 : 趙簡子를 말한다. 趙簡子는 춘추 말기 晉나라의 卿으로 이름은 鞅인데, 趙襄子의 아버지이다. 춘추전국시대 卿大夫를 '主'라고 불렀다.

12) 簡主之相陽虎 : 자세한 내용은 아래의 33-65~66 참조.

13) 哀公問一足 : 자세한 내용은 아래의 33-67~71 참조.

문이었습니다."라고 하였다. 애공이 말하기를 "참으로 信義 하나면 충분하구나."라고 하였기 때문에 '一足'이라고 하였다.

盧文弨 : 舊注의 '然所以免禍者' 아래에 응당 '信'자가 있어야 한다.

王先愼 : '反戾'는 아래의 說에 '忿戾'로 되어 있다.

〔經三〕

33-14 失臣主之理하니 則文王自〔繫〕履而矜[14]이요

신하와 군주 사이의 도리를 잃었으니 文王은 스스로 신발 끈을 매어 되레 뽐내었고

君雖有師라도 臣當亦謹이니 小臣當卽充指顧之役이라 文王(理)〔繫〕解에 左右無可使者는 是亦失士也라 託言君所與者皆其師는 是矜過而飾非也라 ○盧文弨曰 注文王理解는 當作繫解라 王先謙曰 自履는 文不成義니 履上에 當有繫字라

舊注 : 군주에게 비록 스승이 있더라도 신하로서는 응당 삼가야 하는 것이니, 小臣은 응당 군주가 시키는 일을 즉시 충족시켜야 한다. 文王이 신발 끈을 풀 적에 좌우에 시킬 만한 자가 없었던 것은 이 또한 선비를 잃은 것이다. 그래서 핑계 대며 군주와 함께하는 자는 모두 자신의 스승이라고 말했으니, 이는 자신의 허물과 잘못을 되레 뽐내며 꾸며대는 것이다.

○盧文弨 : 舊注의 '文王理解'의 〈'理解'는〉 응당 '繫解'가 되어야 한다.

王先謙 : '自履'는 문장의 뜻이 이루어지지 않으니 '履'자 위에 응당 '繫'자가 있어야 한다.

33-15 不易朝燕之處하니 則季孫終身莊而遇賊[15]이라

조정에서 있을 때와 평상시의 처신을 바꾸지 않았으니 季孫氏는 종신토록 몸가짐이 근엄하기만 하여 결국 해를 만났다.

朝當莊이요 燕當(試)〔舒〕[16]어늘 今季孫一之라 故終身莊而遇害也라 ○先愼曰 趙

14) 文王自〔繫〕履而矜 : 실제로는 文王의 일이 아니라 武王의 일이다. 자세한 내용은 아래의 33-72~81 참조.

15) 季孫終身莊而遇賊 : 자세한 내용은 아래의 33-82~86 참조.

本에 注朝下有堂字요 燕下無當試今三字라 張本에 試作舒라

舊注 : 조정에서는 응당 근엄해야 하고 평상시에는 응당 느슨하게 처신해야 하는데, 지금 季孫氏는 〈두 곳에서〉 한결같이 〈근엄하게〉 처신하였기 때문에 종신토록 몸가짐이 근엄하기만 하여 결국 해를 만난 것이다.

○王先愼 : 趙本에 舊注의 '朝'자 아래에 '堂'자가 있고, '燕'자 아래에 '當試今' 세 자가 없다. 張本에 '試'자가 '舒'자로 되어 있다.

〔經四〕

33-16 利所禁하고 禁所利하면 雖神不行이요

금해야 할 것을 이득이 된다고 여기고 이득이 되는 것을 금한다면 비록 神일지라도 행할 수 없으며,

當禁而利하고 當利而禁이라 如此雖神不行하리니 況不神乎아

舊注 : 응당 금해야 할 것을 이득이 된다고 여기고 응당 이득이 되는 것을 금해야 한다고 여기는 것이다. 이와 같다면 비록 神일지라도 행할 수 없을 것이니, 하물며 神이 아닌 경우에는 어떻겠는가.

33-17 譽所罪하고 毁所賞하면 雖堯不治라

죄를 주어야 할 자를 칭찬하고 상을 주어야 할 자를 헐뜯는다면 비록 堯임금일지라도 〈천하를〉 다스릴 수가 없다.

當罪而譽하고 當賞而毁라 如此雖堯不治하리니 況非堯乎아

舊注 : 응당 죄를 주어야 하는데도 칭찬하고 응당 상을 내려야 하는데도 헐뜯는 것이다. 이와 같다면 비록 堯임금일지라도 〈천하를〉 다스리지 못할 것이니, 하물며 堯임금이 아닌 경우에는 어떻겠는가.

---

16) (試)〔舒〕 : 저본에는 '試'로 되어 있으나, "張本에 '舒'로 되어 있다는 王先愼의 말이 옳다."라고 한 ≪韓非子新校注≫ 陳奇猷의 설에 의거하여 '舒'로 바로잡았다.

33-18 夫爲門而不使入하고

무릇 문을 만들어놓고 들어가지 못하게 하며

門不入은 不如無門也라

舊注 : 문에 들어가지 못하게 하는 것은 문이 없는 것만 못하다.

33-19 委利而不使進은

이득이 되는 것을 쌓아놓고 나아가지 못하게 하는 것은

與利不進은 不如止也라

舊注 : 이익이 되는 것을 주고 나아가지 못하게 하는 것은 그만두게 하는 것만 못하다.

33-20 亂之所以產也라

난이 일어나는 원인이다.

門不使入하고 利不使進은 亂所由生也라

舊注 : 문에 들어가지 못하게 하고 이익이 되는 것에 나아가지 못하게 하는 것은 난이 일어나는 원인이다.

33-21 齊侯不聽左右하고 魏主不聽譽者하야 而明察照群臣인댄 則鉅不費金(錢)[17)]이요

齊나라 군주가 측근의 청을 들어주지 않고 魏나라 군주가 칭찬하는 자의 말을 듣지 않고서, 분명하게 여러 신하들을 살펴보았다면 鉅가 금을 허비하지 않았을 것이고

鉅費金은 以齊王用左右故也라 ○顧廣圻曰 說無錢字니 此當衍이라 舊注未譌라

舊注 : 鉅가 금을 〈뇌물로〉 허비한 것은 齊나라 왕이 측근의 말만을 들었기 때문이다. ○顧廣圻 : 아래의 說에는 '錢'자가 없으니 여기의 '錢'자는 응당 衍文이다. 舊注에 〈'錢'

17) 鉅不費金(錢) : 자세한 내용은 아래의 33-109~110 참조.

자가 없는 것이〉 잘못되지 않았다.

33-22 孱不用璧[18]이라

孱이 璧玉을 쓰지 않아도 되었을 것이다.

孱用玉은 以魏主用毁故라 ○顧廣圻曰 藏本今本에 璧上有玉字라 按說無니 舊注亦未譌어늘 此所添은 誤라 先愼曰 注는 乾道本玉作王이어늘 改從趙本하노라

舊注 : 孱이 璧玉을 사용한 것은 魏나라 군주가 헐뜯는 말만을 들었기 때문이다.

○顧廣圻 : 藏本과 今本에 '璧'자 위에 '玉'자가 있다. 살펴보건대 아래의 說에는 〈'玉'자가〉 없으니 舊注 또한 잘못되지 않았는데 여기서 추가한 것은 잘못되었다.

王先愼 : 舊注는 乾道本에 '玉'자가 '王'자로 되어 있는데 趙本을 따라 고쳤다.

33-23 西門豹請復(부)治鄴[19]으로 足以知之하니

西門豹가 鄴을 다시 다스리겠다고 청한 사례를 통하여 그 사실을 알 수 있으니

初治鄴에 不事左右라 故君奪之하다 後治에 事之하니 君乃迎而拜하다 據此是知左右能爲國之害라

舊注 : 〈西門豹가〉 처음에 鄴을 다스릴 적에는 군주의 측근을 섬기지 않았기 때문에 군주가 관직을 뺏었다. 나중에 다시 다스릴 적에는 〈군주의 측근을〉 섬기니 군주가 그를 맞이하여 절을 하였다. 이것에 의거하면 군주의 측근이 나라의 해가 될 수 있음을 알 수 있다.

33-24 猶盜嬰兒之矜裘와 與跀危子榮衣와

이는 도둑의 어린 아들이 〈부친의〉 갖옷을 자랑하고, 발 잘린 형벌을 받은 자의 자식이 〈부친의〉 옷을 영화롭게 여기며,

---

18) 孱不用璧 : 자세한 내용은 아래의 33-109～110 참조.

19) 西門豹請復(부)治鄴 : 魏 文侯 때에 西門豹가 鄴을 다스리면서 군주의 측근들을 소홀히 하자, 결국 파직되었다. 그 후 서문표가 군주보다는 측근들을 잘 섬겨야 함을 깨닫고 그렇게 하니, 文侯가 서문표를 환대하며 절하였다. 자세한 내용은 아래의 33-111～113 참조.

盜者子는 不恥其父盜하야 以父所盜衣矜人하며 跀者兒는 不恥其父跀하야 以跀所著衣榮人이라 人所諂媚爲非猶是라 ○先愼曰 乾道本에 注跀以下衍不也二字하니 改從趙本하노라

舊注 : 도둑의 아들은 자신의 부친이 도둑이라는 것을 수치스러워하지 않았기 때문에 부친이 도둑질한 옷을 남에게 자랑하였으며, 발이 잘린 자의 어린아이는 자신의 부친이 발이 잘린 형벌을 받았다는 것을 수치스러워하지 않았기 때문에 발이 잘린 형벌을 받았기 때문에 입는 〈부친의〉 옷을 남에게 영화롭다고 한 것이다. 남의 아첨하는 말이 그릇됨이 이와 같은 것이다.

○王先愼 : 乾道本에 舊注의 '跀以' 아래에 '不也' 두 자가 잘못 들어가 있는데, 趙本을 따라 고쳤다.

33-25 子綽左右畫와

子綽이 좌우 〈두 손으로〉 그림을 그리고,

左畫圓이요 右畫方이면 必不得俱成이니 喩用左右言하야 亦不能得賢也라 ○先愼曰 乾道本에 注俱下有能字어늘 趙本無일새 今據刪하노라

舊注 : 왼손으로 원을 그리고 오른손으로 네모를 그리면 필시 둘 다 제대로 그리지 못하게 되니, 측근의 말만을 들어서 또한 어진 이를 얻지 못함을 비유한 것이다.

○王先愼 : 乾道本에 舊注의 '俱'자 아래에 '能'자가 있는데, 趙本에는 없기 때문에 지금 이에 의거하여 삭제하였다.

33-26 去蟻驅蠅이라

개미를 쫓거나 파리를 몰아내는 일과 같다.

以(骨)〔肉〕[20] 去蟻요 以魚去蠅이면 則蠅蟻愈至니 喩溫言訓左右하야 愈諂이라

舊注 : 고기로 개미를 내쫓으려고 하고 생선으로 파리를 내쫓으려고 하면 개미와 파리는 더욱 몰려드니, 측근에게 온화하게 말하고 훈계해서 그들이 더욱 아첨함을 비유한 것

20) (骨)〔肉〕 : 저본에는 '骨'로 되어 있으나, ≪韓非子新校注≫ 陳奇猷의 설에 의거하여 '肉'으로 바로잡았다.

이다.

33-27 安得無桓公之憂索官이요

어찌 齊 桓公이 관직을 구하는 자를 걱정하고

公聽左右索官하야 無以與之라 故憂也니라

舊注 : 桓公이 측근이 관직을 구하는 청탁을 모두 들어주어 더 이상 줄 수 있는 관직이 없기 때문에 걱정하는 것이다.

33-28 與宣(王)〔主〕之患臞馬也리오

韓宣主(韓宣子)가 말이 수척해지는 것을 걱정하는 일이 없을 수 있겠는가.

(王)〔主〕不察掌馬者竊芻豆하고 但患馬臞也라 ○先愼曰 宣은 張榜本作先이라 按下說作韓宣子하니 則作宣字是라 王은 當作主니 注亦誤라

舊注 : 宣主가 말을 관리하는 자가 말먹이를 훔치는 것을 살피지 않고 다만 말이 수척해지는 것만을 걱정하는 것이다.

○王先愼 : '宣'자는 張榜本에 '先'으로 되어 있다. 살펴보건대 아래의 說에 '韓宣子'로 되어 있으니 '宣'자로 되어 있는 것이 옳다. '王'자는 응당 '主'자가 되어야 하니 舊注 또한 잘못되었다.

〔經五〕

33-29 臣以卑儉爲行이면 則爵不足以勸賞이요

신하가 겸손과 검약으로 행동하면 군주가 작위로도 그를 권면하거나 포상하기에 부족하고

○先愼曰 乾道本에 勸作觀이라 盧文弨曰 觀은 張本作勸이라하니 今據改하노라

○王先愼 : 乾道本에 '勸'자가 '觀'자로 되어 있다. 盧文弨는 "'觀'자는 張本에 '勸'자로 되어 있다."라고 하였으니 지금 이에 의거하여 고쳤다.

33-30 寵光無節이면 則臣下侵偪이라 說在苗賁皇非獻伯과 孔子議晏嬰이라

은총과 영광에 절도가 없으면 신하가 〈군주를〉 침해하고 핍박한다. 그에 대한 해설이 苗賁皇이 獻伯을 비난하고 孔子가 晏嬰을 의론한 사례에 있다.

獻伯爲相이어늘 妻不衣帛이요 晏嬰亦然이라 故非其太偪下라 ○先愼曰 孔子議晏嬰條今奪이니 北堂書鈔一百二十九와 御覽六百八十九와 事類賦十二에 引韓子曰 晏嬰相齊어늘 妾不衣帛이요 馬不食粟①이라하니라 當卽此條佚文이라

① 御覽에 妾作妻라

≪太平御覽≫에 '妾'자가 '妻'자로 되어 있다.

舊注 : 獻伯이 재상이 되었는데 아내가 비단옷을 입지 않고 晏嬰의 경우도 마찬가지였기 때문에 지나치게 아랫사람을 핍박함을 비난한 것이다.

○王先愼 : 〈아래의 說에〉 孔子가 晏嬰을 의론한 조목이 지금은 탈락되었으니 ≪北堂書鈔≫ 권129, ≪太平御覽≫ 권689, ≪事類賦≫ 권12에 이 글을 인용하면서 "≪韓非子≫에 '晏嬰이 齊나라의 재상이 되었는데 아내가 비단옷을 입지 않고 말이 곡식을 먹지 못했다.〔晏嬰相齊 妾不衣帛 馬不食粟〕'라고 하였다." 하였다. 응당 이 조목은 佚文이다.

33-31 故仲尼論管仲與(叔孫)〔孫叔〕[21)]敖요

그러므로 仲尼는 管仲과 孫叔敖에 대해 의론하였고,

仲有三歸[22)]는 以其太奢요 敖有糲(餠)〔飯〕은 以其太儉이라 ○先愼曰 餠은 當作飯이니 說見下라

舊注 : 管仲이 三歸를 소유한 것은 그가 너무 사치스러웠기 때문이고, 孫叔敖가 거친 밥을 먹었던 것은 그가 너무 검소했기 때문이다.

○王先愼 : '餠'자는 응당 '飯'자가 되어야 하니, 이에 대한 설명은 아래에 보인다.

---

21) (叔孫)〔孫叔〕 : 저본에는 '叔孫'으로 되어 있으나, ≪韓非子新校注≫에서 陳奇猷가 "'叔孫' 두 자는 도치되었다. 說에서 '孫叔敖'로 되어 있는 것은 잘못되지 않았다." 한 것에 의거하여 '孫叔'으로 바로잡았다.

22) 仲有三歸 : 管仲은 三歸臺를 축조하였는데, 매우 사치스러웠다. 그래서 孔子가 ≪論語≫ 〈八佾〉에서 "管氏는 三歸를 두었다.〔管氏有三歸〕"라고 하여 그의 사치스러움을 비난하였다.

33-32 而出入之容變이나 陽虎之言見其臣也요

〈나라에서〉 들어가고 나올 때 〈신하의〉 태도가 달라졌으나 陽虎가 〈군주에게〉 신하를 만나도록 추천하는 말을 하였고,

○先愼曰 乾道本에 變作變이라 顧廣圻云 今本에 變作變이라 句有誤어늘 未詳이라하니라 先愼案 變字是라 陽虎入齊에 其臣因之見於君이어늘 及其出也에 皆不爲虎라 是入則因之見이요 出則背之니 一出一入之間에 其容遂變이라 陽虎之言見其臣也는 此倒句而成文이니 順之爲陽虎之言見其臣而出入之容變也라 顧氏不知古書倒文成義之法하야 而讀變字句絶일새 所以疑句有誤也라 改從今本하노라

○王先愼 : 乾道本에 '變'자가 '變'자로 되어 있다. 顧廣圻는 "今本에 '變'자가 '變'자로 되어 있다. 句에 잘못된 점이 있는데 미상이다."라고 하였다. 내가 살펴보건대 '變'자가 옳다. 陽虎가 齊나라에 들어갔을 적에는 신하가 그를 통해 군주를 뵈었는데 양호가 제나라를 나올 적에는 모두 양호를 위하지 않았다. 이는 들어갔을 적에는 그를 통해 군주를 뵙고 나올 적에는 그를 배신한 것이니, 한번 들어가고 한번 나오는 사이에 그 태도가 마침내 변한 것이다. '陽虎之言見其臣也'는 여기에서 句가 도치되어 문장을 이루니, 순한 문장은 "陽虎之言見其臣 而出入之容變也"가 된다. 顧氏는 古書에서 문장이 도치되어 뜻을 이루는 법식을 알지 못하여 '變'자에서 句가 끊어진다고 읽었기 때문에 句에 잘못된 점이 있다고 의심한 것이다. 今本을 따라 고쳤다.

33-33 而簡主之應人臣也는 失主術이라

趙簡主가 신하에게 대답한 말은 군주로서의 술법을 잃은 것이다.

虎言居齊已有三人이러니 及其得罪하야 而三人爲君執逐이라 虎言明己無私어늘 簡主相以私臣之事하야 言其擧(非之)〔之非〕로되 譬樹枳棘者反得其刺也라 ○先愼曰 此謂簡子應虎樹枳棘則刺요 樹柤梨橘柚則甘之言이 爲失術也라 下云 非所以敎國也는 卽承此失術言이니 注說은 非라 又案乾道本에 注及作反이어늘 改從趙本하노라 非之는 疑之非倒文이라

舊注 : 陽虎는 〈趙簡主에게〉 齊나라에 있을 적에 세 사람이 있었는데 자신이 죄를 짓게 되자 그 세 사람이 군주를 위해 〈자신을〉 잡으러 쫓아왔다고 말하였다. 양호는 자신에게 사사로움이 없음을 밝히려고 말하였는데, 조간주가 사사로운 신하의 일로 여겨서 그 추

천한 일의 그릇됨을 말하되 탱자나 가시나무를 심으면 되레 그 가시에 찔리는 것으로 비유하였다.

○王先愼 : 이것은 趙簡子가 양호에게 탱자나 가시나무를 심으면 가시에 찔리고 아가위・배・귤・유자를 심으면 열매를 달게 먹는다는 말로 대답한 것이 〈군주로서의〉 술법을 잃은 처사임을 가리키는 것이다. 아래에서 "나라를 교화시키는 것이 아니다.〔非所以敎國也〕"라고 말한 것은 곧 여기의 "술법을 잃음〔失術〕"을 이어받아 말한 것이니, 舊注의 설명은 틀렸다.

또 살펴보건대 乾道本에 舊注의 '及'이 '反'으로 되어 있는데 趙本을 따라 고쳤다. 〈舊注의〉 '非之'는 '之非'가 도치된 문장인 듯하다.

33-34 朋黨相和하야 臣下得欲이면 則人主孤요 群臣公擧하야 下不相和면 則人主明이라 陽虎將爲趙武之賢과 解狐之公[23]이어늘

朋黨을 지어 서로 결탁하여 신하들이 스스로 이루고자 하는 바를 얻으면 군주는 고립되고, 여러 신하들이 공정하게 남을 추천하여 아랫사람들이 서로 결탁하지 못하면 군주는 밝아진다. 陽虎는 장차 趙武의 어짊과 解狐의 공정함을 따르고자 했는데

此(三)〔二〕人皆以公擧人에 內不避親하고 外不避讐하니 虎言己擧亦同之也라 ○盧文弨曰 注二人譌三人이라

舊注 : 이 두 사람은 모두 공정하게 남을 추천하여 안으로는 가깝다고 해서 피하지 않고 밖으로는 원수라고 해서 피하지 않았으니, 陽虎는 자신의 일 또한 이와 마찬가지라고 말한 것이다.

○盧文弨 : 舊注에 '二人'이 '三人'으로 잘못되어 있다.

33-35 而簡主以爲枳棘이니 非所以敎國也라

趙簡主는 이를 탱자나무나 가시나무의 경우로 여겼으니, 이는 나라를 교화시키

---

23) 陽虎將爲趙武之賢 解狐之公 : 晉나라의 대부인 趙武와 解狐는 둘 다 자신의 원수를 능력이 있다고 해서 추천하였는데, 陽虎는 이 두 사람을 따르고자 하였다. 자세한 내용은 아래의 33-157~175 참조.

는 방법이 아니다.

主云 所擧害己 與枳棘者同이라하니 此反教人爲私也라 ○先愼曰 乾道本에 脫主字라 顧廣圻云 藏本今本에 簡下有主字라하니 今據補하노라

舊注 : 추천한 사람이 자신에게 해를 입히는 것이 탱자나무나 가시나무의 경우와 마찬가지라고 趙簡主가 말하였으니, 이것은 되레 사람에게 사사로운 일을 하도록 만드는 것이다.

○王先愼 : 乾道本에 '主'자가 탈락되어 있다. 顧廣圻는 "藏本과 今本에 '簡'자 아래에 '主'자 있다."라고 하였으니, 지금 이에 의거하여 보충하였다.

〔經六〕

33-36 公室卑면 則忌直言이요 私行勝이면 則少公功이라 說在文子之直言에 武子之用杖과

公室이 낮아지면 직언을 꺼리고 私行이 기승을 부리면 국가를 위한 공로가 적어진다. 그에 대한 해설이 范文子가 직언을 〈좋아하자〉 范武子가 지팡이를 들었던 것과

武子는 文子(之)〔父〕[24)]니 子好直言이어늘 武子曰 夫直言者는 必危身이요 而禍及父也라하니라

舊注 : 范武子는 范文子의 부친이니 아들이 직언을 좋아하자 武子가 말하기를 "무릇 직언하는 자는 필시 자신도 위태로워지고 화가 부친에게 미친다."라고 하였다.

33-37 子産忠諫에 子國譙怒와

子産이 충심으로 간언하자 子國이 나무라고 성낸 것과

夫忠諫者는 必離群臣이요 而又危難於父也라 ○先愼曰 乾道本에 自子産至父也 二十三字 均脫이라 張榜本에 有八大字요 趙本에 大小字竝有라 盧文弨出子國譙

24) (之)〔父〕: 저본에는 '之'로 되어 있으나, 范武子는 范文子의 부친이며 사고전서본에 '之'가 '父'로 되어 있는 것에 의거하여 '父'로 바로잡았다.

怒云 注必離群臣에 離字脫이라하니 是盧所見本亦有此二十二字요 惟注脫離字耳라 顧廣圻云 藏本今本에 有子產忠諫子國譙怒요 竝注云云이라 此藏本所添이니 未必是也라하니라 先愼案 下說有此事니 經必應有라 張榜本趙本及盧所見本이 不盡出於藏本이어늘 顧氏謂藏本所添은 非也일새 今據補하노라

舊注 : 무릇 충심으로 간언하는 자는 필시 여러 신하들과 동떨어지고 또 자신의 부친을 위태롭게 만드는 것이다.

○王先愼 : 乾道本에 '子產'부터 '父也'까지의 스물세 자가 모두 탈락되어 있다. 張榜本에는 여덟 개의 大字가 있고 趙本에는 大字와 小字(舊注)가 모두 있다. 盧文弨가 〈≪群書拾補≫에서 해당 부분의〉 '子國譙怒'를 내면서 말하기를 "舊注의 '必離群臣'에 '離'자 탈락되었다."라고 하였으니, 이것은 盧文弨가 보았던 本에 역시 여기의 스물두 자가 있는 것이고 오직 舊注의 '離'자만 탈락된 것이다. 顧廣圻는 "藏本과 今本에 '子產忠諫 子國譙怒'가 있고 아울러 舊注도 기록되어 있다. 이것은 藏本이 추가된 것이니 반드시 옳다고 할 수 없다."라고 하였다.

내가 살펴보건대 아래의 說에 이 일이 있으니 經에 반드시 있어야 한다. 張榜本·趙本과 盧文弨가 보았던 本이 모두 藏本에서 나온 것이 아닌데도 顧氏가 藏本이 추가된 것이라 한 것은 틀렸다. 지금 이에 의거하여 보충하였다.

33-38 梁車用法에 而成侯收璽와

梁車가 법을 〈엄격히〉 사용하자 趙 成侯가 官印을 회수한 것과

車爲鄴令에 其姊犯法하야 刖之하니 趙侯以爲不慈하야 免其官也矣라 ○先愼曰 趙本에 注姊譌妹요 下無矣字라

舊注 : 梁車가 鄴의 현령이 되었을 적에 그의 누이가 법을 어기자 형벌로 발을 잘랐으니, 이에 趙 成侯는 그가 자애롭지 못하다고 여겨서 파직시켰다.

○王先愼 : 趙本에 舊注의 '姊'자가 '妹'자로 잘못되어 있고, 아래에 '矣'자가 없다.

33-39 管仲以公에 而國人謗怨이라

管仲이 공정하게 〈사람을 등용하자〉 나라 사람들이 비방하고 원망한 사례에 있다.

仲不報封人之恩하고 唯賢是用하니 人怨謗也라

舊注 : 管仲이 封人(封境을 지키는 사람)의 은혜를 갚지 않고 오직 어진 이만 등용하니 사람들이 원망하고 비방한 것이다.

右는 經이라

이상은 經이다.

○先愼曰 各本脫이어늘 今依例補하노라

○王先愼 : 各本에는 〈'右經'이〉 탈락되어 있는데, 지금은 〈다른 篇의〉 사례에 의거하여 보충하였다.

〔一〕[25]

33-40 孔子相衛러니 弟子子皐爲獄吏하야 刖人足이어늘 所跀者守門이라 人有惡孔子於衛君者曰 尼欲作亂이니이다

孔子가 衛나라의 재상이 되었을 적에 그의 제자 子皐가 獄吏가 되어 형벌로 어떤 죄인의 발을 잘랐는데, 그 발이 잘린 자가 문지기가 되었다. 어떤 사람이 衛나라 군주에게 공자를 악담하기를 "仲尼가 난을 일으키려고 합니다." 하였다.

○先愼曰 張榜本에 無尼字라

○王先愼 : 張榜本에 '尼'자가 없다.

33-41 衛君欲執孔子하니 孔子走하고 弟子皆逃하다 子皐從(出)〔後〕門에

衛나라 군주가 孔子를 잡아들이려고 하자, 공자는 달아나고 그의 제자들도 모두 도망갔다. 子皐가 닫힌 성문을 통해 〈나가려고 하자〉

○顧廣圻曰 從은 當作後라 說苑至公篇에 子皐走郭門에 郭門閉라하니라 先愼曰 從字는 不誤요 出門은 當作後門이라 呂氏春秋云 戎夷違齊如魯한대 天大寒而後門[26]이라하니 後門은 與說苑門閉合이라 明出爲後之誤라

25) 〔一〕: 〔經一〕(33-1~33-7)에 대한 해설을 모은 說이다.

○顧廣圻 : '從'자는 응당 '後'자가 되어야 한다. ≪說苑≫ 〈至公篇〉에 "子皐走郭門 郭門閉(子皐가 郭門으로 달아나려고 했는데 郭門이 닫혀 있었다.)"라 하였다.

王先愼 : '從'자는 잘못되지 않았고 '出門'은 응당 '後門'이 되어야 한다. ≪呂氏春秋≫에 "戎夷違齊如魯 天大寒而後門(戎夷가 齊나라에서 달아나 魯나라로 가는데 날씨는 매우 춥고 성문은 닫혀 있었다.)"이라고 하였으니, '後門'은 ≪說苑≫의 '門閉'와 합치된다. '出'자가 '後'자의 잘못임이 분명하다.

33-42 跀危引之而逃之門下室中하니 吏追不得하다 夜半에 子皐問跀危曰 吾不能虧主之法令하야 而親跀子之足하니 是子報仇之時也어늘

발이 잘린 문지기〔跀危〕가 그를 인도하여 성문 아래의 방으로 피신시켰으니, 쫓아오던 관리가 결국 잡지 못하였다. 한밤에 子皐가 발이 잘린 문지기에게 말하기를 "내가 군주의 법령을 거스를 수 없어서 직접 그대의 발을 잘랐으니, 지금이야말로 그대가 원수를 갚을 수 있는 때인데도

○盧文弨曰 藏本에 仇下有怨字라

○盧文弨 : 藏本에 '仇'자 아래에 '怨'자가 있다.

33-43 而子何故乃肯逃我오 我何以得此於子오 跀危曰 吾斷足也는 固吾罪當之니 不可奈何니이다 然方公之欲治臣也에

그대는 무슨 이유로 기꺼이 나를 피신시켰는가? 내가 무엇 때문에 그대에게 이런 은덕을 입는가?" 하였다. 발이 잘린 문지기가 말하기를 "저의 발이 잘린 것은 본디 저의 죄가 〈그 형벌을 받기에〉 마땅해서이니 어찌할 수 없는 것입니다. 그러나 공께서 막 저의 죄를 다스릴 적에

○先愼曰 乾道本에 欲作獄하니 誤라 今依張榜本趙本改하노라

○王先愼 : 乾道本에 '欲'자가 '獄'자로 되어 있으니 잘못되었다. 지금은 張榜本과 趙本에 의거하여 고쳤다.

---

26) 後門 : ≪呂氏春秋≫ 高誘의 注에 "後門은 날이 저물어 성문이 이미 닫힌 것이다."라고 하였다.

33-44 公傾側法令하야 **先後臣以言**하야 **欲臣之免也甚**하니 **而臣知之**니이다 **及獄決罪定**에 **公憱然不悅**하야 **形於顏色**하니 **臣見又知之**니이다 **非私臣而然也**라 **夫天性仁心固然也**니 **此臣之所以悅而德公也**니이다

공께서는 법령을 꼼꼼하게 검토하여 앞뒤로 저에게 말해주면서 저의 죄를 면하게 해주려고 매우 노력하였으니, 제가 잘 알고 있습니다. 판결이 나서 형벌이 정해지자 공께서는 슬픈 마음에 기뻐하지 않은 것이 안색에 드러났으니, 제가 보아서 또 잘 알고 있습니다. 그것은 저에게 사사로운 마음이 들어 그렇게 한 것이 아니라 천성이 어진 마음이라 자연스레 그렇게 한 것이니, 이것이 제가 기쁜 마음으로 공을 덕스럽게 여기는 이유입니다." 하였다.

跀者는 行步危라 故曰跀危也라 ○俞樾曰 注說이 非라 危는 乃跪之省文이니 古謂跀足者를 爲跀跪라하고 內儲說下篇에 門者跀跪請曰 是其證也라 晏子春秋雜上篇에 刖跪擊其馬而反之라하고 孫星衍[27]云 跪는 足也라하니 此說得之라 先愼曰 荀子勸學篇에 蟹六跪而二螯라하고 倞注에 跪는 足也라 韓子以刖足爲跀跪라하니 據此是楊所見韓子作跪也요 跪訓爲足하니 又其一證이라 悅而德公也는 張榜本에 重而字라 案 此下當接孔子曰 善爲吏者樹德이요 不能爲吏者樹怨이라 概者平量者也요 吏者平法者也니 治國者不可失平也어늘 今錯簡在後하야 別爲一條라 說苑此下接孔子聞之曰 善爲吏者樹德이요 不善爲吏者樹怨云云하니 是也라

舊注 : 발이 잘리는 형벌을 받은 자는 걸음걸이가 위태위태하기 때문에 '跀危'라고 한 것이다.

○俞樾 : 舊注의 說은 틀렸다. '危'는 곧 '跪'자의 약자이니 옛날에 "발이 잘린 형벌을 받을 자를 '跀跪'라고 한다."라고 하였고, 〈內儲說 下篇〉에 "門者跀跪請曰(문지기가 발이 잘린 형벌을 받고 청하기를)"이라고 하였으니, 이것이 그 증거이다. ≪晏子春秋≫ 〈雜上篇〉에 "刖跪擊其馬而反之(발이 잘린 형벌을 받은 이가 그 말을 때려서 돌려보냄)"라 하고 이에 대해 孫星衍은 "跪는 발이다."라고 하였으니 이 說이 옳다.

王先愼 : ≪荀子≫ 〈勸學篇〉에 "蟹六跪而二螯(게는 발이 여섯이요 집게발이 둘이다.)"라 하고 楊倞의 注에 "跪는 발이다. ≪韓非子≫에서 '발이 잘리는 형벌을 跀跪'라고 하였다."

27) 孫星衍 : 淸나라 학자로 畢沅의 제자이다. 字는 淵如, 號는 芳茂山人이며 경술과 서지학에 뛰어났다. 저서로 ≪孔子集語≫, ≪孫子集語≫, ≪尙書古今文注疏≫ 등이 있다.

하였으니 이에 의거하면 楊倞이 보았던 ≪韓非子≫에는 '跪'자로 되어 있었다는 것이고, '跪'를 발이라고 풀이하였으니 또 하나의 증거이다. '悅而德公也'는 張榜本에 '而'자가 중복되어 있다. 살펴보건대 여기는 아래로 응당 "孔子曰 善爲吏者樹德 不能爲吏者樹怨 槪者平量者也 吏者平法者也 治國者不可失平也(孔子가 말하였다. '관리의 일을 잘하는 자는 덕을 심고 관리의 일을 잘하지 못하는 자는 원망을 심는다. 평미레는 〈말이나 되 같은 계량 용기의〉 윗면을 평평하게 만드는 것이고 관리는 법을 공평하게 다루는 자이니, 나라를 다스리는 자는 이 공평함을 잃어서는 안 된다.')"와 이어져야 하는데, 지금은 그 뒤에 錯簡되어 별도로 하나의 조목이 되었다. ≪說苑≫에는 이 부분 아래로 "孔子聞之曰 善爲吏者樹德 不善爲吏者樹怨……"이 이어져 있으니, 이것이 옳다.

33-45 田子方[28]從齊之魏러니 望翟黃[29]乘軒騎駕出하다

田子方이 齊나라에서 魏나라로 갔는데, 翟黃이 수레를 타고 기마병을 거느리고 나가는 것을 멀리서 보았다.

旣乘軒車하고 **又有輕騎**라 **○先愼曰 說苑臣術篇云 翟黃乘軒車**에 **載華蓋**하고 **黃金之勒**하고 **約鎭簟席**하니 **如此者其駟八十乘**이라하니라

舊注 : 이미 수레도 탔고 또 경무장을 한 기병도 있는 것이다.

○王先愼 : ≪說苑≫ 〈臣術篇〉에 "翟黃이 수레를 탈 적에 그 수레에 화려한 덮개가 있고 황금으로 만든 굴대가 있으며 대로 엮은 자리가 깔려 있으니, 이와 같은 駟馬가 끄는 수레가 80乘이나 되었다."라고 하였다.

33-46 方以爲文侯也라하야 移車異路而避之하니 則徒翟黃也라

田子方이 魏 文侯의 행차라고 생각하여 자신의 수레를 옆길로 옮겨서 피하였는데, 다만 翟黃만 있을 뿐이었다.

徒는 **獨**이라 **○先愼曰 乾道本**에 **無徒字**라 **顧廣圻云 藏本今本**에 **有徒字**라하니라 **按**

28) 田子方 : 戰國時代 초기 魏나라의 道家學者이다. 姓은 田이고 이름은 無擇이며 字는 子方이다. 子貢의 제자이며, 魏 文侯가 초빙하여 스승으로 삼아 친구가 되었다.

29) 翟黃 : 戰國時代 초기 魏나라의 國相이다. 魏 文侯를 보좌하여 국상으로 30여 년 동안 재직하면서 수많은 인재를 추천하여 위나라가 잘 다스려지게 하였다. 翟觸이라고도 한다.

依注當有니 今據補하노라

舊注 : '徒'는 '獨(다만)'이다.

○王先愼 : 乾道本에 '徒'자가 없다. 顧廣圻는 "藏本과 今本에 '徒'자가 있다."라고 하였다. 살펴보건대 舊注에 의거하면 응당 〈'徒'자가〉 있어야 하니 지금 이에 의거하여 보충하였다.

33-47 方問曰 子奚乘是車也아 曰 君謀欲伐中山할새 臣薦翟角而謀得하고 果且伐之할새

田子方이 묻기를 "그대는 어찌하여 이러한 수레를 타고 있는가?" 하니, 翟黃이 대답하기를 "군주가 中山을 정벌하려고 계획할 적에 제가 翟角을 추천하여 계책을 얻었으며, 실제 장차 정벌에 나설 적에

○先愼曰 乾道本에 無且字라 盧文弨云 張本에 有라하니라 先愼案 且는 將也니 此字當有일새 今據補하노라

○王先愼 : 乾道本에 '且'자가 없다. 盧文弨는 "張本에는 있다."라고 하였다. 내가 살펴보건대 '且'는 '將(장차)'이니, 이 글자가 응당 있어야 하기 때문에 지금 이에 의거하여 보충하였다.

33-48 臣薦樂(악)羊而中山拔하며 得中山하야 憂欲治之할새 臣薦李克而中山治니이다 是以君賜此車니이다 方曰 寵之稱功에 尙薄이라

제가 樂羊을 추천하여 中山을 함락시켰으며, 중산을 차지하고 나서 걱정하며 그곳을 다스리고자 할 적에 제가 李克을 추천하여 중산이 잘 다스려졌으니, 이 때문에 군주가 이 수레를 하사하였습니다." 하였다. 田子方이 말하기를 "군주의 총애가 그대의 공에 비하면 오히려 박하구나." 하였다.

稱은 服也라 ○先愼曰 乾道本에 無注三字어늘 今據張榜本補하노라

舊注 : '稱'은 '服(감복함)'이다.

○王先愼 : 乾道本에 舊注의 세 자가 없는데, 지금 張榜本에 의거하여 보충하였다.

33-49 **秦韓攻魏**에 (昭)〔明〕**卯西說**(세)하야 **而秦韓罷**하고

秦나라와 韓나라가 魏나라를 공격하자 明卯가 서쪽으로 유세하여 秦나라와 韓나라가 공격을 그만두었으며,

○顧廣圻曰 昭卯는 卽孟卯也라 顯學篇에 魏任孟卯之辨이라하고 難三篇에 孰與曩之孟嘗芒卯라하니라 兪樾曰 昭는 當作明이니 明卯는 卽孟卯也요 又作芒卯니 明孟芒은 古音俱同이라 孟卯之爲明卯는 猶孟津之爲盟津이요 芒卯之爲明卯는 猶民甿之爲民萌이라 今作昭者는 蓋與明形似義同하니 因而致誤라

○顧廣圻 : 昭卯는 곧 孟卯이다. 〈顯學篇〉에 "魏任孟卯之辨(魏나라가 孟卯의 변설로 그를 등용하였다.)"이라 하고, 〈難三篇〉에 "孰與曩之孟嘗芒卯(누가 옛날의 孟嘗·芒卯와 함께하였나.)"라고 하였다.

兪樾 : '昭'자는 '明'자가 되어야 하니 明卯는 곧 孟卯이고 또한 芒卯로도 되어 있으니 '明'·'孟'·'芒'은 옛날에 소리가 모두 똑같았다. '孟卯'를 '明卯'라고 하는 것은 '孟津'을 '盟津'이라고 하는 것과 같고, '芒卯'를 '明卯'라고 하는 것은 '民甿'을 '民萌'이라고 하는 것과 같다. 지금 '昭'자로 되어 있는 것은 '明'자와 모양이 비슷하고 뜻이 똑같기 때문이니 이 때문에 잘못된 것이다.

33-50 **齊荊攻魏**에 **卯東說**하야 **而齊荊罷**하다 **魏襄王**이 **養之以五乘**(將軍)〔之奉〕하다

齊나라와 楚나라가 魏나라를 공격하자 明卯가 동쪽으로 유세하여 齊나라와 楚나라가 공격을 그만두었다. 魏 襄王이 그를 五乘의 봉록으로 포상하였다.

養之以五乘으로 使爲將軍也라 ○顧廣圻曰 五乘에 句絶이라 將軍二字는 當衍涉下文而誤耳라 舊注 全譌라 先愼曰 將軍疑爲之奉二字之譌라 養之以五乘이 文義未備라 乘下脫之奉二字어늘 寫者妄以將軍補之하니 注遂因譌字作解也라 外儲說左上燕王悅之하야 養之以五乘之奉이 文法正同이니 是其證이라 御覽八百二十九에 引乘作車라

舊注 : 五乘으로 그를 포상하여 將軍으로 삼은 것이다.

○顧廣圻 : '五乘'에 句가 끊어진다. '將軍' 두 자는 응당 아래 글과 연계되어 잘못 들어

간 것이다. 舊注는 완전히 잘못되었다.

王先愼 : '將軍'은 '之奉' 두 자가 잘못된 듯하다. '養之以五乘'으로는 문장의 뜻이 미비하다. '乘'자 아래에 '之奉' 두 자가 탈락되었는데, 傳寫하는 이가 함부로 '將軍'을 보충한 것이니 舊注는 마침내 잘못된 글자를 가지고 풀이하였다. 〈外儲說 左上〉에 "燕王悅之 養之以五乘之奉(燕王이 기뻐하여 五乘의 봉록으로 포상하였다.)"이 문장의 법식이 참으로 똑같으니 이것이 그 증거이다. ≪太平御覽≫ 권829에 이 글을 인용하면서 '乘'자가 '車'자로 되어 있다.

33-51 卯曰 伯夷以將軍葬於首陽山之下러니 **而天下曰 夫以伯夷之賢與其稱仁**이어늘 **而以將軍葬**하니 **是手足不掩也**라하니라 **今臣罷四國之兵**이어늘 **而王乃與臣五乘**하니 **此其稱功**에 **猶嬴勝而履蹻**니이다

이에 明卯가 말하였다. "伯夷가 장군의 예우로 首陽山 아래에 묻혔는데, 천하 사람들이 '무릇 伯夷의 훌륭함이 그 어짊에 견줄 만하거늘 다만 장군의 예우로 묻혔으니 이는 수족도 덮어주지 못한 것이다.' 하였습니다. 지금 제가 네 나라의 공격을 그만두게 하였는데도 왕께서 五乘을 저에게 주셨으니, 이는 그 공에 견주어볼 때 이익이 넉넉함에도 짚신이나 신는 것과 같습니다."

嬴은 利也라 謂賈(고)者嬴利倍勝이라 今以薄賞報大功은 猶嬴勝之人履草屩也라 ○顧廣圻曰 嬴勝은 當作嬴縢이니 形相近也라 舊注 全謬라 先愼曰 御覽八百二十九에 引嬴作贏하니 注同이라 蹻作屩니 案 蹻屩二字는 古今文通用이라 說文에 履는 從尸라하고 古文作䪖는 云從足이라하니라 莊子天下篇以跂蹻爲服하니 釋文에 李云 麻曰屩 木曰屐이라 屐與跂同하고 屩與蹻同이라하니 是也라

舊注 : '嬴'은 '利(이익)'이다. 장사한 이가 이익이 많이 생겨 갑절이 된 것을 말한 것이다. 지금 박한 포상으로 큰 공에 보답한 것이 되었으니 이익이 많이 생긴 사람이 겨우 짚신이나 신는 것과 같은 것이다.

○顧廣圻 : '嬴勝'은 응당 '嬴縢'이 되어야 하니 모양이 서로 비슷하기 때문이다. 舊注는 완전히 잘못되었다.

王先愼 : ≪太平御覽≫ 권829에 이 글을 인용하면서 '嬴'자가 '贏'자로 되어 있으니 舊注도 마찬가지이다. '蹻'자는 '屩'자로 되어 있으니 살펴보건대 '蹻'와 '屩' 두 자는 古文과 今文에 통용이다. ≪說文解字≫에 "履는 尸를 따르고, 古文에 䪖로 되어 있으니 足을 따른

다."라고 하였다. ≪莊子≫〈天下篇〉에 "以跂蹻爲服(짚신과 나막신을 신음)"이라고 하였으니, ≪經典釋文≫에 "李氏가 말하기를 베로 만든 것을 '屩'라 하고 나무로 만든 것을 '屐'라 한다고 하였다. '屐'과 '跂'는 같고 '屩'와 '蹻'는 같다."라고 하였으니, 바로 이것이다.

33-52 孔子曰 善爲吏者樹德이요 **不能爲吏者樹怨**이라 **槪者**는 **平量者也**요 **吏者**는 **平法者也**니 **治國者**는 **不可失平也**니라

孔子가 말하였다. "관리의 일을 제대로 하는 자는 德을 심고 관리의 일을 제대로 하지 않는 자는 원한을 심는다. 평미레는 〈말이나 되 같은〉 계량 용기〔量〕의 윗면을 평평하게 만드는 것이고 관리는 법을 공평하게 다루는 자이니, 나라를 다스리는 자는 이 공평함을 잃어서는 안 된다."

○先愼曰 此乃錯簡이니 當在孔子相衛後라

○王先愼 : 이 부분은 錯簡된 것이니, 응당 "孔子相衛(孔子가 衛나라의 재상이 되었을 적에)" 뒤에 있어야 한다.

33-53 少室周者는 **古之貞廉潔慤者也**니 **爲趙襄主力士**라 **與中牟徐子角力**이어늘 **不若也**하니 **入言之襄主以自代也**라 **襄主曰 子之處**는 **人之所欲也**어늘 **何爲言徐子以自代**오

少室周라는 자는 옛날에 청렴하고 성실한 사람이었으니 趙襄主(趙襄子)의 力士였다. 中牟의 徐子와 힘겨루기를 하였는데 그에게 지자, 〈조정에〉 들어가 襄主에게 자신의 일을 그가 대신하도록 말하였다.

襄主이 말하기를 "그대가 하고 있는 일은 남들이 하고자 하는 것인데 어째서 徐子로 하여금 그대의 일을 대신하도록 말하는 것인가?" 하였다.

○先愼曰 張榜本에 代誤伐이라

○王先愼 : 張榜本에 '代'자가 '伐'자로 잘못되어 있다.

33-54 曰 臣以力事君者也어늘 **今徐子力多臣**하니 **臣不以自代**면 **恐他人言之**

而爲罪也니이다

少室周가 대답하기를 "저는 힘으로 군주를 섬기는 자인데 지금 徐子의 힘이 저보다 세니, 제가 그로 하여금 저의 일을 대신하게 하지 않으면 다른 사람이 그 말을 하여 죄가 되는 것이 두렵기 때문입니다." 하였다.

有蔽賢之罪也라

舊注 : 어진 이를 가리는 죄가 있는 것이다.

33-55 一曰 少室周爲襄主驂乘하야 **至晉陽**이러니 **有力士牛子耕**하야 **與角力而不勝**하다 **周言於主曰 主之所以使臣(騎)〔驂〕乘者**는

일설의 내용은 다음과 같다. 少室周가 襄主의 驂乘(수레를 호위하는 사람)이 되어서 晉陽에 이르렀는데, 그곳에 力士 牛子耕이라는 자가 있어서 그와 힘겨루기를 하였는데 이기지 못하였다. 소실주가 군주에게 말하기를 "군주께서 저를 驂乘으로 삼은 것은

○顧廣圻曰騎當作驂이라

○顧廣圻 : '騎'는 응당 '驂'이 되어야 한다.

33-56 以臣多力也어늘 **今有多力於臣者**니 **願進之**하노이다

제가 힘이 세기 때문이었는데, 지금 저보다 힘이 센 자가 있으니 그를 등용하시기를 원합니다." 하였다.

〔二〕[30)]

33-57 齊桓公將立管仲하야 **令群臣曰 寡人將立管仲爲仲父**호리니 **善者入門而左**하고 **不善者入門而右**하라 **東郭牙中門而立**하니 **公曰 寡人立管仲爲仲父**하야

30) 〔二〕: 〔經二〕(33-8～33-13)에 대한 해설을 모은 說이다.

令曰 善者左하고 不善者右하라하니라 今子何爲中門而立고 牙曰 以管仲之智로 爲能謀天下乎잇가 公曰 能이라 以斷으로 爲敢行大事乎아 公曰 敢이라 牙曰 (君)〔若〕知能謀天下요

齊 桓公이 장차 管仲을 세우려고 해서 여러 신하들에게 명령하기를 "寡人이 장차 관중을 세워 仲父로 삼을 것이니 좋다고 여기는 자는 문으로 들어와 왼쪽에 서고 좋지 않다고 생각하는 자는 문으로 들어와 오른쪽에 서시오." 하였다. 그런데 東郭牙가 문 가운데 서 있으니, 환공이 말하기를 "과인이 관중을 세워 仲父로 삼고자 해서 '좋다고 여기는 자는 왼쪽에 서고 좋지 않다고 생각하는 자는 오른쪽에 서라.'고 명령하였다. 그런데 그대는 어찌하여 문 가운데 서 있는 것이오?" 하였다. 동곽아가 말하기를 "관중의 지혜로 천하를 도모할 수 있다고 생각하십니까?" 하니, 환공이 말하기를 "그럴 수 있다." 하였다. 〈동곽아가 말하기를〉 "〈관중의〉 결단력으로 大事를 과감하게 시행할 수 있다고 생각하십니까?" 하니, 환공이 말하기를 "과감하게 시행할 수 있다." 하였다. 동곽아가 말하기를 "만약 지혜가 천하를 도모할 수 있고

○顧廣圻曰 君은 當作若이요 知는 卽智字라

○顧廣圻 : '君'자는 응당 '若'자가 되어야 하고, '知'는 곧 '智(지혜로움)'이다.

33-58 斷敢行大事면 君因專屬之國柄焉하리이다

결단력이 大事를 과감하게 시행할 수 있다면, 군주께서는 이로 인해 나라의 권세를 그에게 전적으로 맡길 것입니다.

○盧文弨曰 張本에 之下有以字라

○盧文弨 : 張本에 '之'자 아래에 '以'자가 있다.

33-59 以管仲之能으로

管仲의 능력으로

○先愼曰 乾道本에 無之字라 盧文弨云 張凌本에 有之字라하고 顧廣圻云 藏本에 亦有라하니 今據補하노라

○王先愼 : 乾道本에 '之'자가 없다. 盧文弨는 "張凌本에 '之'자가 있다."라고 하였고, 顧廣圻는 "藏本에도 있다."라고 하였으니, 지금 이에 의거하여 보충하였다.

33-60 **乘公之勢以治齊國**이면 **得無危乎**잇가 **公曰 善**이라 **乃令隰朋治內**하고 **管仲治外**하야 **以相參**이라

公의 권세를 타고 齊나라를 다스린다면 위험하지 않겠습니까." 하였다. 환공이 말하기를 "옳구나." 하였다. 이에 隰朋으로 하여금 안을 다스리게 하고 管仲으로 하여금 밖을 다스리게 해서 서로 견제하게 하였다.

33-61 **晉文公出亡**할새 **箕鄭挈壺餐**(손)**而從**이라가

晉 文公이 망명할 적에 箕鄭이 음식이 든 항아리를 들고 따라가다가

○先愼曰 餐은 御覽八百五十에 引作飧이요 四百二十六二百六十六에 引作飡이라 箕鄭은 作趙衰라

○王先愼 : '餐'자는 ≪太平御覽≫ 권850에 이 글을 인용하면서 '飧'으로 되어 있고, 권426과 권266에 이 글을 인용하면서 '飡'으로 되어 있다. '箕鄭'은 '趙衰'로 되어 있다.

33-62 **迷而失道**하야 **與公相失**하다 **飢而道泣**하고 **寢餓而不敢食**하다 **及文公反國**하고 **擧兵攻原**하야 **克而拔之**하다

헤매어 길을 잃고서 文公과 헤어졌다. 〈箕鄭은〉 배가 고파 길에서 울기도 하고 심지어 극도로 굶주렸는데도 감히 〈항아리의 음식을〉 먹지 않았다. 문공이 귀국하고 군사를 일으켜 原 땅을 공격하여 함락시켰다.

○先愼曰 乾道本에 原克作用兌라 顧廣圻云 今本에 用兌二字作原이라 按 句有誤라하니라 孫詒讓云 用은 當爲周之誤라 兌는 讀爲隧니 謂六遂也라 隧兌는 字通①이라 周語云 晉文公이 旣定襄王于郟하야 王勞之以地어늘 辭하고 請隧焉이라하니

韋注云 隧는 六遂也②라하니라 此文公攻原은 卽周襄王所賜之地니 於王國爲都鄙요 不在六遂라 而云 攻周遂者는 戰國時已有文公請六遂之說하야 展轉傳譌하야 遂以文公伐原爲攻周之遂地라 先秦諸子解經에 已不免沿譌하니 悉心推校라야 可略得其蹤迹이라 今本作原은 則明人不知而妄改니 不足據也라하니라 先愼按 孫說은 非라 用은 乃原之誤요 兌는 乃克之誤라 御覽二百六十六에 引作擧兵攻原하야 克而拔之니 是其證일새 今據改하노라

① 詳老子라
자세한 설명은 ≪老子≫에 보인다.

② 事亦見僖二十五年左傳하고 杜預注以隧爲王之葬禮라하니 與韋說異라
이 일이 또한 ≪春秋左氏傳≫ 僖公 25년 조에 보이고, 杜預의 注에서 "'隧'는 왕의 葬禮이다."라고 하였으니 韋昭의 說과 다르다.

○王先愼 : 乾道本에 '原克'이 '用兌'로 되어 있다. 顧廣圻는 "今本에 '用兌' 두 자가 '原'자로 되어 있다. 살펴보건대 句에 잘못된 것이 있다."라고 하였다. 孫詒讓은 "'用'자는 응당 '周'자의 잘못이다. '兌'는 '隧'로 읽어야 하니 六遂(周나라의 행정단위)를 가리킨다. '隧'와 '兌'는 통용되는 글자이다. ≪國語≫ 〈周語〉에 '晉 文公이 周 襄王을 郟으로 〈호송한 뒤 왕권을〉 안정시키자 양왕이 위로하며 땅을 주었는데 문공이 사양하고 隧를 청하였다.'라고 하였으니, 韋昭의 注에 '「隧」는 六遂이다.'라고 하였다. 여기서 문공이 공격한 原은 곧 주 양왕이 진 문공에게 하사한 땅이니, 주나라에 있어서 변방에 해당하고 六遂에 들어 있지 않았다. 그런데도 '주나라의 遂를 공격했다.〔攻周遂〕'라고 한 것은 戰國時代에 이미 문공이 六遂를 청했다는 說이 있어서 이리저리 잘못 전해져서 마침내 '文公伐原(文公이 原을 정벌함)'을 '攻周之遂地(周나라의 六遂의 땅을 공격함)'로 여긴 것이다. 先秦의 諸子들이 經書를 풀이함에 이미 잘못을 따르는 것을 면치 못하였으니 마음을 다해 미루어 교정해야지 그 자취를 대략 알 수 있는 것이다. 今本에 '原'자로 되어 있는 것은 사람이 잘 모르고 함부로 고친 것이 분명하니 의거하기에 부족하다."라고 하였다.

내가 살펴보건대 孫詒讓의 說은 틀렸다. '用'자는 '原'자의 잘못이요 '兌'는 '克'자의 잘못이다. ≪太平御覽≫ 권266에 이 글을 인용하면서 '擧兵攻原 克而拔之'로 되어 있으니, 이것이 그 증거이기 때문에 지금 이에 의거하여 고쳤다.

33-63 文公曰 夫輕忍飢餒之患而必全壺餐하니 是將不以原叛하리라 乃擧以爲原令하다 大夫渾軒聞而非之하야 曰 以不動壺餐之故로 怙其不以原叛也는 不

亦無術乎잇가 **故明主者**는 **不恃其不我叛也**요 **恃吾不可叛也**며

文公이 말하기를 "무릇 주린 배를 참는 고난을 가벼이 여기고 반드시 음식이 든 항아리를 보전하였으니, 이 사람은 장차 原 땅을 거점으로 해서 나를 배반하지 않을 것이다." 하였다. 이에 그를 천거하여 原 땅의 현령으로 삼았다.

大夫 渾軒이 그 얘기를 듣고 잘못된 처사라고 하며 말하기를 "음식이 든 항아리에 손을 대지 않았다는 이유로 그가 原 땅을 거점으로 해서 배반하지 않을 것이라고 믿는 것은 또한 옳은 법술이 없는 것이 아니겠습니까. 그러므로 현명한 군주는 그가 나를 배반하지 않을 것이라고 믿는 게 아니라 군주 자신이 〈법술을 가지고 그를〉 배반하지 않을 것임을 믿게 하며,

○先愼曰 乾道本에 吾上無恃字라 顧廣圻云 藏本今本에 有라하니 今據補하노라

○王先愼 : 乾道本에 '吾'자 위에 '恃'자가 없다. 顧廣圻는 "藏本과 今本에 〈'恃'자가〉 있다."라고 하였으니 지금 이에 의거하여 보충하였다.

33-64 **不恃其不我欺也**요 **恃吾不可欺也**니이다

그가 나를 속이지 않을 것이라고 믿는 게 아니라 군주 자신이 〈법술을 가지고 그를〉 속이지 않을 것임을 믿게 합니다." 하였다.

33-65 **陽虎議曰 主賢明**인댄 **則悉心以事之**나 **不肖**인댄 **則飾姦而試之**라하니라 **逐於魯**하고 **疑於齊**하야 **走而之趙**러니 **趙簡主迎而相之**하다 **左右曰 虎善竊人國政**이어늘 **何故相也**잇가 **簡主曰 陽虎務取之**요 **我務守之**라

陽虎가 의론하기를 "군주가 어질고 밝으면 신하가 마음을 다하여 섬기지만, 군주가 불초하면 신하가 간사한 짓을 꾸며대며 군주를 시험한다." 하였다. 그는 魯나라에서 쫓겨나고 齊나라에서 의심을 받아서 〈晉나라의〉 趙氏에게 달아났는데, 趙簡主가 그를 맞이하여 재상(家宰)으로 삼았다. 측근들이 말하기를 "양호는 나라의 정권을 잘 훔치는 자인데, 무슨 이유로 그를 재상으로 삼으십니까?" 하니, 簡主가 대답하기를 "양호는 취하려고 힘을 다하지만 나는 지키려고 힘을 다한다." 하였다.

我既守면 則彼不能得利라

舊注 : 자신이 이미 지키고 있으면 저 사람이 이득을 취하지 못하는 것이다.

33-66 遂執術而御之하니 陽虎不敢爲非하고 以善事簡主하야 興主之强일새 幾至於霸也하다

〈簡主가〉 마침내 법술을 잡고 그를 제어하니, 陽虎는 감히 그릇된 짓을 하지 않고 간주를 잘 섬겨 군주의 힘을 흥성시켰기 때문에 거의 패권을 잡을 수 있었다.

33-67 魯哀公이 問於孔子曰 吾聞古者有夔[31)]一足이라하니 其果信有一足乎아 孔子對曰 不也니 夔는 非一足也니이다 夔者는 忿戾惡心하야 人多不說(열)喜也나 雖然其所以得免於人害者는 以其信也니이다 人皆曰 獨此一이면 足矣라하니 夔는 非一足也요 一而足也니이다 哀公曰 審而是면 固足矣로다

魯 哀公이 孔子에게 묻기를 "내가 듣건대 옛날에 발이 하나인 夔라는 자가 있었다고 하니, 과연 정말로 발이 하나뿐이었는가?" 하였다. 공자가 대답하기를 "그렇지 않으니, 夔는 발이 하나인 자가 아니었습니다. 夔라는 자는 심성이 어그러지고 악하여 남들이 대부분 좋아하지 않았으나 남들에게 해를 입지 않은 것은 바로 信義가 있었기 때문입니다. 남들이 모두 '오직 이 〈신의〉 하나면 충분하다.'라고 하였으니, 夔는 발이 하나〔一足〕인 자가 아니요 〈신의〉 하나면 충분하다〔一而足〕는 것입니다." 하였다. 애공이 말하기를 "정말 이와 같다면 본디 충분하도다." 하였다.

○先愼曰 而는 讀若如라

○王先愼 : 〈'審而是'의〉 '而'는 '如(~와 같다면)'와 같이 읽어야 한다.

33-68 一曰

31) 夔 : 舜임금의 신하로 樂官에 임명된 夔를 지칭하는 것이 일반적인데, 여기에 등장하는 인물은 그 설명에 의문점이 있으나 동일 인물로 보인다. 아래의 一說 참조.

일설의 내용은 다음과 같다.

○先愼曰 乾道本에 提行이어늘 今從趙本하노라

○王先愼 : 乾道本에 줄을 바꾸었는데, 지금은 趙本을 따랐다.

33-69 哀公問於孔子曰 吾聞夔一足이라하니 信乎아 曰

魯 哀公이 孔子에게 묻기를 "내가 듣건대 夔는 발이 하나뿐이라고 하니 정말로 그러한가?" 하였다. 공자가 대답하기를

○先愼曰 御覽三百七十二에 引曰上有對字라

○王先愼 : ≪太平御覽≫ 권372에 이 글을 인용하면서 '曰'자 위에 '對'자가 있다.

33-70 夔는 人也니 何故一足[32]잇가 彼其無他異요 而獨通於聲이니이다 堯曰 夔는 一而足矣니 使爲樂正이라하시니이다 故君子曰 夔有一足이라하니

"夔는 사람이니 무슨 이유로 발이 하나이겠습니까. 저 사람은 이렇다 할 다른 점이 없고 오직 음악에는 통달했습니다. 그래서 堯임금께서 '夔는 〈음악〉 하나로도 충분하니〔一而足〕 그를 樂正으로 삼는다.'라고 하셨습니다. 그러므로 군자가 '夔는 〈음악〉 하나만 있어도 충분하다.'라고 하였으니

○先愼曰 乾道本에 足作之라 顧廣圻云 今本에 之作足이라 按 之는 當作而足二字이니 呂氏春秋察傳篇에 作故曰夔一足이라하니라 王先謙云 之作足이 是也라 而字는 不可有요 有則不待釋而明矣라하니라 改從今本하노라

○王先愼 : 乾道本에 '足'자가 '之'자로 되어 있다. 顧廣圻는 "今本에 '之'자가 '足'자로 되어 있다. 살펴보건대 '之'자는 응당 '而足' 두 자가 되어야 하니, ≪呂氏春秋≫ 〈察傳篇〉에 '故曰夔一足'으로 되어 있다."라고 하였다. 王先謙은 "'之'자가 '足'으로 되어 있는 것이 옳다. '而'자는 있어서는 안 되고, 있다면 해석할 필요가 없이 의미가 분명해진다."라고 하였다. 今本을 따라 고쳤다.

---

32) 夔人也 何故一足 : 전설 중에 이름이 '夔'인 짐승이 있는데, 발이 하나였다.(≪山海經≫ 〈大荒東經〉)

33-71 **非一足也**니이다

그가 발이 하나였던 것이 아닙니다." 하였다.

〔三〕[33]

33-72 (文)〔武〕**王**이 **伐崇**할새

周 武王이 崇 땅을 정벌할 적에

○顧廣圻曰 呂氏春秋不苟篇云 武王至殷郊라하니라 先愼曰 帝王世紀亦云武王之事라하니라

○顧廣圻 : ≪呂氏春秋≫ 〈不苟篇〉에 "武王이 殷나라 교외로 갔다."라고 하였다.
王先愼 : ≪帝王世紀≫에도 武王의 일로 기록되어 있다.

33-73 **至鳳黃虛**러니 **韈**(말)**繫解**하야 **因自結**하다 **太公望曰 何爲也**잇가 **王曰 〔上〕君與處**는 **皆其師**요

鳳黃墟에 이르렀는데, 버선 끈이 풀려서 직접 묶었다. 太公望이 말하기를 "어찌하여 〈직접 버선 끈을 묶으십니까?〉" 하니, 武王이 대답하기를 "상급 정도의 군주와 함께 있는 자는 모두 군주의 스승이고,

○顧廣圻曰 君上에 當有上字라

○顧廣圻 : '君'자 위에 응당 '上'자가 있어야 한다.

33-74 **中**은 **皆其友**요 **下**는 **盡其使也**라 **今皆先**(王)〔君〕[34]**之臣**이라 **故無可使也**니라

중급 정도의 〈군주와 함께하는 자는〉 모두 군주의 벗이고, 하급 정도의 〈군주와 함께하는 자는〉 모두 군주가 부리는 사람이다. 지금 〈나와 함께하는 자는〉 모두 先君의 신하들이기 때문에 함부로 부릴 수가 없는 것이다." 하였다.

---

33) 〔三〕 : 〔經三〕(33-14~33-15)에 대한 해설을 모은 說이다.
34) (王)〔君〕 : 저본에는 '王'자로 되어 있으나, 乾道本에 의거하여 '君'으로 바로잡았다.

○先愼曰 乾道本에 皆作王이라 顧廣圻云 今本에 王作皆라하니 今據改하노라

○王先愼 : 乾道本에 〈'今皆'의〉 '皆'자가 '王'자로 되어 있다. 顧廣圻는 "今本에 '王'자가 '皆'자로 되어 있다."라고 하였으니, 지금 이에 의거하여 고쳤다.

33-75 一曰 晉文公이 與楚人戰할새

일설의 내용은 다음과 같다. 晉 文公이 楚나라 군대와 전쟁할 적에

○先愼曰 乾道本에 無一曰二字라 在魯哀公問後에 別爲一條라 楚下無人字라 顧廣圻云 今本에 與下條文王伐崇倒요 上有一曰二字라하니라 先愼案 以此條列文王伐崇後라야 方與經次相合일새 據今本乙하노라 人字는 據初學記二十六에 引增이라

○王先愼 : 乾道本에 '一曰' 두 자가 없다. '魯哀公問' 뒤에 별도로 하나의 조목으로 되어 있다. '楚'자 아래에 '人'자가 없다. 顧廣圻는 "今本에는 아래의 '文王伐崇' 조목과 도치되어 있고 그 위에 '一曰' 두 자가 있다."라고 하였다. 내가 살펴보건대 이 조목은 '文王伐崇' 뒤에 배치되어 있어야 經文과 차례대로 부합하기 때문에 지금 이에 의거하여 순서를 바꿨다. 〈'楚' 아래에〉 '人'자는 ≪初學記≫ 권26에 이 글을 인용하면서 추가되어 있다.

33-76 至黃鳳之陵이러니

黃鳳의 언덕에 이르렀는데

○先愼曰 初學記에 引黃鳳作鳳皇이라

○王先愼 : ≪初學記≫에 이 글을 인용하면서 '黃鳳'이 '鳳皇'으로 되어 있다.

33-77 履繫解하야

신발 끈이 풀려서

○顧廣圻曰 今本係作繫하니 誤라 先愼曰 乾道本에 亦作繫하니 係繫는 古通用이라 初學記에 引作係履墮라

○顧廣圻 : 今本에 '係'자가 '繫'자로 되어 있으니 잘못되었다.
王先愼 : 乾道本에도 '繫'자로 되어 있으니, '係'와 '繫'는 옛날에 통용이었다. ≪初學記≫

에 이 글을 인용하면서 '係履墮(신발 끈이 떨어짐)'로 되어 있다.

33-78 因自結之하다 左右曰 不可以使人乎잇가 公曰 吾聞호니 上君〔之〕所與居는 皆其所畏也요

직접 끈을 묶었다. 측근이 말하기를 "사람을 부리지 않습니까?" 하니, 文公이 대답하기를 "내가 듣건대 상급의 군주와 함께하는 자는 모두 경외할 만한 자들이고,

言有德也라 ○先愼曰 以下文例之면 所上當有之字라

舊注 : 덕이 있음을 말한 것이다.

○王先愼 : 아래의 문장으로 법식에 맞추면 '所'자 위에 응당 '之'자가 있어야 한다.

33-79 中君之所與居는 皆其所愛也요

중급의 군주와 함께하는 자는 모두 사랑할 만한 자들이고,

能敬順君이라 故可愛也라

舊注 : 군주를 능히 공경하고 따르기 때문에 사랑할 만한 것이다.

33-80 下君之所與居는 皆其所侮也라하니라

하급의 군주와 함께하는 자는 모두 업신여길 만한 자들이라고 하였다.

材輕且侮라 ○盧文弨曰 注且疑見之誤라

舊注 : 재목이 가볍고 업신여길 만한 것이다.

○盧文弨 : 舊注의 '且'자는 '見'자의 잘못인 듯하다.

33-81 寡人雖不肖나 先君之人皆在하니 是以難之也라

寡人이 비록 불초하나 先君의 사람들이 모두 있으니 이 때문에 어렵게 여기는 것이다." 하였다.

○先愼曰 治要引韓子에 文王伐崇할새 至黃鳳墟而韤繫解러니 左右顧無可令結

係하야 文王自結之①하다 太公曰 君何爲自結係잇가 文王曰 吾聞호니 上君之所與處者는 盡其師也요 中君之所與處者는 盡其友也요 下君之所與處者는 盡其使也라하니라 今寡人雖不肖나 所與處者 皆先君之人也라 故無可令結之也②라하니라 當卽文王伐崇條異文이라

① 以上初學記卷九引同이라
이상은 ≪初學記≫ 권9에 인용한 글과 마찬가지이다.

② 御覽四百七十四引韓子曰 文王伐崇에 與大夫謀러니 韈係解하야 視左右而自結之라하고 六百九十七에 引韈作履라 無伐崇與大夫謀六字요 左右下作盡賢無可使係者因俛而係之라
≪太平御覽≫ 권474에 ≪韓非子≫를 인용하면서 "文王伐崇 與大夫謀 韈係解 視左右而自結之(文王이 崇 땅을 정벌할 적에 대부들과 모의하였는데, 신발 끈이 풀어져 좌우를 둘러보고 스스로 끈을 묶었다.)"라고 하였고, 권697에 이 글을 인용하면서 '韈'자가 '履'자로 되어 있다. "伐崇與大夫謀" 여섯 자는 없고, '左右' 아래에 "盡賢無可使係者 因俛而係之(좌우에 모두 현인이라 신발 끈을 묶도록 시킬 사람이 없었기 때문에 구푸리고 끈을 묶었다.)"라고 되어 있다.

○王先愼 : ≪群書治要≫에 ≪韓非子≫를 인용하면서 "文王이 崇 땅을 정벌할 적에 黃鳳墟에 이르러 신발의 끈이 풀렸는데 좌우를 둘러보다가 끈을 묶도록 시킬 사람이 없었기에 문왕이 직접 끈을 묶었다. 太公이 말하기를 '군주께서는 어찌하여 직접 신발의 끈을 묶으십니까?' 하니, 문왕이 대답하기를 '내가 듣건대, 상급의 군주와 함께 거처하는 자는 모두 스승이고, 중급의 군주와 함께 거처하는 자는 모두 벗이고, 하급의 군주와 함께 거처하는 자는 모두 부릴 만한 사람이라고 하였다. 지금 寡人이 비록 불초하나 함께 거처하는 자들이 모두 先君의 사람이기 때문에 신발의 끈을 묶도록 시킬 수가 없는 것이다.' 하였다."라고 하였다. 응당 '文王伐崇' 조목과는 다른 글이다.

33-82 季孫好士하고 終身莊하야 居處衣服常如朝廷이라 而季孫適懈하야 有過失하야

季孫氏는 선비를 좋아하고 종신토록 근엄하여 평상시에도 의복을 항상 조정에 있는 것처럼 하였다. 그런데 계손씨가 마침 느슨해져 실수가 있어서

暫廢其矜莊也라

舊注 : 삼가고 근엄한 자세를 잠시 그만둔 것이다.

33-83 而不能長爲也라 故客以爲厭易(이)己하야

〈삼가고 근엄한 행동을〉 잘하지 못하였는데, 이 때문에 식객들은 자신을 싫어하고 가벼이 여긴다고 생각하여

○先愼曰 易는 輕易也라

○王先愼 : '易'는 '輕易(가벼이 여김)'이다.

33-84 相與怨之라가 遂殺季孫이라 故君子去泰去甚이라

서로 원망하다가 마침내 季孫氏를 죽이고 말았다. 그러므로 군자는 지나치고 심한 것을 없애야 하는 것이다.

33-85 〔一曰〕 南宮敬子[35] 問顔涿聚[36]曰

일설의 내용은 다음과 같다. 南宮敬子가 顔涿聚에게 묻기를

○盧文弨曰 此條當連上이라 先愼曰 盧說이 是也니 上當有一曰二字라 趙用賢謂此不著經文中이요 不知此卽上之異文이라 脫一曰二字耳라

○盧文弨 : 이 조목은 응당 윗글과 이어져야 한다.

王先愼 : 盧文弨의 說이 옳으니, 위에 응당 '一曰' 두 자가 있어야 한다. 趙用賢은 이 부분이 經文 가운데 보이지 않는 점만 생각하고 이 부분이 윗글의 다른 일설이라는 것을 알지 못했기 때문에 '一曰' 두 자를 탈락시켰다.

33-86 季孫養孔子之徒하야 所朝服與坐者以十數어늘 而遇賊은 何也오 曰 昔周成王이 近優侏儒以逞其意나 而與君子斷事하니 是能成其欲於天下라 今季孫養孔子之徒하야 所朝服而與坐者以十數어늘 而與優侏儒斷事하니 是以遇賊이라 故曰 不在所與居요 在所與謀也라

"季孫氏가 孔子의 제자들을 잘 대우해서 조정의 예복 차림으로 자리를 함께한

---

35) 南宮敬子 : 孔子의 제자 南宮敬叔을 가리키는데, 魯나라 大夫였다.

36) 顔涿聚 : 孔子의 제자 顔庚을 가리키는데, 齊나라 大夫였다.

지가 십수 년이었는데도 해를 만난 것은 어째서입니까?" 하였다.

顔涿聚가 대답하기를 "옛날에 周 成王이 배우나 난쟁이를 가까이하여 자신의 마음을 즐겁게 하였으나 군자들과 함께 일을 결단하였으니, 이에 천하에 하고자 바를 이루었습니다. 지금 계손씨는 공자의 제자들을 잘 대우해서 조정의 예복 차림으로 자리를 함께한 지가 십수 년이었는데도 배우나 난쟁이와 함께 일을 결단하였으니, 이 때문에 해를 만난 것입니다. 그러므로 누구와 함께 거처하는 데 달려 있지 않고 누구와 함께 모의하는 데 달려 있는 것입니다." 하였다.

33-87 **孔子侍坐於魯哀公**이러니

孔子가 魯 哀公을 모시고 앉았는데

○**顧廣圻曰 自此至寧使民諂上**히 **不見於上文**이라 **先愼曰 各本**에 **侍作御**라 **藝文類聚八十五又八十六御覽九百六十七**에 **引御作侍**일새 **今據改**하노라

○顧廣圻 : 여기서부터 "寧使民諂上(차라리 윗사람에게 아첨하도록 하는 것이 낫다.)"까지 위의 經文에는 보이지 않는다.

王先愼 : 各本에 '侍'자가 '御'자로 되어 있다. ≪藝文類聚≫ 권85・권86 그리고 ≪太平御覽≫ 권967에 이 글을 인용하면서 '御'자가 '侍'자로 되어 있기에 지금 이에 의거하여 고쳤다.

33-88 **哀公賜之桃與黍**하다 **哀公曰**

哀公이 복숭아와 기장밥을 하사하였다. 애공이 말하기를

○**先愼曰 各本**에 **無曰字**라 **盧文弨云 家語子路初見篇**에 **有曰字**라하니라 **先愼案藝文類聚八十五**에 **引亦有**일새 **今據補**하노라

○王先愼 : 各本에 '曰'자가 없다. 盧文弨는 "≪孔子家語≫ 〈子路初見篇〉에 '曰'자가 있다."라고 하였다. 내가 살펴보건대 ≪藝文類聚≫ 권85에 이 글을 인용하면서 또한 〈'曰'자가〉 있기에 지금 이에 의거하여 보충하였다.

33-89 **請用**하노라 **仲尼先飯黍而後啗桃**하니

"드시지요." 하였다. 仲尼가 기장밥을 먼저 먹고 그 뒤에 복숭아를 먹으니

○先愼曰 御覽事類賦二十六에 引啗作食이요 藝文類聚八十五又八十六에 引啗作噉(담)이라

○王先愼 : ≪太平御覽≫과 ≪事類賦≫ 권26에 이 글을 인용하면서 '啗'자가 '食'자로 되어 있고, ≪藝文類聚≫ 권85와 권86에 이 글을 인용하면서 '啗'자가 '噉'자로 되어 있다.

33-90 左右皆揜口而笑라

측근들이 모두 입을 가리고 웃었다.

○先愼曰 藝文類聚八十五에 引而作失이라

○王先愼 : ≪藝文類聚≫ 권85에 이 글을 인용하면서 '而'자가 '失'자로 되어 있다.

33-91 哀公曰 黍者 非飯之也라 以雪桃也니라

哀公이 말하기를 "기장밥은 먹는 것이 아니라 복숭아를 씻기 위한 것입니다." 하였다.

○先愼曰 雪은 洗也라

○王先愼 : '雪'은 '洗(씻음)'이다.

33-92 仲尼對曰 丘知之矣니이다 夫黍者는 五穀之長也요 祭先王爲上盛이니이다

仲尼가 대답하기를 "저도 알고 있습니다. 무릇 기장은 오곡 가운데 으뜸이고, 先王의 제사 때 최상의 제수입니다.

○先愼曰 藝文類聚八十五白孔六帖八十一에 引爲上有以字라

○王先愼 : ≪藝文類聚≫ 권85, ≪白孔六帖≫ 권81에 이 글을 인용하면서 '爲'자 위에 '以'자가 있다.

33-93 (果)〔菓〕[37]蓏有六이로되 而桃爲下니 祭先王不得入廟니이다 丘之聞也에

君子以賤雪貴나 不聞以貴雪賤이니이다 今以五穀之長으로 雪菓蓏之下는 是從上雪下也니이다

과실에는 여섯 종류가 있는데 그중에서 복숭아가 가장 하급이 되니 그래서 先王의 제사 때 종묘에 들이지 않는 것입니다. 제가 듣기에 군자는 천한 것으로 귀한 것을 씻는다고는 하였으나, 귀한 것으로 천한 것을 씻는다는 말은 듣지 못하였습니다. 지금 오곡의 으뜸가는 것으로 과실의 하급을 씻는 것은 〈등급이〉 위인 것으로 아래인 것을 씻는 것입니다.

○先愼曰 藝文類聚八十五에 引作是侵上忽下也라

○王先愼 : ≪藝文類聚≫ 권85에 이 글을 인용하면서 '是侵上忽下也(위를 침범하고 아래를 소홀히 함)'로 되어 있다.

33-94 丘以爲妨義라 故不敢以〔桃〕先於宗廟之盛也니이다

저는 그것이 義를 해친다고 생각하였기 때문에 감히 종묘에 쓰이는 제수보다 먼저 복숭아를 〈먹을〉 수 없었습니다." 하였다.

○先愼曰 先上에 當有桃字라

○王先愼 : '先'자 위에 응당 '桃'자가 있어야 한다.

33-95 趙簡子謂左右曰

趙簡子가 측근에게 말하기를

○先愼曰 各本에 無趙字曰字요 子作主라 今據藝文類聚六十九御覽七百九引補하노라

○王先愼 : 各本에 '趙'자와 '曰'자가 없고, '子'자는 '主'자로 되어 있다. 지금은 ≪藝文類聚≫ 권69와 ≪太平御覽≫ 권709에 인용되어 있는 글에 의거하여 보충하였다.

---

37) (果)〔菓〕 : 저본에는 '果'로 되어 있으나, '과실'의 의미로 사용되는 통용자가 '菓'인 점과 이어지는 문장에서 '菓蓏之下'로 되어 있는 것에 의거하여 '菓'로 바로잡았다.

33-96 **車席泰美**라 **夫冠雖賤**이라도 **頭必戴之**요 **屨雖貴**라도 **足必履之**라

"수레의 자리가 지나치게 화려하다. 무릇 冠이 비록 낡았어도 머리에 반드시 써야 하고 신발이 비록 귀한 것이라도 발에 반드시 신는 것이다.

○先愼曰 趙本에 屨履作屨履하니 下注同이라 藝文類聚引賤作惡이요 貴作美라

○王先愼 : 趙本에 '屨'자와 '履'자는 '屨'자와 '履'자로 되어 있으니 그 아래 舊注도 마찬가지이다. ≪藝文類聚≫에 이 글을 인용하면서 '賤'자가 '惡'자로 되어 있고 '貴'자가 '美'자로 되어 있다.

33-97 **今車席如此大美**하니

지금 수레의 자리가 이처럼 지나치게 화려하니

○先愼曰 藝文類聚에 大美作其大美也라

○王先愼 : ≪藝文類聚≫에 '大美'가 '其大美也'로 되어 있다.

33-98 **吾將何**(屩)〔屨〕**以履之**리오

내가 장차 어떤 신발로 그 〈화려한 자리를〉 밟을 수 있겠는가.

屨는 所履라 席大美면 則更無美屨以履之也라 ○先愼曰 依注면 屩當作屨라

舊注 : '屨'는 신는 것이다. 자리가 지나치게 화려하면, 더 이상 화려한 신발로도 그 자리를 밟지 못하는 것이다.

○王先愼 : 舊注에 의거하면 '屩'자는 응당 '屨'자가 되어야 한다.

33-99 **夫美下而耗上**은

무릇 아래를 화려하게 해서 위를 소비하는 것은

言席美인댄 則履又當美요 履美인댄 衣又當美니 (累)〔求〕美不已면 則居上彌有所費也라 ○先愼曰 藝文類聚에 引夫上有且字요 注累字는 張趙本作求라

舊注 : 자리가 화려하면 신발도 응당 화려해야 하고 신발이 화려하면 옷도 응당 화려

해야 하니, 화려한 것을 구하는 것이 그치지 않으면 위에서도 점점 더 소비해야 함을 말한 것이다.

○王先愼 : ≪藝文類聚≫에 이 글을 인용하면서 '夫'자 위에 '且'자가 있고, 舊注의 '累'자는 張本과 趙本에 '求'자로 되어 있다.

33-100 **妨義之本也**라하니라

義를 해치는 근본이다." 하였다.

○**先愼曰 藝文類聚**에 **引本作道**라

○王先愼 : ≪藝文類聚≫에 이 글을 인용하면서 '本'자가 '道'자로 되어 있다.

33-101 **費仲**[38] **說**(세)**紂**하야 **曰 西伯昌賢**이라 **百姓悅之**요 **諸侯附焉**이니 **不可不誅**니이다 **不誅**면 **必爲殷禍**리이다

費仲이 殷 紂王에게 유세하여 말하기를 "西伯 昌(周 文王)은 어진 이라 백성이 그를 좋아하고 제후도 복종하고 있으니 주벌하지 않을 수 없습니다. 그를 주벌하지 않는다면 필시 은나라의 화근이 될 것입니다."라고 하였다.

○**先愼曰 乾道本無禍字**요 **拾補作患**이라 **盧文弨云 張本作禍**라하니라 **顧廣圻云 藏本有禍字**요 **今本有患字**라하니 **今據藏本補**하노라

○王先愼 : 乾道本에 '禍'자가 없고 ≪群書拾補≫에 '患'으로 되어 있다. 盧文弨는 "張本에 '禍'자로 되어 있다."라고 하였다. 顧廣圻는 "藏本에 '禍'자가 있고 今本에 '患'자가 있다."라고 하였으니 지금 藏本에 의거하여 보충하였다.

33-102 **紂曰 子言義主**니 **何可誅**오 **費仲曰 冠雖穿弊**라도 **必戴於頭**요 **履雖五采**라도 **必踐之於地**니이다 **今西伯昌**은

紂王이 말하기를 "그대의 말대로라면 그는 의로운 군주이니 어찌 주벌할 수 있겠는가." 하였다. 費仲이 말하기를 "冠이 비록 구멍이 나고 낡았더라도 반드시 머

---

38) 費仲 : 殷 紂王의 간신이다.

리에 쓰는 것이고, 신발이 비록 오색으로 찬란하게 꾸몄더라도 반드시 땅을 밟는 것입니다. 지금 西伯 昌은

○先愼曰 乾道本伯作戎이라 今據趙本改하노라 盧文弨云 張本作戎하니 亦誤라하니라

○王先愼：乾道本에 '伯'자가 '戎'자로 되어 있다. 지금은 趙本에 의거하여 고쳤다. 盧文弨는 "張本에 '戎'자로 되어 있으니 또한 잘못되었다."라고 하였다.

33-103 人臣也로되 修義而人向之하니 卒爲天下患은 其必昌乎인저 (人人)〔夫臣〕不以其賢爲其主면

신하이되 의로움을 닦아 사람들이 그에게 귀의하니 끝내 천하의 우환이 될 자는 필시 昌일 것입니다. 신하가 자신이 어질다고 해서 그 군주를 섬기지 않는다면

○盧文弨曰 上人字는 或改夫라 顧廣圻曰 藏本同이라 按 下人字當作臣이라 今本에 不作欲하니 誤라

○盧文弨：위의 '人'자는 '夫'자로 고쳐야 할 듯하다.
顧廣圻：藏本도 마찬가지이다. 살펴보건대 아래의 '人'자는 응당 '臣'자가 되어야 한다. 今本에 '不'자가 '欲'자로 되어 있으니 잘못되었다.

33-104 非可不誅也니이다 且主而誅臣에 焉有過잇가 紂曰 夫仁義者는 上所以勸下也어늘 今昌好仁義하니 誅之不可라 三說(세)不用이라 故亡하다

주벌하지 않을 수 없습니다. 게다가 군주로서 신하를 주벌함에 어찌 잘못이 있다고 하겠습니까." 하였다. 紂王이 말하기를 "무릇 仁과 義는 윗사람이 아랫사람에게 권면하는 것인데, 지금 昌이 仁과 義를 좋아하고 있으니 그를 주벌하는 것은 불가하다." 하였다. 〈費仲이〉 세 차례나 유세하였으나 받아들여지지 않았기 때문에 殷나라가 결국 망하였다.

33-105 齊宣王이 問匡倩曰 儒者博乎아 曰 不也니이다 王曰 何也오 匡倩對曰 博者貴梟[39)]어늘

齊 宣王이 匡倩에게 묻기를 "儒者도 博虛를 하는가?" 하니, 광천이 대답하기를 "하지 않습니다." 하였다. 선왕이 말하기를 "어째서인가?" 하니, 광천이 대답하기를 "博虛에서는 梟를 소중하게 여기는데

○先愼曰 乾道本에 無者字라 盧文弨云 張本에 有라하니 今據補하노라

○王先愼 : 乾道本에 '者'자가 없다. 盧文弨는 "張本에 〈'者'자가〉 있다."라고 하였으니, 지금 이에 의거하여 보충하였다.

33-106 **勝者**는 **必殺梟**니이다 **殺梟者**는 **是殺所貴也**니이다 **儒者以爲害義**라 **故不博也**니이다 **又問曰 儒者弋乎**아 **曰 不也**니이다 **弋者**는 **從下害於上者也**니 **是從下傷君也**니이다 **儒者以爲害義**라 **故不弋**이니이다

〈博虛에서〉 이기는 자는 반드시 〈상대편의〉 梟를 죽여야 됩니다. 梟를 죽이는 것은 바로 〈상대편이〉 소중하게 여기는 바를 죽이는 것입니다. 儒者는 이것이 義를 해친다고 생각하기 때문에 博虛를 하지 않는 것입니다." 하였다.

또 宣王이 묻기를 "儒者도 주살로 〈새를 잡는가?〉" 하니, 匡倩이 대답하기를 "하지 않습니다. 주살로 새를 잡는 것은 아래에서 위를 해치는 것이니 바로 아랫사람이 군주를 해치는 것입니다. 儒者는 이것이 義를 해친다고 생각하기 때문에 주살로 〈새를 잡지〉 않는 것입니다." 하였다.

○先愼曰 乾道本에 無義字라 顧廣圻云 今本에 害下有義字라하니라 先愼案 依上下文當有요 御覽八百三十二에 引有義字일새 今據補하노라

○王先愼 : 乾道本에 〈아래의 '儒者以爲害' 아래에〉 '義'자가 없다. 顧廣圻는 "今本에 '害'자 아래에 '義'자가 있다."라고 하였다. 내가 살펴보건대 위아래 글에 의거하면 응당 〈'義'자가〉 있어야 하고, ≪太平御覽≫ 권832에 이 글을 인용하면서 '義'자가 있기 때문에 지금 이에 의거하여 보충하였다.

33-107 **又問 儒者鼓瑟乎**아 **曰 不也**니이다 **夫瑟以小絃爲大聲**이요 **以大絃爲小聲**이니 **是大小易序貴賤易位**니이다

---

39) 梟 : 올빼미 눈을 새겨넣은 장기 말의 일종이다.

또 宣王이 묻기를 "儒者도 瑟을 연주하는가?" 하니, 匡倩이 대답하기를 "하지 않습니다. 무릇 瑟은 小絃이 큰소리를 내고 大絃이 작은 소리를 내니, 이는 바로 크고 작은 순서가 뒤바뀐 것이고 귀하고 천한 자리가 뒤바뀐 것입니다.

○先愼曰 意林에 序位二字互易이라

○王先愼 : ≪意林≫에 '序'와 '位' 두 자가 뒤바뀌어 있다.

33-108 儒者以爲害義라 故不鼓也니이다 宣王曰 善이라 仲尼曰 與其使民諂下也론 寧使民諂上이로다

儒者는 이것이 義를 해친다고 생각하기 때문에 瑟을 연주하지 않는 것입니다." 하였다. 宣王이 말하기를 "좋은 말이다." 하였다.

仲尼가 말하기를 "백성으로 하여금 아랫사람에게 아첨하게 하느니, 차라리 백성으로 하여금 윗사람에게 아첨하게 하겠노라." 하였다.

諂下則朋黨이요 諂上則尊敬이라 ○盧文弨曰 注尊敬은 張本作卑敬이라

舊注 : 아랫사람에게 아첨하는 것은 붕당을 만드는 것이고, 윗사람에게 아첨하는 것은 존경을 표하는 것이다.

○盧文弨 : 舊注의 '尊敬'은 張本에 '卑敬'으로 되어 있다.

〔四〕[40]

33-109 鉅者는 齊之居士요

鉅는 齊나라의 居士이고,

○先愼曰 乾道本에 鉅作詎라 盧文弨云 詎는 張本에 作鉅라하고 顧廣圻云 藏本에 作鉅라하고 王渭云 困學紀聞引作距라하니라 先愼案 距詎는 竝鉅字之誤라 呂氏春秋去私篇에 有鉅子어늘 高注에 鉅는 姓이라하니 是也라 今從藏本하노라 上文正作鉅라

40) 〔四〕: 〔經四〕(33-16~33-28)에 대한 해설을 모은 說이다.

○王先愼 : 乾道本에 '鉅'는 '詎'로 되어 있다. 盧文弨는 "'詎'는 張本에 '鉅'로 되어 있다." 하였고, 顧廣圻는 "藏本에 '鉅'로 되어 있다." 하였고, 王渭는 "≪困學紀聞≫에 인용하면서 '距'로 되어 있다."라고 하였다. 내가 살펴보건대 '距'와 '詎'는 모두 '鉅'자의 잘못이다. ≪呂氏春秋≫ 〈去私篇〉에 "鉅子"라고 나오는데, 高誘의 注에 "'鉅'는 姓이다."라고 하였으니, 옳다. 지금 藏本을 따랐다. 윗글에는 '鉅'로 바로 되어 있다.

33-110 孱者는 魏之居士니라 齊魏之君不明하야 不能親照境內하야 而聽左右之言이라 故二子費金璧而求入仕也러라

孱은 魏나라의 居士이다. 齊나라와 魏나라의 군주가 밝지 못해서 나라 안을 친히 살피지 못하고 측근들의 말만 들었다. 그러므로 이 두 사람은 돈과 壁玉을 써서 出仕하려 하였다.

33-111 西門豹爲鄴令할새 淸剋潔慤하야 秋毫之端無私利也로되 而甚簡左右라

西文豹가 鄴 땅의 令으로 있으면서 청렴하고 성실하여 가을 털의 끝만큼도 사사로운 이익을 챙긴 적이 없었지만 〈군주의〉 측근들에게는 몹시 소홀히 대하였다.

不事君左右也라

舊注 : 군주의 측근 신하들을 섬기지 않은 것이다.

33-112 左右因相與比周而惡(오)之니라 居期年하야 上計하니 君收其璽라 豹自請曰

그러자 군주의 측근들이 서로 패거리를 지어서 그를 미워하였다. 1년이 지나 회계보고를 하자 군주가 그의 官印을 거두어들였다. 西文豹가 스스로 청해 아뢰기를

○先愼曰 乾道本에 無請字어늘 顧廣圻云 藏本今本에 有라하니 今據補하노라

○王先愼 : 乾道本에 '請'자가 없는데, 顧廣圻는 "藏本과 今本에 있다."라고 하였으니, 지금 이에 의거하여 보충하였다.

33-113 臣昔者不知所以治鄴이러니 今臣得矣니 願請璽하야 復以治鄴하노이다 不當인댄 請伏斧鑕之罪하소서 文侯不忍而復與之하니라 豹因重斂百姓하고 急事左右러니 期年에 上計하니 文侯迎而拜之라 豹對曰 往年에 臣爲君治鄴하니 而君奪臣璽하시고 今臣爲左右治鄴하니 而君拜臣하시니이다 臣不能治矣로소이다 遂納璽而去하니 文侯不受하고 曰 寡人曩不知子러니 今知矣로라 願子勉爲寡人治之하라 遂不受러라

"신이 예전에 鄴 땅을 다스리는 방법을 몰랐는데, 이제야 신은 터득하였습니다. 그러니 관인을 주시어 다시 鄴 땅을 다스리길 청합니다. 제대로 다스리지 못한다면 죽을죄를 받도록 해주십시오." 하였다. 魏 文侯가 차마 어찌하지 못하고 다시 관인을 돌려주었다. 이에 西文豹는 백성들에게 무겁게 세금을 거두어들이고 군주의 측근들을 부지런히 섬겼는데, 1년이 지나 회계보고를 하자 문후가 그를 맞아 절을 하였다.

서문표가 대답해 아뢰기를 "작년에 신이 군주를 위해 鄴 땅을 다스리자 군주께서 신의 관인을 빼앗았고, 지금 신이 군주의 측근들을 위해 鄴 땅을 다스리자 군주께서 신에게 절을 하셨습니다. 신은 더 이상 다스리지 못하겠습니다." 하고 마침내 관인을 바치고 떠나려 하자, 문후는 받아들이지 않고 이르기를 "과인이 전에는 그대를 몰랐는데 지금은 알았소. 그대는 과인을 위해 힘써 다스려주길 바라오." 하고는 끝내 〈관인을〉 받지 않았다.

不受豹所納之璽也라 ○先愼曰 張榜本에 無遂不受及注十一字라

舊注 : 서문표가 바친 관인을 받지 않은 것이다.

○王先愼 : 張榜本에 '遂不受' 및 舊注(8자)의 열한 자가 없다.

33-114 齊有狗盜之子與刖危子戲而相誇라

齊나라에 개도둑질하는 자의 아들과 다리 잘린 형벌을 받은 자의 아들이 함께 놀다가 서로 자랑을 하였다.

○先愼曰 刖은 經作跀이라 案 說文에 跀斷足之刑也라하니라 經典에 通作刖이라

○王先愼 : '刖'은 經文에 '跀'로 되어 있다. 살펴보건대 ≪說文解字≫에 "'跀'은 발을 자르는 형벌이다." 하였다. 經典에는 일반적으로 '刖'로 되어 있다.

33-115 盜子曰 吾父之裘獨有尾니라

도둑의 아들이 말하기를 "우리 아버지의 갖옷에만 개의 꼬리가 달려 있다." 하고,

言裘尙有所盜之狗尾라 ○盧文弨曰 狗盜는 象狗以入人家라 故後有尾라 舊注非라

舊注 : 갖옷에 아직 도둑질한 개의 꼬리가 달려 있다는 말이다.

○盧文弨 : 개도둑〔狗盜〕이란 개의 모습을 하고 남의 집에 들어가기 때문에 〈갖옷의〉 뒤에 개의 꼬리가 달려 있는 것이다. 舊注는 틀렸다.

33-116 〔刖〕危子曰

다리 잘린 형벌을 받은 자의 아들이 말하기를

○顧廣圻曰 危上에 當有刖字라

○顧廣圻 : '危' 위에 '刖'자가 있어야 한다.

33-117 吾父獨冬不(失)〔必〕[41)]袴니라

"우리 아버지만 겨울에도 꼭 바지를 입지 않는다." 하였다.

刖足者는 不衣袴니 雖終其冬夏라도 無所損失也라 ○盧文弨曰 廢疾之人에 上給其袴라 故云然이니 注亦非라 兪樾曰 疑注所據本에 作終不失袴라 故云 雖終其冬夏라도 無所損失이라 今涉注文有冬字而誤終爲冬하니 則不可通矣라 刖者旣不衣袴어든 何有冬夏之別이완대 安得獨於冬言不失歟아 當據注訂正이라 先愼曰 御覽六百九十四에 引作吾父冬夏獨有一足袴니 與注所據之本으로 不同이라 蓋相傳本異也라

---

41) (失)〔必〕: 저본에는 '失'로 되어 있으나, "'失'은 '必'과 형태가 비슷하여 잘못된 것이다."라고 한 ≪韓非子新校注≫ 陳奇猷의 설에 의거하여 '必'로 바로잡았다. 바지는 겨울에 입어서 추위를 막기 위한 것인데, 발이 잘린 자는 겨울에 바지를 꼭 입을 필요가 없다는 뜻이다.

舊注 : 다리 잘린 자는 바지를 입지 않으니, 비록 겨울 여름을 다 지나더라도 잃어버릴 일이 없다.

○盧文弨 : 몹쓸 병이 든 자는 나라에서 바지를 지급하기 때문에 그렇게 말한 것이니, 舊注는 또한 틀렸다.

兪樾 : 아마도 舊注가 근거로 한 본에 '終不失袴'로 되어 있었던 듯하다. 그러므로 '雖終其冬夏 無所損失'이라 한 것이다. 지금 舊注의 글에 관련이 되어 '冬'자가 있게 되었는데, '終'이 잘못되어 '冬'이 되었으니, 곧 뜻이 통할 수가 없는 것이다. 다리 잘린 자는 이미 바지를 입지 않는데, 어찌 겨울과 여름의 구별이 있다고 유독 겨울에만 잃지 않는다고 어떻게 말할 수 있겠는가. 응당 舊注에 의거하여 바로잡아야 한다.

王先愼 : ≪太平御覽≫ 권694에 인용하면서 '吾父冬夏獨有一足袴(나의 아버지는 겨울이나 여름에도 한쪽 바지만 입는다.)'라고 되어 있으니, 舊注가 근거로 한 본과 같지 않다. 서로 전승한 본이 다른 듯하다.

33-118 子綽曰 人莫能左畫方而右畫圓也니라

子綽이 말하기를 "사람은 왼손으로 네모를 그리면서 오른손으로 동그라미를 그릴 수 없다.

○先愼曰 經注作左畫圓右畫方이라

○王先愼 : 經文의 注에는 '左畫圓右畫方'으로 되어 있다.

33-119 以肉去蟻하면 蟻愈多요 以魚驅蠅하면 蠅愈至니라

고기로 개미를 쫓으면 개미가 더욱 많아지고, 생선으로 파리를 쫓으면 파리가 더욱 몰려든다." 하였다.

○先愼曰 舊連上이나 今提行이라 御覽九百四十四에 引作以火去蛾하면 蛾愈多요 以魚歐蠅하면 蠅愈至라 又九百四十七에 引作以骨去蟻하면 蟻愈多요 以肉驅蠅하면 蠅愈至라 意林에 肉作骨하고 藝文類聚九十七에 引亦作骨이라

○王先愼 : 예전에 위의 글과 연결되어 있었으나 지금은 행을 바꾸었다. ≪太平御覽≫ 권944에 이 글을 인용하면서 "불로 나방을 쫓으면 나방이 더욱 많아지고, 생선으로 파리를 쫓으면 파리가 더욱 몰려든다."로 되어 있다. 또 권947에 이 글을 인용하면서 "뼈

로 개미를 쫓으면 개미가 더욱 많아지고, 고기로 파리를 쫓으면 파리가 더욱 몰려든다." 로 되어 있다. ≪意林≫에 '肉'은 '骨'로 되어 있고, ≪藝文類聚≫ 권97에 이 글을 인용하면서 역시 '骨'로 되어 있다.

33-120 桓公謂管仲曰 官少而索者衆하니 寡人憂之하노라

齊 桓公이 管仲에게 말하기를 "벼슬은 적은데 벼슬을 구하는 자는 많으니, 과인은 이것이 걱정이오." 하니,

○先愼曰 御覽六百二十四에 引注云 索은 求也라하니 當卽本書舊注라

○王先愼 : ≪太平御覽≫ 권624에 이 글을 인용하면서 그 注에 "'索'은 '求(구함)'이다." 라고 하였으니, 응당 본서의 舊注이다.

33-121 管仲曰 君無聽左右之請하야

管仲이 아뢰기를 "군주께서 측근의 청탁을 받아들이지 않고서

○先愼曰 乾道本에 請上有謂字라 顧廣圻云 藏本今本에 無謂字라 按 謂當作謁이라하니라 先愼案 謂字衍文이라 御覽引無謂字하고 意林作君無聽人有請하며 經注作君勿聽左右之請하니 竝無謂字라 今據刪하노라

○王先愼 : 乾道本에 '請' 위에 '謂'자가 있다. 顧廣圻는 "藏本과 今本에 '謂'자가 없다. 살펴보건대 '謂'는 '謁'이 되어야 한다."라고 하였다. 내가 살펴보건대 '謂'자는 衍文이다. ≪太平御覽≫에 이 글을 인용하면서 '謂'자가 없고, ≪意林≫에 "君無聽人有請"이라 하였으며, 經文의 舊注에 "君勿聽左右之請"으로 되어 있으니, 모두 '謂'자가 없다. 지금 이에 의거하여 삭제하였다.

33-122 因能而受祿하고

능력에 따라 녹봉을 주고

○先愼曰 意林에 受作授라

○王先愼 : ≪意林≫에 '受'는 '授'로 되어 있다.

33-123 錄功而與官하면 則莫敢索官이어늘 君何患焉이니잇고

공적을 기록하여 벼슬을 내리신다면 아무나 감히 벼슬을 구하지 않을 것인데, 군주께서는 어찌 근심하십니까?" 하였다.

○先愼曰 乾道本에 無君字어늘 趙本에 下官字作君이라 按 君字脫이어늘 趙本改官爲君이니 非也라 今據御覽引增하노라

○王先愼 : 乾道本에 '君'자가 없는데, 趙本에 아래 '官'자가 '君'으로 되어 있다. 살펴보건대 '君'자가 탈락되었는데, 趙本에 '官'자를 '君'자로 고쳤으니 잘못이다. 지금 ≪太平御覽≫의 인용한 글에 의거하여 〈'君'자를〉 보충하였다.

33-124 韓宣(子)〔主〕[42]

韓宣主가

○王渭曰 子字는 誤라

○王渭 : '子'자는 誤字이다.

33-125 曰 吾馬菽粟多矣로되 甚臞하니 何也오 寡人患之로라 周市(불)對曰 使騶盡粟以食하면 雖無肥라도 不可得也니이다 名爲多與之나

말하기를 "내 말은 콩과 곡물을 많이 주는데도 몹시 야위었으니 어찌된 일인가? 과인은 이것이 걱정이다." 하니, 周市이 대답하기를 "마부에게 곡물을 다 먹이게 하면 비록 살이 찌지 않게 하려고 해도 될 수가 없을 것입니다. 겉으로는 많이 준다고 하지만

○先愼曰 爲字는 一本作與라 盧文弨云 與는 張本作爲라하니라

○王先愼 : '爲'자는 어떤 본에 '與'로 되어 있다. 盧文弨는 "'與'는 張本에 '爲'로 되어 있다."라고 하였다.

42) (子)〔主〕: 저본에는 '子'로 되어 있는데, 經文(33-28)의 '宣王'에 대해 '王'은 응당 '主'가 되어야 한다는 王先愼에 교감에 의거하여 '主'로 바로잡았다.

33-126 其實少하면 雖無臞라도 亦不可得也니이다 主不審其情實하시고 坐而患之하시니 馬猶不肥也니이다

실제로는 적게 주면 비록 야위지 않기를 바라더라도 또한 될 수가 없습니다. 군주께서는 실정을 살피지 않은 채 앉아서 걱정하시니, 말은 오히려 살이 찌지 않는 것입니다." 하였다.

33-127 桓公問置吏於管仲한대

齊 桓公이 管仲에게 관리를 배치하는 것에 대해 묻자,

○顧廣圻曰 此條는 上文未見이라

○顧廣圻 : 이 조목은 윗글(經)에 나오지 않는다.

33-128 管仲曰

管仲이 아뢰기를

○先愼曰 乾道本에 無管仲二字어늘 盧文弨云 淩本有라하니 今據補하노라

○王先愼 : 乾道本에 '管仲' 두 자가 없는데, 盧文弨는 "淩本에는 있다."라고 하였으니, 지금 이에 의거하여 보충하였다.

33-129 辯察於辭하고 淸潔於貨하며 習人情은 夷吾不如弦商하니

"獄辭를 잘 살피고 재물에 청렴결백하며 인정을 익숙하게 파악하는 것은 제가 弦商만 못하니,

○盧文弨曰 新序雜事四에 作寧하고 呂氏春秋勿躬篇에 誤作章이라 顧廣圻曰 管子云 賓須無라

○盧文弨 : 〈弦商의 '商'이〉 ≪新序≫ 〈雜事 4〉에 '寧'으로 되어 있고, ≪呂氏春秋≫ 〈勿躬篇〉에 '章'으로 잘못되어 있다.

顧廣圻 : ≪管子≫ 〈小匡篇〉에 〈弦商을〉 '賓須無'라고 하였다.

33-130 請立以爲大理[43)]하소서 登降肅讓하야 以明禮待賓은 臣不如隰朋하니 請立以爲大行[44)]하소서 墾草(仞)〔剏〕[45)]邑하고

청컨대 그를 세워서 大理로 삼으십시오. 〈계단과 당을〉 오르내리며 엄숙하고 공손하게 예의를 밝히며 빈객을 응대하는 일은 신이 隰朋만 못하니, 청컨대 그를 세워서 大行으로 삼으십시오. 초목을 베어내어 성읍을 만들고

仞은 入也라 所食之邑에 能入其租稅也라 ○兪樾曰 仞은 當作剏이니 謂剏造其邑也라 作仞者는 字之誤라 舊注에 訓仞爲入은 未詳其義라 新序에 載此事하야 正作剏邑하니 當據以訂正이라 先愼曰 管子小匡篇에 仞作入하니 卽舊注所本을 兪氏失考耳라 廣雅釋詁三에 入은 得也라하니라

舊注 : '仞'은 '入(들임)'이다. 食邑에서 능히 조세를 거두어들인다는 것이다.

○兪樾 : '仞'은 '剏'이 되어야 하니, 城邑을 처음으로 만듦을 이른다. '仞'으로 된 것은 글자가 잘못된 것이다. 舊注에 '仞'을 '入'으로 풀이한 것은 그 뜻을 상고하지 않은 것이다. ≪新序≫에 이 일을 수록하면서 '剏邑'으로 바로 되어 있으니, 응당 이에 의거하여 바로잡아야 한다.

王先愼 : ≪管子≫ 〈小匡篇〉에 '仞'은 '入'으로 되어 있으니, 곧 舊注의 대본을 兪氏가 제대로 살피지 못했을 뿐이다. ≪廣雅≫ 〈釋詁 3〉에 "'入'은 '得(얻음)'이다." 하였다.

33-131 辟地生粟은 臣不如甯(武)〔戚〕하니

땅을 개간해서 곡물을 생산하는 것은 신이 甯戚만 못하니,

○盧文弨曰 武는 戚字之譌라 新序에 作戚이라 顧廣圻(云)〔曰〕[46)] 呂氏春秋에 作遬이라 先愼曰 盧說是니 管子에 亦作戚이라 戚有宿音이라 故通作遬이라

---

43) 大理 : 나라의 司法을 관장하는 벼슬이다. ≪禮記≫ 〈月令〉의 注에 "理는 刑獄를 다스리는 벼슬이다. 有虞氏는 '士', 夏나라는 '大理', 周나라는 '大司寇'라고 하였다." 하였다.

44) 大行 : 외국의 귀빈을 접대하는 일을 관장하는 벼슬이다. ≪周禮≫에 "大行人은 大賓을 접대하는 예절과 大客에게 베푸는 의식을 맡아 제후들과 친하게 지낸다." 하였다.

45) (仞)〔剏〕 : 王先愼은 '仞'을 舊注처럼 '入'의 뜻으로 보았으나, 兪樾의 설에 따라 '剏'으로 보는 것이 문맥상 타당하므로, 그의 설에 의거하여 '剏'으로 바로잡았다.

46) (云)〔曰〕 : 저본에는 '云'으로 되어 있으나, 盧文弨의 ≪群書拾補≫에 顧廣圻의 說을 언급하지 않았으므로 기존 集解의 형식에 의거하여 '曰'로 바로잡았다.

○盧文弨 : '武'는 '戚'자의 잘못이다. ≪新序≫에 '戚'으로 되어 있다.

顧廣圻 : ≪呂氏春秋≫에 '遬'으로 되어 있다.

王先愼 : 盧文弨의 설이 옳으니, ≪管子≫에도 '戚'으로 되어 있다. '戚'에 '宿'音이 있으므로 통용하여 '遬'으로 된 것이다.

33-132 請以爲大田[47)]하소서 三軍旣成陳할새 使士視死如歸는 臣不如(公)〔王〕子成父(보)하니

청컨대 大田으로 삼으십시오. 三軍이 이미 陣을 쳤을 적에 군사들로 하여금 집으로 돌아가는 것처럼 목숨을 바쳐 싸우게 하는 것은 신이 王子 成父만 못하니,

○顧廣圻曰 呂氏春秋에 作王子城父라 先愼曰 管子에 亦作王子城父하고 晏子春秋問上篇과 新序四에 又作成甫라 城成父甫는 古字竝通이라 魏王基碑에 以爲王子比干之後①라하니 明公爲王之誤라

① 見錢大昕金石文跋尾一이라
全大昕의 ≪金石文跋尾≫ 권1에 보인다.

○顧廣圻 : ≪呂氏春秋≫에 '王子城父'로 되어 있다.

王先愼 : ≪管子≫에도 '王子城父'로 되어 있고, ≪晏子春秋≫ 〈問上篇〉과 ≪新序≫ 권4에 또 '成甫'로 되어 있다. '城'과 '成', '父'와 '甫'는 예전에 글자를 모두 통용하였다. 삼국시대 魏나라 인물 王基의 碑에 王子 比干의 후손이라고 하였으니, '公'이 '王'의 오자임이 분명하다.

33-133 請以爲大司馬[48)]하소서 犯顔極諫은 臣不如東郭牙하니 請立以爲諫臣하소서 治齊는 此五子足矣어니와 將欲霸王인댄 夷吾在此니이다

청컨대 大司馬를 삼으십시오. 군주의 안색을 거스르면서까지 극진히 간쟁하는 것은 신이 東郭牙만 못하니, 청컨대 그를 세워 諫臣으로 삼으십시오. 齊나라를 다스리는 것은 이 다섯 사람이면 충분합니다. 그러나 장차 霸王이 되고자 한다면 여기 夷吾가 있습니다." 하였다.

---

47) 大田 : 나라의 농사를 관장하는 벼슬이다.

48) 大司馬 : 나라의 軍事를 관장하는 벼슬이다.

〔五〕[49]

○先愼曰 乾道本에 無五字어늘 顧廣圻云 今本有라하니 今據補하노라

○王先愼：乾道本에 '五'자가 없는데, 顧廣圻는 "今本에 있다."라고 하였으니, 지금 이에 의거하여 보충하였다.

33-134 (孟)〔盂〕獻伯相(魯)〔晉〕할새

盂獻伯이 晉나라의 재상을 지낼 적에

○顧廣圻曰 孟은 當作盂니 盂者는 晉邑이라 杜預注에 太原盂縣이라하니 是也라 獻伯은 晉卿이요 盂는 其食邑이라 以配謚而稱之니 猶言隨武子之比矣라 魯는 當作晉이라 先愼曰 藝文類聚六十九引獻作懿라

○顧廣圻：'孟'은 '盂'가 되어야 하니, '盂'는 晉나라의 읍이다. ≪春秋左氏傳≫ 昭公 28년 杜預의 注에 "太原은 盂縣이다." 하였으니, 바로 이곳이다. '獻伯'은 晉나라 卿이고, '盂'는 그의 食邑이다. 謚號와 아울러서 일컬은 것이니, '隨武子'라고 하는 경우와 같다. '魯'는 '晉'이 되어야 한다.

王先愼：≪藝文類聚≫ 권69에 이 글을 인용하면서 '獻'은 '懿'로 되어 있다.

33-135 堂下生藿藜[50]하고 門外長荊棘이어늘 食不二味하고 坐不重席하며 無衣帛之妾하고

堂 아래에는 콩과 명아주가 자라고 문밖에는 가시나무가 무성하였는데, 식사를 할 때 두 가지 반찬을 두지 않고 앉았을 때는 자리를 두 겹으로 하지 않았고 비단옷을 입은 첩이 없었으며,

○先愼曰 乾道本에 無上有晉字어늘 盧文弨云 淩本에 無晉字라하고 顧廣圻云 晉字는 上文所錯入也라하니 今據淩本刪하노라

○王先愼：乾道本에 '無' 위에 '晉'자가 있는데, 盧文弨는 "淩本에 '晉'자가 없다."라고 하였고, 顧廣圻는 "'晉'자는 윗글에서 잘못 들어간 것이다."라고 하였으니, 지금 淩本에 의

49) 〔五〕：〔經五〕(33-29～33-35)에 대한 해설을 모은 說이다.

50) 藿藜：張覺의 ≪韓非子全譯≫에 따르면 콩과 명아주로 만든 검소한 식사를 가리킨다.

거하여 삭제하였다.

33-136 **居不粟馬**하며 **出不從車**니라 **叔向聞之**하야 **以告苗賁皇**하니 **賁皇非之曰 是出主之爵祿以附下也**니라

집안에 머물 때 말에게 곡식을 먹이지 않았으며 외출할 때 수레가 따르지 않게 하였다. 叔向이 이 소식을 듣고는 苗賁皇에게 고하자, 묘분황이 孟獻伯을 비난하여 말하기를 "이것은 군주가 준 爵祿으로 아랫사람에게 아부하는 것이다." 하였다.

33-137 **一曰 晉(孟)〔孟〕獻伯拜上卿**에

일설의 내용은 다음과 같다. 晉나라 孟獻伯이 上卿에 올랐을 때,

○**先愼曰 各本無晉字**라 **王渭云 晉卿無孟氏**니 **此或卽晉語叔向賀韓宣子憂貧事**[51]**而致誤**라하니라 **先愼案 王說非是**라 **顧氏已辨於上**이라 **御覽五百四十三引上有晉字**일새 **今據補**하노라

○王先愼 : 각 본에 '晉'자가 없다. 王渭는 "晉나라 卿 중에 孟氏는 없으니, 이는 아마도 ≪國語≫ 〈晉語〉에 叔向이 가난을 근심하는 韓宣子를 축하한 일로 인해 오류가 난 듯하다."라고 하였다. 내가 살펴보건대 王渭의 설이 틀렸다. 顧氏가 위에서 이미 分辨해놓았다. ≪太平御覽≫ 권543에 이 글을 인용하면서 위에 '晉'자가 있으므로 지금 이에 의거하여 보충하였다.

33-138 **叔向往賀**라 **門有御〔車〕**어늘

叔向이 축하하러 갔다. 문 앞에 말이 모는 수레가 있었는데,

○**顧廣圻曰 此下當有車字**라

○顧廣圻 : 이 아래에 '車'자가 있어야 한다.

33-139 **馬不食禾**라 **向曰 子無二馬二輿**[52]하니 **何也**오

51) 晉語叔向賀韓宣子憂貧事 : 叔向은 韓宣子가 가난을 근심하는 것을 보고, 德을 세우지 못할 것을 근심해야지 재화의 부족은 근심거리가 되지 못한다며 조언하였다.(≪國語≫ 〈晉語 8〉)

말에게 곡물을 먹이지 않고 있었다. 叔向이 말하기를 "그대는 여분의 말과 여분의 수레를 갖고 있지 않으니, 무슨 까닭이오?" 하니,

○顧廣圻曰 上二字는 當作秣이라 先愼曰 御覽引作子無二輿馬不食禾何也니 與此異라

○顧廣圻 : 위의 '二'자는 '秣'이 되어야 한다.

王先愼 : ≪太平御覽≫에 인용한 글은 '子無二輿 馬不食禾 何也(그대는 여분의 수레가 없으면서 말에게 곡물을 먹이지 않으니, 무엇 때문이오?)'로 되어 있으니, 이와 다르다.

33-140 **獻伯曰 吾觀國人**호니 **尙有飢色**이라 **是以不秣馬**요 **班白者多徒行**이라 **故不二輿**니라

孟獻伯이 대답하기를 "내가 도성 백성들을 보니 여전히 굶주린 기색이 있었기 때문에 말에게 여물을 먹이지 않는 것이고, 머리가 희끗한 노인들 대부분이 걸어 다니고 있으므로 여분의 수레를 두지 않은 것이오." 하였다.

○先愼曰 乾道本에 多作不이어늘 趙本作多일새 今據改하노라 御覽引多字作多以二字하니 亦非라

○王先愼 : 乾道本에 '多'는 '不'로 되어 있는데, 趙本에 '多'로 되어 있으므로 지금 이에 의거하여 고쳤다. ≪太平御覽≫에 이 글을 인용하면서 '多'자가 '多以' 두 자로 되어 있으니, 역시 잘못이다.

33-141 **向曰 吾始賀子之拜卿**이러니 **今賀子之儉也**니라 **向出**하야 **語苗賁皇曰 助吾賀獻伯之儉也**어다 **苗子曰 何賀焉**고 **夫爵祿旂章**[53]은

叔向이 말하기를 "내가 처음에는 당신이 上卿에 오른 것을 축하하려고 하였는데, 지금은 그대의 節儉함을 축하해야 하겠소." 하였다. 숙향이 나가서 苗賁皇에게 말하기를 "내게 동조해서 獻伯의 절검함을 축하합시다." 하니, 苗子가 말하기를 "무엇을 축하한단 말이오? 작위와 녹봉, 旂旗와 복장은

52) 二馬二輿 : 관용으로 사용하는 말과 수레를 여분으로 하나씩 더 주는 것이다.

53) 旂章 : 계급이나 신분을 나타내는 깃발과 복식을 가리킨다.

○盧文弨曰 斻는 藏本作旗라

○盧文弨 : '斻'는 藏本에 '旗'로 되어 있다.

33-142 所以異功伐하고 別賢不肖也라 故晉國之法에 上大夫는 二輿二乘[54)]이요 中大夫는 二輿一乘이요 下大夫專乘이니 此明等級也니라 且夫卿은 必有軍事라 是故(循)〔脩〕車馬하고

공적을 특별하게 하고 현명함과 어리석음을 구별하기 위한 것이오. 그러므로 晉나라의 법에 의하면 上大夫는 여분의 수레 두 대, 中大夫는 여분의 수레 한 대, 下大夫는 본 수레 한 대를 가지는 것이니, 이것은 등급을 분명히 하기 위한 것이오. 또 卿은 반드시 軍事를 담당하게 되어 있소. 따라서 수레와 말을 정비하고

○王渭曰 循은 當作脩라

○王渭 : '循'은 '脩'가 되어야 한다.

33-143 比卒乘하야 以備戎事니라 有難則以備不虞하고 平夷則以給朝事니라 今亂晉國之政하고 乏不虞之備하야 以成〔私〕節하고

병졸과 兵車를 조직해서 전쟁을 대비해야 하오. 난이 발생했을 때는 그것으로 예기치 못한 사태에 대비하고 평상시에는 그것으로 조정의 일에 돕는 것이라오. 지금 晉나라의 정사를 어지럽히고 예기치 못한 사태에 대한 대비를 소홀히 하면서 사사로운 節儉만을 이루고

○顧廣圻曰 藏本今本에 節下有儉字하니 誤라 按節上當有私字라

○顧廣圻 : 藏本과 今本에 '節' 아래에 '儉'자가 있으니, 잘못이다. 살펴보건대 '節' 위에 '私'자가 있어야 한다.

---

54) 二輿二乘 : 張覺의 ≪韓非子全譯≫에 의거하면, 輿와 乘은 선진시대 문헌에서 따로 구분하지 않았고, '乘'을 통상 兵車의 의미로 썼으며, 명수사로 수레 1대와 말 4필을 포괄하는 의미이다. 따라서 여분의 수레 2대로 번역하였다.

33-144 **以絜私名**하니 **獻伯之儉也可與**아

자기 이름만을 깨끗하게 하고 있으니, 獻伯의 절검이 옳은 것이오?

言(辭)〔亂〕制當誅之故可與也라 ○盧文弨曰 注亂譌辭라 故可與也는 文有脫誤니 當云可與는 言不可也라

舊注 : 법제를 어지럽혀 주벌되어야 마땅하기 때문에 불가하다고 한 말이다.

○盧文弨 : 舊注에 '亂'이 '辭'로 잘못되었다. '故可與也'는 빠지거나 잘못된 문자가 있으니, 마땅히 "'可與'는 불가함을 말한 것이다."라고 해야 한다.

33-145 **又何賀**오

도대체 무엇을 축하한단 말이오?" 하였다.

○先愼曰 此下當有孔子議晏嬰一事니 說見上이라

○王先愼 : 이 아래에 孔子가 晏嬰을 의론한 일이 있어야 하니, 설명이 위(經)에 나온다.

33-146 **管仲相齊**하야 **曰 臣貴矣**나 **然而臣貧**하니이다 **桓公曰 使子有三歸之家**로라

管仲이 齊나라의 재상이 되자 말하기를 "신이 귀하게 되었으나 아직 가난합니다." 하자, 桓公이 이르기를 "그대에게 三歸를 갖춘 집을 주겠소." 하였다.

○先愼曰 三歸는 臺名이니 古藏貨財之所라 故能富라 他書以三歸爲取三姓女는 非라

○王先愼 : '三歸'는 臺 이름이니, 예전에 財貨를 보관하던 곳이다. 그러므로 富를 이룰 수 있는 것이다. 다른 책에서 '三歸'를 성이 다른 세 여자를 아내로 취한다고 한 것은 잘못이다.

33-147 **曰 臣富矣**나 **然而臣卑**하니이다 **桓公使立於高國**[55]**之上**하니라 **曰 臣尊矣**나 **然而臣疏**하니이다 **乃立爲仲父**(보)하니라 **孔子聞而非之曰 泰侈偪上**이로다

管仲이 말하기를 "신이 부유해졌지만 아직 비천합니다." 하자, 桓公이 그를 高氏

---

55) 高國 : 姜太公의 후손인 高氏와 國氏로, 齊나라에서 대대로 卿을 지낸 집안이다.

와 國氏의 윗자리에 세웠다. 관중이 말하기를 "신이 존귀해졌으나 아직 〈군주와〉 사이가 소원합니다." 하자, 환공이 그를 仲父로 세웠다. 孔子가 소문을 듣고 비난하여 말하기를 "사치가 지나쳐서 군주를 핍박하였다." 하였다.

33-148 **一曰 管仲父出**에 **朱蓋青衣**하고 **置鼓而歸**하며

일설의 내용은 다음과 같다. 管仲父가 외출할 적에 수레에 붉은 덮개를 씌우고 자신은 푸른 옷을 입었고, 북을 울리며 조정에서 돌아왔으며,

自朝歸設鼓吹之樂이라

舊注 : 조정에서 돌아올 때 鼓吹樂을 연주한 것이다.

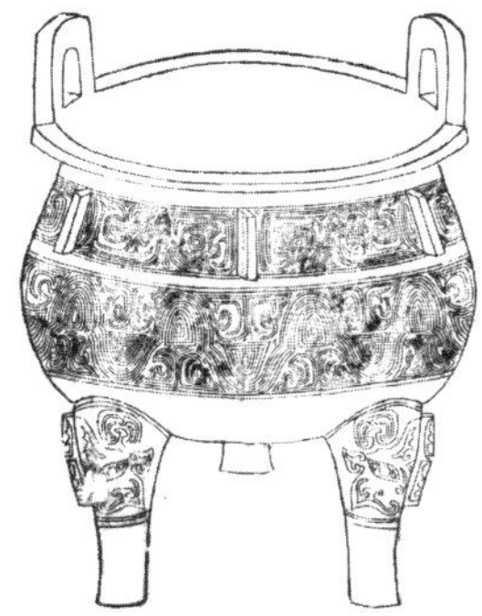

鼎

33-149 **庭有陳鼎**하고 **家有三歸**하니라 **孔子曰 良大夫也**나 **其侈偪上**이니라

뜰에는 커다란 솥을 진열해놓았고 집에는 三歸를 두었다. 孔子가 말하기를 "좋은 大夫이긴 하지만 사치가 군주를 핍박하였다.

33-150 **孫叔敖相楚**할새

孫叔敖가 楚나라에서 재상을 지낼 적에

○王先謙曰 上文言仲尼論管仲與孫叔敖라하니 **則孫叔敖以下皆孔子之言**이라 **偪上偪下**는 **文又相對**하니 **當連上爲一條**니 **不提行**이라

○王先謙 : 윗글에 仲尼가 管仲과 孫叔敖를 의론하였다고 말했으니, 그렇다면 孫叔敖 이하는 모두 孔子의 말이다. '偪上'과 '偪下'는 문장이 또 서로 대를 이루었으니, 응당 위로 이어 하나의 조문으로 삼아야 하니, 행을 바꾸어서는 안 된다.

33-151 **棧車牝馬**하며

암말이 끄는 나무를 엮어 만든 수레를 타고

柴車也[56)]라

舊注 : 〈'棧車'는〉 나무를 얽어서 만든 수레이다.

33-152 **糲飯菜羹**과

거친 밥과 나물국에

○**先愼曰 各本飯作**餠이라 **王念孫云** 餠은 **當爲**餅이라 餅**與飯同**하니 **見玉篇廣韻**이라 **糲飯菜羹**은 **猶言疏食菜羹耳**라 餅**與**餠은 **字形相似**하야 **傳寫往往**譌溷[①]이라 **初學記器物部引此正作糲飯**이라하니라 **先愼案 御覽八百四十九又八百五十北堂書**鈔 **一百四十四**에 **引均作糲飯**이니 **今據改**하노라

① **廣雅云** 餅은 **食也**라하고 **方言注云 籅**은 **盛**餅筥**也**라하며 **爾雅釋言釋文曰** 飰**字又作**餅이라하야늘 **今本**餅**字竝譌作**餠이라

≪廣雅≫에 "'餅'은 '食(밥)'이다." 하였고, ≪方言≫의 注에 "'籅'은 밥을 담는 광주리이다." 하였으며, ≪爾雅≫ 〈釋言〉과 〈釋文〉에 "'飰'은 또 '餅'으로 쓴다." 하였는데, 今本에 '餅'자는 모두 '餠'으로 잘못되어 있다.

○王先愼 : 각 본에 '飯'은 '餠'으로 되어 있다. 王念孫은 "'餠'은 '餅'이 되어야 한다. '餅'은 '飯'과 같으니, ≪玉篇≫과 ≪廣韻≫에 나온다. '糲飯菜羹'은 '疏食菜羹(거친 밥과 나물국)'이라는 말과 같다. '餅'과 '餠'은 자형이 비슷하여 傳寫하는 과정에서 종종 잘못되고 뒤섞인다. ≪初學記≫ 〈器物部〉에 이 글을 인용하면서는 '糲飯'으로 바로 되어 있다. 내가 살펴보건대 ≪太平御覽≫ 권849·권850, ≪北堂書鈔≫ 권144에 인용하면서 모두 '糲飯'으로 되어 있으니, 지금 이에 의거하여 고쳤다.

33-153 **枯魚之膳**하며 **冬羔裘**하고 **夏葛衣**하며 **面有飢色**하니 **則良大夫也**나 **其儉偪下**니라

말라빠진 생선을 먹었고, 겨울에는 염소가죽 갖옷을 입고 여름에는 갈포옷을 입었으며, 낯에는 주린 기색이 역력하였으니, 곧 그는 좋은 대부이지만 그 節儉은

56) 柴車也 : 이는 원래 저본의 '棧車' 아래에 달려 있는 注이다. 번역상의 편의로 아래 글 '牝馬'와 연결하여 이처럼 편집하였다.

아랫사람을 핍박하였다." 하였다.

33-154 陽虎去齊走趙할새 簡主問曰 吾聞子善樹人이라호라 虎曰 臣居魯에 樹三人하니 皆爲令尹이어늘

陽虎가 齊나라를 떠나 〈晉나라의〉 趙氏에게 달아났을 적에 趙簡主가 양호에게 묻기를 "나는 그대가 사람을 잘 심는다고 들었소." 하니, 양호가 아뢰기를 "제가 魯나라에 있을 때 세 사람을 심었는데, 모두 令尹(지방장관)이 되었습니다.

○先愼曰 令尹二字誤라

○王先愼 : '令尹' 두 자는 잘못이다.

33-155 及虎抵罪於魯한대 皆搜索於虎也러니이다 臣居齊에 薦三人하니 一人得近王하고 一人爲縣令하며 一人爲候吏어늘 及臣得罪하니 近王者는 不見臣하고 縣令者는 迎臣執縛하며 候吏者는 追臣至境上하야 不及而止러니이다 虎不善樹人이로소이다 主俛而笑曰 夫樹柤梨橘柚者는 食之則甘이어니와

제가 魯나라에서 죄를 짓자 그들은 모두 저를 찾아 잡으려고 하였습니다. 제가 齊나라에 있을 때 세 사람을 천거하였는데, 한 사람은 왕의 측근이 되었고, 한 사람은 현령이 되었으며, 한 사람은 국경을 감시하는 관리가 되었습니다. 그런데 제가 죄를 받게 되자 왕의 측근이 된 자는 저를 만나지도 않았고, 현령이 된 자는 저를 맞이해 체포하려고 하였으며, 국경을 감시하는 관리가 된 자는 신을 국경까지 좇아와 미치지 못하자 그만두었습니다. 신은 사람을 잘 심지 못합니다." 하였다.

이에 簡主가 고개를 숙여 웃으며 말하기를 "무릇 아가위・배・귤・유자를 심은 경우에는 그 열매를 먹으면 입에 달지만

○先愼曰 乾道本에 無夫字하고 各本에 無柤梨二字라 盧文弨云 張本에 有夫字라하니라 先愼案 藝文類聚八十六初學記二十八에 引有夫字及柤梨二字하고 御覽九百六十九에 引亦有柤梨二字하니 今據增하노라

○王先愼 : 乾道本에 '夫'자가 없고, 각 본에 '柤梨' 두 자가 없다. 盧文弨는 "張本에 '夫'

자가 있다."라고 하였다. 내가 살펴보건대 ≪藝文類聚≫ 권86, ≪初學記≫ 권28에 인용한 글에는 '夫'자 및 '柤梨' 두 자가 있고, ≪太平御覽≫ 권969에 인용한 글에도 '柤梨' 두 자가 있으니, 지금 이에 의거하여 보충하였다.

33-156 **樹枳棘者**는 **成而刺人**이라 **故君子愼所樹**니라

탱자나무나 가시나무를 심은 경우에는 나무가 자라서 사람을 찌른다. 그러므로 君子는 사람 심는 일을 신중히 하는 것이다." 하였다.

33-157 **中牟無令**일새 (魯)〔晉〕[57)] **平公問趙武曰 中牟**는 (三)〔吾〕[58)] **國之股肱**이요

中牟 땅에 현령이 없었으므로 晉 平公이 趙武에게 묻기를 "中牟는 우리나라의 매우 중요한 곳이고

趙齊燕也라

舊注 : 〈三國은〉 趙나라·齊나라·燕나라이다.

33-158 **邯鄲之肩髀**이니 **寡人欲得其良令也**라 **誰使而可**오 **武曰 邢伯子可**하니이다

邯鄲으로 가는 길목이니, 과인은 좋은 현령을 얻고 싶소. 누구를 시키면 좋겠소?" 하자, 趙武가 아뢰기를 "邢伯의 아들이 좋습니다." 하였다.

○**先愼曰 各本**에 **邢作刑**이어늘 **據御覽二百六十六引改**라

○王先愼 : 각 본에 '邢'은 '刑'으로 되어 있는데, ≪太平御覽≫ 권266에 인용된 글에 의거하여 고쳤다.

33-159 **公曰 非子之讎也**아

---

57) (魯)〔晉〕: 저본에는 '魯'로 되어 있으나, '晉'으로 보는 것이 문맥상 타당하다고 한 陳奇猷 ≪韓非子新校注≫, 張覺의 ≪韓非子全譯≫ 등의 설에 의거하여 '晉'으로 바로잡았다.

58) (三)〔吾〕: 저본에는 '三'으로 되어 있고 '三國'을 舊注에서는 '趙나라·齊나라·燕나라'라고 하였으나, '吾'로 보는 것이 문맥상 타당하다고 한 陳奇猷의 ≪韓非子新校注≫, 張覺의 ≪韓非子全譯≫ 등의 설에 의거하여 '吾'로 바로잡았다.

平公이 이르기를 "그대의 원수가 아니오?" 하자,

○王先謙曰 也는 猶邪(야)니 古通이라

○王先謙 : '也'는 '邪'와 같으니, 예전에 통용하였다.

33-160 曰 私讐不入公門이니이다 公又問曰 中府[59]之令은 誰使而可오 曰 臣子可하니이다 故曰 外擧不避讐요 內擧不避子라하니라

趙武가 아뢰기를 "사사로운 원한 감정은 공적인 일에 개입해서는 안 됩니다." 하였다. 平公이 또 묻기를 "中府의 현령은 누구를 시키는 게 좋겠소?" 하자, 조무가 아뢰기를 "신의 아들이 좋습니다." 하였다. 그래서 말하기를 "남을 천거할 때는 원수도 피하지 않고 가까운 이를 천거할 때는 자식도 피하지 않는다."라고 하는 것이다.

33-161 趙武所薦四十六人於其君이어늘

趙武가 군주에게 천거한 사람이 46명인데,

○先愼曰 乾道本에 趙下別爲一條어늘 盧文弨云 張凌本은 俱連上이라하니라 先愼案 當連이니 今從張凌本이라 於其君三字는 各本無어늘 據御覽六百三十二初學記二十引補라

○王先愼 : 乾道本에 '趙' 아래로 별도의 한 조문으로 되어 있는데, 盧文弨는 "張本과 凌本은 모두 위로 연결하였다."라고 하였다. 내가 살펴보건대 〈위로〉 이어야 하니, 지금 張本과 凌本을 좇았다. '於其君' 세 자는 각 본에 없는데, ≪太平御覽≫ 권632, ≪初學記≫ 권20에 인용된 글에 의거하여 보충하였다.

33-162 及武死에 各就賓位하니

趙武가 죽자 그들이 각기 빈객의 자리에 나아가 〈조문하였으니,〉

○先愼曰 御覽初學記引作及武之死也에 四十六人皆就賓位라

59) 中府 : 나라의 보물을 보관하는 곳이다.

○王先愼 : ≪太平御覽≫과 ≪初學記≫에 인용하면서 "及武之死也 四十六人皆就賓位(趙武가 죽자 46인이 모두 빈객의 자리에 나아가 조문하였다.)"라고 되어 있다.

33-163 其無私德若此也러라

그가 사사로운 은덕을 베풀지 않은 것이 이와 같았다.

○先愼曰 御覽引此下更(갱)有武薦白屋之士十餘家九字하고 初學記引有又曰趙武以薦白屋之士管庫者六十家十四字라 與御覽略有增省하니 皆此佚文이라

○王先愼 : ≪太平御覽≫에 이 글을 인용하면서 '此'자 아래에 다시 '武薦白屋之士十餘家(趙武가 미천한 선비를 추천한 것이 10여 집이었다.)' 아홉 자가 있고, ≪初學記≫에 이 글을 인용하면서는 또 '又曰趙武以薦白屋之士管庫者六十家(또 말하기를 趙武가 미천한 선비를 창고지기로 추천한 것이 60여 집이었다.)' 열네 자가 있다. ≪太平御覽≫에 비해 대략 增減이 있으니, 이 모두 佚文이다.

33-164 平公이 問叔向曰 群臣孰賢고 曰 趙武니이다 公曰 子黨於師人[60)]이라

晉 平公이 叔向에게 묻기를 "여러 신하들 가운데 누가 훌륭한가?" 하니, 숙향이 대답하기를 "趙武입니다." 하였다. 평공이 말하기를 "그대는 자신의 상관을 편들고 있구나." 하였다.

向은 武之屬大夫라

舊注 : 叔向은 趙武의 屬大夫이다.

33-165 向曰 武立如不勝衣요

叔向이 말하기를 "趙武는 서 있으면 옷의 무게를 이길 수 없을 듯하고

○先愼曰 乾道本에 無向曰二字라 今依拾補補하노라 盧文弨云 二字脫이니 當有라하니라 顧廣圻云 新序雜事四云 子黨於子之師也라하니 對曰 臣敢言하노이다 趙武之爲人也는 立若不勝衣云云이라하니라

60) 師人 : 상관을 뜻하는데, 叔向이 趙武의 屬大夫였다.

○王先愼 : 乾道本에 '向曰' 두 자가 없다. 지금 ≪群書拾補≫에 의거하여 보충하였다. 盧文弨는 "두 자가 탈락된 것이니, 응당 있어야 한다."라고 하였다. 顧廣圻는 "≪新序≫ 〈雜事 4〉에 '子黨於子之師也 對曰 臣敢言 趙武之爲人也 立若不勝衣云云(그대는 그대의 상관을 편들고 있구나. 〈叔向이〉 대답하기를, 「신이 감히 말하겠습니다. 趙武의 사람 됨됨이는 서 있으면 옷의 무게를 이길 수 없을 듯하고……」라고 하였다.)'으로 되어 있다."라고 하였다.

33-166 言如不出口나 然其所擧士也 數十人이니

말을 하면 내뱉지 못할 듯하나 그가 천거한 선비가 수십 명이니

○先愼曰 各本에 無其字어늘 據御覽四百二引增하노라

○王先愼 : 各本에 '其'자가 없는데, ≪太平御覽≫ 권402에 인용한 글에 의거하여 보충하였다.

33-167 皆令得其意하야

그들 모두로 하여금 뜻을 얻게 해서

稱叔向이라 故得意니라 ○盧文弨曰 令士得其意는 皆可以盡其材也니 注謬難曉라 先愼曰 乾道本에 無令字어늘 御覽引有요 盧文弨云 藏本에 有令字라하니 今據補하노라

舊注 : 叔向을 칭찬하기 때문에 그가 뜻을 얻은 것이다.

○盧文弨 : 선비들로 하여금 뜻을 얻게 했다는 것은 그들이 모두 자신의 재능을 다할 수 있다는 것이니, 舊注는 잘못되어 이해하기 어렵다.

王先愼 : 乾道本에 '令'자가 없는데 ≪太平御覽≫에 이 글을 인용하면서 〈'令'자가〉 있고, 盧文弨는 "藏本에 '令'자가 있다."라고 하였으니, 지금 이에 의거하여 보충하였다.

33-168 而公家甚賴之니이다 況武子之生也에 不利於家요

公室이 매우 그에게 의지하고 있습니다. 더군다나 趙武가 살아서는 자신의 집안에 이익을 도모하지 않았고

○先愼曰 各本에 況作及이어늘 今據御覽改하노라

○王先愼：各本에 '況'자가 '及'자로 되어 있는데, 지금 ≪太平御覽≫에 의거하여 고쳤다.

33-169 死不託於孤니 臣敢以爲賢也로소이다

죽어서는 자식을 남에게 부탁하지 않았으니, 저는 감히 그가 훌륭하다고 생각합니다." 하였다.

33-170 解狐[61] 薦其讐於簡主以爲相이러니

解狐가 趙簡主에게 자신의 원수를 추천하여 재상으로 삼게 하였는데,

○盧文弨曰 韓詩外傳九又云 魏文侯라하니 竝譌라 先愼曰 說苑에 作晉文侯問〔於〕[62]咎犯하니 蓋往事傳聞不同이라 要以韓非爲近古라

○盧文弨：≪韓詩外傳≫ 권9에 또 "魏文侯"라고 하였으니 모두 잘못되었다.

王先愼：≪說苑≫ 권14 〈至公〉에 "晉文侯 問於咎犯(晉 文侯가 咎犯에게 물었다.)"으로 되어 있으니, 예전의 사적이 전해지는 것은 같지 않다. 다만 요컨대 ≪韓非子≫가 옛 기록과 가깝다고 할 수 있다.

33-171 其讐以爲且幸釋已也라하야 乃因往拜謝하다 狐乃引弓迎而射之하야

그 원수가 다행스럽게도 자신을 용서해준 것이라 생각해서 解狐를 찾아가 사례하였다. 해호가 활을 당겨 그를 향하여 조준하면서

○先愼曰 各本에 迎作送이라 藝文類聚二十二御覽四百二十九에 引竝作迎일새 今據改하노라

○王先愼：各本에 '迎'자가 '送'자로 되어 있다. ≪藝文類聚≫ 권22와 ≪太平御覽≫ 권429에 이 글을 인용하면서 모두 '迎'자로 되어 있기 때문에 지금 이에 의거하여 고쳤다.

33-172 曰 夫薦汝는 公也에 以汝能當之也요 夫讐汝는 吾私怨也라 不以私怨

61) 解狐：春秋時代 晉나라 대부이다.

62) 〔於〕：저본에는 '於'가 없으나, 사고전서본 ≪說苑≫에 의거하여 보충하였다.

汝之故로 **擁汝於吾君**이라

말하기를 "무릇 그대를 추천한 것은 공적인 측면에서 그대가 적임자이기 때문이었고, 무릇 그대를 원수로 여기는 것은 나의 사적인 원망이다. 그대에 대한 사적인 원망 때문에 우리 군주에게 너를 막지 않았던 것이다." 하였다.

○**盧文弨曰 擁**은 **當作壅**이라

○盧文弨 : '擁'자는 응당 '壅'자가 되어야 한다.

33-173 **故私怨不入公門**이라

그러므로 사적인 원한을 公室에 들여놓지 않는 것이다.

33-174 **一曰 解狐擧邢伯柳**하야 **爲上黨守**러니

일설의 내용은 다음과 같다. 解狐가 邢伯柳를 추천하여 上黨의 태수로 삼게 하였는데,

○**先愼曰 乾道本**에 **無一曰二字**요 **解下提行**이라 **顧廣圻云 今本**에 **上有一曰二字**요 **不提行**이라하니 **今據增改**하노라

○王先愼 : 乾道本에 '一曰' 두 자가 없고, '解'자 아래에서 줄을 바꾸었다. 顧廣圻는 "今本에는 위에 '一曰' 두 자가 있고 줄을 바꾸지 않았다."라고 하였으니, 지금 이에 의거하여 〈'一曰'을〉 보충하고 〈줄을 바꾼 것을〉 고쳤다.

33-175 **柳往謝之**하야 **曰 子釋罪**하니 **敢不再拜**리오 **曰 擧子**는 **公也**요 **怨子**는 **私也**라 **子往矣**하라 **怨子如初也**니라

邢伯柳가 찾아가 사례하면서 말하기를 "그대가 내 죄를 용서해주니 감히 再拜하지 않을 수 있겠습니까." 하였다. 解狐가 말하기를 "그대를 추천한 것은 공적인 일이고 그대를 원망하는 것은 사적인 일이다. 그대는 떠나시오. 그대를 원망하는 것은 처음과 다름이 없으니." 하였다.

○先愼曰 白孔六帖四十四에 引韓子曰 趙簡王問解狐호되 孰可爲上黨守오 曰 荊伯柳니이다 王曰 非子之讐乎아 曰 擧賢不避仇讐也라하니라

○王先愼：≪白孔六帖≫ 권44에 이 글을 인용하면서 "≪韓非子≫에서 다음과 같이 말하였다. 趙簡王이 解狐에게 묻되 '누가 上黨의 태수가 되면 좋겠는가?' 하니, 解狐가 '荊伯柳입니다.' 하였다. 簡王이 '그자는 그대의 원수가 아닌가?' 하니, 解狐가 '어진 이를 추천함에는 원수라고 피하지 않습니다.' 하였다."라고 되어 있다.

33-176 鄭縣人賣豚이러니 人問其價하다 曰 道遠日暮하니 安暇語汝리오

鄭縣 사람이 돼지를 팔고 있었는데, 어떤 이가 그 가격을 물었다. 그가 말하기를 "길은 멀고 날이 저물고 있으니 어느 겨를에 그대에게 말하겠는가." 하였다.

○先愼曰 乾道本에 無遠字라 顧廣圻云 今本에 道下有遠字라하니라 先愼案 今本有遠字是일새 今據補하노라 此條不見上經이니 疑南面篇文錯簡在此라

○王先愼：乾道本에 '遠'자가 없다. 顧廣圻는 "今本에 '道'자 아래에 '遠'자가 있다."라고 하였다. 내가 살펴보건대 今本에 '遠'자 있는 것이 옳기 때문에 지금 이에 의거하여 보충하였다. 이 조목은 위의 經文에 보이지 않으니, 〈南面篇〉의 문장이 착간되어 여기에 실려 있는 듯하다.

〔六〕[63)]

33-177 范文子[64)]喜直言이러니 武子擊之以杖하야 (夫)〔曰〕 直議者는

范文子가 직언을 좋아하였는데, 〈그의 부친〉 范武子가 지팡이로 그를 때리며 말하기를 "직언하는 자는

○先愼曰 夫는 當作曰이라

63) 〔六〕：〔經六〕(33-36～33-39)에 대한 해설을 모은 說이다.

64) 范文子：春秋時代 晉나라의 대부인 范燮으로, 그의 시호가 文子이다.

○王先愼 : '夫'자는 응당 '曰'자가 되어야 한다.

33-178 **不爲人所容**이니 **無所容**이면 **則危身**이요 **非徒危身**이라 **又將危父**하리라

남에게 용납받지 못하니, 남에게 용납받지 못하면 제 몸을 위태롭게 하고, 〈그렇게 되면〉 제 몸을 위태롭게 할 뿐만 아니라 또 장차 자신의 부친까지 위태롭게 할 것이다." 하였다.

33-179 **子産**[65)]**者**는 **子國之子也**라 **子産**이 **忠於鄭君**하니 **子國**이 **譙怒之**하야 **曰 夫介異於人臣**하야

子産이라는 자는 子國의 아들이다. 자산이 鄭나라 군주에게 충성을 다하니, 자국이 그를 나무라고 성을 내며 말하기를 "유독 다른 신하들과 달리 행동을 해서

○趙用賢曰 介異는 言介然異於人臣也라

○趙用賢 : '介異'는 유독 다른 신하들과 달리 행동하는 것을 말한다.

33-180 **而獨忠於主**하니

혼자서 군주에게 충성을 다하니,

○先愼曰 乾道本에 無忠字라 顧廣圻云 藏本今本에 獨下有忠字라하니 今據增하노라

○王先愼 : 乾道本에 '忠'자가 없다. 顧廣圻는 "藏本과 今本에 '獨'자 아래에 '忠'자가 있다."라고 하였으니, 지금 이에 의거하여 보충하였다.

33-181 **主賢明**인댄 **能聽汝**나 **不明**인댄 **將不汝聽**하리라다 **聽與不聽**을 **未可必知**어늘 **而汝已離於群臣**이라 **離於群臣**이면 **則必危汝身矣**요 **非徒危己也**라 **又且危父矣**하리라

군주가 어질고 밝으면 능히 너의 말을 들어줄 것이나, 밝지 않으면 장차 너의

65) 子産 : 鄭나라의 재상인 公孫僑이다. 그의 부친은 公孫成이다.

말을 들어주지 않을 것이다. 군주가 너의 말을 들어줄 것인지 아닌지를 반드시 알 수가 없는데 너는 이미 여러 신하들과 동떨어져 있다. 여러 신하들과 동떨어져 있으면 반드시 너의 몸을 위태롭게 할 것이고, 〈그렇게 되면〉 자신을 위태롭게 할 뿐만 아니라 또한 장차 부친까지 위태롭게 할 것이다." 하였다.

○盧文弨曰 下矣字는 張本無라

○盧文弨 : 아래의 '矣'자는 張本에 없다.

33-182 梁車爲鄴令이러니

梁車가 鄴의 현령이 되었는데

○先愼曰 各本에 爲上有新字어늘 據白孔六帖十九引刪하노라 盧文弨云 前後俱無新字 是也라하니라

○王先愼 : 各本에 '爲'자 위에 '新'자가 있는데, ≪白孔六帖≫ 권19에 인용된 글에 의거하여 삭제하였다. 盧文弨는 "앞뒤로 모두 '新'자가 없는 것이 옳다."라고 하였다.

33-183 其姊往看之어늘 暮而後에 至閉門하니

그의 누이가 그를 만나보러 갔다가 날이 저문 뒤에 닫힌 성문에 도착하여

○先愼曰 各本에 無至字요 閉門作門閉라 據白孔六帖增改하노라 御覽四百九十二五百一十七에 引作暮而門閉라

○王先愼 : 各本에 '至'자가 없고, '閉門'은 '門閉'로 되어 있다. ≪白孔六帖≫에 인용된 글에 의거하여 〈'至'자를〉 보충하고 〈'閉門'으로〉 고쳤다. ≪太平御覽≫ 권492와 권517에 이 글을 인용하면서 '暮而門閉'로 되어 있다.

33-184 因踰郭而入하다 車는 遂刖其足하다 趙成侯는 以爲不慈라하야 奪之璽而免之令하다

성곽을 타넘어서 성안에 들어갔다. 梁車는 마침내 형벌로 누이의 발을 잘랐다. 趙 成侯는 그가 자애롭지 못하다고 여겨서 官印을 빼앗고 현령의 자리를 파

직시켰다.

○先愼曰 白孔六帖에 引免之令作逐之라

○王先愼 : ≪白孔六帖≫에 이 글을 인용하면서 '免之令'이 '逐之'로 되어 있다.

33-185 管仲束縛하야 自魯之齊러니 道而飢渴하야 過綺烏封人而乞食하다 烏封人跪而食之하되

管仲이 포박되어 魯나라에서 齊나라로 호송되었는데, 도중에 배가 고프고 목이 말라 綺烏의 封人(封境을 지키는 사람)에게 들러 음식을 구하였다. 기오의 봉인이 무릎을 꿇고 잘 대접하되

○顧廣圻曰 上文云 綺烏라하니 皆未詳이라 先愼曰 御覽八百四十九에 引作綺邑이라

○顧廣圻 : 윗글에 '綺烏'라고 하였으니 모두 미상이다.
王先愼 : ≪太平御覽≫ 권849에 이 글을 인용하면서 '綺邑'으로 되어 있다.

33-186 甚敬이라 封人因竊謂仲曰 適幸及齊不死而用齊인댄 將何報我잇가 曰 如子之言인댄 我且賢之用이요 能之使요

매우 공경스러웠다. 封人이 管仲에게 속삭이기를 "만약 무사히 齊나라에 도착하여 죽지 않고 齊나라에 등용된다면 장차 어떻게 제게 보답하시겠습니까?" 하니, 관중이 대답하기를 "그대의 말대로 된다면, 나는 장차 어진 이를 등용하고 유능한 이를 부리며

○先愼曰 乾道本에 能下無之字라 顧廣圻云 今本에 有之字라하니라 先愼案 御覽引有일새 今據補하노라

○王先愼 : 乾道本에 '能'자 아래에 '之'자가 없다. 顧廣圻는 "今本에 '之'자가 있다."라고 하였다. 내가 살펴보건대 ≪太平御覽≫에 이 글을 인용하면서 〈'之'자가〉 있기 때문에 지금 이에 의거하여 보충하였다.

33-187 勞之論호리라 我何以報子리오 封人怨之하다

공로가 있는 이를 논하여 선발할 것이다. 내가 어떻게 그대에게 보답하겠는가?" 라고 하였다. 이에 封人은 그를 원망하였다.

第三十四 外儲說 右上篇　제34편 외저설 우상

이 篇은 君主가 신하를 통치하는 중요한 세 가지 원칙을 세 부분으로 나누어 설명하고 있다. 이 편 역시 經文과 說文으로 나누고 원칙과 사례를 들어 자신의 法治思想을 闡明하였다. 세 가지 원칙은 첫째 威嚴으로 다스리는 勢治, 無爲로 다스리는 術治, 嚴格으로 다스리는 法治가 그것이다.

첫 번째 부분은, 군주는 자기가 이용할 수 있는 특유의 권세를 이용하여 신하를 制服시키는 것이다. 그 수단으로는, 신하가 군주에게 받는 녹봉을 이롭게 여기지 않을 수 없게 하고, 군주에게 복종한다는 이름이 없지 않도록 하되, 자기의 권세로 敎化시킬 수 없는 신하는 제거해야 한다고 주장하였다. 이는 자기 특유의 권세를 십분 활용하여 위엄으로 다스리는 强權統治를 주장함으로써 韓非 자신의 勢治思想을 밝혔다. 이 勢治를 실행하는 방법은 賞과 譽와 罰과 毁인데, 이를 사용할 때는 또 '일찌감치 그 간사한 싹을 잘라야 한다.'며 注意를 환기시키고 있다.

두 번째 부분은, 군주는 無爲의 수단으로 신하를 통치해야 함을 설명하였다. 곧 '군주가 어떤 일에 대하여 好惡를 드러내면 신하는 이를 자신이 추구하는 이익에 이용하므로 군주는 미혹에 빠지고, 신하의 말을 누설하면 신하는 군주에 대해 말하는 일을 어렵게 여겨 군주는 神明하지 못하게 된다.'고 하였다. 이 때문에 군주는 반드시 虛靜無爲를 견지하여 자신의 마음을 드러내지 않아야 함을 강조하였다. 다만 주의할 점은 무위의 술치를 행하되 반드시 獨斷으로 決行해야 함을 제시하였다.

세 번째 부분은, 군주가 자기의 통치에 방해가 되는 '사나운 개'나 '社壇에 숨어사는 쥐'와 같은 존재인 姦臣과, 法을 어기며 자기 마음대로 행동하는 重人을 제거해야 함을 말하였다. 이를 실행함에는 '공이 있으면 상을 주고 죄가 있으면 벌을 주는 信賞必罰'과, '近親이나 親貴의 불법에 대하여 회피하지 않는 일'과, '총애하는 사람에게도 공정하게 법을 시행해야 하는 일'을 강조하여 法治의 실행을 주장하였다.

34-1 君所以治臣者有三이라

君主가 신하를 다스리는 방법으로 세 가지가 있다.

〔經一〕[1)]

34-2 勢不足以化則除之니라 師曠[2)]之對와 晏子[3)]之說은 皆(合)〔舍〕勢之易(이)也하고 而道行之難이니

자기의 권세가 신하를 변화시키기에 부족하면 그 신하를 제거해야 하는 것이다. 師曠의 대답과 晏子의 말은 모두 權勢를 이용하여 신하를 쉽게 제재하는 방법을 버리고 德行을 이용하여 신하를 감화시키는 어려운 방법을 따르는 것이니,

○顧廣圻曰 合은 當作舍니 形近誤라 此舍與道와 勢與行皆相對라 行은 去聲讀之니 難一篇에 釋庸主之所易하고 道堯舜之所難이라하고 又難二篇에 不出乎莫不然之數하고 而道乎百無一之行이라하니 句例同이라 又用人篇에 釋三易之數하고 而行一難知之心이라하고 五蠹篇에 舍必不亡之術하고 而道必滅之事라하니 句例皆同이라 王先謙曰 道는 由也요 行은 如字라야 義順이니 不必讀去聲이라

○顧廣圻 : '合'은 응당 '舍'가 되어야 하니 字形이 비슷하여 잘못된 것이다. 이는 '舍'와 '道', '勢'와 '行'이 모두 서로 對偶이다. '行'은 去聲의 뜻(品行, 德行)으로 읽어야 되니, 〈難一篇〉에 '釋庸主之所易 道堯舜之所難(평범한 군주가 행하기 쉬운 방법을 버리고 堯舜도 행하기 어려운 방법을 따른다.)'이라 하였고, 또 〈難二篇〉에 '不出乎莫不然之數 而道乎百無一之行(사람들이 모두 그렇게 여기는 방법으로 나가지 않고 백 사람 중에 한 사람도 가지 않는 길을 따른다.)'이라고 하였으니 句例가 똑같다. 또 〈用人篇〉에 '釋三易之數 而行一難知之心(세 가지 쉬운 방법을 버리고 한 가지 알기 어려운 마음속의 일을 행한다.)'이라 하였고, 〈五蠹篇〉에 '舍必不亡之術 而道必滅之事(반드시 망하지 않을 방법을 버리고 반드시 멸망할 일을 따른다.)'

---

1) 〔經一〕: 저본에는 '經'자가 없으나, 아래의 說과 구분하기 위하여 보충하였다. 아래의 경우도 같다.

2) 師曠 : 춘추시대 晉나라의 유명한 樂官으로, 字는 子野이다.

3) 晏子 : 춘추시대 齊나라의 管仲과 함께 일컬어지는 賢相의 한 사람이다. 이름은 嬰이고, 자는 仲, 시호는 平이기 때문에 安平仲으로도 부른다. 齊 靈公・莊公・景公을 섬기면서 儉約한 생활을 실천하고 禮敎를 바로 세우려 노력하여 춘추시대를 대표하는 名宰相이 되었다. 後人들이 그의 행적과 諫議 등을 모아 ≪晏子春秋≫를 엮었다.

라고 하였으니 구례가 모두 똑같다.

王先謙 : '道'는 '由(따르다)'이고, '行'은 本音(시행하다)으로 읽어야 뜻이 순조로우니 去聲으로 읽을 필요가 없다.

34-3 是與獸逐走也하야 **未知除患**이니라 **患之可除**는 **在子夏**[4]**之說春秋也**하니 **善持勢者**는 **蚤絶其姦萌**이라 **故季孫**[5]**讓仲尼以遇**[6]**勢**어든

이는 마치 짐승과 경주하면서 환난을 제거할 줄을 알지 못하는 것과 같다. 환난을 제거하는 방법은 子夏가 ≪春秋≫를 해석하면서 한 말에 들어 있으니, "권세를 잘 유지하는 君主는 일찌감치 신하가 간사한 짓을 할 수 있는 싹을 잘라 없앤다."라고 하였다. 그러므로 季孫氏는 자기와 세력이 동등하다는 이유로 仲尼를 꾸짖었는데

○**顧廣圻曰 遇**는 **當作遻**이라

○顧廣圻 : '遇'는 응당 '遻'이 되어야 한다.

34-4 而況錯(조)**之於君乎**아 **是以太公望殺狂矞**(율)[7]하고 **而臧獲**[8]**不乘驥**하나니 **嗣公知之**라 **故不駕鹿**하고

하물며 〈이런 수단을〉 군주가 시행하는 경우이겠는가. 이 때문에 太公望은 〈순

---

4) 子夏 : 춘추시대 衛나라 사람으로 姓은 卜이고 이름은 商이다. 孔子의 제자로 文學에 뛰어나 孔門 四科 중 문학에 들었다. 뒤에 西河에서 講學하여 ≪詩經≫·≪春秋公羊傳≫·≪春秋穀梁傳≫을 전수하였다고 한다.

5) 季孫 : 춘추시대 魯나라에서 實權을 행사하던 三桓 중의 한 집안을 이른다. 아래 說의 내용으로 보면 季康子로 이름은 肥이나, 역사적 사실로 보면 응당 季桓子가 되어야 하니 이름은 斯이다.

6) 遇 : 顧廣圻는 '遇'가 '遻'이 되어야 한다고 하였으나, ≪韓非子新校注≫에서 松皐圓이 "'遻'은 '耦'와 통용하니, '敵(동등하다)'의 뜻이다."라고 한 것에 따라 번역하였다.

7) 太公望殺狂矞(율) : 太公望은 周 武王을 도와 주나라 建國에 공을 세운 呂尙이다. 본래의 姓은 姜인데 先代가 呂에 봉해졌기 때문에 후손이 呂를 氏로 삼았다. 이름은 尙 또는 望이고 字는 子牙 또는 尙父(보)이다. 무왕이 商나라를 멸하고 齊나라에 봉해졌기 때문에 제나라 사람들이 太公이라는 존칭으로 불렀다 한다. 狂矞은 齊나라 東海가에 살던 隱士이다.

8) 臧獲 : 예전에 奴婢를 천하게 이르던 말이다.

종하지 않는〉 狂矞을 죽였고, 奴僕은 〈길들여지지 않은〉 駿馬를 타지 않는 것이니 嗣公이 이런 도리를 알았다. 그러므로 사슴이 끄는 수레를 타지 않았고,

○先愼曰 乾道本에 不作而라 顧廣圻云 而當作不이라하니라 先愼案 張榜本에 作不일새 今據改하노라

○王先愼 : 乾道本에 '不'이 '而'로 되어 있다. 顧廣圻는 "'而'는 응당 '不'이 되어야 한다." 라고 하였다. 내가 살펴보건대 張榜本에 '不'로 되어 있기 때문에 지금 이에 의거하여 고쳤다.

34-5 薛公[9)]知之라 故與二(欒)〔孿(란)〕博하니

薛公이 이런 도리를 알았다. 그러므로 쌍둥이와 함께 장기를 두었으니,

○盧文弨曰 疑欒作孿이니 下同이라 兪樾曰 欒子則蘭子也니 欒與蘭音近이라 說文門部에 䦨(란)은 妄入宮掖也니 讀若闌이라하니 卽其例也라 列子說符篇에 宋有蘭子者라하고 釋文云 凡人物不知生出者를 謂之蘭也라하니 是蘭子之蘭은 卽䦨之引申義라 故此書以欒爲之矣라 先愼曰 說文에 欒從䜌聲하고 孿從䜌聲하니 二字聲同이라 釋名[10)]釋宮室에 欒은 攣也니 其體上曲攣拳然也라하니라 易中孚에 有孚攣如라하야늘 一本作孿하니 是欒孿二字義通이라 故本書叚欒爲孿이라 蒼頡篇에 孿은 一生兩子也라하고 說文에 孿은 一乳兩子也라하니 其言二欒者는 謂昆弟皆來博也라 則欒爲孿叚借니 仍當以雙生訓之라 兪以欒爲蘭은 失其旨矣라

○盧文弨 : '欒'은 '孿'이 되어야 할 듯하니 아래도 같다.

兪樾 : '欒子'는 '蘭子'이니 '欒'과 '蘭'은 音이 비슷하다. 《說文解字》 〈門部〉에 "'䦨'은 함부로 궁중에 들어감이니, '闌'과 같이 읽는다."라고 하였으니, 이것이 바로 그 例이다. 《列子》 〈說符篇〉에 "宋나라에 蘭子가 있었다."라 하였고, 殷敬順의 《列子釋文》에 "인

---

9) 薛公 : 전국시대 齊나라의 재상 孟嘗君을 말한다. 맹상군의 이름은 田文으로 靖郭君 田嬰의 아들이다. 아버지의 封邑인 薛邑을 이어받았기 때문에 설공이라고 한다. 趙의 平原君, 魏의 信陵君, 楚의 春申君과 함께 전국시대 四公子의 하나로, 수천 명의 食客을 수용했다고 한다. 뒤에 田甲의 반란에 연루되어 魏나라로 망명하여 위나라의 재상이 되었다.

10) 釋名 : 漢나라 劉熙가 지은 8권의 저술로, 萬物의 名號를 27類로 나누어 풀이한 訓詁字書이다.

물의 출생을 모르는 자를 蘭이라 이른다."라고 하였으니, 이 '蘭子'의 '蘭'은 곧 '䦨'의 파생된 뜻이다. 그러므로 이 책에서 '欒'으로 쓴 것이다.

王先愼 : ≪說文解字≫에 "'欒'은 䜌의 소리를 따르고 '孿'도 䜌의 소리를 따랐으니 두 글자의 소리가 같다."라고 하였다. ≪釋名≫ 〈釋宮室〉에 "'欒'은 '攣(오그라듦)'이니 형체가 위쪽이 굽어 둥그스름한 것이다."라고 하였다. ≪周易≫ 中孚卦에 '有孚攣如(믿음 있는 행동이 묶여 있는 듯함)'라 하였는데 어떤 본에 〈'攣'이〉 '孿'으로 되어 있으니 이는 '欒'과 '孿' 두 글자의 뜻이 통하는 것이다. 그러므로 本書에서 '欒'의 假借字로 '孿'을 쓴 것이다. ≪蒼頡篇≫에 "'孿'은 한 번에 두 자식을 낳는 것이다."라 하였고, ≪說文解字≫에 "'孿'은 한 번에 두 자식을 기르는 것이다."라고 하였으니, '二欒'이라고 말한 것은 형제가 모두 와서 장기를 두었음을 이른 것이다. 그렇다면 '欒'은 '孿'의 가차자이니, 따라서 '쌍둥이'로 새기는 것이 옳다. 유월이 '欒'을 '蘭'이라고 한 것은 그 뜻을 잃은 것이다.

34-6 此皆知同異之反也라 故明主之牧臣也는 說在畜(휵)烏하니라

이들은 모두 〈君臣간의 이해관계가〉 같고 다름이 서로 반대됨을 안 것이다. 그러므로 賢明한 군주가 신하를 다스리는 방법은 그 설명이 까마귀를 기른 故事에 있다.

○先愼曰 乾道本에 烏作焉하고 拾補에 作馬라 案焉馬二字皆烏字形近而譌니 說作烏不誤라 今從張榜本作烏하노라

○王先愼 : 乾道本에 '烏'가 '焉'으로 되어 있고, ≪群書拾補≫에 '馬'로 되어 있다. 살펴보건대 '焉'과 '馬' 두 글자는 모두 '烏'자와 字形이 비슷하여 잘못된 것이니, 아래의 說에 '烏'로 되어 있음은 잘못된 것이 아니다. 지금 張榜本에 '烏'로 되어 있는 것을 따른다.

〔經二〕

34-7 人主者는 利害之軺轂[11)]也니

군주는 이해가 모여드는 중심과 같으니

11) 軺轂 : 수레바퀴의 중앙에 굴대를 꽂는 곳으로, 바퀴살이 모이는 곳을 이른다. 사물의 중심이나 사방에서 모여드는 것을 비유하는 말이다.

○先愼曰 乾道本에 連上이나 今從張榜本趙本하야 提行하노라

○王先愼 : 乾道本에 윗글과 연결되어 있었으나 지금 張榜本과 趙本을 따라 줄을 바꾸었다.

34-8 射者衆이라 故人主共矣니라 是以好惡見(오현)則下有因하야 而人主惑矣요 辭言通則臣難言하야 而主不神矣라 說在申子[12]之言六愼과 與唐易[13]之言弋也하니라

〈이익을〉 추구하는 자가 많으므로 군주는 신하들의 공동 목표가 된다. 이 때문에 군주가 〈어떤 일에 대하여〉 좋아하고 싫어하는 모습을 나타내면 신하들은 〈이를 자기가 추구하는 이익에〉 이용하기 때문에 군주는 미혹에 빠지고, 신하가 한 말을 누설하면 그 신하는 군주에게 말하기를 어렵게 여겨 군주는 神明스럽지 못하게 된다. 그에 대한 해설이 申子가 삼가야 할 여섯 가지〔六愼〕를 말한 것과 唐易이 주살〔弋〕을 말한 사례에 있다.

○顧廣圻曰 易下에 說有鞠字라

○顧廣圻 : 아래의 說에는 '易' 아래에 '鞠'자가 있다.

34-9 患在國羊[14]之請變과

〈군주가 좋아하고 싫어하는 모습을 드러냄으로써 초래하는〉 환난은 國羊이 허물을 고치겠다고 요청한 일과

12) 申子 : 法家의 鼻祖 申不害의 존칭이다. 신불해는 전국시대 鄭나라 京邑 사람이다. 韓나라가 정나라를 멸한 후에 韓 昭侯를 섬겨 15년 동안 相國으로 재임하면서 한나라의 富國强兵을 이루었다. 그의 학문적인 바탕은 黃老에 근본하였으나 사상은 形名을 위주로 하였다. 저서에 ≪申子≫가 있었으나 오래 전에 散逸되었고, 지금은 淸나라 馬國翰이 수집・편찬한 ≪玉函山房輯佚書≫ 안에 ≪申子≫ 輯本이 있다.

13) 唐易 : 전국시대 사람이다. ≪漢書≫ 〈古今人表〉의 中上에 唐易子가 있고, 아래의 說(34-75)에 唐易鞠으로 보이니, 아마 鞠이 이름인 듯하다.

14) 國羊 : 사람 이름인데, 자세한 行蹟은 알 수 없다.

○先愼曰 乾道本에 羊作年이라 顧廣圻云 今本에 年作羊하고 說作羊이라하니라 先愼案 作羊是일새 改從今本하노라

○王先愼 : 乾道本에 '羊'이 '年'으로 되어 있다. 顧廣圻는 "今本에 '年'이 '羊'으로 되어 있고, 아래의 說(34-83)에 '羊'으로 되어 있다."라고 하였다. 내가 살펴보건대 '羊'으로 된 것이 옳기 때문에 今本을 따라 고쳤다.

34-10 與宣王[15]之太息也요 明之以靖郭(氏)〔君〕[16]之獻十珥也와

韓 宣王이 크게 탄식한 사례에 있고, 이를 밝게 드러낸 일로는 靖郭君이 열 개의 귀고리를 바친 일과

○先愼曰 氏는 當作君이라

○王先愼 : '氏'는 응당 '君'이 되어야 한다.

34-11 與犀首甘茂之道穴[17]聞也라

犀首의 일을 甘茂의 관리 道穴이 듣고 〈알려준〉 일에 있다.

○先愼曰 乾道本에 茂作戍이라 顧廣圻云 藏本今本에 作茂라 按戍當作戊니 戊茂

15) 宣王 : 전국시대 韓나라의 君主로 이름은 康이다. 昭侯의 아들인데 韓 威侯라고도 한다. 魏惠王과 巫沙에서 會盟하면서 함께 君號를 王으로 올리기로 하고 한나라에서 처음으로 王號를 썼다. 史書에서는 宣惠王으로 기록되어 있다.

16) 靖郭(氏)〔君〕 : 전국시대 齊나라의 相國으로 이름은 田嬰이다. 齊 威王의 작은 아들인데 薛邑에 봉해지고 정곽군으로 불렸다. 20여 년간 상국으로 재직하면서 40여 명의 아들을 두었는데 孟嘗君 田文이 바로 그의 아들이다.

17) 犀首甘茂之道穴 : 犀首는 전국시대 魏나라의 벼슬이름이다. 公孫衍이 예전에 이 벼슬을 역임하였기 때문에 공손연의 별칭으로도 쓴다. 공손연은 전국시대의 유명한 정치가·외교가·從橫家로서 張儀의 좋은 적수였다. 秦·魏·韓나라에서 두루 벼슬하였고, 여러 諸侯國들이 合從하여 진나라에 대항하기를 주장하였다.

甘茂는 전국시대 秦나라 下蔡 사람이다. 秦 武王 때 左相이 되어 韓나라 宜陽을 탈취하였다. 昭王 때 참소를 당하여 齊나라로 망명하였다.

道穴을 아래의 說(34-93)에는 人名으로 보았으나 그 아래 說(34-97)의 一說에는 '왕이 은밀한 말을 나누는 곳의 벽에 구멍을 뚫어놓았다.'로 되어 있다.

同字也라 古今人表에 作戊라하니라 先愼案 漢表用古文作戊나 本書例用今文作茂하니 今從藏本하노라 說에 正作茂하니라

○王先愼 : 乾道本에 '茂'가 '戍'로 되어 있다. 顧廣圻는 "藏本과 今本에 '茂'로 되어 있다. 살펴보건대 '戍'는 응당 '戊'가 되어야 하니 '戊'와 '茂'는 같은 글자이다. ≪漢書≫ 〈古今人表〉에 '戊'로 되어 있다."라고 하였다. 내가 살펴보건대 ≪漢書≫ 〈古今人表〉에 옛 글자를 써서 '戊'로 되어 있으나, 本書에는 으레 지금 글자를 써서 '茂'로 되어 있으니 지금 藏本을 따랐다. 〈아래의〉 說에는 바로 '茂'로 되어 있다.

34-12 堂谿公[18]知術이라 故問玉巵(치)하고 昭侯[19]能術이라 故以[20]聽獨寢하니

堂谿公은 통치술을 알았다. 그러므로 〈밑 빠진〉 玉巵를 물었고, 韓 昭侯는 통치술에 능하였다. 그러므로 〈당계공의〉 말을 듣고 난 뒤에 홀로 잠을 잤으니,

○先愼曰 以字當在能字下니 以는 用也라 言昭侯能用術이라 故每聽必獨寢이라

○王先愼 : '以'자는 응당 '能'자의 아래에 있어야 되니 '以'는 '用(쓰다)'이다. 昭侯는 통치술을 쓰는 데 능하였기 때문에 당계공의 말을 들을 때마다 반드시 홀로 잠을 잤음을 말한 것이다.

34-13 明主之道는 在申子之勸獨斷也니라

현명한 군주가 〈나라를 다스리는〉 방법은 申子가 독자적으로 결단하라고 권유한 말에 있다.

---

18) 堂谿公 : 唐谿公을 말한다. 춘추시대 吳나라 夫槪가 楚나라로 망명하자 楚 昭王이 堂谿(지금의 河南省 遂平縣 서북 지역)에 봉하여 당계씨가 되었다. 부개는 吳王 闔閭의 아우로 합려가 초나라를 침공하여 초나라에 머물러 있는 동안 오나라로 돌아가 스스로 오왕이 되었으나, 초나라와의 전쟁에 패배한 합려가 돌아와 부개를 공격하자 패하여 초나라로 망명한 것이다. 여기의 당계공은 바로 부개의 후손이라고 한다.

19) 昭侯 : 전국시대 韓나라 제6대 君主로, 姓은 姬, 이름은 武이다. 懿侯의 아들인데 혼란한 상태의 國政을 이어받아 개혁을 시행하여 申不害를 등용하고 政令을 정비하여 한나라의 國勢를 가장 강성한 시기로 만들었다. 釐侯·昭釐侯·昭僖侯라고도 한다.

20) 以 : 王先愼의 說을 따르지 않고, '以'는 '已'와 통한다는 松皐圓의 說이 옳다고 인정하여 "'已聽'은 '듣고 난 이후'라는 말과 같다."고 한 ≪韓非子新校注≫ 陳奇猷의 설을 따라 번역하였다.

〔經三〕

34-14 術之不行이 有故하니 不殺其狗면 則酒酸이라 夫國亦有狗하니 且左右皆社鼠[21]也라 人主無堯之再誅[22]와 與莊王之應太子[23]하야 而皆有薄媼之決蔡嫗也라 知(貴)〔匱〕[24]不能이면

통치술이 시행되지 못하는 데에는 까닭이 있으니, 〈술을 파는 사람이〉 자기의 사나운 개를 죽이지 않으면 〈술을 사러 오는 사람이 없어서〉 그의 술은 쉬고 만다. 나라에도 사나운 개와 같은 존재가 있으니, 더구나 측근의 近侍들이 모두 社壇에 숨어사는 쥐와 같다. 보통의 군주는 堯임금이 두 번이나 〈자기의 정책을 반대하는〉 신하를 죽인 일과 楚 莊王이 太子에게 응답한 것과 같은 의지가 없어서 모두 薄媼이 蔡嫗의 결정을 따른 것과 같은 사례가 있다. 〈군주의〉 지혜가 부족하여 〈스스로 결단하지〉 못한다면

○先愼曰 知貴는 疑欲知之誤라

○王先愼 : '知貴'는 '欲知'의 잘못인 듯하다.

34-15 以敎歌之法先揆之니라 吳起[25]之出愛妻와 文公之斬顚頡[26]은 皆違其

---

21) 社鼠 : 社壇에 숨어사는 쥐이다. 세력에 의지하여 나쁜 짓을 하는 小人을 비유하여 이른다. 아래의 說(34-118~122, 34-124~126) 참조.

22) 堯之再誅 : 帝堯가 帝舜에게 禪位하려고 할 때 이 일을 諫한 鯀과 共工을 죽인 일을 말한다.

23) 莊王之應太子 : 莊王은 楚 莊王으로 이름은 侶인데 春秋五霸의 한 사람으로, 茅門에 출입하는 예법을 어긴 태자의 요청에 거절한 응답을 말한다.

24) 知(貴)〔匱〕: 저본에는 '知貴'로 되어 있으나, "'知'는 '智'와 통용이고, '貴'는 '匱'와 통용이다."라고 한 ≪韓非子全譯≫ 張覺의 說에 의거하여 '知'는 '智'로 번역하고, '貴'는 '匱'로 바로잡았다.

25) 吳起 : 전국시대 衛나라 출신의 名將이다. 처음 魯나라의 장군이 되어 齊나라 군대를 격파하였고, 뒤에 魏 文侯의 장군이 되어 秦나라와 韓나라의 군대를 막았다. 문후가 죽은 뒤 楚 悼王의 相國이 되어 百越・三晉・秦나라를 토벌하였다. 도왕이 죽자 貴戚大臣의 원망을 사서 피살되었다. 저서에 兵書인 ≪吳子≫가 있다.

26) 文公之斬顚頡 : 文公은 춘추시대 晉 獻公의 아들 重耳이다. 顚頡은 춘추시대 晉나라의 大夫이다. 公子 중이를 따라 諸侯國을 떠돌아다니다가 귀국하여 대부가 되고, 曹나라를 토벌

情者也라 故能使人彈疽者는 必其忍痛者也니라

노래를 가르치는 방법으로 먼저 헤아려보아야 한다. 吳起가 사랑하는 아내를 내쫓고 晉 文公이 顚頡을 斬首한 것은 모두 자기의 情理에 위배되는 일이다. 그러므로 사람을 시켜서 자기의 毒腫을 터뜨려 치료하게 하는 사람은 반드시 그 고통을 참아내는 사람이다.

右經이라

이상은 經文이다.

〔一〕[27)]

34-16 賞之譽之라도 不勸하고 罰之毁之라도 不畏하니 四者加焉호되 不變則除之니라

賞을 주거나 칭찬을 해도 노력하지 않고, 벌을 주거나 견책을 해도 두려워하지 않는 자가 있으니, 이 네 가지를 시행하여도 변화하지 않으면 〈이런 신하는〉 제거하여야 한다.

○先愼曰 乾道本에 則下有其字라 盧文弨云 一本無則字라하고 王渭云 其字衍이라하니라 先愼案 張榜本無其字일새 今據刪하노라

○王先愼 : 乾道本에 '則' 아래에 '其'자가 있다. 盧文弨는 "어떤 본에는 '則'자가 없다."라 하였고, 王渭는 "'其'자는 衍文이라."라고 하였다. 내가 살펴보건대 張榜本에 '其'자가 없기 때문에 지금 이에 의거하여 삭제하였다.

34-17 齊景公[28)]之晉하야 從平公[29)]飮할새 師曠侍坐러라 始坐하야

할 때 자신에게 은덕을 베푼 僖負羈를 해치지 말라는 문공의 명을 거역하여 軍中에서 처형되었다.

27) 〔一〕: 〔經一〕(34-2~34-6)에 대한 해설을 모은 說이다.

28) 齊景公 : 춘추시대 齊나라의 군주이다. 姓은 姜이고 이름은 杵臼로, 靈公의 아들이고 莊公의 아우이다. 사치를 좋아하여 많은 원망을 들었다. 晏嬰을 相國으로 임명하여 많은 보필과 가르침을 받았으며, 魯 定公과 회합하여 侵奪했던 노나라 땅을 되돌려주었다.

齊 景公이 晉나라에 가서 晉 平公과 술을 마실 적에 師曠이 모시고 앉아 있었다. 자리에 처음 앉아서

○先愼曰 乾道本에 無始坐二字라 盧文弨云 張本有라하고 顧廣圻云 藏本有일새 今據補라하니라

○王先愼 : 乾道本에 '始坐' 두 글자가 없다. 盧文弨는 "張本에 있다."라고 하였고, 顧廣圻는 "藏本에 있다."라고 하였기 때문에 지금 이에 의거하여 보충하였다.

34-18 景公問政於師曠曰 太師將奚以教寡人고 師曠曰 君必惠民而已〔矣〕니이다

景公이 師曠에게 정치하는 방법에 대하여 "太師는 무슨 방법으로 寡人에게 가르침을 주시겠소?" 하고 물었다. 사광은 "군주께서는 반드시 백성들에게 은혜를 베푸셔야 할 따름입니다."라고 대답하였다.

○王先謙曰 以下文例之인댄 句末에 當有矣字라

○王先謙 : 아래 글의 규례를 쓴다면 句末에 응당 '矣'자가 있어야 한다.

34-19 中坐하야 酒酣에 將出이라가 又復問政於師曠曰 太師奚以教寡人고 曰 君必惠民而已矣니이다 景公出之舍에 師曠送之한대 又問政於師曠하니 師曠曰 君必惠民而已矣니이다 景公歸하야 思하야 未醒에 而得師曠之所謂하니

연회가 중반에 접어들어 술이 거나해 흥이 올랐을 때 밖으로 나가려고 하다가 다시 師曠에게 정치하는 방법에 대하여 "太師는 무슨 방법으로 과인에게 가르침을 주시겠소?" 하고 물었다. 사광은 "군주께서는 반드시 백성들에게 은혜를 베푸셔야 할 따름입니다."라고 대답하였다.

景公이 문을 나와 館舍로 가려고 할 적에 사광이 전송하자 경공이 다시 사광에게 정치하는 방법에 대하여 물으니, 사광은 "군주께서는 반드시 백성들에게 은혜

29) 平公 : 춘추시대 晉나라 군주이다. 悼公의 아들로 이름은 彪이다. 즉위한 처음에 楚나라와 湛阪에서 전쟁하여 승리하고, 宋나라·衛나라 등과 結盟하여 다시 진나라의 霸業을 회복하였다. 재위 후반부에는 토목공사를 크게 일으키고 정사에 힘쓰지 않아 권력이 六卿에게 돌아갔다.

를 베푸셔야 할 따름입니다."라고 대답하였다.

경공이 관사에 돌아와 곰곰이 생각하여 술이 깨기 전에 사광이 말해준 의미를 깨달았으니,

○先愼曰 歸는 謂歸其舍라 未醒은 承上酒酣言이니 寤寐思之하야 恍然有得하야 不待酒醒也라

○王先愼 : '歸'는 그가 묵는 관사에 돌아온 것이다. '未醒'은 위의 '酒酣'을 이어서 한 말이니, 자나 깨나 생각하여 홀연히 그 의미를 깨달아서 술이 깨기를 기다리지 않은 것이다.

34-20 公子尾公子夏者는 景公之二弟也니 甚得齊民하야 家富貴而民說(열)之하야 擬於公室하니 此危吾位者也라 今謂我惠民者는 使我與二弟爭民邪(야)아 於是反國하야 發廩粟以賦衆貧하고

그 의미는 "公子 尾와 公子 夏는 景公의 두 아우인데 齊나라에서 民心을 크게 얻어 집안이 富貴를 누리면서도 백성들이 그들을 좋아하여 公室과 견줄 정도가 되니 이것이 나의 지위를 위태롭게 하는 일이다. 지금 나에게 '백성들에게 은혜를 베풀라'고 말한 것은 나에게 두 아우와 함께 民心을 쟁탈하도록 한 것인가 보다."라고 여겼다.

이에 제나라로 돌아와서 倉廩(곡식 창고)의 곡식을 꺼내어 가난한 民衆들에게 나누어주고

○先愼曰 乾道本에 粟作栗하니 誤라 今據趙本改하노라

○王先愼 : 乾道本에 '粟'이 '栗'로 되어 있으니 잘못이다. 지금 趙本에 의거하여 고쳤다.

34-21 散府(餘)財以賜孤寡하야

府庫(재물 창고)의 재물을 풀어 고아와 과부에게 나누어주어

○兪樾曰 餘字衍文이라 散府財與發廩粟이 相對爲文이니 不當有餘字라 涉下文府無餘財而衍이라

○兪樾 : '餘'자는 衍文이라. '散府財'와 '發廩粟'이 상대하여 문장을 만들었으니 '餘'자가 있는 것은 합당하지 않다. 아래 글 '府無餘財'에 연계되어 연문이 된 것이다.

34-22 **倉無陳粟**하고 **府無餘財**하며 **宮婦不御者出嫁之**하고 **七十受祿米**하다 **鬻德(惠施)〔施惠〕於民也**하야

倉廩에는 묵은 곡식이 없고 府庫에는 남은 재물이 없으며, 잠자리에서 모시지 않은 宮女는 내보내어 시집가게 하고 70세 이상이 된 사람은 나라에서 俸祿으로 지급하는 쌀을 받게 하였다. 이처럼 백성에게 덕택을 주고 은혜를 베풀어

○先愼曰 惠施는 當作施惠라

○王先愼 : '惠施'는 응당 '施惠'가 되어야 한다.

34-23 **已與二弟爭民**하다

이 방법으로 두 아우와 민심을 다투었다.

○先愼曰 乾道本에 無民字라 顧廣圻云 今本에 爭下有民字라 已는 讀爲以라하고 盧文弨云 已字는 張本作不이라하니라 先愼案 已以古通하니 顧讀是요 爭下無民字면 則句義不完일새 今據今本補하노라

○王先愼 : 乾道本에 '民'자가 없다. 顧廣圻는 "今本에 '爭' 아래에 '民'자가 있다. '已'는 '以'로 읽어야 한다."라고 하였고, 盧文弨는 "'已'자는 張本에 '不'로 되어 있다."라고 하였다. 내가 살펴보건대 '已'와 '以'는 예전에 통용하였으니 顧廣圻가 〈'以'로〉 읽은 것이 옳고, '爭' 아래에 '民'자가 없으면 文句의 뜻이 불완전하기 때문에 지금 今本에 의거하여 보충하였다.

34-24 **居二年**에 **二弟出走**하야 **公子夏逃楚**하고 **公子尾走晉**하다

두 해가 지난 뒤에 두 아우가 외국으로 달아나, 公子 夏는 楚나라로 달아나고 公子 尾는 晉나라로 달아났다.

○盧文弨曰 子尾無出亡事요 其子高疆昭十年奔魯라가 遂奔晉이라 先愼曰 左傳에

子夏作子雅하니 古雅夏通用이라

○盧文弨 : 子尾는 외국으로 달아난 사실이 없고, 그의 아들 高疆이 魯 昭公 10년(B.C. 532)에 魯나라로 달아났다가 마침내 晉나라로 달아났다.

王先愼 : ≪春秋左氏傳≫에 '子夏'가 '子雅'로 되어 있으니, 예전에 '雅'와 '夏'는 통용하였다.

34-25 景公與晏子遊於少海[30)]라가 登柏寢之臺[31)]而還望其國하고 曰 美哉로다 泱泱乎며 堂堂乎여 後世將孰有此오 晏子對曰 其田成氏[32)]乎인저 景公曰 寡人有此國也어늘 而曰田成氏有之는 何也오 晏子對曰 夫田成氏甚得齊民하니이다 其於民也에 上之請爵祿하야 行諸大臣하며

齊 景公이 晏子와 함께 少海에서 유람하다가 柏寢臺에 올라 자기 나라를 둘러보고는 "아름답구나! 가없이 넓으며 웅장하여 장관이구나! 후세에 누가 이 나라를 소유할 것인가?"라고 하였다. 안자는 "아마 田成子일 겁니다."라고 대답하였다. 경공이 "寡人이 이 나라를 소유하고 있는데 그대가 전성자가 소유하리라고 말한 것은 무엇 때문이오?"라고 말하자, 안자가 다음과 같이 대답하였다.

"전성자는 齊나라의 민심을 크게 얻고 있습니다. 그가 백성들을 대함에 있어 위로는 벼슬과 녹봉을 요청하여 大臣에게 주며

○先愼曰 二柄篇에 作行之群臣이라

○王先愼 : 〈二柄篇〉에 '行之群臣(신하들에게 주다.)'으로 되어 있다.

34-26 下之私大斗斛區釜[33)]以出貸하고 小斗斛區釜以收之하니이다

30) 少海 : 渤海를 말한다. 幼海라고도 한다.

31) 柏寢之臺 : 춘추시대 齊나라의 樓臺 이름이다. 지금의 山東省 廣饒縣 지역에 있었다.

32) 田成氏 : 춘추시대 齊나라 大夫 田恒으로 成은 그의 諡號이다. 그의 先祖 陳나라 公子 完이 제나라에 망명하여 姓을 田氏로 바꾸었는데, ≪春秋左氏傳≫에는 陳恒으로, ≪史記≫에는 田常으로 기록되었다. 齊 簡公을 시해하고 平公을 세워 제나라의 정권을 독점하였고, 그의 증손 田和가 齊 康公을 축출하고 自立하여 田氏의 제나라를 만들었다.

33) 斗斛區釜 : 네 가지 容量 단위이다. 斗는 열 되〔升〕, 斛은 열 말〔斗〕, 區는 한 말 여섯 되, 釜는 네 구가 한 부로 여섯 말 너 되이다.

아래로는 개인적으로 斗·斛·區·釜를 규격보다 크게 만들어 그것으로 민간에 곡식을 대여하고, 반대로 두·곡·구·부를 규격보다 작게 만들어 그것으로 〈대여했던 곡식을〉 거두어들였습니다.

○先愼曰 左昭三年傳에 齊舊四量이니 豆區釜鍾이라 四升爲豆요 各自其四하야 以登於釜하니 釜十則鍾이러라 陳氏三量皆登一焉하니 鍾乃大矣라 以家量貸하고 而以公量收之라하니라

○王先愼：≪春秋左氏傳≫ 昭公 3년에 "齊나라에는 예전에 네 가지 量器가 있었으니 豆·區·釜·鍾이다. 4升이 1豆이고, 각각 그 4배씩을 더하여 釜를 이루니 10釜가 1鍾이었다. 陳氏 집안의 세 量器는 모두 1배씩 추가하니 그 鍾이 마침내 〈公用의 규격보다〉 컸다. 〈백성들에게 곡식을 대여할 적에는〉 집안에서 쓰는 양기로 내어주고 〈거두어들일 적에는〉 공용의 양기로 돌려받았다."라고 하였다.

34-27 殺一牛면 取一豆[34)]肉하고 餘以食士하며 終歲에 布帛取二制[35)]焉하고 餘以衣士하니이다 故市木之價 不加貴於山하고 澤之魚鹽龜鼈蠃蚌(방)[36)]이 不加貴於海니이다

소 한 마리를 잡으면 한 豆의 고기만을 취하고 나머지는 선비들을 먹였으며, 한 해에 받는 布帛도 두 制만을 취하고 나머지는 선비들을 입혔습니다. 그러므로 시장에서 파는 나무 값이 산에서보다 더 비싸지 않았고 못가에서 파는 물고기·소금·거북·자라·소라·펄조개가 바닷가에서보다 더 비싸지 않습니다.

○先愼曰 乾道本에 蚌作蚄(방)하고 無加字나 今依拾補改增하노라

○王先愼：乾道本에 '蚌'이 '蚄'으로 되어 있고 '加'자가 없으나, 지금 ≪群書拾補≫에 의거하여 고치고 보충하였다.

---

34) 一豆：豆는 고대의 음식을 담던 그릇으로, 酒肉을 담는 祭器로도 썼다. 진흙을 굽거나 구리·나무·대 등으로 만든다. 여기서는 한 豆에 담을 만큼의 적은 분량을 말한다.

35) 制：고대의 길이 단위이다. 布帛의 길이 한 丈 여덟 자[尺]가 한 制이다.

36) 蠃蚌(방)：소라와 펄조개로, 貝類를 두루 일컫는 말이다. 蠃는 주로 螺로 쓴다.

34-28 君重斂이어늘 **而田成氏厚施**하니이다 **齊嘗大飢**하야 **道旁餓死者**를 **不可勝數也**러니 **父子相牽而趨田成氏者**는 **不聞不生**이라 **故(周秦)〔秦周〕**[37]**之民**이

임금께서는 세금을 무겁게 부과하시는데 田成子는 은덕을 후하게 베풀고 있습니다. 齊나라가 이전에 큰 흉년이 들어 길가에 굶어죽은 사람이 이루 셀 수 없는 지경이었는데, 아비와 자식이 서로 이끌고 전성자의 집으로 달려간 자는 살아남지 못한 자가 있다는 말을 듣지 못하였습니다. 그러므로 秦周門 밖에 사는 백성들이

○顧廣圻曰 秦은 當作齊요 周는 遍也니 謂遍齊國之人이라

○顧廣圻 : '秦'은 응당 '齊'가 되어야 하고, '周'는 '遍(모두)'이니 모든 齊나라의 사람들을 이른다.

34-29 相與歌之曰 謳乎인저 **其已**[38]**乎**아 **苞**[39]**乎**인저 **其往歸田成子乎**아

서로 함께 노래하기를 '노래를 불러야지, 이곳에 거주해야 하리라! 배불리 먹어야지, 전성자에게 가서 귀의해야 하리라!'라고 하였습니다.

○盧文弨曰 孫貽穀云 史記田敬仲世家에 齊人歌之曰 嫗乎采芑하야 歸乎田成子라하니 此疑有誤라 俞樾曰 已는 當作芑라 昭十二年左傳에 我有圃하니 生之杞乎인저 從我者子乎라하니 與此文義相似라 史記載此歌하니 正作芑라 惟此本以謳苞爲韻하고 芑子爲韻이라 史記作歸乎田成子나 歸與謳則非韻矣니 當以此爲正이라

○盧文弨 : 孫貽穀은 "≪史記≫ 〈田敬仲完世家〉에 齊나라 사람들이 노래하여 '할머니들 씀바귀를 캐어 田成子에게 돌아가누나!'라고 하였으니, 이 文句는 잘못이 있는 듯하다."라고 하였다.

俞樾 : '已'는 응당 '芑'가 되어야 한다. ≪春秋左氏傳≫ 昭公 12년에 "나에게 남새밭 있으니 구기자가 나서 자라네. 나를 따르는 자는 사나이라네."라고 하였으니, 이 글의 뜻과

---

37) (周秦)〔秦周〕 : 저본에는 '周秦'으로 되어 있으나, 章太炎은 "'周秦'은 응당 '秦周'가 되어야 하니, 진주는 제나라의 城門 이름이다."라고 하였다. 陳奇猷는 ≪韓非子新校注≫에서 장태염의 說이 옳다고 하였기에 '秦周'로 바로잡아 번역하였다.

38) 已 : 集解의 주석을 따르지 않고, ≪韓非子全譯≫에서 '已'는 '止(거주하다)'라고 한 張覺의 설을 따라 번역하였다.

39) 苞 : "'苞'는 '飽(배부름이다.)'이다."라고 한 尹東陽의 설을 따라 번역하였다.(≪韓非子全譯≫)

서로 비슷하다. ≪사기≫에 이 노래를 기재하였는데 바로 '芑'로 되어 있다. 이 글은 본디 '謳'와 '苞'로 韻을 삼고, '芑'와 '子'로 운을 삼은 것이다. ≪사기≫에 '歸乎田成子'로 되어 있으나 '歸'와 '謳'는 운이 맞지 않으니 응당 이것으로 올바름을 삼아야 한다.

34-30 詩曰 雖無德與女나 **式歌且舞**라하니이다

≪詩經≫ 〈小雅 車舝〉에 '너와 함께할 수 있는 은덕은 없으나 노래하고 또 춤을 추어야 하네.'라고 하였습니다.

○**先愼曰 晏子春秋外篇**에 **女作汝**하니 **同字**라

○王先愼 : ≪晏子春秋≫ 〈外篇〉에 '女'가 '汝'로 되어 있으니 같은 글자이다.

34-31 今田成氏之德而民(之)歌舞〔之〕는 **民德歸之矣**니이다

지금 田成子가 은덕을 베풀어 백성들이 노래 부르고 춤을 추는 것은 백성들이 그의 은덕에 감격하여 귀의하는 것입니다.

○**先愼曰 之歌舞**는 **當作歌舞之**라

○王先愼 : '之歌舞'는 응당 '歌舞之'가 되어야 한다.

34-32 故曰 其田成氏乎인저하니이다 **公泫然出涕曰 不亦悲乎**아 **寡人有國**이어늘 **而田成氏有之**라하니 **今爲之奈何**오 **晏子對曰 君何患焉**이시니잇고 **若君欲奪之**신댄 **則近賢而遠不肖**하며 **治其煩亂**하고 **緩其刑罰**하며 **振貧窮而恤孤寡**하고 **行恩惠而給不足**이니 **民將歸君**이면 **則雖有十田成氏**라도 **其如君何**리잇가

그러므로 '아마 田成子일 것입니다.'라고 말씀드린 것입니다."

景公이 줄줄 눈물을 흘리면서 "슬프지 않은가! 과인이 나라를 소유하고 있는데 전성자가 소유할 것이라고 하니 지금 어찌해야 되겠소?" 하고 탄식하였다. 晏子가 "임금께서는 무엇 때문에 근심하십니까? 만일 임금께서 그에게 나라를 빼앗아 오고자 하신다면 賢人을 가까이하고 不肖한 자를 멀리하며, 번잡하고 어지러운 정세를 다스리고 형벌을 완화하며, 가난한 사람을 구제하고 고아와 과부를 돌봐주며,

은혜를 시행하고 생활이 부족한 사람을 도와주어야 할 것이니, 백성들이 임금께 돌아오게 된다면 전성자 같은 이가 열 명이 있더라도 임금께 어떻게 하겠습니까." 라고 대답하였다.

○先愼曰 田成氏는 御覽一百六十及一百七十七에 引無成字라

○王先愼 : '田成氏'는 ≪太平御覽≫ 권160과 권177에 이 글을 인용하면서 '成'자가 없다.

34-33 或曰 景公不知用勢하고 而師曠晏子不知除患이로다 夫獵者는 託車輿之安하고 用六馬之足하며 使王良[40]佐轡면 則身不勞而易(이)及輕獸矣니라 今釋車輿之利하며 捐六馬之足과 與王良之御하고 而下走逐獸면 則雖樓季[41]之足이라도 無時及獸矣어니와 託良馬固車면 則臧獲有餘니라 國者는 君之車也요 勢者는 君之馬也라 夫不處勢以禁誅[42]擅愛之臣하고

혹자는 다음과 같이 論評하였다.

景公은 권세를 사용할 줄 모르고, 師曠과 晏子는 患難을 제거할 줄 몰랐다. 사냥하는 사람은 수레의 편안함에 의탁하고 여섯 필 말의 다리 힘을 이용하며 王良 같은 이로 고삐를 잡아 돕게 하면 몸은 수고롭지 않으면서 날쌘 짐승을 쉽게 따라잡을 것이다. 지금 수레의 편리함을 놓아두고 여섯 필 말의 발힘과 왕량 같은 이의 수레 모는 능력을 버리고 수레에서 내려 맨몸으로 달려 짐승을 쫓는다면 樓季와 〈같은 빠른〉 발을 가졌더라도 짐승을 따라잡을 때가 없을 것이다. 그렇지만 좋은 말과 튼튼한 수레에 의탁하면 미천한 奴僕이 〈수레를 몰더라도 짐승을 따라잡기에〉 여유가 있을 것이다. 나라는 군주에게 있어 수레와 같고, 권세는 군주에게 있어 말과 같다. 권세가 있는 지위에 있으면서 제멋대로 恩愛를 시행하는 신하를 제지하거나 처벌하지 못하고,

○先愼曰 誅字衍이요 擅愛는 卽上請爵祿行之大臣也라 禁擅愛之臣은 與下文禁

---

40) 王良 : 춘추시대 晉나라의 말을 잘 부리는 사람이다. 晉나라 正卿 趙簡子의 마부이었다.
41) 樓季 : 전국시대 魏나라의 뛰어오르기를 가장 잘하는 사람이다. 魏 文侯의 아우라고 한다.
42) 誅 : 集解에 '誅'는 衍文이라고 하였으나, ≪韓非子新校注≫ 陳奇猷의 說을 따라 연문으로 처리하지 않고 '처벌'로 번역하였다.

侵陵之臣으로 句例正同이라

○王先愼 : '誅'자는 衍文이고, '擅愛'는 곧 위의 '請爵祿行之大臣(벼슬과 녹봉을 요청하여 대신에게 줌)'의 뜻이다. '禁擅愛之臣'은 아래 글의 '禁侵陵之臣(침범하고 능멸하는 신하를 금지함)'과 함께 句例가 똑같다.

34-34 而必德厚以與(天)下齊行以爭民이면

반드시 후한 은덕을 베풀어 신하들과 똑같은 행위를 함으로써 민심을 쟁탈한다면

○先愼曰 乾道本에 民作名이라 顧廣圻云 天字衍이요 藏本에 名作民하니 是也라 見本書難三篇이라하니라 先愼案 顧說是니 拾補에 亦作民일새 今據改하노라

○王先愼 : 乾道本에 '民'이 '名'으로 되어 있다. 顧廣圻는 "'天'자는 衍文이고, 藏本에 '名'이 '民'으로 되어 있으니 옳다. 本書 〈難三篇〉에 보인다."라고 하였다. 내가 살펴보건대 고광기의 說이 옳으니 ≪群書拾補≫에도 '民'으로 되어 있기 때문에 지금 이에 의거하여 고쳤다.

34-35 是皆不乘君之車[43]하며 不因馬之利하고

이는 모두 군주에게 〈나라에 해당하는〉 수레를 타지 않으며 빠른 말의 편리함을 이용하지 않고

○先愼曰 君之車는 當作車之安이니 車之安과 與馬之利 相對爲文이라 上云託車輿之安이 卽其證이라

○王先愼 : '君之車'는 응당 '車之安'이 되어야 하니, '車之安'과 '馬之利'가 상대하여 문장이 되었다. 위에서 '託車輿之安'이라고 말한 것이 바로 그 증명이다.

34-36 釋車而下走者也라

수레를 버려둔 채 수레에서 내려 맨몸으로 달려가는 것과 같은 것이다.

---

43) 君之車 : 集解에는 '車之安'이 되어야 한다고 하였으나, 위(34-33)에서 '國者君之車'라 하였으니 여기서 말한 '君之車'는 바로 군주의 나라를 이르는 것이기 때문에 집해를 따르지 않았다.

○先愼曰 乾道本에 無釋字라 顧廣圻云 車字當衍이니 今本에 車上有舍字者는 非是라하니라 先愼案 顧說非라 御覽六百二十四에 引車上有釋字하니 是라 此與外儲說左上의 釋車而走와 句例正合일새 今據增하노라

○王先愼 : 乾道本에 '釋'자가 없다. 顧廣圻는 "'車'자는 응당 衍文이니, 今本에 '車' 위에 '舍'자가 있는 것은 옳지 않다."라고 하였다. 내가 살펴보건대 고광기의 설은 잘못되었다. ≪太平御覽≫ 권624에 이 글을 인용하면서 '車' 위에 '釋'자가 있으니 옳다. 이 글은 本書 〈外儲說 左上〉의 '釋車而走(수레를 버려둔 채 달아나다.)'와 句例가 바로 합치하기 때문에 지금 이에 의거하여 〈'釋'자를〉 보충하였다.

34-37 (或)〔故〕[44]曰 景公不知用勢之主也요 而師曠晏子不知除患之臣也라하노라

그러므로 "景公은 권세를 사용할 줄 모르는 군주이고, 師曠과 晏子는 환난을 제거할 줄 모르는 신하이다."라고 한 것이다.

○先愼曰 乾道本은 師曠下에 有不知二字라 顧廣圻云 藏本今本에 無不知二字라하니라 先愼案 御覽에 引亦無不知二字일새 今據刪하노라

○王先愼 : 乾道本에는 '師曠' 아래에 '不知' 두 글자가 있다. 顧廣圻는 "藏本과 今本에 '不知' 두 글자가 없다."라고 하였다. 내가 살펴보건대 ≪太平御覽≫ 권624에 이 글을 인용한 데에도 '不知' 두 글자가 없기 때문에 지금 이에 의거하여 삭제하였다.

34-38 子夏曰 春秋之記臣殺(시)君하며 子殺(시)父者 以十數矣니 皆非一日之積也요 有漸而以至矣라하니라

子夏가 말하였다. "≪春秋≫에서 신하가 임금을 시해하고 자식이 아비를 시해한 사건을 기록한 것이 열 건 정도로 헤아릴 수 있다. 이는 모두 하루에 쌓여서 빚어진 일이 아니라 차츰차츰 쌓여서 이 지경에 이른 것이다.

○先愼曰 拾補에 無以字라 盧文弨云 張本에 有以字라하고 顧廣圻云 藏本同이요 今本에 無以字하니 誤라하니라

---

44) (或)〔故〕: 저본에는 '或'으로 되어 있으나, 乾道本을 비롯한 諸本에 의거하여 '故'로 바로잡았다.

○王先愼 : ≪群書拾補≫에 '以'자가 없다. 盧文弨은 "張本에 '以'자가 있다."라고 하였고, 顧廣圻는 "藏本은 여기와 같고 今本에 '以'자가 없으니 잘못이다."라고 하였다.

34-39 **凡姦者**는 **行久而成積**하고 **積成而力多**하며 **力多而能殺**이라 **故明主**는 **蚤絶之**하나니라

대체로 간악한 사람은 〈陰謀를〉 꾸민 지 오래되면 쌓이게 되고 〈음모가〉 쌓이면 세력이 커지며 세력이 커지면 〈군주를〉 죽이게 된다. 그러므로 현명한 군주는 일찌감치 〈간악한 일의 싹을〉 잘라버린다."

34-40 **今田常之爲亂**하야 **有漸見**(현)**矣**어늘 **而君不誅**하며 **晏子不使其君禁侵陵之臣**하고 **而使其主行惠**라 **故簡公受其禍**하니라 **故子夏曰 善持勢者**는 **蚤絶姦之萌**이라하니라

지금 田常이 난을 일으키려고 하여 그 조짐이 차츰 드러나고 있는데도 군주는 그를 처벌하지 않았으며, 晏子는 그 군주로 하여금 침범하고 능멸하는 신하를 제지하도록 하지 않고 군주에게 은혜를 베풀도록 하였다. 그러므로 齊 簡公이 그 禍를 받게 된 것이다. 그 때문에 子夏는 "권세를 잘 장악한 사람은 일찌감치 간악한 일의 싹을 잘라버린다."라고 하였다.

34-41 **季孫相魯**에 **子路**[45]**爲郈令**[46]하다

季孫氏가 魯나라에서 재상 노릇 할 때 子路는 郈의 縣令이 되었다.

○**盧文弨曰 家語致思篇**에 **作蒲宰**라 **先愼曰 說苑臣術篇**에 **作蒲令**하니 **家語**는 **卽本說苑**하니라

45) 子路 : 孔子의 제자 10哲 중의 한 사람이다. 이름은 仲由이고, 字는 子路 또는 季路이다. 춘추시대 魯나라 卞邑(지금의 山東省 泗水縣 泉林鎭 卞橋) 사람으로, 강직하고 勇力을 좋아했으며, 孔門 四科에 政事로 일컬어졌다. 衛나라의 蒯聵와 出公 輒 父子가 爭位할 때 출공 첩을 구원하다가 괴외에게 죽임을 당하였다.

46) 郈令 : 춘추시대 魯나라 叔孫氏의 郈邑을 다스리는 令이다. 후읍은 지금의 山東省 東平縣 동남쪽에 있었다.

○盧文弨：〈'郈令'은〉 ≪孔子家語≫ 〈致思篇〉에 '蒲宰'로 되어 있다.

王先愼：≪說苑≫ 〈臣術篇〉에 '蒲令'으로 되어 있으니, ≪孔子家語≫는 곧 ≪說苑≫에서 근본한 것이다.

34-42 魯以五月起衆爲長溝러니 當此之時하야

魯나라가 5월에 民衆을 동원하여 큰 水路를 만들고 있었는데, 이때를 당하여

○先愼曰 各本에 時作爲어늘 據御覽八百四十九引改라

○王先愼：各本에 '時'가 '爲'로 되어 있는데 ≪太平御覽≫ 권849의 인용한 글에 의거하여 고쳤다.

34-43 子路以其私秩粟爲漿飯하야

子路가 祿俸으로 받은 사적인 곡식으로 죽을 쑤어서

○先愼曰 漿飯은 粥也라

○王先愼：'漿飯'은 죽이다.

34-44 要作溝者於五父之衢[47]而飡之하다

五父의 큰 거리에서 수로 일을 하는 인부들을 불러다가 죽을 먹였다.

○先愼曰 御覽二十二及一百九十五八百四十九에 引飯竝作飮하고 下覆其飯도 竝作覆其飮이라

○王先愼：≪太平御覽≫ 권22와 권195·권849에 이 글을 인용하면서 '飯'이 모두 '飮'으로 되어 있고, 아래의 '覆其飯(그 밥을 엎어버렸다.)'도 모두 '覆其飮(그 물을 엎어버렸다.)'으로 되어 있다.

34-45 孔子聞之하시고 使子貢[48]往覆其飯하고 擊毁其器하야 曰 魯君有民이어늘

---

47) 五父之衢：춘추시대 魯나라의 길 이름으로, 지금의 山東省 曲阜市 동남쪽에 있었다.

48) 子貢：孔子의 제자 10哲 중의 한 사람이다. 姓은 端木이고 이름은 賜이며 字는 子貢(子贛)

子奚爲乃飡之오하다 **子路怫然怒**하야 **攘肱而入**하야 **請曰 夫子疾由之爲仁義乎**잇가 **所學於夫子者**는 **仁義也**요 **仁義者**는 **與天下共其所有**하며 **而同其利者也**어늘 **今以由之秩粟而飡民**을 **其不可**는 **何也**잇고

孔子께서 그 말을 들으시고 子貢을 보내어 그 밥을 엎어버리고 밥을 담은 그릇을 부수라고 하면서 “魯나라 임금께 소속된 백성이 있는데 네가 어찌하여 그들에게 밥을 먹이느냐?”라고 말하게 하였다.

子路는 발끈 화를 내면서 팔뚝을 걷어 올리고 들어가 공자에게 “夫子께서는 제가 仁義를 행하는 것을 싫어하십니까? 제가 부자께 배운 것이 인의이고, 인의는 자기가 가진 것을 천하 사람들과 공유하며 자기의 이익을 함께 누리는 것인데, 지금 제가 녹봉으로 받은 사적인 곡식으로 〈죽을 쑤어서〉 백성들에게 먹이는 일이 옳지 않다고 하시는 것은 무엇 때문입니까?”라고 물었다.

○**先愼曰 各本**에 **無其字**어늘 **據御覽引補**라

○王先愼 : 各本에 ‘其’자가 없는데 ≪太平御覽≫ 권849의 인용문에 의거하여 보충하였다.

34-46 **孔子曰 由之野也**여 **吾以女知之**어늘 **女徒未及也**니 **女故**[49]**如是之不知禮也**로다 **女之飡之**는 **爲愛之也**라 **夫禮**는 **天子愛天下**하고 **諸侯愛境內**하며 **大夫愛官職**하고 **士愛其家**니 **過其所愛曰侵**이니라 **今魯君有民而子擅愛之**하니 **是子侵也**라 **不亦誣乎**아 **言未卒**에 **而季孫使者至**하야 **讓曰 肥**[50]**也起民而使之**어늘 **先生使弟子止徒役而**(滄)〔**飡**〕[51]**之**하니

孔子께서는 “仲由의 거칠고 상스러움이여! 나는 네가 〈事理를〉 안다고 여겼는데

인데, 주로 字로 통한다. 춘추 말기 衛나라 사람으로, 언변에 뛰어나 孔門 四科에 言語로 일컬어졌다. 貨殖에 뛰어나 공자의 제자 중에 제일의 부자로서 儒商의 시조라 불리며, 魯나라와 衛나라의 相에 임명되기도 하였다.

49) 故 : ‘固’와 통용한다.

50) 肥 : 季康子의 이름이다.

51) (滄)〔飡〕 : 저본에는 ‘滄’으로 되어 있으나, 사고전서본 ≪韓非子≫에 의거하여 ‘飡’으로 바로잡았다.

너는 끝내 여기에 미치지 못했으니, 너는 본래 이와 같이 禮를 알지 못하는구나. 네가 〈백성들에게 죽을〉 먹인 것은 그들을 사랑하기 때문이다. 예의 〈범위는,〉 천자는 천하 사람들을 사랑하고 諸侯는 국경 안의 사람들을 사랑하며 大夫는 자기의 官職이 〈관할하는 안의〉 사람을 사랑하고 士는 자기 가정 안의 사람을 사랑하는 것이니, 그 범위를 넘어 사랑하는 것을 〈남의 영역을〉 침범했다고 하는 것이다. 지금 노나라 임금께 소속된 백성이 있는데 네가 제멋대로 그들을 사랑하고 있으니 이는 네가 〈임금의 영역을〉 침범한 것이다. 그러니 또한 터무니없는 일이 아니겠느냐!"라고 말해주었다.

말을 다 마치기도 전에 季孫氏의 使者가 와서 꾸짖어 말하기를 "내가 백성들을 동원하여 勞役을 시키고 있는데 선생이 제자를 시켜 노역을 중지하고 죽을 먹이게 하였으니,

○先愼曰 各本에 止作令이어늘 據御覽引改라

○王先愼 : 各本에 '止'가 '令'으로 되어 있으나 ≪太平御覽≫ 권849의 인용문에 의거하여 고쳤다.

34-47 將奪肥之民耶아 孔子駕而去魯하시다 以孔子之賢으로 而季孫非魯君也로되 以人臣之資로 假人主之術이어늘 蚤禁於未形하야 而子路不得行其私惠라 而害不得生이어늘 況人主乎아 以景公之勢로 而禁田常之侵也런들 則必無劫弑之患矣리라

앞으로 나의 백성을 빼앗으려는 것입니까?"라고 하였다. 〈이 말을 들은〉 孔子는 수레를 타고 魯나라를 떠나버렸다.

공자의 현명함으로써 季孫氏는 노나라 군주가 아니건만 신하의 신분으로 임금의 治術을 빌려 〈통치를 하는데〉 아직 드러나지 않은 患難을 미연에 막아서 子路가 사적인 은혜를 베풀지 못하였다. 그 때문에 危害가 발행하지 않았는데 하물며 군주에 있어서랴! 齊 景公이 가진 권세로써 田常의 侵害를 제지했다면 필시 협박을 받고 弑害당하는 禍難은 없었을 것이다.

34-48 太公望東封於齊러니 **齊東海上有居士**하니 **曰狂矞華士昆弟二人者**라

太公望이 동쪽으로 齊나라에 봉해졌는데 제나라 동해 가에 隱士가 있으니 狂矞과 華士라는 형제 두 사람이다.

○**顧廣圻曰 論衡非韓篇**에 **矞作譎**하고 **荀子宥坐篇楊倞注**에 **引此士作仕**라 **先愼曰 御覽六百四十五**에 **引矞作獝**하고 **無者字**라

○顧廣圻 : ≪論衡≫ 〈非韓篇〉에 '矞'이 '譎'로 되어 있고, ≪荀子≫ 〈宥坐篇〉 楊倞의 注에 이 글을 인용하면서 '士'가 '仕'로 되어 있다.

王先愼 : ≪太平御覽≫ 권645에 이 글을 인용하면서 '矞'이 '獝'로 되어 있고, '者'자가 없다.

34-49 立議曰 吾不臣天子하고 **不友諸侯**하며 **耕作而食之**하고 **掘井而飮之**하니 **吾無求於人也**라 **無上之名**하고 **無君之祿**하야 **不事仕而事力**이라하다 **太公望至於營丘**[52]하야 **使執而殺之**하야

〈그들이〉 주장하는 準則을 세워 "우리는 天子의 신하가 되지 않고 諸侯의 벗이 되지 않으며, 직접 농사를 지어 거둔 곡식을 먹고 직접 우물을 파서 그 물을 마시니 우리는 남에게 요구할 것이 전혀 없다. 군주가 주는 명성이 필요 없고 군주가 주는 녹봉도 필요 없어서 벼슬에 종사하지 않고 힘으로 노동에 종사할 것이다."라고 하였다.

太公望이 營丘에 도착하여 관리를 보내어 그들을 잡아 죽이게 하면서

○**先愼曰 乾道本**에 **作使吏執殺之**라 **盧文弨云 執下脫而字**하니 **荀子注引有**라하니라 **先愼案 荀子注**에 **引無吏字**하고 **御覽**에 **引作使執而殺之**어늘 **今據改**하노라

○王先愼 : 乾道本에 '使吏執殺之(관리를 보내어 잡아 죽이다.)'로 되어 있다. 盧文弨는 "'執' 아래에 '而'자가 탈락되었으니, ≪荀子≫ 〈宥坐篇〉 楊倞 注의 인용문에 〈'而'자가〉 있다."라고 하였다. 내가 살펴보건대 ≪荀子≫ 〈宥坐篇〉 楊倞 注의 인용문에 '吏'자가 없고,

---

52) 營丘 : 지금의 山東省 淄博市 臨淄 북쪽에 있던 옛 邑이름이다. 營丘山 때문에 붙여진 이름으로, 周 武王이 太公望(呂尙)을 齊나라에 봉하자 이곳에 國都를 세웠다. 뒤에 이름을 臨淄로 고쳤다.

≪太平御覽≫ 권645에 이 글을 인용하면서 '使執而殺之'로 되어 있기에 지금 이에 의거하여 고쳤다.

34-50 以爲首誅하다 **周公旦**[53]**從魯聞之**하고 **發急傳**[54]**而問之曰 夫二子**는 **賢者也**어늘 **今日饗國而殺賢者**는 **何也**오 **太公望曰 是昆弟二人立議曰 吾不臣天子**하고 **不友諸侯**하며 **耕作而食之**하고 **掘井而飮之**하니 **吾無求於人也**라 **無上之名**하고 **無君之祿**하야 **不事仕而事力**이라하니 **彼不臣天子者**는 **是望不得而臣也**요 **不友諸侯者**는 **是望不得而使也**요 **耕作而食之**하고 **掘井而飮之**하니 **無求於人者**는 **是望不得以賞罰勸禁也**로라 **且無上名**하니 **雖知**나 **不爲望用**이요 **不仰君祿**하니 **雖賢**이나 **不爲望功**이라 **不仕則不治**요 **不任則不忠**이라 **且先王之所以使其臣民者**는 **非爵祿則刑罰也**어늘 **今四者不足以使之**면 **則望當誰爲君乎**아 **不服兵革而顯**하고 **不親耕耨而名**은 **又所以敎於國也**니라

이들을 가장 먼저 懲罰하는 대상으로 삼았다. 周公 旦이 魯나라로부터 이 소식을 듣고 긴급한 소식을 전하는 驛馬를 출발시켜 "저 두 사람은 어진 이들인데 오늘 나라를 享有하고서 어진 이를 죽인 것은 무엇 때문이오?"라고 묻게 하였다. 太公望은 다음과 같이 말하였다.

"이 형제 두 사람이 주장하는 준칙을 세워 '우리는 天子의 신하가 되지 않고 諸侯의 벗이 되지 않으며, 직접 농사를 지어 거둔 곡식을 먹고 직접 우물을 파서 그 물을 마시니 우리는 남에게 요구할 것이 전혀 없다. 군주가 주는 명성이 필요 없고 군주가 주는 녹봉도 필요 없어서 벼슬에 종사하지 않고 힘으로 노동에 종사할 것이다.'라고 하였소.

저들이 천자의 신하가 되지 않겠다는 것은 나 역시 그들을 신하로 삼을 수 없

---

53) 周公旦 : 周 文王의 넷째 아들이고 武王의 아우로, 姓은 姬, 이름은 旦이며, 시호는 元·文이다. 무왕을 도와 商紂를 토벌하여 周나라 건국에 기여하였고, 어린 조카 成王을 대리하여 政事를 맡아 武庚과 管叔·蔡叔의 반란을 진압하였다. 주나라의 制度와 禮樂을 정하고 관혼상제의 儀禮를 제정하여 주나라의 기틀을 견고히 확립하였다. 후세 사람들이 聖賢의 모범으로 추앙한다.

54) 急傳 : 긴급한 소식이나 公文을 빨리 전달하기 위하여 내달리는 驛馬를 말한다.

고, 제후의 벗이 되지 않겠다는 것은 나 역시 그들을 부릴 수 없으며, 직접 농사를 지어 거둔 곡식을 먹고 직접 우물을 파서 그 물을 마시니 남에게 요구할 것이 전혀 없다는 것은 나 역시 그들을 賞罰로 勸勉하거나 금지할 수 없다는 것이지요. 게다가 군주가 주는 명성이 필요 없다 하였으니 그들이 지혜롭더라도 나를 위해 쓰지 않을 것이고, 군주가 주는 녹봉에 의지하지 않는다 하였으니 그들이 현명하더라도 나를 위해 功을 세우지 않을 것이오. 벼슬을 원치 않는다면 그들을 다스릴 수 없고 任用되기를 원치 않는다면 그들이 충성을 바치지 않겠다는 것입니다. 또 先王들께서 자기의 臣民을 부린 도구는 爵位와 녹봉이 아니면 형벌이었는데 지금 이 네 가지(작위 · 녹봉 · 형 · 벌)로 그들을 부릴 수 없다면 내가 앞으로 누구의 군주가 되겠소? 전쟁에 종사하지 않고도 顯貴하게 되고 직접 농사를 짓지 않고도 명성을 얻는 것은 또 나라 사람들에게 〈그들을 본받도록〉 가르치는 것입니다.

○顧廣圻曰 藏本今本에 又下有非字하니 誤라

○顧廣圻 : 藏本과 今本에 '又' 아래에 '非'자가 있으니 잘못되었다.

34-51 今有馬於此하야 如驥之狀者면 天下之至良也라 然而驅之不前하고 卻之不止하며

지금 이곳에 말이 있어서 駿馬의 모습을 하고 있다면 천하의 가장 좋은 말이라고 여길 것입니다. 그러나 몰아도 앞으로 달리지 않고 물러나게 해도 멈추지 않으며

○先愼曰 御覽에 引卻作引하고 止作至라

○王先愼 : ≪太平御覽≫ 권645에 이 글을 인용하면서 '卻'은 '引'으로 되어 있고 '止'는 '至'로 되어 있다.

34-52 左之不左하고 右之不右면 則臧獲雖賤이라도 不託其足이라 臧獲之所願託其足於驥者는 以驥之可以追利辟(피)害也어늘 今不爲人用이면 臧獲雖賤이라도 不託其足焉이니라 已自謂以爲世之賢士而不爲主用하고 行極賢而不用於君이면

此非明主之所臣也니 **亦驥之不可左右矣**라 **是以誅之**로라

왼쪽으로 몰아도 왼쪽으로 가지 않고 오른쪽으로 몰아도 오른쪽으로 가지 않는다면 奴僕 같은 미천한 사람일지라도 자기의 발을 그 말에 의탁하지 않을 것입니다. 노복이 자기의 발을 준마에게 의탁하기를 원하는 것은 준마에 의탁함으로써 이익을 좇다가 危害를 피할 수 있기 때문인데, 지금 사람들에게 쓰임이 되지 못한다면 노복 같은 미천한 사람이라도 자기의 발을 그 말에 의탁하지 않을 것입니다.

저들이 이미 스스로 세상의 어진 선비라고 여기나 군주에게 쓰임이 되지 않고, 행실이 지극히 훌륭하다고 여기나 군주에게 쓰이지 못한다면, 이런 사람은 현명한 군주가 신하로 삼을 수 있는 대상이 아닙니다. 이는 또 왼쪽이나 오른쪽으로 부릴 수 없는 준마와 같습니다. 이 때문에 誅殺한 것입니다."

34-53 **一曰 太公望東封於齊**러니 **海上有賢者狂矞**이라

일설의 내용은 다음과 같다. 太公望이 동쪽으로 齊나라에 봉해졌는데 바닷가에 狂矞이라는 어진 이가 있었다.

○**先愼曰 北堂書鈔四十五**에 **引者下有名字**라

○王先愼 : ≪北堂書鈔≫ 권45에 이 글을 인용하면서 '者' 아래에 '名'자가 있다.

34-54 **太公望聞之**하고 **往請焉**하야 **三郤馬於門**호되 **而狂矞不報見也**어늘 **太公望誅之**하다 **當是時也**하야 **周公旦在魯**러니 **馳往止之**로되 **比至**에 **已誅之矣**러라 **周公旦曰 狂矞**은 **天下賢者也**어늘 **夫子何爲誅之**오

太公望이 이를 듣고 그의 집에 가서 만나기를 요청하여 세 번이나 그 집 문 앞에 말을 머물러두었으나, 狂矞이 만나겠다는 답을 하지 않자 태공망은 그를 죽여버렸다. 이때 周公 旦이 魯나라에 있었는데 말을 달려가서 만류하려고 하였으나 그곳에 도착했을 때는 이미 그를 죽인 뒤였다. 주공 단이 "광율은 천하에 이름이 난 어진 이인데 당신은 어찌하여 그를 죽였소?"라고 물었다.

○**先愼曰 北堂書鈔**에 **引無夫子二字**라

○王先愼 : ≪北堂書鈔≫ 권45에 이 글을 인용하면서 '夫子' 두 글자가 없다.

34-55 太公望曰 狂矞也는

太公望이 "狂矞은

○先愼曰 也字衍文이라

○王先愼 : '也'자는 衍文이다.

34-56 議不臣天子하고 不友諸侯일새

주장하는 준칙으로 天子의 신하가 되지 않고 諸侯의 벗이 되지 않겠다고 하였기 때문에

○先愼曰 北堂書鈔에 引議作義하니 二字古通이라

○王先愼 : ≪北堂書鈔≫ 권45에 이 글을 인용하면서 '議'가 '義'로 되어 있으니 두 글자는 예전에 통용하였다.

34-57 吾恐其亂法易(이)敎也라 故以爲首誅호라 今有馬於此하야 形容似驥也나 然驅之不往하고 引之不前이면 雖臧獲이라도 不託足以旋其軫也니라

나는 그가 나라의 법을 어지럽히고 나의 敎令을 경시할까 우려되었습니다. 그러므로 가장 먼저 그를 징벌한 것입니다. 지금 이곳에 말이 있어서 駿馬의 모습을 하고 있으나 몰아도 앞으로 나아가지 않고 끌어당겨도 나아가지 않는다면 奴僕 같은 〈미천한 사람일지라도〉 그 말에 발을 의탁하여 수레를 돌리려 하지 않을 것입니다."라고 하였다.

○先愼曰 乾道本에 託上有許字하고 以旋二字作於字라 顧廣圻云 藏本今本에 無許字하고 於作以旋일새 今據改라하니라

○王先愼 : 乾道本에 '託' 위에 '許'자가 있고, '以旋' 두 글자가 '於'로 되어 있다. 顧廣圻는 "藏本과 今本에 '許'자가 없고, '於'는 '以旋'으로 되어 있기 때문에 지금 이에 의거하여 고쳤다."라고 하였다.

34-58 **如耳**[55]**說**(세)**衛嗣公**한대 **衛嗣公說**(열)**而太息**하다 **左右曰 公何爲不相也**잇고 **公曰 夫馬似鹿者而題之千金**이나

如耳가 衛 嗣公에게 유세하자 위 사공이 기뻐하면서도 큰 소리로 탄식하였다. 측근의 侍從이 "主公께서는 어찌 그를 相國으로 삼지 않으십니까?"라고 물었다. 사공은 "사슴을 닮은 말이라면 千金의 값을 매기겠지만

○**先愼曰 事類賦二十三**에 **引無之字**라

○王先愼 : ≪事類賦≫ 권23에 이 글을 인용하면서 '之'자가 없다.

34-59 **然而有百金之馬**하고 **而無千金之鹿者**는 **何也**오

그러나 百金의 가치가 있는 말은 있어도 천금의 가치가 있는 사슴이 없는 것은 무엇 때문이겠는가?

○**先愼曰 各本**에 **千字作一**하고 **無何也二字**어늘 **據論衡藝文類聚九十三**과 **御覽八百九十三**에 **引補**라

○王先愼 : 각본에 '千'자가 '一'로 되어 있고 '何也' 두 글자가 없는데 ≪論衡≫ 〈非韓篇〉·≪藝文類聚≫ 권93과 ≪太平御覽≫ 권893의 인용문에 의거하여 보충하였다.

34-60 **馬爲人用而鹿不爲人用也**일새라 **今如耳**는 **萬乘之相也**라 **外有大國之意**하야 **其心不在衛**하니 **雖辯智**라도 **亦不爲寡人用**이라 **吾是以不相也**니라

말은 사람에게 쓰임이 되지만 사슴은 사람에게 쓰임이 되지 못하기 때문이다. 지금 如耳는 萬乘 큰 나라의 재상감이다. 큰 나라에 가서 〈벼슬을 구하려는〉 뜻을 겉으로 드러내어 그의 마음이 우리 衛나라에 있지 않으니, 말에 능하고 지혜롭더라도 寡人에게 쓰일 사람이 아니다. 나는 이 때문에 그를 상국으로 삼지 않는 것이다."라고 하였다.

---

55) 如耳 : 전국시대 魏나라 사람으로, 衛나라에서도 벼슬하였다. ≪史記≫ 〈魏世家〉 哀王 8년의 ≪史記正義≫에 "〈'如耳'는〉 魏나라 大夫의 성명이다."라고 하였다.

34-61 **薛公之相魏昭侯**[56]**也**에 **左右有欒子者**하니 **曰陽胡潘其**라 **於王甚重**호되

薛公이 魏 昭侯의 相國이 되었을 때 소후의 侍從 중에 쌍둥이가 있었으니 陽胡와 潘其이다. 〈이들은〉 소후에게 매우 중시를 받았으나

○**先愼曰 御覽七百五十四**에 **引潘其作潘者**라

○王先愼 : ≪太平御覽≫ 권754에 이 글을 인용하면서 '潘其'가 '潘者'로 되어 있다.

34-62 **而不爲薛公**하니 **薛公患之**하다 **於是**에 **乃召與之博**하야 **予之人百金**하고 **令(之)〔其〕昆弟博**이라가

薛公을 위해서는 〈힘을 쓰지〉 않으니 설공이 근심하였다. 이에 곧 그들을 불러서 함께 장기를 두면서, 한 사람마다 백 金씩을 주고 형제끼리 장기를 두게 하였다가

○**先愼曰 令之**는 **當作令其**라

○王先愼 : '令之'는 응당 '令其'가 되어야 한다.

34-63 **俄又益之人二百金**하다 **方博有間**에 **謁者言客張季(之)子**[57]**在門**하니

잠시 뒤에 또 한 사람마다 2백 金씩을 더 주었다. 한창 장기를 두고 있는데 잠시 뒤에 謁者가 門客 張季가 대문에 있다고 말하니

○**先愼曰 張榜本**에 **無之子二字**라

○王先愼 : 張榜本에 '之子' 두 글자가 없다.

34-64 **公怫然怒**하야 **撫兵而授謁者曰 殺之**하라 **吾聞季之不爲文也**호라 **立有**

---

56) 魏昭侯 : 전국시대 魏나라의 제5대 君主 昭王을 말한다. 姓은 姬, 이름은 遬으로 魏 襄王의 아들이고, 魏 惠王의 손자이다. 孟嘗君이 魏나라로 망명했을 때 昭王이 그를 相國으로 삼아 諸侯들과 함께 齊나라를 공격하여 격파하였다.

57) (之)子 : 저본에는 '之'자가 있으나, ≪韓非子新校注≫ 陳奇猷의 설에 의거하여 '之'는 衍文으로 처리하고, '子'는 稱號로 번역하였다.

間이러니 **時季羽**[58]**在側**이라가

薛公이 발끈 노하며 무기를 잡아 알자에게 주면서 "죽여라. 나는 張季가 나 田文을 위해 힘을 쓰지 않는다고 들었다."라고 하였다. 그러고는 잠시 서 있었는데 그 때 장계의 패거리 중 한 사람이 곁에 있다가

○顧廣圻曰 季羽는 未詳이라 先愼曰 時字는 疑衍이라

○顧廣圻 : '季羽'는 분명하지 않다.
王先愼 : '時'자는 衍文인 듯하다.

34-65 曰 不然하다 竊聞季爲公甚이로되 顧其人陰未聞耳니이다 乃輟하야 不殺客而大禮之하고

"그렇지 않습니다. 삼가 들으니 張季는 公을 위해 매우 힘을 다하지만 단지 그 사람은 암암리에 힘을 쓰기 때문에 공이 듣지 못한 것일 뿐입니다."라고 하였다. 이에 〈薛公은 죽이라는 명령을〉 거두어 문객 장계를 죽이지 않고 크게 예우하며

○先愼曰 乾道本에 無而字라 盧文弨云 張本有라하야늘 今據補하니라

○王先愼 : 乾道本에 '而'자가 없다. 盧文弨는 "張本에 〈'而'자가〉 있다."라고 하였기에 지금 이에 의거하여 보충하였다.

34-66 曰 曩者에 聞季之不爲文也라 故欲殺之러니 今誠爲文也하니 豈忘季哉아 告廩獻千石之粟하고 告府獻五百金하며 告騶私廐獻良馬固車二乘하고 因令奄將宮人之美妾二十人을 幷遺季也하다 欒子因相謂曰 爲公者必利요 不爲公者必害하니 吾曹何愛不爲公이리오하고 因私競勸而遂爲之하다

"종전에는 張季가 나를 위해 힘을 다하지 않는다는 말을 들었기 때문에 죽이려고 하였는데, 지금은 진실로 나를 위해 있는 힘을 다함을 알게 되었으니 어찌 장계를 잊겠는가!"라고 하고는, 穀倉지기에게 말하여 천 섬의 곡식을 주고 金庫지기

58) 季羽 : ≪韓非子新校注≫에서 尹桐陽이 "張季의 黨을 이른다."고 한 것에 따라 번역하였다. 羽는 黨羽이다.

에게 말하여 500金을 주었으며, 말 기르는 사람에게 말하여 자기의 마구간에서 良馬와 튼튼한 수레 두 채를 주고 宦官에게 명하여 宮女 중의 美女 20명을 장계에게 주게 하였다.

쌍둥이 형제가 이 일을 통하여 서로 "공을 위해 힘을 다한 자는 반드시 이익을 보고, 공을 위해 힘을 다하지 않는 자는 반드시 禍害를 입는다. 그러니 우리들이 무엇을 아껴 공을 위해 힘을 다하지 않겠는가."라고 하고는 그 때문에 남몰래 다투어 권면하면서 마침내 薛公을 위해 힘을 다하였다.

○先愼曰 乾道本에 私作斯라 案 私斯二字聲近而誤라 張榜本趙本에 作私하니 是라 欒子兄弟見薛公遺季하고 因私相勸勉爲薛公이라 斯字誤일새 今據改하노라

○王先愼 : 乾道本에 '私'가 '斯'로 되어 있다. 살펴보건대 '私'와 '斯' 두 글자가 音이 비슷해서 잘못된 것이다. 張榜本과 趙本에 '私'로 되어 있으니 옳다. 〈이 내용은〉 "쌍둥이 형제는 薛公이 張季에게 선물을 주는 것을 보고, 그 때문에 남몰래 서로 권면하면서 설공을 위해 힘을 다했다."라는 의미이다. '斯'자는 오자이기 때문에 지금 이에 의거하여 〈'私'자로〉 고쳤다.

34-67 薛公以人臣之勢로 假人主之術也하야 而害不得生이어든 況錯(조)之人主乎아

薛公은 신하의 권세를 가지고 군주의 수단을 빌려 禍害가 일어나지 않게 하였는데 하물며 이런 수단을 군주가 시행하는 경우이겠는가!

34-68 夫馴烏者斷其下翎하면

까마귀를 길들이는 사람이 까마귀 날개의 끝을 잘라버리면

○先愼曰 乾道本에 無者字하고 翎作頷(함)하며 下有焉斷其下頷五字어늘 今據御覽九百二十과 事類賦十九에 引增删이라

○王先愼 : 乾道本에 '者'자가 없고 '翎'이 '頷'으로 되어 있으며, 아래에 '焉斷其下頷'의 다섯 글자가 있는데 지금 ≪太平御覽≫ 권920과 ≪事類賦≫ 권19의 인용문에 의거하여 〈'者'자를〉 보충하고 〈'焉斷其下頷'을〉 삭제하였다.

34-69 **則必恃人而食**하나니

〈까마귀는〉 반드시 사람에게 의지하여 먹고 자라는 것이니,

○**先愼曰 事類賦**에 **恃作待**라

○王先愼 : ≪事類賦≫ 권19에 '恃'가 '待'로 되어 있다.

34-70 **焉得不馴乎**아 **夫明主畜臣亦然**하야 **令臣不得不利君之祿**하고 **不得無服上之名**이니라 **夫利君之祿**하고 **服上之名**이면 **焉得不服**이리오

어찌 길들여지지 않겠는가. 현명한 군주가 신하를 기르는 것도 그와 같아서, 신하에게 군주가 주는 녹봉을 탐내지〔利〕 않을 수 없게 하고 군주가 주는 명예(爵位)에 臣服하지 않을 수 없게 해야 한다. 군주가 주는 녹봉을 탐내고 군주가 주는 명예에 신복한다면 어찌 순종하지 않겠는가.

〔二〕[59)]

34-71 **申子曰 上明見**(현)이면 **人備之**하고 **其不明見**이면 **人惑之**니라

申子가 말했다. "군주의 밝게 살피는 일이 드러나면 사람들은 이에 대비하고, 밝게 살피는 일이 드러나지 않으면 사람들은 그를 미혹시키려 한다.

○**先愼曰 惑字失韻**하니 **疑誤**라

○王先愼 : '惑'자는 韻에 어긋나니 잘못인 듯하다.

34-72 **其知見**(현)이면 **人(惑)〔飾〕**[60)]**之**하고 **不知見**이면 **人匿之**니라 **其無欲見**이면 **人司**[61)]**之**하고 **其有欲見**이면 **人餌之**라 **故曰 吾無從知之**요 **惟無爲**[62)]**可以規**

59) 〔二〕: 〔經二〕(34-7~34-13)에 대한 해설을 모은 說이다.

60) (惑)〔飾〕: 저본에는 '惑'으로 되어 있으나, 趙本・迂評本・凌本에 의거하여 '飾'으로 고쳤다고 한 ≪韓非子新校注≫ 陳奇猷의 설을 따라 '飾'으로 바로잡았다.

61) 司 : 옛날에 '伺'자와 통용하였으니, 몰래 살펴보는 것이다.

之라호라

군주가 지혜를 보이면 사람들은 〈달콤한 말을〉 꾸며내어 영합하고, 군주가 지혜롭지 못함을 보이면 사람들은 실정을 은폐한다. 군주가 욕망 없는 마음을 보이면 사람들은 그를 탐지하고, 군주가 욕망 있는 마음을 보이면 사람들은 그를 미끼로 유인한다. 그러므로 '나는 신하를 알 수 있는 방법은 없고 단지 無爲의 방법을 써야 신하들을 〈은밀히〉 살펴볼 수 있다.'고 말하노라."

34-73 一曰 申子曰 愼而言也하라 人且(知)〔和〕女리라

일설의 내용은 다음과 같다. 申子가 말했다. "너의 말을 삼가라. 사람들이 장차 너에게 무조건 따를〔附和〕 것이다.

○兪樾曰 知는 當作和니 字之誤也라 和與下隨字相爲韻이요 下文匿與意와 臧與行이 皆相爲韻이니 若作知則首句失其韻矣라

○兪樾 : '知'는 응당 '和'가 되어야 하니 글자가 잘못된 것이다. '和'와 아래의 '隨'자가 서로 韻이 되고, 아래 글의 '匿'과 '意' 및 '臧'과 '行'이 모두 서로 운이 되니, 만일 '知'가 되면 첫 句는 그 운이 어긋난다.

34-74 愼而行也하라 人且隨女니라 而有知見也면 人且匿女요 而無知見也면 人且意女니라 女有知也면 人且臧女요 女無知也면 人且行女라 故曰 惟無爲可以規之라호라

너의 행동을 삼가라. 사람들은 장차 너를 추종할 것이다. 네가 지혜가 있음을 보이면 사람들은 장차 너에게 진실을 숨기려 할 것이고, 네가 지혜가 없음을 보이면 사람들은 장차 너를 헤아려볼 것이다. 네가 아는 것이 있으면 사람들은 장차 너를 피하여 숨을 것이고, 네가 아는 것이 없으면 사람들은 장차 너를 대신해 어떤 일을 할 것이다. 그러므로 나는 '단지 無爲의 방법을 써야 신하들을 〈은밀히〉 살펴볼 수 있다.'고 말하노라."

---

62) 無爲 : 賢人을 任用하고 德으로 백성을 敎化하여 하는 일 없이 國家가 잘 다스려지게 하는 일을 말한다.

34-75 田子方[63]問唐易鞠曰 弋者何愼고

田子方이 唐易鞠(당역국)에게 "주살로 새를 잡는 사람은 무엇을 주의해야 합니까?" 하고 물었다.

○先愼曰 乾道本에 田上有圈이나 今從趙本하노라

○王先愼 : 乾道本에 '田' 위에 '圈'이 있으나 지금 趙本을 따랐다.

34-76 對曰 鳥以數百目視子로되 子以二目御之하니 子謹周子廩하소서 田子方曰 善하다 子加之弋하라 我加之國호리라 鄭長者聞之하고

唐易鞠이 "새는 수백 개의 눈으로 당신을 보고 있지만 당신은 두 눈으로 대비하고 있으니, 당신은 〈몸을 은폐하는〉 곡식 창고를 신중히 빈틈없이 〈밀폐하십시오.〉"라고 대답하였다. 田子方은 "좋은 말입니다. 그대는 주살로 〈새를 잡는 데 이 방법을〉 시행하십시오. 나는 나라를 〈다스리는 일에 이 방법을〉 시행하겠습니다."라고 하였다. 鄭長者가 이 말을 듣고

○先愼曰 漢藝文志道家에 有鄭長者一篇云 六國時니 先韓子로 韓子稱之라하야늘 師古注에 別錄云 鄭人이니 不知其名이라하니라 袁淑眞隱傳에 鄭長者는 隱德無名이니 著書一篇하야 言道家事어늘 韓非稱之라 世傳是長者之辭일새 因以爲名이라하니라

○王先愼 : ≪漢書≫〈藝文志〉道家條에 '≪鄭長者≫ 1편'이 있고, 그 아래에 "六國 때 사람이니 韓子보다 앞 시대로서 韓子가 그에 대해 언급했다."라고 하였는데 顔師古의 注에 "≪別錄≫에 '鄭나라 사람인데 그 이름은 모른다.'라고 하였다." 하였다. 袁淑의 ≪眞隱傳≫에 "鄭長者는 이름이 알려지지 않은 채 은거하여 德을 행한 사람이다. 책 1편을 지어 道家의 일을 말했는데 韓非가 그에 대해 언급했다. 이 책은 점잖은 사람의 말이라고 세상에 전하기 때문에 그대로 책 이름을 삼은 것이다."라고 하였다.

34-77 曰 田子方은

"田子方은

---

63) 田子方 : 전국초기 魏나라의 道家學者이다. 姓은 田이고 이름은 無擇이며 字는 子方이다. 子貢의 아우이며, 魏 文侯가 초빙하여 스승으로 삼아 친구가 되었다.

○先愼曰 乾道本에 無曰字라 顧廣圻云 今本에 有曰字라하야늘 今據補하니라

○王先愼：乾道本에 '曰'자가 없다. 顧廣圻는 "今本에는 '曰'자가 있다."라고 하였기에 지금 이에 의거하여 보충하였다.

34-78 知欲爲廩이로되 而未得所以爲廩하니 夫虛無無見(현)者廩也니라

〈몸을 은폐하는〉 곡식 창고를 만들려고 할 줄은 알았으나 이 곡식 창고를 만드는 방법은 터득하지 못하였다. 虛無를 주장하면서 자신을 밖으로 드러내지 않는 것이 〈몸을 은폐하는〉 곡식 창고이다."라고 하였다.

34-79 一曰 齊宣王[64)]問弋於唐易子하야

일설의 내용은 다음과 같다. 齊 宣王이 唐易子에게 주살로 새를 잡는 방법을 물어

○顧廣圻曰 漢書古今人表中上에 有唐易子하니 卽此上文云鞠이 或其名이라

○顧廣圻：≪漢書≫〈古今人表〉中上에 唐易子가 있으니, 바로 이 윗글에서 말한 '鞠'이 혹 그의 이름일 것이다.

34-80 曰 弋者奚貴오 唐易子曰 在於謹廩이니이다 王曰 何謂謹廩고 對曰 鳥以數十目視人이나 人以二目視鳥하니 奈何其不謹廩也리잇가

"주살로 새를 잡는 사람은 무엇을 귀중하게 여기는가?"라고 하자, 唐易子는 "〈몸을 은폐하는〉 곡식 창고를 신중히 〈밀폐하는〉 데 달려 있습니다."라고 대답하였다. 宣王이 "무엇 때문에 〈몸을 은폐하는〉 곡식 창고를 신중히 〈밀폐하라고〉 말하는 것이오?"라고 물었다. 당역자는 "새는 수백 개의 눈으로 사람을 보고 있지만 사람은 두 눈으로 새를 보고 있으니, 어떻게 〈몸을 은폐하는〉 곡식 창고를 신중히 〈밀폐하지〉 않을 수 있겠습니까.

64) 齊宣王：전국시대 齊나라(田齊) 제4대 왕이다. 姓은 嬀, 氏는 田, 이름은 辟疆으로 威王의 아들이다. 燕王 噲가 宰相 子之에게 禪位하여 연나라가 혼란해진 틈을 타 연나라를 공격하여 크게 격파하였다. 魏나라가 韓나라를 침공했을 때 한나라의 요청으로 출병하여 魏軍을 격파하였다.

○先愼曰 乾道本에 無其字라 盧文弨云 其字脫하니 張本有라하야늘 今據補하니라

○王先愼：乾道本에 '其'자가 없다. 盧文弨는 "'其'자가 탈락된 것이니 張本에는 있다."라고 하였기에 지금 이에 의거하여 보충하였다.

34-81 故曰 在於謹廩也라호이다 王曰 然則爲天下何以異此廩이리오

그 때문에 '〈몸을 은폐하는〉 곡식 창고를 신중히 〈밀폐하는〉 데 달려 있다.'고 말씀드린 것입니다."라고 대답하였다. 宣王이 "그렇다면 천하를 다스리는 일이 〈몸을 은폐하는〉 곡식 창고를 신중히 〈밀폐하는〉 것과 어찌 다르겠는가.

○先愼曰 乾道本에 王作故하고 異作爲어늘 拾補爲作異라 顧廣圻云 今本에 故作王하고 下爲字作異라하야늘 今據改하노라

○王先愼：乾道本에 '王'이 '故'로 되어 있고, '異'가 '爲'로 되어 있는데, ≪群書拾補≫에는 '爲'가 '異'로 되어 있다. 顧廣圻는 "今本에 '故'가 '王'으로 되어 있고, 아래의 '爲'자가 '異'로 되어 있다."라고 하였기에 지금 이에 의거하여 고쳤다.

34-82 今人主는 以二目視一國이나 一國은 以萬目視人主하니 將何以自爲廩乎아 對曰 鄭長者有言曰 夫虛靜無爲而無見也라하니 其可以爲此廩乎인저

지금 군주는 두 눈으로 온 나라 사람들을 보고 있으나 온 나라 사람들은 만 개의 눈으로 군주를 보고 있으니 장차 무슨 방법으로 스스로 〈자신을 은폐하는〉 곡식 창고를 만들 수 있겠소?"라고 말하였다.

唐易子는 "鄭長者가 말하기를 '虛靜無爲를 주장하면서 〈자신을 밖으로〉 드러내지 않아야 한다.'라고 하였으니, 그것이 〈몸을 은폐하는〉 곡식 창고를 만드는 방법일 것입니다."라고 하였다.

34-83 國羊重於鄭君이러니

國羊이 鄭나라 군주에게 重用되었는데

○先愼曰 乾道本에 連上이니 今從趙本提行이라

○王先愼：乾道本에 윗글과 연결되어 있었으나 지금 趙本을 따라 줄을 바꾸었다.

34-84 **聞君之惡(오)己也**하고 **侍飮**이라가 **因先謂君曰 臣適不幸而有過**면 **願君幸而告之**하소서 **臣請變更**이니 **則臣免死罪矣**리이다

鄭나라 군주가 자기를 미워한다는 말을 듣고, 〈다른 날 정나라 군주를〉 모시고 술을 마시다가 기회를 이용하여 먼저 정나라 군주에게 "臣이 만일 불행하게도 잘못을 범하는 일이 있다면 임금께서 저를 사랑하시어 말씀해주시기 바랍니다. 신은 잘못을 고칠 것이니, 그러면 신은 죽을죄를 면하게 될 것입니다."라고 말하였다.

34-85 **客有說(세)韓宣王**한대 **宣王說(열)而太息**하다 **左右引王之說(열)之**하야 (曰)〔以〕[65]**先告客以爲德**하다

〈외국에서 온〉 客으로 韓 宣王에게 遊說한 이가 있었는데 선왕이 기뻐하면서 큰 소리로 탄식하였다. 측근의 侍從이 선왕이 기뻐하는 모습을 끌어다가 앞을 다투어 객에게 일러주어 자기의 은덕으로 삼았다.

○**盧文弨曰 曰**은 **秦本**[66]**作以**라 **顧廣圻曰 句有誤**라 **兪樾曰 引**은 **當作以**요 **曰**은 **當作日**이니 **皆字之誤也**라 **隷書以字或作(臥)〔𦣞〕**[67]일새 **因誤爲引矣**라 **蓋因客說(세)宣王**에 **宣王說(열)而太息**이라 **故左右以王之說(열)之日**하야 **先告客**하야 **以爲德也**라

○盧文弨：'曰'은 秦本에 '以'로 되어 있다.

顧廣圻：文句에 잘못이 있다.

兪樾：'引'은 응당 '以'가 되어야 하고 '曰'은 응당 '日'이 되어야 하니, 모두 글자가 잘못된 것이다. 隷書에 '以'자를 혹 '𦣞'로 쓰기 때문에 따라서 '引'으로 잘못된 것이다. 客이 宣王에게 遊說했을 때 선왕이 기뻐하면서 큰 소리로 탄식하였기 때문에 측근 侍從이 선

65) (曰)〔以〕：저본에는 '曰'로 되어 있으나, 秦本에 '以'로 되어 있다는 盧文弨의 說과 秦本이 옳다는 ≪韓非子新校注≫ 陳奇猷의 설을 따라 '以'로 바로잡았다.

66) 秦本：秦季公本 ≪韓非子≫를 말한다. 진계공의 이름은 四麟이고 字는 景陽인데, 季公은 號이다. 明나라 常熟(지금의 江蘇省 常熟市) 사람으로, 藏書家・刻書家・詞人이다. 萬曆 연간의 貢生으로 詞曲 작사를 잘하여 이름이 났고 音律에 밝았다.

67) (臥)〔𦣞〕：저본에는 '臥'로 되어 있으나, 兪樾의 ≪諸子平議≫에 의거하여 '𦣞'로 바로잡았다.

왕이 기뻐한 날을 이용하여 앞을 다투어 객에게 일러주어 자기의 은덕으로 삼은 것이다.

34-86 靖郭君之相齊也에 王后死러니 未知所置하야 乃獻玉珥以知之하다

靖郭君이 齊나라의 相國이었을 때 王后가 죽었는데 〈다시 누구를 왕후로〉 세울 것인지 알지 못하여 곧 옥 귀고리를 바쳐 〈왕의 속내를〉 알아내었다.

34-87 一曰 薛公相齊에 齊威王[68]夫人死하고

일설의 내용은 다음과 같다. 薛公이 齊나라의 상국이었을 때 齊 威王의 부인이 죽었고,

○顧廣圻曰 齊策에 無威字라 楚策云 楚王后死하고 未立后也에 謂昭魚[69]曰云云이라하니 不同이라

○顧廣圻 : ≪戰國策≫ 〈齊策〉에 '威'자가 없다. ≪戰國策≫ 〈楚策〉에 "楚나라의 王后가 죽고 다시 왕후를 세우지 않았을 때 〈楚王이〉 昭魚에게 다음과 같이 말하였다."라고 되어 있으니, 〈여기의 내용과〉 같지 않다.

34-88 有十孺子[70]皆貴於王이러라

열 명의 妾이 있어서 모두 威王에게 貴愛를 받고 있었다.

○先愼曰 各本에 有上有中字나 據御覽六百二十六과 七百一十八引刪이라 又御覽注云 所窺者凡十人이라하니 當亦本書舊注라

○王先愼 : 각본에 '有' 위에 '中'자가 있으나 ≪太平御覽≫ 권626과 권718의 인용문에 의거하여 삭제하였다. 또 ≪태평어람≫ 권718의 注에 "〈부인이 되기를〉 엿보는 사람이 모두 열 명이다."라고 하였으니 응당 이 역시 ≪韓非子≫의 舊注이다.

---

68) 齊威王 : 전국시대 田氏 齊나라 왕이다. 이름은 因齊(일명 嬰齊)인데 桓公의 아들이다. 재위 중에 鄒忌·田忌·孫臏 등을 등용하여 軍國의 政事를 경신하고, 稷下에 學宮을 설치하여 학자들을 초빙하고 인재를 선발하여 교육시킴으로써 富國强兵을 이루었다.

69) 昭魚 : 전국시대 楚 懷王 때의 大臣으로, 두 번이나 令尹에 임명되었다.

70) 孺子 : 貴妾, 곧 신분이나 지위가 높은 첩을 말한다.

34-89 薛公欲知王所欲立하야 而請置一人以爲夫人하다 王聽之면 則是說行於王하야 而重於置夫人也어니와 王不聽이면 是說不行하야 而輕於置夫人也라 欲先知王之所欲置하야 以勸王置之하니라

薛公은 威王이 누구를 부인으로 세우려고 하는지 〈속내를 미리〉 알아서 그중 한 사람을 부인으로 삼을 것을 요청하려고 하였다. 위왕이 자기의 요청을 따른다면 이는 자기가 건의한 말이 왕에게 시행되어 새로 부인을 세우는 일에 의해 존중을 받을 것이지만, 위왕이 자기의 요청을 따르지 않는다면 이는 자기가 건의한 말이 시행되지 않아 부인을 세우는 일에 의해 경시당할 것이기 때문이었다. 그래서 위왕이 부인으로 세우려고 하는 사람을 먼저 알아내어 위왕에게 그를 부인으로 세우도록 권고하려 한 것이다.

○先愼曰 乾道本에 勸下有之字라 顧廣圻云 藏本今本에 無之字라하니라 先愼案北堂書鈔三十一에 引亦無之字어늘 今據刪하노라

○王先愼 : 乾道本에 '勸' 아래에 '之'자가 있다. 顧廣圻는 "藏本과 今本에 '之'자가 없다."라고 하였다. 내가 살펴보건대 《北堂書鈔》 권31에 이 글을 인용하면서 역시 '之'자가 없기에 지금 이에 의거하여 삭제하였다.

34-90 於是爲十玉珥而美其一하야

이에 옥 귀고리 열 쌍을 만들되 그중 하나는 특별히 아름답게 만들어

○先愼曰 張榜本에 玉誤王이라

○王先愼 : 張榜本에 '玉'이 '王'으로 잘못되어 있다.

34-91 而獻之하니 王以賦十孺子하다 明日坐에 視美珥之所在하고 而勸王以爲夫人하다

모두 威王에게 바치니, 위왕이 열 쌍의 귀고리를 열 명의 첩에게 주었다. 이튿날 〈薛公이 위왕을 모시고〉 앉았을 때 특별히 아름답게 만든 귀고리가 누구의 귀에 달려 있는지를 살펴보고 위왕에게 그를 부인으로 삼도록 권고하였다.

34-92 **甘茂相秦惠王**[71]이러니 **惠王愛公孫衍**[72]하야 **與之間有所言**하야

甘茂가 秦 惠王의 相國이 되었는데 혜왕이 公孫衍을 사랑하여 그와 은밀히 말을 나누면서

○**顧廣圻曰 六字爲一句**라 **言秦策作立**이라

○顧廣圻：여섯 자(與之間有所言)가 한 구가 된다. '言'은 ≪戰國策≫ 〈秦策〉에 '立'으로 되어 있다.

34-93 **曰 寡人將相子**호리라 **甘茂之吏道穴聞之**하고

"寡人이 장차 그대를 상국에 임명할 것이오."라고 하였다. 甘茂의 부하 관리인 道穴이 그 말을 듣고

○**顧廣圻曰 藏本同**하고 **今本**에 **道作通**하니 **誤**라 **策**에 **穴誤作而**하니 **當依此訂**이라 **先愼曰 吳師道策補云 韓非子**에 **道而作道穴**이라

○顧廣圻：藏本은 같고, 今本에 '道'가 '通'으로 되어 있으니 잘못이다. ≪戰國策≫ 〈秦策〉에 '穴'이 '而'로 잘못되어 있으니 응당 이 글에 의거하여 바로잡아야 한다.

王先愼：吳師道의 ≪戰國策補注≫에 "≪韓非子≫에 '道而'가 '道穴'로 되어 있다."라고 하였다.

34-94 **以告甘茂**하다

이 말을 甘茂에게 말해주었다.

○**先愼曰 乾道本**에 **以上有曰字**라 **顧廣圻云 今本**에 **無曰字**하고 **策無**라하야늘 **今據刪**하니라

○王先愼：乾道本에 '以' 위에 '曰'자가 있다. 顧廣圻는 "今本에 '曰'자가 없고, ≪戰國策≫에도 없다."라고 하였기에 지금 이에 의거하여 삭제하였다.

---

71) 秦惠王：전국시대 秦나라의 惠文君을 말한다. 이름은 駟이고, 시호는 惠文인데 孝公의 아들이다. 蜀을 멸망시키고 魏나라의 上郡 15縣을 돌려받았으며, 楚나라의 漢中 6백여 리를 侵奪하여 國勢를 키웠고, 秦나라에서 처음으로 王이라 칭하였기 때문에 惠王이라 부른다.

72) 公孫衍：犀首의 이름이다. 앞의 34-11의 역주 '犀首甘茂之道穴' 참조.

34-95 甘茂入見(현)王하고 曰 王得賢相이라하야늘 臣敢再拜賀하노이다 王曰 寡人託國於子어늘 安更(갱)得賢相고 對曰 將相犀首일새니이다 王曰 子安聞之오 對曰 犀首告臣호이다 王怒犀首之泄하야 乃逐之하다

甘茂가 궁중에 들어가 惠王을 뵙고 "대왕께서 현명한 재상을 얻으셨다기에 신은 감히 再拜하며 賀禮를 드립니다."라고 하였다. 혜왕이 "寡人은 그대에게 나라를 맡겼는데 어떻게 다시 현명한 재상을 얻었다는 말이오?"라고 하였다. 감무가 "대왕이 장차 犀首(公孫衍)를 재상으로 삼으려 하시기 때문입니다."라고 대답하였다. 혜왕이 "그대는 어디서 그 말을 들었소?"라고 물었다. 감무가 "서수가 신에게 말해주었습니다."라고 대답하였다. 그러자 혜왕은 서수가 비밀을 누설했다고 노하여 이내 그를 축출하였다.

34-96 一曰 犀首는 天下之善將也니 梁王之臣也라 秦王欲得之하야 與治天下호되 犀首曰 衍은 人臣也니

일설의 내용은 다음과 같다. 犀首는 천하의 훌륭한 장수인데 梁(魏) 惠王의 신하이다. 秦 惠王이 그를 얻어 함께 천하를 다스리고자 하였으나 서수는 "저 公孫衍은 남의 신하이니,

○先愼曰 乾道本에 衍下有其字하고 臣下有者字라 盧文弨云 其字者字는 一本無라하야늘 今據刪하니라

○王先愼 : 乾道本에 '衍' 아래에 '其'자가 있고 '臣' 아래에 '者'자가 있다. 盧文弨는 "'其'자와 '者'자는 어떤 본에 없다."라고 하였기에 지금 이에 의거하여 삭제하였다.

34-97 不敢離主之國이로소이다 居期年에 犀首抵罪於梁王하고 逃而入秦하니 秦王甚善之하다 樗里疾[73]은 秦之將也로되 恐犀首之代之將也하야 鑿穴於王之所常隱語者하다 俄而오 王果與犀首計하야 曰 吾欲攻韓하노니 奚如오 犀首曰

---

73) 樗里疾 : 전국시대 秦 惠王의 이복동생이다. 이름은 疾인데 樗里에 살았으므로 樗里疾이라고 한다. 처음 庶長에 임명되었다가 秦 武王 때 甘茂와 함께 左右 丞相이 되었다. 滑稽를 잘하고 智謀가 많아서 秦나라 사람들이 智囊이라 불렀다 한다.

秋可矣니이다 王曰 吾欲以國累[74)]子하노니 子必勿泄也하라 犀首反走再拜曰 受命하노이다 於是樗里疾已道穴聽之矣하다

감히 우리 君主의 나라를 떠날 수가 없습니다."라고 하였다. 1년이 지난 뒤에 犀首가 梁 惠王에게 죄를 지어 처벌을 받고 도망쳐 秦나라로 들어오자 秦 惠王은 그를 매우 우대하였다. 樗里疾은 진나라의 장수인데 서수가 자기를 대신하여 장수가 될까 우려하여 혜왕이 늘 은밀한 말을 나누는 곳의 벽에 구멍을 뚫어놓았다. 이윽고 혜왕이 과연 서수와 계책을 의논하여 "나는 韓나라를 공격하고 싶은데 어찌하면 되겠소?" 하고 물었다. 서수가 "가을이 되면 가능할 것입니다."라고 대답하였다. 혜왕이 "나는 그대에게 나랏일을 부탁하고자 하는데 그대는 반드시 누설하지 마시오."라고 당부하였다. 서수가 종종걸음으로 뒤로 물러나 재배하며 "명을 따르겠습니다."라고 하였다. 이때 저리질은 이미 뚫어놓은 구멍으로 그들이 나누는 말을 엿듣고 있었다.

○先愼曰 乾道本에 已作也로되 據張榜本趙本改라

○王先愼 : 乾道本에 '已'가 '也'로 되어 있으나 張榜本과 趙本에 의거하여 고쳤다.

34-98 見郎中[75)]皆曰 兵秋起攻韓이요

〈樗里疾이〉 만나는 郎中에게 모두 "가을이 되면 군사를 일으켜 韓나라를 공격할 것이고

○先愼曰 乾道本에 無見字라 盧文弨云 一本有見字라하야늘 今據補하니라

○王先愼 : 乾道本에 '見'자가 없다. 盧文弨는 "어떤 본에 '見'자가 있다."라고 하였기에 지금 이에 의거하여 보충하였다.

34-99 犀首爲將이라하니 於是日也에 郎中盡知之하고 於是月也에 境內盡知之하다

74) 累 : '번거롭게 하다, 부탁하다'의 뜻이다.

75) 郎中 : 전국시대에 宮門과 車騎 등의 일을 관장시키기 위하여 처음 두었던 벼슬 이름이다. 뒤에는 詔策과 文書에 관한 일도 맡았다.

犀首가 장군이 될 것이다."라고 말하니 이날 안에 낭중들이 모두 이를 알게 되었고, 이 달 안에 국경 안의 백성들이 모두 알게 되었다.

○先愼曰 乾道本에 月作日하고 拾補에 作月이라 盧文弨云 日字譌라하고 顧廣圻云 日當作月이라하야늘 今依拾補改하노라

○王先愼 : 乾道本에 '月'이 '日'로 되어 있고, ≪群書拾補≫에 '月'로 되어 있다. 盧文弨는 "'日'자는 잘못되었다."라고 하였고, 顧廣圻는 "'日'은 응당 '月'이 되어야 한다."라고 하였기에 지금 ≪群書拾補≫에 의거하여 고쳤다.

34-100 王召樗里疾하야 曰 是何匈匈也오 何道出고

惠王이 樗里疾을 불러서 "이 어찌 이렇게 술렁거리며 어수선한가? 〈이 말이〉 어디로부터 나온 것이오?" 하고 물었다.

○先愼曰 道는 由也니 言人匈匈謂兵秋起攻韓이 何由出此言也라

○王先愼 : '道'는 '由(부터)'이니, "사람들이 술렁거리며 '가을이 되면 군사를 일으켜 韓나라를 공격할 것'이라고 이르는 이 말이 어디로부터 나온 것인가?"라고 말한 것이다.

34-101 樗里疾曰 似犀首也니이다 王曰 吾無與犀首言也어늘 其犀首何哉오 樗里疾曰 犀首也羈旅로 新抵罪하니 其心孤하야 是言自嫁[76)]於衆이니이다 王曰 然하다하고 使人召犀首한대 已逃諸侯矣러라

樗里疾이 "아마 犀首가 퍼뜨린 듯합니다."라고 하였다. 惠王이 "나는 서수와 함께 말을 나눈 일이 없는데, '아마 서수인 듯하다.'라고 말하는 것은 무슨 이유요?"라고 물었다. 저리질이 "서수는 〈秦나라에 온〉 나그네 신세로써 막 죄를 지어 처벌을 받았으니, 그의 마음이 고독하여 이 말을 전하여 여러 사람들에게 〈자신의 존재를〉 뽐내려고 한 것입니다."라고 하였다. 혜왕은 "그렇겠다."라 하고 사람을 보내 서수를 불렀는데 서수는 벌써 다른 諸侯國으로 도망치고 난 뒤였다.

○先愼曰 張榜本趙本에 逃下有入字라

---

76) 嫁 : '賣'의 의미로, '과시하다, 뽐내다'의 뜻이다.

○王先愼：張榜本과 趙本에 '逃' 아래에 '入'자가 있다.

卮

34-102 堂谿公謂昭侯曰 今有千金之玉卮로되 〔通〕[77] 而無當[78]이면

堂谿公이 韓 昭侯에게 "만일 千金의 값이 나가는 옥 술잔〔卮〕이 있으나 뚫리어 밑바닥이 없다면

○先愼曰 乾道本에 而上有通字라 盧文弨云 通字衍이라하니라 先愼案 御覽八百五에 引無通字일새 今據刪하노라 張榜本에 而誤有라

○王先愼：乾道本에 '而' 위에 '通'자가 있다. 盧文弨는 "'通'자는 衍文이다."라고 하였다. 내가 살펴보건대 ≪太平御覽≫ 권805에 이 글을 인용하면서 '通'자가 없기 때문에 지금 이에 의거하여 삭제하였다. 張榜本에 '而'가 '有'로 잘못되었다.

34-103 可以盛水乎잇가 昭侯曰 不可하다 有瓦器而不漏면 可以盛酒乎잇가 昭侯曰 可하다 對曰 夫瓦器는 至賤也로되 不漏면 可以盛酒요 雖有千金之玉卮하야 至貴而無當하야 漏면 不可盛水하니

물을 담을 수가 있겠습니까?" 하고 물었다. 昭侯가 "담을 수 없지요."라고 대답하였다. 堂谿公이 "질그릇이 있는데 물이 새지 않는다면 술을 담을 수 있겠습니까?" 하고 물었다. 소후는 "담을 수 있지요."라고 말하였다. 당계공이 "질그릇은 가장 값이 싼 그릇이지만 물이 새지 않으면 술을 담을 수 있고, 비록 아주 비싼 천금의 값이 나가는 옥 술잔이 있더라도 밑바닥이 없어 새어버리면 물을 담을 수 없으니

○先愼曰 乾道本에 有下有乎字하고 盛水는 作乘水라 盧文弨云 乎字는 凌本無하고 乘은 藏本作盛이라하야늘 今據刪改하노라

○王先愼：乾道本에 '有' 아래에 '乎'자가 있고, '盛水'는 '乘水'로 되어 있다. 盧文弨는

---

77) 〔通〕：저본에는 '通'이 없으나, "'通'은 '貫通'의 '通'과 같다."라고 한 ≪韓非子新校注≫ 陳奇猷의 說에 의거하여 보충하였다.

78) 當：술잔이나 대접 따위 器物의 밑바닥을 말한다.

"'乎'자는 凌本에 없고, '乘'은 藏本에 '盛'으로 되어 있다."라고 하였기에 지금 이에 의거하여 삭제하고 고쳤다.

34-104 **則人孰注漿哉**리잇가 **今爲人主而漏其群臣之語**면

그렇다면 어떤 사람이 〈그 잔에〉 飮料를 부으려 들겠습니까. 만일 군주가 되어 신하들의 말을 누설한다면

○**先愼曰 乾道本**에 **主上有之字**라 **盧文弨云 之字衍**이니 **張本無**라하야늘 **今據刪**하노라

○王先愼 : 乾道本에 '主' 위에 '之'자가 있다. 盧文弨는 "'之'자는 衍文이니 張本에 없다."라고 하였기에 지금 이에 의거하여 삭제하였다.

34-105 **是猶無當之玉巵也**니이다 **雖有聖智**라도 **莫盡其術**이니 **爲其漏也**일새니이다 **昭侯曰 然**하다 **昭侯聞堂谿公之言**하고 **自此之後**로 **欲發天下之大事**에 **未嘗不獨寢**하니 **恐夢言而使人知其謀也**라

이는 마치 밑바닥이 없는 옥 술잔과 같습니다. 슬기로운 지혜가 있는 신하일지라도 자기의 智略을 다 내어 바치지 않을 것이니, 그것은 자기의 말이 누설될까 우려하기 때문입니다."라고 하니, 昭侯는 "맞는 말이오."라고 하였다. 소후는 堂谿公의 말을 듣고 나서 이후로부터 천하의 큰일을 펼치고자 할 적에는 혼자 잠자리에 들지 않은 적이 없었으니, 이는 꿈에 잠꼬대를 하다가 남에게 그 책략을 알게 하지는 않을까 하는 염려에서였다.

34-106 **一曰 堂谿公見**(현)**昭侯曰**

일설의 내용은 다음과 같다. 堂谿公이 韓 昭侯를 뵙고

○**先愼曰 藝文類聚七十三**과 **御覽三百九十三七百六十一**에 **引公作空**하니 **下同**이라

○王先愼 : 《藝文類聚》 권73과 《太平御覽》 권393・권761에 이 글을 인용하면서 '公'이 '空'으로 되어 있으니, 아래도 같다.

34-107 今有白玉之巵而無當하고 有瓦巵而有當이면 君渴에 將何以飮이니잇고 君曰 以瓦巵니라 堂谿公曰 白玉之巵美어늘 而君不以飮者는 以其無當耶잇가 君曰 然하다 堂谿公曰 爲人主而漏泄其群臣之語는 譬猶玉巵之無當也니이다

"지금 백옥 술잔이 있는데 밑바닥이 없고, 질그릇 술잔이 있는데 밑바닥이 있다면 임금께서 목이 마를 때에 어느 그릇으로 물을 마시겠습니까?"라고 물었다. 昭侯가 "질그릇 술잔으로 마실 것이오." 하고 대답하였다. 堂谿公이 "백옥 술잔이 아름다운데 임금께서 백옥 술잔으로 마시지 않는 것은 그것이 밑바닥이 없기 때문입니까?" 하고 물었다. 소후가 "그렇소." 하고 대답하니, 당계공이 "군주가 되어서 신하들의 말을 누설하는 것은 비유하자면 마치 밑바닥이 없는 옥 술잔과 같습니다."라고 하였다.

○先愼曰 各本에 無也字로되 據藝文類聚御覽引補라

○王先愼 : 각본에 '也'자가 없으나, 《藝文類聚》 권73과 《太平御覽》 권393·권761의 인용문에 의거하여 보충하였다.

34-108 堂谿公每見(현)而出에 昭侯必獨臥하니 惟恐夢言泄於妻妾이니라

堂谿公이 매번 昭侯를 뵙고 나올 적마다 소후는 반드시 혼자 잠자리에 들었으니, 이는 잠꼬대를 하다가 妻妾에게 비밀을 누설하지나 않을까 염려해서였다.

34-109 申子曰

申子가 말하였다.

○先愼曰 舊連上이나 今提行하노라

○王先愼 : 옛 본에 윗글과 연결되어 있었으나 지금 줄을 바꾸었다.

34-110 獨視者謂明이요 獨聽者謂聰이니 能獨斷者라 故可以爲天下(主)〔王〕이니라

"〈남은 보지 못하는데〉 홀로 보아 아는 것을 '밝다〔明〕'라 하고, 〈남은 듣지 못하는데〉 홀로 들어 아는 것을 '귀가 밝다〔聰〕'라고 하는 것이다. 이런 사람은 독자적

으로 일을 결단하기 때문에 천하의 帝王이 될 수 있다."

○顧廣圻曰 主當作王이니 與上文明聽韻이라

○顧廣圻 : 主는 응당 '王'이 되어야 하니, 윗글의 '明'·'聽'과 韻이다.

〔三〕[79)]

34-111 宋人有酤酒者하야 升概[80)]甚平하고 遇客甚謹하며 爲酒甚美하고 縣幟甚高로되 然而不售하야 酒酸하니라

宋나라 사람 중에 술을 파는 사람이 있어서 술을 되는 양이 매우 공평하고 손님을 맞는 태도가 매우 恭謹하며, 빚은 술의 맛이 매우 좋고 酒旗를 아주 높게 달았다. 그런데도 술이 팔리지 않아 술이 쉬어버렸다.

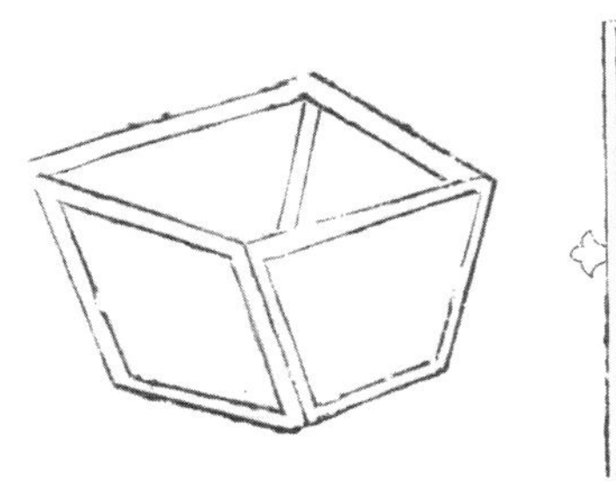

○先愼曰 各本에 然而作著然이라 盧文弨云 著然은 孫云文選與滿公琰書注에 引作然而라하니라 先愼案 藝文類聚九十四와 御覽八百二十八에 引竝作然而어늘 今據改하노라

○王先愼 : 각본에 '然而'가 '著然'으로 되어 있다. 盧文弨는 "'著然'은 孫詒讓이 '《文選》〈與滿公琰書〉의 李善 注에 이 글을 인용하면서 '然而'로 되어 있다.' 하였다."라고 하였다. 내가 살펴보건대 《藝文類聚》 권94와 《太平御覽》 권828에 이 글을 인용하면서 모두 '然而'로 되어 있기에 지금 이에 의거하여 고쳤다.

34-112 怪其故하야 問其所知閭長者楊倩하다

그 까닭을 괴이하게 여기어 그가 잘 아는 마을의 長老인 楊倩에게 그 까닭을 물

---

79) 〔三〕 : 〔經三〕(34-14~34-15)에 대한 해설을 모은 說이다.

80) 升槪 : '升'은 술을 되는 되이고, '槪'는 곡식 따위를 될 때 되나 말에 담은 곡식을 밀어서 수평이 되게 하는 평미레이다. 여기서는 파는 술의 양을 정확하고 공평하게 되어 속이지 않음을 말한다.

었다.

○先愼曰 乾道本에 閭作問하고 趙本脫하며 拾補作閭라 盧文弨云 閭字脫이나 選注有하고 意林同이라하고 顧廣圻云 當作閭라 韓詩外傳云 問里人이라하고 說苑晏子春秋同이라하니라 先愼案 盧顧說是니 藝文類聚御覽에 引竝作閭일새 今據補하니라 藝文類聚에 引倩作青하니 下同이라

○王先愼 : 乾道本에 '閭'가 '問'으로 되어 있고 趙本에는 탈락되었으며, ≪群書拾補≫에 '閭'로 되어 있다. 盧文弨는 "'閭'자가 탈락되었으나 ≪文選≫ 〈與滿公琰書〉의 李善 注에 있고, ≪意林≫도 같다."라고 하였다. 顧廣圻는 "응당 '閭'가 되어야 한다. ≪韓詩外傳≫에 '問里人'이라 하였고, ≪說苑≫과 ≪晏子春秋≫도 같다."라고 하였다. 내가 살펴보건대 盧文弨와 顧廣圻의 說이 옳으니, ≪藝文類聚≫와 ≪太平御覽≫에 이 글을 인용하면서 모두 '閭'로 되어 있기 때문에 지금 이에 의거하여 보충하였다. ≪藝文類聚≫의 인용문에 이 글을 인용하면서 '倩'이 '青'으로 되어 있으니 아래도 같다.

34-113 倩曰 汝狗猛耶아 曰

楊倩은 "너의 집 개가 사나우냐?"라고 물었다. 그는

○盧文弨曰 下曰字는 藏本張本에 皆無라 先愼曰 藝文類聚御覽에 引竝有라

○盧文弨 : 아래의 '曰'자는 藏本과 張本에 모두 없다.
王先愼 : ≪藝文類聚≫와 ≪太平御覽≫에 이 글을 인용하면서 모두 〈'曰'자가〉 있다.

34-114 狗猛이면 則酒何故而不售잇고 曰 人畏焉이니라 或令孺子懷錢挈壺甕而往酤에 而狗迓而齕(흘)之하니

"개가 사나우면 술이 무슨 까닭으로 팔리지 않는 것입니까?"라고 하였다. 楊倩이 "사람들이 두려워하기 때문이다. 어떤 이가 어린아이를 시켜 가슴에 돈을 품고 술병을 가지고 가서 술을 사오도록 했을 적에, 사나운 개가 맞서면서 물기도 하니

○先愼曰 拾補齕下에 旁注[81]齕(항)字라 案說文에 無齕字라 齕은 齧也요 齧은 噬

81) 旁注 : 正文 옆에 단 小注를 의미한다.

也니 明此作齕是라 下文趙本에 亦誤作齗이라 藝文類聚에 引迓作迎이라

○王先愼：≪群書拾補≫에 '齕' 아래에 '齗'자를 旁注로 달아놓았다. 살펴보건대 ≪說文解字≫에 '齗'자가 없다. '齕'은 '齧(깨물다)'이고, '齧'은 '噬(물다)'이니, 이 글자는 분명히 '齕'로 된 것이 옳다. 아래 글과 趙本에도 '齗'으로 잘못되어 있다. ≪藝文類聚≫에 이 글을 인용하면서 '迓'가 '迎'으로 되어 있다.

34-115 此酒所以酸而不售也니라하다 夫國亦有狗하니

이것이 술이 쉬도록 팔리지 않는 원인이다."라고 하였다. 나라에도 이런 사나운 개가 있으니

○先愼曰 藝文類聚에 引狗上有猛字라

○王先愼：≪藝文類聚≫에 이 글을 인용하면서 '狗' 위에 '猛'자가 있다.

34-116 有道之士 懷其術而欲以明萬乘之主로되

道德을 갖춘 賢士가 法術을 가슴에 품고 萬乘의 군주에게 이를 분명하게 밝히려고 해도

○先愼曰 拾補에 明作輔라 盧文弨云 文選注에 引作輔라하니라 顧廣圻云 明字是니 韓詩外傳七云 欲白萬乘之(士)〔主〕[82)]라하니 白은 明也라 荀子外傳에 多言白하니 其義皆同이라하니라 先愼案 顧說是니 藝文類聚御覽에 引正作明이라 御覽에 引而下有往字라

○王先愼：≪群書拾補≫에 '明'이 '輔'로 되어 있다. 盧文弨는 "≪文選≫ 〈與滿公琰書〉의 李善 注에 이 글을 인용하면서 '輔'로 되어 있다."라고 하였다. 顧廣圻는 "'明'자가 옳으니, ≪韓詩外傳≫ 권7에 '欲白萬乘之主(만승의 군주에게 명백히 밝히려고 하다.)'라고 하였으니, '白'은 '明(밝히다)'이다. ≪荀子≫와 ≪韓詩外傳≫에 〈'明'의 뜻으로〉 '白'을 많이 말하였으니 그 뜻이 모두 같다."라고 하였다. 내가 살펴보건대 고광기의 說이 옳으니, ≪藝文類聚≫와 ≪太平御覽≫에 이 글을 인용하면서 바로 '明'으로 되어 있다. ≪太平御覽≫에 이

---

82) (士)〔主〕：저본에는 '士'로 되어 있으나, 四庫全書本 ≪韓詩外傳≫에 의거하여 '主'로 바로잡았다.

글을 인용하면서 '而' 아래에 '往'자가 있다.

34-117 大臣爲猛狗迎而齕之하니 **此人主之所以蔽脅**이요 **而有道之士所以不用也**라 **故桓公問管仲曰**

大臣들이 사나운 개처럼 맞서면서 물어버리니, 이것이 군주의 〈聰明이〉 가려지고 협박을 당하는 원인이며, 도덕을 갖춘 현사가 重用되지 못하는 원인이다. 이 때문에 齊 桓公이 管仲에 물었다.

○**先愼曰 乾道本**에 **無曰字**라 **顧廣圻云 藏本今本**에 **有曰字**라하야늘 **今據補**하노라

○王先愼：乾道本에 '曰'자가 없다. 顧廣圻는 "藏本과 今本에 '曰'자가 있다."라고 하였기에 지금 이에 의거하여 보충하였다.

34-118 治國最奚患고 **對曰 最患社鼠矣**니이다 **公曰 何患社鼠哉**오 **對曰 君亦見夫爲社者乎**잇가 **樹木而塗之**하야 **鼠穿其間**하야 **掘穴託其中**하니 **燻之則恐焚木**이요 **灌之則恐塗阤**니 **此社鼠之所以不得也**니이다 **今人君之左右**는 **出則爲勢重而收利於民**하고 **入則比周而蔽惡於君**하니이다 **內間主之情以告外**하야 **外內爲重**하니 **諸臣百吏以爲富**[83)]니이다

"나라를 다스림에 있어 가장 우려해야 하는 것이 무엇이오?" 管仲은 "〈나라를 다스림에 있어〉 가장 우려해야 하는 것은 社廟의 쥐입니다."라고 대답하였다. 桓公이 "어찌하여 사묘의 쥐를 우려해야 하는 것이오?"라고 물었다. 관중은 "임금께서도 사묘를 만드는 광경을 보신 적이 있으신지요? 나무를 세우고 진흙을 발라서 쥐가 그 사이를 뚫고 들어가 굴을 파고 그 안에서 몸을 붙이고 삽니다. 불로 지지자니 나무가 탈까 우려되고, 물을 부어 쫓자니 바른 흙이 무너질까 우려되니, 이것이 사묘의 쥐를 잡을 수 없는 이유입니다. 지금 임금의 측근은 조정 밖에 나가면 권세를 부려 백성들에게 이익을 수탈하고, 조정에 들어오면 패거리를 지어 임금에게 자기들의 罪惡을 숨기고 있습니다. 그들은 宮中 안에서 임금의 동정을 엿

83) 富：王先愼은 '富'가 '輔'로 되어야 한다고 하였으나, ≪韓非子新校注≫에서 陳奇猷가 '富'가 옳다고 한 설에 따라 번역하였다.

보아서 밖에 있는 패거리에게 알려줌으로써 안팎에서 더욱 큰 권세를 부리니, 모든 신하와 百官들이 〈그들에게 의지하여〉 부유한 생활을 누리고 있습니다.

○先愼曰 富當作輔니 聲之誤라

○王先愼 : '富'는 응당 '輔'가 되어야 하니, 비슷한 音으로 잘못된 것이다.

34-119 吏不誅則亂法이요 誅之則君不安[84)]이니이다 據而有之하니

이런 관리를 처벌하지 않으면 법이 어지러워지고, 처벌하면 군주가 불안하게 됩니다. 〈이들이 중요한 자리를〉 점거하여 소유하고 있으니,

○顧廣圻曰 不當作所라 晏子春秋云 則爲人主所案이니 據腹而有之라하고 說苑云 則爲人主所察이니 據腹而有之라하니 案安同字요 察은 卽案形近譌라 又按依二書하면 此而上當脫腹字라

○顧廣圻 : 〈'不安'의〉 '不'은 응당 '所'가 되어야 한다. ≪晏子春秋≫ 〈內篇〉에 "則爲人主所案 據腹而有之(〈처벌하면〉 군주가 편안하게 되니, 중요한 자리를 점거하여 소유한다.)"라고 하였고, ≪說苑≫ 〈政理篇〉에 "則爲人主所察 據腹而有之"라고 하였다. '案'과 '安'은 같은 글자이고, '察'은 곧 '案'과 字形이 비슷하여 잘못된 것이다. 또 살펴보건대 두 책의 내용에 의거하면 '而' 위에 응당 '腹'자가 탈락된 것이다.

34-120 此亦國之社鼠也니이다 故人臣執柄而擅禁하야

이들 또한 나라의 경우 사묘의 쥐와 같은 존재입니다."라고 하였다. 그러므로 신하가 권력을 장악하여 禁令을 제 마음대로 다루어

○先愼曰 乾道本에 禁下有禦字라 顧廣圻云 藏本今本에 無禦字라하니라 先愼按禦字不當有니 下文無卽其證일새 今據顧校删하노라

○王先愼 : 乾道本에 '禁' 아래에 '禦'자가 있다. 顧廣圻는 "藏本과 今本에 '禦'자가 없다."라고 하였다. 내가 살펴보건대 '禦'자는 있어서는 안 되니, 아래 글에 없는 것이 그 증명

---

84) 誅之則君不安 : 처벌하면 그의 패거리들이 노하여 임금을 도모하려고 하기 때문에 임금이 불안해지는 것이다. 이는 마치 사묘 안에 사는 쥐를 잡기 위해 불로 지지면 나무를 태울까 우려되고, 물을 부으면 바른 흙이 무너질까 우려되는 것과 같은 이치이다.

이기 때문에 지금 고광기의 교정에 의거하여 삭제하였다.

34-121 明爲己者必利하고 而不爲己者必害하니 此亦猛狗也니이다 夫大臣爲猛狗하야 而齕有道之士矣요 左右又爲社鼠而間主之情이어늘

〈사람들에게〉 자기를 위하는 자는 반드시 이익이 있을 것이고, 자기를 위하지 않는 자는 반드시 손해를 당할 것이라고 표명하니, 이들 역시 사나운 개와 같다. 大臣이 사나운 개가 되어 도덕을 갖춘 현사를 물어뜯고, 측근들이 또 사묘의 쥐가 되어 임금의 동정을 엿보고 있는데도

○顧廣圻曰 藏本今本에 情下有矣字하니 誤라

○顧廣圻 : 藏本과 今本에 '情' 아래에 '矣'자가 있으니 잘못이다.

34-122 人主不覺하니 如此면 主焉得無壅이며 國焉得無亡乎아

임금이 그것을 깨닫지 못하고 있으니, 이와 같다면 임금이 어떻게 〈총명이〉 가려지지 않겠으며, 나라가 어떻게 衰亡하지 않겠는가.

34-123 一曰 宋之酤酒者有莊氏者하야 其酒常美라 或使僕往酤莊氏之酒러니 其狗齕人하야 使者不敢往하고 乃酤佗家之酒하다 問曰 何爲不酤莊氏之酒오 對曰 今日莊氏之酒酸하니이다 故曰 不殺其狗則酒酸이라하니라

일설은 다음과 같다. 宋나라의 술을 파는 사람 중에 莊氏라는 이가 있어서 그가 빚은 술이 항상 맛이 좋았다. 어떤 사람이 종을 보내 장씨 집에 가서 술을 사오게 했는데 그 집의 개가 사람을 무는 바람에 심부름 간 사람이 감히 그 집에 가지 못하고 마침내 다른 집에서 술을 사왔다. 주인이 "어째서 장씨 집의 술을 사오지 않았는냐."라고 물었다. 그 종은 "오늘 장씨 집의 술이 쉬었습니다."라고 대답하였다. 그러므로 그 집의 개를 죽이지 않으면 술이 쉬게 될 것이라고 말하는 것이다.

34-124 (一曰)[85] 桓公問管仲曰

齊 桓公이 管仲에게

○先愼曰 乾道本에 無一曰二字하고 桓下提行이라 顧廣圻云 藏本今本에 桓上有一曰二字하니 按有者是也라하니라 先愼案 今依趙本連上하고 補一曰二字하노라

○王先愼 : 乾道本에 '一曰' 두 글자가 없고, '桓' 이하에서 줄을 바꾸었다. 顧廣圻는 "藏本과 今本에 '桓' 위에 '一曰' 두 글자가 있으니, 살펴보건대 있는 것이 옳다."라고 하였다. 내가 살펴보건대 지금 趙本에 의거하여 윗글과 연결하고 '一曰' 두 글자를 보충하였다.

34-125 治國何患고 對曰 最苦社鼠니이다 夫社는 木而塗之로되 鼠因自託也라 燻之則木焚하고 灌之則塗阤하니 此所以苦於社鼠也니이다 今人君左右 出則爲勢重以收利於民하고 入則比周謾侮蔽惡以欺於君하니 不誅則亂法이요 誅之則人主危라 據而有之하니

"나라를 다스림에 있어 우려해야 하는 것이 무엇이오?"라고 물었다. 管仲이 대답하기를 "社廟의 쥐가 가장 괴로움을 주는 존재입니다. 사묘는 나무를 세우고 흙을 발라서 짓지만, 쥐가 그 안에 의지하여 스스로 몸을 붙이고 삽니다. 불로 지지면 나무가 불에 타고 물을 부으면 바른 흙이 무너지니, 이것이 사묘의 쥐가 괴로움을 주는 이유입니다. 지금 임금의 측근이 조정 밖에 나가면 권세를 부려 백성들에게 이익을 수탈하고, 들어와서는 패거리를 지어 남을 얕보고 죄악을 숨겨서 임금을 속이니, 처벌하지 않으면 법이 어지러워지고 처벌하면 임금을 위험에 빠뜨립니다. 〈이들이 중요한 자리를〉 점거하여 소유하고 있으니,

○顧廣圻曰 危는 當作安이니 說見(현)上하니라 安據連文이어늘 失其讀者改之耳라

○顧廣圻 : '危'는 응당 '安'이 되어야 하니 그 설명이 위에 보인다. '安據'가 서로 이어져서 된 글인데 잘못 읽은 사람이 고친 것이다.

34-126 此亦社鼠也니이다 故人臣執柄擅禁하야 明爲己者必利하고 不爲己者必

---

85) (一曰) : 저본에는 '一曰' 두 글자가 있으나, "위 항목의 例에 의거하면 여기에 '一曰' 두 글자가 있는 것은 합당하지 않다."라는 ≪韓非子新校注≫ 陳奇猷의 說에 의거하여 衍文으로 처리하였다.

害하니 亦猛狗也라 故左右爲社鼠요 用事者爲猛狗면 則術不行矣니라

이들 또한 사묘의 쥐와 같은 존재입니다."라고 하였다. 그러므로 신하가 권력을 장악하여 禁令을 제 마음대로 다루어 사람들에게 자기를 위하는 자는 반드시 이익이 있을 것이고, 자기를 위하지 않는 자는 반드시 손해를 당할 것이라고 표명하니, 이들 역시 사나운 개와 같은 것이다. 그러므로 측근은 사묘의 쥐가 되고 執政大臣이 사나운 개가 된다면 〈나라를 다스리는〉 法術이 시행되지 못하는 것이다.

○先愼曰 說本晏子春秋內篇問上이니 桓公管仲이 作景公晏子라

○王先愼 : 이 내용은 ≪晏子春秋≫ 〈內篇 問上〉에서 근본하였는데 〈그곳에는〉 '桓公'과 '管仲'이 '景公'과 '晏子'로 되어 있다.

34-127 堯欲傳天下於舜한대 鯀[86]諫曰 不祥哉인저 孰以天下而傳之於匹夫乎잇가 堯不聽하고 擧兵而誅殺鯀於羽山[87]之郊하다

堯임금이 천하를 舜에게 전해주려고 하자 鯀이 "불길합니다. 어떻게 천하를 匹夫에 전해주겠습니까."라고 간하였다. 그러나 요임금은 그 말을 따르지 않고 군사를 일으켜 곤을 羽山의 교외에서 誅殺하였다.

○顧廣圻曰 依下句하면 當衍殺字라 先愼曰 下句誅字는 乃流字之誤니 不得據以爲例라 誅殺은 謂罪而殺之也니 殺字非衍文이라

○顧廣圻 : 아래 句에 의거하면 응당 '殺'자는 衍文이 되어야 한다.

王先愼 : 아래 句의 '誅'자는 곧 '流'자의 잘못이니 이에 의거하여 例로 삼을 수는 없다. '誅殺'은 죄를 지어 죽인 것이니, '殺'자는 衍文이 아니다.

34-128 共工[88]又諫曰 孰以天下而傳之於匹夫乎잇가 堯不聽하고 又擧兵而流

86) 鯀 : 전설상 고대 夏后氏의 부락 수령이라고 한다. 封號는 崇伯으로, 禹의 아버지이다. 堯의 命으로 홍수를 다스릴 적에 제방을 쌓아 물을 막는 방법을 써서 9년 동안 홍수를 다스렸으나 성공하지 못하자 舜이 羽山에서 죽였다고 한다. 여기서 말한 내용과는 일치하지 않는다.

87) 羽山 : 山東省 郯城縣 동북쪽 70리에 있는 산 이름이다.

88) 共工 : 堯임금 때 大臣 중의 한 사람이다. 驩兜・三苗・鯀과 함께 四凶으로 지목되어 幽州

共工於幽州[89]之都하다

共工이 다시 "어떻게 천하를 필부에게 전해주겠습니까."라고 간하였다. 그러나 堯임금은 그 말을 따르지 않고 군사를 일으켜 공공을 幽州의 도성으로 流刑에 처하였다.

○先愼曰 各本에 流作誅어늘 據御覽六百四十五引改라 尙書孟子에 竝作流라

○王先愼 : 各本에 '流'가 '誅'로 되어 있는데, ≪太平御覽≫ 권645의 이 글을 인용한 내용에 의거하여 고쳤다. ≪尙書≫와 ≪孟子≫에 모두 '流'로 되어 있다.

34-129 於是에 天下莫敢言無傳天下於舜하다 仲尼聞之하시고 曰 堯之知舜之賢이 非其難者也라 夫至乎誅諫者하고 必傳之舜이 乃其難也라하시니라 一曰 不以其所疑로 敗其所察則難也라

이에 천하 사람들이 누구도 감히 천하를 舜에게 전해주면 안 된다고 말을 하는 사람이 없게 되었다. 仲尼가 이 말을 듣고 "堯임금이 순임금의 현명함을 안 것이 어려운 것이 아니라, 〈禪位하지 말라고〉 간하는 사람을 처벌하기까지 하고 기필코 순임금에게 천하를 전해준 일이 바로 어려운 일이다."라고 하였다. 일설에는 중니가 "의심하는 것 때문에 자기가 살펴서 안 일을 폐기하지 않는 것이 어려운 것이다."라고 말했다고 한다.

34-130 荊莊王이 有茅門之法[90]하야

楚 莊王이 茅門에 관한 법령을 만들어

○孫詒讓曰 茅門은 下作茆門이라 說苑至公篇이 與此略同하고 亦作茅라 案茅門은

에 유배되었다.

89) 幽州 : '幽洲'로도 쓴다. 고대 九州의 하나로, 지금의 河北省 북부·동부와 遼寧省 일대 지역이다.

90) 茅門之法 : 諸侯의 宮門인 茅門의 출입에 관한 法令을 말한다. 모문은 곧 雉門인데, 치문 밖에 外朝가 있었다. 제후의 궁에는 庫門·雉門·路門의 三門이 있는데, 그 두 번째 문인 모문의 출입에 관한 법령은 廷理가 관장하였다.

卽雉門也니 說文隹部에 雉古文作銻(치)하고 或省爲弟하니 與茅形近而誤라 史記魯世家에 築茅闕門[91]이라하니 卽春秋定二年經之雉門兩觀也라 諸侯三門이니 庫雉路요 外朝在雉門外라 茅門之法은 廷理[92]掌之하니 卽周禮秋官의 朝士는 掌建邦外朝之法也라 天子諸侯三朝[93]에 皆有廷士하니 士理字通이라 先愼曰 孫說茅卽弟之誤是也니 御覽六百三十八에 引正作弟하니 可證이라

○孫詒讓 : '茅門'은 아래 글에 '茆門'으로 되어 있다. ≪說苑≫ 〈至公篇〉의 내용이 이 글과 대략 같고, 또한 '茅'로 되어 있다. 살펴보건대 '茅門'은 곧 '雉門'이니, ≪說文解字≫ 〈隹部〉에 '雉'는 옛 글자에 '銻'로 되어 있고 혹 줄여서 '弟'로 되어 있으니, '茅'와 字形이 비슷하여 잘못된 것이다. ≪史記≫ 〈魯周公世家〉에 "茅闕門을 축조하였다."라고 하였으니, 곧 ≪春秋≫ 定公 2년 經文에 보이는 '雉門'과 '兩觀'이다. 諸侯의 宮殿은 세 개의 문이니, 庫門・雉門・路門이고, 外朝는 치문 밖에 있다. 茅門에 관한 법령은 廷理가 관장하니 곧 ≪周禮≫ 〈秋官〉의 "朝士는 나라의 외조에 대한 법을 세우는 일을 관장한다."는 것이다. 天子와 제후의 三朝에 모두 廷士를 두었으니, '士'와 '理'는 글자를 통용한다.

王先愼 : 孫詒讓의 '茅'는 곧 '弟'의 잘못이라는 설이 옳다. ≪太平御覽≫ 권638에 이 글을 인용하면서 바로 '弟'로 되어 있으니 증명할 수가 있다.

34-131 曰 群臣大夫諸公子入朝에 馬蹏踐霤者는 廷理斬其輈(주)하고 戮其御니라 於是太子入朝라가 馬蹏踐霤한대 廷理斬其輈하고 戮其御하니 太子怒하야

〈선포하기를〉 "群臣과 大夫와 여러 公子들이 조정에 들어올 적에 말발굽이 처마 아래의 낙숫물이 떨어지는 곳을 밟는 자는 廷理가 그 수레끌채를 잘라버리고 그 마부를 죽일 것이다."라고 하였다. 그때 太子가 조정에 들어오다가 말발굽이 처마 아래의 낙숫물이 떨어지는 곳을 밟자, 정리가 그의 수레끌채를 자르고 그의 마부를 죽였다. 그러자 태자가 분노하여

○先愼曰 怒廷理之執法也라

---

91) 茅闕門 : 諸侯 宮殿의 남쪽 문인 雉門에 축조한 闕이다. '茅'는 곧 치문이고, '闕'은 宮門이나 城門의 양쪽에 높이 쌓은 臺인데 그 중간에 통로가 있고 대 위에 樓觀을 세운다. 이를 雙闕 또는 兩觀이라고 한다.

92) 廷理 : 춘추시대 楚나라의 刑獄을 담당하던 벼슬이다.

93) 三朝 : 內朝・外朝・燕朝를 말한다.

○王先愼 : 廷理가 법을 집행한 일에 분노한 것이다.

34-132 入爲王泣曰 爲我誅戮廷理하소서 王曰 法者는 所以敬宗廟하며 尊社稷이라 故能立法從令尊敬社稷者는 社稷之臣也어늘 焉可誅也리오 夫犯法廢令不尊敬社稷者는 是臣乘[94)]君而下(尙校)〔校尙〕也니라

宮中에 들어가 莊王을 향하여 울면서 "저를 위하여 廷理를 죽여주십시오."라고 하였다. 장왕은 "法은 宗廟를 공경하게 하며 社稷(國家)을 존엄하게 하는 도구이다. 그러므로 法制를 확립하고 禁令을 준수하여 사직을 존엄하고 공경하게 하는 자는 사직을 保衛하는 신하인데 어찌 주살할 수 있겠느냐? 법제를 위반하고 금령을 폐기하여 사직을 존엄하고 공경하게 하지 않는 것은, 바로 신하가 군주를 능멸하고 아랫사람이 윗사람에게 항거하는 것이다.

○盧文弨曰 尙上同이요 校는 疑當作陵이니 說苑至公篇에 作下陵上이라 先愼曰 此當作下校尙이니 傳寫誤倒耳라 下校尙은 謂下亢上也라 國策秦策足以校於秦矣의 高誘注에 校는 猶亢也라하니 校尙誤倒라 說苑에 乘作棄하고 校作陵하니 皆劉向所易일새 未可據라

○盧文弨 : '尙'은 '上'과 같고, '校'는 응당 '陵'이 되어야 할 듯하니, ≪說苑≫ 〈至公篇〉에 '下陵上'으로 되어 있다.

王先愼 : 이 부분은 응당 '下校尙'이 되어야 하니, 傳寫하는 과정에서 순서가 잘못 바뀌었다. '下校尙'은 아랫사람이 윗사람에게 저항함〔下亢上〕을 말한다. ≪戰國策≫ 〈秦策〉에 "足以校於秦矣(진나라에 항거할 수 있다.)"의 高誘 注에 "'校'는 '亢(항거하다)'과 같다."라고 하였으니, '校'와 '尙'이 순서가 잘못 바뀌었다. ≪說苑≫ 〈至公篇〉에 '乘'은 '棄'로 되어 있고 '校'는 '陵'으로 되어 있으니, 모두 劉向이 고친 것이기 때문에 의거할 수가 없다.

34-133 臣乘君이면 則主失威하고 下(尙校)〔校尙〕이면 則上位危라 威失位危면 社稷不守하리니 吾將何以遺子孫이리오 於是太子乃還(선)走하야 避舍露宿三日하고 北面再拜請死罪하다

94) 乘 : '陵(능멸하다)'의 뜻이다.

신하가 군주를 능멸하면 군주는 권위를 잃게 되고, 아랫사람이 윗사람에게 항거하면 윗사람의 지위가 위험하게 된다. 군주가 권위를 잃고 지위가 위험하게 되면 사직을 지키지 못할 것이니, 내가 장차 어떻게 사직을 자손에게 전해주겠느냐?"라고 하였다.

이에 태자가 곧 몸을 돌려 빠른 걸음으로 물러나서 자리를 피하여 3일 동안 노숙을 하고, 북쪽을 향하여 두 번 절하면서 죽을죄로 다스려주기를 요청하였다.

34-134 一曰 楚王急召太子하다 楚國之法에 車不得至於茆(모)門이나 天雨하야 廷中有潦하니 太子遂驅車至於茆門하다

일설의 내용은 다음과 같다. 楚王이 급작스럽게 太子를 불렀다. 楚나라의 法規에 〈宮殿의 두 번째 문인〉 茆門(茅門)에까지 수레를 타고 올 수 없게 되어 있으나, 비가 내려서 宮廷에 물이 가득 고여 있자 태자는 이에 수레를 몰아 모문까지 들어갔다.

○孫詒讓曰 說苑에 楚莊王之時에 太子車立於茅門之(外)〔內〕[95]라하니라

○孫詒讓 : ≪說苑≫ 〈至公篇〉에 "楚 莊王 때에 태자의 수레가 茅門의 경계 안에 서 있었다."라고 하였다.

34-135 廷理曰

廷理가

○顧廣圻曰 說苑云 少師慶이라하니라

○顧廣圻 : ≪說苑≫ 〈至公篇〉에 〈'廷理'를〉 "少師 慶"이라 하였다.

34-136 車不得至茆門이니 非法也니이다

"수레는 茆門까지 들어올 수 없으니, 〈모문까지 들어온 것은〉 법규를 위반한 것

95) (外)〔內〕 : 저본에는 '外'로 되어 있으나, 四庫全書本 ≪說苑≫ 〈至公篇〉에 의거하여 '內'로 바로잡았다.

입니다."라고 하였다.

○先愼曰 至茆門三字當重이라

○王先愼 : 응당 '至茆門' 세 글자가 거듭 있어야 한다.

34-137 太子曰 王召急하시니 不得須無潦라하고 遂驅之하다 廷理擧殳[96]而擊其馬하고 敗其駕하다 太子入爲王泣曰 廷中多潦하야 驅車至茆門이어늘 廷理曰 非法也라하고 擧殳擊臣馬하고 敗臣駕하니 王必誅之하소서 王曰 前有老主而不踰하고

太子가 "父王께서 급작스럽게 부르시니 궁정에 고인 물이 없어지기를 기다릴 수가 없다." 하고는 이에 수레를 몰아 들어가려고 하였다. 그러자 廷理가 창을 들어 그 말을 가격하고 그 수레를 파괴하였다. 태자가 궁중에 들어가 왕을 향하여 울면서 "궁정에 고인 물이 많아서 수레를 몰아 茆門까지 들어왔는데, 정리가 '법규를 위반했다.'라 하고는 창을 들어 저의 말을 가격하고 저의 수레를 파괴하였으니 부왕께서는 반드시 이자를 주살하소서."라고 하였다. 楚王은 "앞에는 늙은 임금인 내가 있건만 그는 법규를 어기지 않아 〈너를 용서하지 않았고,〉

○先愼曰 北堂書鈔三十六에 引老主作先王하고 說苑에 作老君이라

○王先愼 : ≪北堂書鈔≫ 권36에 이 글을 인용하면서 '老主'가 '先王'으로 되어 있고, ≪說苑≫ 〈至公篇〉에 '老君'으로 되어 있다.

殳

34-138 後有儲主[97]而不屬(촉)하니 矜矣로다

뒤에는 王位를 계승할 태자인 네가 있건만 너에게 붙좇지 않았으니 훌륭하구나.

○盧文弨曰 說苑에 作少君在後而不豫라하니라 下矜矣二字衍이니 淩本無라 先愼

96) 殳 : 의장용 병기의 한 가지이다. 여덟모로 깎은 나무막대기나 대나무의 꼭대기에, 날이 없는 둥근 쇠막대기를 붙이거나 가시가 달린 원통형의 쇠붙이를 붙이고 그 끝에 矛를 달기도 한다.

97) 儲主 : 儲君으로 太子를 말한다.

曰 北堂書鈔에 引有矜矣二字하니 矜與賢聲相近하야 古通假라 文子上仁篇에 矜與賢韻하니라 矜矣는 猶賢矣니 此楚王贊美廷理也라 書大禹謨傳에 自賢曰矜이라하고 朱駿聲說文通訓定聲[98]에 矜下云 矜借爲賢이라하니 亦通이라

○盧文弨 : ≪說苑≫ 〈至公篇〉에 '少君在後而不豫(젊은 군주가 뒤에 있건만 머뭇거리지 않았다.)'로 되어 있다. 아래의 '矜矣' 두 글자는 衍文이니, 凌本에 없다.

王先愼 : ≪北堂書鈔≫ 권36에 이 글을 인용하면서 '矜矣' 두 글자가 있으니, '矜'과 '賢'은 聲音이 서로 비슷하여 예전에 빌려다가 통용하였다. ≪文子≫ 〈上仁篇〉에 '矜'과 '賢'을 한 韻으로 하였다. '矜矣'는 '賢矣'와 같으니, 이는 楚王이 廷理를 찬미한 것이다. ≪書經≫ 〈大禹謨〉 孔安國의 傳에 "自賢曰矜(스스로 훌륭하게 여기는 것을 '矜'이라고 한다.)"이라고 하였고, 朱駿聲의 ≪說文通訓定聲≫에는 '矜'의 아래에 "'矜'은 假借하여 '賢'이 된다."라고 하였으니, 그 또한 통한다.

34-139 是眞吾守法之臣也라하고 乃益爵二級하고

이 사람은 참으로 나의 법을 잘 지키는 신하이다."라 하고는 곧 〈廷理에게〉 두 등급의 벼슬을 올려주고,

○先愼曰 御覽六百三十六에 引二作三이라

○王先愼 : ≪太平御覽≫ 권636에 이 글을 인용하면서 '二'가 '三'으로 되어 있다.

34-140 而開後門出太子하야 勿復(부)過하라하다

뒷문을 열고 太子가 나가게 하면서 "다시는 이런 과오를 저지르지 말라."고 하였다.

34-141 衛嗣君謂薄疑[99]曰 子小寡人之國以爲不足仕면 則寡人力能仕子니

98) 朱駿聲說文通訓定聲 : 淸나라 文字學者 朱駿聲이 옛 韻部에 의거하여 改編한 ≪說文解字≫의 해설서이다. 모두 18권으로, 글자마다 먼저 ≪설문해자≫ 본래의 訓을 해석하고, 다음으로 파생된 뜻과 假借의 뜻을 기술하였으며, 끝으로 옛 韻文 중에서 用韻한 사례를 들어 古韻을 증명하였다.

99) 薄疑 : 전국시대 사람으로, 처음 趙나라에 거주하다가 뒤에 衛나라로 가서 衛 嗣君을 섬겼다.

請進爵以子爲上卿하노라 **乃進田萬頃**하다 **薄子曰 疑之母親疑**하야 **以疑爲能相萬乘所不窕也**로소이다

衛 嗣君이 薄疑에게 이르기를 "그대가 寡人의 나라가 작아 벼슬하기에 부족하다고 여긴다면 과인의 능력이 그대를 벼슬하게 할 수 있으니, 그대의 작위를 높여 上卿으로 삼을 것이오."라고 하였다. 그러고는 萬頃의 토지를 주었다.

薄子는 "저의 어머니는 저를 사랑하시어 제가 萬乘 큰 나라의 相國이 되어도 부족하지 않을 것이라 여기고 계십니다.

○先愼曰 窕與(篠)〔窱〕[100]同하니 荀子賦論에 充盈太宇而不窕라하야늘 楊注에 窕音(篠)〔窱〕라

○王先愼 : '窕'는 '窱'와 같으니, ≪荀子≫ 〈賦論〉에 '充盈大宇而不窕(하늘을 가득 채우고도 부족하지 않다.)'라고 하였는데, 楊倞의 注에 "'窕'는 音이 '窱'이다."라고 하였다.

34-142 **然疑家巫有蔡嫗者**하니 **疑母甚愛信之**하야 **屬**(촉)**之家事焉**하니이다 **疑智足以信言**[101]**家事**면

그렇지만 저의 집에 蔡氏 노파라는 무당이 있는데 저의 어머니가 그를 몹시 사랑하고 신임하여 집안일을 그에게 맡기고 있습니다. 저의 지혜는 집안일을 맡기에 충분하다고 상세히 말씀드리면

○顧廣圻曰 信字는 當衍이라

○顧廣圻 : 〈'信言'의〉 '信'자는 응당 衍文이다.

34-143 **疑母盡以聽疑也**니이다 **然已與疑言者**라도 **亦必復**(부)**決之於蔡嫗也**하니이다 **故論疑之智能**하면 **以疑爲能相萬乘而不窕也**요 **論其親**하면 **則子母之間也**로되 **然猶不免議之於蔡嫗也**니이다 **今疑之於人主也**에 **非子母之親也**요 **而人主皆**

---

100) (篠)〔窱〕: 저본에는 '篠'로 되어 있으나, 뒤에 ≪荀子≫ 楊倞 注를 사례로 들고 있으므로 楊倞의 주에 의거하여 '窱'로 바로잡았다.

101) 信言 : '信'은 '申'과 통용으로, '信言'은 '申述'이라고 한 ≪韓非子新校注≫ 陳奇猷의 설을 따라 번역하였다.

有蔡嫗니 人主之蔡嫗는 必其重人[102]也니이다 重人者는 能行私者也니 夫行私者는 繩之外也요

저의 어머니께서도 집안일에 대한 저의 말을 모두 따라주십니다. 그러나 이미 저와 함께 의논한 말일지라도 또 반드시 蔡氏 노파에게 다시 의논해 결정하십니다. 그러므로 저의 지능을 논한다면 〈어머니께서〉 저를 만승 큰 나라의 상국이 되어도 부족함이 없을 것으로 여기시고, 그 친밀함으로 논한다면 자식과 어머니 사이의 血肉 관계이지만 그런데도 오히려 채씨 노파와 다시 의논하는 형편을 벗어나지 못하고 있습니다. 지금 저는 군주에게 있어 자식과 어머니 사이 같은 친밀한 관계가 아니고, 군주의 주변에는 모두 채씨 노파 같은 인물이 있습니다. 그러니 군주 주변의 채씨 노파 같은 사람은 필시 권력을 장악한 인물일 것입니다. 권력을 장악한 인물은 능히 私利를 행사하는 자입니다. 사리를 행사하는 자는 법이 미치는 범위 밖에 있고

○先愼曰 繩은 謂繩墨이라

○王先愼 : '繩'은 '繩墨(법도)'이다.

34-144 而疑之所言은 法之內也니

제가 하는 말은 법의 범위 안에 있으니,

○先愼曰 乾道本에 無所字라 顧廣圻云 藏本今本에 有所字라하야늘 今據補하니라

○王先愼 : 乾道本에 '所'자가 없다. 顧廣圻는 "藏本과 今本에 '所'자가 있다."라고 하였기에 지금 이에 의거하여 보충하였다.

34-145 繩之外與法之內는 讐也라 不相受也니이다

법의 범위 밖과 안은 적대적인 관계라서 서로 수용할 수가 없습니다."라고 하였다.

○先愼曰 張榜本은 此下에 有如是則疑不得長臣矣九字라

102) 重人 : 조정의 大權을 장악한 인물을 말한다.

○王先愼 : 張榜本은 이 아래에 '如是則疑不得長臣矣(이와 같이 된다면 저는 오래 〈군주의〉 신하가 될 수 없을 것입니다.)' 아홉 글자가 있다.

34-146 一曰 衛君之晉할새 謂薄疑曰 吾欲與子皆(해)[103]行하노라 薄疑曰 媼也在中하시니 請歸與媼計之호리이다 衛君自請〔薄媼〕한대 薄媼曰

일설의 내용은 다음과 같다. 衛나라 군주가 晉나라에 가려고 할 적에 薄疑에게 일러 "나는 그대와 함께 가려고 하오."라고 말하였다. 박의는 "老母께서 집안에 계시니 집에 돌아가 노모와 의논해보겠습니다."라고 대답하였다. 위나라 군주가 박의의 노모에게 직접 요청하자 박의의 노모는

○顧廣圻曰 藏本에 重薄媼二字라

○顧廣圻 : 藏本에 '薄媼' 두 글자가 거듭되어 있다.

34-147 疑는 君之臣也어늘 君有意從之하시니 甚善이로소이다 衛君曰 吾(以)〔已〕請之媼호니

"薄疑는 임금의 신하인데 임금께서 그를 수종하게 할 의향이 있으시니 매우 좋습니다."라고 하였다. 衛나라 군주가 〈박의에게〉 "내가 이미 그대의 노모에게 요청했더니

○先愼曰 以는 當作已라

○王先愼 : '以'는 응당 '已'가 되어야 한다.

34-148 媼許我矣니라 薄疑歸하야 言之媼也하야 曰 衛君之愛疑奚與媼이니잇고

그대의 노모께서 나의 요청을 허락하셨다."라고 하였다. 薄疑가 집에 돌아와서 노모에게 말하여 "衛나라 군주가 저를 대하는 사랑이 어머니께서 저를 사랑하는 것과 비교하면 어떻습니까?"라고 물었다.

---

103) 皆(해) : '偕(함께)'와 같다.

○先愼曰 乾道本에 無愛字라 顧廣圻云 藏本에 無愛字하고 今本有나 依下文當補라하야늘 今據增하니라

○王先愼 : 乾道本에 '愛'자가 없다. 顧廣圻는 "藏本에 '愛'자가 없고 今本에 있으나, 아래 글에 의거하면 응당 보충해야 한다."라고 하였기에 지금 이에 의거하여 보충하였다.

34-149 媼曰 不如吾愛子也리라 衛君之賢疑奚與媼也니잇고 曰 不如吾賢子也니라 媼與疑計家事하야 已決矣로되 乃更(갱)請決之於卜者蔡嫗하시니이다

노모는 "내가 자식인 너를 사랑하는 것만은 못할 것이다."라고 하였다. 〈薄疑가 다시〉 "衛나라 군주가 저를 賢能하다고 여기는 것이 어머니께서 저를 현능하게 여기는 것과 비교하면 어떻습니까?"라고 물었다. 노모는 "내가 너를 현능하게 여기는 것만은 못할 것이다."라고 하였다. 〈박의가〉 "어머니께서는 저와 집안일을 의논하여 이미 결정을 하고서도 곧 다시 점쟁이 蔡氏 노파에게 물어서 결정을 하고 계십니다.

○先愼曰 乾道本에 無更字라 盧文弨云 張本有라하야늘 今據補하니라

○王先愼 : 乾道本에 '更'자가 없다. 盧文弨는 "張本에 있다."라고 하였기에 지금 이에 의거하여 보충하였다.

34-150 今衛君從疑而行한대 雖與疑決計라도 必與他蔡嫗敗之하리니 如是면 則疑不得長爲臣矣리이다

지금 衛나라 군주가 저를 수종하게 하여 함께 가자고 하는데 저와 계책을 결정하더라도 반드시 다른 蔡氏 노파 같은 사람과 함께 그 계책을 파기할 것이니, 이와 같이 된다면 저는 오래 위나라 군주의 신하가 되지 못할 것입니다."라고 하였다.

34-151 夫教歌者는 使先呼而詘之[104]하야 其聲反[105]清徵(치)[106]者라야 乃教

104) 詘之 : 音을 바꾸어 다르게 내게 함을 말한다. '屈之'와 같다.

之니라

대저 노래를 가르치는 사람은 〈배우는 자에게〉 먼저 〈높고 맑은〉 소리를 내게 한 다음 〈낮고 가늘게 내도록〉 音을 바꾸어 그 소리가 淸徵로 되돌아오게 하여야 비로소 노래를 가르칠 수 있다.

○顧廣圻曰 反은 當作及이라

○顧廣圻 : '反'은 응당 '及'이 되어야 한다.

34-152 一曰 敎歌者는 先揆以法하야 疾呼中宮하고 徐呼中徵(치)니 疾不中宮하고 徐不中徵면 不可謂敎니라

일설의 내용은 다음과 같다. 노래를 가르치는 사람은 먼저 정해진 규정으로 〈배울 사람을〉 측정하여 급하게 내는 높은 소리는 宮聲에 맞게 가르치고, 느리게 내는 낮은 소리는 徵聲에 맞게 가르쳐야 한다. 급하게 내는 소리가 궁성에 맞지 않고 느리게 내는 소리가 치성에 맞지 않으면 이런 사람은 가르칠 수 없다고 여기는 것이다.

○顧廣圻曰 謂는 當作爲라 先愼曰 爲謂古通用하니 不必改作이라

○顧廣圻 : '謂'는 응당 '爲'가 되어야 한다.

王先愼 : '爲'와 '謂'는 예전에 통용하였으니 굳이 고칠 것이 없다.

34-153 吳起는 衛左氏[107]中人也라 使其妻織組러니 而幅狹於度러라 吳子使更(갱)之한대 其妻曰 諾다 及成에 復度(부탁)之하니 果不中度어늘 吳子大怒하다 其妻對曰 吾始經[108]之而不可更(경)也로소이다

---

105) 反 : 顧廣圻의 설을 따르지 않고 ≪韓非子新校注≫ 陳奇猷의 설을 따라 원 글자대로 번역하였다.

106) 淸徵(치) : 맑은 徵音을 말한다. 徵는 五音의 하나이다.

107) 左氏 : 춘추시대 曹나라의 땅 이름인데 전국시대에 衛나라에 편입되었다. 지금의 山東省 曹縣 서북 지역 일대에 해당한다.

108) 經 : 피륙이나 그물을 짤 때 세로 방향으로 매는 날실을 말한다. 날실의 폭은 정해져 있기

吳起는 衛나라 左氏邑 안의 사람이다. 그의 아내에게 組帶를 짜도록 시켰는데 폭이 표준 치수보다 좁았다. 吳子가 다시 짜도록 시키자 그의 처는 "예, 그렇게 하지요."라고 하였다. 조대가 완성되었을 때 다시 재어보니 결과적으로 표준 치수에 맞지 않자 오자는 크게 노하였다. 그의 아내는 "제가 처음 〈조대를 만들 때〉 날실을 고정해놓아 고칠 수가 없었습니다."라고 대답하였다.

○先愼曰 乾道本에 吾作五어늘 據趙本改라 北堂書鈔三十六에 引正作吾하니라

○王先愼 : 乾道本에 '吾'가 '五'로 되어 있기에 趙本에 의거하여 고쳤다. ≪北堂書鈔≫ 권36에 이 글을 인용하면서 바로 '吾'로 되어 있다.

34-154 吳子出之하다 其妻請其兄而索(색)入한대

吳子는 그의 아내를 내쫓아버렸다. 그 아내는 자기의 오빠에게 청하여 다시 찾아 들어가게 해달라고 하였는데

○先愼曰 乾道本에 無入字라 顧廣圻云 藏本今本에 索下有入字라하니라 先愼案 北堂書鈔에 引亦有어늘 今據補하노라

○王先愼 : 乾道本에 '入'자가 없다. 顧廣圻는 "藏本과 今本에 '索' 아래에 '入'자가 있다."라고 하였다. 내가 살펴보건대 ≪北堂書鈔≫ 권36에 이 글을 인용하면서 〈'入'자가〉 있기에 지금 이에 의거하여 보충하였다.

34-155 其兄曰 吳子는 爲法者也라 其爲法也는 且欲以與萬乘致功이니 必先踐之妻妾하고 然後行之니 子毋幾索入矣어다

그의 오빠는 "吳子는 法을 실행하는 사람이다. 그가 법을 실행하는 것은 장차 법으로 萬乘 큰 나라에서 공을 이루려고 하는 것이니, 반드시 妻妾에게 먼저 실천하고 그런 뒤에 다른 곳에 실행하려는 것이다. 너는 다시 찾아 들어가기를 바라지 말라."라고 하였다.

○先愼曰 毋幾索入은 謂毋望索入也라 史記晉世家에 毋幾爲君이라하고 呂不韋傳에

때문에 변경할 수가 없고, 가로 방향으로 놓아 짜는 씨실〔緯〕은 길이를 변경할 수가 있다.

則子無幾得與長子라하야늘 索隱云 幾는 猶望也라하니 此文語意 正與相同이라

○王先愼：'毋幾索入'은 "찾아 들어가기를 바라지 말라.〔毋望索入〕"고 말한 것이다. ≪史記≫ 〈晉世家〉에 '毋幾爲君(임금 되기를 바라지 말라.)'이라 하였고, ≪史記≫ 〈呂不韋列傳〉에 '則子無幾得與長子(그러면 그대는 큰아들과 함께 〈태자 자리를 놓고 다투기를〉 바랄 수가 없다.)'라고 했는데 ≪史記索隱≫에 "'幾'는 '望(바라다)'과 같다."라고 하였으니, 이 글의 말뜻과 바로 똑같다.

34-156 其妻之弟 又重於衛君하야

그 아내의 아우 중에 衛나라 군주에게 重視받는 사람이 있어서

○先愼曰 又는 讀爲有라

○王先愼：'又'는 '有'로 읽어야 된다.

34-157 乃因以衛君之重하야 請吳子호되 吳子不聽하고 遂去衛而入荊也하다

곧 衛나라 군주가 중시하는 신분을 이용하여 吳子에게 요청하였으나 오자는 그의 요청을 따르지 않고 마침내 衛나라를 떠나 楚나라로 들어갔다.

34-158 一曰 吳起示其妻以組하며 曰 子爲我織組호되 令之如是하라 組已就而(效)〔較〕之하니

일설의 내용은 다음과 같다. 吳起가 그의 아내에게 組帶를 보여주며 "그대는 나를 위하여 조대를 짜되 이것과 같도록 만들어주오."라고 하였다. 조대가 이미 완성되어 비교해보았더니

○先愼曰 效는 當作較라

○王先愼：'效' 응당 '較'가 되어야 한다.

34-159 其組異善이러라 起曰 使子爲組호되 令之如是어늘 而今也異善하니 何也오 其妻曰 用財[109)]若一也나 加務善之로소이다 吳起曰 非語也라하고 使之衣而歸하다

〈새로 만든〉 組帶가 유달리 좋았다. 吳起가 "그대에게 조대를 만들도록 하되 이 것과 같게 만들어달라고 하였는데 지금 이것이 유달리 좋으니 어찌된 것이오?"라고 물었다. 그의 아내는 "사용한 재료는 똑같으나 더욱 힘을 써서 좋게 만들어진 것입니다."라고 하였다. 오기는 "내가 분부한 말을 어기었소." 하고는 옷을 갈아입고 친정으로 돌아가게 하였다.

○先愼曰 乾道本에 無而字라 顧廣圻云 衣는 當作夜라하니라 先愼案 顧說非라 御覽四百三十又八百十九八百二十六에 引竝有而字어늘 今據補하노라 北堂書鈔三十六에 引無而字하니 陳禹謨[110]據誤本改之也라

○王先愼 : 乾道本에 '而'자가 없다. 顧廣圻는 "'衣'는 응당 '夜'가 되어야 한다."라고 하였다. 내가 살펴보건대 고광기의 설이 틀렸다. ≪太平御覽≫ 권430과 또 권819・권826에 이 글을 인용하면서 모두 '而'자가 있기에 지금 이에 의거하여 보충하였다. ≪北堂書鈔≫ 권36에 이 글을 인용하면서 '而'자가 없으니 陳禹謨가 잘못된 本에 의거하여 고친 것이다.

34-160 其父往請之한대 吳起曰 起家無虛言이니이다

그 아내의 아버지가 吳起에게 가서 〈다시 받아들일 것을〉 요청하자 오기는 "저의 집안에는 실행하지 않는 빈말은 없습니다."라고 〈거절하였다.〉

34-161 晉文公問於狐偃[111]曰 寡人甘肥周於堂하고 巵酒豆肉集於宮하며 (壺)

---

109) 財 : 財는 材와 통용으로, '재료'를 말한다.

110) 陳禹謨 : 明나라 常熟(지금의 江蘇省 常熟市) 사람으로 字는 錫元이다. 여러 서적의 자질구레한 일과 의미심장한 말들을 모아 ≪廣滑稽≫ 36권을 편찬하였다. ≪北堂書鈔≫를 삭제하거나 보충하면서 심지어 貞觀 연간 이후의 일과 五代十國의 책까지 뒤섞어 편입하여 옛 책의 모습을 모두 잃게 하였다고 한다.

111) 狐偃 : 춘추시대 晉 文公(重耳)의 외삼촌이다. 姓은 姬이고, 氏는 狐이며, 字는 子犯인데, 舅犯・咎犯・臼犯이라고도 한다. 戎狄 지방 출신으로 아버지 狐突이 晉 武公 때 진나라에 出仕하였다. 문공이 驪姬의 참소를 당하여 19년 동안 각국을 유랑할 때 兄 狐毛와 함께 끝까지 고난을 겪으며 보필하였다. 뒤에 귀국하여 문공이 즉위하자 內治와 外攻에 힘을 써서 문공을 五霸의 한 사람으로 만들었다.

〔壼〕酒不清하고

晉 文公이 狐偃에게 묻기를 "寡人이 맛있고 기름진 음식을 朝堂의 신하들에게 두루 제공하고 한 잔의 술과 한 그릇의 고기만을 宮中에 두었으며, 빚어서 병에 담은 술은 맑아질 겨를도 없이 〈여러 사람이 마셨고,〉

○先愼曰 壼(곤)은 當作壺(호)니 形近而誤라 酒는 飮也라

○王先愼 : '壼'은 응당 '壺'가 되어야 하니, 字形이 비슷해서 잘못된 것이다. '酒'는 '飮(마심)'이다.

34-162 生肉不布하며

날고기는 늘어놓을 사이도 없이 〈여러 사람을 삶아 먹였으며,〉

○先愼曰 左昭十六年傳注에 布는 陳也라하니라

○王先愼 : ≪春秋左氏傳≫ 昭公 16년 杜預의 注에 "'布'는 '陳(늘어놓다)'이다."라고 하였다.

34-163 殺一牛면 徧於國中하고

소 한 마리를 잡으면 都城 안의 사람들에게 두루 〈나누어주었고,〉

○先愼曰 言不獨食이라

○王先愼 : 혼자만 먹지 않았다는 말이다.

34-164 一歲之功을 盡以衣士卒하니

한 해 동안 織造한 베를 모두 군사들에게 옷을 지어 입혔으니,

○先愼曰 功은 謂女功이라

○王先愼 : '功'은 '女功(여자가 길쌈이나 자수 등에 종사하는 일)'을 말한다.

34-165 其足以戰民乎아 狐子曰 不足이로소이다 文公曰 吾弛關市之征[112)]而緩

刑罰하니 其足以戰民乎아 狐子曰 不足이로소이다 文公曰 吾民之有喪資者면 寡人親使郎中視事하고 有罪者赦之하며 貧窮不足者與之하니 其足以戰民乎아 狐子對曰 不足하니 此皆所以愼產也어니와 而戰之者는 殺之也니이다 民之從公也는 爲愼產也어늘 公因而(迎)〔逆〕殺之하시니 失所以爲從公矣로소이다

그런 조치로 백성들을 전쟁에 나가도록 할 수 있겠소?"라고 하였다. 狐子는 "그것으로는 부족합니다."라고 하였다. 文公이 "내가 關稅와 시장에서 징수하는 세금을 경감해주고 아울러 형벌을 완화하였으니, 그런 조치로 백성들을 전쟁에 나가도록 할 수 있겠소?"라고 물었다. 호자는 "그것으로는 부족합니다."라고 하였다. 문공이 "나의 백성 중에 재산을 잃은 자가 있으면 寡人이 직접 郎中을 보내어 그 일을 조사해 처리하게 하고, 죄가 있는 자는 사면하며 가난하여 생활이 부족한 자는 은덕을 베풀어주었으니, 그런 조치로 백성들을 전쟁에 나가도록 할 수 있겠소?"라고 물었다. 호자는 대답하여 "그것으로는 부족하니, 이런 조치는 모두 백성들의 생존 욕구를 따른 것이지만 전쟁을 시키는 것은 백성을 죽이는 일입니다. 백성들이 公에게 복종하는 것은 생존 욕구를 따라주기 때문인데 공은 이를 이용하여 반대로 죽이려고 하시니, 백성들이 공을 따르는 이유를 잃게 되는 것입니다."라고 하였다.

○孫詒讓曰 愼은 讀爲順이요 產은 與生義同字通이라 迎殺迎은 當爲逆이라 愼產者는 言文公所言이 皆是順其生之事요 迎殺者는 言戰爲逆而殺之之事니 順逆生殺이 文正相對也라

○孫詒讓 : '愼'은 '順(따르다)'으로 읽어야 하고, '產'은 '生(생존)'과 같은 뜻으로 통용하는 글자이다. '迎殺'의 '迎'은 응당 '逆'이 되어야 한다. 愼產이란 文公이 앞에서 말한 것이 모두 그들의 생존 욕구를 따른 일이 됨을 말한 것이고, 迎殺이란 전쟁은 반대로 그들을 죽이는 일이 됨을 말한 것이니, 順逆과 生殺이 바로 상대가 되는 글이다.

34-166 曰 然則何如라야 足以戰民乎아 狐子對曰 令無得不戰이니이다 公曰 無

---

112) 關市之征 : 關門을 통과하는 사람에게 징수하는 세금과, 시장에서 交易하는 상인에게 징수하는 세금을 아울러 이르는 말이다. '征'은 세금 징수를 말한다.

得不戰奈何오 **狐子對曰 信賞必罰**이면 **其足以戰**이리이다 **公曰 刑罰之極安至**오 **對曰 不辟**(피)**親貴**하며 **法行所愛**니이다 **文公曰 善**하다 **明日**에 **令田於圃陸**[113)]하되 **期以日中爲期**하고 **後期者行軍法焉**하다 **於是公有所愛者曰顚**頡이라 **後期**어늘 **吏請其罪**하니 **文公隕涕而憂**하다

文公이 "그렇다면 어떻게 하여야 백성들을 전쟁에 나가도록 할 수 있겠소?"라고 물었다. 狐子가 대답하여 "전쟁에 나가지 않을 수 없도록 해야 합니다."라고 하였다. 문공이 "전쟁에 나가지 않을 수 없도록 하려면 어떻게 해야 하오?"라고 물었다. 호자가 대답하여 "〈공 있는 사람은〉 반드시 상을 주고, 〈죄 있는 사람은〉 반드시 벌을 주면 아마 전쟁에 나가도록 하기에 충분할 겁니다."라고 하였다. 문공이 "형벌의 정점은 어느 지경까지 이르러야 하는 것이오?"라고 물었다. 호자가 대답하여 "〈형벌의 집행은〉 親近하고 顯貴한 사람이라도 회피하지 않으며, 法의 적용은 총애하는 사람에까지도 시행하는 것입니다."라고 하였다. 문공은 "좋습니다."라고 하였다. 이튿날 명령을 내려 圃陸에서 사냥을 하되 正午에 집합하는 기한을 정하고 늦게 도착하는 사람의 벌은 軍法으로 집행하겠다고 하였다. 이때에 문공이 총애하는 顚頡이라는 사람이 늦게 도착하자 법을 담당하는 관리가 그에게 내릴 죄를 정해달라고 요청하니 문공은 눈물을 흘리며 고민하였다.

○**先愼曰 不行法則失信**이요 **行法則失貴重之臣**이라 **故憂而不決**이라

○王先愼 : 법을 집행하지 않으면 신의를 잃는 것이고, 법을 집행하면 귀중히 여기는 신하는 잃는다. 그러므로 고민하면서 결단하지 못한 것이다.

34-167 **吏曰 請用事焉**하노이다 **遂斬顚**頡**之脊**하야 **以徇百姓**하야 **以明法之信也**하다 **而後百姓皆懼**하야 **曰 君於顚**頡**之貴重**이 **如彼甚也**언마는 **而君猶行法焉**이어든 **況於我則何有矣**리오 **文公見民之可戰也**하고 **於是遂興兵伐原**[114)]하야 **克之**하다

113) 圃陸 : 춘추시대 晉나라의 地名으로, 그 소재지는 두 설이 있다. ① ≪春秋左氏傳≫ 定公 9년의 魏獻子가 사냥을 했다는 '大陸'으로, 지금의 河南省 修武縣 북쪽 10리쯤이라는 설, ② ≪春秋左氏傳≫ 僖公 27년의 군사검열을 실시한 '被廬'인데, 그 위치는 미상이라는 설이다.

114) 原 : 고대의 나라 이름으로, 姬姓國이다. 처음에는 지금의 山西省 沁水縣에 있었는데, 뒤에 지금의 河南省 濟源縣 서북쪽으로 東遷하였다.

관리가 "형벌을 집행하게 해주십시오."라고 하였다. 마침내 〈腰斬의 형벌로〉 顚頡의 등마루를 베어 백성들에게 조리돌리어 법 집행의 신뢰를 명확히 하였다. 그런 뒤로 백성들이 모두 두려워하면서 "임금께서 전힐을 귀중하게 여기심이 저처럼 매우 절실했건만 그럼에도 임금께서 법대로 집행을 하셨는데 하물며 우리 같은 백성들에게 무슨 미련이 있겠는가!"라고 하였다. 文公은 백성들을 전쟁에 나가게 할 수 있는 상태를 보고, 이에 드디어 군사를 출동시켜 原나라를 토벌하여 승리하였다.

○盧文弨曰 張本에 兵下有東字라

○盧文弨 : 張本에 '兵' 아래에 '東'자가 있다.

34-168 **伐衛**하야 **東其畝**[115)]하고

衛나라를 토벌하여 그곳의 밭두둑의 방향을 동쪽으로 고치게 하고,

○顧廣圻曰 與左傳不同이나 呂氏春秋簡選篇에 亦云東衛之畝라 先愼曰 商君書賞刑篇에 反鄭之埤하고 東衛之畝①라하야 與呂覽合하니 蓋相傳有此事耳라

① 衛譌作徵하니 說詳商子集校[116)]라

'衛'는 '徵'으로 잘못되어 있으니, 이에 대한 해설이 ≪商子集校≫에 보인다.

○顧廣圻 : ≪春秋左氏傳≫의 내용과는 같지 않으나, ≪呂氏春秋≫ 〈簡選篇〉에 역시 "東衛之畝(위나라의 밭두둑을 동쪽 방향으로 고쳤다.)"라고 하였다.

王先愼 : ≪商君書≫ 〈賞刑篇〉에 "反鄭之埤 東衛之畝(鄭나라의 성가퀴를 무너뜨리고 衛나라의 밭두둑을 동쪽 방향으로 고쳤다.)"라고 하여 ≪呂氏春秋≫ 〈簡選篇〉의 내용과 합치하니, 서로 이 일이 있다고 전한 것일 뿐이다.

34-169 **取五鹿**[117)]하며 **攻陽**[118)]하야 **勝虢**[119)]하고

115) 東其畝 : 衛나라를 침공하는 晉나라 군대가 進軍하기 쉽도록 하기 위하여 위나라의 밭 가는 사람들을 시켜 밭두둑을 동쪽 방향으로 고치게 한 것이다.

116) 商子集校 : 法家들이 商鞅의 言說을 모아 엮은 ≪商子≫, 일명 ≪商君書≫의 오류를 校勘하여 출판한 책이다. 清末의 經學家이며 校勘學者인 孫詒讓이 편찬하였다.

117) 五鹿 : 춘추시대 衛나라의 땅 이름이다. 지금의 河南省 濮陽縣의 남쪽에 있었다.

〈衛나라의〉 五鹿을 점령하였으며, 陽繁(陽樊)을 공격하여 外城에서 승리하였고,

○顧廣圻曰 陽은 當卽陽繁이요 勝虢은 未詳이라

○顧廣圻 : '陽'은 바로 '陽繁'이고, '勝虢'은 미상이다.

34-170 伐曹하며 南圍鄭[120)]하야 反之陴하고

曹나라를 토벌하였으며, 남쪽으로 가서 鄭나라를 포위하여 정나라의 성가퀴를 무너뜨렸고,

○王渭曰 呂氏春秋에 反鄭之埤라하야늘 高注에 反은 覆이니 覆鄭之埤라하니라 先愼曰 晉語에 伐鄭하야 反其陴라하야늘 高注에 反은 撥也요 陴는 城上女垣이라하야 與呂覽注異라 國語此注上에 引賈侍中唐尙書說하니 蓋此注亦本前儒어늘 雖未明其人이나 較反覆之義하면 爲長이라 本書之字도 亦疑其之誤라 商君書는 與呂氏春秋同이라

○王渭 : ≪呂氏春秋≫〈簡選篇〉에 '反鄭之埤'라고 하였는데, 高誘의 注에 "'反'은 '覆(전복)'이니, 정나라의 성가퀴를 전복시킨 것이다."라고 하였다.

王先愼 : ≪國語≫〈晉語〉에 '伐鄭 反其陴'라고 했는데, 高誘의 注에 "'反'은 '撥(헤치다)'이고, '陴'는 城 위의 성가퀴이다."라고 하여 ≪呂氏春秋≫〈簡選篇〉의 주와 다르다. ≪國語≫〈晉語〉의 이 注 위에 賈侍中(賈逵)과 唐尙書(唐固)의 설이 인용되어 있으니, 이 注 역시 前儒의 설에 근본하였다. 그 사람(前儒)이 누구인지는 밝히지 않았으나 '反覆'이라는 뜻에 비교하면 〈의미가〉 더 낫다. 본서의 '之'자도 '其'의 誤字인 듯하다. ≪商君書≫〈賞刑篇〉의 내용은 ≪呂氏春秋≫〈簡選篇〉과 같다.

---

118) 攻陽 : '陽'은 晉 文公이 周 襄王에게 功勞로 받은 八邑의 하나인 陽樊이다. 지금의 河南省 濟源縣 동남쪽 30리에 옛 陽城이 있다. '攻陽'은 陽樊邑의 사람들이 복종하지 않는다는 이유로 공격한 일을 말한다.

119) 勝虢 : 顧廣圻는 미상이라고 하였으나, 尹桐陽이 "'虢'은 '郭'이다. '勝虢'은 위의 '攻陽'과 이어서 읽어야 하니, 아래에서 말한 '反埤(성가퀴를 전복시킴)'와 같다."라고 한 설을 따라 "外城에서 승리하였다."로 번역하였다.(≪韓非子全譯≫)

120) 圍鄭 : 魯 僖公 30년(B.C. 630)에 鄭나라가 晉나라에 무례했다는 이유로 晉侯와 秦伯이 정나라를 포위한 일을 말한다.(≪春秋左氏傳≫)

34-171 罷宋圍[121]하며 **還**(선)**與荊人戰城**濮[122]하야 **大敗荊人**하고 **返**이라가 **爲踐土之盟**[123]하야 **遂成衡雍之義**[124]하다

宋나라의 포위를 풀어주었으며, 군사를 돌려서 楚나라 군대와 城濮에서 교전하여 초나라 군대를 크게 패배시키고, 돌아오다가 踐土에서 諸侯들과 會盟하여 마침내 衡雍의 道義를 이루었다.

○**先愼曰 乾道本**에 **成作城**이라 **盧文**弨**云 城字**譌라하야늘 **今據拾補改**하노라

○王先愼 : 乾道本에 '成'이 '城'으로 되어 있다. 盧文弨는 "'城'자는 잘못되었다."라고 했기에 지금 ≪群書拾補≫에 의거하여 고쳤다.

34-172 一擧而八有功하니 **所以然者**는 **無他故異物**이라 **從狐偃之謀**하고 **假顚**頡**之脊也**니라

한 번 움직여 여덟 가지 공적을 차지하였으니, 이렇게 된 원인은 다른 까닭이나 이상한 일이 없다. 狐偃의 계책을 따르고, 顚頡의 등마루를 빌려 〈상벌을 분명히 했기 때문이다.〉

34-173 夫痤疽[125]**之痛也**는 **非刺骨髓**면 **則煩心不可支也**니 **非如是**면

---

121) 罷宋圍 : 魯 僖公 27년(B.C. 633)에 楚나라와 諸侯의 군대가 宋나라를 포위하자 宋나라의 公孫固가 晉나라에 가서 위급함을 알렸다. 이듬해 28년에 晉나라가 楚나라와 동맹국인 曹나라와 衛나라를 침공하여 宋나라의 포위를 풀고, 城濮에서 楚나라와 전쟁하였다.(≪春秋左氏傳≫)

122) 城濮 : 춘추시대 衛나라의 땅 이름이다. 지금의 山東省 濮縣 남쪽 70리에 있는 臨濮城이 바로 城濮이라고 한다.

123) 踐土之盟 : 踐土는 춘추시대 鄭나라의 땅 이름이다. 지금의 河南省 原陽縣 서쪽에 있었다. 晉 文公이 城濮의 전쟁에서 楚나라에 大勝하여 霸主의 지위를 확립한 뒤 이곳에서 諸侯를 소집하여 盟約을 주관하였다.

124) 衡雍之義 : 衡雍은 춘추시대 鄭나라의 땅 이름이다. 지금의 河南省 原陽縣 서쪽, 踐土의 동북쪽에 있었다. 晉 文公이 돌아오다가 衡雍에 이르러 踐土에 王宮을 짓고 周王을 높이는 道義를 이루었다.

125) 痤疽 : 독기가 있는 악성 종기나 큰 부스럼을 이른다.

악성 종기가 몹시 아플 적에는 침을 골수에까지 찔러 넣지 않으면 마음이 괴로워서 지탱할 수가 없으니, 이처럼 하지 않으면

○顧廣圻曰 如는 當作知니 下同이라

○顧廣圻 : '如'는 응당 '知'가 되어야 하니 아래도 같다.

34-174 不能使人以半寸砥石[126]彈之니라 今人主之於治에 亦然하야 非不知有苦則安이니 欲治其國호되

남에게 반 치〔寸〕 정도의 날카로운 돌침으로 〈종기를〉 찔러서 터트리게 하지 못한다. 지금 군주가 국가를 다스림에 있어서도 그러하여 고통을 겪어야 편안함이 있음을 알지 못하면 안 되니, 나라를 잘 다스리려고 하되

○先愼曰 乾道本에 無國字라 顧廣圻云 今本에 其下有國字라하야늘 今據補하노라

○王先愼 : 乾道本에 '國'자가 없다. 顧廣圻는 "今本에 '其' 아래에 '國'자가 있다."라고 하였기에 지금 이에 의거하여 보충하였다.

34-175 非如是면 不能聽聖知而誅亂臣이니라 亂臣者는

이처럼 하지 않으면 슬기롭고 지혜 있는 사람을 따르고 〈법을 어기는〉 亂臣을 誅罰하지 못한다. 〈법을 어기는〉 난신은

○先愼曰 乾道本에 不重亂臣二字라 顧廣圻云 今本에 重亂臣하니 案當重이요 下屬이라하야늘 今據補라하니라

○王先愼 : 乾道本에 '亂臣' 두 글자가 거듭되어 있지 않다. 顧廣圻는 "今本에 '亂臣'이 거듭되어 있으니, 응당 거듭되어야 하고, 아래 글로 붙여야 한다." 하였기에 지금 이에 의거하여 보충하였다.

34-176 必重人이요 重人者는 必人主所甚親愛也니 人主所甚親愛也者는 是同堅白[127]也니라 夫以布衣之資로 欲以離人主之堅白所愛면 是以解左髀說(세)

126) 砥石 : 고대에 돌을 날카롭게 갈아서 만든 돌침이다.

右髀者니

반드시 권력을 장악한 인물이고, 권력을 장악한 인물은 틀림없이 군주가 매우 친근히 하고 총애하는 사람이다. 군주가 매우 친근히 하고 총애하는 사람은 바로 堅白과 같은 관계이다. 平民의 신분으로 군주에게 견백처럼 매우 사랑하는 사람을 떼어놓게 하려고 하면 이는 왼쪽 넓적다리를 잘라버리라는 말로 오른쪽 넓적다리에게 설득하는 것이니,

○顧廣圻曰 藏本同하고 今本에 以作猶하니 誤라 按此當重以解左髀說右髀七字라 先愼曰 趙本에 作以하니 不誤라

○顧廣圻：藏本은 같고 今本은 〈'是以'의〉 '以'가 '猶'로 되어 있으니 잘못되었다. 살펴보건대 이곳에는 응당 '以解左髀說右髀' 일곱 자가 거듭 있어야 한다.
王先愼：趙本에 '以'로 되어 있으니 잘못되지 않았다.

34-177 是身必死而說(세)不行者也니라

〈왼쪽 넓적다리를 잘라버리라는 말로 오른쪽 넓적다리에게 설득하면〉 이 사람 자신은 반드시 죽임을 당할 것이고 그의 설득은 시행되지 않을 것이다.

---

127) 堅白：전국시대 公孫龍이 제창한 論辯으로, 돌의 단단함과 흰색은 서로 다른 개념이지만 결국 하나의 돌임을 뜻한다. 韓非子는 이것으로 君主와 重人은 서로 떨어질 수 없는 밀접한 관계임을 비유하였다.

1. ≪韓非子集解 3≫ 圖版目錄

2. ≪韓非子集解≫ 解題

• QR코드를 스캔하면 ≪韓非子集解≫ 解題를 볼 수 있습니다.

3. ≪韓非子集解≫ 總目次

• QR코드를 스캔하면 ≪韓非子集解≫ 總目次를 볼 수 있습니다.

4. ≪韓非子≫ 講義 紹介

• 전통문화연구회 사이버서원(http://hm.cyberseodang.or.kr)

• 한비자 특강(유료)

• 강사 : 金藝鎬

論文 및 譯書 - ≪한비자 법치로 세상을 바로 세운다≫

〈한비자 법치론의 연구 - 법치론 수립의 논리체계 분석〉

〈고대중국의 사상문화와 법치철학〉

責任飜譯者

許鎬九

父親 晦山公과 秋淵 權龍鉉 先生 師事
檀國大學校 東洋學硏究院 招聘敎授(現)
韓國古典飜譯院 附設 古典飜譯敎育院 講師(現)
傳統文化硏究會 理事(現)

論文 및 譯書

譯書 ≪說苑≫ ≪菊潭先生文集≫ ≪拓齋文集≫
共譯 ≪朱註論語≫ ≪朱註孟子≫ ≪國語≫ ≪退溪先生文集≫ 등

共同飜譯者

鄭東和

高麗大學校 國語國文學科 博士課程 修了
檀國大學校 東洋學硏究院 漢韓大辭典編纂室 編纂팀장
韓國古典飜譯院 責任硏究員(現)

論文 및 譯書

論文 〈退溪 山水詩의 形象化에 대하여〉〈도학적 시 세계의 한 국면〉
共譯 ≪春秋繁露義證≫ 등

權津鈺

高麗大學校 國語國文學科 博士課程 卒業
檀國大學校 東洋學硏究院 古典飜譯硏究室 先任硏究員(現)

論文 및 譯書

論文 〈澤堂 李植의 騈文·古文 연찬과 산문 창작의 실제〉
〈橘山 李裕元의 學問 性向과 類書·筆記 編纂에 관한 硏究〉
共譯 ≪樂全堂集≫ ≪於于集≫ 등

東洋古典譯註叢書 98

譯註 韓非子集解 3　　　　정가 38,000원

2018년 12월 30일 초판 발행
2019년 04월 30일 초판　2쇄

著者 韓非　集解 王先愼
責任譯者　許鎬九
共同譯者　鄭東和 權津鈺
諮問委員　吳圭根
潤文校訂　南賢熙 郭成龍 李孝宰 兪在衡
編　　輯　東洋古典飜譯編輯委員會
發 行 人　李啓晃

發 行 處　社團法人 傳統文化硏究會
서울시 종로구 삼일대로 428 낙원빌딩 411호
전화 : (02)762-8401　전송 : (02)747-0083
전자우편 : juntong@juntong.or.kr
홈페이지 : juntong.or.kr
사이버書堂 : cyberseodang.or.kr
온라인서점 : book.cyberseodang.or.kr
등록 : 1989. 7. 3. 제1-936호

인쇄처 : 한국법령정보주식회사(02-462-3860)
총　판 : 한국출판협동조합(070-7119-1750)

ISBN 979-11-5794-183-4 94150
978-89-85395-71-7(세트)

※ 이 책은 2018년도 교육부 고전문헌 국역지원사업 지원비에 의해 초판(비매품) 간행.

전통문화연구회 도서목록

基礎漢文敎材 - 懸吐完譯 成百曉 譯

四字小學 / 習字敎本 7,000원/4,000원
推句 · 啓蒙篇 / 習字敎本 7,000원/4,000원
明心寶鑑 8,000원
童蒙先習 · 擊蒙要訣 14,000원
註解千字文 13,000원
原文故事成語 15,000원

漢文讀解捷徑시리즈

漢文독해기본패턴 고전교육연구실 著 15,000원

東洋古典國譯叢書

大學 · 中庸集註 - 개정증보판 成百曉 譯註 10,000원
論語集註 - 개정증보판 成百曉 譯註 25,000원
孟子集註 - 개정증보판 成百曉 譯註 28,000원
詩經集傳 上 · 下 成百曉 譯註 28,000원
書經集傳 上 · 下 成百曉 譯註 33,000원
周易傳義 上 · 下 成百曉 譯註 38,000원
小學集註 成百曉 譯註 28,000원
古文眞寶 後集 成百曉 譯註 28,000원

五書五經讀本

大學 · 中庸集註 李光虎 · 田炳秀 譯註 15,000원
論語集註 上 · 下 鄭太鉉 譯註 22,000원

東洋古典譯註叢書

〈經部〉

十三經注疏
周易正義1~3 成百曉 · 申相厚 譯註 30,000원~35,000원
尙書正義1~5 金東柱 譯註 25,000원~35,000원
毛詩正義1~2 朴小東 譯註 32,000원/35,000원
禮記正義 中庸 · 大學 李光虎 · 田炳秀 譯註 20,000원
論語注疏1~3 鄭太鉉 · 李聖敏 譯註 25,000원/30,000원
孝經注疏 鄭太鉉 · 姜珉廷 譯註 35,000원
春秋左氏傳1~8 鄭太鉉 譯註 18,000원~35,000원
禮記集說大全1 辛承云 譯註 25,000원
東萊博議1~3 鄭太鉉 · 金炳愛 譯註 25,000원/35,000원

〈史部〉

思政殿訓義 資治通鑑綱目1~12, 17 辛承云 外 譯註 18,000원~35,000원
通唐陸宣公奏議1 沈慶昊 · 金愚政 譯註 35,000원
通鑑節要1~9 成百曉 譯註 18,000원~30,000원
貞觀政要集論1~4 李忠九 外 譯註 25,000원~32,000원

〈子部〉

近思錄集解1~3 成百曉 譯註 25,000원/35,000원
孔子家語1 許敬震 外 譯註 35,000원
老子道德經注 金是天 譯註 30,000원
大學衍義1~5 辛承云 外 譯註 26,000원~30,000원
墨子閒詁1~2 李相夏 外 譯註 32,000/36,000원
說苑1~2 許鎬九 譯註 25,000원
荀子集解1~6 宋基采 譯註 25,000원~30,000원
心經附註 成百曉 譯註 35,000원
顔氏家訓1~2 鄭在書 · 盧暻熙 譯註 22,000원/25,000원
揚子法言1 朴勝珠 譯註 24,000원
莊子1~4 安炳周 · 田好根 共譯 25,000원~29,000원
政經·牧民心鑑 洪起殷 · 全百燦 譯註 27,000원
韓非子集解1~3 許鎬九 外 譯註 32,000~38,000원
武經七書直解
孫武子直解 · 吳子直解 成百曉 · 李蘭洙 譯註 35,000원
六韜直解 · 三略直解 成百曉 · 李鍾德 譯註 26,000원
尉繚子直解 · 李衛公問對直解 成百曉 · 李蘭洙 譯註 26,000원
司馬法直解 成百曉 · 李蘭洙 譯註 26,000원

〈集部〉

古文眞寶 前集 成百曉 譯註 30,000원
唐詩三百首1~3 宋載卲 外 譯註 25,000원~30,000원
唐宋八大家文鈔 韓愈1~3 鄭太鉉 譯註 22,000원/28,000원
〃 歐陽脩1~5 李相夏 譯註 25,000원~35,000원
〃 王安石1~2 申用浩 · 許鎬九 共譯 20,000/25,000원
〃 蘇洵 李章佑 外 譯註 25,000원
〃 蘇軾1~5 成百曉 譯註 22,000원
〃 蘇轍1~3 金東柱 譯註 20,000원/22,000원
〃 曾鞏 宋基采 譯註 25,000원
〃 柳宗元1~2 宋基采 譯註 22,000원

東洋古典新譯

당시선 송재소 · 최경렬 · 김영죽 편역 22,000원
손자병법 성백효 역주 14,000원
장자 안병주 · 전호근 · 김형석 역주 13,000원

동양문화총서

동양사상 해설과 원전 정규훈 外 저 22,000원
화합의 길 - ≪중용≫ 읽기 금장태 저 20,000원

문화문고

경전으로 본 세계종교 그리스도교 이정배 편저 10,000원
〃 도교 이강수 편역 10,000원
〃 천도교 윤석산 · 홍성엽 편저 10,000원
〃 힌두교 길희성 편역 10,000원
〃 유교 이기동 편저 10,000원
〃 불교 김용표 편저 10,000원
〃 이슬람 김영경 편역 10,000원
논어 · 대학 · 중용/맹자 조수익 · 박승주 공역 10,000원
소학 박승주 · 조수익 공역 10,000원
십구사략1~2 정광호 저 12,000원
목민심서 이계황 엮음 10,000원
무경칠서 손자병법 · 오자병법 성백효 역 10,000원
〃 육도 · 삼략 성백효 역 10,000원
〃 사마법 · 울료자 · 이위공문대 성백효 역 10,000원
당시선 송재소 · 최경렬 · 김영죽 편역 10,000원
한문문법 이상진 저 10,000원
한자한문전통교재 조수익 · 이성민 공역 10,000원
士小節 선비 집안의 작은 예절 이동희 편역 12,000원
儒學이란 무엇인가 이동희 저 10,000원
동아시아의 유교와 전통문화 이동희 저 13,000원
현대인, 동양고전에서 길을 찾다 이동희 저 10,000원
100자에 담긴 한자문화 이야기 김경수 저 12,000원
대한민국 국무총리 이재원 저 10,000원
우리 설화1~2 김동주 편역 10,000원